Regula von Orelli-Escher
1757–1829

Regula von Orelli-Escher
1757–1829

Selbstzeugnisse aus dem Umfeld
von J.C. Lavater

Herausgegeben von
Gustav W. v. Schulthess

Th. Gut Verlag

Copyright © 2001 by Th. Gut Verlag, 8712 Stäfa ZH
Lithos und Druck: Zürichsee Druckereien AG, 8712 Stäfa
Alle Rechte liegen beim Herausgeber
ISBN Nr. 3-85717-135-9

Inhaltsverzeichnis

Vorwort   7

I Einleitung   9

II Erzählung «an meine beiden Knaben   13
Auszug 1757–1786

III Tagebuch   25
1786–1797

IV Briefe   341
1798

V Tagebuch   355
1799–1801

VI Verwandtschaftstafeln   515

VII Schlussbetrachtungen   521

VIII Anhang
Verzeichnis der Abbildungen   531
Literatur   532

IX Register
Orts- und Sachindex   533
Personenindex   559

Dank   571

Vorwort

Seit dem späten 17. Jahrhundert wurde das Tagebuch zunehmend beliebt. Im Vordergrund standen zunächst Kriegs- und Reisetagebücher. Im Zuge der Aufklärung, um die Mitte des 18. Jahrhunderts, setzte es sich dann vorerst in der städtischen, später auch in der ländlichen Oberschicht durch. Wichtige Impulse, ein Tagebuch zu führen, vermittelten die Strömungen des Pietismus und der Romantik.

Die meist täglich verfassten und chronologisch aneinandergereihten Aufzeichnungen sind auch heute noch etwas sehr Persönliches. Sie halten Gedanken, Pläne, Gefühle und Stimmungsschwankungen fest, Hochs und Tiefs, Freude, Enttäuschung, Verzweiflung und Trauer. Das Tagebuch berichtet von Erlebnissen und Begegnungen, von beglückendem Festtag und bisweilen grauem Alltag, von Familiärem und Intimem. Bald sind es flüchtig hingeworfene Eindrücke, bald ausführliche Erzählungen, Begründungen, Rechtfertigungen, Abrechnungen, die zu Papier gebracht werden.

Wenn Beziehungen, Kontakte und Gespräche stocken – das Tagebuch bleibt Gesprächspartner und engster Freund; es wird ein Teil der Identität der schreibenden Person.

Je persönlicher die Einträge, desto sorgsamer wird das Tagebuch gehütet: Es wird an geheimem Ort versteckt, bisweilen abgeschlossen – denn niemand soll Einblick gewinnen, gleichsam in die Seele der Autorin oder des Autors blicken. Viele Tagebücher werden darum noch zu Lebzeiten der Schreibenden vernichtet. Und überdauern sie die Eigentümer, sehen sich die Nachkommen vor Probleme gestellt. Darf man darin blättern und lesen? Soll man die Aufzeichnungen nachträglich vernichten? Wer es nicht tut, weil er die unmittelbaren autobiographischen Notizen schätzt, ist zumindest zurückhaltend, wenn andere Einblick nehmen wollen. Und sollte es gar um eine Veröffentlichung gehen, handeln viele Besitzer von Tagebüchern noch restriktiver.

Nicht so die Familie von Orelli in Zürich. Es ist ein grosser Glücksfall, dass sich deren Familienstiftung entschlossen hat, die Tagebücher der Regula von Orelli-Escher (1757–1829) zur Edition freizugeben. Denn damit eröffnet sich ein einzigartiger Einblick in das Leben einer vielseitig engagierten Frau aus dem gehobenen Bürgertum der Stadt Zürich in der politischen und sozialen Umbruchzeit an der Wende vom 18. zum 19. Jahrhundert.

Es ist das Leben einer empfindsamen Frau und sorgenden Mutter, die eine standesgemässe Vernunftehe einging, einer religiösen Persönlichkeit, ausserordentlich belesen und mit Kontakten zu berühmten Männern und Frauen der Zeit, etwa zu Pfarrer Johann Caspar Lavater oder «Bäbe» Schulthess-Wolf, der Bekannten Goethes. Es sind Aufzeichnungen einer unglücklichen Ehe, überschattet von Leid, Zerwürfnissen, Intrigen und von finanziellen Sorgen.

Durch die Edition der Tagebücher werden Einblicke in das Leben einer Stadtzürcher Familie im ausklingenden Ancien Régime möglich, und dies in einer Tiefe, die ihresgleichen bisher suchte. Seien es die Pflichten der Frau eines Zürcher Landvogtes, das vielseitige Brauchtum des Jahres- und des Lebenslaufes, Religiosität, Bildung und Lektüre, Beziehungen unter städtischen Geschlechtern – überall eröffnen sich neue Einsichten. Und darüber hinaus werden Gefühle und körperliches Befinden einer Frau geschildert, die beeindrucken. Die drei Geburten etwa, denen Regula von Orelli mit Respekt und Angst, aber mit unerschütterlichem Gottvertrauen entgegensieht, oder die Krankheiten der drei Kinder, des Freundes Lavater und der Tod der erst elfjährigen Tochter Regula.

Der Th. Gut Verlag dankt der Familienstiftung von Orelli, dem Herausgeber Professor Dr. Gustav W. v. Schulthess und Dr. Barbara Stadler. Durch ihre Zusammenarbeit ist ein Werk entstanden, das die Zürcher Familien- und Geistesgeschichte erhellt und die vielseitige, gebildete Regula von Orelli-Escher unter die bedeutenden Zürcherinnen des ausklingenden 18. Jahrhunderts einreiht.

Stäfa, im Sommer 2001   Peter Ziegler

I Einleitung

Regula von Orelli-Escher (1757–1829) entstammte dem gehobenen Bürgertum der Stadt Zürich. Auf Grund der Heirat mit David von Orelli (1749–1813) verbrachte sie als Gattin des Landvogts wichtige Jahre ihres Lebens auf Schloss Wädenswil. Sie hinterliess Tagebücher aus der Zeit von 1786 bis 1797 und 1799 bis 1801. Weitere persönliche Aufzeichnungen und Briefe runden das Bild ab von einer bislang unterschätzten Frau, die allein schon als Mutter von Johann Caspar von Orelli (1787–1849), des Neuerers des zürcherischen Bildungswesens in der ersten Hälfte des 19. Jahrhunderts, unser besonderes Interesse beanspruchen darf. Als dem Anhängerkreis Johann Caspar Lavaters zugehörig, war sie in das Zürcher Kulturleben des ausgehenden 18. Jahrhunderts integriert. David von Orelli war Mitbesitzer der renommierten «Buchhandlung» Orell, (Gessner), Füssli & Co. und damit stand Regula in unmittelbarem Kontakt mit dem deutschsprachigen Verlagswesen, musste aber auch die finanziellen Nöte des Unternehmens mittragen.

Ziel der vorliegenden Veröffentlichung ist in erster Linie die Edition der genannten Tagebücher, die bislang im Privatarchiv der Familie von Orelli schlummerten. Regula von Orelli begann ihre Aufzeichnungen 1779. Die Jahrgänge 1779 bis 1785 sind verschollen. Kernstück der vorliegenden Bearbeitung sind die Jahrgänge 1786 bis 1797 und 1799 bis 1801. In der Zentralbibliothek Zürich findet sich überdies ein Dokument, welches die Kindheit und Jugend Regulas beleuchtet. Diese «Erzählung an meine beiden Knaben» (ZB, FA Orelli 11.5.), niedergeschieben 1801, basiert auf Erinnerungen und den fehlenden Tagebuchjahrgängen. Wir halten uns für berechtigt, dessen ersten Teil bis und mit 1785 als gesondertes Kapitel den Tagebüchern voranzustellen; er ist in unserer Edition kursiv gedruckt.

Der Jahrgang 1798 fehlt. Neben der Möglichkeit, dass dieser – und eventuell auch Partien von 1796 und 1797 – durch Drittpersonen aus dem Gesamtwerk entfernt wurde, ist denkbar, dass die Unbill der Zeit und der Logiswechsel aus der Landvogtei Wädenswil nach Zürich Regula nicht die Musse liessen, Eintragungen vorzunehmen. Von 1789 existieren mehrere Briefe an Johann Caspar Lavater und Korrespondenzen zwischen den Ehegatten David und Regula von Orelli (ZB, FA. Lav. Mscr. 522, 236–244, ZB, FA Orelli, Or. 11. 1–9.), welche das Zeitgeschehen berühren und mit dem persönlichen Erleben verflechten. Diese Dokumente haben wir, auszugsweise, ebenfalls kursiv gedruckt, eingefügt.

Für die Weiterverfolgung der letzten Lebensphase (1802 bis 1823) der mit schweren Sorgen belasteten Autorin fehlt eine relevante Dokumentation im Sinne weiterer Tagebücher oder Briefe. Ihre Korrespondenzen betrafen vor allem den Sohn Johann Caspar, zeitweilig Pfarrer in Bergamo, oder waren an diesen gerichtet. Die Ansprechpersonen, denen wir hier begegnen, waren für Regula kaum geeignet, persönliche Nöte und das aktuelle Erleben zum Ausdruck zu bringen. So finden unsere Ausführungen mit dem Jahre 1801 ihren Abschluss.

Persönlicher Anlass für die Bearbeitung dieser Tagebücher und Briefe war das Interesse an handschriftlichen Dokumenten und am historischen und kulturellen Geschehen in Zürich um die Wende des 18. zum 19. Jahrhundert. Indirekt ergab sich damit die Wiederbelebung einer familiären historiographischen Tradition durch die Verbindung mit der vom Grossvater des Herausgebers, Prof. D. theol. Gustav v. Schulthess-Syz, geschriebenen Biographie über Barbara (Bäbe) Schulthess-Wolf, die Freundin Goethes und Lavaters, sowie der Tagebuchschreiberin.

Die 14 erhaltenen Jahrgänge des Tagebuchs sind äusserlich sehr unterschiedlich gestaltet: Lose, mit Faden geheftete Blätter wechseln ab mit ziemlich sicher selbst verfertigten Broschuren oder kleinen Bändchen in Quart- bis Oktavformat. In Verstoss geratene Einzelbogen wurden nach Möglichkeit wieder sinngemäss eingeordnet.

Das Tagebuch wurde nicht von Tag zu Tag, sondern schubweise geführt, das heisst, die Schreiberin fügte unter dem Eintragsdatum noch häufig retrospektive Schilderungen anderer Tage an, was zu Datierungsschwierigkeiten führte. Auch bezeichnet Regula v. Orelli die Daten unterschiedlich (genetivisch «montags», «abends», substantivisch «Montag», «Montagabend» oder früherem Sprachgebrauch entsprechend «Mittwochen», etc.). Wir haben uns hier in der Transkription im Sinne einer Vereinheitlichung eine gewisse Freiheit gegönnt.

Die Unterstreichung von *Daten* und deren Positionierung im Text wurde von der Autorin nicht systematisch gehandhabt, bei Begriffen erfolgte die Hervorhebung selbstverständlich wertend. Wir haben uns hier so gut als möglich an das Manuskript gehalten.

Ein besonderes Charakteristikum der Tagebuchaufzeichnungen ist Regulas Stil. Neben Wohl- und Ausformuliertem finden wir Ellipsen und fragmentarische Sätze, oder aber solche, die bis zum Unverständnis verschachtelt sind. Die Ausrufezeichen sind inflationär, ebenso die Gedankenstriche, die nicht selten Kommas ersetzen. Nachklänge barocker Formulierung, persönliche Emphase und eine Anlehnung an Lavaters Schreibweise fliessen dabei ineinander. Zum besseren Leseverständnis musste die Interpunktion weitgehend modernisiert werden.

Um das Erlebnis der Lektüre zu intensivieren, wurde der Lesefluss durch geringfügige *textliche Anpassungen* erleichtert, die Originalversion aber jeweils in der Fussnote zitiert. Ansonsten gilt in der gesamten Edition das Prinzip der wortgetreuen Wiedergabe. Der häufige Wechsel der Tempi und die Verwendung der schwachen Konjugation sind ein Charakteristikum

des Schreibstils und wurden deshalb belassen. Dies gilt auch für die Dialektausdrücke und Helvetismen. Im Übrigen verwendet die vorliegende Edition noch die alte Rechtschreibung.
Die Paginierung des Buches erfolgt fortlaufend ohne Berücksichtigung der Jahrgänge. Sie ist auch massgebend für das Inhaltsverzeichnis und den Index. Demgegenüber beziehen wir uns bei Querverweisen in den Fussnoten auf die jahrgangsweise Paginierung (z. B. 1786, pag. 23). Analog verfahren wir mit der «Erzählung...» (z. B. Erz., pag. 5) und mit dem Jahrgang 1798, wo die einzelnen Dokumente chronologisch durchnumeriert wurden (z. B. 1798, 5).
Die Ziffern der *Fussnoten* beginnen bei jedem Tagebuch-Jahrgang jeweils mit neuer Zählung. Auf Anmerkungen mit Bezug auf zurückliegende Daten wird mit «Vgl.» (vergleiche), auf bevorstehende mit «S.» (siehe) verwiesen.
Bezüglich der *Vornamen*, die im Manuskript und den konsultierten Quellen zum Teil unterschiedlich aufgeführt sind (z. B. Johann/Hans), haben wir uns auf die im Tagebuch am häufigsten gebrauchte Schreibweise festgelegt, die u. U. nicht mit allen Quellen übereinstimmt. Dasselbe gilt für «k» und «c» (Jakob/Jacob, Konrad/Conrad). Wo nötig haben wir im Index Persönlichkeiten mit ähnlichen oder gleichlautenden Namen noch genauer spezifiziert; diese Epitheta werden unabhängig von allfälligen Berufswechseln oder Beförderungen durchwegs beibehalten (z. B. Hess Johann Jakob, Antistes; Pfenninger Johann Conrad, *VDM*, erst später Antistes).
Es wurde besonderer Wert auf einen *speziell kulturgeschichtlich orientierten Sachindex* gelegt. In diesem stellen wir «Visiten» im Sinne von Aufsuchen von Freunden und Angehörigen den empfangenen «Besuchen» gegenüber. Biographische oder bibliographische Angaben sind bei der Ersterwähnung in den Fussnoten zu finden. Im Personenkatalog gibt es Querverweise auf den Sachindex («Gesprächsthemen», «Lektüre», «Predigten», «Korrespondenzen»). Namentlich ist dort die von Regula von Orelli-Escher bewältigte Lektüre aufgeführt.
Der *Stammbaum* ist als *Verwandtschaftstafel* konzipiert und erhebt keinen Anspruch auf Vollständigkeit, er ist lediglich als Orientierungshilfe für die verwandtschaftlichen Beziehungen von Regula und David von Orelli zu betrachten. Es werden in erster Linie Personen berücksichtigt, die im Text vorkommen.
Durch Ratsbeschluss vom 9. Oktober 1784 erhielt die Zürcher Familie Orell das Recht, ihren «angestammten, ursprünglich adelichen Namen» *von Orelli* zu tragen. Regula benützt meistens die alte Zürcher Version, während wir mit wenigen Ausnahmen den heute zivilstandsamtlich korrekten Familiennamen verwenden.
Die Auswahl der *Abbildungen* erfolgte mit Blick auf die verschiedenen Wohnorte des Ehepaares Regula und David von Orelli-Escher. Die im Text

angeführten Legenden sind als Kommentar zu den Bildern zu verstehen. Angaben zu den Künstlern, Bibliographien und technische Details finden sich im Verzeichnis der Abbildungen im Anhang.

Bei der *Bibliographie* haben wir uns bemüht, die zu Regulas Zeiten aktuellen bzw. neuesten Editionen zu berücksichtigen. Als Caveat für den Spezialisten sei aber festgehalten, dass weder der Herausgeber noch die Lektorin eine germanistische Fachausbildung besitzen.

Es kommen folgende *Abkürzungen* zur regelmässigen Anwendung:

D. v. O.: David von Orelli, Landvogt, Ehemann der Regula von Orelli-Escher
M. D.: Medicinae doctor, Dr. med., Arzt
S.: Siehe (prospektiv)
R. v. O.-E.: Regula von Orelli-Escher, Tagebuchautorin
Sc.: Scilicet, zu ergänzen
StAZ: Staatsarchiv Zürich
StadtAZ: Stadtarchiv Zürich
VDM.: Verbi divini magister, Pfarrer
Vgl.: Vergleiche (retrospektiv)
ZB: Zentralbibliothek Zürich
ZTB: Zürcher Taschenbuch

II Erzählung an die 2 Knaben[1]
(Auszug 1757–1786)

1 *Schon lange sehnte sich in mir ein <u>Antrieb</u>, etwas von dem Ausgezeichneten meines <u>Schicksals</u> niederzuschreiben in der Form einer <u>Erzählung</u> an meine Kinder. Immer aber schob ich es auf, weil ich's zu schwer fand. Seit einigen Wochen aber, besonders durch das Wahrnehmen meiner abnehmenden Gesundheit, erneuerte sich dieser Antrieb stärker als jemals, und [ich] will es nun versuchen, ob ich's tun könne, weil bei längerem Verschieben mein Tod mich davon abhalten könnte!*
Sollte ich <u>selbst</u> nicht aufmerksam geworden sein durch mein Leiden, durch das viele Gute und Böse, das Gott mir bestimmte?
Den 13. Mai 1801.
Den 14. Mai 1801.
Den 20. Mai 1801.
Den 31. Mai 1801.

2 [leer]

3 <u>An meine beiden Knaben</u>
Regula Orell-Escher
Den 29. Heumonat 1757 wurde ich geboren, das erste Kind meiner Eltern, welche 4 Jahre lang ohne Kinder beisammen lebten, sich Kinder wünschten und <u>noch</u> [mehr] Kinder bekamen, meine jetzt noch lebende Schwester <u>Elisabetha Ott</u>[2] und meinen jetzt noch lebender Bruder, <u>Johann Caspar Escher</u>[3]. Meine geliebte Schwester [war] 2 Jahre jünger und mein geliebter Bruder 4 Jahre jünger als ich.
Meine Eltern waren Herr Hans Caspar <u>Escher</u>[4] auf der Hofstatt[5] und Frau Anna Barbara <u>Fries</u>[6] aus dem Zeltweg. Beide entfernten sich früh von [der] Gesellschaft, lebten für sich, die meiste Zeit des Jahres auf ihren Landgütern in <u>Höngg</u>[7] und <u>Meilen</u>[8], wo sie sich mit etwas Lektüre und häuslichen Geschäften unterhielten, nach und nach aber Langeweile fühlten und eher ab- als zunahmen in ihrem Innern.

4 *Viele Erinnerungen blieben mir nicht von meiner Jugendzeit bis auf den Zeitpunkt des Absterbens meiner geliebten Mutter, welches im Jahr 1770*

---

[1] Das Manuskript ist ohne Titel. Umschlag (von späterer Hand): «1801, Erzählung an die 2 Knaben».
[2] Ott-Escher Elisabeth (1759–1830), s. 1786, pag. 4.
[3] Escher Hans Caspar (1761–1829), s. 1786, pag. 4.
[4] Escher Caspar (1725–1781), s. 1786, pagg. 2, 55.
[5] S. 1786, pag. 5.
[6] Fries Anna Barbara (1728–1770), 1786, pagg. 2, 55.
[7] Haus Tobelegg, s. 1786, pag. 4; 1800, pag. 131.
[8] Haus Sunnezyt, s. 1786, pag. 191.

erfolgte, als ich in das 13te Jahr getreten war, doch [gibt es] einiges, was mir noch im Gedächtnis übrig ist.
Früh fühlte ich [ein] Bedürfnis nach Entwicklung meiner Seele. Man hielt mir Lehrer, einen gewissen verstorbenen Schinz[9] aus dem Spital, Herrn Pfarrer Fries[10] von Wil, Herrn Pfarrer Bremi[11] von Dübendorf, bei welchen ich nach der Reihe der Jahre Lesen, Schreiben, Rechnen, Religion, Geographie, Naturlehre lernte, alles oberflächlich und langsam, weil durch den alljährlichen Landaufenthalt diese Lektionen unterbrochen wurden. Ein wenig Französisch war auch dabei, bei Jungfer Foulquier[12]. Mit dem Arbeiten ging es [eben]so. Niemals schickte man mich ausser Hauses[13], [um] etwas zu erlernen. Was ich von Mama[14], Grossmama[15], Mägden, Hausnäherinnen [lernte], die nur mich allein lehrten[16], war alles, was ich konnte. Beides war mir drückend. Dass weder für Kopf und Herz, noch Hände, genug für mich getan wurde, was ich fühlte beim Vergleichen [mit] anderen Kindern meines Alters und bei eigenem Wahrnehmen, [war] eine Quelle von Leiden, was mich antrieb, für mich selbst Bücher suchen zu lassen, die sich aber nicht immer schickten. Weil ich keine Auswahl hatte, nahm und las [ich], was ich fand. Auch ging es so mit der Arbeit: Ich probierte alles, was ich sah, in jedem Winkel stak eine Arbeit. Beides Streben aber half doch zur Entwicklung, und ich fühlte lange Zeit und zu lange Zeit[17], wenn ich nicht arbeiten oder lesen konnte, artete aus zu Eigensinn, zu Laune[nhaftigkeit] bei der Lebensart unseres Hauses.
In dieser Zeit fand ich schon an Heinrich Wirz[18], meiner Mama Schwester[19]-Sohn einen Freund, der meine Freude war, der mir Briefe schrieb, Bücher gab, was mir zu einem Antrieb war, meine Zeit besser zu benützen. Das Liebste, was ich aber genoss, war der Genuss der Natur, vieles Spazieren. Liebliche Aussichten, Garten, Bäume, Gewitter, Jahreszeiten wirkten auf

---

[9] Schinz Hans Ulrich (1713–1764), Krämer, wurde als Witwer mit seinem Sohn ins Spital aufgenommen.
[10] Fries Johann Heinrich (1743–1804). 1766–1779 Hauslehrer an verschiedenen Stellen, 1779 Pfarrer in Baden, 1790–1804 Pfarrer in Wil.
[11] Bremi Johann Heinrich (1748–1832).
[12] Foulquier-Courbes Marie, Gattin des Jacques (gest. 1775), Religionsflüchtling in Zürich, Ältester der französischen Kirche. In den Bevölkerungsverzeichnissen (StAZ, B IX, 13, 13a) figurieren 1780 im Linsischhaus (am früheren Stadthausplatz) Mme. bzw. 1790 Mlle. Foulquier (Dorothée, geb. 1753) als Hintersässen, es handelt sich um die Gattin bzw. Tochter des Jacques.
[13] Originaltext: aussert Hause.
[14] Escher-Fries Anna (1728–1770).
[15] Escher-Escher Regula (1703–1778).
[16] Originaltext: lernten.
[17] «Lange Zeit»: dialektal für Langeweile.
[18] Wirz Johann Heinrich (1756–1834), s. 1786, pag. 5.
[19] Fries Regula (gest. 1788), verm. mit Wirz Hans Conrad. VDM (1726–1794).

mich tief und belehrend, sodass mir dies durch frohe und trübe Tage <u>Trost</u> war und <u>Genuss</u>, wie es mir heute noch ist.
Meine Eltern nahmen ab von einem Jahr zum andern, und mein Leiden wuchs von einem Zeitpunkt zum andern.

6 *Auf <u>Pfingsten 1770</u> zogen wir nach <u>Höngg</u>. Die liebe <u>Mama</u> ging donnerstags vorher noch zu Fuss mit uns dorthin. Pfingsttags aber wurde sie plötzlich vom Halsweh und einem Entzündungsfieber ergriffen, sodass sie schon am Montagabend eine <u>Leiche</u> war. Gott, welch ein Jammer für uns, welcher Schmerz! Welche Liebe um sie empfand ich in meiner Seele! Ausharrend blieb ich bei ihrem Sterbebette, was mir jetzt noch wohltut. In [eine] umständliche Beschreibung dieser Jammerszene lasse ich mich nicht ein, aus zu tiefem Gefühl des Schmerzens. Ihre Leiche wurde nach Zürich gebracht, wo uns Kindern ihre liebe Schwester das Nötige getan, wo wir bedauert wurden, weil sie eine gute, liebliche Frau war. Ach, des Schmerzens, der Traurigkeit um <u>sie</u>!*
Bei diesem Zeitpunkt möchte ich die erste Epoche meines Lebens beschliessen. Wie viel aber sehe ich hier, das nachzuholen, hinzuzusetzen wäre, von <u>mir</u> und den Meinigen, doch soll ja dieser Aufsatz nur [eine] <u>Erzählung</u> an meine <u>Kinder</u> sein und also nicht weitläufig werden!

7 *Nach diesem <u>Leiden</u> war ich also 13 Jahre alt. Papa nach <u>Höngg</u>, wo ich ihm Haushälterin wurde, Mutter meiner Geschwister, Vorsteherin der Dienste[20]. Wie schwach, wie unvollkommen dies alles [war], sehe ich wohl ein. Was war zu erwarten von einem 13jährigen Kinde? Doch ich tat, was ich konnte. Da gaben meine <u>Kräfte</u> mir Antrieb zu Entwicklung, zu <u>Gebet</u> und <u>Arbeit</u>. Der Sommer verfloss unter vielem Leiden, und am Ende war Papa so krank, dass man sein Ende erwartete. Der Schmerz um Mama, seine unordentliche Lebensart, zu vieles Trinken, seine Brutalität, bei aller Herzensgüte und Verstand, bei der Einsamkeit, war nie aus[zu]halten, das ich beinahe nicht vermochte. Er wünschte aus Notwendigkeit, sich wieder zu verheiraten, und wie war es mir erwünscht, wenn es nur Gottes Willen wäre, dass er eine tugendhafte Frau finden möchte, welches Gott auch leitete, zu seinem und unserm <u>Glück</u>. Im Winter versprach er sich mit der Witwe des im gleichen Jahre verstorbenen Herrn Pfarrer*

8 *<u>Hofmeister</u>[21] von Wädenswil, einer Tochter des berühmten Herrn Obrist-Pfarrer Wirz[22], Frau Elisabetha Wirz[23]. Sie hatten zwei Töchter, die noch jetzt leben, Frau Emerentiana Nüscheler[24] [und] Frau Dorothea Waser[25] in*

---

[20] «Dienste»: dialektal für Dienstboten.
[21] Hofmeister Heinrich (1720–1770).
[22] Wirz Hans Konrad (1688–1769).
[23] Escher-Wirz, verw. Hofmeister, Elisabeth (1729–1804), s. 1786, pag. 91.
[24] Nüscheler-Hofmeister Emerentiana (1758–1822), s. 1788, pag. 6.
[25] Waser-Hofmeister Dorothea (1760–183.), s. 1792, pag. 84.

Winterthur, wo sich unsere würdige alte Mutter noch im Leben befindet. Die <u>Verheiratung</u> fiel in das Frühjahr <u>1771</u>. Nun trug sich manches zusammen auf beiden Seiten, das schwer fiel, und das Leiden mancher Art bereitete. Ich zog mich durch Güte, durch Ergebung, durch Folgsamkeit durch, so gut ich konnte, hatte wieder mehr Zeit zum Lernen, zum Arbeiten. Es fiel [einerseits] von meiner Last ab, wo es auf der andern [Seite] mir wieder auffiel. Dennoch siegte in mir die Hoffnung, es gehe gut. Nach und nach wurde ich ordentlicher, kam zu Gesellschaft, wurde besser bekleidet und wuchs heran. Die Stiefschwestern kamen zu einem Onkel Pfarrer[26] *nach Schwerzenbach, und wir 3 Kinder waren also wieder freier. Von dieser Zeit weiss mein Gedächtnis nicht mehr vieles, und es würde allzu weitläufig, wenn ich alles niederschreiben wollte.*

9 *Es verflossen fast im gleichen Gang meines Lebens das Jahr [17]72 und [17]73, wo ich mich aber immer mehr entwickelte, vieles las und arbeitete. Meinem Bruder wurde ein Hausinformator gewählt, ein sich auszeichnender junger Geistlicher, <u>Conrad Fries</u>*[27] *aus dem <u>Hof</u>*[28]*, in den <u>ich mich verliebte</u>, was mir aber eine Quelle unsäglichen Leidens war, besonders da ich mich ganzer <u>Reinheit</u> bewusst wurde und es eine <u>Liebesgeschichte</u> war, wie es selten eine gibt, wie sie die Folge meines Alters, der Einsamkeit, der Unerfahrenheit war. Da es aber entdeckt war, wurde er entlassen, ich hart gehalten, was nun Gram und Leiden auf meine Seele warf, welches niemals mehr ausgelöscht war. Es wurden andere Informatoren gewählt, aber keiner mehr von diesen Talenten. Ich machte mir oft Vorwürfe, dass mein Bruder vernachlässigt wurde und <u>litt</u> in mir über alle Begriffe durch Eltern, Geschwister, Verwandte, weil alles über mich zürnte und mich selbst in ein dunkles Licht stellte.*

10 *Dies alles kränkte mich tief aus innerem <u>Sentiment</u>, weil's nicht ein Versprechen der Ehe war, sondern Freundschaft, denn damals schon war dieser vortreffliche junge Mensch <u>versprochen</u> mit seiner Frau*[29]*, mit der er noch lebt. Aber ich musste mich unterwerfen, dies zu tragen, setzte noch eine Zeitlang diese Bekanntschaft heimlich fort, welches sich endete und mir nur das Gefühl von Achtung gegen ihn bleibt. Von da an war es trüber, ernster in mir und in der Lage unseres Hauses.*
Im Jahr [17]74 meldete sich ein junger Kaufmann, Ludwig <u>Thomann</u>[30] *aus dem Zeltweg, [hielt] um mich an, mit roten Haaren*[31]*, ein sonst ganz*

---

[26] Hofmeister Johann Jakob (1714–1779).
[27] Fries Hans Conrad (1750–18..), verh. 1780 mit Däniker Anna Barbara.
[28] (Zucht-)Hof, Alumnat: Wohltätige, dem Antistes unterstehende Institution zur Ausbildung unbemittelter Theologiestudenten, die ihren Sitz beim Fraumünster hatte und 1832 aufgehoben wurde.
[29] (Fries)-Däniker Anna Barbara (1732–1808).
[30] Thomann Hans Ludwig (1752–1799).
[31] Rothaarige galten allgemein als jähzornige und schlechte Menschen.

gemeiner Mensch an sich, von gemeiner Familie, aber reich, wie man glaubte. Nun wurde ich beredet, mich mit ihm zu versprechen, was mir aber im Ganzen genommen sehr zuwider war, weil ich mehrere Bekanntschaften machte mit artigen jungen Leuten, mit denen ich in Gesellschaft kam. Aber auch dieses musste getan werden, und ich
11 versprach mich mit ihm, war 14 Wochen öffentlich Braut mit ihm, ich voll Gram, Scham, Widerwillen, dass er fühlte, wie mir unaussprechliches Leiden war. Endlich, da man dies bemerkte, sollte die Hochzeit beschlossen werden. Da ich aber einsah, wie unglücklich ich von einem Wiedersehen zu dem anderen wurde, entschloss ich mich, dies nicht einzugehen, entdeckte den wahren Zustand meines Herzens meinem alten Oncle, Herrn <u>Landvogt Lavater</u>[32], zu dem ich sonst oft hinkam als Freundin seiner beiden Töchter <u>Nanne</u>[33] und <u>Regula Lavater</u>[34], und der mich nun von dieser Verbindung befreite, ohne dass es eine gerichtliche Scheidung gab. Dieses war wieder ein Zeitpunkt meines <u>Leidens</u>, wie es wenige gibt, eine Stimmung meiner Seele, die einen ewigen <u>Einschnitt</u> in mein übriges Leben machte und einen Schatten auf mich warf, dem ich nicht entweichen konnte. Auch hatte es Einfluss auf Gesundheit
12 und alles. Es verfloss ungefähr ein Jahr, in welcher Zeit sich mehrere Anlässe zeigten zum Heiraten, welche mich aber verdrossen nur anzuhören, weil verschiedene Menschen glaubten, ich werde nun mich freuen müssen, wenn sie meiner nur gedenkten. Ich schlug alles aus und litt unendlich, weil ich strebte glücklich zu werden, oder zu bleiben, wie ich sei, das mir aber freilich auch schwer war bei der gedrückten Lebensart unseres Hauses, Papa immer zornig und misstrauisch war, Mama auch gedrückt und missmutig. Auch wurde es ökonomisch drückender, da es über alles Anstände gab. Es fielen zwar einige Erbfälle in dieser Zeit von unserer Mama selig heim, aber alles war doch nicht, um Genuss und Mut zu verbreiten. Ich in meinem Innern blieb still und leidend, ergab mich mit unendlicher Liebhaberei der Lektüre von aller Art, in keinem Fach ganz und bestimmt, was ich zu spät bereute. Arbeiten war meine Lust, häusliche Geschäfte meine Freude, aber die Lebensart unseres
13 Hauses war drückend. Fast alle Abende war es Sitte, beim <u>Spiel</u> hinzubringen, das mir tödlich zuwider war, sodass, wenn ich in späteren Jahren es tun musste, oder auch heutzutage, ich nicht den mindesten Ernst darauf zu wenden mich bezwingen kann. Ich möchte mit dieser Zeit wieder eine Epoche meines Lebens beschliessen, die mir schwerer als eine der ersten

---

[32] Lavater Heinrich (1731–1818), s. 1786, pag. 37.
[33] Schinz-Lavater Anna (1758–183.), s. 1786, pag. 7.
[34] Schulthess-Lavater Regula (1763–1831), s. 1786, pag. 8.

war. Ach, sehe ich von <u>hier</u> zurück oder hinaus, bis wo ich mich jetzt befinde, zittere ich vor dem Meer, den Wellen des Schicksals, die um mich wogen, hielte mich nicht <u>Gott</u> fest, der alles und so bestimmte, mich durch alles führte! Auch sehe ich, was erste Eindrücke von Begebenheiten auf ein ganzes Leben hinaus wirken und <u>Leiden</u>, <u>Leiden</u> zeugen, aus denen ich mich nicht mehr loswinden kann bis an mein Grab, das mir bald, bald erreicht scheint.

14 Gegen Ende des Jahres [17]74 wurde mir ein junger Mensch, mein jetziger Ehegatte, <u>David Orelli</u>[35], Herrn <u>Obmann Orellis</u>[36] <u>seligen Sohn</u> vorgeschlagen zu heiraten. Er war von [den] beidseitigen Eltern her von vornehmer Familie [und] Lebensart, verständig, aber nicht reich. Dennoch sagte man mir, dass er die besten Aussichten hätte, durch die Kanzlei zu einer festen, bestimmten politischen Stelle [sich] zu erheben, die dann für Reichtum Ersatz wäre. Ich glaubte dieses, fand ihn meiner Person nicht widerlich. Bekanntschaft, welche die Mama hatte mit seinen Eltern, die 6 Jahre im <u>Schloss Wädenswil</u>[37] waren, half auch mit dazu, zudem, dass mir der Antrag durch seinen <u>Lehrer</u> und Herrn <u>Pfarrer</u>[38] von <u>Wetzikon</u> gemacht wurde, der Schwager meiner Mama war. Kurz, alles Vorgeschlagene und meine eigene Neigung gegen ihn, und die Umstände unseres Hauses bewegten und brachten mich zu dem

15 Entschluss, dass ich <u>ihn</u> annehmen [und mich] mit
<u>ihm</u>,
<u>David Orelli</u>,
feierlich versprach, ihn sehr lieb gewann, in seinem Umgang Anmut fand und so noch ein Jahr Braut und daheim blieb [und] meine nötigen Kleider und [die] Aussteuer machen half. Auch meinen Eltern und Geschwistern war er lieb. Verschiedene Bekümmernisse stiegen mir freilich auf, aber, ach meine wenige Menschen- und Weltkenntnis, meine Scheu[39] in allweg liess mich nicht in's Tiefe blicken und meine Liebe zog einen Schleier über alles in meiner Lage. Und ich heiratete also den 6. Mai 1776. In <u>Baden</u>, [in] der Kirche der Reformierten, wurden wir von Herrn Pfarrer <u>Dachs</u>[40] kopuliert mit den Zeugen von Oncle Landvogt Lavaters, der Kanzlei etc. [Wir] speisten noch im Schloss Baden[41] und reisten von da weiter,

---

[35] Orelli David von (1745–1817), s. 1786, pag. 4.
[36] Orelli Hans Conrad von (1714–1785), s. 1787, pag. 6.
[37] Wädenswil, Bezirk Horgen, Kt. Zürich, Sitz des Landvogts.
[38] Nägeli-Wirz Hans Jakob (1703–1778), s.1789, pag. 64.
[39] <u>Originaltext</u>: «Verschäuchung».
[40] Dachs Vinzenz Ludwig († 1804), 1768–1779 Pfarrer in Baden. (Frdl. Mitteilung von Fr. Sarah Brian, Stadtarchiv Baden)
[41] Baden: Bezirkshauptort im Kt. Aargau, Sitz des Landvogtes. Tagungsort verschiedener politischer Gremien um die Jahrhundertwende.

16 weil wir gedachten, nach <u>Bern</u> zu reisen, um in Zürich keine Zeremonien-Tage feiern zu müssen. Mich überfiel eine Wehmut und Tränen, die sich still und über alle Begriffe ergossen, übrigens die Feierlichkeit dieses Schrittes bedachte, in seinen Folgen Unendlichkeit fühlte, mich fasste, und nach und nach vergnügter wurde auf dieser 8 Tage langen Reise, an die ich mich aber freilich nach so vielen Jahren nicht mehr deutlich erinnere. Mein Ankommen und Heimkommen war mir schwerer als schwer, zu den alten Schwiegereltern, der Jungfer Schwester Barbara Orelli[42], Herrn Schwager und Frau[43] samt 2 Kindern[44] und einer Magd, also in eine so grosse Haushaltung. So viel als 3 Haushaltungen an einem Tisch! Nicht einmal eine eigene Kammer oder eine eigene Stube! Gott, wie war es mir, so versetzt, so gehemmt zu sein, mich so anzusehen, als ob ich nicht hieher gehörte! Dies machte einen tiefen Eindruck auf mein

17 empfindliches, weiches Herz und Gemüt. Erst musste ich <u>alle kennen</u> lernen, konnte an keines mich <u>attachieren</u>, hatte keine <u>Geschäfte</u>, mein <u>Mann</u> auch keine <u>Geschäfte</u>. Kein <u>Geld</u>! Bald war mir dieses kein Geheimnis. Was wir immer bedurften, musste alles von den uns geschenkten, sogenannten <u>Haussteuern</u>[45] genommen werden, die freilich eine Summe [von] über 700 Gulden ausmachten. Aber, wie staunte ich, dass dieses nicht mein sein sollte oder sein konnte, und was wollte ich machen?! <u>Meine Eltern</u> gaben mir <u>nichts mit</u>, nicht das Geringste. Sagen wollte und durfte ich nichts. Es trug sich verschiedenes zu von Parteien[46], dass wir uns kleiden mussten oder sonst Ausgaben hatten, [so]dass wir immer Geld brauchten. Ich beschäftigte mich oft mit <u>Lesen</u>, <u>Arbeiten</u>, <u>vielmals</u> zu meinen Eltern heim ging, auf's Land oder auf die Hofstatt. Aber dies hob mich nicht über Gram

18 und Leiden hinaus. Ich bekam <u>keine Kinder</u>, also im Ganzen ein leeres, trauriges Leben, kränkelnd, missmutig, immer mich angestrengt verstellend, oft weinend. Wie beklagte ich mich in meiner Seele über mich selbst! Wie genoss ich des Lebens so wenig! Meines Mannes Liebe war mir auch kein Ersatz, weil auch er gedrückt war. So verlebte ich 2 ganze Jahre, die die schönsten meines Lebens hätten sein sollen. Eines hebte sich allein in dieser Zeit aus: Die Bekanntschaft und Freundschaft mit <u>Lavater</u>[47] gründet sich da, nahm dort ihren Anfang, mit ihrer Lieblichkeit.

---

[42] Orelli Barbara von (1740–1798).
[43] Orelli Hans Caspar von (1741–1800) verh. mit Usteri Dorothea (1746–1798), s. 1786, pag. 38.
[44] Orelli Conrad von (1770–1826), s. 1791, pag. 156 und Orelli Anna (Nanette) von (1776–1807), s. 1790, pag. 50.
[45] «Haussteuern»: Hochzeitsgeschenk, Morgengabe.
[46] «Parteien»: im Sinn von Partieen, party.
[47] Lavater Johann Caspar (1741–1801).

Im Jahr 1779 hatte der Papa meines Orellis das Glück, Obmann ins Obmann-Amt[48] *(Abb. S. 21; 51) zu werden, wohin auch wir sie begleiteten, Herr Schwagers aber zurückblieben im Rennweg. Nun wurde es etwas besser. Ich bekam mit meinem Mann ein eigenes kleines Stübchen, eine eigene Kammer, entfernt von den übrigen Wohngemächern.*

19 *Ich erhielt ein Erbgut von Oncle Gerichtsherrn Fries*[49] *selig. Diese kleinen Veränderungen waren mir Erquickungen. Auch verheiratete sich meine Schwester mit Herrn Heinrich Ott*[50]*, zog in die Nachbarschaft, wo ich alle Tage hinging und bei ihr arbeitete. Die Freundschaft Lavaters verschaffte mir viele Annehmlichkeiten, Bekanntschaften mit interessanten Fremden, mit Zürchern, Tobler*[51]*, Füssli*[52]*, Frau Schulthess*[53] *im Schönenhof, Wirz, Schweizers*[54]*, Martha Hess*[55]*, Pfenningers*[56]*, Lavaters beim Erker*[57]*, Lavaters in Baden*[58] *etc. Dieses alles verschaffte mir Genuss, brachte aber auch manches mit, das Geld kostete, worüber ich nie gleichgültig war, weil wir kein Einkommen hatten. Früher schon wurde die meinem Mann versprochene Stelle an Reinhard*[59] *abgetreten, und ich sah also meine Hoffnung vernichtet, ihn ohne Beruf, was mir eine Quelle des Leidens war. Zudem [kam] meine Einsamkeit, mein Streben und Bedürfnis nach Kindern, mein einziger Wunsch, der mich in die Bekanntschaft mit Doktor Hotz*[60] *und Herrn Ratsherr Lavater*[61] *brachte, viele Arzneien brauchte und Versuche machte, aber alles war*

20 *umsonst. Ich blieb ohne Kinder, nur nie keine Hoffnung! Mein Zustand war mir überdrüssig, ich fühlte mich mehr unglücklich als glücklich, weil aller Genuss gehemmt war, mein Dasein mir verschnitten wurde, [ich] auch in meinem Mann nicht glücklich lebte, weil ich seine Gefühle zu geteilt fand zwischen mir und den Seinen, ich mich nicht verlassen konnte auf seine Worte. Ach, wie litt ich!*

---

[48] S. 1786, pag. 20.
[49] Fries Hans Conrad (1717–1780), Gerichtsherr.
[50] Ott Heinrich (1756–1811), s. 1786, pag. 4.
[51] Tobler Georg Christoph (1757–1812), s. 1786, pag. 18.
[52] Füssli Johann Heinrich (1745–1832), s. 1786, pag. 20.
[53] Schulthess-Wolf Barbara (1745–1818), s. 1786, pag. 10.
[54] Schweizer Johann Caspar (1754–1811), s. 1786, pag. 22, verh. mit Hess Henriette (1751–1814), s. 1786, pag. 35.
[55] Hess Martha (1759–1779).
[56] Pfenninger Joh. Christoph (1747–1804), s. 1786, pag. 7.
[57] Lavater Johann (1723–1795), s. 1787, pag. 1.
[58] Lavater Heinrich war damals Landvogt in Baden.
[59] Reinhard Hans, Junker (1755–1835), s. 1799, pag. 87.
[60] Hotz Johannes (1734–1801) s. 1786, pag. 80.
[61] Lavater Diethelm (1743–1826), s. 1786, pag. 4.

Abb. 1 [Anonym]: Obmannamt um 1810. Ansicht vom Hirschengraben aus. Im Hintergrund rechts das Barfüsserkloster. Vgl. Abb. 2, S. 51.

Im gleichen Jahr 1779 gingen wir mit Herr Otts nach <u>Pfäfers</u>⁶², da mir wohl war, weil's Entfernung von der <u>Heimat</u> war. Nach 4 Wochen aber war dieses schon vorbei und der alte Gang meines Lebens wieder da, der im gleichen [Tritt] fortging. Alles, was wir ohne das Essen hatten, mussten wir selbst bezahlen. Hatte ich kein Geld mehr, so wurde mir in kleinen Summen gegeben, was auf Abmachung mit den Eltern vorgestreckt wurde. Ich hatte keine Einsicht und Scheu, dass es geliehen sei; auch kein Misstrauen, dass ich's entdeckte, wurde geweckt, aber es summierte sich doch in Grosses zusammen!

21 *Im Jahr <u>1781 starb</u> mein <u>Papa</u> an einer langsamen Auszehrung und an der Folge von zu vielem Weintrinken. Bei der Untersuchung seiner ökonomischen Lage fanden sich viele Schulden, sodass man seine Mittel nicht teilen konnte, dasjenige meiner Mama selig [und] das Seine waren in eine Masse zusammengeworfen, und blieb unverteilt. Das, was ich als Muttergut bekam, betraf sich auf <u>16 000 fl</u>. Davon gab mein Mann, ehe wir's nur hatten, für 4000 fl. Briefe an <u>Lavater</u>. Da fing ich an misstrauisch zu werden und ängstlich.*

Im Jahr 1782 wurde ich von der schrecklichen <u>Pockenkrankheit</u> befallen und kam dabei bis an den Tod, war aber durch Herrn Chorherr <u>Rahn</u>⁶³, den wir da zum Arzt annahmen, errettet, blieb aber kränkelnd den ganzen Sommer über, und meine Lage [wurde] immer drückender. Im folgenden Jahr reiste mein Bruder in die Fremde, nachdem <u>meine Mama gestorben</u> war. Ach, und so vieles trug sich in und um mich zusammen, dessen ich mich nicht mehr erinnere! Und nun kehre ich zu mir selbst zurück.

22 *<u>Viel Lektüre</u>, <u>viele Arbeiten</u>, und besonders viel <u>religiöse Lektüre</u>. <u>Lavaters</u> Predigten erfüllten und trösteten meine Seele. <u>Ihn</u> und seine <u>Schriften</u> liebte ich über alles, und mein Hang der Seele grenzte beinahe an Schwärmerei. Ernst und still war ich durch Ermüdung, meine Lage und meine Erfahrungen. Das ungefähr blieb [so], bis wieder zu einer neuen Epoche meines Lebens, zu dem Ende der 6 Jahre des Aufenthalts im Obmannamt. Ich verlangte, allein Haus zu halten, aus dem Druck mich zu erheben, in dem ich bis dahin gelebt hatte. Wir mieteten ein schönes Gemach in <u>Stadelhofen</u>⁶⁴ (Abb. S. 123) bei Herr Rittmeister Eschers⁶⁵, mussten aber noch 1785 mit den Schwiegereltern zum <u>Rech</u>⁶⁶ (Abb. S. 51; 149)ziehen bis Kirchweih. Mit dem Mai des nämlichen Jahres zogen Herr Schwagers als Landvogt nach Wädenswil.*

---

⁶² Pfäfers: Heilbad in der Taminaschlucht bei Ragaz, Kt. St. Gallen.
⁶³ Rahn Johann Heinrich (1749–1812), s. 1786, pag. 11.
⁶⁴ S. 1787, pag. 114.
⁶⁵ Escher Johann Caspar (1755–1831), s. 1786, pag. 4.
⁶⁶ S. 1786, pag. 4.

Alles Umständliche würde ich in meinem <u>Tagebuch</u> finden, das ich vom Jahr 1779 an anfing und fortsetzte bis auf <u>jetzt</u>, wenn ich diese Erzählung nicht aus meinem <u>Gedächtnis</u> niederschreiben wollte,
23 *als einen Schattenriss von mir selbst, unbestimmt, ob ihn so liegen zu lassen oder zu erweitern aus demselben, [was ich] auch noch immer behalten habe zu diesem <u>Zweck</u>, denn ich sehe, dass es [etwas] Bestimmtes werden würde, blicke ich auf mich selbst zurück, auf den inneren Gang des Guten und Bösen in mir, das zu meiner <u>Selbst-Erkenntnis</u> und zur <u>Menschenkenntnis</u> dienen könnte, komme dieser Aufsatz aus meiner oder meiner Knaben Hände.*
In <u>Stadelhofen</u> (Abb. S. 51) trat ich also eine neue Epoche meines Lebens an, fühlte mich sehr glücklich, meine Haushaltung anzufangen, mit freier Wahl meine Geschäfte zu machen, wie und wann ich wollte. Meine Sehnsucht nach Kindern blieb gleich die Hauptsehnsucht meines Herzens, allein ich gab alle Versuche auf, alle Hoffnung dazu. [Ich] arbeitete viel, las viel, besuchte meine Schwester viel, sah und ging zu Freundinnen. Lavater führte uns viele Freunde zu: Spaldings Sohn[67], Meiners[68], Spittler[69], Berlepsch[70], Heisch[71] und andere mehr. Alles dieses genoss ich auf das lieblichste, und das erste Mal meines Lebens ohne Hemmung.
24 *Vor allem war ich aber über unsere Ökonomie bekümmert, hatte nie kein Geld, als in kleinen Summen, die ich brauchte, [sie] summierten sich in grössere Summen. Mein Mann sagte mir, einiges leihe er, einiges werde ihm vorgestreckt, in kleinen Summen, von seinen Eltern, ich sollte mich nicht bekümmern, es werde abgerechnet, und es überblieb uns ja noch mehr. Auch werde er im Staat wohl auch einen Beruf finden, um das ich so bekümmert war, wie um Gelds, von Wädenswil, wo sein Papa gewesen war und sein Bruder jetzt sei, etc. Nach und nach aber merkte ich, dass er nicht mit der Wahrheit umging, dass er in Verwicklungen geraten [war] mit seinem Bruder, also in meiner Liebe zu ihm anfing [zu] leiden, in seinem Charakter, dann aber wieder vergass nach Szenen, die sich zutrugen. Niemand hatte [ich], dem ich meine Leiden entdecken konnte oder mochte. Im Jahr 85 starb sein Papa, auch damals erhielten wir nichts als 22 Hemden [und ein] altes Kleid, auch dies erregte Argwohn. Aber ach, wem klagen?!*
25 *Zu der Vermischung von Glück und Unglück meines Zustandes, meiner Lage war [ich] jetzt viel unpässlich, fühlte und glaubte mich schwanger zu*

---

[67] Spalding Georg Ludwig (1762–1811), Theologe, deutscher Philologe und Pädagoge.
[68] Meiners Christoph (1747–1810), s. 1788, pag. 69.
[69] Spittler Luwig Thimotheus (1752–1810), deutscher Theologe und Historiograph.
[70] Berlepsch Emilie von (1755–1830), s. 1786, pag. 39.
[71] Heisch Gottfried (gest. nach 1793), s. 1787, pag. 131.

wissen, allein ich wollte es niemandem sagen, mir selbst kaum glauben, dass ich im elften Jahr meines Ehestandes – nach aller verlorenen Hoffnung dazu bestimmt werde.[...][72]

[Im selben Dokument listet Regula von Orelli ihre wichtigsten Lebensdaten auf. Wir zitieren vollständig, chronologisch geordnet:]

Geboren	1757
Mama gestorben	1770
Papas Vermählung	1771
Braut mit Thomann	1774
Vermählt mit Orelli	1776
Obmannamt	1779
Lavaters Bekanntschaft	1779
Pfäfers	1779
St. Moritz	1780
Toblers Bekanntschaft	1780
Papa gestorben	1781
den 12. Mai	
Pocken	1782
Stadelhofen	1784
Herr Obmann gestorben	1785
Cäper geboren	1787
Conradli geboren	1788
Regelis Geburt	1789
Frau Obmännin Tod	1789
Wädenswil	1790
Unglücksentdeckung	1791
und	1792
Stäfner Revolution	1795
Zürich Sturz	1797
Jungfer Orelli [Tod]	1797[73]
Franken	1798
Zürich	1799
Regelis Tod	1801

---

[72] Für 1786 und die folgenden Jahre überlassen wir dem Tagebuch der Regula von Orelli-Escher das Wort.
[73] Andere Quellen: 1798.

III Tagebuch 1786–1797
1786

[eingelegtes Notizblatt]: Glücklichstes Jahr meines Lebens[1], erste Schwangerschaft; der Aufbewahrung nicht unwert.

1 <u>1786</u>
2 [leer]
3 <u>Januar 1786, Dienstagabend, den 3ten.</u>
Nun ist der dritte der Tage dieses neu angefangenen Jahres, ehe ich eine Stunde fand, in der ich mich sammeln konnte, nur einige Worte niederzuschreiben, als gerade jetzt diesen, abends $^1/_2 7$ Uhr, da ich allein. Mein Vater, mein Alles, oh, lehre mich das erkennen: Die Menschen lieben und der Tugend treu zu sein, meine Fehler erkennen und sie nennen zu meiner Besserung. Sei Du mir täglich mein Schutz und mein Schirm, o Gott. Du weisst, welche bange Ahnungen in meinem Leben [sind]. Ach, nimm sie hinweg, und lass' mich kindlich und einfältig Dir glauben. Stärke mich, wenn ich wanke und zweifle über mein Schicksal, das Du so weise, gütig, immer leitetest, mich und die Meinen. Heute war ich um 7 Uhr aufgestanden, essen bis um 8 Uhr. Dann fand ich meine Blumengeschirre gefroren, trug sie in die hintere Nebenkammer, schnitt mich in den rechten Daumen mit Glas, blutete stark, verband es und musste nun dem Finger abwarten. Las ein paar Blätter in Rousseaus[2] Héloïse[3], lernte bei Eckart[4], fing an, an Stolz[5] zu schreiben, wurde
4 durch Frau Marie Barbel[6] von Höngg[7] gestört, wartete ihr mit Geduld ab. Übers Essen hier [bis] nach 2 Uhr, bei Hönggger Historien. Darnach endigte ich [den Brief] an Stolz, beschäftigte mich in Gedanken mit Herrn Doktor

---

[1] Escher Regula (30.7.1757–27.1.1829), Tochter des Escher Caspar (1725–1781) und (II. Ehe) der Fries Anna Barbara (1728–1770), wohnhaft auf der Grossen Hofstatt (s. 1786, pag. 5), Gattin des Orelli David von (1749–1813) (s. 1786, pag. 18).
[2] Rousseau Jean Jacques (1712–1778), franz. Schriftsteller, Aufklärer.
[3] Rousseau Jean Jacques: «Julie ou la nouvelle Héloïse», Amsterdam 1761. Vermutlich stützte sich R. v. O.-E. auf die Gesamtausgabe, Rousseau Jean Jacques: Œuvres complètes, Genf 1782.
[4] Eckart, oder Eckert, Ekart, Ekert: Hauslehrer, auch im Schönenhof bei der Familie der Schulthess-Wolf Barbara (Bäbe) tätig.
[5] Stolz Johann Jakob (1753–1823), Pfarrer in Offenbach, ab 1784 in Bremen, zeitweilig Schüler und Anhänger Lavaters.
[6] [Gwalter?] Maria Barbara, möglicherweise frühere Nachbarin oder Dienstbotin der Familie Escher in Höngg.
[7] Höngg: Gemeinde nordwestlich von Zürich, heute Stadtkreis 10. Die Eltern R. v. O.-E.s, Escher Caspar (1725–1781) und (II. Ehe) Fries Anna Barbara (1728–1770), besassen das Landgut «Tobelegg» an der Stadtgrenze, vgl. Erz., pag. 3.

Lavater[8], suchte ihn – aber umsonst – zu sehen[9], arbeitete[10] bis nach 6 Uhr, begoss meine Blumen und setzte mich in meines Mannes Stübchen, da ich jetzt schrieb.

Am Neujahrstag war ich morgens müde vom Wachen bis nach Mitternacht; die letzte Nacht des verflossenen Jahres, da ich eine Stunde des Gebetes, der Tränen hatte, der Empfindung, des Danks, der Lobpreisung. Konnte morgens auch beten, aber nicht so [intensiv]. Um 10 Uhr besuchte mich ein Patenkind[11], die mir Lavaters[12] Neujahrslied sagte, ich sie im Guten unterstützte. Nach dem Essen zog ich mich an, und nun gingen wir zu Herrn Stetrichters[13], zur Frau Ott[14]. Um 2 Uhr [bei] Lavater in der Kirche, der über den 4ten Vers des 4ten Psalms[15] predigte, und ich war sehr gerührt und erhoben. Nachher ging ich dann zum Rech[16], da ich litt durch das drückende Wesen daselbst. Um 6 Uhr kam mein Herzensmann[17], da mir

---

[8] Lavater Diethelm (1743–1826), M.D. Apotheker, Ratsherr (Natalrat 1792–1798), Hochgradmaurer; verh. I (1769) Elisabeth Lavater, II (1777) Regula Usteri (1740–1800), III (1802) Rosina Linder. Lavater hatte eine eigene Apotheke in seinem Wohnhaus «zum Hohen Steg» (Abb. S. 51; 361), heute Untere Zäune 19. Das Haus besass ein Gartenhäuschen, s. 1787, pag. 103.

[9] Hier handelt es sich nicht um eine fehlgeschlagene Visite, sondern um ein erfolgloses telepathisches Experiment.

[10] Unter «Arbeit» wird in der Regel Handarbeit, evtl auch Arbeit im Haushalt, verstanden.

[11] «Gotte»: Patin ebenso wie Patenkind. Originaltext: «Von 10 Uhr ward ich einer Gotten, die...».

[12] Lavater Johann Caspar (1741–1801), VDM, Helfer, 1786 Pfarrer zu St. Peter in Zürich, theologischer Schriftsteller, Verfasser der «Physiognomischen Fragmente».

[13] Stetrichter: Ständiges Mitglied des Zürcher Stadtgerichts.
Escher Johann Caspar (1755–1831), 1783 Stetrichter, 1787 Rittmeister, verh. 1775 mit Anna Keller (1756–1836), zum Sonnenhof (heute Stadelhoferstrasse 11, s. 1788, pag. 63), wo David und Regula v. Orelli-Escher 1784–1790 eingemietet waren. Escher fallierte 1788 (s. 1788, pag. 87) mit seiner Handelsfirma Johann Caspar Escher u. Co., wanderte 1789 nach Russland aus und trat in kaiserliche Dienste. Er war Vater von 8 Kindern, ein neuntes kam 1787 zur Welt. Escher war der Grossvater des Staatsmannes Alfred Escher (1819–1882). Aufgrund der vorliegenden Daten (Peyer 1968) handelte es sich um einen der grössten Finanzskandale im alten Zürich, in den auch Escher-Landolt Heinrich (1753–1811), der Bruder Hans Conrad Eschers von der Linth (1767–1823) verwickelt war und bei dem viele Familien grosse Verluste erlitten. Ein Vergleich der Gläubigerlisten bei Peyer deckt Zusammenhänge mit den Finanzproblemen der R. v. O.-E.. auf.

[14] Ott-Escher Elisabeth (1759–1830), verm. mit Ott Heinrich (1756–1811), jüngere Schwester der R. v. O.-E., wohnhaft am der Torgasse.

[15] Psalm 4, 4: «Erkennet doch, dass der Herr den Geheiligten ihm selber hat auserwählt. Der Herr wird erhören, wenn ich zu ihm schreie.»

[16] Haus zum Rech, Neumarkt 4. Das Haus stand im Besitz des Ratsherrn und späteren Seckelmeisters Hans Caspar Hirzel-Escher (1746–1827). Die Schwiegereltern der R. v.O.-E., Orelli Hans Conrad von, vormaliger Landvogt (1714–1785), verh. mit Dorothea von Wyss, bewohnten höchstwahrscheinlich das in von Wyss'schem Familienbesitz stehende Haus zum Tannenberg (Neumarkt 8), «beim» Rech, s. 1787, pag. 11 und 1800, pag. 273. (Abb. S. 149)

[17] Orelli David von (18.1.1749–Februar 1813), getauft 8.2.1749 (Taufpaten: Orelli Heinrich von, des Regiments, und Orelli-Escher Elisabeth von). 1777 Landschreiber zu

wohl wurde. Er gab mir ein Zetteli[18] von Lavater auf das meinige, heutige, und seinen Neujahrsvers. Nachher sprachen wir viel von Herrn Römer[19] und der Weyermann[20], speisten [...][21].

5 Den 2ten [Januar] war ich früh getrieben, an Wirz[22] zu schreiben und sandte Wegelin[23] Lavaters Messiade[24], ersten Teil. Dann hatte ich verdriessliche Empfindung über eine Impertinenz meiner Magd, ging vor 9 Uhr auf die Hofstatt[25], die Kinder zu sehen, da ich dann munter war, besonders durch das Wohlbefinden meiner Schwester. Seither hatt' ich nichts als liebevolle Empfindungen für meine Geschwister und Freude am Gattüngi[26]. So wurde es mittags und abends bis 10 Uhr, da ich dann mit meinem Mann nach Hause ging.

Es ist eine recht sonderbare Sache, dass das neue Jahr sich so mit Unruhe anfängt. Ich hatte die Empfindung, wie schon einige Male, dass es eine Art Sünde sei, sich so [zu] zerstreuen in Tagen, da die Seele sonst feierlich gestimmt ist, einmal mir. Ach, lass' mich, o Gott, oft hinschreiben, was meine Seele berührte, in diese Blätter, fleissiger und genauer als in dem vorigen Jahr! Lass' mich Dich, um Jesus Christus willen, anrufen um den Segen und um Erbarmung! Amen.

6 <u>Sonntag, abends nach 6 Uhr, den 8. Januar.</u>
Lieblicher stiller Abend, dich könnte ich nicht endigen, ohne dich auch noch anzumerken in diesen mir so lieben Blättern, weil sie meines Lebens Zeugen sind und sein sollen. Oh, wie war dieser Morgen, da ich einer

---

Ebmatingen, 1789–1798 Landvogt zu Wädenswil, Ehemann der R. v. O.-E. «Wurde am 19. Februar 1813 beim Sihlhölzli tot aus dem Fluss gezogen» (StadtAZ, Totenbuch St. Peter VIII.C.31)

[18] «Zetteli»: Lavater pflegte seiner engeren Anhängergemeinde sog. «Tagzeilen», kurze erbauende oder tiefsinnige Sprüche auf Notizpapierchen, zukommen zu lassen.

[19] Römer Melchior (1747–1819), Kfm. bei der Trülle, verlobt, später (1786) verh. mit Weyermann Barbara (1754–1807).

[20] Weyermann Barbara (1754–1807), von St. Gallen, Tochter des Weyermann Hans Joachim und der Bernet Ursula (frdl. Mitteilung von Frau Ursula Hasler, Stadtbibliothek (Vadiana), 9000 St. Gallen), 1786 verm. mit Römer Melchior, Verehrerin Lavaters.

[21] Das hier folgende ist durch Überschreibung unleserlich gemacht.

[22] Wirz Johann Heinrich (1756–1834), Pfarrer in Kilchberg, war ein Neffe der Stiefmutter der R. v. O.-E. und deren Jugendliebe; verh. 1786 mit Anna Füssli, einer Tochter des Füssli Johann Heinrich, Obmann.

[23] Wegelin Jakob (1721–1791), Theologe, Historiker in Berlin, in Verbindung mit Johann Jakob Bodmer, Johann Caspar Lavater und ihren Kreisen.

[24] Lavater Johann Caspar: «Die Messiade, Jesus Messias oder die Evangelien und Apostelgeschichte in Gesängen», 4 Bde., mit Kupfern, Winterthur 1783–1786.

[25] Hofstatt, (Grosse...): Häusergruppe und Platz rechts der Limmat, heutige Stüssihofstatt. Wohnung u. a. des Vaters der R. v. O.-E., Escher Johann (Hans) Caspar (1725–1781) und dessen Erben, vgl. 1786, pag. 2.

[26] Gattüngi: Kosenamen für Ott Anna Katharina (1780–184.), verm. I (1812) mit Weiss Johannes (†1817), Ehegerichtsschreiber; II (1822) mit Hess Salomon (1789–1852), 1820 Pfarrer an Oetenbach, 1827 Diakon am Grossmünster.

Unpässlichkeit wegen bis nach 10 Uhr im Bett mich aufhielt, da ich betete für meine, [für] unsere Bedürfnisse und besonders für meine Schwester! Oh, welche Erhebung des Menschen, mit Dir, meinem Schöpfer, reden zu dürfen, Dich lieben können, vor Dir weinen! Oh, lass' mich meine Wünsche oft fühlen zu meiner Stärkung in solchen Stunden der Anbetung! Noch kleidete ich mich vormittags an, tat einige Notwendigkeiten. Dann speisten wir, schrieb ein Billettchen an Hans Caspar[27] wegen Wein. Nachher kam meine neue Magd. Dann war ein Argument[28] gemacht. Nachher bis nach 5 Uhr in Rousseaus Julie gelesen, empfunden, was Liebe war, ist und sein wird. Mitunter Genuss meiner herrlichen Aussicht, erhebende Blicke, Angedenken an liebe Geliebte, ein kleines Billettchen von Lavater. Liebes Gerede mit meinem Mann, und jetzt noch das weltfremde meiner friedlichen Seele in mir.

7 Mittwochs, des 4ten, weiss ich [mich] nicht weiter zu erinnern, als durch einen lieben Besuch bei meiner Schwester und Empfang von einem Billett der Weyermann, die mir ihre Heirat mit Herrn Römer meldete.

Donnerstags, den 5ten, befand ich mich nicht gar wohl, schrieb an die Weyermann, tat verschiedenes. Nebst dem Lernen bei Herrn Eckart speiste Untervogt[29] mit uns. Kleidete mich an, um zu der Weyermann zu gehen, ging um 2 Uhr dann zur Reblaub[30], da ich sie sah. Von der Lavater[31] herzlich empfangen war, sodass es meinem Herzen auch wieder einmal wohl tat, an ihrer Seite zu sein. Nun gingen wir, W.[eyermann] und ich, in die obere Stube, da dann von ihr mir alles erzählt wurde, ich mit tiefer Empfindung und Tränen sie anhörte, mitsprach und sie segnete. Lavater kam auch einige Augenblicke, Römer auch noch, und halb 4 Uhr ging ich fort, weil sie Visiten erwarteten, und ging zu Pfenningers[32], die wenig [redeten],

---

[27] Escher Hans (Johann) Caspar (1761–1829), Zunftschreiber zur Meisen, wohnte auf der Grossen Hofstatt, später am Bleicherweg, besass ein Landgut in Meilen. 1788 verh. (1825 gesch.) mit Meyer Susanna (1764–184.), Tochter v. Quartierhauptmann Meyer Hans Heinrich zu Stadelhofen und Landolt Regula.
Quartierhauptmann: Kommandant in einem der 20 Quartiere, in welche Stadt und Landschaft Zürich eingeteilt waren.

[28] «Argument»: Dienstvertrag, Vereinbarung.

[29] Finsinger Johannes (1734–1798), Chirurg, Untervogt in Ebmatingen. (Frdl. Mitteilung von Dr. H. U. Pfister, StAZ). Orelli-Escher David von war Landschreiber dieses Verwaltungsbezirks.

[30] Haus zur Reblaube, auf der Peterhofstatt, Pfarrhaus, 1783–1788 Wohnung des Helfers Johann Caspar Lavater.

[31] Lavater-Schinz Anna (1742–1801), verm. 1766 mit Lavater Johann Caspar, Tochter des Schinz Hans Caspar (1697–1766), Obervogts zu Weinfelden, und der Anna, geb. Hirzel.

[32] Pfenninger Johann Conrad (1747–1792), 1767 VDM, 1778 Diakon und dann Pfarrer am Waisenhaus, 1786 Diakon zu St. Peter, theologischer Schriftsteller, Schüler und Freund Lavaters. 1771 verh. mit Ziegler Catharina, Tochter des Ziegler Adrian (1704–1781) und der Catharina, geb. Meyer († 1786), Obervogt von Hegi. Das Ehepaar Pfenninger-Ziegler hatte 9 Kinder.

aber interessant waren in ihren Gesprächen, mich aber eine Art Schauder ankam im Gedanken, sie seien wieder an ihrer vorjährigen Krankheit krank. Um 4 Uhr ging ich dann zur Frau Schinz[33] zu den Gespielen[34], las einen Brief von der Frau Schweizer[35] dort, der recht das Gebräu von ihrem Charakter aufgenommen hatte von Feinheit, Schiefheit, Gescheit- und doch Dummheit.

8 Der Abend war sehr fad, ich [war] froh, um 9 Uhr nach Hause getragen[36] zu werden, was ich wegen Ohrenweh tat. Speiste meinen Mann, erzählte und ins Bett eilte.

<u>Freitags, den 6.</u> Erster Gedanke und Freude über Lavaters Namensfest[37]. Übelkeiten, Unfähigkeiten den ganzen Morgen. Lernte bei Eckart. Speisten, kleidete mich an und liess mich auf die Hofstatt tragen, meinem Bruder Glück zu wünschen. Meine Ott war nicht ganz wohl. Das betrübte mich dann, wie noch einige andere Empfindungen über Schicksal und Lagen. Um 7 Uhr liess ich mich zu Lavater tragen, der mich unendlich liebend empfing und ein Gemälde zeigte, «Joseph, das Christuskind haltend», das einen recht schönen Effekt macht, dann ein[ig]e wenige Handrisse[38] und Kupferstiche. Schulthess[39], die ich mittwochs [4.Januar] das erste Mal in diesem Jahr in ihrem Hause sah, und [wo] mir innigst wohl war, las einen Brief von Spalding[40] mir vor über Magnetisieren, sodann kam Doktor Lavater, der mir fremd und drückend war, auch über das ganze Nachtessen mich peinigte, dass ich beinahe hätt' weinen mögen, sonderbar, da ich vielleicht noch nie so viel an ihn gedacht hatte, wie einige Tage her, wünschend, ihn bei mir zu sehen. Empfindung, wie kannst du trügen, dass

9 ich hätte glauben sollen, er sollte es gespürt haben und mich auch so lieben. Um 10 Uhr ging man von einander. Nachher noch Gespräch mit meinem

---

[33] Schinz-Lavater Anna (1758–183.), Tochter des Landvogts von Baden und Grüningen, Lavater Heinrich, verm. 1781 mit Schinz Caspar (1755–1838) Kaufmann, 1803 Ratsherr.
[34] «Gespielen»: lockere Vereinigung von Altersgenoss(inn)en.
[35] Schweizer-Hess Magdalena (1751–1814), Gattin des Schweizer Joh. Casp. (1754–1811), Cousine des Dichter-Malers David Hess (1770–1843).
[36] Gemeint ist in der Sänfte.
[37] Caspartag, Namenstag Lavaters: 6. Januar, Heilige Drei Könige, Caspar, Melchior und Balthasar.
[38] «Handrisse»: Handzeichnungen.
[39] Schulthess-Wolf Barbara (Bäbe) (1745–1818) im Schönenhof. Witwe des Schulthess David (1729–1778), Tochter von Wolf Heinrich (1717–1751), verh. 1742 mit Anna Dorothea, geb. Hottinger (1723–1782). Freundin Lavaters und Goethes. Ihr Mann entstammte einer mit den Töchtern Bäbes ausgestorbenen Schulthess-Linie. Die beiden befreundeten «Schulthessinnen», Schulthess-Wolf Barbara (Bäbe) und Schulthess-Lavater Regula, lassen sich in den Tagebüchern nicht immer eindeutig auseinander halten, die Zuordnung kann teilweise nur aufgrund der Umstände (Gesprächsthemata) erfolgen.
[40] Spalding Johann Joachim (1714–1761), protestantischer Theologe und Moralphilosoph, Lehrer Lavaters Johann Caspar.

Mann über D.[oktor] L.[avater]⁴¹ und die Gesellschaft⁴², besonders auch noch übers Magnetisieren, sonderbares Phänomen, dass es unter den wenigen Patienten schon 4 Somnambulistinnen⁴³ gab: Lavaterin⁴⁴, Glinzin⁴⁵, Dorothea bei Doktor Lavaters und die Jungfer Chlefe Schaufelberger⁴⁶. Mich stimmt's freilich noch nicht zum glauben daran, aber doch sonderbar ist dieses Evenement.

<u>Samstags, den 7.</u>, war ich bis 10 Uhr im Bett. Unter Untätigkeit verfloss der Morgen. Nachmittags fing ich Salzmanns⁴⁷ «Karl von Karlsberg»⁴⁸, vierter Teil, an [zu] lesen, las ihn zu Ende bis abends 8 Uhr, das mich, als einzelne Szenen aus dem Elende der Menschheit, sehr aufmerksam machte, fühl[t]e ihre Wahrheit und beherzigte sie. So was ist oft wohl so gut als eine Predigt, nach der Wirkung zu beurteilen.

Um 9 Uhr ging ich zur Ruhe.

Nun schliesse ich wieder einmal, und meine Seele erhebt sich nun nach Dir, o Du, mein Gott und Vater! Sei mir gnädig und barmherzig! Amen.

<u>Montag, den 16.</u>

Um ½ 8⁴⁹ Uhr aufgestanden, ordentliche Ankleidung, nachdem ich zärtlich meinen Mann gegrüsst an seinem Bette und 's Tee getrunken. Nachher Arbeit, Unruhe, Besuch von Herrn Ott⁵⁰, 's Mittagessen, und von ½ 2 Uhr an bis um 3 Uhr bei Frau Schulthess Mousseline⁵¹ gekauft, von Goethe⁵², Kayser⁵³ gesprochen, ich mitfühlend, doch von innerem Druck gehemmt, bei Hause weinend, an Lavater gedenkend, nach Liebe schmachtend. Leiden, die nur Gott kennt. Lese nachher noch ein lyrisches Drama aus:

---

⁴¹ «D.L.» oder «DL»: häufig verwendete Abkürzung für «Doktor Lavater», im Personenregister als «Lavater Diethelm, M.D.».
⁴² «Gesellschaft»: Periodisch sich treffende Vereinigung Gleichgesinnter.
⁴³ «Somnambulistinnen»: Offensichtlich handelt es sich um Medien, die aber nicht genau identifizierbar sind, möglicherweise auch Dienstboten.
⁴⁴ Möglicherweise Lavater-Usteri Regula, die Gattin Diethelm Lavaters.
⁴⁵ Glinz, Geschlecht der Stadt St. Gallen.
⁴⁶ Schaufelberger Chlefe (Cleophea), vermutlich Dienstmagd. Ausser in der Stadt Zürich, deren Bürgerschaft die Genannte nicht zugehört, kommt der Name auch auf der Landschaft und in den Kantonen Bern und Freiburg vor.
⁴⁷ Salzmann Christian Gotthilf (1744–1811), Schriftsteller und Pädagoge, Neuerer des Erziehungs- und Schulwesens, Mitarbeiter am Philantropinum in Dessau.
⁴⁸ Salzmann Christian Gotthilf: «Karl von Karlsberg oder über das menschliche Elend» 6 Bde., Karlsruhe 1763–1788.
⁴⁹ Im Originaltext schreibt R. v. O.-E. als Zeitangaben «⅛» für ½8, bzw. «½» für ½2.
⁵⁰ Ott Heinrich (1756–1811), Kaufmann, Freihauptmann, wohnhaft auf der Grossen Hofstatt, später beim Kreuz in Zürich-Riesbach, verh. mit Ott-Escher Elisabeth und damit Schwager von R. v. O.-E.
⁵¹ «Mousseline»: Leichtes Mischgewebe aus Leinen und Baumwollgarnen.
⁵² Goethe Johann Wolfgang von (1749–1832), Dichter, mit dem Lavaterkreis in Verbindung.
⁵³ Kayser Philipp Christoph (1755–1823), Musiker, Freund Goethes und der Schulthess-Wolf Barbara (Bäbe), Musiklehrer von deren Töchter.

Niobe[54], deren Geschichte mich frappiert. Leiden und Liebe sind meinem liebenden, leidenden Herzen Nahrung.
Mein Bruder kam, über seine Lage[55] und Herrn Ott [war] die Rede. Um 6 Uhr war ich allein, einiges Häusliches.
Darnach fing ich noch an [zu] schreiben, hier an diesem Blatte, da ich wünsche auszugiessen, [her]aufzuholen, was in mir vorgeht, vorgegangen.
<u>Montag, den 9.</u>, war's mir noch nicht wieder wohl. Arbeit, mit etwas Zeug in die Farb[56]. Den Abend bei meiner Schwester auf der Hofstatt.
<u>Dienstag, den 10.</u>, hatt' ich eine wichtige Unterredung mit meiner Schwester, seine Schwangerschaft und sein Zum-Kreuz-Ziehen[57] betreffend.
<u>Mittwoch</u> [11. Januar] wurde mein Mann krank[58] am Frieselfieber[59], ich ruhig, doch mitfühlend sein Übel. Schrieb an D.[oktor] L.[avater] und sandte ihm eine Zeichnung von Lips[60] zu seinem Namenstag. Nachmittags ein Billettchen von ihm, Entschluss hinzugehen. Um 6 Uhr ging ich hin. Viel von Magnetisieren.
<u>Donnerstag, den 12.</u> Morgens ein Besuch von Pestalozzi[61] in Birr[62], den ich so sehr wünschte einmal zu sehen, dann Brändli[63], dann Chorherr[64] Rahn[65], dem ich jammerte für meine Schwester[66]. 's Essen, nachher auf der

---

[54] Möglicherweise eine Bearbeitung des klassischen Ovidstoffes wie z.B. Müller [...]: «Niobe, ein lyrisches Drama», Mannheim 1778.
[55] Johann Caspar Escaher ging auf Freiersfüssen und wurde vorerst abgewiesen, s. 1786, pag. 40.
[56] Färberei. Im Haus zur «Farb» am Münsterhof wurde bis tief ins 18. Jahrhundert durch die Familie Ott eine Färberei betrieben. Eine zweite Färberei befand sich in Stadelhofen, in unmittelbarer Nähe des Sonnenhofs. (Abb. S. 123)
[57] Kreuz: Gegend am südöstlichen Stadtrand, in Riesbach. Umzug der Familie Ott-Escher vor die Stadt.
[58] Bei der Interpretation der verschiedenen Krankheitsbezeichnungen folgen wir Mörgeli Christoph und Schulthess Hans: «Krankheitsnamen und Todesursachen in Zürcher Pfarrbüchern», Zürich 1994.
[59] «Frieselfieber»: Hautausschlag als Begleitsymptom verschiedener Krankheiten wie Masern, Scharlach, Fleckfieber u.a.
[60] Lips Johann Heinrich (1758–1817), Zeichner und Kupferstecher. Illustrator an Lavaters Physiognomischen Fragmenten.
[61] Pestalozzi Johann Heinrich (1746–1827), damals in Birr, war ein Vetter des Richterswiler Arztes Johannes Hotz (Pestalozzis Mutter war Hotz Susanne), mit dem er in freundschaftlicher Verbindung stand. Hotz spielte eine entscheidende Rolle beim Zustandekommen von dessen Ehe mit Anna Schulthess. Pestalozzi besuchte R. v. O.-E. wiederholt, auch später in Wädenswil, zweifellos auf der Durchreise zu Hotz.
[62] Birr, Ort nahe Brugg im Kanton Aargau, Erziehungsanstalt Pestalozzis.
[63] Brändli Hans Ulrich (1740–1791), auf Meyerhof, Wädenswil; Geschworener.
[64] Mit «Chorherr» ist in den Tagebüchern in der Regel Rahn Johann Heinrich gemeint.
[65] Rahn Johann Heinrich (1749–1812), M.D., Wundarzt, Chorherr und Professor für Mathematik und Physik am Carolinum, Förderer der Schulmedizin in Zürich, verh. mit Orelli Anna Barbara von (1750–1810). Rahn war ein Vetter der Regula v. O.-E.
[66] Wegen der Schwangerschaft.

Hofstatt. Arbeit bis um 8 Uhr mit dem Bett-Aufschlagen für Frau Ott sein[67] Kindbett[68].
Freitags [13. Januar]. Das Gestrige war heute vorgegangen. Oh, wie schwach mein Gedächtnis doch ist! Der Abend wurde betend, Tränen leidend, am Bette meines Mannes zugebracht.
Samstags [14. Januar]. Den Morgen durch Unruh', den Nachmittag auf der Hofstatt [zugebracht],[69] da ich innigst sehnsuchtsvoll mich nach meinem Mann sehnte, ihn genoss, da ich nach Hause kam.
<u>Sonntag, den 15.</u> [Januar], um 8 Uhr aufgestanden, Ankleidung, 's Tee, herzliches Gebet am Bette meines Mannes, Lieder, Psalmen. Besuch von der Jungfer Schwester[70], über ihren Charakter. 's Essen. Helena, ein Stück von Euripides[71] und von Nüscheler[72] übersetzt, ausgelesen[73]. Ein Besuch von der Schulthess, über Lavater und Magnetismus. Hans Caspar bis 3 Uhr, in der Niobe lesend bis abends. 's Tee, dann etwa eine Stunde in Herders[74] Ideen zur Philosophie der Menschheit[75] [lesend], das mir sehr wohltuend war. Noch zärtliches Beisammensitzen, vergnügtes Essen, um 10 Uhr zur Ruhe. Welch süsser Genuss durch die Erinnerung des Vergangenen durchschwebt die Seele! O Gott, lehre doch mich immer fühlen, was ich durch Deine Güte täglich geniesse!
Ein Billett von der Schinz auf mein gestriges, das ich ihm sandte, erfreute meine Seele. O Gott, erbarme Dich meiner! Amen.
[leer]

<u>Hornung 1786, den 3., Freitagabend 6 Uhr.</u>
Stiller feierlicher Abend, sei du nicht unangemerkt in diesem Buche, das so viel und so wenig von meiner Existenz aufnimmt. Friedliche Ruhe, wie süss

---

[67] «es», «sein (sächlich)», «ihns»: Im zürcherischen Sprachgebrauch war es üblich, (vor allem) jüngere Geschwister, Dienstboten und in der Koseform das sächliche Pronomen zu verwenden. Vgl. 1786, pag. 10.

[68] R.v.O.-E. verwendet die damals übliche weibliche Form für Kindbett, im Folgenden benützen wir das sächliche Genus.

[69] R.v.O.E. überschreibt oder überkritzelt zur Unkenntlichmachung einzelne Passagen, insbesondere solche mit diskreten Inhalten, andere sind in Geheimschrift gehalten, aber leserlich und dechiffrierbar, wie die hier folgende.

[70] Orelli Anna Barbara von (1740–1798), Tochter des Orelli-von Wyss Hans Conrad von (1714–1785), also eine Schwägerin der R.v.O.-E.

[71] «Helena», Tragödie von Euripides (485–406 a.Chr.), Übersetzung von Nüscheler Johann Conrad, Zürich 1780.

[72] Nüscheler Johann Conrad (1759–1856), Kaufmann und Wollenfabrikant im Neuegg, 1797 des Rats, Oberrichter.

[73] «ausgelesen»: im Sinne von fertig gelesen.

[74] Herder Johann Gottfried (1744–1803), Theologe und Dichter, Sprach-, Geschichts- und Literaturphilosoph.

[75] Herder Johann Gottfried: «Ideen zur Geschichte der Philosophie der Menschheit», 4 Teile, Riga 1784–1791.

bist du nicht, wenn die Seele froh und frei sich fühlt, und wann fühlt sie sich so, [als] wenn sie reiner und ruhiger ist als gewöhnlich. Heftigkeit, wie viel verdirbst du mir nicht, unüberwindlicher Fehler meiner Seele! Heute erwachte ich liebend in den Armen meines Mannes. Um 7 Uhr aufgestanden, tranken Tee. Ich nahm eine Laxierung[76] unter frohen Gesprächen. Nachher las ich einen Brief von Hess an Lavater über den Magnetismus, Antwort auf jenen grossen von Lavater an ihn. Ich fühlte Hess' kalte Ruhe und Weisheit und Treue an der Religiosität. Er gefiel mir in seiner Art so gut als Lavaters an ihn, nur werden sie nicht eins werden über diesen Punkt. [Briefe] an Spalding und von Spalding an Garve[77] und einer [von] Garve an Zollikofer[78],

16 und von Zollikofer waren gelesen, geprüft, und ich fühlt' die Verschiedenheiten der Punkte, des Ansehens. [Sie] brachten ein gewisses Licht darüber in mich von der Ansehnlichkeit[79] dessen, was Magnetismus ist und nicht mehr. Doch bis jetzt möchte ich nichts davon an mir oder meinem Mann tun lassen, weil ich noch immer zweifle trotz der Aufsätze darüber, die ich von Lavater gelesen, die mich in seinem Gefühlspunkte würdig und vortrefflich dünken. Aber meine Empfindung und meine Vernunft begreift's noch nicht, stösst der Kopf darwider. Meine jetzigen Gedanken über den Magnetismus geben mir nichts als die Ideen vereint, die ich schon wusste, und Christentum und Magnetismus schien mir viel höher, aber nicht deutlich genug. Lieber Gott, gib doch Lavater Weisheit, die Wahrheit zu erkennen.

Den 20. Januar besuchte ich meinen Mann, und [er] war herrlich lieblich, wie es kein Mensch neben ihm ist, von seinem Leiden und unendlicher Gedrücktheit die Rede.

Den 24. Januar war ich einmal bei der Reblaub', da mir's innig wohl war bei seiner[80] Gattin, wohl eine seltene Empfindung seit einiger Zeit.

17 Nun wieder auf mich selbst zurück, auf meinen sittlichen und moralischen Zustand. Nimmer, so unvollkommen ich immer bin, war ich lange doch nie so wahrhaft gut, als innert der Zeit, da ich nichts einschrieb. Moralische Sitten, Empfindung, Bestrebungen, Taten belebten diese Tage. O Gott, schenke mir doch Weisheit und Glauben und Liebe, immer Dir näher zu kommen, mich zu vervollkommnen!

Vielen Trieb zur Arbeitsamkeit und auch Arbeit belebte meine Tage.

Die französische Sprache liegt mir sehr an, Julie von Rousseau [war] meine tägliche Lektüre aus Empfindungen für mein Herz und aus Begierde, die Sprache zu erlernen. Gestern kaufte ich noch eine deutsche Übersetzung.

---

[76] «Laxierung»: Abführmittel, von lat. laxare, erschlaffen.
[77] Garve Christian Georg (1742–1798), deutscher Philosoph der Aufklärung.
[78] Zollikofer Georg Joachim (1730–1788), Prediger in Leipzig, Freund Lavaters.
[79] Ansichten, Anschauungen.
[80] Lavaters.

Herders Ideen zur Philosophie der Menschheit, 2ter Teil, war meine Lektüre. Oh, welch ein Buch von Weisheit, Kolorit, Belehrung, dass mir so ganz wohl [war], so manche Idee mir gab, mir berichtigte, dass ich's lange noch fühlen werde, wie nützlich es mir war. Nun ging ich gestern an den ersten Teil zurück. Gib Du mir, Gott, entweder eine gute Wahl in dem Lesen oder gute Menschen zu meiner Belehrung. Gute Menschen zu geniessen, das ist doch wahrhaftig über alles andere dieser Welt.

18   Den 30. Januar speiste Pfenninger mit uns zu Nacht.
Den 31. litt ich ganz entsetzlich über die Entlassung meiner Magd. Eine entsetzliche Empfindung ist's, einen Menschen aus seinem Hause zu entlassen, wenn ich schon Gott danke, dass Du mich von den Schalheiten und Bosheiten befreitest.
Ein Brief von Toblers[81] und [einer] an sie erquickte meine oft leidende, liebende Seele. Die angstvollen Bangigkeiten für meine geliebte Schwester weisst Du, o Gott, ach, verkehre sie doch in unaussprechliche Freuden durch eine glückliche Niederkunft bei ihr!
Gott, mein Vater im Himmel, blicke auf mich nach Deiner Güte und [um] Jesu Christi willen! Amen.

19, 19a   [leer]

20   März 1786, den 1., Mittwoch, abends.
Welche Pein übergiesst meine Seele nicht beim Gedanken, einmal, einmal in mich zu blicken und es diesen Blättern aufzutragen. Ich lebte wohl mehr meinen Geschwistern als mir selbst in diesen verflossenen Tagen. Und doch fühlte ich meine wirkende Kraft noch mehr in ihrer Würde, als wenn ich nur mir, nur uns leb[t]e. Heute vor 8 Tagen begleitete ich meine Schwester in sein[82] Haus, das ich ihm in 3 Tagen gänzlich einräumte, mit Ordnung, liebevollem Angedenken an ihns[83] und Verstand. Ach, wie oft war meine Seele durchwallt durch die innigste Teilnahme. Leidend und mich freuend, abwechselnd, besonders im Gedanken an meinen Bruder, dem ich heute meine Zeit opferte, ihm Hilfe leistete in seinem Hause. Ach,«wohl ist's nicht gut, dass der Mensch allein sei».[84]
Viele herzlichen Gespräche versüssten die schwere Arbeit des Tages, über die Lage von Herrn Ott und uns, ihre – wenigstens anscheinende – Empfindungslosigkeit. Ach, beweinen aber nicht ändern kann ich sie. Guter Gott, Du bist auch hierin meine Hoffnung und mein Trost!

---

[81] Tobler Georg Christroph (1757–1812), 1784 Pfarrer in Offenbach, später Veltheim und Wald ZH. S. a. 1787, pag. 13 und 28.
[82] Vgl. 1786, pag. 10 f.
[83] die Schwester
[84] 1. Mose, 2, 18. Der Bruder, Escher Hans Caspar, ist noch unverheiratet, was Regula Sorgen bereitet.

Gestern verlebte ich einen der angenehmsten Tage meines Lebens im Genuss der Freundschaft meines lieben Wirz und der Vettern Füssli[85] und [des] Herrn Ratsherr[86].

20a Ach, was doch edle Menschen sind, was ihr Genuss nicht stärkt, belebt, erhöht, vergessen macht, tröstet. Mit W.[irz] konnte ich morgens über seine Lage frei aus dem Herzen sprechen, ihm raten, und abends war ich so glücklich, die Liebenden beisammen zu sehen, zu sprechen, zu hören, zu geniessen, in der edlen Gegenwart ihres Papas[87], der so offen, so mitteilend war, Pläne zu einer Rigi[88]-Reise machten, einen Brief aus Graubünden uns vorlasen, darin eine Geschichte von Vikar Plantas Tochter und Baron Christ[89] – war in Sitten gleich vor einigen Jahrhunderten – die sehr rührend war. Vergleichungen, die freilich nur mitnahmen, was nützte, schlichen sich auch ein zwischen Füssli und Lavater. Lavater ist doch der grösste, einzige der Menschen, die ich je noch gesehen habe. Aber solche Mitteilungen waren doch sehr selten. Ach, dass ich doch oft oder auch nur selten das Glück geniessen könnte, Füssli bisweilen zu sehen.

Lavater schreibt ein neues Buch, Nathanaels Nachrichten[90], Wahrheiten der christlichen Religion. Ich hörte ihn zweimal Stücke davon vorlesen, schrieb ihm einige Stellen ab, dabei mir herzwohl war. Aber wozu immer Bestreitungen[91], mir tut's jedes Mal weh, so was geschrieben zu sehen. Die Religion, das Evangelium, lässt sich nach meiner Empfindung nicht leicht mitteilen, nicht begreiflich machen, nicht umschliessen, nicht zergliedern. Ich einmal, nehme am liebsten, was ich mit eigener Empfindung erfassen und sehen kann.

21 <u>Sonntag, den 5. März.</u>
Um 6 Uhr erwachend, bang über das Ächzen meines Mannes, der an Ohrenweh stark litt. Dann Zorn über eine Unterredung unter uns wegen

---

[85] Vermutl. Füssli Heinrich (1767–1843), verh. 1796 (gesch. 1819) mit Schinz Esther (geb. 1767), Fabrikant im Balgrist, später Regierungssekretär in Aarau, und Füssli Hans Rudolf (1777–182.).

[86] Füssli Johann Heinrich (1745–1832), Obmann (Verwalter) der säkularisierten Klöster, Ratsherr, polit. Schriftsteller, Buchhändler und Verleger in Fa. Orell, Gessner, Füssli u. Co., verh. I 1765 mit Schulthess Barbara (1742– 1782), 12 Kinder; II 1786 mit Meyer Susanna Maria Magdalena, 1 Tochter.

[87] Des Ratsherrn Füssli Johann Heinrich, Obmann.

[88] Rigi: Bergmassiv, 1798 m ü. M., in der Zentralschweiz.

[89] Christ Nicolaus (Nicolas de Sanz) (1732–1799), Offizier in sardinischen Diensten, vom König wegen besonderer Verdienste geadelt. Vermählte sich mit Margarete von Planta von Wildenberg, was ihm durch eine romanhafte Darstellung Weltruhm einbrachte.

[90] Lavater Johann Caspar: «Nathanaël oder die ebenso gewisse als unerweisliche Göttlichkeit des Christentums. Für Nathanaël, das ist, für Menschen, mit geradem, gesundem, ruhigem truglosem Wahrheitssinn», o. O. 1786.

[91] Wahrscheinlich Hinweis auf den streitbaren Theologen Lavater.

dem Schönenhof⁹² (Abb. S. 123). [Bei] Lavater in der Predigt, der übers Leiden predigte, das mich rührte. Nachher ging ich noch zur Weyermann, um Abschied von ihr zu nehmen, blieb noch mit Freundinnen bei Lavater. Plan zu einem Werk für ein Buch für Kranke⁹³. Einige andere Unterredungen insgemein. Freundschafts-Genuss – gar keinen, und [um] 10 Uhr nach Hause. Betete und weinte, schrieb ein Billett an Frau Gessner⁹⁴, die mir etwas für Arme schickte. 's Essen und Kaffeetrinken bis jetzt, da ich mich eben niedersetze, um noch aufzuschreiben, wie angenehm mir diese Tage der verflossenen Wochen verschwanden.

Donnerstags [2. März] speiste Doktor Lavater mit uns, nachdem er über 3 Monate uns nie mehr besucht hatte. War so freundschaftlich und herzlich, als er nur sein konnte, und las vieles von den Visionen und Antworten von Orellis⁹⁵, die er gehabt und getan. Ich muss gestehen, dass ich innigst davon gerührt war, als die höchste reinste Moral; aber als göttliche Offenbarung – das kann ich nicht begreifen, weil's zu gemacht scheint. So gar nichts, das es beweist, so feierlich es anfangs scheint. Besonders hätt' ich für die Würde der Sache die Erscheinung weggewünscht, weil durch den gleichen Weg durch Cagliostros⁹⁶ Buch [und] Tun noch nie nichts hervorkam. Fast gab ich der Schulthess⁹⁷ Beifall, dass es Wahrheit sei von seiten Orellis, aber dass Ahnung eine gewisse Art von Mittelgeistern⁹⁸ [sei], die selbst nicht reine Wahrheit hätten, getäuscht könnte werden, und dass die Geister wohl Räte wie Menschen geben könnten, die aber darnach nicht Gottes Ratschläge offenbaren. Begreifen konnt' ich's nicht, aber so was allein lässt sich sagen. O Gott, lass' doch bald Licht unter uns werden, ob die Sache von Dir komme oder nicht, ums Beste dieser so lieben Menschheit willen! Ich las selben Tag und freitags noch alles nach, aber, ach Gott, was soll ich sagen? Ich rühre es nicht an, lasse es nur

---

⁹² Schönenhof: vor der Stadtmauer in Stadelhofen gelegenes Wohnhaus der Schulthess-Wolf Barbara (Bäbe).
⁹³ Wahrscheinlich «Lieder für Leidende», Tübingen 1787.
⁹⁴ Gessner-Keller Elisabeth (1746–1797), Gattin, verm. 1746, des Gessner Hans Caspar (1720–1790), VDM, Pfarrer in Dübendorf. Mutter des Gessner Georg (1765–1843), 1791 verh. mit Schulthess Barbara (Bäbe iun., gest. 1792), in 2. Ehe mit Anna Lavater (1771–1852), der Tochter Joh. Caspar Lavaters.
⁹⁵ Orelli Heinrich von (1757–1799) zum Grabenhof, verh. 1781 mit Lochmann Regula (1760–1832), Notar und Landschreiber in Bülach, schrieb eine «Vollständige theoretische und praktische Geschichte der Erfindungen», Zürich 1786–1788. Freund Lavaters.
⁹⁶ Balsamo Giuseppe, alias Cagliostro Alessandro Graf (1743–1795), italienischer Abenteurer und Alchimist, 1787/88 in der Schweiz. Vgl. 1789 pag. 37ff.
⁹⁷ Schulthess-Lavater Regula (1763–1831), Gattin des Schulthess Hans Caspar (1755–1800), Tochter des Landvogts Lavater Heinrich, Linie zum Thalgarten, wohnhaft im Landhaus «Wäldli», Zürich–Hottingen. Diese Linie ist nicht zu verwechseln mit der Linie zu Hottingen, später zum Aarhof und zur Weinleiter-St.Urban, vgl. 1786, pag. 8.
⁹⁸ «Mittelgeister»: Elementarwesen, des göttlichen Funkens nicht teilhaftig, daher von beschränktem Wissen, den Menschen je nachdem gut oder übel gesinnt.

mir wie ein Traum vor meiner Seele vorbeigehen, denn ich nicht begreife, woher es kommt und wohin es geht.

Am Donnerstag [2. März], abends, waren Pfenningers bei uns. Viel von Lavater, Bremen[99], Magnetismus die Rede. Es frappierte mich im Gedanken für Lavater, wie er sich nach solcher Vergötterung anfängt zurückzuziehen, kraftvoll ein Zeichen der Göttlichkeit verlangt. Sie blieben da zum Nachtessen, da wir munter und fröhlich waren bei einander. Doch ach, wie war mir doch zumute! Ich weiss nicht, wie mir wäre, einen Menschen zu fühlen, der mich über alles liebte!

Freitags [3. März] war Schweizer[100] bei uns, das mich in einem andern Gesichtspunkt unendlich erfreute, als ein Mensch von vielen Verdiensten. Unser Gespräch war über Lavater, Magnetisierung, Religion, Philosophie, Paris, Lektüre, Malerei, ganz munter und herrlich.

23 Es frappierte mich sehr, in einer Woche so viele Geliebte auf einmal wieder zu sehen, nach so langem, langem, stillen und fernen Sein. Oh, lass' lange die Wärme der Freuden, die ich in mich zog, mir Kraft sein, dass ich in stiller Einsamkeit mich ihres Andenkens freue! Liebe, Liebe, wie leide ich nicht durch dich, wie aber bin ich auch schon selig durch dich geworden! Lieber lieben und leiden, als so weltkalt und tot zu sein. Ich weiss, dass und wie ich liebe und hoffe, besonders, o Gott, Du erhaltest mir Lavaters Freundschaft zu meinem Trost und zu meiner Erquickung!

Es ist doch oft so niederschlagend, so mühsam und unbestimmt, sich fortzuschleppen, dass ich wünschte – ach, wie wünschte ich – das Ziel meiner Bestimmung deutlicher vor mir zu wissen. Gott, Du mein Vater, stärke Du mich, um der Liebe Christi willen! Amen.

Den 14. März, Mittwoch[101], morgens.

Um 7 Uhr aufgestanden. Chocolade, Ankleidung. Und jetzt mich stille niedersetzen zu euch, diesen Blättern, wieder etwas von dem Hauch meines Lebens aufzubewahren. Ach, wie schnell verfliesst die Zeit, wie wenig hebt[102] sie auch, ausser die Leiden der Liebe und die Freuden der Erhebungen und Arbeit. Ach, lehre mich sie nützen und bedenken, dass ich sterben müsse!

24 Gestern besonders durchwallte meine Seele von Leiden, was mich sehr niederschlug, wegen Otts Betragen gegen meine Schwester, gegen seine Magd. Ach, hätte ich das denken sollen! Mein Gott, führe Du es zu seinem Besten!

---

[99] Bremen: Land und Stadt Norddeutschlands, Hochschule mit berühmter theologischer Fakultät. Eine Berufung Lavaters stand zur Diskussion.

[100] Schweizer Johann Caspar (1754–1811), Bankier, schwärmerischer Anhänger der Französischen Revolution, Freund Pestalozzis und durch seine Frau Schweizer-Hess Magdalena (1751–1814) verwandt mit dem Dichter-Maler Hess David und Landammann Reinhard Hans von, lebte in Paris.

[101] Recte: Dienstag.

[102] «Hebt»: heben, Helvetismus für halten, aufbewahren.

Auch bängliche häusliche Sorgen quälen mich. Wie leben und wie machen? O Gott! Ich fühle, Du bindest und willst mich an Dich binden, dass ich gedrungen werde, oft und viel mich Dir zu nahen. Habe Dank, verlasse mich nicht! Eine solche Stunde der Andacht, wie ich sonntags [12. März] hatte, geht tief ins Herz, so vom Bedürfnis gedrungen, mit Dir zu reden und Ruhe zu finden. Spaldings Bestimmung des Menschen[103] erfüllte den Morgen noch aus. Fühlte, wie wahr er habe, wie deutlich er sei, und nahm einige Ideen wieder wie neu in meine Seele auf.

Rousseaus Julie ist meine liebste Lektüre, ein Buch, tief aus meinem Innersten und [demjenigen] der Menschheit herausgeschrieben und gefühlt. Oft ersetzt es mir Stunden, die der Freundschaft heilig waren, in edlem Genuss von edlen Menschen, die alle mir fern sind. Nur stille Wehmut erhebt oft meine Seele nach ihnen, besonders nach Lavaters, Toblers. Auch ist dies Lesen mir der beste Trieb zum Französischen[104]. Ich fühle, dass mein Interesse für dieses geistreiche Buch mich treibt, es in seiner Schönheit zu fühlen in französischer Sprache, die so leicht aus und ein in die Gefühle geht.

Ich lebe so frei in ungebundenem Tun und Lassen, dass ich mir täglich vornehme, meine Geschäfte wieder in einer gewissen Ordnung zu tun, zu bestimmter Stunde aufzustehen, zu beten, zu erheben meine Seele zum Bibellesen[105], zum Arbeiten, zu meinen Besuchen, zum Erlernen der Sprache. Obschon alles getan wird, so ist doch Ordnung zu allem gut.

Gestern rangierte und durchging ich alle empfangenen Briefe von meinen Freunden und Freundinnen vom Jahr 1783. War in Empfindung darüber vertieft. Gefühle, wie alles nichts, und doch wie herrlich es sei. Auch mein Tagebuch, seit ich's angefangen, versiegelte ich zu sagen[106]. Oh, wie mir's schwer war dabei, die vielen Fehler, die ich zu bekennen oftmals vor mir selbst zu schwach war, davon dann mir aber bitter ist, der traurigen Sachen allen! Doch geht's immer ja gut. Darum will ich in Dir ruhig sein und mich in meinem Gott freuen und auf ihn vertrauen. Die Hoffnung der Unsterblichkeit, das Wissen, dass Gott mich hervorruft, sind mir felsenfeste Wahrheiten, auf die sich meine Seele verlässt, mich bestärkt.

Nun will ich hinter die Briefe von Lavater.

---

[103] Spalding Johann Joachim: «[Betrachtung über die] Bestimmung des Menschen». 1. Auflage 1748, spätere Auflagen Berlin 1754, Leipzig 1763/64.
[104] Gemeint ist Rousseaus «Julie ou la nouvelle Héloïse».
[105] Die im Tagebuch aufgeführten Bibelzitate wurden anhand der in Zürich gebräuchlichen Bibelübersetzung des Reformators Ulrich Zwingli (1484–1531) verifiziert: «Das neue Testament unseres Herrn und Heilandes Jesu Christi», Zürich, bei David Gessner, 1778; «Die Bibel, das ist alle Bücher der Heiligen Schrift, des alten und des neuen Testaments», Zürich, bei Gebr. David Gessner und bei Orell, Gessner, Füsslin und Compagnie, 1772.
[106] Sic. Gemeint ist wohl die Verpackung und Versiegelung früherer Tagebuchjahrgänge; symbolisch: durch Versiegeln zum Verstummen gebracht, weglegen. R. v.O.-E. hat mit ihren Aufzeichnungen 1779 begonnen, die Jahrgänge 1779–1785 sind verschollen.

Gottes Segen und Gnade sei mit mir! Amen, um Jesu Christi willen. Amen. Amen.
  8 Uhr ½, morgens.

26   Den 23. März, Samstagabend, 7 Uhr.
An einem stillen Abend sammle ich mich noch, still über mich selbst nachzudenken. Ach, wie weit immer von mir, wie strebend, wie suchend nach allem dem, das ich nicht bin, nicht tue. Besonders macht mein Gewissen mir Vorwürfe über den Leichtsinn, in dem ich lebe, besonders über unsere häuslichen Umstände; jetzt voll Ängstlichkeit über alles was ich vornehme. Wie blind lebe ich fort, vielleicht werde ich darben müssen einst. Gott im Himmel, lehre mich und uns weislich handeln, dass Du uns Deinen Segen geben möchtest! Ach, ziehe mich zu Dir!
Viele Zerstreutheit durchwallt meine Seele in allem Religi[ösen], Moralischen, Weiblichen, Freundschaftlichen. Arbeitend. Woher diese Verwirrung? Führe mich zurück zu Dir, zu weiser Ruhe und Stille. Drang meines Herzens ist dieser Ausguss, heute früh schon in meiner Seele aufsteigend, einzig mit mir selbst beschäftigt. Ich denke auf die gestrigen Freuden, L.[avater] zu sehen, auflebend, aufgeweckt, trauernd über meine Fehler, betend, lesend in Rousseaus Julie bis 10 Uhr, dann Lektion bei Eckart, noch Aufräumerei. Zufriedenheit, wie viel ich diese Wochen gearbeitet hätte. 's Essen, nachher
27 wieder Ordnung machend, dann arbeitend. Unruhig, voll Übelkeit körperlich bis jetzt, da ich eben mich wieder setzte.
Diese Wochen genoss ich freundschaftliche Freuden die Menge in meiner Ott, Bruder, Lavaters, Schulthessin, Toblers, Pfenninger.
Ach, lass' mich ruhiger und weiser mit jedem Tage durch diese Geliebten werden!
28   [leer]

29   April, Mittwochmorgen, den 19.
Welche Szenen, welche Empfindungen durchwallten meine Seele, die ich, liebe Blätter, hier nun ausdrücken möchte durch den fernsten Hauch, der schon verschwunden ist, doch nicht ohne Früchte, die der Himmel aufheben wird.
Den 6. dieses Monats kam meine Schwester Ott nieder mit einem gesunden, herzigen Töchterlein[107]. Welche Szene war's für mein liebendes Herz, dem sein Leiden, seine Angst, seine Freude so nahe ging. Was für Teilnahme an Leiden und Freuden nahm ich nicht, wie war mir nicht; nein, niederschreiben kann ich's nicht mehr, aber auch nicht vergessen oder verloschen sind sie, die Nächte, durchgewacht an seinem und seines Kindes Seite. Was waren sie mir! O Gott, hörtest Du vielleicht meine Seufzer alle, sahest Du

---

[107] Ott Elisabeth (1786–185.), vermählt 1827 mit Wirz Wilhelm (1772–1844), Krämer.

wohl meine Tränen und wirst Du wohl den Wunsch mir noch erfüllen, den ich so demutsvoll und über alles innig vor Dir ausgoss, auch noch Kinder zu empfangen, Mutter zu werden! Ach, Du allein weisst meiner Seele Verlangen. Still will ich in mein[em] Gebet
30 Deiner und Deiner Hilfe harren! Du kennst aber meine Schwächen, wie schwer mir's war, meinem Mann zuzukehren, der doch nicht Kraft hat, es mir an Deiner Statt zu geben. Dass es Dein Werk, Deine Gabe sei, Kinder zu geben, wann Du es willst, das empfand ich, ach, wie tief; vielleicht bin ich's sonst nicht würdig. Ach, welche Trauer über diesen Gedanken erfüllt meine Seele, die so zweifelvoll ist! Welche Zärtlichkeit fühlte ich gegen den Engel, welche Gefühle bei jedem schnelleren oder leiserem Odem bewegten mein Herz, und wie war's mir, da meine Schwester mir's als Taufgotte[108] an mein Herz legte. So gewünscht hätte sie mir nichts tun können, als mir diesen Anteil an ihm[109] zu geben. Oh, wie erweckte es meine Zärtlichkeitsgefühle, ganz wie die Freude über seine Entwicklung mit jeder neuen Stunde in lebhaften Bewegungen. O Gott, wie schaffst Du so wunderbar Deine Menschen und wie herrlich! Kann etwas verglichen werden den Lieblichkeiten eines neugeborenen Kindes? Nein! Ich hätte niederfallen mögen und anbeten vor seiner Wiege, über Deine Herrlichkeit in ihm.
31 Wie fast unglaublich war mir Deine Güte durch das Verschwinden all der alten entsetzlichen Beschwerden bei meiner Schwester. Verzeihe diesen Unglauben, er ist meiner Natur nach. Obschon ich's sah, liess es sich denken, dass es so kommen würde. Ach, lass' mich doch danken und erbeten und glauben Deiner Güte und Deiner Barmherzigkeit, [für] uns so arme Menschen in allen unsern Angelegenheiten des Leibes und der Seele! Ein Wunder ist's zu nennen, was meine Seele ewig zur Stärkung und zum Dank mir bewies. Ach, wie freute mich jede Freude, die sein Mund und sein Auge aussprach! Gott, Du weisst die Süssigkeiten alle, die liebevolle Empfindungen in mir erweckten, Freuden über einen Menschen, Freuden über die Überstehung der Gefahren! Ach nein, es lässt sich nicht sagen, wie gütig und wie gnädig Du bist. Mein Lob, das Lob einer Sünderin, Deines Kindes, ach – könnt' oder möchte es Dir gefallen – strömt so tief aus meiner Seele. Siehe es an, o Du Erbarmer, um Jesum Christum. Amen.
32 4 Nächte war ich meistens ganz an seiner Seite und besuchte ihns bis dahin täglich. Ach, mit welcher herzlichen Empfindung und Durchwallung der Liebe und der Freude und des Danks, ihns gesund und wohl bei seinem Engel zu sehen, zu finden.

---

[108] Taufpatin.
[109] Dem Kind.

Am Hohen Donnerstag[110] [und am] Karfreitag [14. April] war ich mit welcher Empfindung bei der Kommunion[111], am Samstag im Abendgebet und bei Lavater in der letzten Stunde der Unterweisung der Töchter, die wohl eine der [erhebendsten] Feierlichkeiten meines Lebens war. Welche Entschlüsse, welche Erhebungen brachte er einst in meinen Geist und mein Herz.
Ostertag [16. April] morgens und abends waren mir auch herrliche Stunden. Oh, hilf Du mir halten und erfüllen, was ich mir vorgenommen gegen Dich, gegen mein Selbst, meine Pflichten gegen meinen Mann, meine Geschwister, meine Freunde um Deiner unendlichen Erbarmung willen über mich, o Gott, Du Gott meines Heils, um Jesu Christi willen.
Nun gehe ich jetzt ruhiger von hier an meine Arbeit, nachdem mein Herz sich ausgegossen hat vor Dir, o mein Gott und mein Heiland, Jesus Christus!

33   Sonntag, den 30., letzten April.
Welche geheime Unruhen, Leidenschaften und Leiden verfolgen meine Seele nicht in mir, oh, welcher Schatz von Erinnerungen durchwühlt mein Herz, was am Ende doch nur gut ist. O Gott, stehe mir bei!
Liebe belebt mich zu allem Guten, zu allem Verstehen der Welt. Und Liebe tötet alles in mir. Hilf, der Verwirrung ein Ende machen und meiner Verzweiflung in mir!
Ich lese oft wieder im Testament, doch nicht täglich, arbeite, aber nicht mit Freuden, tue alles, weil's getan werden muss, aber nicht, wie es meiner Seele heilsam wäre. Ach, giess' Ruhe in meine Seele, um Jesus Christus willen! Amen.

34 Heute, beunruhigt in Zweifeln, Ängsten, wegen Schinznach[112], stand ich auf, langsam dejeunierend, redend, hernach im Johannes vom 10.–13. Kapitel[113] lesend, sodann Aufsätze schreibend[114] für Lavater in ein Krankenbuch, mit Empfindungen. Häusliche Geschäfte, dann Rousseaus Julie deutsch geendigt. 's Essen, nachher Gespräche, Leiden entsetzlicher Leidenschaft. Lesen in einem französischen Roman. Leiden ohne Namen, und jetzt mich noch niedersetzend hieher und meinem Mann schreibend. Amen.
Über Schinznach.[115]

35, 36   [leer]

---

[110] «Hohendonnerstag»: Gründonnerstag, Donnerstag vor dem Karfreitag.
[111] «Kommunion»: Abendmahl.
[112] Schinznach: Bad im Kanton Aargau. 1761–1780 Tagungsort der Helvetischen Gesellschaft.
[113] Johannes 10–13 über den guten Hirten, die Auferweckung des Lazarus, die Salbung Jesu zu Bethanien, den Einzug in Jerusalem, die Fusswaschung, Jesus als Vorbild und Gebot der Liebe, die Bezeichnung seines Verräters und die Ankündigung der Verleugnung Petri.
[114] Lavater hat zu Kopisten seiner Briefe und Gedichte genommen, wer gerade zur Hand war.
[115] Bezieht sich auf «schreibend».

Sonntag, den 7. Mai, ½ 2 Uhr.
Wieder 8 Tage meines Lebens verflossen, und wie? In bangem Zweifeln an allem, an Gott selbst, in Stunden, da die Leidenschaften in mir wüteten, nach Kindern mich sehnte. O Gott, versüsse diese Wut in mir durch sanftes Empfinden Deiner. Losreissen konnt' ich mich nur durch Entraten Deiner, durchs Testament-Lesen, Arbeiten, Freunde-Besuchen.
Dienstags [2. Mai] sah ich Schulthessin, donnerstags [4. Mai] Oncles[116] auf dem Bauhaus[117], das mich im Glauben an die Freundschaft in die Menschheit stärkte, führte, und wie balsamisch angehaucht war [ich] in wonnevoller Empfindung auch durch einen Spaziergang mit meinem Mann allein. O Natur, Berge, Bau der Welt, wie bist du nicht Bild von Gott, dem Erfahrenen, der dich so werden hiess. Wie stimmst du zur Anbetung durch ein so entzückendes Tableau, das du durch den Untergang der Sonnenstrahlen weiser Licht und Schatten-Schattierung vor unsere Augen uns legtest, den 4. Mai, dessen Erinnerung mich ewig erfreuen wird in [ein]druckvollem Aufblicken zu Dir, o Gott. Oh, wie viel lässt Du mich nicht geniessen auch in dem Anhören der Harmonika durch die Mamsell Schmidtbauer[118]. Welcher sanfte Hauch schien von Dir durch sie auszugehen. Oh, wie ging ein Schauer durch alle meine Adern, die
die Musik empfinden können. Der Schinz, könnt' sie zuhören, wurde ihm 1000 [mal] gedankt.[119] 4 Aufsätze, gebetmässig, für Lavaters Krankenbuch machte ich ihm[120], schrieb ihm, vollendete und sandte ihm Briefe, und

---

[116] Als «Oncle» wird Lavater Heinrich (1731–1818), 1774 Landvogt zu Baden, 1785–1791 Ratsherr, 1791 Landvogt zu Grüningen, bezeichnet, verh. 1756 mit Escher Anna Cleophea (1733–1802), Tante der R. v. O.-E. Eine weitere Tante war Dorothea (1739–1795), verm. mit Bürkli Conrad (1730–1784) aus dem Tiefenhof (Tiefenhöfe 13, am heutigen Paradeplatz) zu Schwandegg. Eine nähere verwandtschaftliche Beziehung des Landvogts zu den Brüdern Johann Caspar, Diethelm und Heinrich Lavater (Goldschmied) besteht nicht. Der Landvogt hatte 2 Töchter: Anna, vermählt 1758 mit Schinz Caspar, und Regula, vermählt 1784 mit Schulthess Caspar vom Thalgarten (Wäldli), beide Cousinen und Freundinnen von R. v. O.-E., s. 1786, pag. 55.

[117] Bauhaus: (abgerissen), nahe heutiger Börsenstrasse, Wohnsitz des Bauherrn, des mit den Bauaufgaben betrauten Ratsherrn, 1783–1790 Scheuchzer Hans Jacob (1743–1810), Obervogt zu Wiedikon verh. 1757 mit Steiner Anna. Ab 1795 Escher Hans Jakob (1746–1813), verh. I 1777 mit Orelli Regula von (geb. 1753), II 1789 mit Usteri Barbara verwitwete von Grebel (1747–1828). In den Bevölkerungsverzeichnissen 1790 ist Ratsherr Lavater (Lavater Heinrich, Landvogt) als Bewohner verzeichnet, er war offenbar Mieter in dieser städtischen Liegenschaft.

[118] Schmidtbauer Therese, Sängerin und Harmonikaspielerin seit den 1770er Jahren.

[119] Schinz-Lavater Anna spielte für R. v. O.-E. eine wichtige, Musik vermittelnde Rolle. Ihr Vater, Ratsherr und Landvogt Heinrich Lavater (1731–1818), war Vorsteher in der Gesellschaft auf dem Musiksaal und bekleidete eine hervorragende Stellung im Zürcher Musikleben. Damit hatte Regula möglicherweise Zugang zu hochstehenden, nicht öffentlichen Konzerten. S. a. 1789, pag. 46.

[120] Es macht den Anschein, als hätte sich R. v. O.-E. an der Abfassung des «Krankenbuchs» beteiligt.

erhielt wieder andere von ihm. Ach, lass' mich ihn lieben und mich seiner freuen die Tage meines Lebens! Wie geht mir alles ein, das ich von ihm höre!

Gestern, den 6. [Mai], feierten und erneu[er]ten wir in herzlichem Gebet unseren 11. Trauungstag. Meine Seele erhob sich in sanften Empfindungen gegen meinen Mann, gegen Gott, der mir ihn gab. [Der Tag] war aber in Arbeit, Lektion-Machen, Besuch von Frau Stetrichter[121] und bei Frau Ott allgemein hingebracht und nur durch liebevolle Umarmung geheiligt.

Heute [7. Mai] war ich früh erwacht, spät auf, häusliche Geschäfte, einpacken, ankleiden, munteres Mittagessen. Herzliches Abschiednehmen von meinem Mann und Bruder[122], eingeteilt und verschwunden[123] und nun, nachher, las ich im Evangelio Johannes vom 14.–21. Kapitel[124], betete und schrieb bis hieher, da es 2 Uhr schlägt.

Den Gedanken kann ich nicht entfernen, wie erzürnt D.[oktor] L.[avater] sein werde, dass wir nicht nach Sch.[inznach] gingen, weil er am Dienstag verreist, doch ich schrieb ihm mit Liebe am Dienstag schon darüber und beruhige mich in der Hoffnung, dass Gott unsere Umstände am besten wisse und mir geben könne nach meines Herzens Bedürfnis.

<u>Mittwoch, den 16. Mai 1786.</u>[125]

Abends 7 Uhr. Ach, wieder einmal neu Anmahnen meiner selbst, doch fürcht' ich mich eben nicht, indem ich mir just nichts Böses, das mit dem Namen böses Bewusstsein sich ausdrückte, obschon ich mir vieler, vieler Fehler bewusst bin, über die ich weinend mich niederwerfe im Gebet, das ich doch öfter als schon aus innigstem Bedürfnisse erreichte, oftmals im Testament las.

Heute war ich um $^1/_2 7$ Uhr aufgestanden, mich ankleidend und dejeunierend, nachher schrieb ich Lavater 4 Aufsätze über Verse, die er mir [aus]-wählte[126], ein Briefchen an ihn und an die Schulthess. Arbeitend schloss ich den Morgen bei der Anhörung des Briefes, den Stolz Lavater über seine Wahl nach Bremen geschrieben, tränend und erschüttert fühlend, dass er gehen werde. 's Essen, nachher Arbeit bis um 4 Uhr, da ich [zu] Lavater in

---

[121] Escher-Keller Anna (1756–1836), Tochter des Keller Hans Caspar (1727–1793) und der Hirzel Anna Elisabeth (1732–1798), verm. mit dem späteren Rittmeister Escher Johann Caspar, vgl. 1786, pag. 4.
[122] Bruder: hier ist der Schwager gemeint: Orelli Hans Caspar von (1741–1800), verh. 1768 mit Usteri Dorothea (1746–1798), 1783 Landvogt zu Wädenswil.
[123] Möglicherweise Abreise in einer Postkutsche.
[124] Johannes 14–21 über die Verheissung des Heiligen Geistes, Christus als Weinstock, den Hingang zum Vater, die Passionsgeschichte, die Auferstehung, die Erscheinung Jesu am See Genezareth, die Weissagung über Petrus und Johannes.
[125] Entweder Dienstag, 16. oder Mittwoch, 17. Mai.
[126] Vgl. 1786, pag. 38.

die Kirche wollte, um nachher die Berlepschen[127] zu sehen, wurde aber von einem prachtvollen Wetter abgehalten, das mich zur Anbetung und Empfindungen und Entschlüssen brachte, das mich wohl schadlos halten wird gegen den Genuss, den ich in Lavaters Hause gehabt hätte.

40 Nachher arbeitete ich am Fenster noch eine Stunde und jetzt nun schrieb ich bis hierher.

Oftmalige Zweifel zerreissen meine Seele beinahe, das weisst Du nur allzuwohl, o Gott, mein Vater, an allem, und machen mich leiden. Auch Liebe durchwühlt meine Seele – oft wie ein zweischneidendes Schwert – die nie befriedigt wird, in keinem Sinn, weder in moralischem, freundschaftlichen, ehelichen. Ach, lass' mich nur auch sanfter werden, nur nicht darunter zu erliegen. Meine Heftigkeit bringt mich beinahe aus allen Schranken, aus allem Genuss, aus aller Ruhe.

Auch schrieb ich, wohl als das wichtigste meiner Verrichtung, ein Billett an den Herrn O.[relli][128], in Bruders Namen. Ach, segne doch diesen Schritt, um Deiner Erbarmung willen, es liegt mir gar zu nahe an dem Herzen. Vater, mein Erbarmer, erbarme Dich meiner! Amen.

41, 42 [leer]

43 <u>Brachmonat 1786, den 16., Freitagabend.</u>

Stiller Abend, sei mir heilig, sei mir willkommen, mich einmal über mich selbst zu sammeln und es aufzuschreiben, was ich so lange nicht wieder getan und es doch fast täglich tun wollte, weil ich meiner selbst nicht ferne war, aber verschwunden sind einige Wochen, davon [die] Geschichten ich nicht mehr weiss und mich nun aber an dem begnügen will, was mir vorzüglich, interessant und gegenwärtig ist.

Die Pfingsten war mit Ruhe, mit Gebet um Weisheit, um Verstand und Kraft, um Glauben und um Liebe und den Heiligen Geist still gefeiert, mit dem besten Vorsatz, zu leben wie es Gott gefällig sein möge und es meiner Seligkeit diene. Die Wäsche hielte[n] wir auch eine in dieser Zeit, über die ich mit Fleiss vieles arbeitete, die ganze Woche durch, und mich des reinen Zeugs erfreute, auch Sekaten[129] gingen mir zu meiner Freude vorbei. Ich litt vieles über den

---

[127] Berlepsch Emilie von (1755–1830) Schriftstellerin. Ihr Ehemann (1801 gesch.) Berlepsch Friedrich Ludwig von (1749–1818) stand in kurfürstlich-hannoveranischen und königlich-preussischen Diensten, mit der Revolution sympathisierend.

[128] Orelli Salomon von (1740–1829), wohnhaft im Haus «zum Garten» in Stadelhofen. (s. 1786, pag. 48). Gerichtsherr zu Baldingen, verh. mit Schulthess Anna (1742–1805), ein Vetter des Orelli David von. Der Bruder Regulas, Escher Hans Caspar, umwarb Orellis Tochter Regula (1768–1832), wurde aber schnöde abgewiesen. Sie heiratete 1789 Escher v. d. Linth Hans Conrad (1767–1823).

[129] Sekatur: Quälerei, Belästigung, auch Hudelei, unpünktliche Arbeit. «Hudelergeld» = kleine Nebeneinnahmen der Hausfrau; sekkieren: quälen, belästigen. Sinngemäss: Abrechnung mit den Handwerkern über Kleinigkeiten (Schweizer J. C. und Conrad von Orelli: Fremdwörterbuch, Zürich 1840).

neuen Beruf[130], den Lavater von Bremen erhielt und seine Art, wie er's behandelte, seine Unschlüssigkeit, seine voreilige Ankündigung der Gemeinde und die vielen neckischen Schiefheiten, die er sich zuzog. Am meisten aber verwunderte mich seine Frau durch eine Ausgiessung[131] gegen die Jungfer Muralt[132] zuhanden aller seiner Freunde, die ich ihr nie verzeihen werden kann, und die mich tiefer in sie blicken liess, als sie es wohl glaubte. Nun freue ich mich unendlich über seinen Entschluss, hier zu bleiben.

Den 3. Brachmonat speiste er mit seinem Sohn[133] noch bei uns zum Abschied[134], den er auf Göttingen begleitete, und mir wohl tat. Zum Abschied sandte er mir einen von seiner Hand auf Karten geschriebenen Unterricht zur Geniessung des h.[eiligen] Abendmahls. Bis auf heute [16. Juni] erhielten wir keine Nachrichten von ihm, und heute so trockene, die mir im freundschaftlichen Sinn wehe taten. Ich schrieb am Mittwoch [14. Juni] an ihn. Einige wichtige Progressen im Französischen gelangen mir, ich las auch Racines[135] Andromaque[136] und ein[en] neuen Teil von Rousseaus L'amant de lui même[137], und jetzt fing ich heute Henri IV.[138] an von Voltaire[139]. Ich bekam von Offenbach die von Tobler gesammelten Blätter[140] vom Jahr 1783 über[141] und schrieb alles Deutsche und alles Französische für mich ab, etwa 8 ganze Bogen, oh, was das für ein Gewinn war des

---

[130] «Beruf»: Berufung.
[131] «Ausgiessung» im Sinne von Ergiessung, Erzählung.
[132] Muralt Anna Barbara von (1727–1805), Tochter von Muralt Daniel von (1683–1770), Kaufmann beim Brünneli, Direktor, und der Lavater Regula (1692–1749). Base und Freundin Lavaters, verfasste Aufzeichnungen über Lavater und «Anekdoten von Herrn Lavaters Lebensgeschichte».
[133] Lavater Heinrich (1768–1819), M.D., beim Waldries, verheiratet mit Ott Barbara (1766–1841). Er machte sich um die Einführung der Pockenimpfung in Zürich verdient.
[134] Reiseroute Lavaters: Frankfurt, Offenbach, wo er Tobler aufsuchte, Göttingen, Bremen, Dessau, Weimar.
[135] Racine Jean (1639–1699), französischer Dramatiker.
[136] Racine Jean: «Andromaque», Paris 1667, s.a.1788, pag. 22.
[137] Rousseau Jean Jacques: «Narcisse ou l'amant de lui-même», Paris 1752.
[138] Voltaire, dit Arouet François Marie: «La ligue ou Henri le Grand, La Henriade», Zürich 1738, Genf 1778, Karlsruhe und Reutlingen 1786.
[139] Voltaire, eigentlich Arouet François Marie (1694–1778), französischer Schriftsteller und Philosoph.
[140] Vgl. 1786, pag. 18. Tobler, der vielversprechende und schwärmerische Verehrer Lavaters war ein genialer Übersetzer griechischer und lateinischer Schriften. Seine Werke erschienen in Pfenninger Johann Conrads «Christlichem Magazin», 4 Bände, Zürich 1779–1780 und «Sammlungen zu einem christlichen Magazin», 4 Bände, Zürich und Winterthur 1781–1783. Es existiert ein Briefwechsel mit Lavater (ZB FA Lav. Ms. 529, 120–141). Er entfremdete sich aber 1793 von seinem Lehrer.
[141] «bekam über»: Dialektal von «überchoo», erhalten.

45 Herzens und des Geistes. Das allein fühlst du, o Liebe, die Liebe in mich legte für Tobler und für alles Schöne, das er zusammensammelte.
Bei 2 Monaten vollendet habe ich meine Reinigung[142] nie gehabt[143] und der so [...]. – herzliche Glück [...] ganz den [...] unaussprechlich [...] habe, gibt mir einige zitternde Hoffnung, dass es eine Schwangerschaft sein möchte. Mein Gott, wie wäre es mir, welche Beweise von Dir, welches Pfand des Himmels, das alle menschlichen Empfindungen in mir erweckt. Ach, lass' mich Deinen Willen und Deine Gnade erfahren in dieser Begebenheit!
Noch keine Entscheidung über die Bitte an von Orelli von meinem Bruder um seine Tochter, das mir viel Kummer verursacht.[144] Ach, lass' ihn doch getröstet und glücklich werden um Deiner Erbarmung willen!
Freuden der Freundschaft in der Schulthess und Schinzin genoss ich diese Wochen herzliche. Sie las mir in Goethes Wilhelm[145] von vorne an einige Kapitel. Was für Wahrheit, was für Tiefen, [was für] Blicke in das menschliche Herz sind nicht in dieses Buch aufgenommen und ausgedrückt. Bei der Schinz bracht' ich einen romantischen Abend auf dem Landgut im Rötel[146] zu, den 12. dieses Monats. Oh, wie herrliches Gefühl durchwallte meine Seele nicht bei ihm[147] und der Pestalozzi[148].

46 Die Kinder[149] meiner Ott sind mein Leben und meine Freude. Oh, erhalte Du sie, mein Gott und mein Vater!
Fast immer blieb ich bei Hause, beschäftigt mit wichtigem und unwichtigem. So ist's unter einander geworfen in dieser Welt. Am meisten liegen mir die Hausgeschäfte an.
Auch hab' ich Kummer über die Nachricht von der Verdorbenheit des Charakters meiner Magd, von der Apollonia [I][150].
Vieler durch Zorn erhitzter Momente schäme ich mich, vieler Vernachlässigungen![151] [...]

---

[142] «Reinigung»: Monatsregel, Menstruation.
[143] Das Folgende durch Überschreiben teilweise unkenntlich gemacht.
[144] Vgl. 1786, pagg. 10 und 40.
[145] Goethes Urfassung von Wilhelm Meister wurde Schulthess-Wolf Barbara (Bäbe) und ihrer Tochter, Bäbe iun., zur Abschrift überlassen. Sie wurde 1910 in Zürich wieder entdeckt. Dieses Manuskript gehörte zur Lieblingslektüre im Freundeskreis des Schönenhofs.
[146] Rötel im Letten, Unterstrass. Landgut der Familie Schinz, heute Rötelstrasse 100/102, Stadtkreis 6.
[147] Vgl. 1786, pag. 20.
[148] Pestalozzi-Schinz Dorothea (1753–1840), zum Steinbock.
[149] Kinder des Ehepaars Heinrich Ott-Escher: Anna Katharina (1780–184.) und Elisabetha (1786–185.), vgl. 1786, pag. 4.
[150] Dieser Apollonia (I) wurde vermutlich gekündigt, worauf Apollonia II sie ablöste, s. 1786, pag. 54f.
[151] Es folgen einige unauflösbare Geheimschriftzeichen.

Die Ferne von D.[oktor] L.[avater] machte mir einige Male bang. Was es wohl unter uns werden würde?

Öfters Traurigkeiten über's Wetter erhoben mich, einige Spaziergänge stärkten mich. O Gott, wie nah und wie ferne sind wir Dir jeden Augenblick, ach, lass' mich's fühlen, wie ich's jetzt fühle! Amen.

<u>Sonntag, den 25. [Juni], abends 6 Uhr.</u>

Um 7 Uhr nicht ganz wohl aufgestanden. 's Essen, nachher herzliches Gebet, las vom 18. bis 21. Kapitel Johannes[152], darnach in dem 2. Buch der Könige die Geschichten von der Sunamitin[153], Naeman[154], Josua[155] und nun noch einige Gedichte[156] von Withof[157], die mir aber nicht ganz gefielen. Etwa eine halbe Stunde brachte ich auf meines Mannes Stube zu. Zärtliche Ergiessungen und von Lava[ter] sprechend. Mittagessen, dann ein wenig angekleidet und Jacobis[158] Allwillspapiere[159] [gelesen] und schrieb zwischen[hin]ein [an] Lavater, dann wieder fortgelesen bis jetzt, da ich redliche und manche hübschen Stellen darin fand, die meinem Herzen wohltaten.

Die gestrigen über[hand]nehmenden Nachrichten, dass Lavater nach Göttingen und wahrscheinlich nach Bremen gehe, erschütterten mich sehr, und lassen mich sehr tief einblicken, wie er lebt und wirken wird inskünftig. Gestern [Samstag, 24. Juni] bracht' ich einige Stunden bei seiner Gattin hin, die mir wohltaten. 8 Tage vorher sah ich sein Bildnis in Lebensgrösse von Lips[160] gemalt, das mich zu Tränen brachte, welche Wirkung Beweis seiner Vortrefflichkeit oder meiner Liebe sein mag.

Vergangenen <u>Mittwoch, 21.</u> [Juni], litt ich sehr über die Antwort aus dem Garten[161] meine[s] Bruder[s] halber. Ach, wenn nur Gott sich seiner erbarmt und ihn bald segnet. Verachtung, wie ich noch keine fühlte, empfand ich gegen das Widrige in von Orellis Handlungsart.

---

[152] Vgl. 1786, pag. 38.
[153] 2. Könige 4, 12, 25, 36.
[154] 2. Könige 5, 1.
[155] 2. Könige 23, 8.
[156] Withof Johann Philipp Lorenz: «Akademische Gedichte», 2 Teile, Leipzig 1782 und 1783.
[157] Withof Johann Philipp Lorenz (1725–1789), deutscher Arzt, Historiker und Dichter, Bewunderer Albrecht von Hallers.
[158] Jacobi Friedrich Heinrich (1743–1819), deutscher Schriftsteller und Philosoph. An Jacobi geht Lavaters Zueignung der Schrift über «Lord Chathams oder Pitts Büste». Der Bruder, Jacobi Johann Georg, s. 1789, pag. 143 und 1795, pag 37.
[159] Jacobi Friedrich Heinrich: «Aus Eduard Allwills Papieren», Düsseldorf 1775/76, Breslau 1781.
[160] Vgl. 1786, pag. 10.
[161] Garten, Haus zum, Rämistrasse 18. Besitz des Orelli Salomon von und der Anna geb. Schulthess, vgl. 1786, pag. 40.

Montags, den 19., war ich um ½ 5 Uhr aufgestanden, angekleidet und ging zu Oncle Ratsherr Lavater[162] und Schinz[163] auf den Musiksaal[164], da wir einen Teil der Soldaten[165] versammelt sahen, fuhren dann auf dem See hinaus und spazierten auf den Muggenbühl[166], da ich dann sehr aufgeweckt und munter war. [Wir] setzten uns ob dem Volk und besahen mit Freuden das Volk, sich drängend versammelnd, vornehm und gemein, auch die Zurüstungen auf der Allmend[167]. [Wir] sahen durch den Tubus[168] alles so genau, als wäre man gerade mitten unter allem. Nach und nach wurd' es immer gedrängter und Schinzin und ich entfernten uns. Nachher war Herr Doktor Ratsherr Hirzel[169] zu unserer Gesellschaft gekommen, der nach einer zweiten Entfernung uns begleitete und mit uns den mit vielen tausend Menschen geschmückten Berg besah bis wir weit unten an die Sihl hinabkamen, da uns setzten und das prachtvolle Widergehall [und] das erhabene Echo der Kanonenschüsse in dem nahen Berge[170] mit einer Art Entzückung anhörten,

mithin unsere Empfindungen aussprachen und oftmals etwas von unseren Gesellschaften Interessantes aufnahmen, den Tour[171] zurück machten und die ganze Gesellschaft an den ausgewählten Platz hinbrachten, und uns da bis ans Ende einer Reihe noch setzten und uns wohl an der Natur, an den Gesprächen, an der Gesellschaft und an dem Schauspiel der Kavallerie sein liessen. Wirklich war das Aufstossen der Erde, die die feurigen Rugel[172] – ehe sie ihren Lauf vollendeten – [verursachten] und das Wallen und Aufsteigen des mit Bomben angezündeten Hauses, beinahe ein Schauspiel ans Erhabene grenzend. Hirzel verliess uns, und nun eilten wir im Regen in unser Haus zurück, da [die] Schinzen, Oncle, mein Mann und ich ein in Liebe und Scherz gewürztes Essen genossen, um 4 Uhr nach der Stadt

---

[162] Vgl. 1786, pag. 37.
[163] Schinz Caspar (1755–1838), Kaufmann, Gatte der Schinz-Lavater Anna. Vgl. 1786, pag. 7.
[164] Konzertsaal der Musikgesellschaft beim Fraumünster.
[165] Vermutlich handelte es sich um ein Truppenaufgebot im Zusammenhang mit den bevorstehenden militärischen Übungen.
[166] «Muggenbühl»: Hügel bei der Zürcher Allmend. Die in mehrjährigen Intervallen stattfindenden, von der «Militärischen Gesellschaft der Pörtler» organisierten, Finalübungen waren ein allgemeines Volksfest. 1786 wurde aus Anlass des 100-jährigen Bestehens der Gesellschaft eine besonders aufwendige Übung durchgeführt.
[167] Allmend, Gemeinde Wollishofen. Im Besitz der Kommune stehender Weideplatz, als militärisches Übungsgelände benützt.
[168] «Tubus»: Fernrohr.
[169] Hirzel Hans Caspar (1725–1803), M.D., beim Sonnenberg, 1778 Ratsherr, verh. 1748 mit Ziegler Anna Maria.
[170] Der gegenüber liegende Üetliberg, 870 m ü.M.
[171] «Tour» im Sinne von dialektal «Kehr», Wendung.
[172] «Rugel»: dialektal für Kugel.

| | Tagebuch | 1786 | 49 |

[zurück]kehrten, in dem Glockenhaus[173], der neuen Nannen-Wohnung[174], 's Tee tranken, ausruhten, freundschaftliche Gespräche führten und um 7 Uhr vergnügt nach Hause kehrten, da manches wiederholten und um 9 Uhr zu Bette gingen. Oh, welch' eine süsse Empfindung, geliebte Menschen in der Natur wie freie zu geniessen. Jubiläum[175]. ½ auf 6 Uhr.

50   Donnerstags, den 29.
Um 6 Uhr fröhlich und munter erwacht, mit meinem Mann redend bis um 7 Uhr. Ankleidung und 's Tee. Nachher schrieb ich mit Empfindung an C.[horherrn] R.[ahn] ein Billett[176], das ich aber nicht fortschickte. Räumte verschiedenes auf, auch das gestern Gekaufte, und war sehr mit Andenken an L.[avater] beschäftigt. Noch Arbeit bis mittags, nachher nötige Hausgeschäfte und Arbeit bis um 4 Uhr. 's Tee mit meinem Mann, sodann schrieb ich jetzt hieher mit Nachdenken, besonders erfüllt über meine Umstände, ob ich sch[wanger] sei oder nicht. Welche Gebetserhörung, welche Empfindung menschlicher Freuden und Leiden, welche Veränderungen und auch welche Antreibungen zu allem Guten würde es nicht in meinem Leben erwirken! Heute fange ich die 10. Woche an. Gott wird mir zeigen, wie es kommen soll. Auf ihn verlasse ich mich.

51, 52   [leer]

53   Samstag, den 22. Heumonat 1786.
7 Uhr morgens. So sehnlich hab' ich wohl nie mich diesen Blättern genaht wie heute, nach so langer Abwesenheit und in einem Zeitpunkt, da so viel Reichliches sich in mir zusammendrängte, die immer wachsende Hoffnung, schwanger zu sein, mein Herz erhebt. Ach, lass' mich's doch sein, die süssen Freuden und Leiden einer Mutter empfinden, bester Vater im Himmel, der Du aller Vater bist und in tausendmal, tausendmal unzähliger Grösse meine Freude empfindest! Ach, unterstütze und befestige meine Hoffnung bis dass es mir zur Gewissheit werde. Stärke Du meinen Glauben und meine Hoffnungen, um Deiner Erbarmung willen!
Seit Dienstag [18. Juli] geht's in die dreizehnte Woche, schon der Drittel der Zeit wäre verschwunden, ich meinen Freuden nahe. Herr Chorherr Rahn besuchte mich einige Male und bestärkte meine Hoffnung.
Die Öde in den freundschaftlichen Verbindungen, in denen ich lebe und an denen mein Herz hängt, machen mir wieder traurige Eindrücke, von Lavater an bis auf alle. Doch bringt's mich auf mich selbst zurück, auf stilles Arbeiten und Lesen.

---

[173] «Glockenhaus», Sihlstrasse 35, bewohnt 1780 durch «Herrn Philipp Werdmüller und Hptm. v. Orelli, 1790 durch Herrn Landvogt Werdmüller und Freihptm. Schinz mit Familien» (Corrodi-Sulzer Adrian, Häuserregesten, StAZ, W 22).
[174] «Nannen»: Anna (Schinz).
[175] 100-Jahrfeier der militärischen Gesellschaft der Pörtler, vgl. 1786, pag. 48.
[176] Schreiben wegen vermuteter Schwangerschaft.

54 Besonders litt ich auch sehr über die Aufführung und das Betragen meiner Magd, bis dass ich frei von ihr war und Gott dafür danke. Sein[177] gutes Herz und seine gewiss von Natur zu edlen Anlagen gebildete Natur, [sein] so in Wollust und Liederlichkeit versunkenes Wesen betrübte mich innigst. Dass die besten der Menschen fallen können, das ist meine tägliche Erfahrung. Auch ich, wie oft fiel ich in grosse und kleine Fehler nicht schon. Aber nie aufstehen, nie zurückkommen, ist entsetzlich. Oh, lass' uns alle vor Dir demütig sein und glauben und hoffen auf Deine Erbarmungen, o Gott! Geheimer Kummer über meines Bruders Schicksal erfüllt meine Seele so oft, dass ich oft erzittere. Du weisst es. Ach, lass' mich nur auch noch erleben, dass er frei werde und glücklich, sonst möchte ich nicht mehr leben. Ich lege es in der Hoffnung an Dein Herz, das mich umgibt. Du bist meine Hoffnung und mein Trost. Das Aufheben der Hände, der Blicke auf Dich, gibt mir oft die einzige Stärke, weiterzuwallen, wenn ich in dunkler Stunde zu versinken scheine in Zweifeln und Nacht. Ach, verlasse mich doch auch nicht. Sei

55 Du mit jedem Tage meine Stärkung und mein Gott, um Jesu Christi willen! Amen.
Die Apollonia [II][178], die 9 Jahre bei meinen Eltern[179] selig diente, ist nun meine Magd. Ach, verleihe doch Deinen Segen mir, dass sie mit Können und Liebe mir dienen möge! Dir anbefehle ich sie, o Gott!
's Leben von Brutus und Dion[180] stärkten meine Seele im Lesen durch ihr edles, festes Wesen und Charakter im Zurücknehmen. Wie sehr ich mich freue, dass einmal solche grosse Menschen in der Welt gelebt und gewirkt haben! Ein neues Romänchen, «Der Einsiedler in Helsa»[181], das sehr gerühmt wurde, war mir fast unerträglich zu lesen im Vergleich. Rousseaus Confessions[182] und Voltaires Henriade sind zwischen[hin]nein, um der

---

[177] Vgl. 1786, pag. 20.
[178] Apollonia II löste offenbar Apollonia I ab, vgl. 1786 pag. 46 und 54, s. 1788, pag. 9.
[179] Escher Hans Caspar (1725–1781), auf der Grossen Hofstatt, Kaufmann, verh. I (1749) mit Anna Barbara Hottinger (1719–1752), II (1753) mit Anna Barbara Fries (1728–1770), III (1771) mit Elisabetha Wirz (1729–1804). Vgl. 1786, pag. 3.
[180] Bei Brutus handelt es sich nicht um den Caesarenmörder sondern um den Tyrannen von Syracus, Lucius Iunius Brutus (um 510 v.Chr.), der als Repräsentant des Opfer- und Freiheitssinns am Zürcher Rathaus verewigt ist. Hirzel Salomon (1727–1818), Ratsschreiber, hat ihm ein Trauerspiel gewidmet: «Junius Brutus, ein Trauerspiel in 5 Aufzügen», Zürich 1761. Dion (ca. 409–354 v.Chr.), Neffe Dionysos I., Schüler Platons und Herrscher in Syrakus. Die beiden wurden von Plutarch (Mestrius Plutarchus, 46–125) in seinen Parallelbiographien verewigt. (Frdl. Mitteilung von Dr. Klaus Bartels, CH 8802 Kilchberg), s.a. 1800, pag. 286.
[181] (Anonym): «Der Einsiedler in Helsa», Tübingen 1787.
Helsa: Ortschaft östlich von Kassel. (Wir verdanken diesen Hinweis Herrn Dr. H. P. Höhener, Geographische Abteilung ZB, Zürich).
[182] Rousseau Jean Jacques: Confessions, Genf 1782.

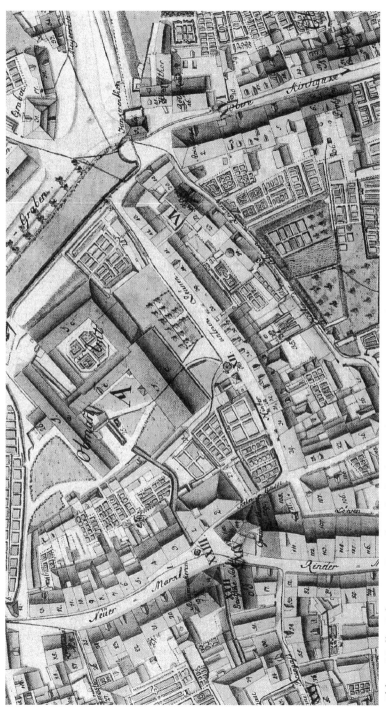

Abb. 2. Müller Johannes: Grundriss der Stadt Zürich, 1788–1793 (Ausschnitt). «Hinter den unteren Zäunen». Häuser Nr. 38 und 39: «Meerfräuli» (Pestalozzi Hans Caspar, Orelli-Escher David und Regula), Nr. 33: «Apotheke», «Hoher Steg» (Lavater Diethelm, M.D.); «Hinter den oberen Zäunen». Haus Nr. 23/24: «Weisses Fräuli» (Schulthess-Ulrich Dorothea); «Neuer Markt», «Neumarktbrunnen». Häuser Nr. 2: «Rech», Nr. 3: «Rechberg», Nr. 4: «Tannenberg».

französischen Sprache willen, meine Lektüre. Auch ein paar Briefe an Lavater machten mir Freude.
Nun schliess' ich wieder, meine Seele fand Ruhe in diesen Erinnerungen. Amen, um Jesu Christi willen. Amen.

56   Den 29. Heumonat.
Heilig und feierlich seien mir auch noch einige Augenblicke bei dir, Buch meines Lebens, an dem 29. Geburtstag, der für mich der wichtigste meines Lebens war, durch die gewisse Hoffnung, dass ich schwanger sei, dass ich meinem Mann einen Sohn gebären [werde], mir eine Freude des Lebens, ein Trost in unserm Alter, ein Mensch, ein unsterbliches Wesen, ein Pfand des Himmels, als Erbarmung und Gebetserhörung, von Dir, Gott im Himmel, der meine Tränen und Bitten angesehen hatte. Ach, schenke mir doch Deinen Segen und Deine Gnade mit jedem kommenden Tage, dass ich spüre, ich sei Dein und Du seist mit mir, wie noch nie; das siehst Du und wie ich mein Übelsein so willig und gerne trage. Ach, stehe mir bei, um Jesus Christus willen! Amen.
Gestern war Lavaters Ankommen mir eine seelenerfreuende Nachricht. Billett an ihn.
Meines Mannes Zurückkunft brachte eine Herzensfreude, eine Unterredung mit Herrn Chorherr Erquickung, und eine mit D.[oktor] L.[avater] Trost.

57 Heute entsetzliche Bangigkeiten.
Gott im Himmel, erbarme Dich meiner! Christus, ich bitte Dich um Erbarmung. Amen, amen.

58   [leer]

59   Sonntag, den 13. August, 9 Uhr morgens.
Nun auch wieder einmal ein Wort in mein Buch des Lebens, von dem ich so lange aber fern war, doch nicht von mir selbst, denn habe ich jemals über mich selbst viel nachgedacht, empfunden, wie nichts ich sei, und wie mein Leben durch mein neues Verhältnis an Gott angeknüpft sei, so ist es wohl diese Tage her geschehen, da ich mich meiner Umstände unendlich freue und auch unendlich mich fürchte vor dem Leiden, das auf mich wartet, und nur Ruhe und nur Stärke bei Dir, o mein Gott und Vater, suche und zu finden glaube.
Heute hatte ich einige herrliche, erhebende, einsame Stunden. Diese verflossene Woche einige ähnliche an dem Bette meines Mannes, der gottlob wieder besser ist.
Auch in Lavaters Hause hatt' ich einige angenehme Stunden bei seinen Erzählungen von seiner Reise, bei welchen ich meine Anmerkungen machte über die Weise und Art dessen, was er gesehen und genossen hatte. Wie geändert ist der Zirkel seiner Freunde! Meine Seele weicht nicht von ihm mit der Liebe, die ich zu ihm habe, auch wenn er sich schon ändert.

| Tagebuch | 1786 |

D.[oktor] L.[avater] drückte mich unendlich durch einen Besuch.
60 Chorherr Rahn erfreute und erquickte mich zweimal diese Woche. Oh, wenn nur Du, mein Gott, mir seine teilnehmende Hilfe erhältst, welcher Trost wird's für mich sein!
Viele, viele Übelkeiten machen mich oft Stunden und Tage [zu] ganz allem untüchtig.
Seit Donnnerstag [10. oder 17. August] zähle ich mich schon in die 16. Woche. Schmerzen – o Gott, wie bald hätte ich's nur erlebt! Sei Du mir gnädig, um Jesu Christi willen. Amen.
61, 62 [leer]

63 <u>Freitags, den 1. Herbstmonat 1786.</u>
An Schmerzen erwacht, aufgestanden um 7 Uhr, 's Essen, sodann an Arbeit mit Bohnen, nachdenkend über meine Umstände. 11 Uhr fertig damit, sehr wehe sein, 's Essen, nachher meine Haushaltungssachen von 2 Monaten in Ordnung eingeschrieben, darüber sehr nachdenkend, doch nicht unruhig, und jetzt noch, da es 4 Uhr schlägt, schrieb ich [bis] hieher und komme mit unendlich tiefer, inniger Empfindung auf mich selbst zurück, um einiges einzuschreiben, das meine Seele beschäftigt.
Jeder Tag scheint mir ausserordentlich wichtig und als ob's der letzte sein könnte, sodass mir jede Arbeit, jede Handlung, jedes Wiedersehen eines meiner Geliebten unendlich wichtig ist, als ob ich alles mehr empfinde, mit frohem Mut, der nur oft in Empfindungen von Übelsein zur Wehmut und Trauer übergeht, mit der meine Seele kämpft, wenn ich bedenke, was auf mich wartet, für Seligkeit in meinem Kind und was für Leiden, bis ich das Engelsherz haben werde. Meine Hoffnung allein aber stehet auf Dir, grosser einiger Gott, verlass' mich nicht, um Christus Jesus willen!
64 <u>Sonntags, den 20. August</u>, glaubte ich dieses, mein Leben, in mir zu empfinden und schreibe es hier auf als das Herrlichste, Ewigste, weit über alles Einzigste, was ich in meinem Leben empfand.
Lass' mich niederfallen und anbeten und danken in Glaube, voller Demut, so oft ich Dir mich nahe, Gott, mein Vater, mein Alles, den ich umfasse. Lasse Du mich noch meine Tage zählen und weislich zu Herzen fassen und sie mit Gutem erfüllen. Führe mich doch auch bald aus der Ungewissheit zu ganzer Überzeugung. Unterbrochen von einigen Tagen, da ich's nicht mehr empfand, das Pfand von Dir, macht mich oft sehr bange.
Noch will ich jetzt der Frau Römer antworten auf das, was ich heute von ihr empfing.
<u>Den 24. August</u> kamen Toblers an, ihr Wiedersehen war mir unaussprechlich erquickend und lieb.
Lavater beschäftigte mich sehr.
Mein Mann ist mein Leben. $^{1}/_{2}$ 5 Uhr.

65   Den 6. September 86.
Um 7 Uhr aufgestanden, schrieb ein Billett an meinen Bruder und eines der Römer. 's Tee, nachher Ankleidung und Geschäfte bis um $^1/_2$ 10 Uhr, da ich allein ging und betete, mein Herz erhebte und ergoss.
Gellerts[183] Lieder[184], Messiade von Lavater erfüllten die Stunde bis 11 Uhr, die ich noch arbeitend hinbrachte in grösster Unruhe über weniger Betriebsamkeit und Fleiss, wie ich vordem gehabt. 's Essen, ein Donnerwetter. Von 2 Uhr an bis fast 3 blieb ich im Schönenhof der Schulthess. Tobler, Lavater, meine Hoffnung [waren] das Gespräch und Aufmunterung, nichts zu machen oder anzuschaffen, bis dass ich meine ganze Gewissheit erlangt habe. Vergnügt nach Hause und schrieb nun hieher – einen Viertel nach 5 Uhr.
<u>Montags, den 4.</u>, bracht' ich bei meinem Bruder auf der Hofstatt hin. Viel Geschäftigkeit und Räte[185] und Ergiessungen der Herzen und Übelsein erfüllten den Tag, um 3 Uhr bis um 8 Uhr. 's Essen, und um 9 Uhr zur Ruhe.
<u>Dienstag, den 5.</u>, bracht' ich unter herzlichem Gebet und Seufzen und Sehnen nach der Gewissheit der Empfindung meines Kindes im Bett zu, bis 10 Uhr. Ankleidung. Um 4 Uhr kam Herr Chorherr, der mir – bei aller Wahrscheinlichkeit – dennoch keine Gewissheit versprechen wollte. Nachher ein sehr wichtiges Gespräch mit meinem Mann über meine Hoffnung. 's Essen, Arbeit und nachher von 3 Uhr bis 6 Uhr einen angenehmen Spaziergang zu meiner Schwester, da mir's

66 besonders wohl wurde um das kleine Kind. O Gott, gib mir doch ein solches, das meine Seele erquicke.
Von da an las ich noch in Rousseaus Confessions. 's Essen, und 9 Uhr zur Ruhe.
Samstags [2. September?] machte ich einen Spaziergang an's Horn[186], der mir sehr angenehm war.
   <u>Samstags, den 9. Sept.</u>
Oh wie! Welche Empfindung durchmacht meine Seele in langen Zweifeln, ob ich wohl schwanger sei! Die noch nie gekommene oder wieder verschwundene Empfindung von meinem Kind ist meiner Wünsche Sehnsucht und Ziel. Siehe an, o Gott, meine Trauer und gib mir's doch bald, zu meiner Erquickung. Bis dahin hatte ich's nicht zu erwarten, aber da die Zeit nun nahe ist, so ist meine Sehnsucht über alles gespannt – dennoch!

---

[183] Gellert Christoph Fürchtegott (1715–1769), deutscher (u. a. Lieder-)Dichter.
[184] Gellert Christoph Fürchtegott: «Geistliche Oden und Lieder», Leipzig 1783.
[185] «Räte»: Ratschläge, Beratungen.
[186] Horn, Zürichhorn: Landzunge am rechten Zürichseeufer in Tiefenbrunnen, Mündung des Hornbaches, damals Gemeinde Riesbach.

Gestern fühlte ich wieder einmal wie beseligend die Arbeitsamkeit ist, indem ich von morgens bis abends arbeitete, mit vielem Fleisse, Gefühl, das ich unter vielen Sorgen und Übelkeiten lange schon verlor und das mich vordem auch so oft beseligte,
aber ich vermocht' es nicht über mich selbst.
Gestern ein schwatzhafter Besuch von Bansi[187].
Am Abend noch eine herrliche Stunde bei einem Lied von Lavater[188]. Auch schrieb ich an meinen Bruder und gedachte seiner herzlich.
<u>Donnerstag, den 7., Bettag</u>, war ich um $^1/_2$ 6 Uhr aufgestanden. Ankleidung und herzliches Gebet in der Kirche, wo Lavater predigte und Kommunion [hielt]. Ach, ob's die letzte mag gewesen sein, so segne sie auch, o Gott, mit ewigem Segen. Noch las ich in Lavaters Messiade. 's Essen, nachher ging ich zu Tobler in die Kirche, der über die Worte predigte des 12. Kapitels Johannes, den 35. und 36. Vers[189], etwas Theatralisches, und aus dem Gesichtspunkt, dass Christus der grösste Lehrer gewesen sei und seine Lehre uns das grösste Licht der Verkündigung und der Weisheit mitteilen könnte. Nach der Predigt ging ich noch in Lavaters Haus – sah aber niemand – und vor 3 Uhr nach Hause, da ich müde [war]. Krämpfend, [der] Zweifeln voll dahier sass in ganzer Untätigkeit, vieles über Tobler dachte, seine Kälte. Hätte ich gedacht, ihn bloss 3 Mal zu sehen, so hätte ich's nicht glauben können, nachdem wir vordem zusammen waren. Aber der Mensch ist Mensch, auch der beste, edelste!
Nun will ich dann an meine Arbeit gehen. 9 Uhr morgens.
<u>Den 14. Sept.</u>
Um 6 Uhr Erwachen nach einer ruhevollen Nacht, bald nachher aufgestanden und nachdem Tee.
Herzliches Gebet, Arbeit, ein Besuch von Bansi, der mir ein Billett brachte auf das meinige, das ich gestern an ihn geschrieben, überhaupt genommen eine interessante Unterredung. Um $^1/_2$ 10 Uhr kam Tobler[190] noch Abschied zu nehmen, das mir unendlich wehe tat. Ich fühlte den Gedanken tief, dass ich ihn vielleicht nicht mehr sehen werde, das mir sehr weh tat, weinte, mich zusammenfasste und etwas arbeitete bis um 11 Uhr, da denn Wirz

---

[187] Bansi Heinrich (1754–1835), Pfarrer in Fläsch und Haldenstein, gehörte dem Lavaterkreis an, musste wegen seiner Auflehnung gegen die dominierende Stellung der Familie von Salis seine Pfarrei und Graubünden verlassen.
[188] Lavater wird als Dichter von Liedern und Versen häufig von R. v. O.-E. zitiert. Am bekanntesten sind die «Schweizerlieder», Bern und Zürich 1767–1787.
[189] Johannes 12, 35 u. 36: «Da sprach Jesus zu ihnen: Das Licht ist noch eine kleine Zeit bei euch, wandelt weil ihr das Licht habt, damit euch die Finsternis nicht ergreife, und wer in der Finsternis wandelt, weiss nicht, wohin er geht. Glaubet in das Licht, dieweil ihr das Licht habt, auf dass ihr des Lichtes Kinder seid.»
[190] Tobler war offenbar aus Offenbach kommend Gast in Zürich. Eine Rückberufung in die Schweiz, nach Veltheim, erfolgte erst 1794.

kam, mir von seiner Nette[191] und von seiner [bevorstehenden] Hochzeit erzählte. Vom Magnetisieren, von Füssli, von meiner Hoffnung [redend], vergnügt zusammen speisten. Um 2 Uhr schied er von uns, da ich dann zur Schulthess ging, von meiner Hoffnung sprach und von den verschiedenen Umständen, die die Schwangeren betreffen, von dem Gedanken an den Tod, von seiner Wahrscheinlichkeit. Auch bei der glücklichsten Geburt gebe es allemal ein[en] Punkt, da man glaube, man müsse sterben. O Gott, welche Erwartung für mich Arme! Stärke Du mich, in Dir zu sterben oder in Dir zu leben.

69 Um 4 Uhr kam ich nach Hause, arbeitete bis 6 Uhr, und sodann speiste ich einen Pfirsich von Meilen[192], staunte, und bis 7 Uhr schrieb ich hieher.

<u>Dienstags, den 12.</u>, gewahrte ich die erste Spur von Milch, das ich als Versicherung meiner Hoffnung annahm.

Mittwoch [13. September] vollendete ich ganze 20 Wochen, zählte am Abend noch die Tage von 3 Monaten, die ich wahrscheinlich noch zu leben haben werde, schwach von dem Besuch, den mir gestern Herr Chorherr gemacht, der Hoffnung aber noch nicht Gewissheit, schwanger zu sein. Betrachtung, Vergegenwärtigung meines Todes beschäftigt mich unaufhörlich, und jede Vergessenheit ist mir beinahe tödlich, weil ich's als Leichtsinn ansehe, als Entfernung von Dir, o Gott, dem ich unendlich danke für die Gnade, dass er mich würdigte, in diese Umstände zu kommen. Oh, wie glücklich wäre ich nicht, wenn ich mein Kind einst an meiner Brust sehen würde!

70 <u>Montag, den 11. Sept., Regulatag.</u>
Erwachte ich frühe, segnete mein[en] Mann und er mich, schwatzte den Gedanken aus, dass es vielleicht der letzte sei, den ich zu leben, und dass er sich meiner gewisslich ein andermal erinnern werde. Um 7 Uhr stand ich auf und erhielt von der Schulthess ein herrliches Billett auf einem Teller unter Blumen und einen Eierkranz[193] gelegt, begleitet mit Versen von Lavater, Pfenninger, Tobler und der Bäbe[194], die mir einen eingepflanzten Schassminen[195]-Stock beilegte. Das alles machte auf mich eine unendliche Wirkung, wie ich nie sah, wie alle meine Freunde die Feierlichkeit von meiner Lage und dieses Tages fühlten. Ich sandte an Frau Doktor Lavater[196]

---

[191] Wirz-Füssli Anna (1768–183.), Tochter des Füssli Johann Heinrich, Obmann. «Nette» abgeleitet von Anna–Annette.
[192] Meilen: Gemeinde am mittleren rechten Zürichseeufer. Die Früchte stammten aus dem Landhaus «Sunnezyt» der Familie Escher.
[193] «Eierkranz»: Kranzförmiges Zopfbrot mit gekochten Eiern als Dekoration.
[194] Schulthess Anna Barbara (Bäbe iun.) (1765–1792), verm. 1791 mit Gessner Georg (1765–1843), schwärmerische Verehrerin der R.v.O.-E.
[195] «Schassminen»: Jasmin.
[196] Lavater-Usteri Regula (1740–1800), verm. (2. Ehe) 1777 mit Diethelm Lavater M.D., vgl. 1786, pag. 4.

auch ein ausgerüstetes Blumengeschirr mit Blumen [dar]auf und sandte ihr's zum Geschenk, da sie mir dann in einigen Stunden einen lebendigen Vogel sandten, sinnbildlich auf das, wills Gott, Lebendige unter meinem Herzen, das mich sehr erfreute. Pfenninger besuchte uns in der Zeit, da ich mit einiger Empfindung an meine Schulthess und Lavater schrieb. Noch arbeitete ich bis um 12 Uhr, speiste allein mit meinem Mann und blieben beisammen in den höchsten Empfindungen von Zärtlichkeit auf meine Umstände unterredend. Um 3 Uhr kam Tobler, mit dem ich eine herrliche Stunde sprechen konnte von allem, was die Menschen nur können und wollen. Nachher arbeitete ich bis 6 Uhr, da mein Mann zurückkam, und weinte in seinen Armen über die grösste aller Hoffnungen, voll Wunsch und Erhebung und auch voll Dank, gerührt über meinen Zustand des Erwartens, des Leidens, des Todes. [Wir] versanken beinahe von Gefühlen zärtlicher Liebe. 's Nachtessen.[197] [...]
Doppelt genoss ich nun die Erinnerung wieder, da ich dieses hinschrieb, da ich nun enden muss, weil es 8 Uhr ist.
O Gott, sei Du mir gnädig und barmherzig! Amen, um Jesum Christi willen, amen.

<u>Dienstagabend, 7 Uhr, den 19.</u>
Um 7 Uhr aufgestanden, unruhig, weinend über den gestrigen Zorn, der meine Seele bemeisterte, über Pfenninger und meinen Mann. 8 Uhr, unmutiges Fühlen meiner Schwachheit beim Arbeiten, das mit Fleiss geschah bis mittags. 's Essen, herzliches Beisammensein, Arbeit bis nach 5 Uhr, dann einiges Durchlesen meiner Sachen. Tränen der Empfindung über meinen Zustand, wie ich mein Kind Gott darbringen wolle, welche Treue, welchen Eifer, welche Sorgfalt ich für sein Leben und seine Gesundheit und seine Bildung [anwenden, und wie] ich für ihns mein Leben zu tragen und beobachten wolle. Gestern erklärte sich nun mit ganzem Zutrauen Herr Chorherr, das mich unendlich erfreute und meine Seele zum Dank und zum Preis aufmunterte. Sonntags [17. September] schrieb ich an ihn. Schon einige Beweise von Milch empfand, sah ich. Oh, wie wird mir auch sein, wenn ich mein Kind an meiner Brust habe! Mein Gott, werd' ich's auch glauben können vor Freude, wenn ich einst so glücklich werden sollte?
Ach, lass' es mich werden, um Jesu Christi willen! Amen.

Freitags besuchte ich Doktor Lavaters, den 13., welche Stunden mir wohl und weh taten, sah ihn nicht, weil er krank wurde, sie wenig, Frau Helfer[198] ein paar Stunden.
Gestern, den 18., war Wirz' Hochzeitstag. Ach, dass ihn Gott segne!

---

[197] Es folgen drei Zeilen zur Unkenntlichkeit (mit Geheimschrift?) überschrieben.
[198] «Frau Helferin»: Lavater-Schinz Anna, Gattin Johann Caspar Lavaters, (Pfarr)Helfer an St. Peter. S. 1786, pag. 7.

Ach, welche Empfindungen sind die Empfindungen einer Mutter von ihrem Kinde! Ach Gott, Dir sei Lob und Dank dafür! ½ 8 Uhr.

<u>Samstag, den 30. Sept.</u>
So viele Tage verschwunden, die ich nicht aufgezeichnet, aber die nicht vor Dir verschwunden sind, Herr meines Lebens! Und nun setz' ich mich hin, mir zur Erinnerung einiges davon aufzuzeichnen.

Heute stand ich um 7 Uhr auf, ordentliche Ankleidung. 's Essen mit meinem Mann allein, sodann an meine Arbeit und machte die letzten Brüchli[199] aus, betete unterweilen und dankte mit Empfindungen, mütterlichen Wünschen, ob das Herz, welches ich in mir trage, das ich gerade diesen Moment empfinde, alle brauche, [und] welches seine erste und welches seine letzte sein wird.[200] Um 10 Uhr war ich unterbrochen von einer Frau, die sich mir als Vorgängerin[201] dingte. Welche Empfindungen von Freude durchwallten meine Seele und breiteten eine solche Munterkeit über mich aus, dass sich mein Mann, innerer Zärtlichkeit voll, innigst freute. Nun arbeitete ich wieder bis um 4 Uhr immer fort, da ich mich dann, wie bis jetzt, nicht ganz wohl fühle. Echauffiert und dürstend. 's Tee und ein Pulver einnehmend, las ein wenig in Rousseaus Emile[202], und setzte mich nun wieder hieher, schreibend.

Der Gedanke an meinen Tod, an den Tod meines Engels, meines Pfandes aus dem Himmel, Deiner Liebe, o Gott, und meines Mannes, schwebt mir immer vor, und ich vergegenwärtige mir ihn, weil mich's Schwachheit dünkte, diesen Gedanken zu zerstören, weil die glücklichsten der Gebärerinnen immer einen Moment des Todes zu sein fühlen, fürchten. Auch macht mir dieser Gedanke einen Antrieb, noch alle Augenblicke zu nützen, zusammenzufassen. Lehre mich, zu meinem Heil tun, und dass ich entweder – wenn ich diesen Zeitpunkt der Gebärung überstehe – ruhig frohlocken kann, oder auch mit Ruhe in Deine Erbarmung fassen könne – sterbend!

Den Wert des Lebens, des Empfindens, des Wirkens, der Liebe – wie fühl' ich ihn! Am meisten, wenn sich mein Kleines in mir bewegt. Oh, erhöre meine Bitten für ihns, für sein Leben und seine Bildung, um Weisheit und um Verstand und um ein gutes Herz, um Jesu Christi willen!

Finde einst, geliebter Mann, Freund meines Herzens, mein alles, wie ich dich liebe. Oh, mehr als sterben aus Liebe könnt' ich für dich und dein Leben, das unter meinem Herzen lebt, sich bewegt – wann ich nicht mehr bin – und lass' diese Worte mich dir wieder hervorrufen, zu einem Drücken an dein Herz, wie wir uns einander fühlen liessen unsere Liebe…[203].

---

[199] «Brüchli ausmachen»: Möglicherweise im Zusammenhang mit «Bruuch» = Verbrauch, Bedarf, Aufwand, Ausgaben; R. v. O.-E. überprüft ihre kleineren Ausgaben.
[200] Gemeint ist Empfindung.
[201] «Vorgängerin»: Brautführerin, Wochenpflegerin, Amme.
[202] Rousseau Jean Jacques: «Émile», Den Haag, Amsterdam 1762.
[203] Es folgen zwei durch Überkritzeln unkenntlich gemachte Linien.

Seit Mittwoch vor 8 Tagen [6. September] war ich fast unaufhörlich beschäftigt mit Verarbeitung von Kinderzeug, wohl die angenehmste Beschäftigung, die ich in meinem Leben hatte, wenigstens die, mit welcher meine Seele am meisten beschäftigt war.

76 Auch genoss ich der vollkommensten Gesundheit, einige wenige Beschwerden ausgenommen und die Ausdehnung, von der ich bisweilen gespannt bin. Ich schrieb diese Woche einst meiner Schwester. Wie Du, Gott, alles so weislich leitest, so noch und noch die Leiden einen versuchen lehrst, dass sie ganz erträglich werden!

Mit Pfenninger hatt' ich einen Stoss[204] in unserer Freundschaft, der sich aber wieder endigte. Wie wünscht' ich seinen Beruf nach Bremen erfüllt, und ganz auch genoss ich einige der Freundschaft geheiligte Stunden in dem Schreiben an Geliebte und auch im Wiedersehen lieber Freundinnen. Chorherr Rahns Sorgfalt, oh, wie tief empfind' ich sie, und oh, wie steigt mein Dank für ihn zum Himmel! Erhalte mir ihn getreu und liebend, zu meinem Trost, mein Gott!

Die aufhebenden[205] Seufzer erhör', o mein Gott, um Deiner Erbarmung willen! Amen. ½7 Uhr.

77, 78 [leer]

79   <u>Sonntag, den 22. Okt. 86.</u>

Wie lange schrieb ich wieder nichts von mir in diese Blätter, [von] der wichtigsten Zeit meines Lebens. Nun, einsame Stunde, sei gewünscht und geheiligt dazu!

Heute stand ich nach einer herrlichen, schlafenden Nacht um ½7 Uhr auf, kleidete mich unter Seufzern langsam an, um in die Kirche zu gehen, trank zu Morgen und ging in Empfindung einsam hin, betete und hörte mit Empfindung Lavater predigen über die 5 ersten Verse des 11. Kapitel Johannes[206], von der Freundschaft, das mir innigst wohl tat, weinte vor Empfindung und von dem Gefühl, das ich für die Freundschaft halte. Nach der Kirche ging ich zu Lavater mit seinen Freunden, sah einen mit Dornen gekrönten Christus gemacht, der mir unaussprechlich wohltuend war. Bis um 10 Uhr blieben wir dort, und da ich nach Hause kam, war ich rege, bange, müde, weinend in Empfindung, betend. Speiste mittags. Zerstreuung und Kaffeetrinken erfüllen ein paar Stunden. Aufräumen und Erlesen einiger Schriften, sodann setzte ich mich nieder und schrieb vor einer Viertel[stunde] bis 3 Uhr hieher.

---

[204] «Stoss»: Erschütterung
[205] «aufhebend»: Nicht im Sinne von «zu Gott aufsteigender Seufzer», sondern im Sinne des alttestamentarischen Gebetsgestus der erhobenen Arme.
[206] Johannes 11, 1–5 über die Auferweckung des Lazarus.

Und nun noch ein[ig]es Vorhergehendes, das meine Seele erfüllt:
80 Dann schrieb ich an Hotz²⁰⁷ von meiner Glücklichkeit, der Hoffnung, Mutter zu werden.
Den 12. liess ich Ader, mit vieler Furcht, das mir aber sehr wohl getan hatte einige Tage nachher. Fiebrigkeit machte mich ein wenig dabei leiden.
Den 13. machte mir Herr Chorherr Rahn durch eine Unterredung sehr gute Hoffnung zu einer glücklichen Geburt.
Stolz' Hiersein machte mir Freude, besonders, weil ich der Mühe enthoben war, ihn im Hause zu haben für die ganze Zeit. Viele, viele Arbeit, Sorge und Mühe erfüllten die übrige Zeit, die mir verschwand, und nun sehe ich mit einer gewissen Art Ruhe zurück auf dasjenige, was ich getan und bewirkt habe, und strebe nun in meinem Inneren auch mein Haus so gut als möglich zu bestellen und mich in die Hände meines Gottes hinzuwerfen, der mich zu gutem Ziele führen wird, in demutsvollem Glauben. Oft gehe ich lange und Stunden [fliegen] vorbei in gewissem Leichtsinn und Zerstreuung, die ich mir nie gedacht hätte, und dann oft gibt's Stunden der wehmutsvollen Angst über die Herannäherung meiner Geburtsstunde, des Nichtwissens, wie mir's gehen wird, der Sorge für mein Kind, das ich nun gottlob täglich mehr und lebhafter empfinde. Seine Bewegungen durchgehen mir oft Leib und Seele mit einem gewissen Schauer der liebevollen Zärtlichkeit gegen mein Kind und gegen meinen Mann – zu scheiden – und doch beschäftigt
81 mich der Gedanke oft unaussprechlich.
Schon wieder wurde mir manche Störung der Unterbrechung.
Seit Donnerstag [18. Oktober] geht es in die 26. Woche, dass die Hoffnung in mir lebt, schwanger zu sein. Wie schnell sehe ich meinem Ziele entgegen und wie bald werde ich's erlebt haben, o Gott, wenn Du mir die Gnade erteilst, dass Du mich gesund lässt bis auf diese Zeit. Ach, lass' mich's sein, nicht allein um meiner willen, sondern auch um meines Kindes willen! Gib mir Glauben, Hoffnung, Liebe!²⁰⁸
Den Wunsch [hie]herzusetzen²⁰⁹, verwehre ich mich nicht – wenn Du nur das Leben schenkest – noch mehrmals mich in diesen Stand kommen zu lassen. Die wenigen Beschwerden, die ich hatte, mitgezählt, wüsste ich keinen Stand der Seligkeit, der so heilsam der Seele wäre wie der meine. Es ist als ob ich alles mehr fühlte, mehr strebte, gut zu sein und es wirklich bin,

---

²⁰⁷ Hotz Johannes (1734–1801), berühmter Arzt in Richterswil, enger Freund Lavaters, Vetter von Pestalozzi Joh. Heinr., der Hotz gelegentlich besuchte, vorübergehend sein Haus in Richterswil verwaltete und beim Landvogt in Wädenswil, Orelli David von, Zwischenhalt machte. Bruder des kaiserlichen Feldmarschallleutnants von Hotze Johann Conrad (1739–1799).
²⁰⁸ 1. Korinther 13, 13.
²⁰⁹ Gemeint ist: «Den Wunsch, in das Tagebuch zu schreiben...»

als [wie] noch nie. Der Eindruck, den mir der Besuch der Frau Schweizer[210], der Hebamme, machte am Dienstag [16. Oktober] wird zu denen gezählt, die sich nur einmal geben. Auch die Unterredung, die ich mit Jungfer[211] hatte, machte mich zur stillen Anbetung gestimmt, nachdem ich alleine war. Oh, wie wunderbar führst Du die Menschen, und wie wirken nicht die Gedanken all' auf's Ganze, da wir gewürdigt werden, immer neue Freuden und neue Leiden zu erfahren, wir Menschen!
Viele Freuden der Freundschaft genoss ich in Lavaters[212], der Schulthess, Schinzin, Rahns, [und der] Ottin – Äusserungen der Liebe! O Gott, segne und erhalte mir diese Freunde, um Jesu Christi willen! Amen.

<u>Den 30. Oktober 86, Montagabend.</u>

Um 7 Uhr aufgestanden, mit Munterkeit und Freude an meine Geschäfte. Betrieb noch das übrige des Hauses, das vom Waschen und Aussenputzen[213] übrig geblieben, ganz in Ordnung zu bringen, packte meinem Mann ein, der ab[214] dem Essen nach Wädenswil[215] ging. Freudiges Adieu von ihm. Auch verreiste der Herr Stetrichter[216] auf Paris. Gerührt sah und fühlte ich sein Fortgehen mit, nachdem er bei mir sich verabschiedete im Gedanken an seine schwangere Frau und 8 lebende Kinder. Nachher veränderte ich noch unsere Kammer für über den Winter einzuziehen und freute mich dessen, was heute verrichtet worden war, dachte an meinen Mann und an die Freude meines Herzens, das in mir lebt und hüpft und zunimmt. O Glückseligkeit, die kein Leiden schwächt, einen Menschen in mir zu tragen, dessen Dasein mir Pfand des Himmels ist!
Gottlob, dass nun Wäsche und vieles vorbei ist, und dass ich noch ruhiger einige Wochen werde erleben können, wenn es Dein Wille ist, dass ich an mein Ziel komme. Einige Bangigkeiten drückten mich sehr – einige Tage her – im Gedanken an mein Niederkommen, besonders da ich mein gewaschenes Kinderzeug verschloss. O Gott, stehe mir bei, um Jesu Christi willen! Amen. Stolz' Abschied, letzten Mittwoch [25. Oktober], ging mir nahe.
Ich schrieb verschiedene Briefe an Wirz, meinen Bruder, Lavater, Tobler, auch las ich gestern fast immer in Rousseaus Emile und erhielt verschiedene Beweise von diesen Lieben, ihrem Leben, ihrer Liebe.

---

[210] Schweizer-Heuberger Anna Barbara (1732–1812), stellvertretende Hebamme, ab 1789 Hebamme des Sanitätsrates, verm. 1778 mit Christoph Schweizer (1738–1795), Weber.
[211] «Jungfer»: unklar, meistens ist damit die Schwägerin Orelli Anna Barbara von (1740–1798) gemeint. Der Kontext spricht jedoch eher für Schaufelberger Clefe, Dienstbotin, vgl. 1786, pag. 9.
[212] Es ist nicht überall klar, ob es sich um Lavater Diethelm, M.D. oder Lavater Johann Caspar handelt.
[213] «Usebutze»: dialektal für gründliche Hausreinigung.
[214] Gemeint ist: Gleich nach dem Essen.
[215] Wädenswil: Ortschaft am linken Zürichseeufer, Regierungssitz eines Landvogts.
[216] Vgl. 1786, pag. 4.

Heute schenkte mir Lavater seinen Nathanael, vorige Woche die Kupfer zum 3ten Teil der Messiade und erhielt durch ihn Kapellmeister Reichhardts[217] Briefe an Mirabeau[218] zu Lavaters Verteidigung, das mir wohl tat, doch weiss man nicht eigentlich, wo es an seiner Wirksamkeit fehlt. Gott, oh lasse mich in Dir Ruhe und Erbarmung finden, um Jesu Christi willen! Amen.

84 [leer]

85   Wintermonat 1786, Sonntagabend, den 12.
Wie schnell verfliessen meine Tage meinem Ziele zu, da ich gebären soll, und Du nur, o Gott, weisst, was meine Seele empfindet bei dem Gedanken daran, wie oft mich bange Furcht befällt vor der Stunde des Leidens, in die ich kommen muss, und vor dem Tode! Doch meine Seele, sag' alles hier, mir zur süssen Erinnerung, wenn Gott mein Leben mir schenkt oder wann's einst mein Mann findet. Nach körperlicher Betrachtung[219] soll meine Natur nicht zittern, weil alles bis hieher so glücklich ging, und nach geistiger Erhebung im Glauben tröstet mich Gott, der mir mein Kind gab in meinen Leib, der wird es mir auch helfen herausnehmen. Darum preise, meine Seele, den Herrn und erhebe dich in jeder Not zu ihm, der mir gab, was mein Herz begehrte.
Unaussprechlich gesund lebte ich diese Tage über, nahm entsetzlich zu und litt einige Male an Krämpfen und Engesein zu Nacht sehr.

86 Letzten Sonntag [5. November] schrieb ich meinem Mann ein[en] Abschiedsbrief mit unendlicher Wehmut und Liebe, von ihm zu scheiden, der mir um's Herz wohl und leichter machte, [in]sonderheit, weil ich ihm auf gewisse Weise mein Kind gleichsam ans Herz legte. Aber körperlich brachte es mich, mein Kind, in entsetzliche, unaussprechliche Bewegung.
Montags [6. November] besuchte ich meine Schwester Ott und seine Kinder. Machte Besuch bei dem Rech[220].
Hatte Besuch[e] am Freitag [10. November] von D.[oktor] L.[avater], die mir recht wohl taten und meine Seele erquickten, und von Lavater.
Auch von der Schulthess und der Schulthess in Hottingen[221] hatte ich liebe Besuche. Gott vergelte den treuen Lieben ihre Liebe.
Donnerstags [2. November] besuchte mich Herr Chorherr wieder einmal, nach etwa 16 Tagen. Meine Gedanken stehen so oft bei ihm still, die Bitte

---

[217] Reichhardt Johann Friedrich (1752–1814), Komponist und ausübender Musiker, einer der bedeutendsten seiner Zeit, vertonte Lavaters «Geistliche Lieder beim Klavier, eventuell auch im Chor zu singen», Winterthur 1789.
[218] Mirabeau Honoré Gabriel de Riqueti, Comte de (1749–1791), französischer Politiker und Schriftsteller. Es handelt sich hier um eine Kontroverse über Cagliostro, Berlin 1785.
[219] «Körperliche Betrachtung»: gemeint ist wohl «Betrachtung meines Körpers».
[220] Vgl. 1786, pag. 4.
[221] Vgl. 1786 pagg. 27 und 89.

an ihn zu tun, zu mir zu kommen, wann ich in das Kindbett komme. Und noch nie durft' ich es wagen. Ach, welch ein süsser Trost wäre es mir, ihn als Arzt und als Freund bei mir zu sehen! O Gott, leite es so, dass er mir beistehen möge mit gutem Rat, und sende mir eine Gelegenheit, da ich ihn darum bitten könne!

87 Von mütterlicher Zärtlichkeit, Freude, Liebe habe ich so nichts noch hierher geschrieben, die ich täglich empfinde und in denen ich so selig bin, dass ich sehe, wie unmöglich es ist, es nur auszusprechen. Oh, wie sanft durchbebt mein Herz und meine Seele, wann es sich bewegt! Und seit einigen Tagen hüpft[222] es gleichsam, als ob es von mir wollte. Mein Gott, lass' mich's zu völliger Reife tragen! Du allein weisst, wie glücklich mich jeder Tag macht, da ich's noch in mir trage.
Für die Erhebungen und gleichsame Vereinigung durch diese, meine Schwangerschaft, wie danke ich Dir! Es ist eine Erfahrung, die alle andern in der Welt übersteigt – zur Erhöhung und Verbesserung. Oh, was ist den Weibern nicht gegeben, dass die Welt durch uns bevölkert wird und sich mehrt, und durch das Leiden, das damit verbunden ist! Wie vereinigt es nicht!
Gott, Du lässt mich mehr Ruhe geniessen, als ich je hätte hoffen dürfen, besonders im Glauben, in der Liebe und in der Hoffnung und Demut, in stillem Gebet vor Dir und Jesum Christum! Amen.
Ich betete oft herzlich in meiner Schwachheit.
Las bisweilen im Testament, auch in andern guten Büchern, besonders in Lavaters Schriften.

88 Noch immer hatte ich viele Zurüstungen und Arbeit auf mein Kindbett und freue mich der Vollendung sehr, wann ich noch das Bettli habe.
In der verdoppelten Liebe, die ich von meinem Mann geniesse, wie selig und glücklich fühl' ich mich nicht. Segne Du ihn, o Gott, Du Gott meines Heils, unaussprechlich dafür!
Lehre mich glauben, lehre mich lieben, lehre mich leiden in Christum Jesum! Amen.

89   Den 27. Wintermonat 1786.
Nur auch wieder einmal einige Minuten, liebe Blätter, nahe ich mich euch nach so langen Abwesenheiten, die[223] sich doch nicht so verloren, wie [es sich] in diesen Blättern zeigt. Gott, Du weisst, wie viele Tränen der Angst, der Wehmut ich geweint, wenn ich an die Stunde gedenke, die meiner wartet, [die] mir das grösste Leiden oder die grösste Freude bereiten wird! O Gott, sei mir gnädig, stärke mich, erbarme Dich meines Kindes und meiner, um Jesu Christi willen.

---

[222] Vgl. Lukas 1, 41.
[223] Gemeint sind die Minuten.

Noch viele Unruhe machten mir die Bereitungen auf mein Kindbett, und nun freu' ich mich unendlich, dass alles meiner wartet, wie ich Deiner, Vater meines Lebens! Meine grösste Furcht gründet sich auf die immer gleichen, nur einseitigen Bewegungen meines Kindes, rechter Seite, auf eine gefährliche Lage, das ich mir selbst und durch niemand anders könnte ausreden lassen, so gerne ich's täte. Ich hebe meine Hände und mein Herz zu Dir allein auf, o mein Gott, im Glauben an Deine Erbarmung, auch über mich, weil ich glaube und fühle, Du könnest mir allein helfen und Dich meiner erbarmen!

90 Mir unausdenkliche, unaussprechlich süsse, herrliche Erfahrung in tausendfachem Leiden und Freuden ist die Zeit einer Schwangerschaft. Bin ich so glücklich, mein Leben zu behalten, so lass' mir's, o Gott, zu meinem Heil, in noch mehr[mal]iger Erfahrung oder Erinnerung neu werden! Und findest du, geliebter Mann über alles auf dieser Welt, einst diese Stelle[224], so gedenke meiner Seligkeit in Liebe, die ich empfunden habe während meinem Schwangersein!

Über den unendlichen Wert des Lebens, der Liebe, aller Handlungen und Tun, wie oft empfand ich's, gegen vorher, da ich leichtsinnig dahinwallte, wo meine Seele nun eine Stelle fand, dem Ast eines Baums gleich, da ein Vogel ruht.

Oh, wie würde mir auch sein, mein Gott, wenn mein Kind auf meinen Armen liegt, an meiner Brust.

Gestern [26. November] Nacht empfand ich entsetzliche Schmerzen, sodass mir bange war, in das Kindbett zu kommen, oh, sei mir nahe in der Stunde, wie noch nie.

Heute hatte ich [für] meinen Bruder gearbeitet.

Heute hatte ich Wäsche, oh, wie freute ich mich wenn diese noch überstanden wäre!

Den 13. war ich in Lavaters Hause, seinen 46. Geburtstag feiernd, den 19. noch in der Frau Ott [Haus], seinen Namenstag feiernd. Gestern im Schönenhof.

91 Das Engesein bei Nacht macht mir entsetzlich bange. Gott, auch im Tode wirst Du mich nicht verlassen, hoff' ich. Du wirst mich Dich erfahren lassen, wie ich Dich, ewig sei Dir Dank, im Leben erfahren habe auf eine so ausgezeichnete, herrliche Weise!

Meine Lieder, meine Bitten, bisweilen Im-Testament-Lesen sind meine beste, einzige Unterhaltung.

Pfenningers Sokrates[225], das zweite Teilchen des «Unterrichts und Zeitver-

---

[224] Ergänze: im Tagebuch.
[225] Pfenninger Johann Conrad: «Sokratische Unterhaltungen über das Älteste und Neueste aus der christlichen Welt», 3 Teile, Leipzig 1786–1789.

treib für Kinder»²²⁶, ein Schauspiel «Auch in Palästen wohnt drückende Armut»²²⁷, ein Päckchen Briefe von Lavater, ein Teil [von] der Madame Genlis²²⁸ Schauspielen²²⁹ waren meine Lektüre.
Meine Arbeiten: immer Zubereitungen auf mein Kindbett, mancher Art.
Auch besuchte ich meine Stiefmama²³⁰ vor 8 Tagen.
Das Lismen²³¹ von Kindskappen ist meine heutige Arbeit.
Heute schrieb ich auch den Freudrodel²³² und nun gehe ich wieder in die Wohnstube²³³. Gottes Segen sei mit mir, amen, und mit meinem Mann zehn-, hundertfach, um Jesu Christi willen! Amen.

92–94   [leer]

95   Den 10. Christmonat 1786, Samstags 3 Uhr, Nachmittag.
So eile ich denn aus Herzensbegierde, auch wieder einmal in meine Blätter einige Worte einzuschreiben, vielleicht die letzten, so wie ich den letzten Monat des Jahres angefangen, so könnte es auch der letzte meines Lebens sein, denn meine Zeit eilt und mein Ziel naht, da ich gebären soll. Mit stillem Blick und Dank zu Dir, mein Gott, sei es [zu] erwarten, nachdem ich alles vollendet, was ich nötig zu sein erachte. Wäsche und Verfertigung meines Bettes und Kinderzeug, Gutjahrrodel²³⁴ und alles, was ich nur denken kann. Oh, wie freu' ich michDeiner Güte, und dass Du mich bis jetzt so väterlich erhalten und getragen hast, denn Du bist allein der Herr. Ewig,

---

²²⁶ (Anonym): «Unterricht zum belehrenden und nützlichen Zeitvertreib für Kinder aus allen Ständen», Berlin 1789. Möglicherweise las Regula in einer älteren heute nicht mehr eruierbaren Auflage.
²²⁷ (Anonym): «Auch in Palästen wohnt drückende Armut», Schauspiel, Leipzig 1786.
²²⁸ Genlis Stéphanie Félicité du Crest de St. Aubin, Comtesse de (1746–1830), Gouvernante der Kinder von Philippe Égalité, Autorin verschiedener Schriften über Erziehung.
²²⁹ Genlis Stéphanie Felicité: «Théatre à l'usage des jeunes personnes» (Schweiz o.O.) 1779 und 1780, Berlin 1784. Deutsche Übersetzung (Weiss Christian Felix) «Der Frau Gräfin von Genlis Erziehungstheater für junge Frauenzimmer», 4 Bände, Leipzig 1780–1782.
²³⁰ Escher-Wirz Elisabeth (1729–1804), Tochter der Witwe des Hofmeister Heinrich (1720–1770). 3. Ehe des Escher Hans Caspar (1725–1781), Stiefmutter der R.v.O.-E., welche der 2. Ehe (-Fries) entstammte; lebte bei der Tochter Waser-Hofmeister Dorothea (1760–183.) verm.1791 mit Waser Hans Jakob (1751–1829), VDM, Pfarrer in Schwerzenbach und Winterthur.
²³¹ «Lismen», «Lismete»: Stricken, Strickarbeit.
²³² «Rodel»: Wunschliste anlässlich einer Geburt (Freud-) oder für (Paten-)Geschenke zu Weihnachten und Neujahr (Gutjahr-).
²³³ R.v.O.-E. und ihr Ehemann, Orelli David von bewohnten den Sonnenhof in Stadelhofen als Mieter des Escher-Keller Johann Caspar, Rittmeister. Das Haus, heute Stadelhoferstrasse 11, hatte im Besitz der Familie Werdmüller gestanden und war durch Erbschaft an den damaligen Besitzer gelangt, der sich aber dessen nicht lange erfreuen konnte. Im September 1788 musste das Ehepaar in das Hinterhaus ziehen. (Abb. S. 123)
²³⁴ Gutjahr: Zusammengezogener Begriff aus «Gutes (neues) Jahr». Weihnachtsgeschenke an Patenkinder, nach zürcherischer Sitte bereits anfangs Dezember versandt. Vgl. a. 1786, pag. 91.

ewig sei Dir Anbetung und Preis dafür gebracht, Herr, Herr meines Lebens und meines Todes!

O Gott, erbarme Dich meiner und meines Kindes und meines Mannes, um Jesu Christi willen! Amen.

Den 14. XII. 86.

Um 8 Uhr nach einer schmerzenvollen Nacht aufgestanden, 's Tee und Ankleidung. Nachher Versendung der Gutjahren. Schrieb an Frau Landvögtin[235] von Wädenswil und hatte Schmerzen in meinem Körper. Um 10 Uhr Besuch von Hans Caspar. Noch Arbeit bis mittags an neuem Schlüttli[236], nachher bis abends Arbeit für unser Kind. Einige wehmutsvolle, leidende Augenblicke, Todesfurcht, Furcht vor dem Gebären. Könnt' ich mir's nur niederschreiben, wie mir auch ist, zu einer beständigen Belehrung für mein Leben, wenn Du mir's schenkst! Welche Empfindungen für Liebe, für Wehmut ich für alles fühle und welche Erhebungen zu Gott mich allein stärken. Aller Menschengenuss, auch der letzte, ist nur momentan – jeder ist doch nur immer[237] – und die besten [Momente] lindern alles nur zum Teil, was einen Menschen eigentlich leiden macht. Auch sehe ich ein, wie man sich ausser der Erfahrung alles anders denkt als in der Erfahrung selbst. Lass' mich gerecht sein, o Gott, gegen alles, was ich selbst noch nie erfahren habe! Meine Traurigkeit nach Gott in meiner Schwangerschaft hätt' ich nie [besser] begreifen können als jetzt, da sie meine Seele erfüllt. Ich gedenkte[!], die Freude, Kinder zu bekommen, versüsste alles. Ja, noch mehr als nur Versüssung ist's auch mir, aber die Seele hat selten Kraft genug, physische Leiden zu ertragen oder zu überwinden. [Das] sehe ich nun aus eigener Erfahrung. So eben sehe ich auch ein, was die Welt Geniessendes hat und was Wahres in ihrem Genuss, seit ich eingeschlossen lebe und nichts mehr geniessen kann. Du hast nichts umsonst geschaffen, o Gott, und den Menschen gegeben. Auch sollte uns nichts zu gering sein, weil jedes für das menschliche Herz etwas hat, das nichts anderes ihm gibt und von unendlichem Wert ist.

Lehre mich, mich allein an Dir festhalten, o Du, mein Gott und mein Vater! Die süsse Hoffnung, Herrn Chorherr Rahn diese Woche wieder einmal zu sehen, vernichtet sich nun ganz, nachdem ich ihm dienstags [12. Dezember] schon einen Brief schrieb, bittend, mir während dem Gebären beizustehen und er mir selber nicht antwortete und nie selbst kam, da ich mich meinem Ziele doch so nahe fühle. Dieses Anprellen wird mich weiser machen, wie die Erfahrung, die ich an H[ess], L[avater], P[fenninger], T[obler], W[irz], D[iethelm] L[avater] gemacht in dem Laufe unserer Freundschaft. Doch vielleicht wird er sich meiner noch erinnern und mich erquicken.

---

[235] Vgl. 1786, pag. 96.
[236] «Schlüttli»: Säuglingskleidungsstück.
[237] Hier fehlt ein Wort wie vorübergehend, vergänglich.

98 Das Absterben [von] allem, das Endigen meines Lebenslaufs wird zum Segen werden im Sterben oder Wiederaufleben. Nur eines betrübt mich über alles, dass ich weniger mich zu Gott erheben kann, als ich's geglaubt hätte, dass noch so vieles mich stört, mir noch Seligkeit raubt, indem es doch nichts ist als eitle Eitelkeit. In den Stunden der Fassung, der Kraft, wünsch' ich abzuscheiden und bei Christus zu sein, und in den Stunden der Schwäche macht mich Furcht leiden. Stehe mir bei wenn ich gebären soll! Auf Dich allein, o Gott, verlasse ich mich und auf Deine Hilfe, denn Du bist allein der Herr! Mein Herz und mein Geist empfindet Dich in seiner Schwäche und betet Dich an und preiset Dich im Staub dieser Mühseligkeit, dieser Vergänglichkeit, dieses Nichts. Das Ende vielleicht nun bald in Deiner Herrlichkeit! Amen, amen, o Jesus Christus, amen!

99 's Lavaters[238] Nathanael, Zoellners[239] Geschichten von Europa[240] und [das] 4. Bändchen von Unterricht und Zeitvertreib für Kinder[241] waren meine Lektüre. Besuch von der Mama und einige wenige Augenblicke mein Bruder waren alles, was ich genoss.

<u>Mittwoch, den 20. XII.</u>
Nun nahe ich mich auch noch einmal, liebe Blätter, nicht wissend, welches das letzte Mal ist vor meiner Niederkunft, denn nun verspüre ich seit Samstag eine wesentliche Veränderung, dass sich mein Kind setzte niederwärts, und dass ich es als nahe glaube. Stehe mir bei, stehe mir bei, o Gott, um Deiner Erbarmung willen, in den Stunden der Angst und der Not, um Jesus Christus willen! Am Freitag [15. Dezember] versprach mir Herr Chorherr seine Beihilfe bei dem Gebären, das mir zur Stärkung dient. Obschon ich mich nicht auf Menschen sondern auf Dich, o mein Herr und mein Gott allein, verlasse, so ist's mir doch immer Trost und Beruhigung!

Die Freude, Lavater den 17. einhellig zum Pfarrer erwählt zu wissen,

100, 101 [leer]

102 erfreute mich unendlich und, den 19., Pfenninger zum Helfer mit dem ansehnlichen Mehr erfreute mich auch innigst.[242] Gott macht alles gut und glaubten wir ihm mit ganzem Herzen und mit ganzer Seele, so dürfte uns wohl nie bange sein.

---

[238] «'s Lavaters»: evtl. dialektal für des Lavaters.
[239] Zoellner Johann Friedrich (1753–1804), preussischer Oberkonsistorialrat, Propst an der St. Nicolaikirche in Berlin und Pädagoge. Er war auch Herausgeber von Periodicis u. a. «Wöchentliche Unterhaltungen über die Erde und ihre Bewohner», 10 Bände, Berlin 1784–1788.
[240] Zoellner Johann Friedrich: «Geschichte des heutigen Europa», 1.–14. Teil, Nürnberg 1781 (später Berlin 1790–1803).
[241] Vgl. 1786, pag. 91.
[242] Lavater wurde am 17.12.1786 vom Helfer zum Pfarrer, Pfenninger am 19.12.1786 zum Helfer an St. Peter befördert bzw. gewählt.

Vorgestern abends [12. Dezember] und heute bis nachmittags 3 Uhr schrieb ich an einem Briefe von Lavater an Tobler ab, von der Erkenntnis Gottes, in dem ich Lavaters neue Ideen fand, die ich aber nicht ganz billigen konnte, und sie in der Abweichung dessen, dass er zu vieles den Menschen und nicht Gott zuschreibt, nicht billigen oder mit den meinen vereinen konnte. Alles, alles, so viel ich begreife, habe ich bereitet und harre mit Ruhe nun Deiner Erbarmung. Ach, wenn [ich] nur auch mein Kind lebendig zur Welt bringen mag – mit meinem eigenen Leben nehme ich's unbekümmert an, wie Du es mit mir machst, denn ich bin Dein, lebendig oder tot. Ich habe Deine Erfahrung in der Erhörung des Wunsches und Gebetes um Kinder!

103 Wie gerne und wie oft ich einsam war, das weisst Du! Wie wird mir sein, wenn mein Herzchen an meinem Busen lebt, wenn Du mir – und ewig mit ihm – dem Leben neu gebären wirst.

Herr, Herr sei mir gnädig und barmherzig, amen, um Jesu Christi willen! Amen.

<u>Samstag, den 23., abends 6 Uhr.</u>
Nach einer unruhigen Nacht stand ich müde und erschlagen auf, um 8 Uhr zum Tee, kleidete mich ein wenig an und betete einsam und gläubig, schlug im Testament zufälligerweise – das mich unendlich stärkte – die Stelle auf in der Apostelgeschichte in der Geschichte des Eutychus «und sie brachten den Knaben lebendig»[243]. Den ganzen Tag über frappierte und stärkte es mich, immer neu und mehr. Arbeit erfüllte den Morgen und 's Lesen von ein paar Gedichten[244] von Kleist[245], mittags auch wieder bis 4 Uhr, da ich den Tee auf meines Mannes Stube trank und wir ruhig und friedlich beisammen sassen und uns wohl

104 sein liessen aneinander, zwischen[hin]ein in Uz'[246] Gedichten[247] lasen, einige Oden an Gott und über Empfindungen in der Natur. Auch las ich nachher noch verschiedene, die mir mehr und minder gefielen, mir aber innigst wohl taten, bis um 6 Uhr, da ich diese Empfindungen des Wohlbefindens, der Seelenruhe – wie so gerne – geniesse und anhefte, wenn auch nur Worte, nicht die Gefühle bleibend wären, die ich wieder im Gebet genoss, da ich meine Hände und mein Herz kindlich einfältig zu Dir, o mein guter Gott, aufhebte! Von Dir allein kommt alle Erbarmung, alle Gnade, alle Hilfe! Lass' mich Dir danken! Wie sollte ein schwanger Weib Dich nicht loben und erhöhen und preisen, da es in seinem und seines Kindes Namen Dich empfindet! Ach, lass' mich Dich, Christus, Dich in den Stunden der Angst und der Schmerzen empfinden wie noch nie, denn meine schwache

---

[243] Apostelgeschichte 20, 9–12.
[244] Kleist Ewald Christian: «Gedichte», Hamburg 1760.
[245] Kleist Ewald Christian von (1715–1759), deutscher Dichter.
[246] Uz Johann Peter (1720–1796), deutscher Schriftsteller und Dichter.
[247] Uz Johann Peter: «Sämtliche poetische Werke», Karlsruhe 1776.

Seele zittert oft vor Angst der Erwartung in mir! Erbarme Dich meiner um meines Kindes willen, und seiner um meinet- und meines Mannes willen!

105 Lass' mich diese festlichen Tage in Ruhe und Stille feiern, zu meiner Stärkung, weil ich's nicht mehr wagen darf, in die Kirche zu gehen, um das Abendmahl zu geniessen, das meine Seele oft so stärkte und belebte. Lass' mich Dich dafür im Geist geniessen und anbeten, und Dich empfinden, wie ich Dich noch nie empfand, denn Deiner bedarf ich wie noch nie, weil ich gleichsam im Dunkeln wandle, den mir bestimmten Weg, in der Hoffnung, dem Glauben, der Liebe, allein in Dir und durch Dich, wie selten! Amen. Noch eine liebliche, trostvolle Stunde mit Herrn Chorherr über meine Umstände hingebracht.

106 <u>Sonntag, Silvester 1786, den 31sten.</u>
So nahe ich mich auch noch dir, teures Buch meines Lebens, an dem letzten Tage dieses mir so wichtigen Jahres, das Gott mich auch noch beschliessen lässt, in so vielem Segen und Glück. Dank und Anbetung und Preis und Freude sei Dir und Du, mein Gott, mein Vater, mein Heiland Jesus Christus für alles, was ich genossen, am meisten für die so erflehte und erhörte Schwangerschaft, in der ich Dich erkenne und Deine Gnade, die Du mir angedeihen liessest! Mein demutvoller Dank steige zu Deinem Thron, Vater meines Lebens und meines lebendigen Kindes in mir!

Am Sonntag genossen wir in Anbetung das Abendmahl, und [ich] war gestärkt, unendlich, im Glauben, in der Liebe, in der Hoffnung, in der Geduld.

<u>Weihnachten</u> [Montag, 25. Dezember] war ich nicht ganz wohl, schrieb an D.[oktor] L.[avater].

Mittwoch: Besuch von der Frau Meyer[248].

107 Donnerstags [28. Dezember] war ich nicht ganz wohl – Krämpfe, in denen ich erwartete in das Kindbett zu kommen. Herzlicher, inniger Abschied von meinem Mann.

Freitags Besuch bei Frau Stetrichter, von der Ott am Abend, was meine Seele erquickte. Schrieb an Tobler. Samstag [30. Dezember], Davidstag, herzinnige Liebe, Freude, Wehmut waren die Feier an meines Mannes Namenstag, machte ihm mein Testament, schrieb an die Schinz, die mir Kinderkappen lismete. Oh, wie die Liebe in allen Gestalten erquickend ist. Ein langer Abend.

Heute um 7 Uhr aufgestanden, schrieb an Lavater, 's Tee trinken. Nachher herzliches Gebet, legte[249] mich an, las in Zollikofers Andachten[250].

---

[248] Meyer-Bürkli Regula (1758–1827), Tochter des Rittmeisters Bürkli Conrad (1730–1784), Herr auf Schwandegg. Regula verheiratete sich 1779 mit Meyer Melchior (1756–1836), Rittmeister, dem sie Schwandegg zubrachte.
[249] «aalegge»: dialektal für sich ankleiden.
[250] Zollikofer Georg Joachim: Predigten über die Würde des Menschen, 2 Bände, Leipzig 1784.

's Essen, muntere Unterredungen mit meinem Mann, Besuch von der Jungfer von Orelli, Jalousie, die mich nicht berührte, und ein Billett von der Schulthess und eines an sie zurück, und nun noch hieher, o Gott, wie gnädig bist Du denen, die Dich lieben und Dich preisen in Jesus Christus! Amen.

108 Mein Gott im Himmel, welche Erinnerungen, da ich zurückging in diesen Blättern in mein verflossenes Leben, dass ich nicht aufblicken darf vor Scham über meine Schwachheiten alle! Verzeihe mir, verzeihe mir, um Jesu Christi willen, meine Sünden und meine Missetaten, um Deiner Erbarmung willen. O Du mein Gott und mein Heiland, ach, lass' mich Dich erflehen in dieser Stunde um Deine Erbarmung bei meiner Niederkunft, um Jesu Christi willen! Amen – amen.

1787

[eingelegtes Notizblatt:] Tagebuch 1787, Geburt von Orelli Caspar
[Rückseite:] An Frau Quartier-Hauptmann Lavater[1] beim Erker[2]

1   Januar 1787
2   [leer]
3   Neujahrstag 1787.
        Montag, den 2. Januar.[3]

So habe ich denn auch noch diesen ersten Tag dieses mir so feierlichen Jahres erlebt. O Du, mein Gott und mein Vater in Christo Jesu, Anbetung und Preis und Dank sei Dir für diese Gnade, Herr meines Lebens und meines Todes! Amen. Stärke mich im Glauben, in der Liebe, in der Hoffnung und in der Geduld, besonders in den so nahen Stunden, da ich gebären soll das erste Kind, das Du mir durch Deine Gnade schenktest, im elften Jahre meines Ehestandes, auf mir so wunderbare und herrliche Weise.

4 Lass' mir das Aufblicken zu Dir Stärkung in der Not sein, Licht in der Nacht! Auf Dich verlasse ich mich, an Dich glaube ich. Ach, lass' meine Hoffnung nicht zuschanden werden und mein Geist in Dir mich – lebendig oder tot – Dich preisen! Amen.

Mein Gott, wenn Du mir meines Kindes Leben und das meinige mit dem seinigen erhältst, so schenke mir die Gnade, meine Pflicht als Mutter so getreulich an ihm zu erfüllen, als es zu seinem Nutzen und meiner Beruhigung und Seligkeit notwendig ist. Du siehst meine Liebe, Du erkennst mein Wünschen und Bitten für sein Leben und sein Wohlsein. Ach, stehe mir bei, dass ich alles, alles tun möge, was ich tun

5 soll! Wie wird mir auch sein, wenn alles überstanden sein wird, ich mein Kind an meiner Brust sehe und habe? Und wie wird es meine Seele erquicken, meinen Mann wieder zu sehen, den Geliebten. Ach, lass' mich ihm mehr sein, als ich ihm war, seine Wünsche und Bitten erfüllen, ehe er sie ausspricht, und ihm in allem Grossem und Kleinen mit weiser Liebe [zu]-vorkommen und abnehmen, was ich kann, um ihm sein Leben angenehm

---

[1] Lavater Johann (1723–1795), verh. 1747 mit Dorothea Escher vom Glas (1725–1807), Kaufmann, Direktor, besass das Haus zum grossen Erker, später bewohnt durch Lavater Jakob (1750–1807), Quartierhauptmann, verh. 1772 mit Regula Schinz (1755–1829), um welche es sich hier handelt, s. 1790 pag. 44.
[2] Erker, Erggel, Haus zum grossen: Napfgasse 2/Münstergasse 2, im Besitz von Johannes Lavater-Escher. Briefcouverts, wie hier, als Notizpapier zu verwerten statt fortzuwerfen, war bis ins 20. Jahrhundert üblich.
[3] Der Berchtoldstag fiel 1787 auf einen Dienstag.

zerfliessen zu machen. Zu allem wird diese neue Epoche mich antreiben, wieder neu zu leben, zu wirken gegen meine Geschwister, Eltern, Vater, Schwiegereltern⁴ und Freunde und Freundinnen. Nicht allein aber, hoff' ich, treibe es mein Herz für das Irdische neu an, nein, es wird meine Seele antreiben, [für] Gott und Jesum Christum neu zu leben, als Christin, Bewohnerin dieser Erde und, will's Gott, durch Deine Gnade, Bewohnerin des Himmels. Denn
<u>Unsterblichkeit</u>
ist mein Trost am Rande des Grabes, in den Stunden des Leidens und der Freuden, die mir bevorstehen. Mein Glaube umfasst Dich im Geist, und Du wirst mich nicht verlassen, in keiner Not und im Tode nicht. Amen.
Gott, mein Vater, Jesus Christus, mein Heiland, sei mir nahe, in der Kraft Deines heiligen Geistes! Amen.

7 Um 3 Uhr erwachte ich, gerührt und in Tränen mich – [weil] dankend ins Neujahr getreten – fragend. Segnete meinen <u>Mann</u>, litt schmerzende Krämpfe, die mir bange machten. [Ich] entschlief wieder, um 6 Uhr erwachend, wieder in Schmerzen, nahm Kaffee und nachher ein Dampfbad, auf welches ich einschlief und um 10 Uhr matt aufstand. 's Mittagessen, Unterhaltung mit einer Gotte⁵, und mein Haar auskämmend verfloss die Zeit zwischen 10 Uhr und 2 Uhr, da ich Zollikofers Andachten betete, und [dies] aus innerstem Herzen, 's Tee trank, bis hierher schrieb, da es ½5 Uhr ist [und ich] etwas besser mich befinde, jedoch der Gedanke, dass es auf den Vollmond eine Änderung mit mir geben werde, <u>erfüllt</u> [mich].

8 Sehr mich sehne, Herrn Chorherr zu sehen. Gott sind alle Dinge möglich! Durch den Glauben wird Gott meine Seele stärken. Jesus Christus ist der Sohn Gottes. Alles was ihr wollt, das euch die Leute tun sollen, das tut auch ihnen⁶. Die Liebe ist des Gesetzes Erfüllung⁷. <u>Tugend</u> – [so] betete [ich] meine Wünsche – <u>Taten</u> und Liebe, vom ersten bis zum letzten Tage dieses Jahres.

9 Führe mich nicht in Versuchungen. Gib mir tägliches Brot.⁸
Gib mir Weisheit und <u>Verstand</u> und ein gutes <u>Herz</u>. Ich bitte Dich nicht um Reichtum und Ehre. Du wirst mir geben, was mir gut sein wird, wenn ich Dich, o mein Gott, fürchte und <u>liebe</u>.
Ich schrieb noch an meine über alles liebe Schwester <u>Ott</u>.

---

⁴ Orelli Hans Conrad von (1714–1785), des Rats, Landvogt zu Wädenswil 1759, Obmann gemeiner Klöster 1777, resignierte 1784 alle Ehrenämter; verh. 1738 mit Wyss Dorothea von, (1714–1789), Vgl. 1786, pag. 4.
⁵ Vgl. 1786, pag. 4.
⁶ Matth. 7, 12.
⁷ Röm. 13, 10.
⁸ Matth. 6, 11–13.

| Tagebuch | 1787 |

10   Sonntags, den 7.
Und wenn's auch so selten noch geschehen würde oder könnte, ein Wort aufzuschreiben, so will ich dennoch es nie ganz unterlassen. Immer soll es Erinnerung sein, wie viel Gott mir zufliessen lässt – in so manchem Sinn – [von] seiner Gnade.
Dienstags, <u>Bächtoldstag</u>[9], war ich bis um 9 Uhr im Bett, schrieb an Herrn Chorherr Rahn, legte mich ein wenig an[10], sah bisweilen zum Fenster hinaus und machte einige häusliche Geschäfte. Am Gattüngi[11] hatt' ich <u>Herzensfreude</u>, weinte Tränen der Wehmut, da es Abschied von mir nahm. 's Essen, nachher Arbeit um 6 Uhr. Besuch von Hans Caspar und Herrn Chorherr, eine Art gemischter Empfindung des Schmerzes und [der] Freude, auch munteres Nachtessen mit Hans Caspar.

11   <u>Mittwochs, den 3.</u>, nicht ganzes Wohlbefinden, Traurigkeit. Nach dem Essen Besuch von der Schulthess, die mich wegen Mitteln von Magnetisieren unwillig in meinem Herzen machte und verlegen, weil ich einen gewissen Widerwillen in mir dagegen fühle. Am Abend ihr noch schrieb, dass ich's nicht annehmen wolle. Mein Mann las mir in Herders Ideen[12] unterm Arbeiten, herzliches Gespräch.
<u>Donnerstags</u> [4. Januar] befand ich mich wohl, brachte den ganzen Tag mit der Erwartung der Frau Mutter[13] beim Rech[14] zu. Der Besuch ging gut vorbei, Schrecken mit Rauch in der Stube und Unordnung ausgenommen. Am Abend und zum Nachtessen noch Herr Helfer Pfenninger. Wichtiges Gespräch über <u>Lavater</u>, ihre Wahlen[15] und die Leidenschaften der Zürcher. Um 10 Uhr munter zur Ruhe.

12   <u>Freitags</u>, Besuch von <u>D.</u>[oktor] <u>L.</u>[avater], Frau <u>Ott</u> [und] <u>Hans Caspar</u>, und [es] ging meine Vorgängerin[16] ein.[17]

---

[9] «Bächtoldstag»: Der Berchtoldstag, 2. Januar, ist ein Zürcher Feiertag mit typischer Besuchstradition. Nicht nur in privatem Kreise sondern auch in den Zünften und Gesellschaften tauschte man die Neujahrswünsche aus, und als Gegengeschenke für die von den Kindern überbrachten «Stubenhitzen» (Brennholz für die Beheizung der Zunftstuben) wurden «Neujahrsblätter» bildenden oder erzieherischen Inhalts verteilt.
[10] Vgl. 1786, pag. 107.
[11] Vgl. 1786, pag. 5.
[12] Vgl. 1786, pag. 11.
[13] Orelli-v. Wyss Dorothea von (1714–1789) «beim Rech», Gattin des Orelli Hans Conrad von (1714–1785), Schwiegermutter der R. v. O.-E., vgl. 1786, pag.4, 1787, pag. 6.
[14] «Beim Rech»: Gemeint ist hier (vgl. 1786, pag. 4) das Haus zum Tannenberg, Neumarkt 8, das spätere Sterbehaus Dorothea von Orellis, das im Besitz der Familie v. Wyss stand. Hier sind 1780 Jkr. Amtmann Wyss Hans Caspar, ein Neffe Dorothea von Orellis, und Jungfer Orelli Anna Barbara, deren Tochter, registriert, und 1790 Junker Pfarrer Wyss Hans Jakob, (1712–1782). (Corrodi-Sulzer Adrian: Häuseregesten, StAZ, W 22). Vgl. 1786, pag. 4, 1800, pag. 273. (Abb. S. 51; S. 149)
[15] Das Gesprächsthema bezieht sich auf die Wahl Lavaters zum Pfarrer und Pfennigers zum Helfer an St. Peter, vgl. dazu 1786, pag. 99.
[16] Vgl. 1786, pag. 74.
[17] «ging ein»: im Sinne von Dienstantritt.

Samstags, den 6., früh schrieb ich ein Billett an Lavater [und an] Frau Schinz. Arbeit bis mittags. Übelkeiten in grossem Masse, wieder Arbeit bis um 4 Uhr, dann Besuch von der Frau Schinz. Mit ihm[18] Gespräche von seiner Schwester, meinen Geschwistern, meinen Umständen, Lavater, Schulthess, Pfenninger, Kayser, und herzlicher Abschied.

Heute nun [7. Januar] vollend' ich, der Empfindung nach, vom Leben und Bewegen meines Kindes an dem 20. August 1786, meine Rechnung. O Gott, [sei] mir nahe! Ach, sei auch Du mir nahe mit Deiner Hilfe und mit Deiner Kraft und Gnade!

O Herr, Herr Gott, erbarme Dich meines Kindes und meiner, um Deiner unendlichen Liebe willen! Amen.

13 Mit herzlichem Gebet fing ich heute den Tag an. 's Tee trinken, nachher las ich im Johannes das 4. und 5. Kapitel[19]. Geschwätz unterbrach mich. Kleidete mich um 10 Uhr an. Gespräch mit der Regel Schweizer[20], meiner Mannsgotte[21]. 's Essen, Besuch von einer Frau Gwalter[22]. Zorn über meinen Mann, Unruhe. Um 2 Uhr Besuch von der Schulthess bis halb 4 Uhr, lesend in Stolz' Joseph[23]. Nachher versiegelte ich meine empfangenen Briefe von Freunden und Freundinnen vom Jahr 1786, erlas einige Schriften und dachte dabei vieles, was die Seele erquickte. 's Tee, las einige Oden[24] von Füssli, einige Übersetzungen von Tobler aus Petrarca[25] und eine Ode von ihm an mich im Jahr 1782, die mich äusserst frappierte, weil sie sinnbildlich, gleichsam prophetisch ist auf die Erfüllung

14 meiner Bitte zu Gott. Und nun bis um 7 Uhr schrieb ich hieher.

---

[18] Bezug auf die Freundin Schinz. Die erwähnte Schwester ist Schulthess-Lavater Regula.

[19] Johannes 4 und 5, über Jesu und die Samariterin, Heilungen, die Reden Jesu von sich, dem Richter und Totenwecker.

[20] Möglicherweise Schweizer Regula (1763–184.), Tochter des Ludwig (1726–1807), Hptm. und Wagmeister und der Wüst Elisabetha (1732–1809), 1801 verm. mit Wirz Salomon (1776–1839), Pfarrer zu Sternenberg. (Frdl. Mitteilung von Prof. Dr. Martin Schwyzer, Zürich).

[21] «Pate», «Patin», «Götti», «Gotte» werden gleichermassen für den Paten und das Patenkind verwendet: Vgl. 1786, pag 4; 1787, pag. 7; s. 1789, pagg. 77, 103. Vgl. auch Lavater Johann Caspar: «Handbibliothek für Freunde» Zürich 1790, S. 240: «Für meinen Paten Johann Caspar von Orelli». Der Begriff «Mannsgotte» war nicht gebräuchlich.

[22] Gwalter: Geschlecht der Gemeinde Höngg bei Zürich.

[23] Stolz Johann Jakob: «Joseph, prophetisches Symbol von Jesus dem Nazarener, König der Juden», Zürich 1786.

[24] Füssli Johann Heinrich, Obmann: «Der heilige Gesang der Deutschen», 2 Teile, Zürich 1782, «Lieder der Deutschen», 2 Bände, Zürich 1784. Die Ode «Am Thor des Himmels stand ich...», die Klopstock zugeschrieben wird, soll von Füssli stammen. Vgl. 1786, pag. 20.

[25] Petrarca Francesco (1304–1374), italienischer Renaissancedichter. Tobler Georg Christoph übersetzte antike und mittelalterliche Texte. Es dürfte sich hier um eine unpublizierte Schrift handeln. Seine Werke erschienen in Pfenningers Sammlungen zum christlichen Magazin, oder als selbständige Drucke, so z.B. Sophokles verdeutscht, 2 Teile, Basel 1781; Orpheus, Argonauten, poetisch übersetzt, Basel 1784. S. 1787, pag. 28.

Schickte Carvers²⁶ Reisen, 1. Teil, ungelesen fort, aus dem mir einige Stellen wohlgefielen.
Viele Erinnerung des Briefes an die Frau Römer und den, welchen ich von ihr erhielt am Donnerstag und Freitag.
Vater, in Deine Hände befehle ich meinen Geist²⁷, mein Kind und meinen Körper! Sei mir gnädig, um Jesu Christi willen. Amen.

15   Den 14. [Januar], sonntags.
Schon wieder eine Woche vorbei, eine der wichtigsten, vielleicht die letzte, die ich verlebte. Und nun, heute, wieder eine neue angefangen, die nur Du, o Gott, weisst, wie und durch was sie mir nützlich und ewig werden wird.
Montags, den 8. [Januar], hatt' ich die innigste Freude am Gattüngi Ott, dem Herz. Der Bäbe Schulthess Besuch ermüdete mich. Matt legte ich mich nieder und schlief die letzte Nacht in meines Mannes Bett, an seiner Seite, an seinem Herzen, ohne dass ich es wusste.
Dienstags, den 9., nachdem ich ganz wohl war den Morgen und Nachmittag durch, war ich am Abend von einer Art [Geburts-]Wehen ergriffen, dass ich hoffte, glaubte, fürchtete, in das Kindsbett zu kommen, Herrn Chorherr zu mir bat, und alles zugerichtet war, was ich bedurfte. Um 11 Uhr verloren
16 sich die Schmerzen wieder. Schlummer, Seufzen, Angst, Wachhalten. Ab um 1 Uhr kamen die Schmerzen wieder, bis 3 Uhr, abwechselnd verlor es sich wieder. Am Morgen, den 10., wieder, doch fand Herr Chorherr gut, dass ich Frau Schweizer²⁸ beschickte²⁹. Ich sagt' es meiner Schwester auch. Eine heftige Szene von Zorn, durch eine Etourderie³⁰ meines Mannes aufgeweckt, fiel unter uns vor, deren ich mich schämte und [die ich] bereute. Der Frau Ott Zärtlichkeit rührte mich innigst. Frau Schweizer sagte, vom Gebären sei jetzt keine Rede, aber man könne nicht sagen, wann es sich dazu einlasse. Nun gab's einen Geschwätz-Abend, der mich ermüdete, und endlich entschlief ich um 4 Uhr.
Donnerstags, den 11., am Morgen früh erwacht. Frau Ott ging ruhig nach Hause. Um 9 Uhr stand ich auf, ging auf meines Mannes Stube,
17 Abschied zu nehmen. Hatt' viele angenehme Momente. Besuch von der Schulthess und Herrn Chorherr. 's Essen, Traurigkeiten, schrieb an Lavaters, und nachher waren wir beisammen, allein, in der höchsten Empfindung, mein Mann und ich. Unterbrechungen durch Frau Schweizer, und von

---

²⁶ Carver Jonathan (1732–1780), Hauptmann in englischen Diensten, hielt nach deren Quittierung die Eindrücke einer Reise durch Kanada und Amerika in einem Tagebuch fest: «Voyage dans les parties intéressantes de l'Amérique septentrionale, 1760–1786», französische Übersetzung der 3. Auflage, Yverdon 1784.
²⁷ Luk. 23, 46.
²⁸ Die Hebamme, vgl. 1786, pag. 81.
²⁹ «beschicken»: jemanden holen lassen.
³⁰ «Etourderie»: Unbedachtsamkeit, Unbesonnenheit.

6 Uhr an las ich zu meiner Stärkung, Trost, Erquickung im Testament, war ruhig und hell.

<u>Freitags, den 12.</u>, ein heller einsamer Tag. Stilles Erheben zu Gott, des Morgens. Nachmittags unruhige Erwartung auf Lavaters. Liebreicher Besuch von <u>ihnen</u>, fühlte ihn in seiner Würde und Lieblichkeit ganz. Von ihr Gedrücktheit, Bangigkeit nachher fast bis zum Tode.

<u>Samstags, den 13.</u>, freier Morgen, stilles Arbeiten, entsetzliche Angst, Todesangst bei dem Anblick meines Körpers. Schreien zu Gott.

Nachmittags Besuch von der Schulthess und von Herrn Chorherr und Frau Ott, das alles mir wohltuend war. Neue unruhige Nacht.

Heute wie stumpf erwacht, 's Tee, nachher las ich <u>Zoellners</u> Lesebuch für alle Stände, 7ter Teil[31], über's Lesen eine Abhandlung, stand auf, speiste munter. Besuch von Frau Schinz, deren Liebe mir Erquickung war. Übelkeiten, 's Tee mit meinem <u>Mann</u>, und jetzt bis 6 Uhr schrieb ich <u>hieher</u>.

O Gott, wie erleichterst Du mir nicht mein Leiden! Welchen Dank und welche Liebe und welche Empfindung Deiner Erbarmung strömt nicht von meinem Herzen! Ach, stehe Du mir bei, mein Erbarmer, um der Liebe Jesu Christi willen! Amen.

<u>Mittwoch, den 17.</u> [Januar], 3 Uhr mittags.

Wieder einige Tage hin. Gott, wie mancher noch, bis Du mich zu Dir nimmst, oder mich erfreust! Meine Erwartung ist gross, mein <u>Glaube</u> [baut] fest auf Deine Erbarmung, um unseres Kindes willen, um Jesu Liebe willen. Amen.

Am Montag [15. Januar] arbeitete ich ununterbrochen, am Abend schmerzhafter Drang auf's Wasser und Öffnung, auch in der Nacht von $^1/_2$ 12 Uhr an. Gebet, Heiterkeit, dass es mir leicht gewesen wäre, in die Stunden des Leidens und der Freude zu kommen. Ich hoffe eben auf <u>Dich</u> und harre jeder Stunde Deiner, o Gott!

<u>Dienstags, den 16.</u>

Ich blieb im Bett. Herr Chorherr besuchte mich, sagte, es könne noch mehrmals so kommen, tröstete mich, ermunterte mich, auch war ich mit Heiterkeit erfüllt den Morgen durch, arbeitete.

Nachmittags war ich von trauervoller, wehmütiger Empfindung erfüllt frappiert durch einen Kirchgang[32], den ersten im neuen Kirchhof[33], den ich sah, noch mehr von einem elenden Menschen[34], der vorbeigeführt wurde. 's Tee.

---

[31] Zoellner Johann Friedrich: «Lesebuch für alle Stände zur Beförderung edler Grundsätze, rechten Geschmacks und nützlicher Kenntnisse», in mehreren Teilen, Berlin 1785 ff.
[32] «Kirchgang»: Begräbnis, Beerdigung.
[33] «neuer Kirchhof»: Friedhof auf der Hohen Promenade.
[34] «elender Mensch»: Verarmter, Vagabund, aufgegriffener Bettler, evtl. Ausländer.

| Tagebuch | 1787 | 77 |

Gebet, las im Testament, schrieb an <u>Lavater</u> und machte einen Auszug aus seinem zweiten «Noli me nolle»[35] an seinen Sohn, war müde körperlich, aber innigst erquickt geistigerweise. 's Essen, um 9 Uhr zur Ruhe.
Heute um 9 Uhr frohes Déjeuner mit meinem Mann. Dampfbad. Gebet, las die Epistel an die <u>Epheser</u>[36]. Besuch von der Schulthess, Arbeit.

21 's Essen, <u>Empfindlichkeit</u> – alter Schaden meiner Natur. Schrieb einige Strophen aus Lavater und jetzt bis hieher.
Heute vollende ich die ganze bestimmte Rechnung meiner Schwangerschaft, dem Geblüt nach.[37] O Gott, sei mir gnädig und barmherzig, um Jesu Christi willen!
Oh, die süssen Empfindungen der mütterlichen Zärtlichkeit gegen mein <u>Kind</u>, wie selig machen sie mich in der Hoffnung, ihns[38] bald, bald zu sehen! Du weisst sie, Du kennst sie: Alles ist Gnade, über das Sehnen und dann [das] Sterben [hin]aus, was Du mir gibst und was ich [er]bete von Dir. Selig und erquickt ist meine Seele, und voll Dank und Anbetung gegen Dich, o Gott, Du Gott meines Kindes und mein Gott! Amen, in Christo Jesu. Amen.

22 <u>Sonntag, den 21.</u>
Von 4 Uhr an mit Bangigkeit gedrückt, betend, um Erbarmung flehend mit ganzer Ergebung in Gott, für mein Kind und meinetwillen, und für mich um seinetwillen. Seufzende Erhebung der Seele. Du bist doch weit über alles herrlich, was die Menschen kennen! Dumpfheit beim Erwachen, und mit meinem Mann wehmutvolles, liebendes Gespräch. Besah meinen Leib im Spiegel, zitternde Angst. Beruhigung in Gott, in Hoffnung auf ihn. Las im Testament, [in] Klopstock's[39] Liedern[40]. Um 9 Uhr stand ich auf, mit dem Wunsch der werdenden Hoffnung. Dies wird wohl der letzte Sonntag sein, den ich in solchem Zustande erlebe. Und ach, wie wird mir auch sein, wenn's überstanden ist! Stärke mich, stehe mir bei, Herr hilf mir!

23 Ich kleidete mich ordentlich an, langsam. Mattigkeit unterbrach mich. Machte einige Geschäfte und nahm 's Essen mit Munterkeit ein. Befand mich etwas besser. Las Bouvets[41] Reisen zu Ende bis um 3 Uhr. Einiges herzliches Angedenken an <u>Lavater</u> und meine Freunde, oft eine Wehmut dabei, die aber meine Ruhe nie störte.

---

[35] Lavater Johann Caspar: «Noli me nolle, Aussichten in die Ewigkeit», Zürich 1781. S. 1791, pag. 7.
[36] Brief des Paulus an die Epheser: Über das Leben in der Gnade Christi, seine göttliche Berufung. Ermahnung zur Einigkeit und zu einem neuen, heiligen Lebenswandel.
[37] Schwangerschaftstermin. «Geblüt»: Blut oder Blutung, hier Menstruation.
[38] Vgl. 1786, pag. 20.
[39] Klopstock Friedrich Gottlieb (1724–1803), deutscher Schriftsteller.
[40] Klopstock Friedrich Gottlieb: «Geistliche Lieder», Kopenhagen und Leipzig 1785–1786.
[41] Bouvet Joachim (ca. 1660–1732), französischer Jesuitenpater in Peking, gab über seine Reisen in China und Siam verschiedene «Relations» heraus.

Gestern erhielt ich Briefe von Tobler und Stolz. Am Morgen hatt' ich eine sehr wichtige Unterredung mit meinem Bruder über's Heiraten[42]. Ach Gott, segne Du ihn bald, führe Du ihn bald zu glücklichem Ziele! Du weisst, wie sehr ich's wünsche und wie gerne ich's täte, hätt' ich die Kraft dazu.
Lehre mich leiden, lieben, glauben, überwinden, um Jesu Christi willen. Amen.

24 Welche Blicke in die Menschheit, in die menschliche Seele, lehrten mich diese stillen Wochen tun. Fristest Du mein Leben, lass' mich's, o Gott, nie wieder vergessen, sondern neu wirken zu besserem Ziel als bis hierher. Welcher Auftritt in mein Leben, für mein Leben, war nicht diese Zeit, da Du meine Gebete erfülltest, meinen Wunsch, meine Hoffnung. Oh, was darf ich nicht von Dir hoffen im Leben und auch im Tode! Alles, durch Christum, was mir ewig wahres Bedürfnis sein wird, im festen Glauben, Demut, Anbetung.
Erbarme Dich meiner, durch den Anblick eines gesunden Kindes! Gib Du ihm Weisheit und

25 Verstand und ein gutes Herz, so wird ihm alles Übrige zu seinem Glück hinzugetan werden – mein erstes und mein letztes Gebet.
Am Freitag [19. Januar] eine herrliche Stunde mit der Schulthess, ihre Liebe mir fühlbar in jedem Wort.
Donnerstags [18. Januar] besuchte mich Herr Chorherr. Oh, segne Du ihn für die Erquickungen alle, die ich durch ihn genoss. Am Abend eine entsetzliche Alteration[43], Heftigkeit über alle Worte, wegen einer Überredung[44] von meinem Mann. Ich schlug's L.[avater][45] ab, gerade morgens, zu meiner Beruhigung. Mein Gott, behüte mich doch vor allen Verwirrungen und Betäubung[46] vor meiner Entbindung.

26 Ich glaube, jedesmal sei's das letzte, dass ich hier was einschreibe. Aber noch nie hatt' ich's so fest geglaubt als jetzt. Wann und wie ich's wieder werde tun können, das weisst Du allein, o Gott, und wie mir sein wird! Anbetung und Preis und Dank sei Dir, jetzt und in Ewigkeit! Amen.
Das Warten meiner Seele auf ganze Erfüllung, das ängstlichere Warten meines Körpers, alles sei Dir – Einziger – einzig zu Gnaden anbefohlen, um Jesu Christi willen! Amen.

27 <u>Sonntag, den 28.</u>
Auch heute noch stehe ich auf und freue mich meines Lebens, meines Gottes, meines Kindes in mir und will es niederschreiben. Wie gut bist Du,

---

[42] Vgl. 1786, pag. 10.
[43] «Alteration»: Aufregung.
[44] Im Sinn von «jemanden (hier David von Orelli) überreden».
[45] «L.»: Lavater Johann Caspar?, Diethelm?. Aus dem Kontext ist zu schliessen, dass es sich um Geldgeschäfte handelte, in die Pfarrer Lavater involviert war.
[46] «Betäubung»: Vermutlich für den dialektalen Ausdruck Vertäubung, Verärgerung.

o mein Gott, und mein Erbarmer! Wie erträglich ist mir nicht meine Bürde und wie leicht war mir alles bis hierher! Jeder Tag dieser Woche verschwand wieder mit einer neuen Huld Deiner Gnade an mir, spürbar.
Ich hatte eine ausserordentlich gute Nacht. Am Morgen herzliche, innige Erhebung zu Gott, meinem Erbarmer. Tränen der Empfindungen und des Dankes und Bitte um Erbarmung.

28 's Tee, und darauf las ich eine Skizze aus Petrarcas Leben, französisch[47], einen Gesang aus Lavaters Messiade. Geschwätz, Ankleidung und verschiedenes machten es aus mit der Zeit bis 10 Uhr.
Meine Hoffnung übersteigt meine Furcht. Grosser Gott, erbarme Dich meiner in Deiner Erbarmung!
Sonntags und gestern [Samstag, 27. Januar] sah ich Herrn Chorherr bei mir, zu meiner innigsten Freude und Erquickung. O Gott, segne ihn für alles, was er an mir getan hat!
Frau Schulthess sah ich dienstags [23. Januar] und gestern, beide Male hatte sie etwas Drückendes

29 für mich.[48]
Meine Ott ist über alles lieb und teuer meinem Herzen. Oh, die schwesterlichen Tränen und Liebe, wie sie vergelten ihm? – Und wie erquickend für mich. Gott im Himmel, lass' Deinen Segen über ihm ruhen und walten! Alles in der Welt klebt mich nie nicht mehr an[49], bekümmert mich nicht mehr. Selbst das Liebste, alles ist mir gleichgültig, mein Mann ausgenommen, der die Seligkeit meiner Seele ist. Herzlicher Ausdruck der Umarmung, da er jetzt in meine Stube kam.
Oh, wie wird mir auch sein, wenn's überstanden ist, auf welche Seite es sein wird. In Gott suche ich Ruhe und werde sie finden!

30 Oh, die Sehnsucht nach Erlösung, Gott schenke sie mir bald in Erfüllung! Auf Gott, Dir allein, steht meine Hoffnung und mein Trost. Du bist mein erster Gedanke und wirst auch der letzte sein, denn Dein bin ich, vom ersten bis zum letzten Augenblick! Amen.
Jungfer von Orelli beunruhigte mich sehr.
Ach, lass' mich jeden Augenblick noch wirken und lieben, der mir gegönnt ist zu leben, und lass' mich in der Hoffnung auf die Stunden, da ich gebären soll, an Deine Hilfe glauben!

---

[47] Petrarca Francesco: Am meisten verbreitet und auch in Zürich bekannt war damals: Sade Jacques François Aldonée, Abbé de Sade (1705–1778), «Mémoires pour la vie de François Pétrarque», Amsterdam 1764. Vgl. a. 1787, pag. 13. (Frdl. Mitteilung von PD. Dr. M.C. Ferrari, Mittellateinisches Seminar der Universität, Zürich.)
[48] Auch Schulthess-Lavater Regula war von der Strömung des Magnetismus erfasst (vgl. 1786, pag.21; 1787, pag. 1) und missionierte bei R. v. O.-E. im Hinblick auf die bevorstehende Geburt. Chorherr Rahn Johann Heinrich, R. v. O.-E.'s ärztlicher Betreuer, war ein strikter Gegner des Mesmerismus.
[49] Im Sinne von faszinieren, ergreifen.

31 Durch den Glauben an Dich vermag ich alles zu überwinden und selig zu werden. Stärke Du mich darin, um Jesu Christi willen! Amen.
Frau Stetrichter⁵⁰ besuchte mich gestern, Frau Schinz am Donnerstag [25. Januar]. Lavater sendete mir eine Predigt, ein Gespräch über Wahrheit, in dem ich sehr vieles fand. Auch machte ich einen Strumpf.
Wie gleich bis an's Ende blieb ich, was ich bin, in meinen Neigungen, doch auch etwas besser, reiner, edler, liebender, sanfter wirkend als vordem. In Jesus Christus Namen! Amen.

32, 33 [leer]

34   Mittwoch, den 31. Januar.
So erlebte ich durch Deine Gnade auch diesen heutigen Tag noch, Herr meines Lebens, mein Gott, mein Erbarmer!
Um 7 Uhr trank ich Tee und erholte mich von einer unruhigen Nacht, die ich in bangem Übelsein, Schmerzen und Gebet hinbrachte, in der Hoffnung und [in] der Sehnsucht, es möchte die letzte – oder eine der letzten – sein. Um 8 Uhr aufgestanden, Ankleidung und Arbeit erfüllen den Morgen bis jetzt, nebst dem Lesen [von] etlichen 40 Seiten in Stolz' Joseph, bis [es] 11 Uhr läutete⁵¹. Welche Furcht, welche Hoffnung macht mein Herz zitternd erfüllt. Oh, stärke Du mich mit Kraft und Glauben und Liebe!

35 Montags [29. Januar] hatte ich den ganzen Morgen eine Art Krämpfe, die mich in der Hoffnung erfüllten, in das Kindbett zu kommen. Bange Sorgen mütterlicher Angst erfüllten mich, bis ins innerste Mark und Gebein durchdringend. Den Nachmittag bracht' ich mit Arbeiten und Gebet hin, las am Abend noch in Peters des Grossen⁵² Original-Anekdoten⁵³ zu meiner Zerstreuung.⁵⁴ Schlief die Nacht herrlich.
Dienstags nahm ich früh ein Dampfbad. Neue Ermattung und Müdigkeit behielten mich den Morgen im Bett bis 11 Uhr, wie gewöhnlich nach demselben. Betete in Lavaters Liedern und in Stolz' Joseph, der mir wohlgefiel. Speiste, und nachher schrieb ich an Tobler mit

36 inniger Empfindung und Liebe, mit der ich immer seiner gedenke. Arbeit, 's Tee, Alleinsein mit meinem Mann, dem geliebten, edlen, teuren, in der Empfindung des Scheidens, erfüllen den Abend. Oh, wie erträglich machst Du uns Schwangeren nicht die Beschwerden! Auch erträglich wird es mir sein in den Stunden, da ich gebären soll, oder da ich sterben muss. Mein Glaube umfasst Dich in allem und Deine Hilfe ist mir Trost im letzten

---

⁵⁰ Vgl. 1786, pagg. 4 und 38.
⁵¹ «Elfuhrläuten»: in Zürich noch täglich praktiziert, war damals das Zeichen für Mittagszeit, Essenszeit.
⁵² Pjotr I. Alexejewitsch (1672–1725), Zar von Russland.
⁵³ Stählin Jakob von (1709–1785), deutscher Gelehrter am russischen Hof.
⁵⁴ Stählin Jakob von: «Originalanekdoten von Peter dem Grossen», Leipzig 1785.

Moment meines Lebens! Oh, welche Gefühle durchwallten meine Seele und mein Herz nicht oftmals, besonders
37 auch, wenn sich mein Kind so ausserordentlich bewegte, und wie schauernd war's mir für seine zukünftige Wartung des Körpers und Herzens! Ach, lass' mich alles für ihns tun und [lass'] meine Seele in der Erfüllung der Pflichten als Mutter Ruhe finden! So sehr ich mich fürchte, so sehr blange[55] ich. Es ist doch beschwerlich, so zu leben, und wie sehn' ich mich, wieder zu wirken, meinem Mann und meiner Haushaltung neu zu leben. Ich werfe mich anbetend, dankend und lebend nieder vor Dir, Herr, Herr Gott, flehend um Erbarmung für mein Kind, meinen Mann und mich. Amen.
Im Namen Jesu Christi, Amen!
38 [leer]

39 <u>Hornung 1787.</u>
40 [leer]
41 Den 8. Hornung 1787, donnerstags.
Noch bis hierher kam ich glücklich und gesund durch Deine Gnade und Güte, o Gott! Ich nehme diesen Moment, vom Gefühl ganz durchdrungen von Deiner Barmherzigkeit, es niederzuschreiben. Wieviel Tränen der Angst und der Hoffnung verweinte ich nicht, in Ruhe mich fassend, [hoffend] auf Deine Erbarmung, lebendig oder tot Dein zu sein!
Seit Dienstag [6. Februar] lebte ich – wie noch nie – in der nahen Erwartung, niederzukommen, durch heftige Krämpfe aufgeweckt, die mich's stündlich erwarten machten, und die ich als Vorboten ansah einer nahen Erlösung.
42 Welche Empfindungen stiegen in meiner Seele auf und ab, [was] für mütterliche Seligkeiten in der grossen Erwartung der <u>Liebe</u>, der Freude, mein hüpfendes Kind bald in meine Arme zu drücken. Es zu sehen, soll mir Vorgeschmack des Himmels sein – auch wenn ich sterben müsste – ehe ich stürbe.
Einige Tage lang dieses nicht wieder Einschreibens bracht' ich kummervoll und unruhig hin. Las nichts als Stolz' Joseph, der mir nicht genug tat. Hörte, sah nichts von <u>Lavaters</u>. Einige Leiden darüber, wie ich sie selten empfand. Schulthess allein liess ich zu mir kommen – auch sie war mir drückend – und meine <u>Ott</u>. Das allein erfüllte meine Seele mit einer
43 Ruhe durch ihre Teilnahme, die ich ihr nie vergelten kann, auch meinem Mann nicht, der mir jeden Augenblick teurer, lieber ist. Oh, von ihm scheiden wird mir wohl mehr als alles sein, nach dem, wie ich ihn liebe! Nichts bekümmert mich so sehr, als das dunkle Schicksal meines Bruders. Doch, wie sollt' ich zweifeln, nach dem, was ich in Gottes Hilfe erfuhr, an mir und

---

[55] «blangen»: dialektal für sich sehnen nach.

den Meinigen. Einige Blicke zu Gott stärken und beruhigen mich wieder für alles und in allem, was mir widerfährt.

Viele Stunden erfüllter Arbeit, die mich oft so beseligte als die Wirkung von etwas Nützlichem auf dieser Welt. Oh, wie wird's mir sein, wenn mein Kind mich einst beschäftigt! Welche Wonne für

44 meine Seele, und welche Entschlüsse nehme ich nicht, alles, alles für ihns zu tun, was ich nur immer kann.

Erfülle nur eine Bitte mir auch, o Gott, mich durch nichts, durch keinen Menschen verwirren zu lassen in den Stunden, da ich gebären soll, und Dich meiner zu erbarmen, [mich] in dem Blick auf Dich zu stärken und zu trösten im Namen Jesu Christi. Amen. 4 Uhr, abends.

45   März 1787.
war ich in dem Kindbett, welche Zeit sich zu der glücklichsten zählt von meinem Leben, wie auch meiner Schwangerschaft.
Was sind diese Leiden gegen die Freuden, einen
 Sohn[56]
zu herzen und zu lieben, seiner zu warten. Dank und Anbetung und Freude sei Deiner Gnade, die ich demutsvoll geniesse, ewiglich. Amen.

46 [leer]

47   April 1787.
48 [leer]
49   Den 2. April, montags 3 Uhr, nachmittags.
Voll Anbetung und Dank nah' ich mich, heilige Blätter, [euch] wieder, nach dieser so langen Unterbrechung, in der mich Gott so unaussprechlich beglückte, segnete, erfreute, mich Unwürdige erhob, einen Sohn zu gebären, ein Engelskind von Schönheit und Geist. Mit ihm auch schenktest Du mir mein Leben wieder, dessen Wert ich jetzt empfinde wie noch nie. Oh, lass' mich nichts als danken und anbeten und mich freuen, o Gott, Du Vater in Jesus Christus, Deinem Sohn! Oh, wie liessest Du mich Dich empfinden in jenen Stunden, da ich gebar und gebären sollte!

50 Den 13. Hornung, Dienstag, 9 Uhr, gebar ich meinen Sohn, der glücklichste aller meiner Tage, für welche Gnade ich Dich ewig, ewig, ewig preise und danke und anbete.

---

[56] Orelli Hans Caspar von (13.2.1787–6.1.1849). Pate: Johann Caspar Lavater, Patin: Orelli-Ott Regula von, Gattin des Orelli Heinrich von (1707–1797), Direktor, vgl. 1786, pag. 21, Mutter von Orelli-Schulthess Salomon (vgl. 1786, pag. 40) im Garten. Hans Caspar, verh. 1823 mit Anna Elisabeth Ganz (1797–1881). 1807–1814 Pfarrer in Bergamo, 1814–1816 Lehrer an der Kantonsschule Chur, 1819 Professor für Eloquenz am Carolinum, 1820 Prof. für klassische Sprachen an der Universität. Dr. phil. h.c., Förderer und Reformer der Zürcher Mittel- und Hochschulbildung, Mitbegründer der Universität Zürich. Herausgeber von Lavaters Werken.

Den 12. Hornung [Montag] befand ich mich körperlich und geistig unaussprechlich wohl. Herzliches Gebet. Den 11., sonntags, stärkte [ich] mein Innerstes⁵⁷ und ging so ruhig, so heiter, so wohl zur Ruhe als lange nie. Schlief bis um 12 Uhr wohl, erwachte an einem Knall beim Wenden in meinem Leib und fühlte mich nass. [Ich] weckte die Vorgängerin, liess mich trocken legen und ging wieder zur Ruhe, hielt diese Begebenheit fürs Wasserbrechen und Annäherung der Geburt meines Kindes.

51 Nahm Hoffmanns Tropfen⁵⁸ und staunte, betete, in dieser grossen Erwartung, wie Gott es mit mir mache und mit meinem Kinde. Um 1 Uhr hatt' ich das erste Weh⁵⁹, wartete still, eins ums andere hingehen lassend bis 3 Uhr, da ich meinen Mann rufen liess, ihm sagte, wie es sei, ihm zeigte, dass ich jetzt noch [an] eine unrechte Lage meines Kindes glaube und ihn bat, Herrn Gerichtsherr⁶⁰ kommen zu lassen, wenn's notwendig sei, Abschied nahm, ihn segnete, aufstand, mich ankleidete, 's Bett machen liess, ein Billett an Herrn Chorherr Rahn schrieb, ihn bittend, zu mir zu kommen und Frau Schweizer zu beschicken⁶¹. In dieser Zeit überfiel mich ein Weh ums andere, dass ich mich nicht mehr halten konnt'. Vor 5 Uhr kam er, sagte, wie ich's machen sollte und half mir die

52 Wehen verwerchen⁶². [Ich] sagte ihm auch, dass ich eine unrechte Lage jetzt noch vermute, fasste Mut und den Entschluss, alles zu tun, was ich tun könnte und versäumte nicht ein Weh, das nicht angelegt wurde. Frau Schweizer kam auch, da's dann ein Geschwätz gab, an dem ich wider Willen Anteil nahm. Sie fühlte, wie es bei mir stehe, sagte, es sei alles in guter Ordnung, auf welches hin mein Mut sich wieder mehrte, dass ich mich in dieser Hoffnung beinahe hätt' zerreissen lassen und meine Seele mit Freude erfüllt wurde. Man machte mir den Stuhl⁶³ auf, und nach einigen Wehen setzte ich mich hin, nachdem ich betend, zitternd, einige Male die Stube auf und ab ging. Kaum war ich hineingesessen, so zerplatzte mir die Wasserblase nochmals heftig,

53 worauf man mich wieder umeinander⁶⁴ gehen liess. Es kamen wieder Wehen. Meine Schwester und Frau Schulthess wurden geholt. [Ich] verlor wieder zweimal entsetzlich Wasser, ging dann wieder in den Stuhl, empfand,

---

⁵⁷ Sc. durch ein Gebet.
⁵⁸ «Hoffmanns Tropfen»: Noch heute, besonders in der Alternativmedizin, gebräuchliches Beruhigungsmittel.
⁵⁹ «Weh»: Vor allem im Dialekt gebräuchliches Singular von «Geburtswehen».
⁶⁰ Wieser Johann Ludwig (1736–1806), «Operator» («Chirurgus iuratus», Geburtshelfer), Gerichtsherr. Durch Heirat (II) mit Grob Küngolt († 1806), Witwe des Gerichtsherrn Ulrich Rudolf zu Wetzikon, erhielt er 1783 diese Gerichtsherrschaft.
⁶¹ Vgl. 1787, pag. 16.
⁶² «Verwerchen»: verarbeiten.
⁶³ «Stuhl»: Gebärstuhl.
⁶⁴ «umeinander», dialektal «umenand»: herum.

dass es nicht [vorwärts] gehe, dass es etwas Unrechtes sei, bat um Gottes willen um Schonung für mein Kind bei der Hebamme. Nach ein paar Wehen sah ich, dass es nicht war, wie es sein sollte, [und] sie fragte, wie es stehe. Von ihr hörte [ich], sie spüre entweder das Gemächt[65] von einem Mädchen oder ein Öhrchen; das Kind ziehe sich immer zurück. Darauf bat ich, mir Herrn Wieser zu holen, aufhörte [zu] arbeiten[66]. Da er nun da war, fühlte er mich an, sagte, es komme ein Öhrchen, mich zur Standhaftigkeit vermahnte, [worauf] mich Herr Chorherr in seinen Armen aufrichtete mit dem Stuhl, und [ich] nun meinen Geliebten

54 neben mir sah. Herr Gerichtsherr drang schnell in mich, da ich dann unendliche Schmerzen empfand, in ein erbärmliches Geschrei ausbrach und durch aller Zurufen und [die] Hoffnung baldiger Überstehung, dass mir aber alles dunkel war[67], so glücklich war, so unaussprechlich glücklich, einen lebendigen Knaben zu gebären, der nichts gelitten. Bei der Wendung davon mir gerissen war[68]. Beim Kopf konnt' ich aufhören [zu] schreien und drücken und arbeiten. Oh, wie war mir Gott nahe, wie seine Hilfe mit mir! Ewiger Dank bei jeder Erinnerung stieg auf zu Gott. Nun konnt' ich's nicht glauben, beinahe nicht wissend, wie mir geschehen sei. Man bracht' mich in's Bett, und nach einiger Zeit hört' ich den Ton meines Knaben, der mir gebracht [worden] war. Tränen benetzten ihn, und wie glücklich fühlte

55 ich mich nicht! Alles war schon wie vergessen durch die Freude. Am Abend hatt' ich einen harten Stand mit allen den Meinen über's Saugen, das ich mir vornahm vom ersten Augenblick an. Eine einzige Blöde[69] ausgenommen, gab's nie nichts Gefährliches, und folgenden Morgens, Mittwoch [14. Februar], legt' ich meinen Knaben an die Brust und war so glücklich, dass er's annahm und ich, ohne Schmerzen oder die geringste Beschwerde, ihn nähren konnte. Oh, der Freude, der Seligkeit, ein Kind an die Brust zu legen, der gleicht wohl nichts in der Welt! Am Donnerstag wurde er getauft, Hans Caspar genannt, Lavater [war] sein Tauf-Götti, die alte Frau im Garten[70] seine Tauf-Gotte[71].

56 Schön wie ein Engel, die Bewunderung aller – da er ausgetragen war[72] – war er. O Gott, wie übergnädig warst Du uns!

---

[65] «Gemächt»: Geschlechtsteil.
[66] Bezieht sich auf die Geburtswehen.
[67] Kurze Ohnmacht.
[68] Durch die Wendung und Extraktion erlitt Regula v. Orelli einen Riss der unteren Geburtswege (Dammriss).
[69] «Blöde»: Schwächezustand.
[70] Orelli-Ott Regula von, Gattin des Orelli Heinrich von (1707–1797), Direktor, Mutter von Orelli-Salomon von, im (Haus zum) Garten, vgl. 1786, pagg. 21 und 40.
[71] «Götti, Gotte»: Pate, Patin.
[72] «ausgetragen»: am Termin geboren, keine Frühgeburt, im Sinne von formvollendet.

Und nun war er immer gesund. Jeden Tag war ich schon besser. Vom ersten an konnt' ich schon wieder aufstehen. Sorgfältig, furchtsam war ich in meinen Handlungen, aus Sorgen für meinen Kleinen und mich. Oh, die ersten Tränen über ein Kind an meiner Brust! Und ach, welch überherrliche Stunden beim Saugen ihn so zu haben, wie niemand! Das mütterliche Gefühl, was hätt' ich mir vorenthalten, hätt' ich mir's[73] abschwatzen[74] lassen. Bis dass er vollends 6 Wochen alt war, nährte ich ihn allein.

57 Ich weinte, da ich's nicht mehr konnte und ihm Schöppchen[75] geben musste! Wie diese 7 Wochen [von] meinem Kindbett verflossen, das könnt' ich genau nicht mehr beschreiben. Besonders zeichnen sich aus die Dankgefühle gegen Gott über mein Kind, mein Leben, meinen Mann, meinen Arzt, Herrn Chorherr Rahn, die Freuden, die mir Lavater machte, meine Ott und all' die Liebe, die ich in meinen Lieben allen genoss, von welchen mir tausend und [aber]tausend Beweise der Liebe zuströmten, die Du, o Gott, ihnen vergelten wirst und kannst.

58 Gänzliche Wiederherstellung aller meiner Kräfte, meiner Gesundheit, geniesse ich vollkommen.
Einige Bücher des Testaments, einige andere guten Sachen las ich. Auch Arbeitsamkeit erfüllt mir Stunden. Die liebste Arbeit aber, ist die Pflege für meinen Knaben, dem ich alles tun lernte und lehre. Oh, gib mir Deinen Segen, mein Gott, jeden Tag dazu.
Verdruss von meiner Vorgängerin, heimlichen, hatt' ich vielen, auch von der Apollonia [II], und nun hie und da wieder nicht die angenehmsten Nachholungen[76] in verschiedener Hinsicht.

59 Vor 8 Tagen schrieb ich ein Billett an Herrn Chor[herr] über die [zu] erwartende Veränderung meiner Natur, dazu ich aus Nachdenken und [in] der Erwartung, wieder schwanger zu werden, getrieben war, aber noch keine Antwort erhielt. Schwer, schwer kommt mich's an, in meiner Schwachheit wieder zurückzukehren, aber ungerecht fände ich's, wenn ich nicht Gott, der Natur und meinem Mann getreu bliebe, und im Aufblicken zu Dir, o Gott, der Du mir Deine Hilfe auch nicht versagen wirst. Die künftigen Tage meines Lebens wird's mir leicht werden durch Jesum Christum. Amen.
3mal Unterbruch, um $6^{1}/_{2}$ [Uhr] bis hierher geschrieben.

60   Ostertag, den 8. April.
Um 6 Uhr stand ich auf, aus ängstlicher Vorsorge für meinen Knaben, dass er gut gewartet würde. 's Tee-Trinken, und nachher las ich bei seinem Bettchen die Geschichte der Auferstehung im Testament Markus und

---

[73] Gemeint ist das Stillen.
[74] «abschwatzen»: dialektal für ausreden.
[75] «Schöppchen»: Flasche für Säuglingsnahrung.
[76] Wiederholungen.

Johannes mit Empfindung, betete einige Lieder und wartete meines Knaben, nachdem ich ihn um 9 Uhr säugte. Ankleidung, und las einige Gesänge in Lav[aters] Messiade bis mittags, bei den zärtlichen Ausdrücken meines Mannes gegen den kleinen Lieben. Munteres Mittagessen. Nachher las ich die Epistel Juda[77] 2 Mal und einige Kapitel in dem Hebräer[brief][78] über den Glauben.

61 [Ich] säugte mein Kind wieder mit unaussprechlicher Wonneempfindung. Oh, des Gefühls, wie wenig kann ich davon in Worte fassen. Und nachher, um allein zu sein, setzt' ich mich um 3 Uhr hierher, niederzuschreiben.
Am Hohen Donnerstag[79] [5. April] ging ich, nachdem ich um 5 Uhr meinen Knaben gesäugt, mit meinem Mann das erste Mal wieder zur Kirche, voll inniger Freude, der reinen Empfindung voll, es wieder zu können, gesund, lebend zu sein. Auch mit inniger Empfindung hörte ich Lavater predigen und genoss mit Tränen der Anbetung und des Dankes das Abendmahl. Oh, wie gross ist Deine Güte, o Gott, an uns Menschenkindern und an mir,
62 Deiner unwürdigen Magd! Lass' mich Dich anbeten und preisen in Demut die Tage meines Lebens!
Entsetzlich ermüdet und echauffiert kehrte ich wieder nach Hause, zog mich aus, tat einige Geschäfte. 's Essen, nachher säugte ich meinen Kleinen und las in Klopstocks Messiade[80] den 9. und 10. Gesang, betete auf den Abend mit innigem Dankgefühl. Bei ihm[81] las ich das Ende der Königin Maria Stuart[82], Königin in Schottland[83]. Spätes Nachtessen und um 10 Uhr zur Ruhe.

63 Karfreitag, [6. April]
stand ich um 5 Uhr auf, schnelle [An]kleidung, säugte mein Kind, trank Tee und legte mich vollends an. Um 6 Uhr ging ich mit meinem Mann in die Kirche, da ich mit innigster Anbetung, voll Dankgefühl, meine Seele erhob, mit stillen Tränen und Betrachtungen über den Tod Jesu Christi. Auch bei dem Abendmahl war meine Seele erquickt durch Deinen Geist. Besonders auch betete ich um neuen Mut zu meiner gleichsam wie neuen Laufbahn, zu der mich wie eine Art Vorempfindung vieler

---

[77] Judasbrief: Warnung vor lasterhaften Verführern, Ermahnung zur Standhaftigkeit im Glauben und in der reinen Lehre.
[78] Hebräer 6: Warnung vor dem Abfall vom Glauben, Ermahnung zur Beständigkeit und zum Vertrauen auf die Verheissung; über den Glauben und seine Kraft, Beispiele von Glaubenshelden aus dem alten Testament.
[79] «Hoher Donnerstag»: Gründonnerstag, Tag vor Karfreitag.
[80] Klopstock Friedrich Gottlieb: «Der Messias», 4 Bände, Reutlingen 1776; 9. und 10. Gesang: Leiden Jesu am Kreuz. Die Trauernden am Kreuz, Tod Jesu.
[81] Gemeint ist in den Räumen des Ehegatten.
[82] Anonym: Maria Stuart.
[83] Maria Stuart (1542–1587), Königin von Schottland, Tochter von Jakob V. von Schottland, regierte 1542–1567, floh nach England und wurde dort hingerichtet.

64 Leiden treibt, die unbestimmt mir vorschweben.
Nach der Kirche ging ich in Lavaters Haus, mit Herzlichkeit von ihm empfangen und gesegnet. [Ich] weilte nicht lange, weil ich heim musste, meinen Knaben zu saugen, das ich mit Innigkeit tat, nachher mich anders anlegte[84] und entsetzlich matt war, bis fast zum Einsinken müde. Nach dem Essen gar entsetzlich fiebrig: Schnupfen, Mattigkeit, dass ich umeinander[85] sitzend den Abend hinbrachte, einige Lieder betete und um 9 Uhr zur Ruhe ging.

65 Wie ich vorbeieilen konnt' an den Empfindungen beim Schreiben an meine Schwester, bei der Erinnerung, dass es des lieben Lisettchens[86] Geburtstag war, und [beim Schreiben] an Lavater, dem ich das angefangene Büchlein[87] schickte für unsern Knaben, was doch auch einen Teil des feierlichen Tages ausmachte, der wohl nicht der unwürdigste ist, weiss ich nicht.
Gestern hatte ich besondere Freude an dem lauten, vernehmlichen Tongeben meines Knaben, Töne der Zärtlichkeit, mich erkennend. Oh, welch ein Gefühl, welche Freude!

66 Aber auch welche Trauer, da er am Nachmittag von einer Übelkeit geplagt wurde. Und welche Wehmuts-Tränen darüber an meines Mannes Brust. Inniges Denken an Herrn Chorherr. Nun auch verlangte mich zu wissen, ob er meiner, vielleicht betend, auch gedacht habe.
Heute sagte mir die Chlefe[88], ob ich auch wisse, dass ich ihr wie gerufen hätt' und zu ihr gesagt hätte, «ob sie die Heitere[89] um die Wiege gesehen hätte», und ich sei aufgestanden und habe ihn[90] oben nass gefunden, darauf mich umgewandt und unverständlich fortgeredet. Es erfüllte mich mit einer

67 Art wunderbarem Gefühl im Blick auf das Vermögen der Seele – meiner unwissend[91] – so etwas zu denken und in Absicht, womit meine Seele sich beschäftigt, denn vorher träumte ich auch so vieles von Kindern, wissend:
Nur um Empfindung Deiner Liebe
Fleh' ich Gekreuzigten Dich an.
Weil nur Empfindung Deiner Liebe
mich gut und selig machen kann.[92]   4 Uhr, abends.

---

[84] Vgl. 1786, pag. 107, Schweizerdeutsch «anderscht aalege»: sich umziehen, sich umkleiden.
[85] Vgl. 1787, pag. 53.
[86] «Lisettchen»: Ott Elisabeth (1786–182.), Tochter von Ott-Escher Elisabeth und Hans Heinrich.
[87] Taufbüchlein?, Stammbuch?
[88] Es handelt sich möglicherweise um die medial begabte Schaufelberger Cleophea, vgl. 1786, pag. 9.
[89] «Heitere»: Helligkeit.
[90] den Knaben.
[91] unbewusst.
[92] «in Absicht»: im Hinblick auf das, womit... Zitat unbekannter Herkunft (frdl. Mitwirkung von Herrn Peter Ernst Bernoulli, Zürich), vgl. 1801, pag. 72.

68   Samstag, den 21. April.
Heute beim Erwachen [war] mein erster Gedanke, wieder einige Worte einzuschreiben, wenigstens mir einige Erinnerung vorzuschreiben, welches Glück ich in meinem Sohn geniesse, welche unendlichen <u>Freuden</u> der Wonne und zärtlicher Mutter-Empfindungen, besonders beim <u>Saugen</u>. Die Blüten aller Empfindungen, ach, was sind sie, erstes <u>Lachen</u>, erste <u>Töne</u>, erste <u>Blicke</u>, erstes <u>Ausrufen</u> an und von seinem <u>Kind</u>! Seligkeit, Vorempfindung des Himmels und herzlichste Freude! Mein Aug' netzt sich tausendmal voll demutsvollem Dank. Ach, lass' mir die Empfindung ewig bleiben, mein Gott, der Du sie mir gabst, denn Du hast's mir gegeben, und Dir will ich's ewig, ewig danken und Dich preisen und anbeten dafür, mein Leben lang.

69 Einige Erkältungen. Weniger Gebet hab' ich mir vorzuwerfen, über das ich traurig bin, wenn ich's einsehe, und einsehen tu's ich leider nur zu bald.
Viel Genuss und Freude hatt' ich an einem Pack Briefe von und an <u>Lavater</u>. Er nimmt und hat doch immer einen so interessanten Gang, dass es die Seele hebt, so oft man wieder einsieht in einiges seiner Sachen. Ach, erhalte mir, o Gott, seine Freundschaft, erneuere sie durch einen Beweis seines Lebens! Mit Herrn Doktor Lavater hatt' ich eine interessante Unterredung über's <u>Leiden</u>, über's Magnetisieren. Ach, dass es ihm und seinem Bruder offenbar würde, ob's Wahrheit oder Unwahrheit sei!

70 Viele häusliche Ängstlichkeit hatt' ich mit meinem Bruder zu berichten. Ach, dass es ihm nicht zu schwer werde, und dass Du ihm, o Gott, bald ein Weib gebest, das seine Seele erquicke und erfreue, und dass Frieden uns noch von einander trenne!
Eine Reisebeschreibung von <u>Kleinasien</u> war mir sehr unterhaltend, besonders die Beschreibung so kurz von den Orten zu finden, in denen ich durch die Bibel so bekannt war und ihren Geschichten. Ich hätte einiges [her]ausgeschrieben, aber es hätte mir zu viel Zeit genommen.
Vorgestern [19. April] hatt' ich mit Herrn <u>Pestalozzi von Birr</u> über Geschäft, Religion, Moral, Lavaterismus, Gestirne, Philosophie, Schweizers, Paris, Herrnhut[93] eine tiefe, 2 Stunden lange Unterredung, deren Inhalt mir noch

71 lange bleiben wird.
Die ersten Ausgänge[94]. Ach, wie süss sind sie! Wie [war] mir das erste Mal bei meiner <u>Schwester</u> und seinen Engels-Kindern in seinem Garten. Zu viel, ach, zu viel ist des Genusses, den Du mir gibst, o Gott, von meinem Knaben! Zu meinem Knaben will ich nun. <u>10 Uhr, morgens</u>.

72   [leer]

---

[93] Herrnhut bei Görlitz, Bez. Dresden: Sitz der Brüdergemeine, einer angesehenen pietistischen Erweckungsbewegung.
[94] mit dem Knaben.

	Mai 1787.
73	
74	[leer]
75	Den 5. Mai 1787, Sonntag, abends 6 Uhr.

Am Ende einer der wichtigsten Epochen meines Lebens nahe ich mich nachdenkend diesen ewigen Blättern, um es aufzuzeichnen, dass ich heute das 11. Jahr unseres Ehestandes vollende. O Gott, welche Erfahrungen der Liebe, des Leidens, der Freude, der Furchten, der Hoffnungen, des Genusses, dass ich anbetend wiederhole und Dich preise mit einem ewigen Dank für alles, alles, was Du uns getan hast, besonders in diesem verflossenen Jahre, da Du uns einen Sohn gabst, ein Kind der Hoffnung und der Liebe, das ich schmachtend 10 Jahre wünschte.

76 Stehe uns ferner bei und segne uns und lass' uns Deines Segens würdiger werden, die künftigen Tage unseres Lebens! Lehre uns, Dich in unsern Schicksalen erkennen und auf Dich sehen unser Leben lang. Besonders stärke mich Schwache und lehre mich tun, was ich tun soll, und lass' mich, mich selbst überwinden und glauben! Durch den Glauben vermag ich alles[95] und ohne Glauben bin ich lebend tot.

Wie viel Freude ich im Wiedersehen meiner Geliebten finde! Dass mir jeder Augenblick teuer ist, erfuhr ich in den Besuchen, die ich bei Lavater, bei der Schulthess, bei meiner Ott, bei meinem Bruder, bei der Schinz machte, [bei] Pfenninger, Rahn.

77 Wiedersehen, welche Stärkung! Lass' mich nun auch gerne und ganz und ruhig mein Glück finden in meinem Hause. Alles – und was nicht alles – , so viel ich kann, meinem Mann und meinem Sohn sein, meinem Mann durch Liebe, Tätigkeit, Ordnung, Fleiss, haushälterisches Wesen; und meinem Bübli durch Liebe, Tätigkeit, Bildung seines moralischen Charakters, so viel, als ich nur immer kann. Oh, das Herz, oh der Empfindung, wenn er an meiner Brust liegt, saugt, mich anblickt, mit seinen Händchen meine Brust berührt, Töne wie Worte gibt, [wenn] seine Wangen sich färben wie Rosenfarbe, er entschläft oder von Wohlsein strotzend, betrunken auf meinem Schosse liegt, oder in der Morgenstunde an meinen Wangen ruht. Mein Gott, welches Glück fühle ich als Mutter!

78 So viel ich darüber dachte, so viel voraus empfand, wie nichts ist's gegen die wirkliche Erfahrung.

Heute nach dem Saugen stand ich um halb 7 Uhr auf, trank Tee. Darauf behielt ich meine Kleider von gestern her, dann arbeitete ich bis um $^1/_2$9 Uhr, besorgte dann mit Zärtlichkeit mein Bübli, trug's umher, machte es lachen, schwatzte mit ihm, blieb einige Zeit auf meines Mannes Stube. Speiste, und

---

[95] Möglicherweise in Anlehnung an Phil. 4, 13: «... ich vermag alles durch den, der mich mächtig macht, Jesus Christus».

nachher las ich die Geschichte von Trencks' Gefangenschaft[96] im zweiten Teil seiner Lebensbeschreibung, von der ich den ersten nicht gelesen; machte dabei die Beobachtungen über die Kräfte der Menschen, was ein Mensch vermag zu tun, durch Tätigkeit und List und Standhaftigkeit, ja, bis zum Erstaunen.

79 Auch bis auf's Lesen ist mir alles mehr und wichtiger und herrlicher, als ehe ich Mutter war, oft als sähe ich heller in das und dieses hinein als vorher. Jeder Gewinn von Zeit, von Arbeit ist mir wichtig und herrlich. Unterstütze mich, o Gott, und lass' mich in meinem Werk nicht ermatten, denn Du bist mein Gott und meine Feste.[97]

Lavater setzt einige Sätze seiner Ideen auf, die mir nicht ganz geniessbar und wahr scheinen wie die, dass alles in uns sei, dass in uns alles liege, auch was ein Glauben, was ausser uns sei, und dass das Liebste, was wir haben, unser Gott sei. Ich sehne mich sehr, Fortsetzungen zu sehen, um's deutlicher zu fassen.

80 Den 21. [Mai] trug ich mein Bübchen meinem Mann zu, mit welcher Empfindung, [die] Du, o Gott, allein weisst! Und mit welchen Tränen der Dankbarkeit verliess ich mein Wochenbett und -stube, der seligsten, feierlichsten Tage einer, von meinem Leben.

Zu Nacht pflegten wir das erste Mal wieder eheliche Sitten, ich mit Innigkeit und mit Kraft.

Den 22. speiste Lavater mit uns zu Nacht.

Und nun von da an, wie lieblich [war] mir die Pflege und die Sorge für meinen Mann und meinen Sohn wieder, dass ich nicht begreifen kann, wie wenig davon ich [in] diesen Blättern eingeschrieben habe, und doch mein Herz so warm und so voll Liebe erfüllt ist.

81, 82 [leer]

83   **Brachmonat 1787.**
84 [leer]
85   Samstag, den 2. Brachmonat 1787, 2 Uhr, mittags.

So heiter wie der Himmel ist meine Seele, und nun will ich, Sonnenblicken gleich, auch hier einmal wieder ein paar Worte aufheften[98], ehe Wolken aufsteigen.

Wie lieb und wie täglich viel Liebe ist mir nicht die Sorge und Pflege für meinen Kleinen. Welche Gefühle durchgehen meine Seele, wenn er mich erblickt beim frühen Erwachen, oft noch im Dämmer der Morgenleuchte,

---

[96] Trenck Friedrich Freiherr von der (1726–1794): «Merkwürdige Lebensgeschichte», neue, vermehrte und verbesserte Auflage, Berlin 1787.
[97] «Feste»: Offensichtlicher Anklang an das lutherische Kirchenlied «Ein' feste Burg ist unser Gott».
[98] Im Sinne von festhalten.

ich ihn dann sauge, er mich tätschelt an meiner Brust, ich ihn ansehe und oft mit Tränen netze, dann gesättigt ihn ablege auf mein, unser Bett, und dann in's seine, und jauchzend er dann eine Weile spielt und wir zusammen wieder einschlafen, dann noch einmal nach 6 Uhr wieder sein Erwachen abwarte und ihn dann nehme

86 und wasche mit frischem Wasser, und er nackt und spielend auf meinem Schosse liegt, ich dann gespannt und sorgfältig ihn wende und reinlich wieder bekleide und ihn wieder [hin]lege, bis er noch einmal geschlafen hat, dann ihn eine Weile herumtrage, ihn mittags speise und wieder zurücklege, seine Töne, seine Blicke bis auf mein Innerstes dringen und [ich] mich seiner freue, etwas arbeite oder lese, bis er wieder erwacht, um 4 Uhr ihn sauge und dann oft betrunken[99], wie voller Wollust, niederlege. Muttermilch[100], welche Speise bist du nicht! Und Säugling, welche Seligkeit bist du nicht! Geliebtestes über alles, Freude ohne deinesgleichen, oh, wie oft genoss ich's, mit allen deinen süssen Seligkeitswonnen. Nun wälzt er sich manchmal, erzet[101] sich immer. Und am Abend, oh, wie froh und

87 wie süss nehme ich ihn, gebe ihm nach 7 Uhr sein Schöppchen und wickle ihn dann reinlich und sorgfältig ein, um über die Nacht keine Vorwürfe mit mir [hin]überzunehmen. Und dann, welche Ruhe erfüllt meine Seele nicht, nach vollbrachtem Tageswerk, und dann müde auch mich niederlege an seine Seite, neben meinen Mann, und dann nach 1 Uhr ihn wieder reinige, säuge und niederlege, und ihn sanft an mein Herz drücke, voll von ihm bin, der süssen Freude voll, ihn zu haben, Mutter zu sein. Solches geht bei wenigem Auf und Ab jeden Tag fort, auch meine entsetzliche Sorge für ihn, wenn er nicht ist wie immer. O Gott, welches Leiden! Erhalte Du ihn und segne ihn um Deiner unendlichen Liebe, um Jesus Christus willen! Amen.

88 So überschlagend[102] und süss diese sorgenvolle Liebe und Freude ist, und mir sein wird immer das Erste meines Tuns, ebenso empfind' ich [für] mich, [dass] das, was ich ehemals genoss, Lesen, alles da ich darin lebte, die Stunden des Alleinseins, erfüllt mit Arbeit, Lesen, Schreiben und auch das öfters Besuchen und Sehen meiner Freunde, [das] alles hat wohl einen unendlichen Wert. Und wie empfind' ich's nicht erst jetzt, dass ich mich schäme, es nicht mehr gefühlt zu haben, als ich's hatte. Denn, hätte ich's nicht gehabt, so bekäme ich's nicht mehr!
Die Schönheit, Lieblichkeit, Freude meines Kleinen – oh, welcher Dank, Gott, sei immer und ewig Dir.

89 Briefe von Lavater zu sehen machte mir innige Freude. Oh, die Liebe für ihn altert nie! Einige Stunden bei der Schulthess erquickten mich, doch

---

[99] «betrunken»: trunken.
[100] S. 1787, pag. 55 und 91.
[101] «erzet» vermutlich für «berzet»: wohlgenährt sich bewegen.
[102] «überschlagend»: vermutlich im Sinn von überbordend.

scheint einige Kälte unter uns gekommen zu sein, die mir unerträglich wäre und mir wehe täte. Briefe von <u>Tobler</u> und <u>Stolz</u> erquickten mich innigst. Sonst genoss ich nichts, freue mich innigst, die Goethe'schen, Herder'schen, Berlepsch'schen Schriften zu lesen, die mit der Messe[103] gekommen. Angst über das Verhältnis mit meinen Geschwistern[104] betrübt oft meine Seele innigst, und [ich] hoffe, allein Gott hilft aus der Verwicklung heraus und führt unsere Sachen noch zu gutem Ziele.
Beten ist meine Erquickung, wenn selten schon, doch innig. Auch Festfeier[105] und Lesen einiger Kapitel[106] war mir Stärkung,
90 alles aber durch Dich und in Dir, o Jesus Christus. Amen.
Der Tod der Frau Landvogt Meiss[107] in Andelfingen rührte mich innigst. Auch ohne eigentliche Liebe einen Menschen, mit dem man aufgewachsen [ist], in's Grab legen zu müssen, tut weh. Ich schrieb an die Frau Meyer[108] ein Briefchen am Sonntag [27. Mai], mit einiger Empfindung und Tränen.
91 <u>Samstags, den 9. Brachmonat.</u>
Am Abend einer vollbrachten Woche noch einige Worte in diese, meine Blätter. Sie verfloss und war doch nicht ganz leer. Nein, aber sie hätte von mehreren Werken zeugen können und sollen, wenn ich sie ganz nach Deinem Willen vollbracht hätte. Sonntags [3. Juni] war ich [bei] <u>Lavater</u> in der Predigt mit Körner[109] und Schweizer – ein nicht ganz leeres Mittagessen. Am Abend schrieb ich noch aus Lavaters Ideen[110] von seiner Moral, Philosophie, Religion einige Stellen [ab]. Montags schrieb ich noch mehrere, schrieb an ihn mit der innigsten Empfindung, wie ich's nur tun konnte, unter vielen Tränen, und dann noch an die Schulthess, Arbeit. Am Abend las ich in der Le Rebours[111] Werk[112] v[om] Selbststillen und hatte einen lieben Besuch vom Herrn Chorherr Rahn. Mein Herz freut

---

[103] Gemeint ist die Frankfurter oder Leipziger Messe. Als Mitinhaberin der Orell, (Gessner) & Füssli'schen Buchhandlung hatte R. v. O. Zugang zu den Neuerscheinungen. S. 1791, pag. 98.
[104] Gemeint sind hier die Geschwister David von Orellis.
[105] Pfingsten?
[106] Gemeint ist in der Bibel.
[107] Meiss Hans Conrad Junker (1752–1820), Landvogt zu Andelfingen, verh. 1772 mit Bürkli Anna Cleophea (1752–1787) vom Tiefenhof, vgl. 1786, pag. 106.
[108] Schwester der Verstorbenen, vgl. 1786, pag. 106.
[109] Körner Hans Heinrich (1755–1825), VDM, Prof. der Geschichte, Naturgeschichte und Erdkunde an der Kunstschule Zürich, Verfasser verschiedener naturwissenschaftlicher Schriften.
[110] Lavater Johann Caspar: Möglicherweise identisch mit «Vermischte Gedanken», Frankfurt 1775.
[111] Le Rebours Marie Angéline Anel (1731–1821). Sie trug den Titel ‹dame›, weitere Biographica jedoch nicht eruierbar.
[112] Le Rebours Marie Angéline: «Vorschläge für Mütter, welche ihre Kinder selbst zu stillen gedenken», aus dem Französischen übersetzt von J. F. S. G., Basel 1780.

sich seiner immer mehr und mit dem Gefühl von seiner tätigen Menschlichkeit und Würde verbindet er eine Art Bescheidenheit, die einem ganz wohl tut.
<u>Dienstags</u> [5. Juni] kam Frau Rittmeister[113] Escher glücklich mit einem Knaben[114] nieder, über welches Glück ich die innigste, teilnehmendste Freude fühlte. War den ganzen Tag mit ihren Kindern beschäftigt.
<u>Mittwochs</u> [6.Juni] machte sie uns die Freude mit der Gesellschaft, und am Abend hebte ich's zur Taufe mit der allerinnigsten Freude, die meine Seele je empfand.
<u>Donnerstags</u> [7. Juni] arbeitete ich fast immer.
<u>Freitags</u> [8. Juni] hatt' ich einen lieben Besuch von der Schulthess. Arbeit, und am Abend eine herrliche Stunde bei Pestalozzis Gertrud[115], 4.Teil.
Heute um $^{1}/_{2}6$ Uhr aufgestanden. Das Lächeln meines Knaben mit zärtlichem Gefühl erwiedert, trug ihn herum, speiste und legte ihn wieder ins Bett, las die Epistel an die Epheser[116] und betete und las in der Le Rebours Werk, arbeitete. Trübe, dunkle Furchten[117] über Ökonomie erfüllten meine Seele. Speiste meinen Kleinen. Nach dem Essen las ich einige Briefe an <u>Lavater</u>, nachdenkend, traurig, dass er mir nicht auch ein Wort schrieb. Ach, was ist Freundschaft?
Nachher besuchte ich Frau Rittmeister. Dann arbeitete ich bis nach 4 Uhr. Saugte mir um 10 Uhr meinen <u>Kleinen, Lieben</u>. Sodann arbeitete ich wieder bis jetzt, mit vielen dunklen Betrachtungen über verschiedenes.
Und noch sei froh, meine Seele, durch die Worte erweckt:
O wunderschön ist Gottes Erde
und wert darauf vergnügt zu sein.
Drum will ich, bis ich Asche werde,
mich dieser schönen Erde freu'n.[118]

[leer]

<u>Heumonat 1787.</u>

[leer]

<u>Heumonat, den 7., Samstag</u>, abends.
Noch lebend, noch gesund und mit den <u>Meinen</u> all' bin ich nach Monatsfrist, seitdem ich hier einige Worte einschrieb, des Genusses viel genossen in Liebe von meinem Mann und meinem Bübchen, der[!] sich merklich schon

---

[113] Rittmeister: Hauptmann der Kavallerie; zu den Personen vgl. 1786, pag. 4.
[114] Escher Ferdinand (1787–1855).
[115] Pestalozzi Johann Heinrich: «Lienhard und Gertrud», Frankfurt/Berlin, 1781–1787.
[116] Brief des Paulus an die Epheser.
[117] «Furchten»: Furchtgefühle, Ängste.
[118] Hölty Heinrich Christoph (1748–1776), Gedicht erschienen 1776/77 und von Voss Johann Heinrich (1751–1826) 1777 in seinem Musenalmanach als Lied modifiziert: «Aufmunterung zur Freude». S.a. 1791, pag. 40, 1793, pag. 26.

anfängt zu entwickeln und Liebe fühlt. [Er] steht schon etwa 14 Tage. Gott, wie unendlich beglücktest und segnetest Du uns! Dank, anbetenden Dank bring' ich Dir hier. Und, wie so oft, wenn er auf meinem Schoss liegt oder ich ihn trage, er mich und ich ihn herze. Es ist zu viel neue Gnade, nichts als Gnade und Erbarmung Deiner, gegen Deine Magd, die Du ansahst und mich erhörtest.

Heut' etwas matt nach 5 Uhr aufgestanden, mein Bübchen aufgenommen, es ans Vaterherz gelegt. Noch einige Augenblicke ruhend.

100 Dann trug's ich bis um $^1\!/_2 7$ Uhr auf den Armen, trank in dieser Zeit Chocolade, speiste und wusch es ganz mit Wasser und legte ihns wieder in's Bettchen, wie alle Tage, damit es sich nicht erkälte. Endigte und schrieb noch einen Brief an <u>Tobler</u>, durchlas ein paar Briefe von <u>Lavater</u> an <u>ihn</u>, davon mich nicht einer interessierte. Um $^1\!/_2 9$ Uhr wachte der Kleine, Liebe, wieder auf; trug ihn bis $^1\!/_2 10$ Uhr umher, genoss der Freuden, in Empfindung über ihn, unendliche, auch auf Papas Stube, gab ihm Saft und legte ihn wieder nieder. Kleidete mich an und hatte einen Besuch von Hans Caspar, von seiner Rigi-Reise erzählend, nahm mein <u>Bübchen</u> wieder um 11 Uhr, trug's eine Weile umher. Um 12 Uhr gab ich ein Müschen. Schreiend nahm ich's wieder bis es gut war, dann speisten wir.

101 Nahm's wieder auf, das Herz, sah Herrn Rittmeister verreisen mit Gedanken darüber, ordnete für meines Mannes Gesellschaft, arbeitete. Um 4 Uhr saugte ich den Kleinen mit einiger Empfindung, legte ihn nieder, trank Tee und arbeitete bis $^1\!/_2 6$ Uhr, da der Liebling wieder [er]wachte, nahm ihn wieder auf, herumtragend, bis meine Magd ihn auf die Gasse nehmen konnte, in welcher Zeit ich [bis] hieher schrieb, da es eben $^1\!/_2 7$ schlägt.

Geschichte des heutigen Tags; auch nun noch einige Nachholungen der Geschichte meines Herzens verflossener Tage.

Schwachheit, die Furcht ausdrückend, dass ich schwanger sein möchte, quälte mich entsetzlich. Verzeih' es mir, o Gott, und gib mir Kraft, dieses zu überwinden, weil's mich leiden macht. Ich setze es darum hieher, dass ich mich selbst beschämt mache.

Seit Dienstag gespürte ich Geblüt[119].

102 Einen herrlichen Abendbesuch machten wir bei <u>Wirz</u> in Kilchberg[120], da ich ländliche Schönheit empfand, mit Tränen Berge und Täler und See, auch die Sonne selbst, betrachtete durch den Tubus[121] und zur Erhebung der Seele gestimmt wurde, Liebe genoss in Wirz und in Orelli[122]. Im Gewitter kamen wir nach Hause. Angst und Vorwürfe über die Entfernung von

---

[119] Vgl 1787, pag. 21.
[120] Kilchberg, Ortschaft im Bezirk Horgen am linken Zürichseeufer, Pfarrgemeinde des Wirz Johann Heinrich.
[121] Vgl. 1786, pag. 48.
[122] Orelli David von, Ehemann.

meinem Bübchen, des Enthaltens des Saugens. Mit lauter Herrlichem brachte ich auch ein paar seltene Stunden mit der Frau Meyer hin, geborene Bürkli, ehe es[123] nach Diessenhofen[124], zu Herrn Doktor Aepli[125] verreiste. Las hurtig noch eine andere Archenholz-Beschreibung[126] von England und Italien[127], von denen mir [die] erste ungemein wohl gefiel. Hingegen das zweite schien mir etwas obenhin[128], viele Anekdoten machen es sehr interessant, freilich einige zu freie, die ich ausgelassen wünschte.

103 Sonst hat das Buch einen guten Stil und vieles eigenes. Einige herrliche religiöse Stunden bracht' ich hin, für mich einzig. Gott, ziehe Du mich um Christus willen zu Dir! Die vielen Vernachlässigungen sind kränkend, wenn man's bedenkt. Viel Angedenkens an Herrn Chorherr Rahn erfüllt meine Seele. Ach, dass ihn Gott segne und sein Leben erhalte!
Zwei interessante Besuche von <u>Pestalozzzi</u> in Birr, über Menschheit und Menschenkenntnisse und Ideengang und -beschränkung. Auch in Doktor Lavaters Häuschen[129] und in einem Brief und Besuch genoss ich viel Angenehmes. Die Menschen sind den Menschen Bedürfnis und Sättigung über alles.
Pfenninger machte uns ein liebes Nachtessen. Nur die Gesichtspunkte sind doch gar zu einseitig, zu ausschliessend, was bis ans Drückende reicht.
<u>Lavater</u> schrieb mir ein Wort, sah ihn in Gesellschaft einmal auf eine herrliche Weise, sonst nie. Sonntags [1. Juli] [be]drückte er mich: Nicht ein
104 Wort sprach er zu mir, es tat doch weh. Weh tut's Scheiden von Lebenden, Geliebten und macht die Menschen so ernst, dass man sich loswindet von tausenderlei. Ich lerne freilich nie mehr [mir] selbst leben, als ich mir vorher lebte, da ich meine Freunde mehr genoss, in welcher Absicht es auch sein Gutes hat. Weniger Arbeit gibt's als vordem, doch mein <u>Bübchen</u> ist mein Hauptwerk, Zweck zu bearbeiten, zu besorgen. Gib mir Deinen Segen, o Gott, um Jesu Christi willen, jeden Tag! Amen. 7 Uhr, da ich gehen muss.

105 <u>Dienstags, den 24.</u> [Juli]
Wie schnell verfliessen die Tage meines Lebens, und wie fühle ich ihre Schnelligkeit. Gleichsam wie anheftend nähere ich mich diesen Blättern

---

[123] Vgl. 1786, pag. 20.
[124] Diessenhofen: Thurgauisches Städtchen am Rhein.
[125] Aepli Melchior (1744–1813), berühmter Arzt in Diessenhofen, korrespondierte in beruflichen Fragen mit Rahn Johann Heinrich und Hotz Johannes.
[126] Archenholz Johann Wilhelm von (1743–1812), Reise- und Kriegsschriftsteller, Freund Wielands.
[127] Archenholz Johann Wilhelm von: «England und Italien», Leipzig 1787.
[128] «obenhin»: oberflächlich.
[129] Vermutlich ein Gartenhäuschen, deren es zwischen den Häuserzeilen der Oberen und Unteren Zäune, insbesondere hinter dem «Hohen Steg» Diethelm Lavaters, mehrere gab. Vgl. 1786, pag. 4. (Abb. S. 51)

wieder einmal, nachdem ich [mich] wieder von einem, zwar unbedeutenden, aber doch mit vielen Zahn-Kopf-Ohren-Halsschmerzen begleiteten Flussfieber[130] anfange [zu] erholen. Ich fühle, wie gut es dem inwendigen Menschen ist, äusserlich gebunden zu sein, sich selbst zu leben, [nach]zudenken über das Eitle an uns und das Wahre in uns. Auch diese Tage waren mir wieder gut. Darum geniesse ich Dich, o Gott, dass Du sie auf mich legtest und wieder dahin nahmst. Am meisten aber litt ich in Gedanken an meinen heut' 23 Wochen alten Knaben. Ach, wie würde mir sein, wenn ich seiner nicht mehr pflegen könnt' und ich ihn andern Händen überlassen müsste!

106 Mein Gott, Du bist allein meine Zuversicht, dass Du ihn behüten werdest vor allem Unglück! Auch tröst' ich mich, physisch betrachtet, mit dem Gedanken, dass er nun jeden Tag stärker werde und meine Hilfe um denselben leichter entbehren könnte. Doch nein, lass' mich ihm tun, dass ich ruhig bleiben könne.
Diese Nacht stand ich ihm 2 Mal auf, aus dem Schweiss, saugte ihn. Ach, welch ein Anblick, liegt er nackt und aufgewunden[131] auf meinem Schoss, an meiner Brust. Oh, mein ist er dann. Geniessend und liebend geniesst er nur den 10 000. Teil der Seligkeit, die ich geniesse! Oh, so ist ihm schon Gutes zuteil [ge]worden in dieser Welt, das ihn selig macht! Denn Lieberes habe ich in dieser Welt noch nichts getan als ihn gesäugt! O Gott, welch eine <u>Seligkeit</u> und welchen <u>Dank</u>, dass ich's tun konnte.

107 Um 6 Uhr, da er sich anmeldete mit sanftem Schreien, nahm ich ihn auf, trug ihn, bis das Bett gemacht, die Kammer gereiniget, 's Tee getrunken, ihm gekocht war, umeinander[132]. Dann speiste ich ihn, wusch ihn ganz und legte ihn wieder ins Bettchen schlafen, <u>wie alle Tage</u>, mit welchen Empfindungen, Vorsätzen, Bitten! Mein Gott, siehe mit Segen auf mich! Dann legt' ich mich auch wieder in's Bett, um schwitzen zu können, aus welchem ich mich um 11 Uhr erholt [hatte], wieder aufgestanden [war], dann den Kleinen herumtrug, ihn speiste, schlafen legte, [selber] speiste, mich ankleidete, arbeitete und 1000 Freuden genoss in dem Lallen, Lächeln, aufmerksamen Wesen, dem Bild von Gesundheit und Freude. Nach 4 Uhr saugte ich ihn wieder, legte ihn schlafen und las eine Predigt. Dann rechnete ich mit der Magd, nahm den Kleinen wieder, etwas Arbeit, und schrieb hieher, da es ¹/₂ 7 Uhr schlägt.

108 Wie dankbar, liebend, erkenne ich nicht das viele Gute, das Herr Chorherr Rahn an mir getan hatte. Ach, könnte ich's ihm erwidern, mit etwas vergelten, wie wünsche ich's zu können!

---

[130] «Flussfieber»: Mit (z. B. Nasen-)Ausfluss verbundene Fieberkrankheiten.
[131] «aufgewunden»: ausgewickelt.
[132] Vgl. 1787, pag. 53.

Gestern las ich von Lavater ein kleines Büchlein, Andenken an fremde Reisende¹³³, das mir unaussprechlich wohl gefiel, so tief dringend in menschliche Religiosität, Moral, Philosophie, Wahrheit habe ich fast noch nichts Gedrängteres gelesen. Ich bat ihn, mir es zur Abschrift zu geben. Schrieb diese Woche zweimal an ihn.
Am Sonntag [22. Juli] las ich wieder in Plancks¹³⁴ Kirchengeschichte¹³⁵, um die Geschichte Luthers zu lesen, die man aber suchen muss unter den mir vielen unverständlichen Sachen. Die vorige Woche, dienstags, [17. Juli] las ich die Nachrichten von der von der Recke¹³⁶ über Calipochus¹³⁷, dessen[!] Wahrheit und Grösse mich erfüllte. Jeder Mensch, der Irrtum erkennt, überwindet und ihn bekennt, hat sicher grosse Seiten des Herzens, die immer Liebens- und Verehrenswertes haben. Von kleineren Irrtümern zurückgekommen [zu] sein, sie erkennen und bereuen und verlassen, ist wohltuend – von denen meine Blössen Rechenschaft geben könnten und mein Herz einst tun wird, wenn ich Gott einst Rechenschaft geben muss.
Auch dienstags [17. Juli] hatt' ich die Freude, Lavater zum Nachtessen bei uns zu sehen, seiner Liebe neu versichert zu werden. Oh, wie lieblich ist er! Unter allen Menschen, die ich kenne, dennoch immer der Grösste, Liebste, Einzige!
Donnerstags [19. Juli] sah ich Herrn Schweizer von Paris zurückgekommen, ernst. Geistig frappierte er mich.
Freitags [20.Juli] schrieb ich an Frau Meyer, die gute.
Oh, nun wieder einmal schliess' ich. O Gott, sei Du mir nahe! Amen.

Montags, den 30. [Juli]

Gestern [29. Juli] feierte ich meinen 30. Geburtstag. Oh, Du Herr meines Lebens, in Gefühlen der Freuden als Mutter. Ich Glückliche! Dass Du mich dieses noch hast erleben lassen, wie dank' ich Dir's. Wie freue ich mich meines Lebens, meines Daseins, meines Knaben, für den ich Dir nicht genug danken kann, den liebenswürdigen, herzigen. O Gott, ich erkenne mit Demut Deine Gnade, die Du an mir Unwürdigen getan hast, und lobe und preise Dich immer und ewiglich! Amen.
Um 6 Uhr, nach einer ziemlich unruhigen Nacht, war ich aufgestanden, speiste, wusch meinen Knaben, war zornig, dass mein Mann ihn wieder

---
¹³³ Lavater Johann Caspar: «Andenken an liebe Reisende». Es handelt sich um Sinnsprüche. Zürich 1787. (ZB, FA Lavater Ms. 99 k und StAZ, W 54 13 8), erschien als Manuskript gedruckt in «Handbibliothek für Freunde», Zürich 1790.
¹³⁴ Planck Gottlieb Jakob (1751–1837), Theologe und Kirchenhistoriker.
¹³⁵ Planck Gottlieb Jakob: «Neueste Religionsgeschichte», 2 Bände, Lemgo 1787.
¹³⁶ Recke Charlotte Elisabeth Constantina von der (1754–1833), Dichterin, Schriftstellerin, ursprünglich Verehrerin Cagliostros, den sie später vehement bekämpfte.
¹³⁷ Recke Charlotte Elisabeth Constantina von der: «Nachricht von des berüchtigten Cagliostro Aufenthalt in Mitau», 1787. «Calipochus»: höchstwahrscheinlich Verschrieb für Cagliostro. vgl. 1786, pag. 21.

weckte, ging [zu] Lavater in die Kirche, der über den Zustand der Toten predigte, eine Predigt, die mich sehr rührte, meine Seele erfüllte. Nachher, bei Hause, war ich unruhig, besorgte meinen Kleinen, speiste [selber], speiste und besorgte ihn auch, las dann einige Kapitel im Johannes Evangelio, betete. Von 1 – 4 Uhr hatte ich die Bäbe Schulthess zum Besuche, fürchte, sein Zustand sei eine Auszehrung[138]. Wenig, Merkwürdiges[139] mit eingeschlossen, war unsere Unterredung. Nun saugte ich meinen Kleinen, legte mich an, um zu spazieren – über meinen Mann zornig. Um $^1/_2$ 6 Uhr gingen wir dem Mühlebach[140] [entlang] hinaus auf's Horn, unter vielen stillen Betrachtungen über die Natur, ihre Veränderungen, Farben, Aussichten, wie auch in Betrachtungen

112 über Leben und Tod. 29 Jahre sind verflossen, so viel werd' ich kaum mehr erleben. Und wie verflossen die 29? Ich fühle mit Lavater zu beten: O Gott, vergib mir sie! Wie viel besser hätte ich sein können, als ich es war, dass ich niederfallen möcht' und es beklagen. Gib mir nur, o Gott, Deinen heiligen Geist, Weisheit und Verstand und Glauben und Kraft für die kommenden Tage meines Lebens, dass ich sie weislich zu Herzen fasse und zu meiner Seligkeit nütze! Amen.

Froh, ernst, still, liebend kehrten wir um $^1/_2$ 9 Uhr wieder nach Hause. Speiste meinen Kleinen und legte ihn zu Bette. Frohes Nachtessen, Müdigkeit, ganz mich dem Schlaf ergebend, legt' ich mich zur Ruhe, noch davor ich betete.

Heute [30. Juli] war ich um 4 Uhr erwacht, nachdem ich
113 mein Bübchen diese Nacht 4 mal gesaugt hatte, müde, matt. Nachdem nun mein Mann verreist war, legt' ich mich noch – um zu ruhen – nieder bis nach 7 Uhr, trank Kaffee, speiste, wuschte meinen Knaben und räumte nun meinem Mann auf, flickte ihm Verschiedenes und nachher legt' ich mich ein wenig an, speiste mein Bübchen wieder, speiste auch und schrieb nun um 1 Uhr bis hieher.

O Gott, wie schnell eilt alles. Hebe[141] Du fest mit Deiner Erbarmung an einer Sünderin, die Dich um Jesu Christi willen um Erbarmung bittet! Amen. Am Abend um $^1/_2$ 7 Uhr schlug der Strahl[142] in den St. Peters-Kirchturm, entzündete ihn, und um 8 Uhr war das Feuer schon wieder gelöscht durch die hilfbegierigen menschlichen Anstalten in unserer Stadt. O Gott, wie schreckhaft

---

[138] «Auszehrung»: Abmagerung, meist als Krankheitssymptom bei Krebs, Schwindsucht u. a. Bei Schulthess Barbara, Bäbe iun., kann eine Magersucht in Betracht gezogen werden.
[139] «Merkwürdiges»: Bemerkenswertes.
[140] Künstliche Ableitung des Hornbaches, zu gewerblicher Nutzung, die nach nordwestlichem Verlauf vor den Stadelhofer Schanzen in den See geführt wurde.
[141] «hebe»: dialektal für halte.
[142] «Strahl»: Blitzstrahl.

114 war das Wetter, wie meiner Seele so bange für meinen Mann auf der Strasse von Wädenswil heim, und wie für Lavaters und Pfenningers, für die ich alle Gefahren ausdenkte. Todesangst durchbebte mich, weil wir bei uns in Stadelhofen[143] das Geschrei der Leute um Wasser, die Hammerschläge an das Eisen, das Rasseln der Ziegel, die arbeitenden Menschen im Feuer selbst sahen und hörten. Wie entsetzlich mag's in der Nähe gewesen sein? O Gott, wie fühlt man Dich, Du Herr meines Lebens und meines Todes! Sei mir gnädig und barmherzig. Amen.

115 <u>August 1787.</u>
116 leer]
117 <u>Freitags, den 3. August 1787.</u>
Um 5 Uhr weckte mich mein Kleiner, saugte ihn, legte mich noch ein wenig nieder; wieder aufgeweckt durch des Geliebten Stimme, dann ihn und mich angekleidet bis um 7 Uhr. Frühstückend und den Kleinen herumtragend, dann ihn gespeist und gewaschen und schlafen gelegt[144] bis nach ½9 Uhr, in welcher Zeit ich mich selbst ankleidete, betete, das 11. und 12. Kapitel Lukas[145] lesend. Und nachher schrieb ich mit vieler Empfindung an Wirz, dem gestern sein Weib einen Sohn[146] gebar. Trug meinen Kleinen umher bis 10 Uhr.
Glättete[147], empfing einen Brief von der Frau Meyer, schrieb ihr wieder, speiste meinen Kleinen und speiste selbst, beschloss den Brief an Wirz, und darauf

118 durchging ich einige von meinen Schriften, ordnete etwas zusammen und las einige von Toblers Briefen, im Jahr 81 geschrieben, die meine ganze Seele rührten. O heilige Liebe, wie erquickst du die Menschen nicht! Heiliges Empfinden durchbebt unsere Gebeine bis in die Tiefen des Herzens. Auch diese nun siegelte ich und schrieb bis hierher, da es 3 Uhr schlägt.
Gestern brachte ich zwei herrliche Stunden in Lavaters Hause hin.
Zorn bemächtigte sich meines Herzens auf empfindliche Weise des Nachmittags. Angst durchbohrte mein Herz für meinen Ehemann. Einen lieblichen Abend auf dem Horn an meines Mannes Seite brachte ich hin. Entsetzliche Mattigkeit machte mich einschlafen.

---

[143] <u>Stadelhofen</u>: Vorstadt am rechten Seeufer, nahe des Limmatausflusses. Vgl. 1786, pag. 91. (Abb. S. 123)
[144] <u>Originaltext</u>: schlafend gepfleget.
[145] Lukas 11 und 12 über das Beten, Teufelaustreibung. Strafpredigt wider die Bosheit und Heuchelei der Pharisäer und Schriftgelehrten, Warnung vor Heuchelei, Zaghaftigkeit und Geiz. Ermahnung zur Wachsamkeit und Verträglichkeit.
[146] Wirz August Heinrich (1787–1834), verh. 1813 mit Susanna Stäger, später, 1818 Pfarrer an der französischen Kirche, 1834 Lehrer an der Bürgerschule. Freund und Kampfgenosse des Orelli Johann Caspar von.
[147] «Glättete», dialektal, glätten: bügeln und plätten.

119 O Gott, sei mir armen Sünderin gnädig und barmherzig! Amen.

<u>Mittwoch, den 8. August.</u>
Nach 5 Uhr war ich aufgeweckt durch den kleinen Liebling meines Herzens nach einer durch ihn unruhigen Nacht; einige Male ihn säugend, stillend, trug [ich] ihn [in] gewöhnlicher Weise etwa eine Stunde umeinander, in welcher Zeit ich dejeunierte, nachher ihn speiste, waschte, niederlegte. Sanft und tief [sind] seine Töne der Anmut, der Frohheit, das Lallen. Ich hätt' es «Lob Gottes eines Unmündigen» nennen mögen, das meine Seele erhebte zu Gefühlen der Andacht, des Gebetes. Nachdem ich ein wenig angelegt war, las ich ein paar Stücke in der Madame Berlepsch Schriften[148], weinte in Empfindung dabei süsse Tränen der Gefühle, die die Herzen berühren. Arbeit folgte bis nach 11 Uhr, die ich mit Munterkeit und Fleiss
120 verrichtete für meinen Mann, mit dem hauptsächlich meine Gedanken erfüllt waren. Speiste mein Bübchen wieder, legte ihns schlafen. [Wir] hatten ein munteres Gespräch, das die Fremden[149], die mein Mann umeinander führte, veranlassten. Über's Magnetisieren einer Kuh, die redend wurde, sprachen wir auch. Nachher stille Arbeit bis ich um 4 Uhr mein Bübchen säugte. Oh, welch ein Engelskind! Mein Gott, wie glücklich machtest Du mich nicht. Mit Demut und mit Dank freu' ich mich seiner jeden Tag mehr. Wieder Stillen, Arbeit bis 6 Uhr, da ich noch ein paar Gedichte[150] von der Berlepsch las und noch bis hieher schrieb.

Heute beging ich doch keinen eigentlichen Fehler, auch keine zornige Bewegung, die so schnell so manches in mir stürzen. Aber gib mir Kraft, o Gott, dass ich dieses Übel wegwerfen kann, das ich so oft an mir wahrnehme!
121 Sanfter Friede erfüllt meine Seele ohne Bestimmtheit. Ruhen und Streben nach mehrerer moralischer, religiöser Verbesserung und Handelnsbegierde sind die Quellen meiner Begierden, aber Kraft und Weisheit musst Du, o Gott, mir täglich verleihen, dass ich nicht erliegend dahinsinke. Wie oft werde ich müde des Guten in mir und träge zu tun, was ich tun sollte.

Welch innige Freude hatte ich nicht über die Nachricht des 3ten dieses [Monats], dass Wirz ein Sohn[151] geboren wurde. Oh, wie gönne ich's ihnen, den Lieben, dem ersten Freunde meiner Jugend! Auch innigst freute ich mich montags [6. August] über der Römer[152] Entbindung.

Nun schliesse ich wieder in Deinem Namen, ewige Liebe. Amen, Amen.

---

[148] Berlepsch Emilie von: «Sammlung kleiner Schriften», Göttingen 1787. Vgl. 1786, pag. 39.
[149] R. v. O.-E. versäumt es, die Namen der Gäste zu nennen.
[150] Berlepsch Emilie von: «Sommerstunden», Gedichtsammlung, Zürich 1794. Es dürften schon frühere Auflagen oder handschriftlich zirkulierende Versionen existiert haben, s. 1795, pag. 36.
[151] Vgl. 1787, pag. 117.
[152] Die Tochter von Römer-Weyermann Melchior und Barbara war Römer Veronika (1787–1824), verm. 1810 mit Salomon Pestalozzi z. Steinbock.

122	[leer]
123	<div align="center">Herbstmonat 1787.</div>
124	[leer]
125	<div align="center">Bettag, den 6. Sept. 87.</div>

Um 6 Uhr von meinem Bübchen geweckt, ihn angekleidet, getragen, gespeist, gewaschen, zu Bette gelegt und bei ihm sitzend, bis er schlafend geworden, bis nach 8 Uhr. Einige herzliche Momente des Gebetes, und las in Johannes vom 14.–17. Kapitel[153]. Einige gedankenlose Minuten, dann noch eine Stelle der klopstockischen Messiade lesend. Nach 9 Uhr bis 11 Uhr trug ich meinen Knaben umeinander, legte mich ein wenig an, speiste ihn und las[154] einige Seiten über die Illuminaten[155]. Trug und pflegte den Kleinen bis um $1/_2 4$ Uhr, da er entschlief, ich auch. Und nachher speiste ich ihn, blieb, weil er schreite, bis um 5 Uhr bei ihm,

126 war von Ungeduld einige Augenblicke übernommen, noch trank ich ihn, und nun beschaute ich noch das 4te Heft der Kupfer zu Lavaters Messiade[156], und schrieb nun dieses hieher bis einen Viertel nach 6 Uhr.

Bestes wär' es, liebe Blätter, euch nicht mehr als Tagebuch anzusehen, weil ich so selten die Geschichte eines Tages niederschreibe. Doch unterlassen will ich's nicht, weil's immer doch noch zur Erinnerung sein Nützliches hat. Heute ging ich nicht zur Kirche, weil ich mir den Sonntag auswählte zur Kommunion, und ich dies eine Mal meine Kindermagd musste gehen lassen. Auch hatte ich meine R.[einigung] sehr streng, dass ich froh war, bei Hause bleiben zu können.

127 Wie viel, viel genoss ich nicht, o Gott, durch Deine Gnade, seit ich hier ein Wort einschrieb. Zu loben und zu preisen und zu danken vermag ich nicht Dir, o Du Unendlicher, für den Segen, den Du mir gibst in dem Wachstum und der Gesundheit meines Knaben. Einige erfreuende Beweise meines Lebens gab ich einigen meiner Freunde, doch kränkt das Vergelten entsetzlich von denen, die man über alles liebt.

Ein Streben nach Ausgehen, nach einer Art zerstreuender Freuden, nahm ich von mir wahr, über die ich beschämt an meiner Wiege sitze, dass ich

---

[153] Johannes 14–17 über die Verheissung des Heiligen Geistes, Christus der Weinstock, über den Hingang zum Vater, das hohenpriesterliche Gebet Christi für sich, seine Jünger und seine Gemeinde.

[154] «Einige Originalschriften des Illuminatenordens, welche [...] zu Landshut [...] vorgefunden», München 1787. Möglicherweise meint R. v. O.-E. aber die kurz darauf publizierte Nachfolgeschrift «Nachtrag von weiteren Originalschriften, welche die Illuminatensekte überhaupt [...] betreffen», München 1787.

[155] Illuminaten: Von Adam Weishaupt (1748–1830) in Ingolstadt gegründeter Orden, der sich der Verbreitung aufklärerischen Gedankenguts verschrieb. Pestalozzi Johann Heinrich war ein Mitglied des Ordens und bemühte sich, eine schweiz. Niederlassung zu gründen.

[156] Vgl. 1786, pag. 5.

mein ganzes Glück nicht in dem kleinen Engel finde. Lehre mich meine Seligkeit fühlen und geniessen.

128 Täglich fange ich wieder an, in der Bibel [zu] lesen: 1. Buch Samuel[157]. Dass ich's doch nie unterlassen würde! Welche gute Empfindungen bringt's nicht neu, lebendig in die Seele hinein. Aufweckungen zum Gebet. Die entsetzliche Furcht vor den Donnerwettern nahm ich noch nie so an mir wahr, als diesen Sommer, freilich auch die schnellen Brunsten[158] und die Unglücke sind wohl mit die Ursache. Man sollte sich nicht fürchten und nicht zittern vor Strahl und Erdbeben. Den 26. August hatte es ein sehr starkes, nachts nach 1 Uhr. O Gott, sei mit und bei uns armen Sündern! Amen, um Jesus Christus willen.

129 <u>Den 17. [September]</u>, <u>Montagabend.</u>
Heute wurde ich um 6 Uhr aufgeweckt durch meinen lieben Kleinen, nahm ihn, trocknete ihn und legte ihn noch zwischen uns, das ich sehr selten tue[159]. Aber ach, welch ein Gefühl, welche [Art] von Empfindung des Himmels fühl' ich, trag' ich ihn, seh' ich ihn, herz' ich ihn. Nach diesem trug ich ihn beim Teetrinken umeinander. Speiste, waschte ihn, legte ihn schlafen, in welcher Zeit ich mich anlegte. Betete, einige Kapitel im 2. Buch Samuel[160] las, dann arbeitete [ich] mit Eifer und Fleiss, bis er vor 10 Uhr wieder wach wurde, und eiferte munter fort bis nach 11 Uhr, da ich ihm sein Müsli gab. Speiste und arbeitete wieder. Ernste Gefühle, ernste Gedanken durchwallten meine Seele. O Gott, sei Du nahe, um Jesus Christus willen. – Bis um 1/2 6 Uhr, da ich mich [ent]fernte einige Minuten, <u>mein, mein allein</u> zu sein und es niederzuschreiben.

130 Welche Freude genoss, empfand ich nicht in den Billettchen, die mir die <u>Schulthess</u>, <u>Wirz</u>, <u>Pfenninger</u>, <u>Lavater</u> am 11. dieses Monats[161] glückwunschweise zusandten, und welch noch seligeres Gefühl empfand ich, da ich sie abends noch sah.
Wir fuhren im offenen Wagen nach Meilen zu Hans Caspar, ich in innigen Gefühlen, den Himmel, die Berge, den See, die braunen Rebhügel, Fluren, alles nach 2 Jahre langem, nicht mehr so freiem Genusse zu sehen, in tränender Freude, liebend an meines Mannes Seite, von unserem Bübchen sprechend, an ihns denkend, wehmütig von ihm fern zu sein und doch selig in dem Alleinsein, in vielem selbst. Welche Erinnerungen der Vergangenheit belebten meine Seele, aber auch welche Leiden in dem Druck, den ich mit meinem Bruder[162] fühle, ihm beinahe erliegend und kummervoll

---

[157] 1. Samuel: über Saul und David.
[158] «Brunsten»: Feuersbrünste.
[159] R. v. O.-E. ist sich offenbar bewusst, dass die früher verbreitete Gewohnheit, Kleinkinder ins gemeinsame Ehebett zu nehmen, gefährlich ist.
[160] 2. Samuel: König David.
[161] Aus Anlass des «Regulatages», Namenstag der R. v. O.-E.
[162] Vgl. 1786, pag. 10.

wissend, o Gott, welch eine geheime Wunde für mein ihn so liebendes Herz! Ich machte mit ihm
131 einige häusliche Geschäfte, [wir] gingen im Garten, [auf der] Seemauer, [in den] Reben umeinander und verliessen ihn um 4 Uhr wieder, fuhren zurück, sprachen von ihm, ich mit Wehmut. Um 6 Uhr waren wir noch von <u>Lavater</u> ins Amtshaus[163] eingeladen, sahen <u>ihn</u>, die <u>Schulthess</u>[164a], <u>Bäbe</u>, <u>Heisch</u>[164], <u>Wirz</u>, Amtmann[165] Escher[166]. Liessen uns eine Stunde wohl sein und kamen nach 8 Uhr nach Hause, da ich meinen Knaben, gottlob, munter fand. Noch ein Geschenk von Tropfen von <u>D.</u>[oktor] <u>L.</u>[avater], speisten und schliefen sanft ein.

Am Morgen [17. September] schrieb ich voll lebhaften Empfindungen an die <u>Schulthess</u>, <u>Bäbe</u>, <u>Wirz</u>, Pfenninger.

Den <u>14., freitags</u>, verlebte ich auch einen sehr frohen Tag, einen, der sich nie mehr wiederholt.

132 Um 9 Uhr fuhren wir in einer Kutsche mit Frau Pfenninger[167] und einem ihrer Kinder zu Wirz, da ich Freudentränen über ihren Knaben weinte, da ich ihn sah. Um 11 Uhr kamen wir zur <u>Schulthess</u>[167a], da wir noch spazierten, <u>sie</u> mir <u>Liebe</u> bewies, die in mein Innerstes drang. Um 12 Uhr spazierten wir in einer <u>Laube</u> am <u>See</u> vergnügt, munter, selig, herzlich. Nach 3 Uhr fuhren wir ein wenig auf dem See. Nachher 's Klavier, 's Tee und eine Überraschung von <u>Lavater</u>, dem Landgraf von Hessen-Homburg[168], seinen 2 Söhnen, ihrem Gouverneur[169], Amtmann Eschers. Meine trüben Betrachtungen über sie, und Freude. Nachher noch einen kleinen Spaziergang in ein Hölzchen[170] und noch vergnügter Heimweg. Wie viel liegt noch zwischen mir, aber ich freue mich nur dieser Züge, sie einst wiederzufinden.

133 Gestern sah und hörte ich Lavater predigen.

---

[163] Hier ist der Einsiedlerhof gemeint (s. u.).
[164] Heisch Gottfried (gest. nach 1793), Diakon, 1760–1786 Chorleiter an St. Aurelien in Strassburg, hernach in Osteuropa als Erzieher bzw. Reisebegleiter baltischer Adliger. S. 1787, pag 144, 1790, pag. 96.
[164a] Vgl. 1800, pag 207.
[165] Einsiedlerhof: Im Besitze des Klosters Einsiedeln stehendes Haus am Münsterhof, Sitz des äbtischen Amtmanns.
[166] Escher Heinrich (1748–1805), 1769 Amtmann des Klosters Einsiedeln, verh. 1771 mit Regula Hirzel (1752–1832), wohnhaft im Einsiedlerhof, Vetter 2ten Grades der R. v. O.-E.
[167] Vgl. 1786, pag. 7.
[167a] Vgl. 1800, pag 207.
[168] Hessen-Homburg Friedrich, Landgraf von (1747–1820), Freund Lavaters und Klopstocks. Die beiden Söhne sind Hessen-Homburg Friedrich, Prinz zu (1769–1829) und Hessen-Homburg Ludwig Wilhelm, Prinz zu (1770–1839). (Lavaters Fremdenbücher, Privatbesitz Zürich, Eintrag sub dem 14.9.1787. Dem Besitzer sei für die Erlaubnis zur Einsichtnahme herzlich gedankt.)
[169] «Gouverneur»: Erzieher oder Hofmeister eines jungen Herrn von Stand. Der entsprechende Eintrag in den Fremdenbüchern lässt sich nicht eindeutig identifizieren.
[170] Sihlhölzchen, an der Sihl gelegener waldiger Park zwischen den damaligen Gemeinden Wiedikon und Enge, beliebtes Erholungsgebiet der Stadtbewohner.

Las diese verflossene Woche Stücke[171] über den Ursprung des Übels.[172]
6 Uhr, abends.

134 [leer]

135 Weinmonat 1787.
136 [leer]
137 Weinmonat 1787, Mittwoch, den 10., abends 6 Uhr.
So wenig ich hier verweile, so ist's mir bisweilen ein sehnsuchtsvolles Bedürfnis, es zu tun, das ich heute wieder einmal befriedige. Ach Gott, wie schnell eilt die Zeit, wie schnell meine Tage! Lehre mich's bedenken, auf dass ich klug werde!
Um $^1/_2$ 7 Uhr erwachte ich, legte mich an und sah meinen Knaben erwachen. Oh, dass ich's beschreiben könnt', wie mir ist, wenn er mich so anblickt, [mir] so entgegenlächelt. Der Himmel gibt doch so viel süsse Empfindungen auf die Erde herab, dass ich denke, wie gross die Herrlichkeiten der Zukunft sein werden. Ich wenigstens fühlte noch nichts dem gleich, was ich täglich als Mutter empfinde in dem

138 herrlichen Knaben. Oh, Gott sei ewig Preis und Dank und Freude gesagt, jetzt und in alle Ewigkeit! Amen.
Ich nahm ihn aus dem Bette, setzte ihn in die Sitze[173], in der er nicht lange weilte, trug ihn, trank ihn, dann speiste, waschte und legte ihn wieder schlafen, in welcher Zeit ich betete, das 5te. Kapitel Johannes las[174], und nachher schrieb ich unsere Ausgaben auf, von August und September ins rechte Buch, arbeitete etwas mit Eifer, hatte Besuch von der Schulthess. Interessantes Gespräch über Rom, Goethe, Kayser, Künste, Aussicht in die Ewigkeit, Hoffnung, alles beizubehalten, was einmal in uns lag, Ahnungen, Landaufenthalte etc. 12 Uhr speiste ich meinem Knaben,

139 der entsetzlich weinte in Schmerzen, bei dem mir alle Gefühle erweckt wurden. 's Essen. Arbeitete für meinen Knaben den Abend durch bis 6 Uhr, da ich mich allein in die grosse Stube begab.
Den 6ten legte ich meinen Knaben schon ins Schwammbettchen[175]. Mein Gott, wie hätt' ich das vor einem Jahr hoffen oder glauben können!

---

[171] Villaume Peter (1746–1806), hugenottischer Theologe und Moralphilosoph.
[172] Villaume Peter: «Von dem Ursprunge und den Absichten des Übels», 3 Bände, Leipzig 1784–1787.
[173] «Sitze»: Sitzvorrichtung für kleine Kinder, die noch nicht selbständig sitzen können.
[174] Johannes 5: Heilung eines Kranken am Teiche Bethesda, Reden Jesu.
[175] «Schwammbettchen»: Kinderbettchen, das nicht zum Wiegen eingerichtet ist.

Der unglückliche Austritt[176] von Herrn Bürkli[177] machte mir viele Mühe. Ich empfand tiefes Mitleiden, schrieb an seine <u>Gattin</u>. Herzlicher Anteil an der Freude, dass Hans Caspar Zunftschreiber[178] werde. Ach, erlebte ich's nur auch noch, dass er ein Weib bekäme[179], so wäre ich dann wohl glücklich genug.

140 Es geht wunderbar in meiner Seele auf und ab. Bisweilen fühle ich mich glücklicher als noch nie in meinem Leben, strebend nach Wahrheit und Tugend. Aber auch oft fühl' ich eine Leerheit, ein Streben nach etwas, das ich nicht zu nennen weiss, unter dem ich leide. Verlass' mich nicht, o Gott, Du Gott meines Heils, und erbarme Dich meiner! <u>Lavater</u> sehe ich selten, immer nur [von] ferne, nie nahe.
Ich ende wieder. Gott sei mir Anfang und Ende, ewiglich! Amen.

141 <u>Samstags, den 20. Okt., 11 Uhr.</u>
Um 6 Uhr erwacht, nahm meinen Kleinen zu mir in's Bett, wie alle Tage seit am Dienstag, da ich allein war. Ich nahm Rhabarber-Pulver[180] zweimal. Wenig getan, verschwand der Morgen in Zärtlichkeit für meinen <u>Kleinen</u>. <u>Dienstags, den 15.</u>[181], nahm ich mein Bübchen das letzte Mal an meine Brust, da es 36 Wochen alt war. Mit welcher Empfindung und mit welchen Tränen tat ich es, mit welchen Segnungen, fühlend, als wenn ich mit dem Entwöhnen die erste, süsseste Epoche seines Lebens ende. Und ach, dass Du mir Gnade gebest, dass ich ihm etwas sein könne, statt dessen ihn mit Milch zu tränken. Wie die Natur für alles sorgt, indem es mir leichter war, als wenn ich ihn einige Wochen früher

142 hätte entwöhnen wollen, weil die Milch sich verlor und der Knabe stärker ist, er dieser also weniger bedurfte. Ach Gott, wie preis' ich Dich, und wie lobe ich Dich für Deine Gnade und Deine Erbarmung über uns!
<u>Mittwoch, den 16.</u>[182], hatt' ich eine angenehme Unterredung mit Herrn Chorherr. Ich fühle doch seinen Wert als Mensch, als Freund, als Arzt immer mehr und liebe ihn immer mehr.
So liebevoll schrieb mein Mann mir nie als beim Abschied, da er mich nicht mehr sah. Oh, welch' eine süsse Empfindung nach einer solchen langen Zeit neue Liebe zu empfinden! Oh die Sehnsucht, ihn wieder zu sehen, wie innig meiner Seele nahe ist er nicht!

---

[176] «Austritt»: veraltet für Desertion, «Republikflucht», «Austreten» entsprechend dem Dialektausdruck «abhauen», sich französisch empfehlen, flüchtig werden mit kriminellem Hintergrund.
[177] Bürkli Hans Conrad (1753–1805), verh. 1776 mit Gossweiler Anna Dorothea (1758–1830), Kfm. im Tiefenhof, fallierte 1787.
[178] Escher Hans Caspar wurde am 3. Oktober 1787 zum Zunftschreiber zur Meisen gewählt.
[179] Vgl. 1786, pag. 10.
[180] Rhabarber, als Abführmittel und bei Magen-Darmkatarrh verwendet, hier vermutlich im Zusammenhang mit dem Entwöhnen des Säuglings von der Brust.
[181] Recte: 16. Oktober.
[182] Recte: 17. Oktober.

143 Viele Arbeit beschloss ich, weniges Lesen war mir zuteil geworden.
Den 24. hatt' ich einen lieben Besuch von Oncle Ratsherrn, und nachher, selben Tag, einen bei ihnen. Gott gib mir Weisheit und Liebe und Deinen Heiligen Geist und Glauben, jetzt und ewiglich! Amen.

144 <u>Weinmonat, den 26.</u>, Samstag, abends.
Nach einer sehr unruhigen Nacht, die mein <u>kleiner, lieber, übergeliebter Sohn</u> in Schmerzen zubrachte. Vieler mütterlicher Empfindungen <u>reich</u> stand ich um 7 Uhr auf, tat dem <u>Kleinen</u> wie gewöhnlich alles, bis er wieder ruhig eingeschlafen war. Da ich mich ein wenig angekleidet hatte, schrieb ich noch an einer Art Register für <u>Lavater</u> etwas, und mit Tränen ein Billett an <u>ihn</u>. Hatte mit dem Kleinen zu schaffen bis mittags. Speiste. Ab dem Essen war mir wie den ganzen Tag nicht wohl. Ursache vielleicht [in] der gestrigen Nacht, da wir der ehelichen Sitten pflegten, und die vielleicht die Entstehung eines Kindes sein mögen. Mein Gott, wie sehr wünscht' ich's! Um 2 Uhr kam Herr Heisch[183], Gouverneur vom Graf[184] Vietinghoff[185], die [!] montags mit Lavater, Pfenninger, der <u>Schulthess Bäbe</u>

145 mit uns zu Nacht speisten, und mit denen letzthin mein Mann nach Basel ging, und die nun morgens wieder verreisen. Oh, was ist der Mensch sich gleich in tausend Gestalten, doch Bild, das alles andere der Welt übersteigt, das zu sehen und zu geniessen ist!
<u>Herders Ideen</u>, 3ter Teil, fing ich mit Wärme an [zu] lesen, Sonntags [21. Oktober] vor 8 Tagen.
Nachdem die Fremden fort waren, hatt' ich wieder mit meinem <u>Bübchen</u> zu schaffen bis nach 1/2 5 Uhr. Da es speiste, trank ich Tee und verweilte mich mit Kleinigkeiten, bis mein Kleiner wieder erwachte und ich dieses hier niederschrieb.
Wie gross ist <u>Gott</u>, wie gross ist <u>Natur</u>, die Gott erschuf, und ist sie das Erste, wie wurde dann Gott zu Gott?

146 Ich staune und bete an. Ach, lehre Du mich Weisheit und erkennen die Wahrheit, die mich leiten kann in die Ewigkeit zu meinem Heil!
Das sturme[186] Wetter macht mich so stutzend, empfindend, traurig.
Heute wurde Herrn Chorherr Rahn ein Töchterchen[187] geboren, über das ich einige teilnehmende Freude hatte.

---

[183] Vgl. 1787, pag. 131.
[184] Recte: Baron.
[185] Vietinghoff gen. Scheel Burchard von (1767–1829), kaiserlich-russischer Geheimrat, Sohn von Senator Otto Hermann und Gatte von Lieven Catharina Gräfin von, weitgereister baltischer Grossgrundbesitzer. (Frdl. Mitteilung des Familienarchivars, Herrn Rolf von Vietinghoff-Scheel, Essen, vom 14.2.1999; Vgl. 1787, pag. 132 (Fussnote).
[186] «sturm»: stürmisch, aber dialektal auch im Sinn von durcheinander, verwirrend, föhnig.
[187] Rahn Dorothee (1787–1869), vermählt mit I: 1806 Suter Friedrich (gs.), II: Ziegler Johann, Tochter des Chorherrn Rahn-v. Orelli Johann Heinrich.

Ach, wie dunkel und nichts ist alles um uns! Mir scheint oft alles Wissen – unter dem Streben nach vielem Wissen – <u>nichts</u>! Und unser Wesen [ist] so arm, dass wir wohl traurig sein dürfen, wissen wir auch nicht warum.

147 Gestern [25. Oktober] hatt' ich Geschäfte mit Trauben[188] vom <u>Bruder</u>, dabei viel Angedenken an <u>ihn</u> und Wünschen und Bitten für sein Glück. Ich verlegte[189] dich, o Buch meines Lebens, ob ich dich wieder finde oder sterben werde, das sei Gott überlassen, im Glauben an <u>Christus</u> Amen.

   Ohne Du ist kein
      Ich,
  wie Dein Du, so wird ewig
      Dein
  Ich .....[!] Sein.   <u>Lavater</u>.

148   [leer]

149   <u>Wintermonat 1787.</u>
150   [leer]
151   <u>Wintermonat 1787, den 18., sonntags</u>, Abend.

Leidender als fast noch nie nah' ich mich, seelenergiessende Blätter. Bekümmert über [die] <u>ökonomische Lage</u>, <u>trauernd</u> über eine <u>Handlung meines Mannes</u>, die mir für ihn weh tat, und mich ihn näher kennen lehrte. Tilge den Eindruck aus, o Gott, und erhalte meine Seele in Frieden. Lass' mich leiden und mein Leiden tragen! Auch bin ich bekümmert über meine körperliche Lage in der Vermutung, ich möchte schwanger sein, und fühle so einen immensen Kampf in mir vor Freude, Liebe, Furcht, dass ich aufblicken will und glaubend, Dir trauend, o Gott, dass alles zu meinem

152 Besten diene, dass Du mit mir handelst, ich Dein Kind sei und dass [Du das], das ich in mir trage, und den Sohn, den Du mir gabst, nicht verlassen werdest. Aber Kraft musst Du mir schenken und Dich meiner erbarmen, denn ich bedarf Deiner. Die Welt meiner Freunde und was mich umgibt, ist mir nicht zur Stärkung. Du bist meine Hoffnung und mein Trost. – <u>Allein.</u>

Den 15. [November] wurde Lavaters Geburtstag gefeiert, bei <u>ihm</u>, voll inniger Empfindungen über sein <u>Dasein</u> in meinem Innern.

Den 17. war ein <u>Konzert</u>, das dem engelländischen Prinzen[190], des Königssohn 4ter,

---

[188] Vermutlich handelt es sich um eine Lieferung von Trauben aus dem Landgut Sunnezyt in Meilen.

[189] «Verlegen»: an einen falschen Ort legen und nicht mehr finden.

[190] Beim 4. Sohn von König Georg III. und der Charlotte Herzogin von Mecklenburg-Strelitz handelt es sich um Edward Duke of Kent (gest. 1820), den Vater der Königin Viktoria.

153 zuliebe angestellt war. Hörte Helmuth¹⁹¹ singen, freute mich der Freuden wie nie, Menschen zu sehen, und fühlte dabei auch wie nie das Nichtige derselben.
Lehre mich meine Tage zählen und weislich zu Herzen fassen.
Herders Blätter, 3ter Teil¹⁹², taten mir sehr wohl.
Bansis¹⁹³ Hiersein war mir interessant, aber nicht wohltuend.
Pestalozzi war mir drückend durch die Eitelkeit, [von] der er sich bemeistern lässt, in dem Briefwechsel mit dem Grossherzog von Florenz¹⁹⁴ zu stehen.
Die Menschheit ist mir ein unergründliches Chaos, das zu erkennen
154 einem Menschen Tränen entlockt. Dass die Perlen der Menschheit unter so einem Schutt von Übeln vergraben sein müssen! Stille Tränen weine ich, Menschheit, dir. Erlöse mich bald zu Gott!   Abends, 7 Uhr.
155   [leer]
156   [leer]

157   Christmonat 1787.
Obschon ich erst den 4ten Januar 88 dazu komme, noch etwas für den verflossenen Monat einzuschreiben, so unterlasse ich's nicht, weil es noch die grösste Freude, die mir wiederfahren konnte, in sich schliesst, nämlich die Verlobung meines Bruders mit Jungfer Susette Meyer¹⁹⁵. So freute mich noch nichts so innig und herzlich, wie die Nachricht von diesem Glück für ihn. Dass Gott mich hörte und ihn erfreute! Den 19. Dezember 87 begegnete es.
Gott, wie wünsche und flehe ich Dich um Deinen Segen für sie beide!
158 Gleichen Tags verlor ich plötzlich eine 11 Wochen lang vermeinte Hoffnung einer Schwangerschaft, ohne Schmerzen, schnell, in entsetzlicher Menge von Geblüt, 8 Tage langem Nachfliessen wie in der Reinigung. Herr Chorherr meinte, es wäre nur Verstockung gewesen, mir aber fast unbegreiflich um der vielen Beschwerden willen, die ich erlitten, ob ich noch – oder wieder – schwanger sei. Mein Gott, das darf ich nicht fragen. Zuwarten und hoffen!

---

[191] Hellmuth Josepine (um 1772–1790), kurmainzische Hofsängerin. Das Konzert fand im Zunfthaus zur Meisen statt.
[192] Herders «Ideen zur Geschichte der Philosophie» wurden im dritten Teil auch als «Zerstreute Blätter zur Geschichte...» herausgegeben.
[193] Vgl. 1786, pag. 67.
[194] Leopold I. (1747–1792), 1765 Grossherzog der Toskana, später Kaiser Leopold II. Aufgeklärter Monarch, der die Toskana zu einem «Musterland der europäischen Aufklärung» machte. Seine Pläne zur Reform des Erziehungswesens (Pestalozzi) wurden wegen der Übernahme der Kaiserwürde in Wien 1790 nicht realisiert.
[195] Meyer Susanna (1764–184.), Braut (verm. 1788, gesch. 1815) des Escher Hans Caspar, Bruder der R. v. O.-E. «Susette» war die Tochter des Meyer von Stadelhofen Hans Heinrich (Hirschen-Meyer, 1732–1814), Quartierhauptmann und Kaufmann zu Stadelhofen, verh. 1751 mit Regula, geb. Landolt, und damit die Schwester des Meyer Hans Jakob (1763–1819), Oberst und Stadtkommandant, des verdienstvollen Verteidigers von Zürich gegen die helvetischen Truppen unter General Andermatt, 1802. S. 1791, pag. 218.

Den <u>8ten Januar 88</u> komm' ich noch einmal hin, diese Blätter zu beschliessen, mit Dank und mit Anbetung für all' die unendlichen Gnaden, die Gott mir bewiesen hat, in unendlichen Freuden und Leiden, die ich genossen habe. Worte sprechen es nicht aus, nur die Empfindung des Herzens, die empfindet, dass Du, o Gott, der <u>Anfang</u> und das <u>Ende</u> aller Dinge und aller Zeiten bist, der Einzige, vor dem ich niederfalle und im Namen Jesu Christi, meines Herrn und Heilandes, Dich um Verzeihung und Gnade bitte. Amen. <u>7 Uhr, abends.</u>

1788

[eingelegtes Blatt]:	Tagebuch 1788
	Conrads Geburt
	Leiden – des Aufbehaltens nicht wert.

1   1788
2   [leer]
3   <u>1788. Januar. Dienstag, den 8ten.</u>
Am späten Abend noch fang' ich diese Blätter an, die mir wichtig und heilig sein sollten – auffassen das Wichtigste der Begebenheiten, Empfindungen, Handlungen meiner Tage, die Du, o Gott, bestimmen wirst! Was ist Leben? Sein? Seinbleiben? Lehre mich's erkennen und benützen! Ach, wie gerührt bin ich nicht durch die Tage des Anfangs dieses Jahres. Nur ist ihre Zerstreutheit entsetzlich drückend. Nur Momente war ich meiner selbst. Lass' mich nur einiges davon hersetzen!
                Gott –
an ihn will ich alles anknüpfen, mit ihm alles anfangen und vollenden in der Gewissheit, dass allem leiten wird, was mir wichtig und heilig [ist]. Das Gebet zu ihm,
4   die Empfindungen an seiner Liebe, mich die Anbetung, der Preis, der Dank an ihn sicherlich in Grösse, Allmacht, Weisheit, Güte, Ewigkeit, meine Seligkeit seien. Ihm allein zu leben, und ihm allein zustreben, sterben, alles von ihm, alles zu ihm tun und wollen, was mich umgibt dankend erkennen, und mich keinem Bild unterwerfen, das mir in die Seele von Menschen oder Büchern gedrückt werden könnt'! Offenbare Du mir, was die Wahrheit sei, was Du bist, was zu meiner Seligkeit führt, so fühl' ich mich selig und glücklich. Glauben, Liebe, Hoffnung, Weisheit und Geist leiten mich in helle Tiefen, um Jesu Christi willen.
Heiliges Bestreben nach Tugend, nach Vervollk[omm]nung, nach Liebe, nach Arbeiten, nach Erkennen der geistigen und körperlichen Dinge, erfülle mich, alles Mögliche zu tun gegen Gott, als Geschöpf aus seiner Hand, als Bewohnerin der Erde, der Natur, als Christin, als Mutter, als Gattin, als Schwester, als Freundin.
5   Welche Empfindungen bei der Erinnerung an die Tage des vorigen Jahres, was ich Gutes genossen und gelitten hatte, und welch ein ernster Blick auf die zukünftigen Tage! Was sie bezeichnen werden, ob Leiden oder Freuden – den Vorhang des Schicksals[1] heb' ich nicht auf. Stille Demut, Glaube,

---

[1] Möglicherweise eine Anspielung auf die Inschrift «Ich bin alles, was da war, ist und sein wird, kein Sterblicher hat meinen Schleier gelüftet», welche Plutarch dem Isis-Bild von Sais zuschreibt. Schiller Friedrich von: «Das verschleierte Bild zu Sais», s. 1801, pag. 238.

Hoffnung sollen die Erwartungen erleichtern, wie alles geht, wie alles komme. Gross ist Deine Gnade und Deine Erbarmung gegen die Menschenkinder, o Gott, den ich Vater nenne, Vater nennen darf, und in Deiner Gnade kindliche Seligkeit empfinde. Halb neun Uhr abends.

<u>Den 9. Januar 88.</u> [Mittwoch]
Nach einer sanften Nacht um ½ 7 Uhr aufgestanden, meinen Kleinen, der erwachte, aufgenommen, voll inniger Empfindung, ihn angekleidet, dann ihn getrunken², ihn gespeist und sauber angelegt, sodann in meiner Kammer mich angekleidet und mein Haushaltungsbuch eingeschrieben vom vorigen Jahr, dabei mich bekümmert, wie wir immer leben können und [mich] gefreut, dass ich nicht vieles gekauft habe und mich entschlossen, immer mehr noch mich einzuschränken, gewissenhaft abzuwägen, ob ich nicht das eine und andere auch entbehren könnt'. Diese Arbeit nahm mir Zeit weg bis um 11 Uhr, da ich dann meinen Kleinen speiste, der eigensinnig weinte. Ach, wie ihm dieses abgewöhnen, mein Gott, gib mir Weisheit und Kraft zu tun, was ihm gut sein wird! 's Essen, sodann einige Geschäfte und hieher schreibend.

Den 7. [Montag] bracht' ich mit einer kleinen Reise nach Wädenswil hin³, zärtliche Ergiessung meines Herzens gegen meinen Mann. Herzliches frohes Wiedersehen von Wirz, bei ihm und seinem Weibchen und Engelsbübchen. Nachher herzliche Empfindung und Gebet in Gefühlen für die Natur. Oh, wie gross ist sie, und wieviel grösser muss ihr Schöpfer sein! Auch las ich in Lavaters Regeln⁴, die mir wohlgetan hatten. Langes [Ver]weilen vor dem Essen in Wädenswil, nachher Munterkeit. Im Heimweg fast einziges Gespräch über Musik mit Herrn Nüscheler⁵. Freude, meinen Kleinen gesund zu finden. 's Essen, nachher wollte ich einer Glarner Frau ihre angeschwellte Brust austrinken, liess es durch meine Küchenmagd tun, das ihr⁶ wohlgetan. Freude, ein gutes Werk bewirkt zu haben, begleitete mich zur Ruhe.

Den 6ten, [Sonntag]. Welch ein Tag einiger nie gefühlter Freuden! Um 6 Uhr meinen Kleinen am Caspartag zu begrüssen – der erste den er erlebte – wünschend, dass ich nie den letzten erleben möge. [Ich] segnete ihn, trug ihn dann dem Papa zu und küsste ihn bei tausendmalen. Oh, wie glücklich fühl' ich mich in meinem mütterlichen Wesen!

---
² Gestillt.
³ «hinbringen mit»: verbringen mit.
⁴ Lavater Johann Caspar: «Vermischte unphysiognomische Regeln zur Selbst- und Menschenkenntnis», 2 Bände, Zürich 1787/88. «Vermischte physiognomische Regeln, Manuskript für Freunde mit einigen charakteristischen Linien». 1789, ZB, Lav. Ms. 87.
⁵ Nüscheler Hans Rudolf (1752–183.), Buratfabrikant auf der Hofstatt, später Zoller in Eglisau, verh. 1780 mit Hofmeister Emerentiana (1758–1822), Stiefschwester der R. v. O.-E.
⁶ Gemeint ist, der Glarnerin.

O Gott, was hast Du mir damit gegeben! Ach, segne Du ihn durch mich, wie ich es nicht tun kann! Dann standen wir alle auf, taten die täglichen Gebräuche und nun musst' ich mich ankleiden und hineilen zu meinem Bruder, da ich dann vieles zu tun hatte bis die geliebte Braut[7] kam, da wir dann alle ein vergnügtes Mittagessen hatten und nachher spielten. Mit welcher Liebenswürdigkeit sie es getan hatte, das könnt' ich nicht aussprechen, und wie liebenswürdig ich sie fand, wieder nicht. Um $^1/_2$ 8 Uhr gingen wir noch zu Lavaters hin, der mir liebreich begegnete, ein liebes Essen uns gab, [ich] von allen freundschaftlich angesehen war, [erst] nach 10 Uhr nach Hause kehrte, darauf bei meinem Kleinen hinkniete, und nach 10 Uhr zur Ruhe ging.

Noch hatt' ich den Abend in Lavaters Hause hingebracht. Er schenkte mir ein Exemplar seiner physiognomischen Regeln zur Menschenkenntnis.

8   <u>Sonntag, den 20.</u> [Januar]
Um 6 Uhr nach einer sanften Nacht erwacht, meinen Kleinen aufgenommen, 's Tee getrunken und kleidete mich an, um [zu] Lavater in die Kirche zu gehen, der über den 31. Vers des 11. Kapitels Johannes predigte[8], Betrachtungen über den Tod und Leichenbegängnis. Nachher besuchte ich Lavater, da mir's wohl war, trug meinen Kleinen umher, speiste ihn und – da er schlief – ging ich zu meinem Mann auf sein Stübchen, sodann zum Essen. Nachher Geschwätz, und darauf schrieb ich an Tobler. Viel Angedenken an Herrn Chorherr Rahn, dem ich zu schreiben gedachte, ihn sehr verehre und liebe.

Auch vor 8 Tagen [13. Januar] war ich [bei] Lavater in der Kirche, da er über den 30. Vers des 11. Kapitels Johannes[9] predigte, von der Weisheit und Güte Christi. Abends las ich in seinem Büchlein der Regeln zur Menschenkenntnis, das mir eines der wahrsten Bilder seiner Seele scheint und mir in dieser Rücksicht von unendlichem Wert. Aber für die Welt halte ich's etwas ungeniessbar, weil zu viel seines eigenen

9   Sinns darin sich findet.
Den 17. [Donnerstag] ging Apollonia [II][10] fort, was mir eine entsetzliche innere Bewegung machte, von überstandenem Verdruss und Leiden, dass sie mich gedrückt hatte, und einer Art Wehmut – ganz entsetzlich. Ich dankte Gott, da sie nun fort war und liess viel stille Tränen und Wünsche

---

[7] Meyer Susanne, vgl. 1787, pag. 157.
[8] Johannes 11, 31: «Die Juden, die bei ihr im Hause waren und sie trösteten, da sie sahen Maria, dass sie eilend aufstand und hinausging, folgten sie ihr nach und sprachen: Sie geht hin zum Grabe, da sie daselbst weine.»
[9] Johannes 11, 30: «Denn Jesus war noch nicht in den Flecken gekommen, sondern war noch an dem Ort, an dem Martha ihm entgegengekommen.» Im Zusammenhang mit «Weisheit und Güte Christi» dürfte es sich hier um eine falsche Zitierung handeln.
[10] Vgl. 1786, pag. 46.

zum Himmel steigen, dass Gott mir eine Magd nach meinem Herzen schenken möchte in meiner ausgewählten, weil ich nun erfahren habe, wieviel von der Ruhe und dem Glück eines Hauses abhängt von gut denkenden Menschen. Geschäfte, die meisten häuslichen, die die Veränderung mitbringt.
Den 18., freitags, machten wir der Jungfer Meyer[11] unseren ersten, da es mir wohl gefiel.
Einmal hatt' ich vor einigen Tagen entsetzliche Bangigkeiten des Geistes. 4 Uhr abends.
[leer]

<u>Hornung 88.</u>

[leer]
<u>Hornung 88. Sonntag, den 24.</u>
Erst heute wieder einmal nahe ich mich euch, liebe Blätter, aus Bedürfnis meines Herzens einiges zu verzeichnen, was meine Seele am meisten beschäftigt. Nachdenken über die Erziehung meines Knaben, ihn zu einem weisen, tugendhaften, rechtschaffenen Menschen zu bilden, diesen Zweck zu erreichen. [Um] Anleitung zu finden, las ich in diesem Monat die drei ersten Teile von Campes[12] Revisionswerk[13], das mir ein vortreffliches Werk scheint, unterweisend, hell, tief, kalkulierend, wie ein Mensch von Anlagen nach einem gewissen Gesichtspunkte geleitet werden könnte und werden würde. Auch tiefe Menschenkenntnis liegt zu seinem Grunde. Und diese zu erlangen, wie notwendig ist's, Beobachtungen zu machen bei den uns umgebenden Menschen, wie auch seine Lektüre auf Bücher zu wenden, die einem dazu führen. Ein drittes scheint mir die Wichtigkeit von allem dem zu zeigen, was den Menschen umgibt, von seinen ersten Lebenstagen an. Ach, welche Empfindung von Wehmut und Jammer und Freude, sich ein Ideal zu bilden von einem vollkommenen Menschen, ausgeschmückt mit allen denkbaren Vollkommenheiten! Aber auch, wenn man diese Ideen fahren lassen muss, mit sich selbst und den uns umgebenden und liebenden Menschen mit weniger Vollkommenheit sich genügen zu lassen! Ich schrieb über diese in mir erweckten Empfindungen einen Brief[14] an Herrn Chorherr Rahn diese Woche,

---

[11] Meyer Susette, zukünftige Schwägerin, vgl. 1787, pag. 157.
[12] Campe Joachim Heinrich (1746–1818), deutscher Schriftsteller und Pädagoge.
[13] Campe Joachim Heinrich: «Allgemeine Revision des gesamten Schul- und Erziehungswesens von einer Gesellschaft praktischer Erzieher», 16 Bände, Wien und Braunschweig 1785–1792.
[14] S. pagg. (1791) 249–251, am Schluss dieses Jahrgangs eingefügt.

17 zu meiner Belehrung, die ich bei allem, seit ich so glücklich bin, Mutter zu sein, zu erreichen suche. Dass er mich möge verstanden haben und mir etwas darauf sage, wünschte ich herzlichst.
Den 13. [Februar, Mittwoch] feierte ich den ersten Geburtstag unseres Kleinen. O Gott, welche Empfindungen durchwallten meine Seele, besonders in der Stunde, da ich, an seinem Bette kniend, betete, da er mittags schlief! So durchging und erhob meine Seele noch nichts, wie die Empfindungen mütterlicher Liebe. Höchstes Glück dieser Erde, Genuss, den Gott uns Menschen zu geniessen gibt – wenigstens mir, einer Liebenden deren Seelenbedürfnis Du befriedigst.

18 Einiges weniges, aber herzliches Wiedersehen[15] erquickte meine Seele, die sich sonst in [die] Stille zurückzieht. Nichts Süsseres mehr kenne [ich] als meine mütterlichen, ehelichen Pflichten zu erfüllen, in diesen alles liegen [zu] lassen und zusammen[zu]ziehen.
Einige religiöse Empfindungen erhoben mich zu tiefem Gebet. Tiefes Gebet, stilles Betrachten und Beherzigen menschlicher, biblischer, göttlicher Lehren und Wahrheiten sind und sollten meiner Seele Nahrung sein. Was hilft vieles Lesen verschiedener Schriftsteller? Lehre Du mich, o Gott, Wahrheit finden und suchen, die mir den Weg des Lebens und der Seligkeit zeigen kann! Vieles Arbeiten kürzt mir die Zeit, entreisst mich dem Kummer, der meine Seele zerstören könnt', der mich umgibt. Oh, lenke Du alles zu meinem und der Meinigen Besten! Amen.

19–22 [leer]

23 <u>Donnerstags, den 6. März, 1788.</u>
Um $^1/_2 6$ Uhr war ich aufgestanden, nahm meinen Knaben aus dem Bett, speiste ihn, las in Zollikofers Andachten über Zufriedenheit und Wichtigkeit eines Tages, wurde durch dieses Lesen in eine sanfte, anbetende, ruhige Stille gebracht. Kleidete mich etwas an, nachdem ich meinen Kleinen gewaschen und frisch gekleidet hatte für den ganzen Tag, wie ich alle Tage gewohnt bin zu tun. Nach diesem arbeitete ich mit Fleiss bis um $^1/_2 10$ Uhr, da dann Pfenninger kam, bei Hause blieb bis fast 12 Uhr, und wir eine interessante Unterredung hatten

24 übers Christentum, Lavater, Hess, Spalding und sein neues Buch[16], übers Journal[17], von Schwärmerei und Aufklärung, auch Freundschaft, das meiner Seele wohltuend war.
Um 12 Uhr speiste ich allein, weil mein Mann ausgegangen war, in sanfter religiöser Stimmung. Nach dem Essen arbeitete ich wieder fort bis um 4 Uhr.

---

[15] Sc. der Freunde und Verwandten.
[16] Spalding Johann Joachim. Die beiden jüngsten Publikationen Spaldings sind «Vertraute Briefe», Breslau 1786, «Letzte Amtspredigt», Berlin 1788.
[17] Ricciardi, Abt (Herausg.): «Journal fürs Frauenzimmer», aus dem Italienischen, 2 Teile, Zürich 1769–1771. S. 1789, pag. 143–147.

's Tee und häusliche Geschäfte erfüllten noch die Zeit bis um ½6 Uhr, da ich dieses niederschrieb.

Die Sehnsucht nach mehreren Kindern erfüllte einige Tage her meine Seele mit dem innigsten Wunsch, schwanger zu werden.[18] [...] Genoss meinen Mann gestern und vorgestern hoffnungsvoll.

25 Auch beschäftigt mich die Erziehung meines Knaben unaufhörlich, las den 3. und fast 4. Teil des Revisions-Werks fort, sah montags Herrn Chorherr, der mir auf meinen Brief an ihn sagte, er habe mich nicht recht verstehen können, was ich eigentlich gemeint hätte. Er riet mir noch, Brechters[19] Briefe[20] als einen Leitfaden [zu lesen], meine Gedanken zu rangieren, die er mir dann berichtigen wolle. Ich war etwas empfindlich, dass ich vermeine, auch er habe es gespürt und nahm mir vor, es in mir reifen zu lassen, was und wie ich etwas machen wolle – oder nichts – und meine Hoffnung allein auf Gott [zu] setzen, der mir Kraft und Weisheit geben kann, mein Herz zu lenken,

26 dass es meinem Kleinen nützlich sein werde.

Viele Bekümmernisse drücken meine Seele über unsere Familientrennung, die doch einmal vergehen muss, ehe mein Bruder heiratet.

Einige wenige Besuche, viele stille, häusliche Stunden der Arbeit erfüllen die Zeit.

O Gott, sei Du mit uns und bei uns! Amen, um Jesus Christus willen! Amen.

27 <u>Karfreitag, den 29. März 1788.</u>

Auch heute doch ein Wort in diese Blätter an diesem feierlichen Tag des Wiedergedächtnisses des Todes meines Herrn Jesus Christus, der auch mir feierlich ist durch das heilige Abendmahl, das ich heute mit Glauben, mit Liebe, mit Demut, mit Andacht genossen. Ach, dass es einen tiefen Eindruck auf meine Seele mache, von bleibender Wirkung der Empfindung und des Tuns [sei], insonderheit mich mehr zur Andacht bringe als einige Zeit her. Lass' mir nichts so angelegen sein, als das Heil meiner Seele, meine Verwandlung durch Christus für mich selbst und für die Meinigen! Ach, o Du Allerhöchster, erbarme Dich meiner! Amen.

28 Um 5 Uhr war ich aufgestanden, nahm meinen Kleinen auf, herzte ihn segnend, legte mich an[21], ging [zu] Lavater in die Kirche, da mir inniglich wohl war in der Predigt und beim Abendmahl. [Ich] kehrte nach Hause, erinnerte mich, wie ich vor einem Jahr heim eilte, meinen Kleinen zu säugen,

---

[18] Der folgende Satz ist in Geheimschrift geschrieben.
[19] Brechter Johann Jakob (1734–1772), süddeutscher Theologe und Schriftsteller.
[20] Brechter Johann Jakob: «Briefe über den Aemil des Herrn Rousseau», o.O. 1773. Ein diesbezüglicher Brief der R. v. O.-E. an Chorherrn Rahn Johann Heinrich findet sich sub pag. (1791) 249–251 am Schluss dieses Jahrgangs.
[21] Vgl. 1786, pag. 107.

trank Tee, wusch meinen Kleinen und freute mich seiner. Etwas Arbeit, und meinen Kleinen wartend, wurde es 10 Uhr, da ich dann noch die 2. Epistel Johannes[22] las und hierher schrieb.

29, 30 [leer]

31 April 1788.
32 [leer]
33 Mittwoch, den 23. April 1788.

Um 6 Uhr war ich aufgestanden, nahm meinen Kleinen aus dem Bette, munter und frisch, kleidete ihn an, trank Tee, und nachher ging ich allein, um meine Seele zu erheben, und las das 5., 6. und 7. Kapitel Matthäi[23] und gedenke nun einiges in diese Blätter einzuschreiben.

Genug danken und anbeten kann ich Dich nicht, o Gott, für das tägliche Wachstum meines Sohns, [und] dass Du mir ihn so gesund erhältst! Ach, segne Du ihn, und gib mir Weisheit und Liebe und Kraft, ihn nach Deinem Willen, zu seinem Heil, zu bilden, denn Deinen und Deines Geistes bedarf

34 ich, ihn zu leiten! Schon 12 Zähne hat er hervorgebracht. Ich hoffe auf Dich in demutsvollem Glauben, dass Du alles gut mit ihm machen werdest und bitte Dich darum, um Jesu Christi willen. Amen.

Meine einzige Lektüre war in dieser Zeit Campes Revisions-Werk der Erziehung, das ich in der Beziehung lese, um einiges anzuwenden auf meinen Kleinen. [Ich] las die fünf ersten Teile nacheinander, die beinahe ein Ganzes ausmachen, was körperliche Erziehung heisst, auf eine ausgedruckte[24] Anleitung von dem Erwecken der guten Triebe, dem Unterdrücken der bösen, ganz auf eine ordentliche Weise. Aber, wie schwer wird es mir nicht dabei, weil ich sehe, wie kraftlos ich mich fühle, dem Heer von Leidenschaften und Trieben genug

35 entgegen zu arbeiten. Dann las ich den 9ten Teil einer Übersetzung[25] des grossen Locke[26], die mir wieder mehr Mut machte. Die simple, energische Art, die Menschen zu führen, zu betrachten, kühlte meine Ängstlichkeit wieder ab. Und nun lese ich den ersten Teil über den Einfluss der physischen Erziehung auf die Seele des Menschen. Ich fand besser, mich nach dem Plan der Materien als nach dem Plan des Werkes einzurichten in meinem Lesen desselben, das mir doch wirklich von unendlichem Nutzen

---

[22] 2. Johannes: An eine gläubige Frau und ihre Kinder. Freudige Ermahnung, bei der ergriffenen Wahrheit zu bleiben.
[23] Matthäus 5–7: Bergpredigt, Seligpreisungen, die rechte Gesetzeserfüllung. Vom Almosen, Beten und Fasten. Warnung vor irdischem Sinn. Vom lieblosen Richten, von der Kraft des Gebetes und vom Tun des göttlichen Willens.
[24] «Ausgedruckte»: im Sinne von ausdrücklich, betont.
[25] Locke John: «Versuch vom menschlichen Verstande», deutsche Übersetzung, Altenburg 1757.
[26] Locke John (1632–1704), engl. Philosoph, Aufklärer.

scheint zu sein, weil es so viele Ideen, Räte[27], Verneinungen enthält, die man ohne dasselbe nicht in sich selbst finden würde, wenigstens sicher nicht ohne Stösse[28], die schädlich wären.

36 Ich nähre eine dunkle Hoffnung, schwanger zu sein. Mein Gott, stehe mir bei und erbarme Dich meiner! Freitags vor 14 Tagen [11. April] gespürte ich einige Merkmale meiner R.[egel], die vorher 6 Wochen ausblieb und nun sich nichts mehr zeigte, aus denen ich es schliesse und vermute. Mit Standhaftigkeit und Liebe unterziehe ich mich Deinem Willen, o Gott!
Ich glaube, einmal Lavater gesehen zu haben, Schulthess einmal. Alle meine Zeit ist der Notwendigkeit gewidmet, meinem Kleinen und meinem Bruder zu helfen. Mein Gott, wie freu' ich mich auch seiner nahen Verbindung! Ach, segne Du ihn, um Jesu Christi willen! Amen.

37 Lavater ladete uns ein, da die Gräfin Wartensleben[29] hier war. [Er] las einer grossen Gesellschaft Bruchstücke eines Gedichtes vor über das Menschliche Herz[30], das sehr viel Tiefes und Wahres enthielt. Was lässt sich nicht sagen über diesen Gegenstand!
Auch Arbeitsamkeit ist meine Freude, etwas, das meine Seele stärkt oder umhüllt, dass ich mich darin verliere und Kummer und Freude leichter trage. Oh, welche Tage des Frühlings erwecken die tiefsten Gefühle für Dich, Du wieder neubelebender Gott dieser grünen Erde!

38 Ich schliesse wieder einmal in demutvollem Gefühl für Dich, o Gott, Du Gott meines Heils!
Diesen Abend geh' ich zu der Chlefe[31] Mutter an den Kirchgang[32].

39–42 [leer]

43 <u>Mai.</u>

44–46 [leer]

47 <u>Brachmonat 1788.</u>
48 [leer]
49 <u>Samstag, den 14. Brachmonat 1788.</u>
So lange Entfernung von diesen Blättern, und jetzt so sehnsuchtsvolle Begierde, wieder einmal einige Worte niederzuschreiben, dass ich's gerade in einem solchen, mir wichtigen Moment tue!

---

[27] «Räte»: Ratschläge.
[28] «Stösse»: Erschütterungen.
[29] Wartensleben Leopold Alex, Graf (1745–1822), Isabella Gräfin, geb. v. d. Recke. Korrespondentin Lavaters.
[30] Lavater Joh. Casp.: «Das menschliche Herz» «meiner lieben treuen Freundin Anna Barbara v. Muralt (vgl. 1786, pag. 44)» 1. Auflage gedruckt als «Manuskript für Freunde» in «Handbibliothek für Freunde», Zürich 1790.
[31] Chlefe, Clefe, Cleophea, Dienstmagd, vgl. 1786, pag. 9.
[32] «Kirchgang»: Begräbnis, Beerdigung, vgl. 1787, pag. 20.

Heute trete ich nun schon die 17. Woche meiner Schwangerschaft an, die bisher so glücklich fortrückte, dass ich Dir, o Gott, es nicht genug verdanken kann, wenn schon mit unendlichen Beschwerden mancherlei Art, besonders mit entsetzlichem Kopfweh und einer Betäubung dabei, unter denen ich sehr vieles litt, auch [an] einer entsetzlichen Empfindlichkeit, dass ich gerade über jede Kleinigkeit in Zorn ausbrechen kann, das moralischer Weise mich sehr bedrückt und mich

50 doch oft nicht zu hinterhalten[33] vermag, von dem ich das vorige Mal mich nicht zu erinnern weiss. Wie freue ich mich nun der nahen Hoffnung, mein Kind bald zu empfinden und mich seiner noch mehr zu freuen, als ich es jetzt vermögend bin. Denn, wie viel hängt der Mensch von den körperlichen Umständen ab, mehr als wir es in gesunden Tagen vermögend sind zu gedenken. Unendliche Furcht übernimmt mich bisweilen vor den Gefahren, in die mein Kind und ich kommen könnten. Aber das Aufblicken – wenn schon in meiner Schwachheit – stärkt mich mit Glauben, Liebe, Hoffnung[34], alles zu tragen und von Deiner Hand, o Allmächtiger, mit Demut anzunehmen! Nichts macht mich bisweilen so traurig, als wenn ich meinen

51 Kleinen nicht mehr zu tragen vermag, wie ehe ich schwanger war, auch der Gedanke, wenn ich vor ihm hinsterben sollte, da das Leben für mich sonst so wenig Reizendes hat. Gott, Du bist mein Trost, auf den ich hoffe und Du siehst mein Seufzen für ihn aufsteigen, dass es ihm wohl [er]gehen möge, wenn ich, ihn zu beschützen, die Kraft nicht habe! Du bist mein Gott, Dir lege ich ihn dar, dass Du mit ihm und bei ihm sein mögest!

12 Uhr, mittags.

52 <u>Sonntag, den 15.</u> [Juni 88][35]
Um ½ 5 Uhr war ich durch unsern Kleinen, Schreienden geweckt, ihm aufgestanden und mit Freuden ihn herzend auf meine Arme genommen, ihn noch schreiend herum getragen, das mit der Entladung seiner Natur[36] sich endigte, ihn speiste. Nachher legte ich mich [für] in die Kirche an, betete in der neuen Kirchenlieder-Sammlung[37] einige Lieder mit Andacht und Empfindung. Auch Lavater hörte ich aufmerksam und mit Empfindung

---

[33] «hinterhalten»: im Sinn von zurückhalten, beherrschen.
[34] 1. Korinther 13, 13: «Nun aber bleibt Glauben, Hoffnung, Liebe, diese drei; aber die Liebe ist die grösste unter ihnen.»
[35] Fälschlicherweise setzt R. v. O.-E. den <u>13.</u> Juni.
[36] Vermutlich Stuhlgang.
[37] «Kirchenliedersammlung, neue»: Nachdem am 19. März 1769 zum ersten Mal in Zürich der Kirchengesang wieder eingeführt worden war, gab Lavater 1787 ein neues christliches Liederbuch mit 200 ausgewählten Liedern heraus, das mit der Zeit in den reformierten Kirchen, zuerst in der Stadt und dann auch auf dem Lande, gebräuchlich wurde. (Frdl. Mitteilung von Herrn Peter Ernst Bernoulli, evangelisch-reformierte Landeskirche, Zürich, 9. Juli 1999.) Im Neuen Testament von 1778 sind die Kirchenlieder eingebunden, vgl. 1786, pag. 25.

predigen über die Worte: Bewähret[!] alles, behaltet das Letzte.[38] Nach der Predigt ging ich nach Hause in guter Gestimmtheit meiner Seele, zog mich aus, und trug meinen Kleinen eine Weile umher und legte ihn nach 10 Uhr zur Ruhe, da ich in der

53 Bibel las im zweiten Buch Mose und innigst gerührt von der Anschauung Gottes[39] war, die die Israeliten genossen. Speiste, war in Zärtlichkeit meinem Mann angehangen, und nachher las ich in der Bibel fort und konnte mich nicht satt lesen an den Geschichten der Gottheit, der Menschen, die einem so nahe und so herzlich vor Augen und Herzen liegen. Oh, dass Du mir, o Gott, so nahe wärst, wie Du jenen Menschen warst! Zwischen[hin]ein tat ich meinem Knaben dies und jenes süsse Geschäft, für mich nur traurig, wenn ich es nicht vermag aus Ungeschicklichkeit oder Kraftlosigkeit. Nach dem Tee-Trinken las ich besonders die Geschichte Josephs[40] und war gestärkt, wie Gott alles leitet, dass alles kommt und geht, wie

54 er's vor[her]sagt. Sei es auch durch Tränen, so überzeugt diese Geschichte, wie oft sie von bedeutungsvoller Voraussicht sein können.

Auch las ich Herrn Hess' Predigt[41] am Pfingsttag, die mir wohltuend war wie die meisten, die ich dieses Jahr durch von ihm gehaltenen fand. Doch vermisse ich eigentliche, neue Gedanken in denselben, auch das Tiefe des Christentums, das des Bibelgeistes, [welches] für mich zu finden sein sollte in denselben, so schätzbar [von] moralischer Seite genommen, und so friedlich her[ge]sagt, sie von dieser Seite tief in die Seele dringen. Auch glaube ich, machen sie, von ihm gehalten, als gelesen grösseren Eindruck.

55 Nachher las ich wieder in Moses die Schöpfungsgeschichte[42], sah einem Wetter zu, die es täglich gibt, und vor denen ich mich so sehr fürchte, wie fast noch nie. Meine durch meine Schwangerschaft gedrückten Nerven mögen auch mit eine Wirkung sein. Ach, dass Du uns, o Gott, behüten mögest vor Unglück!

Um $^1/_2$7 Uhr speiste, waschte und legte ich meinen Kleinen zur Ruhe, mit welchen Empfindungen der Liebe, der Wehmut, des Segnens, des Ernstes der Vorsätze, der Überlegungen seiner Erziehung halber, wie jedes Mal, wenn ich so allein bei ihm bin! O Gott, welche Freuden und welche Leiden durchströmen meine Seele!

56 Um 8 Uhr speiste ich, und nun schrieb ich bis $^1/_2$9 Uhr noch hieher.

---

[38] Möglicherweise 1. Thessalonicher 5, 19–21: «Löschet den Geist nicht aus, vernichtiget die Prophezeiung nicht; bewähret alles, behaltet das Gute!»
[39] 2. Mose 19 ff.
[40] 1. Mose 37 ff.
[41] Hess Johann Jakob: «Predigten». Die zahlreichen zu Lebzeiten von R. v. O.-E. von Helfer und später Antistes Hess gehaltenen Predigten sind meistens nur im Manuskript erhalten: ZB, FA Hess, He 1741. 5–96. S. a. 1789, pagg. 143–147.
[42] 1. Mose 1.

So erfreuend und betrübend war mir lange nichts, als die Nachricht von der Tobler⁴³ Schwangerschaft und zu frühzeitiger Niederkunft. Was wird ihre Seele empfunden haben? Zwei Briefe an ihn schrieb ich innert 14 Tagen.
Lavater machte mir einige Male Freude – oh, der Wiedererinnerung unserer bleibenden Freundschaft – wenn schon nicht mehr! So öfteres Wiedersehen, was ist's der Seele der Liebenden! Heute vor 14 Tagen [1.Juni] sah ich ihn 2 Stunden bei uns, schrieb ihm 3 Seiten an dem Gedichte über das menschliche Herz⁴⁴, die er mir

57 diktierte, das er der Königin von England⁴⁵ zuschreibt⁴⁶. Sah einige Malereien und freute mich seiner, als doch des grössten, einzigen Menschen, den ich kenne. 8 Tage zuvor sah ich ihn im Rebhäuschen⁴⁷, da er Fremde hinführte, der Gräfin Reuss Schwester⁴⁸ und Mutter mit ihrem Gemahl, einem Prinzen von L[einingen].
Wenig Lektüre, das Campe'sche Erziehungswerk ausgenommen, hatte ich bei einigen Monaten oder Wochen. Ich schrieb darüber noch einmal an Herrn Chorherr Rahn⁴⁹, der mir eine Beantwortung versprach, das mich sehr erfreuen würde.

58 Besonders betrübte und erzürnte mich auch seit manchen Wochen unsere Henriette, der ich [den] Dienst aufkündigte. Die vielen Unachtsamkeiten, Gefahren, in die sie unseren Kleinen brachte, trotz allen Warnungen, dass es mich sehr leiden machte, und dass ich es gewissenshalber nicht hätte auf mich nehmen können, ihr ein kleines Kind anzuvertrauen und mir also dieses [Vorgehen] auswählte. Mein Gott, welches Bedürfnis ich fühle, und welche Sehnsucht nach einer verständigen, sorgfältigen Kindermagd, dass ich Dich nicht genug bitten kann, mir diese Hilfe zu gewähren! Auch die Falscheit, Leichtigkeit des Lügens und Schwatzhaftigkeit in ihrem Charakter!

59 <u>Dienstag, den 24. [Juni]</u>
<u>Donnerstags, den 19.</u>, vermeinte ich zum ersten Male, mein Kind zu empfinden. Ach, welch eine Empfindung und welch eine Erwartung! Gott

---

⁴³ Tobler-Nüscheler Anna (1757–184.), Gattin des Tobler Georg Christoph.
⁴⁴ Vgl. 1788, pag. 37.
⁴⁵ Vgl. 1787, pag. 152. Königin von England: Charlotte von Mecklenburg-Strelitz, Gattin Georgs III.
⁴⁶ «zuschreiben»: zueignen, widmen.
⁴⁷ Lavater Johann Caspar besass im Areal der heutigen Villa Rietberg, (Seestrasse No 110), Zürich-Enge, ein «Lust»häuschen, das ihm 1770 von einem Verehrer erbaut worden war. Dieses ist nicht zu verwechseln mit einem benachbarten «Reb»häuschen. Der Pavillon wurde 1847 abgetragen.
⁴⁸ Gräfin Reuss Sophie Henriette (1767–1801), Tochter von Graf Heinrich XXIV. und der Gräfin Erbach-Schönberg Caroline Ernestine. Die Heirat mit dem Erbprinzen zu Leiningen Carl Emich (1763–1814) hatte am 4. Juli 1787 stattgefunden. (Freundliche Mitteilung von Dr. Hartmut Heinemann, Hessisches Hauptstaatsarchiv Wiesbaden).
⁴⁹ Vgl 1787, pag. 25.

erbarme Dich seiner um seinetwillen und meiner um seinetwillen, und hilf mir das Beschwerliche mit Geduld weiter tragen in der grossen, süssen Hoffnung, ein lebendiges Kind zu gebären!

Viele Übelkeiten und Beschwerlichkeiten machten mich leiden diese Zeit her, ich meine in grösserem Masse als das erste Mal, besonders so einen Druck auf der Wasserblase und von der Ausdehnung her.

Heute war ich nach einer etwas unruhigen Nacht nach 5 Uhr aufgestanden, kleidete

60 mich an, nahm meinen Kleinen auf und strelte[50] ihm seine Schuppen ab, da er willig still hielt, trank Tee, reinigte ihn ganz, und nachher legte ich mich ein wenig an, betete mit vielen Tränen herzlich, räumte auf, rechnete mit der Magd, arbeitete und tat das Nötige, las eine Predigt von Herrn Helfer Hess, die mir innigst wohltuend war, und freute mich meines Kleinen, da er vom Garten kam, ganz unaussprechlich. Ich möchte Dir oft mit Worten danken, o Gott, dass Du mir das Grösste, Einzigste, das ich so über alles wünschte, gegeben hast, das ich täglich in stiller Empfindung so oft fühle, und Dich in meiner Seele anbete, wenn es so wie ein Engel auf meinen Armen sitzt.

61 Gestern hatt' ich einen der gesegnetsten Tage, die mir verflossen, in stillem Wirken für meinen Mann, Sohn, Haushaltung.

61a [leer]

61b Heumonat 1788.
62 [leer]
63 Sonntag, abends, den 6ten Heumonat.

Stiller Frieden umgibt meine Seele nach einigen der heftigsten Stürme, die diese verflossene Szene auf meine Seele türmte, dass ich's hier gerne niederschreibe.

Den letzten Juni sagten uns Herr Rittmeisters das Gemach[51] auf, was mich dann in dem Gedanken an meine Umstände ganz erschütterte und es hart fand, dass sie es uns nicht früher sagten, da das hintere Haus schon ½ Jahre leer gestanden ist. Der Gedanke, dass alles von dem Herrn kommt, allein stärkte mich und dass schon so viel Rauhes über mich glücklich vorbei ging, dass ich mich fasste mit dem festen Entschluss, mich zu schonen, weil die Folgen einer Anstrengung

64 für mich und mein in mir hüpfendes Kind mir unaussprechlich wichtig und heilig sind. Wieder etwas, das meine Menschenkenntnis vemahnt, und

---

[50] «strälen», «Sträl»: kämmen, Haarkamm.
[51] Der «Sonnenhof» im Aussenquartier Stadelhofen stand ursprünglich in Werdmüllerschem Familienbesitz. Werdmüller Hans Felix (1713–1748) erbte das Haus von einem Onkel. Seine Tochter, Anna Sabina, (1737–1765) vermählte sich 1754 mit Escher Hans Caspar (1737–1765), im Grundstein, durch Erbschaft gelangte das Haus an den Rittmeister Escher Hans Caspar. Vgl. 1786, pag. 4. (Abb. S. 123)

1788

Abb. 3. Nötzli Johann Conrad: Stadelhofervorstadt. Blick von der Schanze gegen Westen, See und Albis. Das dominante Haus im Mittelgrund, der «Garten» (Orelli Salomon von), verdeckt teilweise den «Schönenhof» (Schultheß-Wolf Barbara). Nach links im Bild, Richtung Südosten, folgen die Häuser zur «Farb», «Baumvollhof» und am Ende der Häuserzeile der «Sonnenhof» (Escher Johann Caspar) mit Hinterhaus.

leider auch mein Misstrauen in sie, das mir oft unübersteiglich vorkommt, weil so viele Erfahrungen mich betäubend schon zurückgestossen haben von den Besten, die ich kenne.

Den 3ten [Juli, Donnerstag,] war mein Bruder und sein Weibchen in entsetzlichem Wetter, wie ich fürchtete, auf dem Wasser. Entsetzlicher Schrecken, da sie den Lehenmann[52] schickten, erfüllte meine Seele. Und heute welche Ruhe und Erquickung, dass ich anbetend froh bin vor Dir, o Gott, Du Gott meiner Erbarmung und meines Heils.

65 Um 6 Uhr war ich nach einer herrlichen, erquickend schlafvollen Nacht aufgestanden, nahm meinen Kleinen, der so gesund und wohl ist, und der mich wie ein Engel Gottes begrüsste, voll holder Lieblichkeit aus seinem Bettchen, in dem er aufgestanden und «hä hä hä» rufend war, nahm und ankleidete [ihn]. Oh, welche Gefühle durchwallen meine Seele! Wir tranken Tee, [ich] kleidete mich auch an, und nachher tat ich einige häusliche Sachen und las im Buch der Richter bis weit in Samuels Buch. Dann tat ich den Kleinen um 10 Uhr zur Ruhe und las in einem Roman, den ich zurückgeben soll, bis 12 Uhr, da wir speisten und schwatzten, worauf der Kleine schlief, und bis nach 4 Uhr abends schrieb ich mir aus der Insel[53] von Stolberg[54]

66 die schönsten Stellen ab, die seit gestern haftend in meinem Gedächtnis blieben während dem Lesen, ein Buch, das meine Seele erquickte durch die übergoldenen Stellen und praktischen Gedanken und Bilder, mit denen es ausgeschmückt seine Insel darstellt, dass ich auch heute wieder himmlische Wonne empfand und mich freute, Freude daran zu finden, weil mich das Schöne und Gute daran fesselte. Es ist doch lieblich, dass es solche friedliche Menschen hier und dort bisweilen auch noch gibt, die auf andere ihresgleichen vermögen Freude zu giessen. 's Essen, den Kleinen [besorgen], einige Geschäfte, auch an Schinzin zu schreiben, erfüllt den Abend, da es 6 Uhr ist.

67 <u>Freitag, den 23. Heumonat 1788.</u>
Am Abend eines der ruhigsten Tage schrieb ich noch einige Worte ein in diese Blätter. Ruhig verfloss er, in stillen Gefühlen. Erhebung zu Gott [in] einigem stillen Nachdenken über meine Schwangerschaft, in nützlicher Besorgung und Verpflegung meines Kleinen, [mit] stiller, ergebener Arbeit. Angedenken an meine Freunde, Schreiben an Lavater und das Lesen des 12. Noli me Nolle[55], Herausschreiben herrlicher Stellen. Oh, wie viel sanfter überfliesst die Menschheit, wenn man's fühlen kann, wie ich's heute fühlte,

---

[52] «Lehenmann»: Pächter.
[53] Stolberg Friedrich Leopold, Graf zu (1750–1819). 1775 weilten die Brüder Stolberg Friedrich Leopold und Christian (1748–1821) als Weggenossen Goethes u.a. bei Lavater in Zürich.
[54] Stolberg Friedrich Leopold, Graf zu: «Die Insel», Leipzig 1788.
[55] Vgl. 1787, pag. 20.

mit jeder Faser meines Körpers und jedem Funken meines Geistes, gegen-[über] dem, dass ich
so unglücklich bin, durch Unruhe und Leidenschaft zu leiden, wie so viele meiner Mitmenschen. Wie ich litt einige Tage lang, auch unter Unpässlichkeit eines Ausschlags der mich peinigte und den ich jetzt noch habe und mich in etwas quält.

Den 14. und 15. liess ich meinen Kleinen malen durch Herrn Gränicher[56] von Zofingen, was immer – bei aller Unvollkommenheit – dennoch ein liebes Angedenken von ihm ist. Ich liess es in Abwesenheit meines Mannes machen, durch dessen Überraschung ich ihm Freude machte. Der Mühe des Schwatzens und der Geduld vergass ich nicht, nur um den Kleinen im Zimmer, geschweige denn still zu halten. Wie mein Herz, 1000facher Empfindung voll, schlägt
bei ihm, das weiss ich wohl allein, besonders im Gedanken, wenn ich vor ihm sterben sollte, das die grösste Bangigkeit mir macht, wenn ich an meine Niederkunft denke. Gestern und heute vor 8 Tagen [16. Juli] hatt' ich herzliche Unterredungen darüber mit Herrn Chorherr.

Den 18. sah ich Pestalozzi, Meiners[57], Palm[58], Lavater, Veith[59], Rahn, ein Gemisch der Freude des Wiedersehens.

Einige heftige Wetter brachten mich in Erschütterung. Ach, dass Gott uns und die Unsrigen behüten möge vor allem Unglück! Gott, erbarme Dich meiner in jedem Sinn! Amen.

<u>Dienstags, den 29. Heumonat 1788.</u>

Mein 31. Geburtstag. O Gott, welche Empfindungen durchwallen meine Seele bei dem Gedanken! Du hiessest mich werden, mein[en] Geist wecktest Du auf, mein[en] Körper bildetest Du, und durch Dich führte mich 30 vollendete Jahre Deine Vaterhand, so gütig, so weise, dass ich Dir nicht genug danken kann und mich Deiner freuen und Dich anbeten und Dich preisen! Mein Gott, sei Du mein Gott, die Tage meines Lebens, die Du mir noch bestimmt hast! Besonders lass' mich Dich empfinden in den Stunden, da ich gebären soll! Du allein weisst, wie meine Seele sich freut des Kindes in mir, wie dessen,
das ausser mir hüpfend lebt! Oh, wie gross ist Deine Gnade, dass Du mich Mutter werden liessest und mir diese grösste von Dir erbetene Gnade noch erwiesest, auf eine so herrliche Weise, dass ich Dich lebend und sterbend ewig dafür preisen werde! Amen.

---

[56] Gränicher Samuel (1758–1813), Porträtmaler und Kupferstecher in Dresden.
[57] Meiners Christoph (1747–1810), deutscher Philosoph und Psychologe.
[58] Die Schwestern Caroline und Christiane von Palm aus Esslingen in Süddeutschland waren mit dem Lavaterkreis befreundet. Um welches Familienmitglied es sich hier handelt, ist ungewiss.
[59] Veith Johann Wilhelm (1758–1833), Pfarrer in Andelfingen.

Um ½7 stand ich heute auf, ging zum Tee. Nachher betete ich, kleidete mich an, las ein paar Stücke in den Feierstunden der Grazien[60], arbeitete, besuchte Frau Schulthess von 10–12 Uhr, da mir sehr wohl war als Genuss des Herzens. Speiste, war nicht wohl, erhielt und schrieb von Lavater ein Billett, dabei mir ganz wohl war. Darnach verpflegte ich meinen Kleinen, las im Homer[61] den Abschied
72 von Hektor und der Andromache[62] und nachher, da es ½7 ist, schrieb ich hierher.
73, 74 [leer]

75 <u>August 1788.</u>
76 [leer]
77 <u>Sonntag, den 10. August 1788.</u>
Am letzten Sonntag, so wir noch in diesem Hause wohnen, nahm ich mir noch eine stille Stunde, um hier noch einige Zeilen einzuschreiben, in der hinteren gelben Stube, da ich meinen Sohn geboren hatte, und die mir also vor allen andern Zimmern eine feierliche, ja die feierlichste Stätte dieser Erde ist.
Mein Gott, mein Gott, wie viel hast Du mir Gutes hier erwiesen, dass ich anbetend mich vor Dir neige und Dir danke und Dir Lob sage, besonders auch, dass Du die grösste, einzigste Bitte um Kinder mir gewährtest. Ja, Du hast mich und uns mit unendlichem Segen gesegnet. Ach, verlasse uns
78 nicht, sei Du auch mit uns, wo wir hinkommen, wie Du bis hieher mit uns gewesen bist! Und gib mir Gnade und Kraft und Weisheit und Liebe und Deinen Heiligen Geist, dass ich Dir wohlgefällig leben, leiden und sterben möge mit jedem neuen Tage! Ach, wann werd' ich wohl eine Heimat, meine Heimat, finden, da ich nicht mehr aus- und einziehen muss oder werde! Solche Veränderungen machen, dass man sich an keinen Platz der Erde ganz attachieren kann und mir der Gedanke, dass alles sich ändert, vergeht, von unendlicher Nähe [ist]. Mach' mich reif im Glauben zu wandeln, bis ich einzig bei Dir bin, o Gott, Du Gott meines Heils und meiner Erbarmung!
79 Gesundheit verliehest Du mir bis hieher und den Meinigen allen. Besonders auch ging ich glücklich 25 Wochen weit in meiner Schwangerschaft. Ach, stehe mir bei in den Stunden, da ich gebären soll! Gib mir Leben und Freude in meinem zweiten Kinde, wie Du mir's in und durch meinen Erstgeborenen gabst! Ach, wie wird mir sein, leg' ich's an meine Brust, seh'

---

[60] (Anonym): «Feierstunde der Grazien», Bern 1784–1792.
[61] Homer (um 850 a. Chr.), griechischer Dichter.
[62] Homer: Ilias, 22. Gesang. R. v. O.-E. sind vermutlich zwei Übersetzungen zur Verfügung gestanden: Homer, Werke, übersetzt von dem Dichter der Noachide (Bodmer Johann Jakob 1698–1783), 2 Bände, Zürich 1778, und Homers Ilias, verdeutscht durch Stolberg Friedrich Leopold, Graf zu, Augsburg 1780.

ich's auf meinen Armen. Hoffnung, Hoffnung lässt nicht zuschanden werden im Aufblicken zu Gott, der so über Hoffen und Glauben mit den Seinen ist.

Donnerstag, den 21. August 1788.

An stillem Abend nahm ich auch einige ruhige Momente im neuen Hause[63] (Abb. S.123) für einige Worte einzuschreiben, nachdem ich glücklich und gesund hier eingezogen war, dass ich Gott, Dir, mein Vater, für Deine Erbarmung nicht genug danken kann und Deinen Segen, den Du mir geschenkt hast über diese wichtigen Geschäfte, die ich alle anordnen und betreiben konnte, wenn schon aus Schonung für meine Umstände nicht selbst verrichten [mochte]. So konnte ich mich nicht genugsam freuen über alles, was sich gegeben hatte. Alles brachte ich nun wieder in Ordnung und richtete alles so gut und bequem ein, als ich es für uns und unsere Wohnung gut fand. Unendliche Ermüdungen erlitt ich und moralische Bangigkeiten auch, besonders seit 3 Tagen und heute, da ich einige Spuren von Geblüt in meinem Hemde fand. Mache es mit mir, o Gott, wie Du es willst. Nur bitte ich Dich um Erbarmung im Leben oder Sterben, um Jesus Christus willen! Denn ich fürchte mich vor den Stunden, in welchen ich gebären soll. Aber von Dir, o mein Gott, fürchte ich mir nichts, denn in Dir lebe ich, und in Dir sterbe ich. Dein bin ich tot und lebendig!

Lieber, Geliebtester, mein Orell, findest Du diese Worte einst, wenn ich nicht mehr sein sollte, so nimm ein einziges Lebewohl von deiner dich so zärtlich liebenden Gattin, mit der Bitte, dass du meinem Kleinen Vater sein möchtest, in unendlicher Liebe und kraft dieses Wortes im ganzen Sinn ihn, den Liebling meines Herzens, an Leib und Seele kraft deines Vermögens zu erziehen

und ihm meinen ewigen Segen durch deine Lippen aufzudrücken, wenn ich sterben sollte!

Herbstmonat 1788.

[leer]

Sonntag, den 18., morgens 9 Uhr.

Eine einsame Stunde bringt mich ruhig hieher, nachdem wieder so viele Tage und Stunden verflossen, seit ich einiges hier einschrieb, und die so viel Wichtiges in sich schliessen, das vor Dir, o Gott, allein offenbar ist und nun gerührt mich hat, wie noch nichts in diesem Jahr!

Einiges Leiden unter uns Eheleuten, das mir diese Wunde in mein Herz schlug, die sich vielleicht Jahre lang nicht heilt.

---

[63] Regula und David von Orelli konnten in das Hinterhaus des Sonnenhofs (Stadelhoferstr. 12, abgerissen) bei Rittmeister Escher umziehen, vgl. « Erzählung an die zwei Knaben »: «1788, Herbstmonat, mussten wir ins hintere Haus ziehen.» ZB, FA von Orelli, Or 11.5.

Tausend Beängstigungen für meine Umstände auf die Zeit, da ich gebären soll und meines immer fortdauernden Nie-Wohlbefindens sich [darauf] gründet, dass mir immer körperliches Elend vor Augen schwebt [und ich] oft den Tod mir als Erlösung wünsche aus diesem Leben.

86 Doch was sind diese Leiden gegen die Freuden, die ich geniesse, besonders in meinem kleinen Sohn, der läuft. O Gott, welch eine Seligkeit und welch ein Glück, dass Du mich dieses noch erleben liessest, ehe ich niedergekommen bin. Süsses, herrliches Gefühl, das dankbar meine Seele erhebt, wenn er daher kommt und durch seinen Ausdruck mich gleichsam wie ein Engel erquickt, dass meine Tränen ihn netzen und meine Seele ihn segnen kann. O Gott, wie oft und wie sehnlichst wünschte ich's! Ach, lass' die Glaubenskraft nicht von mir weichen, dass Du mich ferner segnen werdest und die Bitten nach Deinem Willen von Dir erhalten werde, die ich kindlich einfältig oft vor Dir tue! Erquicke Du mich, die Welt um mich vermag es nicht!

87 Die Freuden der Freundschaft, die ich durch Lavater, Rahn, Doktor Lavater, Schulthess genoss und meiner Schwester erquickten mich oft innigst, auch einige höhere Lektüre und eine kabinettische[64] Auswahl von Zeichnungen, die mir Lavater sendete, die mich aber freilich die Ermattung meines Körpers nicht geniessen lässt, wie ich sie geniessen könnte, wenn ich gesund wäre.

Der Austritt[65] von Herrn Rittmeister[66], den 22. Herbstmonat, und meine Mitempfindung des Elends und Leidens für seine Frau und Kinder tat mir unendlich wehe. Die Auftritte alle zerschnitten mein Herz, wie noch kein Leiden, das so nahe um mich geschah, dass es die Tage meines Lebens auf mich wirken wird, wenn ich ihrer gedenke.

88–90 [leer]

91 <u>Weinmonat 1788.</u>
92 [leer]
93 <u>Dienstag, den 7. Oktober 88.</u>

Bisweilen ein Wort niederzuschreiben von meinem Leben ist ein Bedürfnis. Wenn's auch noch das seltenste ist, so ist's doch immer wichtig und in einer Epoche wie [es] diejenige ist, in der ich bin, [ist's] mir doppelt heilig.

Mein Dankgefühl kann ich, o Gott, nicht genug mit Worten niederschreiben – das meine Seele durchwallt, wenn ich meinen Kleinen sehe, seine Entwicklung empfinde und wahrnehme und mich der Merkmale derselben innigst freue! Oh, dass Du ihn mir gabst als den einzigsten, höchsten Wunsch meines Lebens! Wie glücklich fühle ich mich in Demut vor Dir!

---

[64] «kabinettisch»: Im Zusammenhang mit Lavaters Kunstkabinett zu verstehen, «kabinettwürdig, kabinettähnlich».
[65] Vgl. 1787, pag. 139.
[66] Vgl. 1786, pag. 4 und 1787, pag. 139.

Aber auch der Gedanke, bei meiner Entbindung von ihm geschieden zu werden, der ist ein Leiden über alle Leiden und mir oft so gegenwärtig und so nahe, dass Du ihn, o Gott, mir verzeihen musst in meiner Schwachheit. Es ist Torheit mich zu ängstigen, denn ich bin in
94 Deiner Hand. Aber Naturempfindung bei den immer zunehmenden Beschwerden, die die Ausdehnung und Schwere meines Körpers mir verursachen, dass ich in meiner Schwachheit sie kaum zu tragen vermag und doch Deine Güte dafür preise, dass Du sie so erträglich machst mit jedem neuen Tag, der kommt!

Der Austritt von Herrn Rittmeister Escher, den 21.[67] September 88, ist mir immer noch neu durch tägliche Erinnerungen, die um uns vorgehen und [ist] ja die Handelnsart von ihm nie zu entschuldigen, weder menschlich noch moralisch. Wie er die Seinen und so viele Arme unglücklich machte! Nie wird je diese Begebenheit mir aus dem Sinn kommen, und wie meine Seele gerührt war vom Mitleiden und Liebe, und dem Unvermögen, helfen zu können.

Sanfte Freuden der Freundschaft durchwallen meine Seele bisweilen bei dem Wiedersehen meiner Geliebten, die ihnen Gott belohne, dass
95 sie mich besuchen und erquicken. Häusliche Sorgen erdrücken oft meine Seele beinahe und ein oftmaliges Misstrauen [quält] mich oft zu Tode, dessen ich mich nicht frei machen kann.

Auch liegt mir über alles die Bildung meines Kleinen am Herzen, ihn zur Tugend und Rechtschaffenheit zu bilden, damit er einst selbständig, edel und gut handeln möge, und [ich] erzittere oft vor dem Gedanken, wie ich ihn führen könne. Ich weiss wohl, dass es Dein Werk ist, o Gott, aber Du liessest mich doch Mutter werden und lässest ihn durch mich führen, wenigstens dasjenige, was ich als Deine Magd zu tun vermag. Oh, gib Du mir Weisheit und Verstand dazu – um Deiner Erbarmung willen – und Kräfte, dass ich es tun kann. Um dieses Werks willen bitte ich Dich allein, mir mein Leben noch zu fristen, um seinetwillen und um meines Kindes willen, das unter meinem Herzen lebt.

96 Ach, welch ein Gefühl, welch eine Erschütterung, die die Gebeine und das Mark durchschneidet und die Seele durchdringt bis auf das Innerste.

Arbeiten ist meine Lust, Lesen meine Freude in freien Stunden.

Sanftes Gefühl durchging meine Seele bei einem Spaziergang, in Betrachtung der Herbstgegenden. Wie meine Seele ehedem glücklich war, wenn ein früher Abend geliebte Freunde an unsere Türe brachte, die die Seele erquickten durch ihr liebendes Wesen! Oh, der alten Zeit Erinnerung ist auch süss, die vergangene Zeit oft eine stärkende Erinnerung den kommenden und gegenwärtigen [Zeiten]!

---

[67] Die Inkongruenz der Tagesdaten, vgl. oben, mag durch die Diskrepanz zwischen Ereignis und Nachricht bedingt sein.

97 Den 18., samstags, Mittag.
So lange nicht ein Wort von dem Gang meines Lebens, meiner Empfindungen in dieser so wichtigen Epoche meines Daseins, da jeder Augenblick so wichtig ist, ehe mein Ziel sich endet, da ich gebären soll, vielleicht da ich sterben soll. Ach Gott, mache es, wie Du es willst! Dir anbefehle ich Leib und Seele und meines Kindes Leib und Seele in mir, um Jesus Christus willen! Amen.

Vieles Nichtwohlbefinden schliesst sich aneinander an, das ich oft nach meinem hitzigen Temperament mit Ungeduld noch schlimmer mache, oft nur meine Unschuld fühle, weil ich zu vielem gereizt werde, das Zorn und Missmut in mir erweckt, dass ich auch oft nicht handle, wie ich handeln möchte.

98 Entsetzliche, bange Nächte macht mir die Empfindung einer schiefen Lage meines Kindes, die ich mir nicht ausreden lasse, [und] oft das Schlimmste besorge für mein Kind und mich. Doch kann ich es leicht tragen in Gedanken an Gott, der alles gut macht – und es auch kommen mag wie es will – [was] gewiss das Beste für mich ist, obschon ich mich beinahe nicht dem Gedanken überlassen kann zu sterben, indem ich meinen Sohn verlassen müsste, das mein Herz mir brechen macht. Ach Gott, und doch Du, nicht ich, führten ihn zu gutem Ziele. Dir überlasse ich ihn mit Ergebung!

Lavater schrieb mir zweimal von seiner Reise, speiste mit uns, erzählte das Missverständnis von der Fürstin[68] und legte mir ein Billett in die Hand, dass er sich allen Genusses

99 der Freundschaft entziehe um [des] Leidens willen. Mir ist's etwas hart seit gestern, weil ich mich gebunden sehe am Ende dieser Epoche meines Lebens.

Briefe schrieb ich an Tobler und die Bürkli[69], erhielt von der Rittmeister Escherin[70] ein natürliches, herzliches Billett, das ich gebundenheitshalber noch nie beantwortete. Ach, wie viel Leiden dieser Erden!

Sehr viele Arbeit geht mit Lust mir aus der Hand, besonders für meinen Mann und meinen Knaben.

Viel häusliche Sorgen und Verdriesslichkeiten machen mich unendlich leiden.

---

[68] Luise Henriette, Fürstin von Anhalt-Dessau (1750–1811), Tochter des Markgrafen von Brandenburg, Gattin des Fürsten Leopold Friedrich Franz von Anhalt-Dessau. Mit der ursprünglich feurigen Anhängerin und Besucherin (1781/82) Lavaters kam es unter dem Einfluss einer intriganten Hofdame 1786 zum Zerwürfnis, wobei Barbara Schulthess zu vermitteln versuchte.

[69] Bürkli-Gossweiler Anna Dorothea (1758–1830), vgl. 1787, pag. 139, Gattin des Bürkli Hans Conrad (1753–1805), Kfm. im Tiefenhof. Dieser machte 1787 fallit und starb in Baden. Die Gattin blieb vermutl. in Zürich. Haus zum Tiefenhof (heute Tiefenhöfe 13), am Paradeplatz.

[70] Escher-Keller Anna (1756–1836), vgl. 1786, pag. 4.

Tagebuch 1788 131

Die Unglücke[71] von Herrn von Orelli[72] auf dem Ray[73] und Herrn Direktor Nüscheler[74] betrübten mich innigst.

100 Nun habe ich noch fünf Wochen zu erfüllen, so wird Gott mich seine Macht empfinden lassen, sei es auch früher. O Gott, welch eine Erleichterung wäre es mir, um Jesus Christus willen! Amen.
Nicht einmal auf mein Absterben hab' ich an jemanden meiner Freunde geschrieben, gedenke es noch zu tun.   4 Uhr.

101   Freitags, den 24. [Oktober]
O Gott, der Gott der Tage meines Lebens. Noch auch hier wieder von Leiden und Freuden meines Daseins ein Wort. Unaussprechliche Leiden der Reizungen über eine Menge kleines und grosses Sagen durchströmen meine Seele, von meinem Mann her. Das Leiden ist, wie ich noch nie litt. Auch körperliche Leiden, Bangigkeiten ersticken mich oft beinahe. Beim Nachdenken wünsch' ich aus Überdruss oft, sterbend zu sein. Nur meinen Kleinen zu lassen, das, das allein hab' ich noch nicht überwinden können und werde es auch nicht über mich vermögen, dann allein im Glauben an Christum und an Gott, denn das Herz ist auch gar ein süsser, unaussprechlicher Herzensengel, an Kopf und Herz.
Lavaters Leiden[75] wird mir jeden Tag schwerer.   3 Uhr, mittags.

102   Sonntag, den 26. [Oktober]
Ich hatte vom Drücken auf den Magen und von Blähungen eine schmerzensvolle Nacht, trank den Tee im Bett und staunte Ernsthaftes und Leichtes

---

[71] «Unglücke»: in diesem Zusammenhang das Fallieren von Orellis und die Implikationen für den Schwiegervater Nüscheler.
[72] Orelli Matthias von (1756–1797), verh. 1776 mit Anna Margaretha Nüscheler (1755–1826), Kfm. «auf dem Ray» (vgl. folgende Fussnote), Sohn des Beat von Orelli (1721–1780) und der Nüscheler Ursula. Matthias v. Orelli war 1785 mit einer Einlage von 750 Gulden ein Mitbegründer des von Orelli'schen Familienfonds. Er fallierte 1788 im Zusammenhang mit dem Konkurs des Grosskaufmanns Escher Johann Caspar im Stadelhofen (Debitorenliste vom 2.5.1789: «Herr Orell und Sohn: 3989 Gulden).1789 figuriert er nicht mehr auf der Debitorenliste des Fonds, eine entsprechende Abbuchung ist aber nicht vorhanden. Matthias von Orelli verzog nach Bischofszell, wo er starb. Vgl. 1788, pag. 87. Das zweifelhafte Geschäftsgebaren Orellis findet auch in den Protokollen des von Orelli'schen Familienfonds seinen Ausdruck. FA von Orelli, Protokollbuch Orelli 1.1.
[73] «Ray»: entsprechend Rain. Heute Rennweg, Strasse im linksufrigen Stadtzentrum.
[74] Nüscheler Matthias (1752–1812), Kaufmann beim unteren Hauenstein, Gutsbesitzer am Eggbühl, 1771 verh. mit Schulthess Dorothea († 1781). Sohn des Nüscheler Johann Felix (1725–1799), Kaufmann und Direktor im Magazinhof, verh. 1747 mit Schaufelberger Anna Dorothea, bedeutender Wohltäter, erhielt die goldene Verdienstmedaille der Stadt Zürich. Das «Unglück» bezieht sich auf das Falliment seines Sohns. Er resignierte 1795 alle Stellen (möglicherweise im Zusammenhang mit dem Escher'schen Finanzskandal). Ein älterer Sohn, Nüscheler Felix (1748–1788), war verheiratet mit Usteri Anna Magdalena (1750–1804), Tochter des Usteri Johann Martin aus dem Neuenhof und damit verschwägert mit Orelli Hans Caspar, a. Landvogt.
[75] Lavater litt an einer Lungentuberkulose.

durcheinander. Gegen 9 Uhr stand ich auf, kleidete mich ordentlich an und war in ruhiger, untätiger, unbestimmter Gemütsverfassung bis 11 Uhr, da wir speisten, und bis nach dem Essen, einige Ängstlichkeiten ausgenommen, es möchte meinem Kleinen etwas der Gesundheit halber fehlen, weil er mir blass schien. Nachher las ich in Büschings[76] Sammlungen[77] der besten Reisebeschreibungen, Hanways[78] Reisen[79] durch Russland [und] Holland, bei denen mir sehr wohl war, die Merkwürdigkeiten der Länder und Städte zu betrachten, die mir zum Teil schon aus andern Büchern auch bekannt waren. Die Hoffnung, vielleicht komme Herr Chorherr,

103 erhebte mein Herz bisweilen sanft, aber er kam wieder nicht. Meine Ruhe war nicht gestört, weil ich mir gegen ihn nichts bewusst bin, warum er zürnen sollte, obschon ich's vermute, wie er auf mein Heut-vor-achttägiges nichts antwortete, [und] auch selbst nie [ge]kommen war. Bruder kam eine Weile vorbei, von seiner Frau, von Stadtbegebenheiten die Rede. Nachher las ich noch in meinem Buche fort und nun schrieb ich noch [bis] hieher. Auch las ich eine kleine Schrift, die Lavater[80] mir zusendete: Heinrich der IVte[81] und d'Aubigné[82]. [Ich] befand mich frei, doch immer mit Blähung und Krämpfen gedrückt, ausgemacht bei mir selbst, alles Mögliche zu tun. Nur von meinem Kleinen kann ich nicht scheiden. O Gott, welch ein Gefühl in seiner Liebe, in seinem Herzen. Siehe Deine Magd mit Erbarmen an! Amen.

104   [leer]

105   Wintermonat 1788.
106   [leer]
107   Wintermonat 1788. Dienstagabend, den 4ten.
So habe ich denn, o Allmächtiger, durch Deine Gnade auch noch den letzten Monat meiner Rechnung glücklich angefangen. Oh, wie gross ist Deine Güte! Sollt' ich sie nicht geniessen und Dich anbeten von ganzem Herzen?! Du weisst, wie ich jetzt empfinde, mehr als ich es zu sagen vermag. Amen.

---

[76] Büsching Anton Friedrich (1724-1793), Geograph und Reiseschriftsteller.
[77] Büsching Anton Friedrich: «Neue Erdbeschreibung», Hamburg 1754 und spätere Auflagen Halle 1767-1788.
[78] Hanway Jonas (1712-1786), englischer Reiseschriftsteller und Philantrop.
[79] Hanway Jonas: «Beschreibung seiner Reisen von London durch Russland und Persien in den Jahren 1742-1750», 2 Teile, aus d. Englischen, Hamburg und Leipzig 1754. Titel des Originals: «An historical account of the british trade over the Caspian Sea with a Journal of travels from London through Russia into Persia and back again through Russia and Holland», London 1753.
[80] Lavater Johann Caspar: «Heinrich IV. und d'Aubigné». Autograph, Lav. Ms. 97, 13.
[81] Heinrich IV. (1553-1610), König von Frankreich.
[82] Aubigné Théodore Agrippe d' (1552-1630), Calvinist, frz. Schriftsteller unter Henri IV., Verfasser einer «Histoire universelle», 3 Bde., Genf 1626.

108	Heute war ich vor 6 Uhr aufgestanden, weil mein Mann nach Wädenswil ging, seine Mama[83] dort abzuholen. Bis nach 7 Uhr war's Dejeunieren und Geschwätz, nachher betete ich, schrieb unser Ausgabenbuch noch bis anfangs des Monats, und nachher unser Verzeichnis von unsern Taufpaten auf den Gutjahrrodel auf das künftige Neujahr. Dieses alles nahm den Morgen hin, in Ruh' und in dem Gefühle des Nützlichen dieses Geschäftes, weil ich es vielleicht nicht hätte tun können vor meinem Kindbett mehr. Auch schrieb ich an Frau Escher wegen einer Magd für die Schulthess. Noch kleidete ich mich an, 's Essen, und nachher genoss ich mit Himmelswonne mütterliche Freuden in meinem Kleinen, und arbeitete ununterbrochen bis nach 7 Uhr abends für ihn, und war dabei so vergnügt und ruhig, als ich lange keinen Tag hinbrachte, auch ruhig in der Hoffnung meiner Niederkunft. Ach Gott, erbarm' Dich meiner und meines Kindes in mir! Nach 7 Uhr, da ich [bis] hieher schrieb, überraschte mich Hans Caspar noch, und nun befehle ich, Vater, im Namen Jesu Christi, mich Dir in Deine Hände und die Meinigen alle!
109, 109a	[leer]

109b	Christmonat 1788.
110	[leer]
111	Donnerstag, den 10. Christmonat, 1788.

Voll innigem Gefühle von Dank und Anbetung eile ich hin, einige Worte von meinem Sein wieder hier niederzuschreiben, in diese mir geheiligten Blätter, nach einer so wichtigen Epoche meines Lebens, die Du mich, o Gott, so glücklich überstehen liessest und mir so durchgeholfen hattest auf eine so herrliche Weise und mir einen so herrlichen Knaben geschenkt hast! Dir sei Dank und Ehre und Anbetung ewiglich! Amen.

Donnerstags, den 6. Wintermonat, wurde ich um 1 Uhr des Nachts von Wehen überfallen, sagte es meinem neben mir schlafenden Mann beim Aufwecken, der mir es ausredete. [Ich] nahm von ihm Abschied und trieb es gelassen und ruhig bis um 6 Uhr des Morgens fort, da ich an Herrn Chorherr schrieb, bittend, er möchte zu mir kommen. Legte mich sauber an, herzte meinen Knaben und segnete ihn. O Gott, welch eine

112	Empfindung! [Es] machte Anstalt, [wie] wenn ich niederkommen würde. Setzte mich angst- und furcht- und schmerzenvoll in meine Stube und harrte, wie es kommen würde mit einigen abwechselnden Empfindungen. Um ½9 Uhr kam Herr Chorherr. Da er mich sah, sagte ich ihm, mein Kind sei in gleich hoher Lage und mein Körper durch Wehen und Angst voller Jast[84], dass ich meine Niederkunft erwarte, da er mir einen Aderlass anratete, und

---

[83] Orelli-von Wyss Dorothea von (1714–1789), verm. 1738 mit Orelli Hans Conrad von, vormaliger Landvogt, Schwiegermutter der R. v. O.-E.
[84] «Jast»: Fieberhitze, Gemütsaufregung, heftige Anwandlung einer Leidenschaft.

dass ich Herrn Gerichtsherr Wieser sollte dazu rufen lassen und ihm meine Umstände sagen, was ich tat, einsam traurig da sass, [worauf] er etwa in einer Stunde kam. Da sagte er mir, wenn er meine Umstände gefunden, dass ich arbeiten[85] könne, so öffne er mir keine Ader, sei [es] aber eine unrechte Lage, so tue er's dann. Und nun, da er mich befühlte, sagte er mir, er wolle eine Ader lassen, was mich nur noch mehr in Furcht und Angst versetzte, auch dass es sich zu einer Geburt anlassen werde. Da ich allein war, legte ich mich zur Erholung auf mein Bett. Gegen 11 Uhr stand ich auf, ging zum Essen, und da ich Suppe und etwas Wirz gegessen hatte, sprang mir das

Wasser, was mich in eine entsetzliche Furcht versetzte, dass ich überlaut schreien musste, und welches[86] in so grosser Menge von mir floss, dass die ganze Stube benetzt wurde. Ich trocknete mich, ging in mein Bett und liess Herrn Gerichtsherr, Herrn Chorherr, Frau Schweizer[87] [und] Frau Ott zu mir rufen, die alle schnell hereilten und mich aus dem Bett nahmen, ich willig, aber mit entsetzlicher Angst, mich in die Stube setzte und Herr Gerichtsherr Wieser die Operation unaussprechlich glücklich und sorgfältig und geschwind machte. Die Arbeit mir aber fauler[88] war als bei meinem ersten Knaben, weil dieser zweifach kam und einen solchen Widerstand hatte, dass er[89] vor mir aufstehen und reissen musste, auch selbst mein Gefühl entsetzlicher war, als dass ich es beschreiben konnte, von Schmerzen und Angst. Aber auch wie war es mir, da Du, o Gott, mich entbunden hattest mit einem so herrlichen Knaben[90], der Töne des Lebens von sich gab, ehe er von mir gehört war, ihn sehen konnte und mich seiner freute, wie ich mich freuen konnte, gesund und über allen Worten glücklich in mein Bett kam,

schnell besser war, als dass ich jetzt nur schreibe und den ganzen Abend mich mit meinen Geliebten freuen konnte. O Du Herr des Lebens, wie fühle ich Deine Macht und Deine Gnade und Deine Güte! Lass' das Gefühl davon nie mehr in mir ersterben, sondern ewig mit lebendigen Buchstaben in meiner Seele bleiben, auf alle meine künftigen Schicksale dieses Lebens [hinaus]! Oh, welche Gefühle durchdrangen meine Seele, von Freude und Dank und Anbetung.

---

[85] «Arbeiten»: Vermutlich im Sinne von Wehen verarbeiten (vgl. das englische «labour»).
[86] Gemeint ist das Fruchtwasser.
[87] Vgl. 1786, pag. 81.
[88] Schlechtere Wehen.
[89] Der Geburtshelfer.
[90] Orelli Hans Conrad von (7. Nov. 1788–10. Juli 1854). Die Taufe fand am 8. November im Grossmünster statt. Taufpaten waren Orelli Hans Caspar von, a. Landvogt, und Ott-Escher Elisabeth. Hans Conrad wurde VDM, nach Aufenthalt in Neuenburg und Aarau 1812 Diakon in Turbenthal, später Professor an der Kantonsschule und Industrieschule. 1822 verh. mit Breitinger Barbara (1792–1875).

Gerade mit dem dritten Tage wurde mir das Glück zuteil, meinen Knaben an meine Brust zu legen und ihn saugen zu lassen. Auch genossen er und ich die vollkommenste, ununterbrochenste Gesundheit bis auf diese Stunde, da es heute schon fünf Wochen wurde, [und ich] keine Schmerzen und nichts zu leiden hatte.

Am siebten Tage hatte ich – und einige künftige [Tage] – Verdruss ob der Euphrosine[91], dass ich innerlich
mehr litt und beinahe melancholisch wurde, auf eine schreckliche Weise. Ehe es 4 Wochen wurde, war Casperli von Kinderwehen[92] und Fieber überfallen – auch unsere Magd – dass ich Schrecken hatte, ganz entsetzliche, die aber, gottlob, auf meine Gesundheit keinen Einfluss hatten, sonst aber wohl, [indem] das herrliche Gefühl meines Glücks [sich] in Traurigkeit verkehrte, dass ich mich aufregte, alles Mögliche zu tun und zu tragen [mich bemühte], auch bis jetzt keine Besuche annehmen konnte, und weder durch Lesen noch durch Arbeiten mich aufmuntern konnte, auch durch[93] häuslichen Kummer beinahe zu Tod leide. Welch ein Wechsel, o Gott, nur durch Deinen Beistand erträglich und zu überwinden möglich! Stehe mir bei, um Jesu Christo willen! Amen. $^1/_2$6 Uhr abends.

Donnerstag, den 18. Dezember 88.

Auch noch an einem stillen Abend einige Worte hieher. Oh, welch ein Gefühl des Lebens durchstrahlt meine Seele, wenn ich diese Blätter in meine Hände nehme! Wie viel schliessen sie in sich, wie viel nur ein Tag, Gutes und Böses! O Herr, Du meines Lebens Anfang und Schutz!
Einige harte Stösse[94] mit meinem Geliebten machten mich unendlich leiden, Du allein kennst mich und ihn![95]
Sonntags [14. Dezember] schon ging Frau Pfarrer, meine Vorgängerin[96], fort, da ich dann meinen Kleinen allein übernahm, die Stube wechselte um der Wärme willen, und nun mit Mut und Hoffnung auf Gott ihn pflege, so gut ich es kann. Oh, gib mir Deinen Segen, o Gott!
Welche Gefühle durchwallen meine Seele, wenn ich ihn aufwinde[97] und seine Zartheit fühle und mich fürchte, ihn anzurühren. O Du Schaffer[98] und Erhalter, behüte und segne ihn!

---

[91] «Euphrosine»: Dienstmagd.
[92] «Wehen», «Wehli»: Krampfartige Zustände, auch Koliken, Gichter, z. B. bei Fieberanstieg, gelegentlich mit Bewusstseinstrübungen.
[93] Die folgenden 2 Worte in Geheimschrift.
[94] «Stösse»: Zusammenstösse, Erschütterungen, Streitigkeiten.
[95] «Geliebten» und «ihn» in Geheimschrift.
[96] Wochenpflegerin, vgl. 1786, pag. 74
[97] «aufwinden»: aus den Binden wickeln. Nach damaliger Sitte war das Kind straff eingewickelt.
[98] «Schaffer»: Schöpfer.

Heute schrieb ich an Frau Landvögtin[99], an Frau Rittmeister, an Herrn Gerichtsherr[100], versendete und verfertigte die Gutjahr[en][101].
Dienstags [16. Dezember] sah ich Lavater bei uns zum Nachtessen. Oh, wie glücklich fühl' ich mich in seiner Freundschaft!

118 <u>Silvester 1788, abends ¹/₂6 Uhr.</u>
Auch noch am letzten Tag dieses mir so wichtigen Jahres schreib' ich einige Zeilen ein, an stillem Abend, der mir feierlich ist – und was wohl dann? Das [ist], womit meine Seele beschäftigt ist, mit Nachdenken und mit Empfindung alles dessen, was ich Gutes genoss, gelitten, getan und mich versündigt habe. Dieses alles treibt mich zu Gott hin, ihn anzubeten und [ihm] zu danken für die unaussprechlichen Beweise seiner Gnade und seiner Erbarmung gegen mich und die Meinigen. Oh, wie viel, viel hast Du mir nicht gegeben, und mir meine Seele und mein Herz von der Erde gezogen, und mein Dasein ausgestattet durch

119 den Beweis dieser Gütigkeit, dass Du mich so väterlich und gnädig behütet und bewahrt und erfreut hast in meiner Schwangerschaft und in meiner Genesung! Oh, welche Beweise Deiner Huld, die mich stärken auf die Pfade meines Lebens, das mit Leiden, die Du kennst, erfüllt ist. Du willst es, dass ich leide, ich kann sie nicht verändern! Nur bitte ich Dich um Kraft und Weisheit, sie zu tragen, damit ich durch sie geneigt nach Deinem Wohlgefallen weitereilen möge. Meinen Ernst und – wie schwer es mir wird, das weisst Du – mein[en] Mann und meine Kinder zu befriedigen durch liebevolle, tätige Wirksamkeit gegen sie, in jedem Sinn! Lenke meine Seele zu fester Tugend, mich ihnen hingebend zu opfern. Du weisst, wie ich es meine. Ich hoffe auf Deine Hilfe,

120 o Du Herr, mein Gott, durch Jesum Christum, auf den ich lebend und sterbend mich mit Zuversicht tröste!
Diese letzten Tage vollbrachte ich meistens noch mit Schreiben an meine Freunde, an L.[avater], T.[obler], W.[irz], St.[Stolz], D[oktor] L.[avater], nebst der Besorgung meiner Kinder, die tags und nachts mein Erstes und Letztes sind. O Gott, was liegt einer Mutter ob! Welche immer fortdauernde, nie aufhörende Sorgen und Pflichten! Gib mir Mut und Kraft, sie getreu und ganz zu erfüllen.
Verzeihe mir alles, ja, verzeihe mir, um Jesus Christus willen, alles, womit ich mich versündigt habe, das unendlich sich zusammenhäuft in allem meinem Tun und Lassen, dass ich beschämt vor Dir mich beuge und Dich um Vergebung bitte! Amen.

121 Unendliche Freuden genoss ich in meinen Kindern, o Herr, Du mein Gott! Wie reichlich teilst Du Deine Güte aus gegen mich! Mein älterer Knabe ist

---

[99] Schwiegermutter, von Orelli-von Wyss Dorothea, vgl. 1786, pag. 9 und 1788, pag. 107.
[100] Wieser Johann Ludwig, Gerichtsherr, Geburtshelfer, vgl. 1787, pag. 51.
[101] Weihnachts- bzw. Neujahrsgeschenke.

Tagebuch 1788

ein Sohn der Hoffnung und ein Kind der Freude. Behüte ihn, stärke ihn, sei Du bei ihm durch Deines Geistes Kraft und gib ihm Weisheit und Verstand, das Gute zu erkennen und zu tun, um Deiner unendlichen Erbarmung willen. Ach, lass mich mich auch so glücklich fühlen und werden in meinem zweiten!
Und nun, o Gott, anbefehle ich Dir Leib und Seele in Deine Hände und nenne Dich [ab]schliessend: Mein Gott und mein Vater durch Jesum Christum! Amen.

[1791, pag. 249][102]
Ich kann mich nicht enthalten, ihnen, M.[ein] T.[eurer] Fr.[eund], etwas von dem Eindruck zu schreiben, den das erste Lesen des zweiten Teil des R.[evisions] w.[erks][103] auf mich machte, von dem Vergnügen und den Empfindungen, die ich dabei empfunden. Erstens fand ich für ein Bedürfnis meines Herzens[104], nach dem ich strebte, Anleitung zu vernünftigem Denken. Auch sah ich dieses als den Zweck des ganzen Buches an, auf die Erziehung eines Kindes, mehr als auf die pünktliche Befolgung desselben. Mich freute es innigst, mir ein Ideal von einem Menschen zu bilden, von Gesundheit der Seele und des Körpers, das sicher mit jeder Vollkommenheit geschmückt wäre und herauskommen würde nach der Anleitung dieses Buches. Auch macht es traurig, da ich es fahren lassen musste, indem ich mich mit noch mancher Mutter werde trösten müssen und mich begnügen mit einem minder vollkommenen Menschen.
Zweitens erstaune ich über die Tiefe der Menschenkenntnis, die ich in demselben fand, geistiger- und körperlicherweise betrachtet, und war in dem Gedanken befestigt, es so vielmal wieder zu lesen, bis dass ich hierüber Licht in meine Seele bekäme, denn ich scheue mich nicht, ihnen zu gestehen, dass ich nicht alles verstanden [habe], aber ernstlich strebe, mit aller Lernbegierde mehreres davon zu begreifen, obschon ich oft flüchtig
[1791, pag. 250]
bei vielem vorbeieile. So kann ich sicher auch [bei] etwas, das mein Herz und meine Seele interessiert, still stehen und forschen, bis ich etwas Wesentliches erlernt habe. Eine Überzeugung von B.[105] ist die Wichtigkeit alles dessen, was ein Kind umgibt und die Stärkung in meinem Falle, alles Mögliche zu tun, weil ich einsehe, was nach der Leitung eines Kindes entsteht und entstehen kann und am Ende herauskommt. Diese Entscheidung erschütterte mein Innerstes, was ich zu tun habe und wie ich es anfangen

---
[102] Das Folgende ist auf einem anderen Papierformat niedergeschrieben und liegt dem Jahrgang 1791 bei. Es handelt sich um einen Briefentwurf (-kopie) an den Chorherrn Rahn Johann Heinrich, vgl. 1788, pagg. 16 und 25.
[103] Vgl. 1788. pag 16.
[104] Originaltext: «...für ein Bedürfnis meines Herzensbefindung»
[105] Brechter Johann Jakob, vgl. 1788, pag. 25.

könnte, dass mein Streben, einen oder mehrere tugendhafte, weise, rechtschaffene Menschen bilden zu helfen, genug werde. So äusserst schwer es mir scheint, so sehe ich doch als etwas Tröstendes, dass sich vieles gibt und mehreres gibt, als man hoffen und glauben konnte, nur so weit als ich mit unserm Jährigen schon erfahren habe. Und auch in die Folge wird es weitergehen. Meine Lage wird auch sicher vieles tun können in der Hoffnung, dass der da zitierte Vorteil meiner Gegenwart vieles bewirken könne, das mancher anderen Mutter unmöglich wäre, obschon ich mich genau kenne, dass ich mit Fehlern immer zu kämpfen habe und nie so gut bin, als ich es wünschte zu sein. Und nun etwas, lieber T.[eurer]: Sie denken wohl noch ehe sie mit Lesen bis hieher gekommen, dass ich etwas mit diesem von ihnen bitten werde oder bitten wolle. Und was ich mir von ihnen nun erbitte, ist, dass sie mir einige Gedanken geben möchten,

[1791, pag. 251]

die meinen ganz über diesen Punkt leiten möchten, dass ich mit Festigkeit weitergehen könnte. Ich hoffe eben, sie verstehen mich und glauben mich – nachdem wie ich sie in ihrer Lage denke – nicht indiskret, dass ich in meine Erwartung etwas Unmögliches setze. Tun sie's mit der besten Gelegenheit, wann und wie sie es wollen. Ich hoffe, sie kennen mein Herz und den Ernst, der alles begleitet, was ich tue seit ich so glücklich bin, Mutter zu sein, und verzeihen meiner genommenen Freiheit.

1789

[eingelegter Zettel:]   Regelis[1] Geburt.
Absterben der Frau Mutter[2] beim Tannenberg[3].
<u>Wahl nach Wädenswil[4]. Leiden.</u>

1   <u>1789</u>
2   [leer]
3   <u>Januar 1789.</u>
4   Eins nur, immer nur Eins: Gott werde lebendiger Gott uns!   <u>Lavater.</u>
5   <u>Den 2ten, freitags.</u>

So fange ich denn, o Gott, Du mein Vater und mein Erbarmer, wiederum ein neues Jahr an, durch Deine Güte. Welch ein Gedanken, der meine Seele erhebt und mich stärkt, im Glauben und Liebe und Hoffnung weiter zu gehen, in Deinem Namen durch all' d[as], [w]as meiner zu erwarten steht. Lass' mir heilig und wichtig alle meine Pflichten sein, und Dir zu leben und zu sterben mich bereit finden lassen, wann und wie Du willst, besonders im Gedanken, dass Du, o Gott, es weislich ordnest und es zu meinem Besten dient. Sehe ich es nicht ein, indem ich darin schmachte, wenn es Leiden sind. Heilig und wichtig sei mir <u>alles</u> gegen Dich, weil jede Art Sünde Erniedrigung meiner und Vernachlässigung ist. Auch sei mir <u>alles</u> heilig, mich dem Willen meines Mannes zu unterwerfen, ihm zu tun, was ich tun kann, und heilig sei mir <u>alles</u>, was ich für meine Kinder tun soll. Lass' mich, so viel an mir liegt, für ihren Leib und ihre Seelen sorgen,

6   dass ich froh meine Seele erheben dürfe für das, was ich ihnen getan habe! Denn mir wichtig, ach, wie wichtig, ist nicht alles, was mit ihnen vorgeht, dass ich zitternd sie betrachte, bedenke, wie ich's mit ihnen anfangen möge, dass es zum Guten sich wende! Ach, <u>heilig</u> und wichtig seien mir meine übrigen Verhältnisse[5], gegen meine Eltern, Geschwister, Freunde, Verwandte! Lass' mich jedem sein, was ich sein kann und dankbar, froh mich ihrer und ihrer Erquickungen freuen!

---

[1] Orelli Regula von (1789–1801), Tochter von David und Regula von Orelli-Escher. S. 1789, pag. 134.
[2] Schwiegermutter, Orelli-von Wyss Dorothea von.
[3] Tannenberg, Haus zum, Neumarkt 8; Bewohner 1762: Frau Prof. Holzhalb, 1769: Frau Quartierhptm. Edlibach, Herr Wilhelm Schinz; 1780: Junker Pfarrer Wyss, Obmann Cramer, 1790: Junker Amtmann Wyss. Möglicherweise fand Dorothea v. Orelli-von Wyss Aufnahme bei einem Verwandten. (Abb. S. 149)
[4] Vgl. 1786, pag. 82.
[5] Beziehungen.

Lass' mich früh und spät arbeiten, lesen, alles zum Zweck des letzten Zieles, zur Belebung und zu Nutzen für die Meinigen und mich! Jedes, was ich erlernen kann, sei mir Freude und innige Wonne.
Nach einer oft mit Wachen und Aufstehen meinem Kleinen unterbrochenen Nacht stand ich erst 8 Uhr auf, legte mich an, speiste und wusch meinen Kleinen, arbeitete, hatte einen Besuch von Herrn <u>Gerichtsherr Wieser</u>, der mich innigst erfreute und zugleich erschütterte, dass ich zitterte im Gedanken dessen, was er mir getan, wie freundschaftlich [er] versprach, was von ihm abhange, mir weiter behilflich zu sein, auch in künftigen Fällen, auch wenn ich in Wädenswil wäre, dessen ich mich getrost freue, auf Gott gestützt in der Hoffnung, dass er alles leiten werde, wie es mir gut sei. Der Gedanke, mich jedesmal diesem zu unterziehen, ist mir traurig, wie mich den Pflichten gegen meinen Mann [zu] entziehen. Nein, lieber mich opfern, als zaghaft mich loswinden! Ich weinte Tränen in liebevoller Freundschaft. Seine Besorgnis, Herr Chorherrs Besorgnis, als ein so edler Beweis seines Herzens, erfreute mich, so vieler Liebe gewürdigt zu werden. Oh, lass' mich ihrer würdig sein mit jedem neuen Tage.
12 Uhr speisten wir, nach demselben mein Söhnchen, und nachher schrieb ich [bis] hierher und bin im Begriff hinzugehen zu meiner Schwester <u>Ott</u>, das erste Mal nach meinem Kindbett. O Gott, lass' diese Stunden des Wiedersehens uns zur Freude werden!
Gestern hatt' ich einen Besuch von Herrn Chorherr.

Samstag, den 3.

Mit froher Seele ein Wort in diese Blätter, nach einer sanften Nacht voll lieblicher Träume [von] einem meiner Freunde, [voll] der herzlichsten Ergiessungen, die eine Frucht sein mag des lieben Abends, den ich gestern bei meiner Schwester hatte – allein! Heute speiste ich meinen Kleinen, suchte meine Briefe und mein Tagebuch vom letzten Jahr zusammen, um sie zu durchgehen und zu versorgen[6]. Wie wenig und wie viel schliessen sie in sich! Das Wichtigste sei mir heilige Pflicht, hier einzuschreiben, zur Erinnerung und zur Belehrung für mich! Nun will ich an die Arbeit gehen.   9 Uhr, <u>morgens</u>.

Dienstag, den 6.

Mit welcher Empfindung setze ich mich nieder, etwas von dem niederzuschreiben, das meine Seele erfüllt und leidend macht, so leidend, wie ich noch nie gelitten habe, seit jeher kein Leiden kannte und auf diese Erfahrung hin noch vieles erwarte. O Gott, wie tief liessest Du meinen Mann[7] fallen, dass er einer so schlechten Tat gegen mich fähig war, und mich und meine Söhne mit <u>ihm</u>! Du weisst, wie es mich kränkt, dass ich mehr als gewiss [bin über] seine hinterlistige Art, [dass er] einen <u>Teil unseres Vermögens für seinen</u>

---

[6] «versorgen»: dialektal für aufräumen.
[7] «Mann» in Geheimschrift.

Bruder⁸ hinterlegte, ohne mir's zu sagen, mir es verleugnen durfte bis ich bei Prüfung des Kistchens⁹ mehr als zu gewiss es entdeckte. Welch ein ewig fressender Wurm des Misstrauens, der nagend meine Seele und meinen Körper zernagt! Hätt' ich dieses glauben sollen, glauben können, wenn er an meiner Brust lag, ich ihm meine Liebe tausendmal laut und leise zuschwor in heiliger Vertraulichkeit. Oh, welch ein Schmerz bei der Entdeckung, mehr um der Schändlichkeit der Tat, als der Sache wegen. Werd' ich der Szene vom verwichenen Sonntag [4. Januar] vergessen in der unteren Stube, des Schmerzes, den ich empfand?! Nein, mein Herz kann es nicht, weil ich dieses als den Anfang zu allem Unglück ansehe, und auch seitdem nie mehr mich beruhigen kann! Selbst mein Herz im Leib scheint mir nicht mehr sicher zu sein. O Gott, wie war mir im Gedanken an meine Söhne! In rasender Wut wünschte ich, sie möchten sterben, um ihren Vater¹⁰ nicht kennen zu lernen. Auch war mir ihn an[zu]blicken tötend, da ich mich zu ihm schlafend legte. Oh, die Schafe, Vater, erbarme Dich ihrer, Dein sind sie! Siehe sie an, denn die erste Hilfe zu ihrer Bildung ist nun dahin! Wo will ich aus und an, in meiner Schwachheit, denn Meister bin ich mir und meinem Temperament nicht, weil ich ihn, den Geliebten, schlug in den Stunden des Zorns, da ich diese Handlung entdeckte. Zur Ruhe werde ich nie, ewig nie wieder kommen in seinen Armen. Ich gespürte¹¹ dieses die zwei verflossenen Tage, wenn durch Geschäft und Arbeit ich [in] Zerstreuung mich vergass. So [tun] auch die Tränen fliessen bei jedem Alleinsein, darin ich meinen Trost nun suche, weil nun auch dieses Band sich auflöst. Hin ist das Liebste, das ich hatte. Hin ist das süsse Eilen der Zärtlichkeit, hin das sanfte Angreifen der Seele! Was ist nun [auf] dieser Welt noch mein? Nichts, nichts, das mich fesselt! Nun lern' ich und muss ich lernen, mein allein zu sein. Welch ein Antrieb zur Tugend, das meine Würde, meine Belebung ausmachen sollte! Erst [recht] jetzt will ich gut sein, edel handeln, treu, redlich vor Gott und Menschen stehen und hoffen, dass Du, mein Gott, mir helfest wachen und beten¹² und arbeiten und mich hinnehmst und meine Knaben mit mir, diesem Elend zu entrinnen! Heute denkte ich still noch, still zu halten. Wann will ich's entdecken¹³, wer könnte mir helfen? Ihn öffentlich unglücklich machen, nein, das kann meine Seele nicht, den mit Leib und Seele mir Verbundenen, den ich über mich selbst

---

⁸ Orelli Caspar von (1741–1800), 1783–1789 Landvogt zu Wädenswil, 1768 verh. mit Usteri Dorothea (1746–1798). Schwager von R.v.O.-E. Vgl. 1786, pag. 38.
⁹ «Kistchen»: Gemeint ist wohl die damals gebräuchliche Briefkassette.
¹⁰ «Vater» in Geheimschrift.
¹¹ «gespürte», dialektal «gschpüre»: spüren.
¹² Markus 14, 38: «Wachet und betet, dass ihr nicht in Versuchung eingehet! Der Geist ist zwar geneigt, das Fleisch aber ist schwach.»
¹³ «Entdecken»: aufdecken.

liebte, ja liebte, wie ich's nicht beschreiben könnte. Hätte ich dieses auch glauben oder ahnen können! Wem werde ich mehr trauen können? Nein, ich werde
12 ewiges Misstrauen gegen die Menschheit mit in mein Grab nehmen. Gestern sehnte ich mich unter freiem Himmel zu erquicken, besuchte meine Oncle Lavaters und war froh in ihrer Freundschaft. Nachts bei jedem Erwachen leidend und heute wieder. Auch gab es mir nichts aus der Arbeit, nichts aus Lesen, obschon ich mich zwingen wollte, die Geschichte des 7-jährigen Krieges von Archenholz[14] zu lesen, von Friedrich II.[15] Auch zitterte ich heute, da ich ein Billett an Lavater schrieb, ihm Glück wünschte[16], aus Misstrauen in ihn, seinen Charakter, seine Freundschaft. Was kann ich mehr glauben, was mehr festhalten, da das Nächste mir entwichen ist! Auch empfinde ich die Freude nicht bei dem Anblick von Casperli, wie ich sie vor einem Jahr empfand, da ich diesen Tag der Freude feierte, wenn schon meine Seele ihn segnete. Gott, Du kennst den Zustand meiner Seele und siehst, wie es in mir aussieht – zur Entschuldigung meiner Handlungen. Welche Erkältungen[17] bewirkte es mir gegen alles, dass ich selbst nie mehr das warme Empfinden
13 werde geniessen können, das ich oft für alles fühlte.   6 Uhr, abends.
Um ½7 Uhr aufgestanden, meinen kleinen Kleinern gespeist, sodann 's Tee getrunken, gearbeitet, las eine Predigt von Herrn Helfer Hess[18], betete, arbeitete bis Mittag, und nach Tisch schrieb ich unsere Ausgaben ein vom Winter- und Christmonat und nun setz' ich mich hieher, um noch einiges von gestern her einzuschreiben. Einen lieben Besuch von Doktor Lavater anzuheften durch Erinnerung, schlag' ich diese Blätter wieder auf. Abends besuchte ich Orellis Mama[19]. Nachts umarmten wir uns in ehelicher Liebe, die meine Furcht störte[20], dass ich zitterte. Des Nachts: Nachdenken über meine ernste Lage des Leidens, der standhaften Aushaltung alles dessen, was meiner leiblich und geistig zu gewärt[ig]en steht.
Schon empfing ich ein liebevolles Billett von der [Frau] Römer.
Mein Herz voll tiefer Empfindung [schrieb ich] an R.[ahn].
4 Uhr, abends.

---

[14] Archenholz Johann Wilhelm von: «Geschichte des 7-jährigen Krieges in Deutschland», Mannheim 1788, vgl. 1787, pag. 102.
[15] Friedrich II, der Grosse (1712–1786), König von Preussen, aufgeklärter absolutistischer Herrscher, Förderer der Kultur, insbesondere der Dichtkunst.
[16] 6. Januar: Caspar, Melchior und Balthasar, Namenstag Lavaters und des Sohnes der R. v. O.-E.
[17] «Erkältungen» im Sinne von Gefühlskälte.
[18] Vgl. 1786, pag. 11; 1788, pag. 54.
[19] Schwiegermutter, Orelli-von Wyss Dorothea.
[20] R. v. O.-E. befürchtete möglicherweise eine neue Schwangerschaft.

14   Samstag, den 10.
Auch noch am späten Abend einer sich schliessenden Woche noch ein schliessendes Wort der Empfindung. Wie viel genoss ich Gutes, Liebes, Leidendes! Ach, lass' mich, o Gott, durch alles <u>weiser</u> und <u>besser</u> werden, zu meinem Heil!
Donnerstags [8. Januar] speiste Pestalozzis Sohn[21] von Birr bei uns, ein seltener junger Mensch, von Verstand und Kindheit[22].
Freitags, abends, eine feierliche Gebetsstunde. Arbeit des Tags, Genuss etlicher Freuden; das Lesen der Biographien[23] von <u>Zieten</u>[24], <u>Seydlitz</u>[25] mir zur Unvergesslichkeit wichtig und heilig.
Heute besonders Angst, dass mein kleiner Kleiner sich nicht ganz wohl befand. Ach, welche Leiden und welche Freuden der <u>Mutter</u> erwecken die <u>Kinder</u>! Ziemliche Arbeit. <u>Schwerins</u>[26] Biographie und 's Lesen zweier Predigten von Herrn Helfer Hess beschäftigten mich. Eine ernstvolle Stunde, bis ans Bittere grenzend, mit meinem Mann. Ach Gott, sende Frieden und Liebe, und wieder viel Angedenken an <u>R.[ahn]</u>.
15 Und nun geschlossen, verflossene Zeit dieser Woche, in Deinem Namen, o Gott, Du mein Gott! Amen.   8 Uhr, abends.
          <u>Montags, den 12.</u>
Um ¹/₂8 Uhr war ich aufgestanden nach einer unruhigen, langen Nacht wegen meinem Kleinen, der sich gestern und vorgestern nicht ganz wohl befand, das meine Seele angreift mit wehmutsvoller Empfindung der Zärtlichkeit, die ich als Mutter empfinde, auch heute immerfort mich nicht losreissen kann. Arbeit und mein Haar brennen[27] erfüllte die Zeit bis auf jetzt, da ich im Begriffe bin, zu Frau Pestalozzi[28] zum Steinbock[29] (Abb. S. 51) zu gehen.

---

[21] Pestalozzi Hans Jakob (Jakobli) (1770–1801), Sohn des Pestalozzi Johann Heinrich (1746–1827) und der Anna, geb. Schulthess, litt an Epilepsie.
[22] «Kindheit»: Kindlichkeit.
[23] Gedruckte Einzelbiographien der Generäle Zieten und Seydlitz erschienen erst 1797. Blumenthal Louise Johanna Leopoldine von: «Lebensbeschreibung Hans Joachim von Zietens, königlich preussischer General der Kavallerie...», Berlin 1797. Blankenberg Friedrich von: «Charakter und Lebensgeschichte des Herrn von Seydlitz, preussischer General der Kavallerie», Leipzig 1797. Möglicherweise schöpfte R. v. O.-E. ihre Kenntnisse aus Archenholz.
[24] Zieten Hans Joachim von (1699–1786), preussischer Reitergeneral im 7jährigen Krieg. Vgl. Archenholz Johann Wilhelm von und 1787, pag. 102, 1789, pag. 12.
[25] Seydlitz Friedrich Wilhelm von (1721–1773), preussischer General im 7jährigen Krieg. Vgl. 1789, pag. 12.
[26] Schwerin Kurt Christoph Graf von (1684–1757), preussischer General im 7jährigen Krieg.
[27] «Brennen»: Erzeugung künstlicher Locken mittels Brennschere.
[28] Pestalozzi-Schinz Dorothea (1756–1839), Gattin (verm. 1776) des Pestalozzi Salomon (1753–1840), Bankier zum Steinbock, Vorstand des Spitals (Spitalpfleger).
[29] Steinbock, Haus zum, Rindermarkt 17. Bewohner 1762: Herr Jacob Pestalozzi, Ratsherr von Orell, 1769: Herr Rudolf Pestalozzi, 1780: Herr Pestalozzi, 1790: Kaufmann Pestalozzi, Pfleger Hirzel, Rentier, (StAZ, W 22, Corrodi-Sulzer Adrian: Häuserregesten).

Gestern hatt' ich einen Tag der Beschäftigung mit meinen Knaben, las noch in den archenholzischen Geschichten des 7-jährigen Kriegs [und] mit Anstrengung einige Gedichte von Goethe aus seinem achten Bande[30]. [Ich] fand, dass er nicht viel Grosses drein gelegt hatte unter so viel schwülstigen Worten. Und nun, 6 Uhr, hatt' ich einen Besuch von Hans Caspar, trauliches Gespräch, und nach 7 Uhr hatt' ich auch die Freude, Herrn Chorherr Rahn zu sehen. Freundschaftliches und nützliches Gespräch erfüllt die Stunde mit Anmut, die nur Freundschaft fühlt durch alles durch. Oh, was hat die Menschheit Selig[er]es [als] in dem Genuss der Mitteilung der Seele! Munteres Nachtessen, und nachher noch süsser ehelicher Genuss.

Ich überlasse es Gott, mich zu behandeln, mir bald mehr Kinder zu geben, oder eine Ruhe zu schenken. Du allein weisst, was ich ertragen mag und was mir gut sein wird! Durch Leiden und durch erquickende Freuden führtest Du mich bis hieher! Also auch weiter geschehe Dein Wille! Amen.

Säugte meinen Knaben zum letzten Mal.

Mittwoch, den 21. Januar.

Nach so viel Stürmen meines innern und äussern Menschen kam ich wiederum einmal zur Ruhe, einige Worte davon einzuschreiben in diese Blätter, die mir heilig – wie ich mir selbst heilig sein sollte – sind.

Freitags [16. Januar] speisten wir bei Herrn Eschers auf der Hofstatt ein freundschaftliches Mahl der Liebe.

Donnerstags [15. Januar], Abend, war ich an meinem kleinen Bübchen gewahr, dass etwas an ihm nicht in der Ordnung sei, wie etwas Bruchartiges, dass ich sogleich dem Herrn Chorherr berichtete. Welche Wehmut und Mitleiden durchging meine Seele nicht voll zärtlicher mütterlicher Empfindung, dass es körperlich mich erschütterte. Auch die Nacht durchlitt [ich], wie ich noch nie gelitten habe, so sehr es mich um 12 Uhr erfreute, da ich nichts mehr gewahr wurde, auch keine Spur davon mehr sah bis montags [19. Januar] morgens, da es eher noch einen grösseren Buck[31] hatte, auch in Schmerzen schrie, dass ich es bei ihm und ohne ihns beinahe nicht vertragen mochte vor mitleidvollem Gefühl. Oh, welch ein Leiden, das die Mütter durchwallt bei so etwas! Auch hatt' ich gestern sonst Verdruss zwischen meinem Mann und mir, dass ich beinahe in Wut ausbrach und verging. O Gott, wie hart ist es für mich, Leiden dieser Art zu tragen! Habe ich Unrecht, so belehre Du mich, hat er unrecht, so weise ihn zurück, denn leben kann und will ich so nicht mit dem, den meine Seele über alles liebte, für den ich alles bis auf mein Leben hingegeben hätte! Ach, beruhige mich, und gib mir Geduld

---

[30] Goethe Johann Wolfgang von: «Schriften», 8. Band, Gedichte, Leipzig 1780–1790.
[31] «Buck»: Vorwölbung, Buckel.

und Kraft, alles, alles zu tragen, dass mein Unglück sich wieder verliere, [dass ich] mein Misstrauen vergesse, das mich in allem quält und verfertigt[32], wo ich nur hingehe und hindenke! Tränen nur meine Erleichterung sind, schwache Erleichterung.

18 Sonntags [18. Januar] las ich eine Predigt von Hess, eine von Lavater, ein Schauspiel von Schröder[33], Vetter in Lissabon[34], das mir alles recht wohl tat, auch herzlich betete.

Nachmittags [ich zu] Pfenninger in die Kirche ging aus andachtsvoller Stimmung. Nachher besuchte ich Lavaters, freute mich ihn und sie wieder zu sehen und genoss der Freundschaft Gefühl vieles – und seiner Wonne.

Abends besuchte uns Herr Chorherr noch, und gestern auch. Welch eine Erquickung giessen seine Besuche über uns, durch seine Teilnahme! Gestern schlug ich meine Wäsche ein[35]. Abends und die Nacht durch war ich im Fieber, auch jetzt noch nicht beruhigt in meinem Innersten.

Donnerstags, den 22ten.

Um 6 Uhr war ich heute aufgestanden, speiste und besorgte meinen kleinen Kleinern, 's Morgentrinken, einige häusliche Geschäfte, innerliche Ruhe der Seele. Wartung meines Kleinen, ein Billett von Herrn Chorherr Rahn erfüllen den Morgen. 's Mittagessen, Besuch von Heinrich Escher[36], arbeiten. Wartung meines kleinen Zarten und Lesung der Lebensgeschichte von Herrn de la Tude[37] erfüllten nebst Arbeit den Nachmittag

19 bis auf 6 Uhr, da ich eben mich noch hinsetze, einiges von gestern noch nachzuholen.

Abend[s] legte [ich] mit Herrn Ritz[38] meinem Knaben ein Bruchbändchen an. Welche Erschütterung bis auf das Innerste meiner Seele! O Gott, der Gebundenheiten in jedem Sinn, wie viel sind in der Welt! Erbarme Dich und heile und löse sie!

Nachmittags hatten wir einen Besuch von Herrn Schweizer[39], mir sehr interessant, voll Sentiment und Kraft und Geist und Leben. Paris, Schau-

---

[32] «verfertigt»: fertig macht, niederschmettert.
[33] Schröder Friedrich Ludwig (1744–1816), Schauspieler und Schauspielverfasser der Sturm und Drangzeit, Freimaurer.
[34] Schröder Friedrich Ludwig: «Der Vetter aus Lissabon», Berlin 1786.
[35] Das früher geübte Einlegen der Wäsche vor dem eigentlichen Waschprozess.
[36] Vgl. 1787, pag. 131.
[37] (Masers) de la Tude Jean Henri (1725–1805), französischer Abenteurer und Revolutionär, berühmt durch seine Machinationen gegen Mme. de Pompadour, weshalb er 35 Jahre inhaftiert war. Verfasste u. a. «Le despotisme dévoilé ou Mémoires de Henri Masers de la Tude, détenu pendant trente-cinq ans dans les diverses prisons d'Etat», Paris 1789/1790.
[38] Ritz: Vermutlich der das Bruchband herstellende Bandagist.
[39] Vgl. 1786, pagg. 7 und 22.

spiel, Kinder, Eschergeschichte⁴⁰, Lavater, Pfenninger, Handelschaft⁴¹, Zürich der Inhalt unseres Gesprächs, mir wohltuend. Oh, dass mir gegönnt wäre, bisweilen einen solchen Menschen zu sehen!
Abends besuchte uns D.[oktor] L.[avater], der voll edler Anmut eine Stunde lesend bei mir sass, in Struensee und Brand⁴². Mathilde⁴³. Mir gute Hoffnung machte zur Erholung meines Kleinen, über den ich ihn freundschaftlich befragte.
Nach Beschäftigung mit meinem Knaben 's Essen, und nachher einige Minuten friedliches Beisammensein mit meinen Geliebten erfüllten die Zeit bis 10 Uhr nachts.

20   Dienstagabend, den 27.
Nach einer unruhigen Nacht, in der Hans Casperli stark Fieber hatte, erwachte ich um 7 Uhr munter und besorgte meinen Kleinen. Eine bittere Szene mit meinem Mann. Oh, wer will das Leiden alles beschreiben, das meine Seele verwundet! Ernster Gedanken voll bracht' ich den Morgen bei meinen Knaben hin, speiste, empfing einen traurigen Brief von Frau Rittmeister⁴⁴. Abends eine traurige, ernste Szene mit meinem Mann. Oh, des Leidens, wie will ich's aushalten! Mein Gott, stehe mir bei! Den Abend bracht' ich untätig hin, mit Verweilen bei meinen Kindern, und nachher schrieb ich auch von heute diese Zeilen hin.
Sonntags [25. Januar] spürte ich einige Spuren meiner Reinigung, die sich aber wieder verlor.
Ach, wie viel durchwallte meine Seele nicht! Gott [ver]hilf mir doch endlich auch wieder zur Ruhe, ich vermag es so nicht auszuhalten! Du weisst, was ich leide!   8 Uhr.

21   Die Vollendung der Waschgeschäfte endete diesen Monat mit allen ihren Unannehmlichkeiten. Ein unangenehmer Vorfall mit der Pfarrerin⁴⁵, ein lieber Besuch von Herrn Chorherr, ein Besuch von D.[oktor] L.[avater], von der [Frau] Schweizer⁴⁶.
Viel wehmutsvolle Empfindungen steigen auf zu Gott. Sei mit mir mit Deiner Kraft, um Jesus Christus willen! Amen.

22   [leer]

---

⁴⁰ Zweifellos betr. Rittmeister Escher Hans Caspar und dessen Falliment. Vgl. 1786, pagg. 4 und 38, 1788, pag. 87 und weitere.
⁴¹ «Handelschaft»: Geschäft, hier die Buchhandlung Orell, Gessner & Füssli. S. 1791, pag. 98.
⁴² Struensee Johann Friedrich (1737–1772, hingerichtet). Leibarzt des geisteskranken dänischen Königs Christian VII. Günstling der Königin. [Anonym]: «Authentische und höchst merkwürdige Geschichte der Grafen Struensee und Brand», o.O. 1788.
⁴³ Möglicherweise frühere Ausgabe von Ziegler Friedrich Wilhelm (1750–1827), deutscher Schauspieler und Theaterdichter: «Schauspiele», 3 Teile, u.a. «Mathilde, Gräfin von Giesbach», Wien 1791/92.
⁴⁴ Vgl. 1786, pag. 4, und 1788, pag. 87.
⁴⁵ Möglicherweise die 1788, pag. 116, erwähnte Vorgängerin.
⁴⁶ Schweizer-Hess Magdalena (1751–1814), vgl. 1786, pag. 22.

Hornung 1789.

Zürnet und sündiget nicht. Die Sonne geht nicht unter über eurem Zorn.
Epheser, 4. Kap. 26. Vers.

Montag, den 2. Hornung 1789.

Heute um 7 Uhr aufgestanden, meinen kleinen Knaben besorgt, über seine Zartheit mit meinem Mann gesprochen. Träume vergessen. Kleidung, die Haare nahmen einen Teil der Zeit, erhielt einen Brief von Stolz, schrieb an Lavater [und] Frau Lavater. Rechnung mit der Magd. Arbeit, 's Essen, las ein Sendschreiben[47] an Zimmermann[48] und nun setz' ich mich nieder, diese Zeilen niederschreibend.

Gestern Geschwätz mit den Glätterinnen, einige stille Erhebungen meines Herzens. Abends ein Besuch von der Schinz und [der] Schulthess. Interessantes Gespräch: Kayser, Tanzmusik, Zürichwelt etc. Ernstes Gefühl meiner Seele begleitete mich zur Ruhe, immer gedrückt durch Misstrauen in meinen Mann. [Es] ist mir beinahe tötend, dass er nicht ehrlich gegen mich und meine Kinder gehe, nach der Entdeckung der Handlung die ich entdeckte[49], dass ich vor Kummer beinahe verschmachte. O Gott, gib mir Kraft, unser Leiden zu tragen, um Deiner Erbarmung willen!

Donnerstag, den 3. [Februar]

Um $^1/_2$ 8 Uhr war ich erst aufgestanden, speiste meinen Kleinen, 's Tee, etwas Arbeit, eine liebe halbe Stunde auf meines Mannes Stube. Las eine Predigt von Lavater, die mir sehr wohl tat, die 3te Johannes Predigt[50], und betete einige Lieder, die meine Seele erhebten. Und ich fühlte wie neu, dass religiöse Empfindungen, Erhebungen und Genuss uns allein beruhigen können in Leiden. Einige Tage lang herzliches Bedürfnis danach. Erquickung durch Gebet teilte mir Gott als Segnungen zu. Oh, lass' mich diese Gefühle oft wiederholt beglücken und meine Seligkeit darin allein suchen und finden, weil ich von allem, allem abgelöst bin!

Gestern und vorgestern [28. Februar, 27. Februar] stille, fleissige Arbeit, Sorge für meine Knaben und Leiden in Betrachtungen dessen, was mir und meinen Kindern bevorstehen wird in der Unbestimmtheit [von] meines Mannes Charakter. Oh, welche Leiden durchgraben meine Seele nicht, dass ich beinahe dabei versinke!

---

[47] «Sendschreiben»: Zirkular, Rundschreiben, Missiv: Schreiben, das – an eine Person gerichtet – für die breitere Öffentlichkeit bestimmt ist.
«Widerlegung der Schrift des Ritters v. Zimmermann über Friedrich den Grossen, von einem Wahrheitsfreunde», Germanien 1788.

[48] Zimmermann Joh. Georg (1728–1795), studierte in Göttingen bei Albrecht von Haller, Leibarzt an verschiedenen europäischen Fürstenhöfen, insbesondere Friedrichs II., Schriftsteller, in Verbindung mit dem Lavaterkreis.

[49] Vgl. 1789, pag. 9.

[50] Es handelt sich offenbar um eine Sequenz von Predigten nach dem Johannesevangelium.

27 Viel stilles Andenken an meine Freunde, besonders an R.[ahn]. Welch reine Empfindungen durch solche Betrachtungen des Nachdenkens.
Diesen Abend erwart' ich Frau Nüscheler[51] zum Besuch bei uns, meine Stiefschwester. 2 Uhr, mittags.
Nachher las ich noch einige Blätter in Rousseaus Confessions[52], französisch, zur Übung in der Sprache.
Montags, den 9ten.
Eine Morgenstunde nahm ich mir hier wieder, zu fühlen mein Dasein. O Gott, dass ich mehr als einmal diese Empfindung in mir lebendig machen möchte, mit jedem Tage!
Gestern war ich spät aufgestanden, besorgte meinen Kleinen. Nachher las ich 2 Predigten von Hess, betete und las das 8te Kapitel der Römer[53] mit Empfindung und Betrachtung, dass durch religiöse Erhebungen das Herz allein Seligkeit fühlen kann und fand darin Beruhigung. Nach dem las ich in Buffons[54] Naturgeschichte[55] von der Zeugung der Tiere, der Bildung der menschlichen Frucht mit stillem Nachdenken bis um
28 3 Uhr des Abends, von da an ich meine Kinder besorgte, unendliche Freuden genoss in meinem älteren Knaben, und sodann in Nachdenken über Wädenswil die Stunden hinbrachte bis 6 Uhr, von da an ich weiter fortlas bis um 8 Uhr, speiste und nachher noch eine ernste Szene mit meinem Mann hatte: Vorwürfe, einander verletzten, von meiner Seite fühlte, dass ich ihn mit Worten und er mich mit Taten beleidigt hatte und mit Tränen in mein Bett ging, unruhig schlief und mit heftigem Kopfweh erwachte, des Gedankens erfüllt, wie ich es anfangen könnte, dass Friede und Liebe wieder unter uns herrschen. Wäre doch das Misstrauen fern, ohne d[iese Voraussetzung] ich nie mehr werde glücklich sein können, und das sich auf alles erstreckt.
Freitags, den 6ten Hornung, ist meines Mannes Geburtstag. Er war mir feierlich; der Mamma Namenstag[56]. Lavater kam zu uns. Voll Wehmut war ich da und um ihn. Der Abend mit Casperli beim Tannenberg[57]. (Abb. S. 149)
29 Samstags [7. Februar] besuchte ich die Schinz, Lavater unser einziges Gespräch, den Mittag und Abend beim Tannenberg.

---

[51] Nüscheler-Hofmeister Emerentiana (1758–1822), Gattin, verm. 1780, von Nüscheler Hans Rudolf (1752–183.), Buratfabrikant, Zoller zu Eglisau. Vgl. 1788, pag. 6.
[52] Vgl. 1786, pag. 55.
[53] Römer 8: Über der Gläubigen Freiheit von der Verdammnis, den Wandel im Geist, Kindschaft und selige Hoffnung auch unter Trübsal.
[54] Buffon Georges Louis Leclerc, Comte de (1707–1788), französischer Schriftsteller und Naturwissenschafter.
[55] Buffon Georges Louis Leclerc, Comte de: «Histoire Naturelle», ca. 40 Bände, Paris 1749–1804.
[56] 6. Februar: Dorothea.
[57] Vgl. 1789, Anm. 3.

Abb. 4. Ulinger Johann Caspar: Neumarkt (vgl. Abb. 2, S. 51). Die Häuser «z. Rech», «Rech», «Rechberg», «Tannenberg» (Nr. 2–4), rechts im Bild, ebenso der «Neumarktbrunnen». Links «Zunfthaus zu Schuhmachern».

Oh, wie viel durchwallt meine Seele von Gefühlen, die nur Gott weiss und Gott kennt. Ach, erbarme Du Dich meiner, um Jesus Christus willen!
<u>Freitags, den 13. Hornung,</u>
Geburtstag meines Erstgeborenen.
Oh, wie feierlich und heilig ist mir nicht dieser Tag, dieser Tag des Lebens und der Freude! Wie viel Entwicklung lässt Du mich an <u>ihm</u>, der Freude meiner Seele, wahrnehmen, Du Gott der einigen Liebe! Wie viel Gutes hast Du <u>ihn</u> und mich mit ihm geniessen lassen. Oh, wer wollte sie alle erzählen, die Wohltaten, die Du mir erwiesen hast und <u>ihm</u>! Denke ich zurück, wie viel in ihm vorging seit er geboren wurde und erhebe ich meine Seele in frohen Hoffnungen, was in ihm vorgehen werde, wenn Du ihm das Leben schenkst. Wie wird es mir, wie sanft durchfliessen meine Seele die süssesten Hoffnungen, die ich kenne. Ich küsste ihn segnend beim Erwachen und liebkoste ihn beim unschuldsvollen Spiel seiner Dinge[!]. 's Tee, die Besorgung des Kleinen und die Abrechnung mit Rudolf[58]. Auch etwas Arbeit und ein ernstes Billett an <u>R.</u>[ahn] erfüllten den Morgen. 's Essen und nachher beim Kaffee eine ernste Unterredung mit meinem Mann über Wädenswil, und nun setzte ich [mich] wieder, dieses hierher zu schreiben. Sanfte Tränen wallen aus meinen Augen in Betrachtungen dessen, was seiner warten werde. Nicht Reichtum, nicht Ehre flehe ich für ihn, aber um Weisheit und um Verstand und um Deinen Heiligen Geist bitte ich für <u>ihn</u>. Oh, wie viel hast Du schon getan, über mein Bitten und Verstehen, tu 's auch jetzt mir, über Bitten und Verstehen, was ich von Dir begehre!
Gestern hatt' ich eine liebe Visite von Wirz, der offen und herzlich mit uns sprach über eine Begebenheit seiner Schwester[59] halber, über die Erziehung der Kinder, über Lektüre, über Religion, über Moral, über <u>Freundschaft</u>, über Lavater, kurz über alles, was das Herz interessieren und beschäftigen kann, dass ich Tränen vergoss die Menge aus Empfindung. Das Erste führte mich in die Geschichte meiner Jugend zurück. Wie leichtsinnig, wie lebhaft ich alles ansah und behandelte, und wie sehr ein solcher Freund und Bruder zu schätzen ist, hat man kalte Vernunft und Einsicht genug, das mir mangelte. Doch Gott war mein Schutz der Unschuld.
Am Abend las ich Lavaters 4te Johannes Predigt[60], war etwas ruhiger und schlief in freundlichen Gesprächen ein, etwas Übelsein ausgenommen.
2 Uhr mittags. Nun gedenke ich noch, meine Schwester <u>Ott</u> zu besuchen. Mittwochs [11. Februar] besuchte ich Frau Escher, montags [9. Februar] <u>Mamma</u>.

---

[58] Rudolf: vermutl. Bedienter.
[59] Wirz hatte 2 Schwestern: Emerentiana (1761–184.), verm. 1782 mit Hottinger Johannes (1760–1809) und Elisabetha (1766–1824), verm. I mit Freudweiler Heinrich (1755–1795), Kunstmaler, II (1797) mit Füssli Heinrich (1755–1829), Kunstmaler, Kupferstecher und Kunsthändler, eine Verwandtschaft mit dem Obmann besteht bei diesem nicht.
[60] Vgl. Fussnote zu 1789, pag. 26.

Montags, den 16.
Um gestern nicht zu vergessen, nahm ich einige frühe Augenblicke, etwas davon niederzuschreiben.
Um 6 Uhr war ich erwacht, tat meinem Kleinen, was ihm zu tun nötig war[61]. Um ½ 8 Uhr legte ich mich an, in die Kirche zu gehen, da Pfenninger predigte über die Worte «Die Liebe sucht nicht das Ihrige»[62], wohl eine schöne Rede, aber ohne erweckende Aufmerksamkeit, die einen zwischen[hin]ein vieles denken liess. Nach der Predigt, durch die [ich] aber doch zur Erhebung und Andacht gestimmt war, ging ich zu Lavaters, fand ihn und sie krank. Nur wenige Momente wehmutsvoller Verweilung. So kehrte ich nach Hause. Umkleidung, meinen Kleinen waschen, und [ihn] speisend verfloss die Zeit bis wir speisten.
Nach Tisch las ich eine Predigt von Hess, die letzte des letzten Jahrs, einige Stücke aus Gonis[!][63] über die Erziehung, betete herzlich, las in Jesaias vom 1.–4. Kap.[64], ward erhebt und beruhigt, 's Tee, zwischen[hin]ein meiner Kinder Besorgung und Freude. Nachher las ich noch bis 6 Uhr in [...] über die Notwendigkeit der Folgsamkeit der Kinder. Von da an hatte ich die Freude, R.[ahn] bei uns zu sehen. Erstes liebes Gespräch über Erziehung, Blattern[65], Kindbett, Wädenswil bis um ½ 8 Uhr, 's Essen, auch noch doppelten Genuss meines Mannes. Oh, welch ein Geschäft! Mein Gott, sollte ich schon wieder schwanger werden oder es sein? Ach, stehe mir bei und erbarme Dich meiner, um Jesu Christi willen! Amen.
Freitags [13. Februar] hatt' ich eine ernste Unterredung mit meiner Schwester. Oh, dem Ergiessen der Herzen ist doch an Seligkeit nichts gleich!
Nun will ich an die Arbeit gehen, sei Du mir, o Gott, mit Deinem Segen nahe, ewiglich!   8 Uhr morgens.

---

[61] Gemeint ist das Wechseln der Windeln.
[62] 1. Korinther 13, 4–5: «Die Liebe ist langmütig, sie ist guttätig, die Liebe eifert nicht, sie treibt nicht Mutwillen, sie blähet sich nicht auf, sie ist nicht ungebärdig, sie suchet nicht das Ihre...».
[63] Gonis, Conessen etc., möglicherweise: Schweighäuser Jean und Simon: «Connaissances les plus nécessaires, tirées de l'étude de la nature et des arts et métiers, destinée à la jeunesse du moyen age», Basel 1781, (frdl. Mithilfe von Frau M. Schütz, ZB Zürich). Diese Bibliographie legt die Annahme nahe, dass R. v. O.-E. die Lektüre französischer Texte, gelegentlich auch unter Zuhilfenahme von Übersetzungen bewältigte (vgl. 1786, pag. 17). Im aktiven Sprachgebrauch des Französischen war sie aber weder geschult noch geübt.
Schweighäuser Johannes (1742–1830), deutscher Philosoph, Philologe und Schriftsteller, Übersetzer klassischer Schriften.
[64] Jesaias 1–4: Über die Sünden des Volkes Israel und die Prophezeiung des Heils.
[65] «Blattern»: dialektal für Blasen, Pusteln. Pocken. Eine Differenzierung gegenüber den gutartigen Varicellen, wilden Blattern, Windpocken, war damals nur aus dem Verlauf möglich.

34   Donnerstag, den 26. Hornung.
Wieder einmal ein Wort von meinem <u>Sein</u> in diese Blätter, die zeugen von meinem <u>Sein</u>. Oh, was bin ich, was sollte ich sein! Welche Beschämung und welche Blicke des Frohseins durchwallen mein Herz in der Betrachtung meiner. Den <u>23.</u> gab ich meinem Casperli einige Buchstaben in sein Säckchen, liess sie ihn aussprechen, und lernte sie ihn kennen und mir sie wieder zeigen unterm Spiel, da ich arbeitete. Oh, welche Gefühle durchwallten meine Seele bei dem ersten Versuch, ihm etwas zu lehren. Wie heilig nahm ich mir vor, es mit weiser Güte zu versuchen und Dich, o Gott, um Deinen Segen zu bitten. Auch schrieb und arbeitete ich etwas von <u>Wirz</u>.
Gestern erhielt ich ein Billett von <u>Lavater</u>, das mich bewegte, an ihn zu schreiben, ihn zu ermuntern, wenn's möglich wäre, ihn zu trösten, sein Leiden mit ihnen[66] zu tragen. Abends eilte ich in sein Haus, brachte es ihm selbst und hatte die Freude, mit Wehmut durchglüht, ihn zu sehen, ihn Stellen aus seinem Gedicht über «Das menschliche Herz»[67], den ersten Gesang, lesen zu hören. Ich betrachtete

35 ihn selbst aber mehr, als dass ich auf das Lesen aufmerksam war, weinte, ihn so gedrückt zu finden. Auch weilte ich einige Zeit am Bette seiner Gattin, die mich innigst dauerte. Um 6 Uhr kehrte ich wieder zurück zu meinen Knaben, im Gedanken verloren, wie Lavater leide.
Heute las ich den <u>3ten</u> und <u>5ten</u> Gesang aus dem Gedicht über «<u>Das menschliche Herz</u>». Welch ein Text! Ach, was liesse sich sagen! Was sagt er nicht davon. Doch fand ich es an einigen Stellen nicht helle und kraftreich genug, wie man's denken könnte, an andern etwas schwerfällig, nicht poetisch rein erhaben, an andern herzlich empfindend, was herzlich vom Herzen sprechen kann. Oh, täte Lavater gedrängter schreiben, beurteilte er's schärfer, was liesse sich nicht von ihm erhalten! Auch fand ich so seine Wochenschrift[68], die er dies Jahr herausgibt.
<u>Leiden aus Misstrauen gegen meinen Mann</u> zerrissen mir täglich die Seele fast. Ach Gott, warum, warum muss dieses mich so martern, so quälen!

36 <u>Samstags, den 21.</u>, besuchte ich Frau <u>Bürkli</u>[69]. Ein herrlicher Abend der herzlichen Ergiessung der Freundschaft. Oh, dass es doch auch leidende, edle Menschen gibt, die einem das Herz erheben können! Das danke ich Gott, der mich dadurch stärkt.
<u>Sonntags, den 22.</u>, besuchte ich Frau Schulthess. Oh, wie war mir da, so sanft atmend in Gefühlen der Freundschaft, wie in Frühlingshauch! Den Abend bracht' ich bei meinen Kindern hin.

---

[66] «ihnen»: gemeint ist das Ehepaar Lavater.
[67] Vgl. 1788, pag. 37.
[68] S. 1789, pag. 143
[69] Vgl. 1787, pag. 139 und 1788, pag. 99.

Tagebuch　　　　　　　　　1789　　　　　　　　　153

Viele Arbeitsamkeit beseligt die Tage des stillen Daheimsitzens. Oh, wie wird mir in grösserer Mühsamkeit werden, werd' ich nach Wädenswil kommen, das so schwer mir auf der Seele liegt, wenn es geschehen wird. Doch will ich mich noch nicht kümmern[70], wer weiss, ob ich dann noch leben werde.
Gott, leite Du mich immer mehr zu <u>Dir</u>, denn Du bist allein meine Hilfe, mein <u>Alles</u>! Amen, in Jesu Christi Namen, amen.

37 Nachmittags las ich noch von Lavater über Lord Chathams Büste[71], ein physiognomischer Kommentar über dieselbe, fand viel wahre, grosse Ideen darin, nur frappierte mich besonders, das Lob und [den] Tadel von der Nase im gleichen Punkt zu finden, auch die Bemerkungen über die 6 Warzen.

38　　[leer]

39　　　　　　　　<u>März 1789.</u>
40　　[leer]
41　　　　　<u>Sonntag, den 1. März 1789.</u>

Schon der Anfang des dritten Monats! Wie schnell eilt die Zeit hin, auf ewig hin. Lehre mich's bedenken, dass ich sterben müsse, und lehre mich weise die Zeit nützen zu meinem Heile. O Gott, Du Gott der Liebe!
Heute war ich matt aufgestanden, weil starke Entladung der R.[egel] mich schwächte. Speiste meinen <u>Kleinen</u>, ging wieder in's Bett, bis ich ihn waschen und zum Schlaf niederlegen musste. Ankleidung, rezitierte das <u>ABC</u> mit Casparli, darauf las ich ein paar Lieder, die zwei ersten Kapitel Epheser[brief][72], die Epistel [an die] Philipper[73], nachher in Briefen an 2 verheiratete Frauenzimmer[74] über unsere Pflichten gegen die <u>Männer</u>, <u>Kinder</u>. <u>Geschäfte</u>, <u>Lesen</u>, Arbeit, oh, wie viel in sich haltend! Gib mir Gnade, o Gott, in meinem Wirkkreis das Meinige zu erfüllen, und lehre mich's erkennen, wie wichtig es für mich sei. Einige starke <u>Alteration</u>[75] wegen Casparli mit dem Essen.

42 Einige traurige, aber liebende Momente mit meinem <u>Mann</u>, nachher Teegeschwätz und eine Viertelstunde mit meinem Bruder über die nahe Niederkunft seiner Frau, welcher Gedanke mich erschüttert bis auf das Innerste. Ach, dass es schon vorbeigegangen wäre! Mein Gott, segne Du <u>sie</u> im Namen Jesu Christi! Amen.

---

[70] «kümmern», im Sinne von sich Kummer machen.
[71] Lavater Johann Caspar: «Chatham od Pitt's Büste für Freund Jacobi», Zürich 1789. 1st Lord Chatham, Pitt William d. Ä. (1708–1778), englischer Politiker.
[72] Epheser 1 und 2: Über Paulus' Aufgabe als Missionar.
[73] Philipper: Über Danksagung und Gebet des Paulus, Ermahnung zu Eintracht und Demut, Warnung vor Verführern.
[74] (Anonym): «Briefe an zwei verheiratete Frauenzimmer über die wichtigsten Mater[ien]», a. d. Englischen, Leipzig 1784.
[75] Vgl. Fussnote zu 1787, pag. 25.

Donnerstags [26. Februar] ein wehmutsvoller Besuch bei Frau Ott.
Freitags zerschnitt es meine Seele fast, ihns vorbeigehen zu sehen.
Samstags hatt' ich die Schneiderin, ein Jahr lang hatt' ich sie nie gesehen.
Lavater sendete heute mir den 3ten Gesang des Gedichts über «Das menschliche Herz», das in der Königin von England Hände durch deren Sohn[76].
Der Gedanke an R.[ahn] erhebt meine Seele bis zu der Hoffnung, ihn heute noch zu sehen. Abends 6 Uhr.

43   Samstagabend 4 Uhr, den 21. März.
So lange wieder nicht ein Wort in diese Blätter, Symbol des fernen Seins meiner selbst. Ach, verschwunden sind diese Tage wie alles, was den Menschen umgibt. Doch leer waren sie nicht: Leiden, Liebe, Fleiss heften sie an in der Reihe der Ewigkeiten, die alles wieder bringt. Tägliche und nächtliche Besorgung meiner Knaben ist mein Hauptgeschäft. Ach, segne Du meine Hände und meinen Willen zu ihrem Besten und zu meiner Beruhigung, denn Du weisst es, o Gott, wie wichtig und heilig mir dieses ist, über alles in der Welt! Danken kann ich Dir nicht genug für die Freuden, die Du mich durch sie geniessen lässt, durch ihr Wachstum an Leib und Seele. Ach, gib mir Weisheit und Kraft, ihnen zu tun, was sie einst zu guten Menschen bilden mag! Einige liebe Besuche hatte ich von R.[ahn]. Oh, dass mein Glück in seiner Freundschaft nicht gestört werde in dieser Welt! Auch von Frau Pestalozzi und Frau Hottinger[77] hatte ich Besuche, die mein Herz beglückten, noch herzliche Gespräche!

44 Zweimal ging ich zu Lavater, da er aus seinem Gedicht über «Das menschliche Herz» einigen seiner Freunde vorlas, dessen Genuss ich aber nicht fähig war, weil ich nicht heiter war, auch mich das Gedicht selbst nicht fasste, um das darin zu finden, was ich mir davon gewünscht hatte. Stolbergs[78] waren da, liebenswürdige Anverwandte von dem berühmten Dichter. Einmal besuchte ich Tante[79] auf dem Bauhaus mit Frau Escher, für die meine Seele blutet, kummervoll auf ihre Niederkunft [wartet], einmal [bei] Frau Ott. Speiste beim Tannenberg (Abb. S. 149) mit Herrn Landvogt, gegen den meine Seele mit bitterer Verachtung[80] erfüllt ist, wie die Wellen des Sees auf- und niedersteigen.

---

[76] Edward, Duke of Kent und Strathearn, Graf von Dublin (1767–1820), Sohn König Georgs III. und der Sophie Charlotte von Mecklenburg-Strelitz, Vater der Königin Victoria.
[77] Vermutlich Hottinger-Wirz Emerentiana, eine Stiefcousine der R. v. O.-E., oder Hottinger-Schinz Regula (1758–18..), Tochter des Professors und Chorherrn Schinz, vermählt 1779 mit Hottinger Hans Jakob (1750–1819).
[78] Georg Graf zu Stolberg (1750–1830), verh. mit Philippine Gräfin geb. Bolza (1765–1846). (Lavaters Fremdenbücher, Privatbesitz Zürich, Eintrag sub dem 17.3.1789. Dem Besitzer sei für die Erlaubnis zur Einsichtnahme herzlich gedankt).
[79] Lavater-Escher Anna Cleophea, vgl. 1786, pag. 37.
[80] Vgl. 1787, pag. 9.

Donnerstags [19. März] besucht' ich Frau Rittmeister Escher[81] in Goldbach[82], fuhr mit meinem Mann allein hin bis nach Erlenbach in frohen Gefühlen der Liebe, der Ruhe, die mich seit Monaten so ganz verlassen hatten, dass ich mich fühlte, wie in einem anderen Element. Oh, was das Herz tut, wenn es will Herz sein, ist nicht auszusprechen. Auch für die grosse, noch öde, winterbekleidete Natur war meine Seele empfänglich, aufzunehmen die Gefühle, die sie erweckend zu Gott erhebt, was sie fühlen kann. O Seligkeit dieses Gefühls, lass' deine Wonne mich geniessen, wenn ich diesen Sommer wieder hinauskommen werde in deine Weiten!

45 Nach 3 Uhr fanden wir sie in Gesellschaft der Jungfer Escher von Küsnacht[83] und mit ihren Kindern, so ganz die <u>alte</u>, verschlossene, etwas süss empfindende, vornehme, kalte, verschlossene, zärtliche, schwache Frau und Mutter, frisiert und schöntunlich auf ihre Weise, dass ich lieber hätte weinen mögen, es leider aber nicht konnte, weil ich hoffte, ein anderer Geist dufte aus dem ganzen Wesen der Haushaltung uns entgegen, als dass ich es gefunden hatte. Einiges von Herrn Rittmeister, hoffnungsvoll, ihn wieder zu sehen, wurde besprochen. Das übrige Gespräch war: einige öde <u>Bücher</u>, <u>Partien</u>[84], <u>Arbeiten</u>, <u>Stadtneuigkeiten</u>. Auch da vermisste ich den Schmerz über den Abschied von <u>Heinrich</u>[85]. Wie doch so etwas ganz anders sein kann, als die Vorstellung es bildet nach seinem eigenen <u>Ich</u>, das [m]ich bei dieser Betrachtung erstaunte. Nach 6 Uhr fuhren wir, darüber redend, nach Hause, ohne dass mich gelüsten würde, sie mehr zu besuchen, bliebe sie noch lange auf ihres Papas Landgut.
Mosers[86] Fabeln[87], Benekens[88] Sammlungen[89], Felsenburgs Lesebuch[90], Archenholz' Beschreibung vom 7jährigen Krieg und eine Geschichte für

---

[81] Escher-Keller Anna, Gattin des Stetrichters, später Rittmeisters Escher Hans Caspar vgl. 1786, pagg. 4 und 38. Die Eltern der Frau Rittmeister, Keller-Hirzel Hans Caspar und Anna Elisabeth, besassen ein Landgut in Goldbach.
[82] Goldbach: Ortschaft in der Gemeinde Küsnacht am rechten Zürichseeufer.
[83] Escher Hans Conrad (1731–1797), 1754 verh. mit Beeli Apollonia, war seit 1772 Amtmann zu Küsnacht. Die zwei in Frage kommenden «Jungfern Escher» sind (die mit R. v. O.-E. gleichaltrige) Catharina Elisabeth (1758–1827), 1791 verm. mit Römer Melchior und Regula (1764–1792).
[84] [Land]-«Partien»: hier im Sinne von Ausflügen.
[85] Escher Heinrich (1776–1853), Kaufmann, Sohn des Rittmeisters Johann Caspar und der Anna, geb. Keller, später (1815) verh. mit Zollikofer von Altenklingen Henriette Lydia (1797–1868), Eltern des Staatsmanns Alfred Escher. Heinrich Escher wanderte nach Philadelphia aus.
[86] Moser Karl Friedrich von (1723–1798), deutscher Schriftsteller.
[87] Moser Karl Friedrich von: «Der Hof in Fabeln», Leipzig 1761, 1762, 1763.
[88] Beneken Friedrich Burchhard (1760–1818), deutscher Schriftsteller und Theologe.
[89] Beneken Friedrich Burchhard: «Jahrbuch für die Menschheit oder Beiträge zur Beförderung der häuslichen Erziehung», Hannover 1788–1791.
[90] André Christian Karl (1763–1821): «Felsenburg, ein sittlich unterhaltendes Lesebuch», 3 Teile, Gotha 1788–1789.

Eltern und Ehelustige[91], erster Teil, las ich, vom Verfasser von Sophiens Reisen[92], ein paar Predigten von Hess. Dieses war mein Lektüre, gesunde Nahrung für Kopf und Herz. Wenige, aber einige herzliche Andachtsstunden schenkte mir Gott.
Letzte Woche arbeitete ich fast ununterbrochen für mich, ein seltenes Gefühl, das mir lange nie mehr [zuteil] wurde, weil ich seltener in den Fall komme als vorher, auch lieber meinem Mann und meinen Kindern meine Zeit weihe. Mit herzlicher Teilnahme war ich an dem Kirchgang[93] von Herrn Schultheiss[94] Eschers[95] einzigem Knaben, 16½ Jahre alt, auch an der Frau Zunftmeister Escher[96] [ihrem], die als Kindbetterin elendiglich starb, auch einer Welschen[97] bei Junker Seckelmeister Wyss[98]. Welch ein feierlicher Gegenstand ein toter Mensch, welch ein Memento mori[99].
Soeben schrieb ich ein Wort an Lavater.
Auch Frau Bürkli besuchte ich, wechselte einige Billetts mit ihr.
Heute vor 14 Tagen [7. März] machte mir Frau Schinz die Freude, Kayser zu hören. Er spielte mit Jungfer Schulthess[100] zwei Klavierkonzerte, Duette, das eine auf einem Klavier, das andere auf zweien, auf eine feinliche[!] Weise. Welch ein Genuss, der Genuss der Musik. Ich weinte Freudentränen. Oh, gönne mir mehr solche Stunden, Du Gott der Freude!
Zweimal hörte ich Lavater predigen.
Nun schliesst sich wieder eine Woche. Mein Gott, erbarme Dich meiner und der Meinigen, um Jesus Christus willen! Amen.   6 Uhr.
<u>Montagabend, den 30. März 1789.</u>
Noch ein Wort des Dankes und der Freude und der Anbetung, dass Du mich und die Meinigen, oh, Du mein Gott, wiederum sicher geführt hast und uns den 4ten Teil dieses Jahres so glücklich erleben liessest! Dir sei innig Dank gesagt für Deine Erbarmung und Deine Güte!
Sanftes, aber seltenes Erheben meiner Seele genoss ich einige Tage lang. Vieles Arbeiten, die Freude, [für] meine Kinder [Zeit] zu nehmen, etwas

---

[91] Hermes Johannes Timotheus, «Sophiens Reisen von Memel nach Sachsen», 3. Ausg., 6 Bände, Leipzig 1778, «Eine Geschichte für Eltern und Ehelustige unter den Aufgeklärten im Mittelstande», 5 Bände, Karlsruhe 1789, 1790.
[92] Hermes Johannes Timotheus (1738–1821), deutscher Schriftsteller.
[93] Vgl. 1787, pag. 20.
[94] «Schultheiss»: Gerichtsvorsitzender.
[95] Escher Heinrich (1772–1789), Sohn des Schultheissen Escher Salomon (1743–1804), verh. 1767 mit Orelli Margaretha von (1745–1813).
[96] Escher-v. Orelli Regula (1753–1789), verm. 1777 mit Escher Hans Jakob von (1746–1813), 1785 Zunftmeister z. Zimmerleuten, 1795 Bauherr.
[97] «Welsche»: Dienstbotin oder Gast aus welschen Landen.
[98] Wyss, Jkr. David, d. Ä. (1737–1815), Seckelmeister 1783, Bürgermeister 1795–1798, Vetter des unten erwähnten Wyss Hans Konrad, Junker, Zunftmeister.
[99] Originaltext: «Momentum more».
[100] Jungfer Schulthess nicht identifizierbar.

Schweres im Andenken meines Mannes, einige Lektüre und einige Besuche waren das Wesentliche dieser verflossenen Tage, Gessners[101] Daphnis[102] mit [dar]unter gezählt. Was aber meine Seele am meisten berührt, ist das Übelbefinden meiner Schwester. Ach Gott, erbarme Dich seiner um Jesus Christus willen,
48 und mache ihns wieder gesund!
Heute war ich besonders durch ein Billett von der Schinz und durch Frau Schulthess erfreut. Ach, was ist das Gefühl von Freundschaft das, was die Seele allein beseligt! Auch vieles Teilnehmen an der baldigen Niederkunft der Frau Escher beschäftigt meine Seele. Mein Gott, stehe ihr bei und erfreue und erquicke sie und ihn!
Schon wieder unterbrochen schliess' ich hier im Namen Gottes, des Vaters, des Sohns und des Heiligen Geistes. Amen.

49 April 1789.
50 «Es glaubt der Mensch, sein Leben zu leiten, sich selbst zu führen, und sein Innerstes wird unwiderstehlich nach seinem Schicksal gezogen.»
Goethe, aus Egmont.[103]

51 Donnerstags, den 2. April 1789.
Um $^1/_2$7 Uhr war ich erst aufgestanden, nach einer mehr als halb schlaflosen Nacht, tat meinem kleinen Kleinern [das Notwendige] und legte mich an! Las Goethes Egmont zu Ende, der gestern meine Seele erhob und belebte und zog einige Stellen aus. Darnach schrieb ich von Januar, Februar, März unser Haushaltbuch nach und freute mich einiger Einschränkungen halber. O Gott, gib uns nicht Reichtum oder Überfluss, nur so viel ohne Kummer, was wir bedürfen.
Voll dunkler Empfindungen ist meine Seele bei der Furcht, ich möchte wiederum in der Hoffnung leben. Noch mehr Angst für meine Schwester als für mich, auch bei dieser Vermutung. Gott, o Gott, lass' uns Dich empfinden und anbeten!
Das misstrauische Leiden gegen meinen Mann trübt meine Seele mit jedem Tage. Ach, lass' mich es hinwerfen, um meine Seele zu befreien, denn lieber wollt' ich sterben, als so noch lange leben.
52 Nun will ich an die Arbeit gehen.   11 Uhr mittags.
Hoher Donnerstag, den 9. April 1789.
Um 5 Uhr war ich meinem kleinen Kleinern aufgestanden, blieb auf in dem Willen zur Kirche und zum Abendmahl zu gehen. Speiste meinen Sohn, und da ich ihn von Kinderwehen geplagt sah, entschloss ich mich aus Sorgfalt,

---

[101] Gessner Salomon (1730–1788), Dichter, Maler, Verleger in Zürich.
[102] Gessner Salomon: «Daphnis», Zürich 1754, 1770, 1788.
[103] Goethe Johann Wolfgang von: «Egmont, ein Trauerspiel», Leipzig 1788.

bei ihm zu bleiben, da ich dann an seinem Bettchen weilte, ihn pflegte, mich ankleidete und mit Andacht Klopstocks Lieder betete, gestört und verstört wurde durch Geschwätz. Las eine Predigt von Lav.[ater] vom Hohen Donnnerstag 87, speiste den Kleinen, der sich etwas erholt hatte, und speiste mit meinem Mann, ging eine Weile in die Reben. Da ich aber nicht heiter war, erlas ich etwas von L.[avater]s Sachen, die mir als Los zuteil geworden[104], schrieb eine Strophe Liedes ab und nun schrieb ich bis hieher. Gestern wurde ich still, andächtig, meine Seele vorbereitend, erhebend. Abends in Herrn Hess' Kirche[105] und beim Gesang, da ich sehr gerührt, erweckt und erbaut war.

53 Welch eine Ermunterung zum Nachdenken, zur Erhebung, zur Besinnung sind nicht die festlichen Tage dem Menschen, dem Christen. Ach Gott, lass' mich täglich besser und weiser und frommer werden!
Der Genuss des H.[eiligen] Abendmahls stärke und erhebe meine Seele morgen wie noch nie, zur Anbetung, Lobpreisung Gottes durch Christum, zur Dankbarkeit und zur Freude und zur Hoffnung der Vergebung aller meiner Sünden durch Christum. Wie sollte uns der, der Ihn uns sendete, mit Ihm nicht alles schenken können! Auch lass' es mich geniessen zum Wiedergedächtnis Deines Todes, o Christus, meines Gottes und Heilandes, dass Du Dich selbst für uns dahin gegeben hast. Deine Liebe lass' mich empfinden mehr als alles andere, [sie,] die Dich bewog, für uns alle und auch für mich zu sterben. Oh, welchen Preis und Dank stammle ich vor Dir im Staub, auf meinen Knien. Ach, lass' mich's immer mehr und tiefer empfinden. Lass' mich Deiner nicht allein im Tode geniessen, auch in Deiner Herrlichkeit, durch Deine Auferstehung und Deine ewige Vereinigung mit Gott, Deinem und meinem Vater! Stärke mich besonders im Glauben,

54 in der Hoffnung, in der Geduld, mit Kraft alles zu tragen, was mir bestimmt sein mag, und gib mir Deinen heiligen Geist und Weisheit und Verstand, durch welche ich mag gebildet werden, Deinen Willen zu tun, jetzt und in alle Ewigkeit! Amen.   2 Uhr, mittags.

55   Montags, den 20. April.
Müde und nicht wohl, voll wehmutsvoller Empfindung ist meine Seele, da ich mich hinsetze, einige Worte einzuschreiben, nach einer so langen Unterbrechung, die so vieles wieder in sich schliesst. O Gott, welche Tage, welche Leiden, welche Freuden! Besonderer Teilnahme gegen Frau Escher ist meine Seele voll, über ihre nahe, immer nähere Niederkunft, die, ich hoffe, sich am Hohen Donnerstag schon endete, sich aber die Wehen wieder verlor[en] und sie sich wohl befindet. Auch darf ich nicht denken, wie es mir sein

---

[104] Möglicherweise wurden Abschreibarbeiten an Kopisten per Los zugeteilt.
[105] Fraumünster: Hess Johann Jakob predigte als Helfer (Diakon). Vgl. 1786, pag. 11.

werde, wenn Frau Ott auch schwanger ist und ich auch, ihns dann nie mehr sehen kann, leiden werde in Furcht und Liebe. Mein Gott, hilf Du mir tragen und glauben, um Jesu Christi willen!
Die herzlichste Teilnahme, die ich jemals fühlte, war bei dem Sterben der Hanna Lavater[106], da ich es hörte, hineilte und bei dem toten Engel weinte, seine Mama nicht sah, die vor Schmerz krank war, Herr Doktor innigst betrübt da war, weinte, einen Abguss[107] machte. Welch einen Schmerz fühlte ich im Gedanken, wenn mir ein Kind sterben würde – und doch, wie nahe sind wir jeden Tag dem Tode; ein süsser Gedanke, wenn

56 der erste Schmerz vorbei ist, Kinder im Himmel zu haben, ein Teil unser [selbst], ähnlich mit ihnen! O Gott, welche Hoffnung! Feierlich und ernst war mein Nach-Hause-Gehen, da ich meinen Kleinen still fand, das Zittern meine Seele ergriff. Oh, was sind mütterliche Empfindungen!
Ein liebes Wiedersehen von der Schinzin war mir den 16. zuteil, da des Herzens Genuss uns Sättigung war. Schweizers Gedicht[108] an ihns und Frau Schulthess erhob meine Seele durch seine geistige, freie, tiefe Empfindung für höhere Poesie und Bilder. Marthas[109], Schinz und Freundespaar. Es gibt doch auch noch edle Seelen und Feste der Tugend und der Liebe. Lavater durch einige Beweise seiner Freundschaft erhob mein Herz zur Frohheit. Oh, wer kann erquicken wie er?! Ich vermute niemand, denn die Art und Weise kennt auch niemand.

57 Ein Besuch von Herrn Chorherr tat mir sehr wohl. Oh, wie seine Freundschaft erquicken kann! Meine Empfindungen für ihn erheben meine Seele zur stärkenden Ermunterung, meinen Weg weiter zu gehen, den, ach, oft so schweren Weg. Wenig Lektüre genoss ich. Am Karfreitag und Ostertag genoss ich das Abendmahl. Mittwochs [14. April] und samstags [18. April] war ich [bei] Hess in dem Abendgebet. Oh, welche Stimmmung war mir zuteil! Die Festtage sind doch wahrlich ein Segen der Seele! Sie wecken und erheben, dass es anders wird, als wenn diese ermunternde Belebung nicht vorgehen würde.
Immer und immer leide ich durch meinen Mann. Gott, welch ein Leiden und welche Bekümmernis, wenn ich an meine Kinder gedenke. Ist's möglich, beruhige mich doch, und bringe meiner Seele Heil und Wonne wieder!
6 Uhr, abends.

58 [leer]
59 Freitag, abends, den 1. Mai 1789.
So fange ich schon wieder einen neuen Monat an. O Gott, wie eilt die Zeit! Lehre mich's bedenken und schenke mir Deinen Segen! Amen.

---

[106] Lavater Hanna (1783–1789), Tochter des Lavater Diethelm, M.D.
[107] Totenmaske.
[108] Schweizer Johann Caspar verfasste Gelegenheitsgedichte an seine Freunde.
[109] «Martha» nicht identifizierbar.

Seit 4 Tagen war ich an Flussfieber und einer schmerzhaften Eiss[110] krank, erschlagen, nachdenkend, traurig, oft zum Weinen. Ach, was ist der Mensch, wie bald ist sein Mut dahin. Ich bekenne, wie oft und wie alles von meiner Gesundheit abhängt, dass ich Gott nie genug um Gesundheit meines Körpers bitten kann, weil mit derselben alles erliegt. Auch [habe ich] einige Bekümmernis über die Hoffnung, dass ich schon 10 Wochen schwanger sei, von seiten meiner Schwachheit und alles dessen, was ich zu tragen habe, auch im Hinblick auf mein Kind. Besonders auch an meine zwei Knaben ist der Gedanke von Trennung von ihnen mir beinahe tötend, weil ich einsehe, wie nötig ich ihnen bin, wenn ich auch demutsvoll meine Schwäche erkenne.

60 O Gott, Du weisst alles, und Du kannst auch alles zu meinem besten wenden! Auf Dich hoffe ich, lass' mich an Dir festhalten!

Samstags, den 25. April, hob ich meines Bruders Knaben, Heinrich[111] genannt, für Frau Landvogt Zoller[112] zur Taufe, mit einiger Empfindung von Freude und Liebe und Fürbitte für ihn. Donnerstags, den 23., war die liebe Frau Schwester[113] glücklich von ihrem [Sohn][114] entbunden. Um ½7 Uhr setzte sie sich in [den] Stuhl, verarbeitete die Wehen und um ½ 10 Uhr gebar sie den herrlichen Knaben, ohne dass sie in Schreien ausbrechen musste, ohne dass es mir – bei aller Teilnahme meiner Situation – nur Angst war, für nichts Angst als da die Wehen gegen dem nahenden Ende der Geburt sich verlieren wollten, die sich auf ein Pulver und auf Essenz wieder einfanden. Ich genoss den ganzen Tag der Freude, sie ganz wohl und den engelschönen Knaben gesund zu sehen, mich ihrer Freude schwesterlich mitzufreuen und Gott zu danken für seine Erbauung und Gnade gegen sie beide.

61 Das Haus auskehren, Umhänge[115] machen, Glätten waren dieser Tage meine Hauptwerke, unangenehme, aber notwendige. Nun gewinnt mich tägliche Erwartung, dass es in Augenschein von einem künftigen Besitzer werde genommen werden.[116]

Den 21. [April] speisten Lavater [und] Pfenninger bei uns zu Nacht. Anmut und Frohheit [waren] die beste Würze dieses Mahles, obschon wenig

---

[110] «Eisse»: Furunkel.
[111] Escher Heinrich (1789–1870), Sohn des Escher-Meyer Johann Caspar, später Oberamtmann z. Grüningen, verh. (1813) I mit Verena Streif (1792–1827), (1828) II mit Elisabeth Haupt (1810–1860).
[112] Zoller Hans Jakob, Jkr. (1721–1792), verh. (1746) mit Escher Elisabeth (1727–1814), Tochter des Escher Caspar (1701–1751) und der Fries Margaretha (1703–1774), Landvogt zu Baden, letzter seines Geschlechts. Frau Landvögtin Zoller (als Fries'sche Verwandte) kommt später als potentielle Erbtante vor, s. 1801, pag. 221.
[113] Gemeint ist hier die Schwägerin, Escher-Meyer Susanna.
[114] Escher Heinrich (1789–1870).
[115] «Umhänge»: Vorhänge, Bettumhänge.
[116] Bevorstehender Umzug in die Landvogtei nach Wädenswil.

bestimmt Interessantes geredet wurde. Sonntags, den 26., ein kurzer Besuch bei Lavaters.
Viel Freude, viel Angst, viel Mühe durchqueren meine Seele bei und mit meinen Kindern. O Gott, gib mir doch Kraft und Weisheit und Güte, alles zu tragen.
Immer <u>Leiden</u>, namenlose Leiden machen mich leidend durch meinen Mann, dem ich nie mehr trauen kann.
Auch viel Verdruss im Stillen mit meinen <u>Diensten</u>. 7 Uhr.

62   <u>Dienstag, abends, den 9. Mai.</u>

Wenn schon, so soll doch immer wieder ein Wort in diese Blätter, die der Erinnerungswert mir über alles heilig macht, die Vergangenheit mir nahe bringen, von einer Zeit zur andern. Sehr viele Übelkeiten, Schmerzen auf der rechten Seite, schon die sichere Spur einer schiefen Lage meines Kindes in mir. Kopfweh, Bangigkeiten, dass ich mich oft nicht zu halten weiss. O Gott, welche Erwartungen, mich zu Dir zu erheben und allein Deine Erbarmung und Gnade von Dir zu erflehen! Oh, lehre mich's bedenken, wie wichtig es sei, auf dass ich klug werden möge. Einige Tage waren die Erhebungen zu Dir mir Kraft und Leben. Der Gedanke, von meinen Kindern zu scheiden, wann ich sterben[117] sollte, ist mir einzig über alle Worte schwer, sodass ich mich zu Tode weinen möchte, sonst würde mir wohl geschehen und auch für dieses lebst Du, o Gott! In Deine Hände befehle ich Leib und Seele!

63 4 Tage lang litt ich entsetzlich von einer sich sammelnden <u>Eiss</u>[118]. Herr Chorherr besuchte mich zweimal. Was seine Freundschaft mir ist, das empfinde ich tief und immer tiefer.
5 Mal besuchte ich diese Woche Frau Escher, die immer noch an starkem Fieber lag bis auf zwei Tage zu. Einige Arbeit versüsste mir einige Stunden, wie ich diese Seligkeit schon oft fühlte und genoss. Oh, verlass' mich nicht, Fleiss, du Beseliger meiner Tage, und lass' mich mit jedem Tage etwas Gutes und Nützliches schaffen! Fast nichts habe ich gelesen, einige Briefe von Friedrich dem Zweiten an Jordan[119], in denen er so liebenswürdig erscheint, dass man's nicht glauben kann.[120] Pfeffels[121] Fabeln[122], erster Teil, neu aufgelegt, durchblätterte ich, die letzte Rede in <u>Olten</u>[123] von

---

[117] Anspielung auf Psalm 90, 12.
[118] Vgl. 1789, pag. 59.
[119] Jordan Charles Etienne (1700–1745), Freund Friedrichs II., hugenottischer Theologe und Philosoph.
[120] Möglicherweise erschienen in «Œuvres», s. 1789 pag. 68.
[121] Pfeffel Gottlieb Konrad (1736–1809), deutscher Dichter und Pädagoge.
[122] Pfeffel Gottlieb Konrad: «Fabeln», Basel 1783, spätere Neuerscheinungen erschienen nur im Rahmen von Anthologien.
[123] Olten, Stadt im Kanton Solothurn, an der Aare gelegen. Nach Schinznach (bis 1780) Tagungsort der Helvetischen Gesellschaft.

Imthurn[124] über die Reiselust der heutigen Tage, die mir sehr wohl gefiel. So eilt die Zeit wie Traum dahin, doch mir nicht, ohne dass ich ihre Last empfand.
Den 7. ging ich mit Casparli zu Fuss bis in [den] Tannenberg (Abb. S. 149) und wieder heim. Ach, welch eine Empfindung der Freude hatt' ich nicht!
Gestern ein Besuch von Pfenninger, viel über Lavater, Rahn, Pfeffel etc., auch von Herrn Pfarrer[125] in Wetzikon[126] [geredet].
O blühende Natur, wie wenig geniesse ich deine Schönheit, Kränkeln, Kinder, Geschäfte verschliessen mir die Seligkeit, deine ausbreitende wahre Kraft – die dein Anblick uns bereitet – gleichsam einzuhauchen! Erlebe ich's, meinen Mann nach Wädenswil zu begleiten, welche Erquickung wird meine ermattete Natur dann geniessen. Oh, wie labte sich meine Seele schon in der Gegend, da ich Tag und Nacht deine Herrlichkeit genoss. Ich schliesse, Jesus Christus in Deinem Namen.

Samstags, den 23. [Mai]

So lange, ach, so lange wieder nicht einen gesammelten Augenblick, etwas von mir niederzuschreiben, da doch so vieles wieder durch meine Seele ging und es mich so innigst berührte und leiden machte, nämlich die Entdeckung der Unordnung in meiner Haushaltung unter meinen zwei Mägden und deren undankbares Betragen gegen uns. Euphrosine sagte mir und ich der Ann[127] den Dienst auf, welches mir so viel Verdruss machte, dass ich hätte ersorgen sollen, es könnte mir auf meine Umstände besonders schaden. Ach Gott, sende mir doch auch getreue, gute Menschen, die meiner, wie ich ihrer, warten mögen, und meiner Kinder. Wieviel, ach, wie viel liegt auf mir, dass ich fast erliege und nicht weiss, wo ich aus und ein soll.
Mein Gott, stärke mich, sei mit Deiner Hilfe und Gnade mir nahe! Amen.
Ich las die Geschichte der Apostel, auch konnt' ich einige Male beten, dass meine Seele sich erquickte. In Pfeffels Fabeln, Goethes Gedichten, las ich einiges, sonst nichts. Spazierte einmal im Platz[128], sah Lavater, Rahn, besuchte meine Schwester, Frau Schinz, Mama, Frau Hottinger, und so wurde ich zwischen[hin]ein wieder gestärkt. Im ganzen genommen schenktest Du mir Gesundheit, obschon ich vieles litt durch Kopfschmerzen, Bauchschmerzen und sonst[ige] Beschwerden. Ach Gott, erbarme Dich meiner, um meiner Kinder willen, und meiner Kinder um meinetwillen und

---

[124] Imthurn Georg Friedrich (1747–1799), Herr zu Girsberg, 1788 Präsident der Helvetischen Gesellschaft zu Olten, 1798 Kriegskommissär.
[125] Nägeli Hans Jakob (1736–1806), 1783–1806 Pfarrer in Wetzikon, Vater des Komponisten Nägeli Hans Georg, s. 1792, pag. 17.
[126] Wetzikon, Bezirk Hinwil, Zürcher Oberland. Gerichtsherrschaft.
[127] Euphrosine, Ann: Dienstmädchen.
[128] «Platz»: Promenade zwischen dem Zusammenfluss von Limmat und Sihl.

unser beider um meines Mannes willen und seiner um unsertwillen, damit wir in Liebe, in Leiden, in Geduld unsere Pilgerschaft vollenden mögen, die wir aneinander gebunden sind. Amen.

67 <u>Samstag, den 30. Mai.</u>
Auch noch einmal ein Wort vor Ende dieses sich schliessenden Monats, der schnell mir [ver]floss. Oh, wie eilt die Zeit und mit ihr so viel Gutes und Böses.
<u>Donnerstags, den 28.</u> [Mai], liess ich Ader, befand mich aber gestern und vorgestern abends gar nicht wohl drauf. Mein Gott, führe Du mich weiter bis zu meinem Ende des Lebens oder meiner Schwangerschaft durch all mein Leiden, das mich drückt – körperliches und geistliches – Du mein Erbarmer!
Nun feiern wir morgen Pfingsten. Ach, dass es zu meinem ewigen Heil und Stärkung geschehen möge, um Jesu Christi willen. Du, Du kennst den Zustand meiner Seele, und was in derselben auf und ab geht für Qualen, in Gedanken an die Menschen um mich! Ach, stärke mich mit Kraft, alles zu tragen, um Deiner unendlichen Erbarmung willen! Noch hab' ich keine Dienste gedungen, keine gefunden, denen ich meine Geschäfte anvertrauen könnte. Ach, welch ein Leiden!

68 Die Hälfte des 10. Teils von Friedrichs Werken[129] war einige Tage meine Lektüre, mit vielem Nachdenken. Ach, dass doch auch so edle Menschen in der Welt leben, ist wohl eine erquickende Tröstung in der Vergleichung mit den so vielen Alltagsmenschen, die andere, arme so drücken! Auch schrieb ich an Herrn Chorherr. Erhielt einen lieben Brief von <u>Tobler</u>. Arbeitsamkeit befriedigt meine Seele zu stiller Ruhe. O du Geschenk des Himmels, das so viel Seligkeit über mich schon verbreitete, sei Du noch oft, bis an meines Lebens Ende, meine Erquickung!
Dienstags [26. Mai] besuchte ich Frau Lavater, da mir wohl an ihrer Seite war.
Nun werd' ich schon gestört. Gott sei ewiglich und einzig mein Alles! Amen.

69, 70 [leer]

71 <u>Brachmonat 1789.</u>
72 [leer]
73 <u>Brachmonat 1789, Sonntag, den 14.</u>
So lebte ich denn mit Abwechslung verschiedener glücklicher, froher und ernster Empfindungen und Geschäfte bis hieher, seit ich eine Weile ausnahm, um wieder etwas niederzuschreiben in diese Blätter – diese mir

---

[129] Friedrich II: «Œuvres de Frédéric II, Roi de Prusse, publiés du vivant de l'auteur», 4 tomes, Berlin 1789, deutsch (von einigen Berlinern), 15 Bände, Berlin 1788.

feierlichen Blätter. Und nun, noch am Schluss einer alten Laufbahn und am Anfang einer neuen auch einige Worte der Empfindungen meiner Seele. Oh, wie schwer, und wie wichtig ist's nicht für unsere ganze Lebenszeit, nach <u>Wädenswil</u> zu gehen, wie heilig, ernst und wichtig, diesem Volk mit Kraft und Liebe vorzustehen, für meinen <u>Mann</u>. Ach Gott, stehe Du ihm bei mit Deines Geistes Kraft und segne ihn! Und für mich, wie heilig, ernst und wichtig [ist es], einer so grossen Haushaltung vorzustehen, mit Speise und allem für sie

74 zu sorgen, Frieden, Fleiss, Treu unter so viel Diensten zu erhalten! Und wie wichtig und heilig [ist es] für mich als <u>Mutter,</u> mit so kleinen Kindern dorthin zu gehen, ihnen allein ihre ersten Empfindungen aufzuwecken, Gutes einzuprägen, Böses auszurotten, und sie, so viel als möglich, an Leib und Seele zu erhalten. O Gott, Du siehst meine Tränen und meine Angst. Ach, stehe mir bei, auch gib mir Kraft, mein Leben, wenn Du mir's fristest, willig hinzugeben für noch mehr Kinder, wenn Du mir mehr bestimmt hast, und nicht zaghaft mich dieser Pflicht zu entziehen, wenn Schwachheit mich dazu verleitet. Auch Trennung von meinen wenigen Freunden ist mir schwer, besonders von meiner [Schwester] Ott. Ach, gib mir Kraft und Mut und Glauben und Hoffnung und Weisheit, und Kraft und Fleiss, alle meine Pflichten zu erfüllen, soviel an mir liegt!

75 16 Wochen zähle ich seit Samstag in meiner Schwangerschaft. Oh, wie glücklich führtest Du mich hieher! Erbarme Dich meiner auch noch die künftige Zeit, und erfreue mich durch Deine Gnade am Ende dieser Laufbahn!

Wenig Lektüre erquickte und belebte mich, auch wenige Besuche, Herr Pfennigers, Frau Rittmeisters, Frau Otts, zwei Schlirpeten[130] auf der Hofstatt[131] ausgenommen. Oh, die Süssigkeiten der Gesellschaft, wie selten sind sie geniessbar.

<u>Lavater</u> sah ich nie, R.[ahn] wenig. Ein Brief von <u>Tobler</u> erfreute mich sehr. Nun schliess' ich wieder im Namen meines Gottes. Amen.

76 <u>Donnerstag, den 27. Brachmonat 1789.</u>[132]

So komme ich dann nach einer der wichtig[st]en Szenen unseres Lebens in einem ruhigen Moment hierher, um etwas davon aufzuzeichnen. Oh, welche Empfindungen von Freude und Dank gegen Gott strömen nicht empor, mit der zartesten Furcht vereinigt all' dessen, das unser wartet. <u>Den 27. wurde mein Mann gewählt</u> als <u>Landvogt</u> nach <u>Wädenswil</u>. Die vielen Glückwünschungen von Geliebten und minder Geliebten erhebten meine

---

[130] «Schlirpete»: Besuch bei einer Sechswöchnerin, wo, nach ihren Wochen, alle ihre Freundinnen zu einem Schmaus zusammenkommen.
[131] bei der Schwägerin Escher-Meyer Susanna.
[132] Datumfehler, der 27. Juni war ein Samstag.

Seele sanft, brachten mir Vergnügen, das ich noch nie fühlte – so geehrt und geliebt zu sein! Auch die Verschiedenheit der Menschen war mir sehr interessant, und gingen die Tage hin wie ein Traum, dass ich mich nach Vollendung derselben erst freue, und auf sie mit Wonne zurückdenke, besonders die allgemeine Achtung erquickte meine sonst so leidende Seele – die ich glaube bemerkt zu haben – welche meinem Mann bewiesen wurde. Freitags, den 29.[133], kamen Herr Pfarrer[134] von Wädenswil, Untervogt[135], nebst seinem Vater und einem Steffan[136], als Vorgesetzte vom Stillstand[137],

77 da es durch gegenseitige Reden eine herzliche Szene gab, die mich sehr rührte, mir von den Einwohnern gute Hoffnung einflösste, dass ich sah, dass es sehr edle Menschen gibt unter ihnen, und mir Mut machte hinzugehen. Stehe Du uns bei, o Gott, um Deiner unendlichen Erbarmung willen! Amen.

Den 18. war ich von Wirz, meinem ersten Freund, zu Gevatter gebeten[138]. Oh, welch eine Freude, in diese Verbindung mit ihnen zu kommen! Gott segne diese so wichtige Handlung an meinem so geliebten Götti, <u>Conrad Wirz</u>, mit Deinen besten Segnungen!

78 [leer]

79   <u>Heumonat 1789.</u>
80 [leer]
81   <u>Heumonat 1789, Samstags, den 11.</u>

Schon wieder so viel als den dritten Teil dieses Monats sehe ich vollendet, da ich die Zahl dieses Tages niederschreibe. Ach, wie vieles fasst diese Zeit nicht wieder in sich, von genossenem Guten, von Freuden, von Leiden, von Betrachtungen, von Empfindungen, wollt' ich alles behalten und niederschreiben. Die dunkeln Ideen davon sind mir schon Seligkeiten über alle Worte! Gesundheit und Leben und Liebe blühten in meinen Knaben, die wohl unter die herrlichsten Kinder gehören, die ich je gesehen habe. O Gott, welcher Dank strömt Dir von meinem Innersten, mit der innigsten Bitte um Deinen Segen für sie! Du weisst, wie ich sie liebe, wie gerne ich mich für sie aufopfere! Ach, gib mir nur innere Weisheit und Kraft und Liebe bei allem, was ich an ihnen tue!

82 Einige harte Kämpfe in <u>meinem Innern</u> ausgenommen, genoss ich liebliche Stunden mit meinem Mann. Oh, dass doch nichts in der Welt auch <u>dieses</u>

---

[133] Recte 26. Juni.
[134] Amman Johann Caspar (1737–1792), VDM, 1784 Pfarrer zu Wädenswil, verh. 1762 mit Anna Bachofen.
[135] Hauser Hans Jakob (1744–1814), Geschworener, Mitglied des Herrschaftsgerichts, 1786 Untervogt, getreuer Anhänger der alten Ordnung und Trabant David von Orellis.
[136] Steffan: Alteingesessene Familie der Gemeinde Wädenswil.
[137] «Stillstand»: Teil der Kirchenpflege, welcher als lokales Ehe- und Sittengericht fungiert.
[138] «Gevatter»: Patin für Wirz Johann Conrad (1789–...), muss früh verstorben sein.

innige, einzige Verhältnis, nie ganzer Freuden voll, durch nichts getrübt [werde]!

Meine Freunde sah ich wenig, doch alle herzlich und liebend. Mein Ausgehen zu ihnen und mein Bedürfnis wird und ist durch meine täglich wachsenden Geschäfte nun etwas verändert, wenn schon mein Herz vielleicht mehr an ihnen hängt in meinen stillen Stunden. Lavater, bei deinem Namen wird es mir doch jedesmal wehe um meine Seele, als um jeden andern. Oh, sei und bleibe auch Du mir ewig gut!

Innert dieser Zeit las ich Coxe'[139] Reisen[140], ersten Teil, [und] Salzmanns Elementarbuch[141], ersten Teil. Mit welchem Interesse für Coxe las ich das erstere, und mit welcher Bewunderung der tiefen Menschenkenntnis las ich das zweite! Welche Blicke in uns Menschen und in unsere Handlungen hast du, edler Verfasser, dass du auf sichere Wirkung zählen kannst, dessen, was du zu wirken wünschest!

Die meiste Arbeit war meinen Kindern. Oh, wie süsse Anstrengung und Ermüdung für diese geliebten, um deretwillen ich allein zu leben wünsche! Denke ich an mein Kindbett, das mir immer sehr schwer vor Augen und Herzen liegt, das alles aber nicht an dasjenige reicht, so ich aus Liebe für meine Schwester Ott empfinde, wenn ich seiner gedenke oder ihns sehe. Im ganzen genommen geht es, gottlob, ordentlich, und ein paar Tage nur bin ich nicht ganz wohl, auch bald ängstlich für die wenige Empfindung von meinem Kinde unter meinem Herz, bei diesem Gedanken, und dass es ein Mädchen sein möchte! Oh, wie würde meine Freude nur sein, wenn ich's sehen [könnte] und an mein Herz drückte!

Mit Zittern sehe ich der Veränderung mit meinen Diensten entgegen nach den vielen schlechten Erfahrungen ihrer Handlungen, der alten etc. Doch will ich meine Hoffnung auf Gott setzen, dass Du Dich meiner [und] meiner Bedürfnisse erbarmen möchtest, dass jedes an seinem Ort das Seinige tun möchte. Nun schliess' ich wieder in Deinem Namen, o Jesus Christus, Du mein Heiland und mein Gott! Amen.

Samstag, den 25. Juli 89.

Um 6 Uhr war ich aufgestanden, von meinen Kleinen durch ihre Seltzne[142] wehmütig geplagt, bis sie gespiesen hatten, und der eine ins Bett, der andere auf die Füsse gestellt war. Darauf Ankleidung, nachher las ich noch den

---

[139] Coxe William (1747–1828), englischer Geistlicher, Geschichtsschreiber und Reiseschriftsteller.
[140] Coxe William: «Reisen durch Polen, Russland, Schweden und Dänemark mit historischen Nachrichten und Bemerkungen, a. d. Englischen», 3 Bände, Zürich 1785–1792.
[141] Salzmann Christian Gotthilf: «Moralisches Elementarbuch», 2 Teile, Leipzig 1786, 1787.
[142] «Selt(z)ne»: Seltsamkeit.

zweiten Teil von Salzmanns Elementarbuch aus, das ich mit der innigsten Empfindung seines inneren Werts gelesen hatte, mit der Überzeugung, wie viel Gutes es schon gewirkt haben möge und wirken werde. Ob[wohl] die Sachen eigentlich nicht neu, so sind sie so anschaulich dargestellt, dass ich's nicht genug bewundern könnt', auch innigst wohl befand, in Sonderheit bei dem Gefühl der tiefen Menschenkenntniss die ich in demselben fand. Darauf trug ich meinen kleinen Sohn umher, indem der andere spielte um uns. Oh, welch ein Gefühl, das die Mühseligkeit des Mutterstandes so erleichtert! Gestern erhielt und beantwortete ich einen lieben Brief von Wegelin. Ein getreuer Freund bleibt immer nahe, wenn auch lange oft still.

86 Diese verflossenen Tage brachte ich meistens in häuslichen Geschäften zu, alles wieder in Ordnung zu bringen, was es bedurfte und unter meine Hände zu nehmen, was ich ein Jahr lang der Euphrosine anvertraute. So schwer mich's die ersten Tage ankam zu tun, so leicht scheint's mir, seitdem ich's wieder im Gang habe mit der inneren Wonne, wie nötig und gut es sei, solche Sachen selbst zu tun. Auch dient's zu meiner wahren Beruhigung, die mir die Verleugnung des Angenehmen ganz ersetzt. Einige Erzürnung über kaltes Betragen der Frau Mutter [und der] Frau Schwester tat mir selbst wehe. Liebe Besuche bei Frau <u>Ott</u> und bei Frau <u>Lavater</u> machte ich diese Wochen. Oh, was ist Freundschaft, Gefühl und <u>Liebe</u>, wohl die beste Stärkung beim Bei-Hause-Bleiben und Arbeiten! O Arbeit, welch eine Seelenstärkung bist du! Verlass' mich, göttlicher Trieb derselben, nicht! Wie glücklich bin ich dadurch in so mancher Stund', die ich unglücklich dahin verlebte.

87 Mich schmerzt es sehr, nie wohl zu sein. Obschon, im ganzen genommen, alles seinen ordentlichen Gang geht, so ist's doch schwer, immer so zu kränkeln, keines freien Genusses – welcher Art er sein möchte – zu geniessen fähig sein, durch die Anstrengung des Körpers entkräftet. Mein Gott, hilf mir mein Ziel erringen, um Deiner Erbarmung willen!   <u>2 Uhr, mittags.</u>
<u>Mittwoch, den 29. Heumonat 1789.</u>
Mein 32. Geburtstag
Wie feierlich mir dies Enden und Anfangen eines Jahres meiner Geburt noch ist, das könnt' ich so nicht niederschreiben, wie es tief empfinden. Wie viel, ach, wie so viel ist Deiner Gnade und Deines Segens, dass ich besseres nicht tun kann, als danken und anbeten vor Dir, Du mein Gott und mein Heiland! Welches Zurücksehen auf mein verflossenes Leben, und welches Hoffnungen-Fassen auf mein künftiges! Ach, was ist unser Leben und was ist der Anfang und das Vollenden davon?! Ein empfindendes Etwas,

88 das nur Du, o Gott, zu etwas machen kannst durch Deine Erbarmung, durch die Du das geschaffen und hervorgerufen hast. Liebe Du mich immer tiefer, und sei mein Herr und mein Gott mir, bis an das Ende meiner Tage! Lerne mich den Wert der Dinge kennen und nach dem Ewigen, Bleibenden

streben und erhalten, was mich selig und vor Dir wohlgefällig macht! Ich sehe doch, dass ich mit aller Mühseligkeit nichts erlange auf dieser Erde von bleibendem Wert, auch nicht einmal so viel, dass es meinen Kummer stillt für meine kommenden Tage – nur nach Irdischem betrachtet – was mich innigst betrübt, dass so viel Anstrengung umsonst ist, die mich satt dieses Lebens machte, wenn ich nicht auch innigst und mich über alles sehnte, meinen Kindern zu Nutzen und Trost noch länger zu leben, um sie – so viel an mir liegt – zu brauchbaren Menschen bilden zu helfen. Sonst habe ich nichts auf der Welt, das mich an sie fesselt! Aber um dieser Schäfchen, lieben Engeln, willen will ich gerne noch weiter leiden, in stillem Aufblick zu Gott und Jesus Christus.

89 Heut' um 6 Uhr war ich aufgestanden, meinen Kindern zu tun. 's Tee, ankleiden. Um 8 Uhr eine kleine Weile <u>allein</u>, mich sammelnd, eine Predigt lesend von Hess, über die Verachtung der Religion, der Schrift. Dann Arbeit bis 11 Uhr meinen Kindern, 's Speisen, nachher Arbeit bis 4 Uhr, bis nach $^1/_2$6 Uhr unruhig, mühsam, nachher noch aufräumend, und nun, bis es 6 Uhr läutet, schrieb ich bis hieher, also diesen Tag angefangen und vollendet wie schon so manchen!

Wie es meiner Mutter[143] mag gewesen sein, da sie mich als ihr erstes Kind geboren, das ist heute einer meiner Hauptgedanken. Ich glaube, natürlich[erweise] verstärkter als noch nie durch das Hüpfen meines Kindes in mir, [an] meine ganze Mütterlichkeit, die meine Seele allein und über alles erfüllt. Auch einiges Angedenken an <u>Lavater</u>, an <u>Rahn</u>. Nun schliess' ich im Namen Gottes, des Vaters, des Sohnes und des Heiligen Geistes. Amen.

90 [leer]

91 August 1789.

92 [leer]

93 August 1789, Samstag, den 15., 6 Uhr abends.

Es sehnt sich meine Seele, einige Worte wieder hier niederzuschreiben, gleichsam als ob ich dazu getrieben würde an diesem stillen Abend, da ich furchtsam wegen Gewitter, [und] ängstlich wegen meiner Schwester, dass ihm etwas zugefallen [sein mag], und körperlich nicht wohl gestimmt und erfüllt bin. Ach Gott, sende mir Ruhe und Kraft, alles zu tragen, was mich so innig drückt. So viel als ich konnte, besuchte ich meine <u>Ott</u>, jedesmal mit dem innigsten Gefühl, teilnehmender Liebe voll, die mich so innig mit ihm verbindet im Gefühl meines Unvermögens, etwas für ihns zu tun. Nur das schwache Aufheben meines Herzens und meiner Hände mögest Du, o Gott, segnen, der mich sieht und kennt!

---

[143] Escher-Fries Anna Barbara (1728–1770), leibliche Mutter der R. v. O.-E.

Viel häuslicher Druck macht mich unendlich leiden, wie ich dieses und jenes machen könne, machen wolle und was am Ende der Dinge noch herauskomme ??? Unendlich schwer ist's mir mit jedem Tage, weil ich einsehe, dass mit all' meiner Mühe und Anstrengung nichts erzielt, noch errungen wird, und alle meine Arbeitsamkeit umsonst ist – auf gewisse Weise.

Meine Umstände werden immer beschwerlicher. Viele Übelkeiten, Mattigkeiten und unhilfsame Dienste[144] erschweren mir meinen Zustand ungemein, sodass ich weder Tag noch Nacht beinahe keine Ruhe habe noch vor[her]sehe.

Einige wenige Stunden konnt' ich bei guten Büchern mich erholen und erquicken, unter anderm bei Buffons 4. und 6tem Teil, welche ich mit offenem Sinn lesen konnte.

<u>Lavater</u> sah ich noch nie, alle meine Freunde sehr selten, dass ich mich ganzer Erstorbenheit von ihrer und meiner Seite erfüllt sehe, auch keine Hoffnung in mir nähre, sie diese hier verweilenden Monate noch mehr zu sehen. Ihre und meine Lage erlaubt es nicht, und die Bestimmung von Dir will es nicht. Wohl mir, Du lernest mich, mir selbst leben und die Meinigen durch und mit mir!

<u>Sonntags, den 23. August 1789.</u>

Nach einem unruhvollen Wäschemorgen setz' ich mich einige Augenblicke nieder, voll ernsten Gefühls alles dessen, was mich umgibt und beschäftigt. Oh, wie nichts, wie schwindet alles so schnell vorbei, dass ich nichts möchte entfliehen lassen, was wichtig und ewig ist!

Gestern noch besuchte ich meine Ott. Ach Gott, wie schwer liegt's mir auf dem Herzen! Nur das Aufblicken zu <u>Dir</u> erleichtert und beruhigt die bangen Sorgen für meine Geliebte und sein Kind. Erfreue Du mich durch ihns, wie Du mich noch nie erfreutest! Dir will ich ewig Dank sagen und Dich preisen.

Eine bange Nacht hatt' ich, weil ich Casperli krank sah. Morgens Mattigkeit, Geschäfte, Besuche, 's Essen bis nach 1 Uhr, dann einige ruhige Augenblicke. [Ich] schrieb der <u>Schulthess</u>. Nachher betete ich innigst, trank Tee und schrieb hieher.

Welch eine Seligkeit ist die <u>Arbeit</u>, und doch wie unbefriedigend, wenn die Seele nicht auch Nahrung hat, die die Arbeit erleichtert, und die durch ganze Anstrengung vereitelt und verödet ist, wie ich es diese Wochen tief empfunden hatte.

Gott, mir allein gibst Du Mut, alles zu tragen, alles durchzukämpfen! Gib mir auch Glauben, alles zu überwinden und Geduld zu tragen, um Jesu Christi willen! Amen.

---

[144] «Dienste»: dialektal für Dienstboten.

97   Herbstmonat 1789.
98   [leer]
99   Herbstmonat 1789, Sonntag, den 13.

Herzliches Verlangen drängt mich, auch wiederum einige Worte in diese Blätter niederzuschreiben, die ich so selten berühre, da doch meine Seele und mein Herz so voll angefüllt ist von Empfindungen des Angenehmen und des Unangenehmen – das letztere in welch einem Übergewicht!

Ach, welch eine Erwartung auf die Stunde der Niederkunft meiner Schwester, welch eine Furcht – bin ich bei ihm, oder ferne von ihm! Viel Teilnahme in der Empfindung seiner Situation! O Gott, sei Du ihm – über mein Bitten und Verstehen – gnädig und stehe ihm bei und erfreue ihns, um Jesu Christi willen! Ich schäme mich so oft, an Deiner Erbarmung zu zweifeln. Aber Du kennst der Menschen und meine Schwäche, wie wir ängstlich sind, verzeihe es mir um Deiner Erbarmung willen!

Täglich besuchte ich ihns mit der innigsten Liebe und mit Wehmut.

100 Undenkliches Leiden durchgräbt mein Innerstes durch einiges Misstrauen von aller Art in meinen Mann. Oh, welch qualvolles Gefühl! Mein Gott, hebe es von mir, und schenke mir auch wieder Ruhe, die mich erquicke. Keine frohe Stunde an seiner Seite, die mir Erheiterung verschaffte, keine erbauliche Ergiessung ohne in den Ton oder das Missverstehen der Vorwürfe zu verfallen – geniessen nie mehr! Ach Gott, gib mir Kraft, alles zu tragen, und was an mir liegt von der Seite zu heben, dass Frieden und Wonne wiederkehren möchten zu uns, um unser und um unserer Kinder willen! Keine Offenheit, keine Ruhe umschlingt uns mehr. Ach, welch ein Leiden, auch in Rücksicht auf mein Kindbett und in Rücksicht auf Wädenswil, da ich einzig sein werde, umringt mit tausenderlei! Auch über die Erziehung der Kinder ist keine Harmonie, das mich unendlich leiden macht. Gott, Du allein führst ihr Schicksal, Dir sei es kindlich anbefohlen in tiefm Gefühl meiner Unvermögenheit.

101 Einige frohe Stunden genoss ich an Lavaters Seite, einmal in seinem Hause, in Gesellschaft der Madame La Roche[145], die ich das Vergnügen hatte zu sehen, das mir so lange unvergesslich sein wird, als ich lebe. Das zweite Mal sah ich ihn mit Lips bei uns, da er mir ein Exemplar von seinem Gedicht «Menschliches Herz» schenkte. Oh, was ist Freundschaft bei so seltener Wiederkehr ihrer Äusserung!

R.[ahn] sah ich bei 3 Wochen nie. O Gefühl, erstirb nicht bei unserem Leben, das so tief für ihn in meinem Herzen lebt!

Ein paar Teile von Buffons Naturhistorie erhoben meine Seele in tiefen Blicken ins Innere, näher dem, was uns umgibt, was in uns liegt, was der

---

[145] La Roche Sophie (1731–1807), Schriftstellerin, Jugendgeliebte Christoph Martin Wielands.

Mensch ist – sein könnte. O Erhebung der Seele, lass' mich auffangen das <u>Licht</u> der Wahrheit, wo ich's zu finden hoffe und glaube! Öffne meine Seele mit tiefem Gefühl und Erkennen alles dessen, was mich umgibt.

102 Arbeit und Arbeitsamkeit beseligt mich wie immer noch. Oh, lass' mich dich nicht verlieren, du Erfreuerin meines Herzens! Ich verschnitt ein paar hundert Ellen Tuch zu Leintüchern nach Wädenswil und Bettanzügen. Tiefe Kränkung und Hemmung durchgeht mich, nicht auch alles frei machen zu können, was die Notwendigkeit erfordert. Auch keine reale Erklärung dessen, was ich dort antreffe als Leihung von der Mama[146], dass ich es beinahe nicht ertragen mag[147], besonders weil die Zeit so ihrem Ende zueilt und ich noch ein paar Monate in meinem Kindbett zurückgebunden werde.

Den 11. [September] feierte ich meinen Namenstag, mochte keine weitere Feier als die Betrachtung dessen, was sich in Jahresfrist zugetragen hat. Was für ernste und was für frohe und was für leidende Tage ich verlebte bei meinem <u>Mann</u>, bei meinen <u>Kindern</u>, bei der Hoffnung wieder zu <u>gebären</u>, bei der Aussicht auf <u>Wädenswil</u> zu ziehen! Ach, dass Gott sich meiner erbarmen möge!

Um 6 Uhr war ich aufgestanden, segnend, liebend gegen Mann und <u>Kinder</u>. Morgendliche Geschäfte mit den Kleinen, ein unangenehmer Besuch von einer Gotte[148] und seiner Mutter von Wädenswil. Nachher schrieb ich
103 ein Billett an Frau Doktor Lavater, sendete ihr eine Porzellan-Vase, zum Blumen einzustellen mit Blumen, betete, kleidete mich ein wenig an, erhielt ein Billett von der Schulthess und [von] Wirz, die ich mit Innigkeit beantwortete und dabei Wonne fühlte, Freude hatte über ihr Geschenk, eine Lampe von Glas mit Silber beschlagen. Noch herzliche Segnungen meinen Knaben, einige bange Momente mit Herrn <u>Wieser</u> über Frau <u>Otts</u> Niederkunft, weinte in tiefen Empfindungen. 's Essen, Arbeit bis 4 Uhr, noch ein Geschenk von Doktor Lavaters erhaltend, und nun gingen wir spazieren. Bittere Unter[red]ung[en] machten mich entsetzlich weinen – mit meinem Mann – und leiden. Er schien gereizt zu sein, mir wehe statt wohl zu tun. Von 5 Uhr an bei meiner Schwester <u>Ott</u>, banger Seele voll. Um 8 Uhr nach Hause, da körperlich nicht wohl und um 10 Uhr ins Bett.

Den <u>6.</u>, als am Vorbereit-Sonntag[149], ging ich zur <u>Kommunion</u>. Ach, welch eine feierliche Stunde und auch welch ein feierlicher Tag für meine Seele!

---

[146] Schwiegermutter, Orelli-v. Wyss Dorothea von, Witwe des vormaligen Landvogts zu Wädenswil, Orelli Hans Conrad von.
[147] Das Ehepaar von Orelli hatte noch Ansprüche auf einen Anteil ungeteilten Erbes des alten Landvogts von Orelli-von Wyss. Regula widerstrebt es, Aussteuergut als Leihgabe des Schwagers anzunehmen.
[148] «Patenkind» und Mutter. Es gehörte im 18. Jahrhundert zum guten Ton bei den zürcherischen Untertanen, den lokalen Landvogt oder die Landvögtin als Taufpaten zu erbitten.
[149] «Vorbereit-Sonntag»: Im Hinblick auf den Bettag (Donnerstag, 10. September).

104 Und nun auch noch mein heutiges Beginnen [13. September].
Um 6 Uhr aufgestanden, mit meinen Kleinen zu Morgen getrunken – an einem Tisch, den Kleinen gewaschen und versorgt. Betete und las, da Casperli um mich herumsprang, die 1ste Epistel an die Korinther[150] fast ganz, kleidete mich ein. 's Essen, Unterredung mit meiner ersten Taufgotte[151]. Nachher in Meisters[152] Spaziergängen[153] gelesen und dies nun, mein Tagebuch, neu geschrieben, da es 3 Uhr schlägt.
Der <u>Glaube</u> ist's, der die Welt überwindet.[154]

105, 106 [leer]

107   <u>Weinmonat 1789.</u>
108   [leer]
109   <u>Weinmonat 1789. Freitagsmorgen, den 2. Weinmonat.</u>
Ich sehnte mich nach einer stillen Stunde, einiges, vieles in diese Blätter einschreiben zu können, von denen mir diese verflossenen Tage so heilig und wichtig sind um deswillen, was sich in denselben zugetragen, besonders auf die glückliche Niederkunft meiner Schwester <u>Ott</u>, den 20. Herbstmonat, 4 Uhr, abends, da ich ganz von ungefähr hinkam, ihns angegriffen von Wehen fand, mit ihm noch Tee trank und ihns in die Stube führte, wo es niederkommen sollte, von <u>Liebe</u> und <u>Furcht</u> und Teilnahme unaussprechlich litt, nicht den Mut hatte, bei ihm zu bleiben, in seine Schlafkammer ging, ohnmächtig war, <u>betete</u>, <u>weinte</u>, <u>zitterte</u> voll banger Erwartung, Herrn Wieser hörte, ihn fragte wie es stehe und vernahm, sein[155] Kind komme natürlich. Und nach einer kleinen Weile die Freudenbotschaft hörte von der Geburt eines Sohns[156], weinte, Gott dankte, nicht hinlief, weil ich des Gedankens schon erfüllt war, es bekomme noch ein Kind, [ver]weilte und nach einer kleinen Weile die Freudenbotschaft hörte, dass sie glücklich mit noch einem Sohn[157] entbunden sei, und nun sah und
110 empfand [ich] das unaussprechliche Glück, die Mutter und <u>Zwillinge lebendig</u>, <u>wohl</u> zu sehen, das ich nicht mehr beschreiben kann, nur innig Gott anbetend und dankend mir vergegenwärtigen werde. So schönes habe ich in meinem Leben nichts gesehen, so gross, so gesund, dass man sich

---

[150] 1. Korinther.
[151] «erste Taufgotte»: unklar, möglicherweise analog 1787, pag. 13.
[152] Meister Leonhard (1741–1811), VDM, Schriftsteller, Professor der Sittenlehre, Geschichte und Geographie an der Kunstschule, Vertreter revolutionären Gedankenguts.
[153] Meister Leonhard: «Schweizerische Spaziergänge», 2 Bde., St. Gallen 1789 und 1790.
[154] 1. Johannes 5, 4: «Denn alles, was aus Gott geboren ist, das überwindet die Welt, und dieses ist der Sieg, der die Welt überwunden hat, nämlich unser Glaube.»
[155] Wie üblich Neutrum statt Femininum.
[156] Ott Hans Conrad (1789–1798).
[157] Ott Johann Ludwig (1789–186.), Kaufmann, später Spitalschreiber und Stadtgerichtsschreiber.

ihrer nicht genug freuen kann. Frau <u>Ott</u> litt unaussprechlich von Nachwehen, und ich war erschüttert durch und durch, kehrte nach 7 nach Hause, mit welchen Gefühlen! Ach Gott, Du sahst und kennst sie! Ich konnte nicht schlafen, kehrte noch meine Sachen aus zum taufen, und da ich angelegt und fertig war, ging ich wieder hin, fand meine Schwester – Gott Lob und Dank – überaus wohl mit den beiden Kleinen. Sie entschlossen sich, den Erstgeborenen <u>Hans Conrad</u> zu nennen, dessen Taufzeugen Herr Zunftmeister Ott[158] und Frau Ratsherr Werdmüller[159] waren, den zweiten <u>Johann Ludwig</u>.[160] [Sie] nahmen Herrn Gerichtsherr Wieser und Frau Escher[161] zu Taufzeugen. Für sie war mir diese Freude[162] bestimmt. Um 1 Uhr kehrte ich zurück, legte mich an, ging in die Kirche und hielt den Knaben zur Taufe. Oh, welch eine feierliche Stunde, eine der feierlichsten meines ganzen Lebens, von empfindungsvoller Liebe und Gebet. Nachher trank ich Tee und nach fünf Uhr ging ich noch einmal hin zu Frau Ott, fand alles wohl und kehrte – Gott dankend – nach 7 Uhr zurück.

111 Von da an besuchte ich ihns oft, war aber dabei nicht wohl und von Verdruss geplagt, dass ich einige Tage beinahe meine Niederkunft erwarten musste von so unbeholfenem Versäumen der notwendigsten Dinge, die diese Messe[163] sollten gekauft sein. Die Unmöglichkeit machte mich mutlos und nach vielen Stürmen unter uns geschah es zuletzt noch. Ach, dass alles in der Welt so muss erkämpft sein! Ich denke oft, [dies sei, um] den Wert der Dinge zu erkennen, damit man bei dem Genuss sie fühle und schätze. Entsetzliche Leiden bestürmten meine Seele, wenn ich des nachts so enge habe, dass ich öfters schon vermeinte zu ersticken und es befürchte. Den Tod scheue ich eigentlich nicht, weil ich, o Gott, lebendig und tot Dein bin, wohl aber die Trennung von meinen Kindern, die ich so ungern verlasse, weil sie zarter Sorge noch so sehr bedürfen, und ich sie so unendlich liebe und mich ihrer freue. Ohne sie habe ich nichts in der Welt, das mich an sie bindet. Aber <u>sie</u>, o Gott, zu verlassen, ist das grösste, das mich traurig macht. Einige Störungen hindern mich fortzufahren.

112 <u>Sonntags, den 4. Okt. 89.</u>
Um 6 Uhr war ich aufgestanden, entschloss mich, in die Kirche zu gehen, war vorher ernster Empfindung voll, dass es das letzte Mal vor meiner Ent-

---

[158] Ott Hans Conrad (1744–1818), 1783 Zunftmeister z. Saffran, Bruder von Ott Heinrich, Onkel des Täuflings; 1766 verh. mit Füssli Anna Katharina (1745–1825).
[159] Werdmüller Hans Conrad (1746–1803), Ratsherr, b. Ochsen verh. mit Ott Regula (geb. 1746).
[160] Ott Johann Ludwig (1789–1870), später Freihauptm., Kaufmann.
[161] Escher-Meyer Susanna, Tante.
[162] Bei Unpässlichkeit oder Ortsabwesenheit der Patin wurde eine «Schlottergotte» bestimmt.
[163] «Messe»: Die Frankfurter Messe begann am 8. September, die Zürich-Messe am 17. September, die Leipziger Messe am 4. Oktober.

bindung sei. [Ich] legte mich in diesen Betrachtungen langsam an und ging mit meinem Mann nach der Kirche, da mir stille Andacht, Gebet, Empfindung des Danks und Freude gegönnt war für alles, was ich an jener Stelle Gutes gehört und empfunden habe. O Gott, werde ich wieder hingehen oder in meine Ruhe eingehen, Dein Wille geschehe, Dir sei Anbetung und Dank! Es mag mit mir kommen, wie es will. Lavater predigte über die Worte der Epistel an die Römer, 12. Kapitel vom 13 Vers[164] [an] bis zum Ende des Kapitels, war gerührt, ob ich schon nicht heiter wurde, ging noch einige Minuten in sein Haus und zu den Meinen zurück, da Müdigkeit und Ausziehen den Morgen noch erfüllten. Auch bis jetzt mir noch nie heiter ist, weder innerlich noch äusserlich.

113 Vorgestern schrieb ich an Tobler, gestern an Rahn.
Mein Gott, was wird meiner in Erwartung!

Sonntag, den 12. Okt. 1789.

So nehme ich denn wieder einige Momente des stillen Nachdenkens, um einige Worte einzuschreiben von dem Gang meines Lebens. Heute war ich nach einer schmerzenslosen Nacht um 6 Uhr aufgeweckt durch die tagrufenden Töne meines Knaben, des Ältern: «Tag, Mama, Mama, wo bist?» rufen und des Kleinen «mem-em-ma-ma.» Ach Gott, was für Töne, welch eine Empfindung weckt die andere, und welch ein Erblicken, sie in ihrer Gesundheit blühend wieder zu sehen! Ich segnete sie still, nahm den Kleinen selbst, tat ihnen etwa eine Stunde nach ihren Bedürfnissen, legte den Kleinen wieder in sein Bett nachdem er gewaschen war und alles an ihm getan. Legte mich nachher selbst an, und darauf las ich eine Predigt von Hess über die Worte Lukas[165]

114 «Es ist unmöglich, dass nicht Ärgernisse kommen», von den Kindern unterbrochen, und von da an betete ich herzlich mit Andacht zu Gott – auch einmal um mein Leben, um meiner Kinder willen – einige Lieder. Und nachher las ich die Epistel Jakobs, eine Predigt von Lavater, und nachher frohes Mittagessen mit Mann und Diensten. Kaffee-Trinken, einschreiben, und um 1 Uhr hier mich niedersetzend froher Seele voll.

---

[164] Römer 12, 13 ff.: «Habet Gemeinschaft mit der Notdurft der Heiligen, strebet danach, dass ihr gerne beherberget. Segnet, die euch verfolgen, segnet und fluchet nicht, seid fröhlich mit den Fröhlichen, und weinet mit den Weinenden, seid einerlei gegen einander gesinnet, sinnet nicht nach hohen Dingen, sondern haltet euch nach den niedrigen. Haltet euch selber nicht für klug, vergeltet niemand Böses mit Bösem. Seid fürsichtig, ehrbare Dinge zu tun vor allen Menschen. Ist es möglich, so viel an euch ist, so haltet Frieden mit jedermann. Rächet euch selber nicht, ihr Geliebte, sondern gebet nach dem Zorn, denn es ist geschrieben, mir gehört die Rache, ich will es widergelten, spricht der Herr. Darum, wenn dein Feind hungert, so speise ihn, wenn ihn dürstet, so tränke ihn, denn wenn du dieses tust, so wirst du feurige Kohlen auf sein Haupt sammeln. Lass dich das Böse nicht überwinden, sondern überwinde das Böse mit Gutem.»

[165] Lukas 17, 1: «Jesus sprach zu den Jüngern: Es ist unmöglich, dass nicht Ärgernisse kommen, aber weh dem, durch welchen sie kommen!»

Letzte Woche nahm sich durch Fleiss und Arbeit und Ergebung der Arbeit weit aus, das mir Ruhe schaffte. Ein paar Tage litt ich grosse Schmerzen von meinem Schwanger-Sein her. Ach Gott, erbarme Dich meiner! Wie wird mir auch sein, wenn ich mein Kind auf meinen Armen sehen werde! Dienstags [7. Oktober] trat unser neuer Haus-, und will's Gott, Haus- und Schlossknecht in unsere Dienste. Erfülle Du sein Herz mit Treue und Ergebenheit an seinem Platz!
Manch stiller Gedanke hing an meinen so stillen Freunden, besonders an R.[ahn]. Ach, dass er meiner auch gedenken möchte. Meinen Brief an ihn schickte ich ihm bisher noch nicht.
Nun end' ich wieder einmal in Deinem Namen, o Christus! Amen.

115   Sonntags, den 26. Weinmonat 1789.
Eine stille, feierliche Stunde treibt mich hin, einige Worte hier niederzuschreiben. Ob es nicht die letzten [sein] mögen vor meiner Niederkunft – oder die letzten für mein ganzes Leben? Das überlass' ich ruhig Dir, mein Gott! Du weisst, dass mich nichts bindet, dass ich zu leben wünschte als [nur] meinen unmündigen Kindern, die ich über mein Leben liebe, gerne alles trage und dulde, was mir in nicht geringem Masse auferlegt ist – häusliches und sonstiges. Besonders könnte ich sie nicht in die Hände der Schwester meines Mannes lassen. Dieses würde meine Seele zerreissen. Darum bitte ich Dich, o Gott, um Deinen Segen für sie, leite, dass mein Mann heiraten könne und möge, dass sie statt meiner eine Mutter bekommen mögen,

116 wenn ich von ihnen soll! Sonst quält mich nichts zu verlassen, weil ich mich nie glücklich schätzte, noch glücklich fühlte, durch die ewigen Störungen der Ruhe, die mein Leben hemmten, und die Du weisst, worin ich sie zähle – wenn ich sie schon nicht [hie]hersetze! Immer Übelsein quält mich, gewisse Empfindung, dass mein Kind eine unrechte Lage habe und [ich] keine Ruhe, macht mich so sehr leiden, dass ich es beinahe nicht mehr auszustehen vermag, was um mich vorgeht. Hinweg, meine Hand[166]! Schliessen für einmal, im Namen Gottes des Vaters, des Sohnes und des Heiligen Geistes! Amen.
Nachher schrieb ich noch an meinen Mann mit unendlichem Tränenerguss, wehmuts- und leidensvoll. Ach, wer kennt und denkt sich, wie es mir gewesen sein mag!

117   Mittwoch, den 28. [Oktober]
Nur auch eine Zeile, du mein Buch meines Ichs. Heute um 6 Uhr Erwachen nach gutem Schlaf, sodann meine Kleinen aufgenommen. Herzliches Gebet, da ich allein bei ihnen war. Nachher durchlas ich Briefe an Lavater und von Lavater. Einige Arbeit, sodann ein Besuch von Frau Schweizer, der

---
[166] Gemeint ist vom Tagebuch.

Hebamme. Bangigkeiten. Mitleiden über das Schicksal der Frau Brigadier von Orelli[167]. Stadtgeschwätz, nachher bis mittags noch Arbeit, 's Essen und nachher Einkauf von Zwilchen, und besuchte die Frau Schulthess, da es mir wohl war, doch immer gestört. 's Tee bei Hause, nachher schrieb ich einiges ein, auch rechnete ich mit den Diensten, und arbeitete und schrieb dies noch nach. Ach Gott, ob ich noch mehr kommen werde, das weisst Du allein! Gottes ewiges Erbarmen sei mit mir und meinem Kind. Amen.

117a [leer]

117b   Wintermonat 1789.
118 [leer]
119   Wintermonat 1789. Samstag, den 7. Wintermonat.
o komm' ich denn heute, noch einige Worte einzuschreiben in diese Blätter, in einer ruhevollen Stunde, nach einer sanften Nacht und nach einigen Tagen von Schmerzen, der Unruh', der Angst, ja der Todesangst, dass ich gebären sollte. Noch nie, noch nie hatt' ich diese Empfindungen. Mein Gott, stehe mir bei, zu überwinden alles das, was mir bevorsteht. Sei Du mein Gott im Leben und im Tode! Amen.

Montags [31. Oktober], dienstags, mittwochs, donnerstags bracht' ich in Krampfschmerzen und Jast dahin, dass man mich zu Ader liess, und ich stündlich meine Niederkunft, meinen Tod erwartete. Und gestern liessest Du mich, o grosser, allmächtiger Gott, die Freude erleben, dass ich den Geburtstag meines kleinen Conrads feiern konnte, mit all den Empfindungen des Dankes und der Freude,

120 die die Gedanken in mir erweckten, was Du mir durch diese Güte und Gnade mit ihm geschenkt hast. Sein Leben, mein Leben, die Freude, ihn mit jedem Tage zuzunehmen sehen an Gesundheit und Schönheit. O Gott, was fasst dieses alles in sich, dass ich's nicht beschreiben aber empfinden und danken kann, nur dieses ohn' alles andere – nein, vieles ist es nicht! Auch hatt' ich gestern ein paar Stunden stilles, liebes Ruhen, durch das Allein-bei-mir-Sein meines Mannes, der mir so viele Zärtlichkeit zeigte. Ich hinterhielt mich, sie ihm zu erwiedern, weil ich gar zu sehr zu Tränen geneigt und jede solche Ergiessung – auch gegen meine Knaben – mich allzu sehr in Bewegung setzt, dass es mich zu sehr angreift. O Gott, lass' uns eins sein in unserer Liebe und in unserer Treue, um des süssen Friedens und der Ruhe willen, die mich so lange flohen mit unendlichem Leiden!
Lass' mich nun, o Gott, alle Kraft erlangen zur Überwindung alles dessen, was meiner wartet, um Jesu Christi willen! Amen.

---

[167] Orelli-von Trützschler Friederike Louise von (1760–1839), vermählt (1779) mit Orelli Johann Ulrich von (1747–1789), Brigadier in neapolitanischen Diensten. Die Witwe heiratete 1794 den besten Freund ihres Mannes, General Salis-Marschlins Anton von (1732–1812).

121   Sonntag, den 15. Nov. 1789, 2 Uhr, mittags.
Noch einmal setz' ich mich nieder, wieder einige Worte niederzuschreiben nach einer so angstvollen Woche, da ich täglich erwartete niederzukommen, durch Beweise dazu, der verkündigenden Schmerzen mit Todesangst verbunden. Ach, wer kennt genugsam dieses Leiden, das sich in mir und mit mir vereinigt und doch jedesmal wieder verlor durch Deine Güte und Deine Gnade! O Herr, Gott meines Lebens, so sehr ich diese Stunden ersorge, so sehr wünsche ich sie doch herbei! Lebendig oder tot frei zu sein, und heute, da ich so wohl bin, mit welchem Mute würde ich ihnen entgegen gehen im Vertrauen auf Dich, o Du mein Gott, den ich heute in Demut und mit Glauben anbeten konnte, wie lange nie! Ach, leite Du doch alles zu meinem und meines Kindes bestem, um Jesu Christi willen! Amen.

122 Um 6 Uhr, nach einer ziemlich freien Nacht, erwachte ich unter dem süssen Aufleben meines Mannes und meiner Knaben, davon der Ältere mir «Mama-Mama-Mama» rief. Ach, welche Empfindungen durchwallen meine Seele bei diesem Tone, und der Kleine, mir am Bettumhang ziehende, «da-da-da-Papa-papa-pap-pap» stammelnde, mir die ausstreckende Hand tätschelnde, entgegen kommende. Oh, welch eine süsse Stärkung des auf mich wartenden Leidens! Hinsitzend da sie speisten, ich Kaffee trank. Nun kleidete ich mich weiss an, sass in meine Stube, las im Johannes, erhebte meine Seele betend und wurde ruhig. Speiste freudig und viel mittags. Freundliches Gespäch mit meinem Mann von Lavaters Geburtstag und von der Kindhebung[168] des Kindes[169] von Pfenningers, das er verrichtet. Auch las ich nachher im Revisionswerk[170] [und] in der Abhandlung von der Anschaulichkeit der Begriffe des Kindes[171] von Stuve[172], und nun schrieb ich [bis] hieher.

123 Den 9ten [November], montags, war ich beim Essen von Wehen überfallen, dass ich mir alles zur Hilfe rüsten liess. Es verlor sich aber alles wieder auf den Abend. Nun blieb mir die meiste Zeit eine Melancholie, dass ich fast in Tränen zerfloss mit einer Angst, die ich noch nie gefühlt hatte. [Ich] schrieb einmal an Frau Ott, an Lavater auf heute, sah Frau Schulthess bei mir, arbeitete, las auch Duvals[173] Leben, 2ten Teil, zwischen[hin]ein, und

---

[168] «Kindhebung»: Heben des Kindes aus der Taufe.
[169] Pfenninger Hanna (1789–....), Tochter des Pfenninger Johann Conrad und der Anna Catharina, geb. Ziegler, verm. 1812 mit Henning Wilhelm.
[170] Campe Joachim Heinrich: «Allgemeines Revisionswerk», vgl. 1788, pag. 15.
[171] Stuve Johann: «Über die Notwendigkeit, Kindern zu anhaltender und lebendiger Erkenntnis zu verhelfen», aus dem allgemeinen Revisionswerk von J. H. Campe, Braunschweig 1786, vgl. 1788, pag. 15.
[172] Stuve Johann (1752–1793), deutscher Pädagoge und Schriftsteller, Mitarbeiter am «Allgemeinen Revisionswerk» J. H. Campes.
[173] Duval Valentin Jamerai (1695–1775), französischer Naturphilosoph. A. C. Kayser verfasste eine Biographie, Regensburg 1788, basierend auf seinen Memoiren, «Œuvres, précédés des mémoires sur la vie de V. J. Duval», 2 Bände, St. Petersburg und Strassburg 1784.

so tat ich, was ich konnte und meine Kraftlosigkeit erlaubte, nach altem Gange meines Lebens.

O Gott, gib mir doch auch Kraft und Geist und Leben und Hoffnung und Liebe auf alles, was meiner wartet, um Jesu Christi willen! Dir sei, Deinem Segen, alles anbefohlen, besonders meine <u>Knaben</u>. Von ihnen zu sterben stärke ich mich eines zweifachen Todes. O Jesus, erbarme Dich meiner! Amen.

124   Den 22., Samstag, abends ½6 Uhr.

Noch einmal komm' ich, liebe Blätter, ein Zeichen des Lebens niederzuschreiben. Ob ich noch mehr komme oder ins Grab getragen werde, das weisst Du allein, o mein Gott, mein Vater und Christus! <u>Alles</u>, <u>alles</u>, <u>alles</u> zu verlassen kostete mich nichts, als meine <u>Knaben</u>. Um derentwillen sterbe ich doppelten Todes. Bangigkeiten, Mattigkeiten aller Arten machen mir es gewiss. Nur die Hoffnung, um der Kleinen willen noch länger hier zu bleiben, macht mich im Glauben stark an Dich, o Du, mein Gott! Du kennst und weisst, dass ich alles andere überwunden habe und ruhig bin im stillen Aufblicken zu Dir, o mein Gott, in Rücksicht alles dessen, was ich auf der Welt getan habe! Auch meine Fehler, die Du kennst, die ich innigst bereue, auch die, hoff' ich, verzeihest Du, und schenkest mir Seligkeit, die ich mir nicht beschreiben kann, weil ich sie mir nicht deutlich denken kann. Anbetung sei Dir auch für alles das, das Du mir gegeben hast in der Erkenntnis

125 des Guten und des Bösen. Auch bitt' ich Dich um Gnade, ja um die grösste aller Gnaden, um Erbarmung und schnelle Hilfe für mein <u>Kind</u> und <u>mich</u>, und um baldige Erlösung aus diesem schweren Zustande, um Christus willen. Amen.

Gestern schlug ich zur Beruhigung meines Gewissens Frau <u>Ott</u> vor, ihm die <u>Barbel</u> zu lassen, und – weil es sich so ungesucht gab – die Chlefe[174] für mich zu behalten, weil ich's für beide Teile als das Beste ansehen würde. Eine wahrhaft grossmütige Handlung von der Chlefe, die ich Zeit meines Lebens nicht vergessen werde und wünschte, Frau <u>Ott</u> würde sich entschliessen können einzuwilligen, um <u>meiner</u> und <u>seiner</u> Ruhe willen.

Ich leide körperlich sehr viel. Ach Gott, dass es zu meinem Heile diente!

Soeben schlug mir Frau <u>Ott</u> ab und schickt mir die Barbel, die ich nun ansehen werde.

Auch soeben geht Herr Chorherr von mir, der teure, geliebte.

Und nun schliess' ich hier wieder einmal, in Gottes Namen. Amen.

126   Samstags, den 28. Nov. 89.

Ich komme nun hieher, Dir, o Du mein Gott und mein Vater, zu <u>danken</u>, ja mit <u>unendlichem Dank</u> und mit <u>Anbetung</u> und <u>Preis</u> für Deine unaussprechliche Gnade und Erbarmung, die Du mir und meinem Kind in mir

---

[174] Vgl. 1786, pag. 9, und 1787, pag. 41.

erwiesen hast, dass Du mich bis hieher, bis an's Ende meiner Schwangerschaft so glücklich führtest! Wie solltest Du mich verlassen können in den Stunden, da ich gebären soll! Erbarme Dich meiner und meines Kindes in mir, eines um des andern willen, und erfreue und erquicke mich. Wie glücklich war ich nicht, bei all den vielen Schmerzen und Beschwerden dennoch nie bettlägerig zu werden und mich immer zu erhalten und zu stärken und zu führen. So gütig warst du gegen mich! Ich flehe Dich an, in Christus Namen, dass Du vollenden mögest in Deiner Erbarmung. Dein bin ich, lebend und tot! Ich wünsche mir auch um nichts willen zu leben, als um meiner Kleinen, Unmündigen willen, die mir über alles am Herzen liegen. 10 Uhr morgens.

127, 128 [leer]

129   <u>Christmonat 1789.</u>
130   <u>Sonntags, den 6. Christmonat 1789.</u>

So habe ich auch schon 6 Tage dieses letzten Monats durch Deine Gnade und Güte, o Gott, verlebt in dem Reifen meiner Frucht. Oh, wie danke ich's Dir, mein Gott und mein Erbarmer! Der gestrige Tag zeichnet sich besonders durch den Todesfall der Frau Mutter[175] aus, die in der Nacht des 4ten dieses Monats sanft verschieden ist, nachdem sie seit dem Samstag [28. November] sich unpässlich befand, das ich für gefährlich ansah und mir diesen Gedanken vergegenwärtigte, dass sie sterben könnte. Ich hörte die Nachricht mit vieler Fassung, mit vieler Rührung und auch mit vieler Wehmut. Denke ich aber darüber, so danke ich Gott, der sie vor grossem Leiden bewahrte, und sie so schnell in das Seinige genommen hat. Ihm sei Dank und Anbetung! Der Schrecken wirkte weiter nichts, als starke Schmerzen im Rücken und Beinen, die sich ohne weitere Folgen wieder verloren hatten.

132 [Ich] ordnete alles Notwendige für den Papa, die Knaben und mich, arbeitete den ganzen Tag durch. Oh, wenn ich alles bedenke, was ich genossen an Liebe und an Leiden innert den Jahren, da ich bei und mit ihnen lebte, so fall' ich anbetend nieder mit dem Ausruf, der Herr hat alles gut gemacht, ihm sei Dank und Anbetung, dass ich hier bin, wo ich bin! Auch wird er alles Künftige gut machen! Darum, o du meine Seele, erhebe dich und bleibe standhaft!

Am <u>Barbeltag</u>[176] ging Cäperli[177] noch hin zu der Grossmama, und da er abends heimkam, fragte ich ihn, was die Grossmama auch zu ihm gesagt

---

[175] Orelli-von Wyss Dorothea von, Witwe des vormaligen Landvogts Orelli Hans Conrad,. vgl. 1788, pag. 107.
[176] «Barbeltag»: Barbaratag, Tag der heiligen Barbara, 4. Dezember.
[177] «Cäper» für Orelli Hans Caspar von, Sohn der Regula von Orelli.

habe, sagte er: «Die hat gegröchslet, schon kelich gegröchslet!»[178], dass ich weinen musste, dieses zu hören, ist ganz natürlich, auch mein Mann weinte, da er's wiederholte.
Ach, was ist unser Leben? Und was ist unser Sterben? Gott, Du allein weisst es, ach, schenk' mir einst das <u>Erbarmen</u> und <u>Begreifen</u> Deiner Wege, Deiner Bestimmungen über uns arme Menschen!

133 Schenke mir, o Gott, Standhaftigkeit, wenn ich gebären soll, Mut und Freude durch den Anblick eines lebendigen <u>Kindes</u>! Ach, wie viel Tränen und Angst und Schmerzen hab' ich nicht schon gekostet, auf die Stunden hin, die meiner warten – vielleicht heute noch. Ach, lass sie nahe sein, Gott, durch Deine Erbarmung! Amen.
Viel <u>Arbeit</u>, stille Empfindungen, Gebete und Besorgung meines Hauswesens, Pflege meiner Kinder und auch etwas Lektüre erfüllten auch diese Tage noch – in ganzem <u>Alleinsein</u>. Nur wenige Besuche meiner Freunde.
Gottes ewiges Erbarmen durch Jesum Christum sei mit mir und meinem Kind in mir und meinem Mann und meinen kleinen Knaben. Amen.
<u>1 Uhr mittags.</u>

134[179]   <u>Den 28. Hornung 90, Sonntag, abends.</u>
Mit welcher Empfindung berühr' ich dich, liebes Blatt, das ich an dem Tage[180], da ich so glücklich war, eine <u>Tochter</u>[181] zu gebären, noch überschrieben habe. Ach, lass' mich denn, o Du mein Gott, noch hinsetzen, wie Du so gnädig mich behütet hast, und wie es mir gegangen.
Ich schrieb noch diesen vorhergehenden [Tag, 5. Dezember], ein Billett an Frau Schulthess, hatte ein zärtliches Gespräch mit meinem Mann über einiges, wenn ich sterben sollte, besonders dass er wieder <u>heiraten</u> möchte. Nach diesem wieder erholt, blieb ich bis um 3 Uhr beim Tee, bei meinen Knaben und hatte Freuden der Liebe und Wehmut im Herzen an ihrer Seite. [Ich] riss mich los und setzte mich nieder, in Anacharsis Reisen[182] durch Griechenland zu lesen, mit aller Ruhe, segnete meine Kleinen noch zur Ruhe ein, und [es war] 7 Uhr, da sie mir gute Nacht sagten, und nun blieb ich hell und ruhevoll bei meinem Buch und um 8 Uhr, da ich aufstehen wollte, knallte mein Wasser.

---

[178] «grochsen»: stöhnen, «kelich gröchseln»: karcheln, röcheln.
[179] R.v.O.-E. beschreibt die Geschehnisse des letzten Monats 1789 unter dem Datum des 28. Februar 1790, das im vorliegenden Konvolut 1789 eingeschlossen ist.
[180] 6. Dezember 1789.
[181] Orelli Regula von (6. Dez. 1789–1. März 1801).
[182] Barthélémy, Abt: «Anacharsis des jüngeren Reisen durch Griechenland viertehalb Jahr vor der gewöhnlichen Zeitrechnung.» Aus dem Französischen des Abts Barthelemy übersetzt vom Bibliothekar Biester, Berlin 1789. Barthélémy Jean-Jacques (1716–1795), französischer Numismatiker und Schriftsteller.

135 Auf dieses hin schickte ich schnell zu Herrn Gerichtsherr Wieser, Herrn Chorherr Rahn, Frau Schweizer, Frau Ott, meinen Mann, legte mich ins Bett und wurde zum Erbarmen und Erzittern von Furcht überfallen. Frau Ott, ach, mit welcher teilnehmenden Empfindung eilt' es zu mir! Herr Gerichtsherr [und] Frau Schweizer spürten nichts von meinem Kinde, das mich sehr erschreckte bei ihnen zu fühlen. Herr Chorherr kam auch, und nun, da er da war, verliess ich mein Bett. Sie brachten mir ein wenig Suppe zu essen. Auch auf dieses hin zeigten sich keine Wehen, und nun sagt' ich, was ist wohl mit mir anzustellen? – da sie sich ansahen, die Herren. [Da] machten sie dann den Stuhl auf und beredeten mich zu kommen, über welches ich dann in ein lautes Jammergeschrei ausbrach – o allmächtiger Gott – dass es entsetzlich war! Mein Mann führte mich zuletzt noch selbst hin, und ich stiess Herrn Wieser, da er mich schon

136 angegriffen hatte, noch zurück. Und nun nahm er mein ausgestrecktes Kind, dessen Kopf in meiner rechten Hüfte lag, und die Füsse in der linken, ohne Wehen und ohne Wasser von mir auf die glücklichste Weise, die sich gedenken lässt. Die Operation dauerte länger als die zwei ersten Male, und ich litt über alle Worte. Ich glaube, die menschliche Natur hat herberes nichts als dieses. Aber welch eine Freude hatt' ich nicht, nachdem es überstanden war! Und eine Tochter! Ach Gott, Dir sei Dank und Anbetung. Da ich nun aufgestanden, konnt' ich noch selbst ins Bette gehen, hatte viele Nachwehen, eine schlaflose Nacht neben dem Engel und meiner Schwester und Clefe, die mir auf eine liebreiche Weise beigestanden, die ich ihr lebenslang nicht genug verdanken kann. Und nun wurde es unter solchem Glück dann wieder Tag.

137 Montags [7. Dezember] sagte man uns die Freude[183].
Dienstags [8. Dezember] war der Begräbnistag der Frau Mutter. Mittwoch [9. Dezember] war das Kleine getauft, Regula genannt. Frau Escher auf der Hofstatt [und] Herr Doktor Lavater hebten ihns zur Taufe. Ach, welch ein feierlicher Tag war es mir!
Donnerstags [10. Dezember] bekam ich Diarrhoe[184] und Fieber und war von Schwäche überfallen wie noch nie, dass ich entsetzlich litt und so ein paar Wochen traurig hinbringen musste. Ich wollte mein Kind säugen, tat es, konnte es aber nur fortsetzen bis in die fünfte Woche, da ich aufhören musste, weil ich keinen Milchfluss [mehr] hatte, Schwäche mich niederriss, bis es zu meiner Erholung sich wieder anliess.[185] Ach Gott, wie gütig und wie barmherzig warst Du mit mir und meinem Kinde, uns beide beim Leben zu erhalten,

---
[183] Ansagen der Freude: Mündliche Überbringung der freudigen Nachricht an Freunde und Verwandte durch einen Dienstboten, der als Insignium den «Freudenmeien» trägt.
[184] Diarrhoe: Durchfall.
[185] Originaltext: «... niederriss und mich zu meiner Erholung – es sich wieder anliess.»

138 auch meinem Mann und mich und meinen Kindern zu erhalten! Ach, welch ein Ende dieses Jahres war es nicht! Dir sei innig Dank und Anbetung, o Du mein Gott, durch Jesum Christum! Amen.

139–142[186]
[37 Seiten leer]

143–147
<u>Verzeichnis der Bücher, die ich gelesen</u> [habe bis] <u>1789</u>.[187] (Abb. S. 183)
4 ter Teil der Feierstunden der Grazien[188].
2 ter Teil der Feierstunden der Grazien.
<u>Kalender</u> oder Jahrbuch der merkwürdigsten neuen Weltbegebenheiten[189] fürs Jahr 1789.
Geschichte des 7jährigen Krieges in Deutschland von Archenholz[190].
<u>Garten-Arbeiten</u> auf die Jahre 1787 und 1788 von Hirschfeld[191].
2. Weihnachts- und letzte Jahrespredigt von Herrn Pfarrer Lavater.[192]
1. Predigt von Herrn Lavater, über Johannes.
2. Predigt über Johannes von L.[avater].
Lavaters Johannespredigten bis zur 10ten.
Der <u>3te</u> und 5te Gesang aus Lav.[aters] Gedicht, «Das menschliche Herz».[193]
Eine Skizze von L.[avaters] Gedicht über Das menschliche Herz.
Lavaters Gedicht vom Menschlichen Herzen.
Sammlungen[194] von <u>Lavater</u>.

---

[186] Bei den hier liegenden, undatierten Einlageblättern handelt es sich um den am 23. März 1791, pagg. 83 und 191, erwähnten Brief an den Ehemann. Wir haben den Text sinngemäss dort eingefügt.

[187] Die Liste ist vermutlich von R.v.O.-E. aus der Erinnerung zusammengestellt und erfasst nicht alle in den Jahrgängen 1786–1789 aufgeführten Publikationen. Zur besseren Übersicht werden die hier genannten Schriften umgestellt, d.h. nach Autoren gruppiert. Die Paginierung wird mit 143–147 positioniert.

[188] Vgl. 1788, pag. 71.

[189] «Historisch-genealogischer Kalender oder Abriss der merkwürdigsten Weltbegebenheiten», später «Jahrbuch der merkwürdigsten Weltbegebenheiten», Berlin 1784–1799.

[190] Vgl. 1789, pag. 12.

[191] Hirschfeld Christian (1742–1792), deutscher Schriftsteller, Philosoph und Ästhet. Herausgeber des «Gartenkalenders», Hamburg 1782–1786 und Braunschweig 1787–1789.

[192] Bei den aufgeführten Predigten von Lavater Johann Caspar und Hess Johann Jakob handelt es sich vermutlich meistens um Privatdrucke, die nur einem kleinen Freundeskreis zugänglich waren oder um Manuskripte, vgl. 1788, pag. 54.

[193] Vgl. 1788, pag. 37, 1789, pag. 35.

[194] Lavater Johann Caspar: «Sammlungen einiger Gebete auf die wichtigsten Angelegenheiten des menschlichen Lebens», Memmingen 1789; «Sammlungen zu einem christlichen Magazin», 4 Bände, hrsg. von Johann Conrad Pfenninger, Zürich und Winterthur 1781–1783; «Sämtliche kleinere prosaischen Schriften von Jahr 1763–1783» Winterthur 1784 und 1785. (Frdl. Mitteilung von Dr. Martin Hirzel, Forschungs-Stiftung Johann Caspar Lavater, Zürich.)

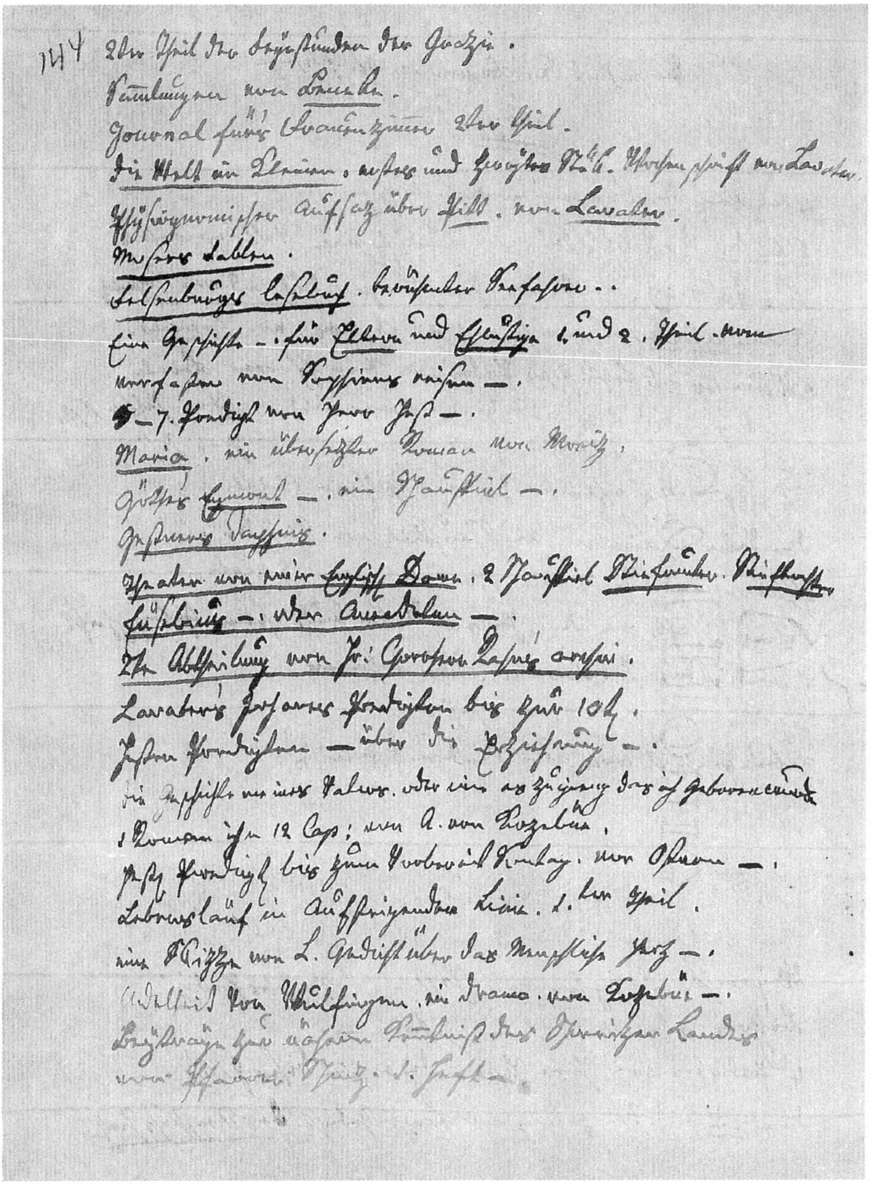

Abb. 5. Regula von Orelli-Escher, Tagebuch. «Verzeichnis der Bücher, die ich gelesen [habe bis] <u>1789</u>» (Teil). 1789, pag. 144.

Wochenschrift[195] von Lavater.
Physiognomischer Aufsatz über Pitt[196] von Lavater.
Vorbereit[ungs]predigt[197] von Hess[198].
Einladungspredigt für Steuer[199] von Frauenfeld von Herrn Helfer Hess.
Dankpredigt und Schwörsonntagspredigt[200] von Herrn Hess.
Schwörsonntagspredigt von Hess.[201]
Weihnachtspredigten von Hess, letzte Jahrespredigt.
4 Predigten von Hess, die ersten dieses Jahres.
3.–7. Predigt von Herrn Hess.
Hess' Predigten über die Erziehung.
Hess' Predigten bis zum Vorbereitsonntag vor Ostern.
Hess' Predigten bis zur 34. dieses Jahres.
Die Hälfte des achten Bandes von Goethes Schriften.[202]
Goethes Egmont, ein Schauspiel.[203]
Der Römische Karneval von Goethe.[204]
Der Vetter in Lissabon, ein Schauspiel von Schröder.[205]
Phädon und Naiade[206], ein Schauspiel von Jacobi.[207]
Lebensgeschichte von dem Herrn de Tude[208], seine Gefangenschaft.
Lebensgeschichte[209] von Abélard und Héloïse.[210]
Briefe an eine Freundin über Schönheit, Grazie, Geschmack.[211]

---

[195] Gemäss Auskunft von Dr. Martin Hirzel, Forschungs-Stiftung Johann Caspar Lavater, Zürich kommt in Frage «Christliches Sonntagsblatt». Eine Wochenschrift, Zürich 1792. Im Hinblick auf das Erscheinungsjahr dürfte es sich um einen Vorläufer dieser Publikation handeln. Vgl. 1789, pag. 35.
[196] Vgl. 1789, pag. 37.
[197] Vgl. 1789, pag. 103.
[198] Vgl. 1788, pag. 54, im weiteren: «Der Christenlehrer über die Apostelgeschichte; Predigten, 5 Dekaden», Zürich 1781–1786.
[199] Wegen der Brandkatastrophe von Frauenfeld 1788.
[200] «Schwörsonntag»: Tag der Vereidigung der Behörden.
[201] Zweimal aufgeführt.
[202] Vgl. 1789, pag. 15.
[203] Vgl. 1789, pag. 50.
[204] Goethe Johann Wolfgang von: «Das(!) Römische Karneval», Berlin 1789.
[205] Vgl. 1789, pag. 18.
[206] Jacobi Johann Georg: «Phädon und Naiade, der redende Baum», Schauspiel, Leipzig 1788.
[207] Jacobi Johann Georg (1740–1811), deutscher Schriftsteller und Dramatiker, älterer Bruder von Jacobi Heinrich (1743–1819), vgl. 1786, pag. 47.
[208] Vgl. 1789, pag. 18.
[209] Berington Joseph: «Geschichte von Abélard und der Héloïse, nebst beider echter Briefe», Leipzig 1789.
[210] Abélard Pierre (1079–1142), Theologe und Philosoph, wurde wegen seinen Beziehungen zu Héloïse (1101–1164), mit der er sich heimlich vermählte, entmannt.
[211] (Anonym): «Briefe an ein junges Frauenzimmer über Schönheit, Grazie und Geschmak», Berlin 1784.

Von der Recke über Cagliostro.[212]
Sendschreiben an Zimmermann[213] über die Schrift Friedrichs des 2ten.
Von Friedrichs Werken, 8ter, 9ter Teil.[214]
Journal fürs Frauenzimmer, 2terTeil.[215]
Vorlesung über die Geschichte fürs Frauenzimmer, 1ter Teil.[216]
Die Welt im Kleinen, erstes und zweites Stück.[217]
Mosers Fabeln.[218]
Felsenburgs Lesebuch berühmter Seefahrer.[219]
Eine Geschichte für Eltern und Ehelustige, 1. und 2. Teil vom Verfasser von Sophiens Reisen.[220]
Maria[221], ein übersetzter Roman von Moritz.[222]
Maria[223], ein englischer Roman.
Gessners Daphnis.[224]
Theater von einer englischen Dame. 2 Schauspiele, Stiefmutter, Stieftochter.[225]
Eusebius oder Anekdoten.[226]
2te Abteilung von Herrn Chorherr Rahns Archiv.[227]

---

[212] Vgl. 1786, pag. 21, und 1787, pag. 108.
[213] Vgl. 1789, pag. 25.
[214] Vgl. 1789, pag. 68.
[215] Vgl. 1788, pag. 24.
[216] (Anonym): «Vorlesung über die neuere Geschichte fürs Frauenzimmer», Berlin 1789.
[217] (Anonym): «Die Welt im Kleinen zum Nutzen und Vergnügen für die Jugend», 3 Teile oder 11 Bände, Nürnberg 1787.
[218] Vgl. 1789, pag. 45.
[219] Vgl. 1789, pag. 45.
[220] Vgl. 1789, pag. 45.
[221] (Anonym): «Maria, eine Geschichte», 2 Bände, Berlin 1786, möglicherweise eine Übersetzung aus dem Englischen durch Moritz.
[222] Moritz Karl Philipp (1757–1793), Schriftsteller, Freimaurer, stand in Beziehung zu Goethe.
[223] Vermutlich oben erwähnt als Roman von Moritz Karl Philipp.
[224] Vgl. 1789, pag. 47.
[225] Möglicherweise: Anonym, «Die ehrsüchtige Stiefmutter», aus dem Englischen nach Rowes Nicholas (1674–1718): «The ambitious stepmother», London 1781.
[226] Zeitlich und titelmässig kämen in Frage (Anonym): «Eusebius, oder welche Vorteile bringt die Tugend in unserem Zeitalter», Frankfurt/Leipzig 1785, oder «Euseb, oder die Früchte der Tugend», Hamburg 1786. Eine letzte Gewissheit kann bei dem ungenauen Zitat jedoch nicht hergestellt werden.
[227] Rahn Johann Heinrich (vgl. 1786, pag. 11) trat durch periodische medizinisch-naturwissenschaftliche Publikationen an die Öffentlichkeit: «Gemeinnütziges medizinisches Archiv», «Gazette de Santé» oder «Gemeinnütziges medizinisches Magazin für Leser aus allen Ständen und zum besten einer Privat-Anstalt für arme Kranke», 1782–1786; «Archiv gemeinnütziger physischer und medizinischer Kenntnisse zum Besten des Zürcher Seminariums geschickter Land- und Wundärzte», Zürich 1787–1789; «Das gemeinnützige Wochenblatt physischen und medizinischen Inhalts», 1792 ff.; «Medizinsch praktische Bibliothek», Zürich 1795–1796, u.a.

Die Geschichte meines Vaters oder wie es zuging, dass ich geboren wurde.[228] Ein Roman in 12 Kapiteln von A. von Kotzebue.[229]
Adelheid von Wulfingen[230], ein Drama von Kotzebue.
Lebenslauf in aufsteigender Linie, 1. Teil.[231]
Beiträge zur näheren Kenntnis des Schweizerlandes von Pfarrer Schinz[232], 1. Heft.[233]
Auswahl der nützlichsten Aufsätze aus den britischen Magazinen für Deutsche, erstem Band.[234]
Pfeffels Fabeln[235], neue Ausgabe.
Moralischer Calender.
2 Schauspiele von Schiller[236].
Skizzierte Szenen aus dem sechszehnten Jahrhundert.[237]
Campes Reisebeschreibung[238], fünfter Teil.
Campes Kinderbibliothek.[239]
Cooks[240] Sammlungen von Reisbeschreibungen, 9ter Teil.
Salzmanns Elementarbuch, 1ster Teil.[241]
Salzmanns Elementarbuch, zweiter Teil.
Kleine Reisen für Dilettanten[242] etc.

---

[228] Kotzebue August von: «Die Geschichte meines Vaters oder wie es zuging, dass ich geboren wurde», ein Roman in 12 Kapiteln, Reval und Leipzig 1788.
[229] Kotzebue August von (1761–1819), deutscher Dramatiker und Schriftsteller.
[230] Kotzebue August von: «Adelheid von Wulfingen, ein Denkmal der Barbarei des 13. Jahrhunderts», um 1785.
[231] Hippel Theodor Gottlieb von: Lebensläufe nach aufsteigender Linie, 3. Teile, Berlin 1778-1781. Hippel Theodor Gottlieb von (1741–1796), deutscher Mathematiker, Philologe und Schulmann.
[232] Schinz Hans Rudolf (1745–1790), VDM, 1778–1790 Pfarrer in Uitikon, Förderer der Landwirtschaft und Verfasser einschlägiger Schriften.
[233] Schinz Hans Rudolf: «Beiträge zur näheren Kenntnis des Schweizerlandes», Zürich 1783–1786.
[234] «Auswahl der nützlichsten und unterhaltendsten Aufsätze für Deutsche aus den neuesten britischen Magazinen», 16 Bände, Leipzig 1784–1794.
[235] Vgl. 1789, pag. 63.
[236] Schiller Friedrich von (1759–1805), deutscher Dichter.
[237] Möglicherweise: Milbiller Joseph: «Skizze einer systematischen Geschichte des deutschen Reiches», Leipzig 1788.
[238] Campe Joachim Heinrich: «Sammlung interessanter und zweckmässig abgefasster Reisebeschreibungen für die Jugend», erschienen in «Kleine Kinderbibliothek», mehrere Ausgaben und Erscheinungsorte, Hamburg, Braunschweig 1782–1784, 1785–1792, vgl. 1788, pag. 15.
[239] Campe Joachim Heinrich: «Kleine Kinderbibliothek», Hamburg 1782–1784.
[240] Vgl. 1789, pag. 82.
[241] Vgl. 1786, pag. 9 und 1789, pag. 82.
[242] (Anonym): «Kleine Lektüre für Reisedilettanten», Berlin 1789.

Dschinnistan oder auserlesene Feen- und Geistermärchen, 2ter Band
  morgenländischer Erzählungen.[243]
Buffons, 3., 5., 6ter Teil.[244]
Buffons, 4ter Teil [der] Naturhistorie.
Buffons 6ter und 7ter Teil allgemeiner Naturhistorie.
5ter Teil von Buffons Naturhistorie der vierfüssigen Tiere.
Voss'[245] Gedichte, 1. Teil.[246]
Genlis[247] Theater, 4ter Teil.
Armut und Hoffart.[248].
Ein Schauspiel von Knigge[249].
Meisters Spaziergänge.[250]
Stillings[251] Doktor Jungs häusliches Leben, 4ter Teil.[252]
Becks[253] Gedichte.[254]
Briefe einer reisenden Dame durch die Schweiz.[255]
Not- und Hülfbüchli.[256]
Erzählungen für Landschulen.[257]
Duvals Leben.[258]

---

[243] Wieland Christoph Martin (1733–1813), deutscher Dichter.
  «Dschinnistan oder auserlesene Feen- und Geistermärchen, teils neu erfunden, teils neu übersetzt und umgearbeitet», 3 Bände, Winterthur 1786–1789.
[244] Vgl. 1789, pagg. 17, 94, 101.
[245] Voss Johann Heinrich (1751–1826), Dichter, Übersetzer klassischer Werke.
[246] Voss Johann Heinrich: «Gedichte», Hamburg 1785.
[247] Vgl. 1786, pag. 91.
[248] Beil Johann David (1754–1789), deutscher Schauspieler und dramatischer Schriftsteller: «Armut und Hoffart», Lustspiel in 6 Akten, Berlin 1789.
[249] Knigge Adolph Freiherr von (1752–1796), deutscher Schriftsteller und Aufklärer. Seine gesammelten Bühnenwerke erschienen als «Theaterstücke von A. v. Knigge», Hanau 1778–1780.
[250] Vgl. 1789, pag. 104.
[251] Jung-Stilling Johann Heinrich (1740–1817), Schriftsteller, Arzt, berühmt für seine Staroperationen.
[252] Jung-Stilling Johann Heinrich: Autobiographie, «Doktor Jungs häusliches Leben», Berlin und Leipzig 1789.
[253] Beck Carl Theodor (1767–1830), bayerischer Beamter und Schriftsteller.
[254] Beck Carl Theodor: «Gedichte», St. Gallen 1788.
[255] [Frau] von Krock: «Briefe einer reisenden Dame durch die Schweiz», Altenburg 1787, von der Verfasserin von Rosaliens Briefen, Altenburg 1787. (Frdl. Mitteilung D. Zimmer, Schweizerische Landesbibliothek, Bern.)
[256] Becker Rudolf Zacharias (1759–1822), deutscher Pädagoge und Buchhändler: «Not- und Hilfsbüchlein für Bauersleute», Gotha 1789. (Frdl. Mitteilung von Herrn Paul Hess, Zentral- und Hochschulbibliothek Luzern.)
[257] (Anonym): «Erzählungen für sittenlehr[ende] Landschulen», Zürich 1777.
[258] Vgl. 1789, pag. 123.

Platners²⁵⁹ Aphorismen.²⁶⁰
Rechtfertigungsschrift²⁶¹ der de la Motte²⁶².
Lessings²⁶³ Briefwechsel.²⁶⁴

---

[259] Platner Ernst (1744–1818), deutscher Mediziner und Philosoph, Gegner Kants.
[260] Platner Ernst: «Philosophische Aphorismen», Leipzig 1784.
[261] La Motte Jeanne de Saint-Rémy: «Mémoires justificatives de la Comtesse de Valois de la Motte», London 1788.
[262] La Motte Jeanne de Saint-Rémy, Comtesse de Valois de (1756–1791), französische aventurière, mit der Komplizenschaft Cagliostros in die «affaire du collier» Marie Antoinettes verwickelt.
[263] Lessing Gotthold Ephraim (1729–1781), deutscher Schriftsteller, Kritiker und Philosoph.
[264] Lessing Gotthold Ephraim: «Freundschaftlicher Briefwechsel zwischen Gotthold Ephraim Lessing und seiner Frau», Berlin 1789.

1790

[Einlageblatt:]		Tagebuch 1790.
		Aufritt nach Wädenswil.
		Unglückliche Lage. Einfluss auf meines
		Mannes Charakter,
		des Aufbehaltens nicht unwert.

1 <u>1790</u>
2 [leer]
3 <u>Januar 1790.</u>
4 [leer]
5 <u>Den 5ten Januar 1790, Dienstag, abends 6 Uhr.</u>
Mit welchen Gefühlen des Danks und der Freude nahe ich mich Dir, o Gott, an diesem stillen Abend, da ich mir diese Blätter zusammenmachte, um einiges von dem Lauf dieses so wichtigen Jahres bisweilen einzuschreiben. Du allein weisst, was meiner wartet, welche Leiden und welche Freuden abwechselnd über mich kommen werden. Dir sei es ruhig überlassen, weil meine Erfahrung mich lehrt, dass <u>alles</u> zu meinem besten bestimmt ist, sehe ich's [auch] in meiner Schwachheit nicht ein. Auch gibst Du zu allem Kraft, mehr als wir <u>bitten</u> und <u>verstehen</u> können, wenn um uns alles zu verschwinden scheint. Sei Du mit mir, meinem Mann, meinen Kindern durch <u>Jesum Christum</u> und Deines Geistes Kraft – jetzt und in alle Ewigkeit! Amen.
Ach, dass die Pflichten gegen Dich, o Gott, mich über alles erheben und demutvoll mich zu Dir ziehen, und durch <u>sie</u> die Pflichten gegen meinen Mann, meine
6 Kinder, meine Geschwister, meine Freunde, meine Dienste mir jeden Tag heiliger und wichtiger werden, damit ich durch die Erfüllung derselben mir das Gefühl von Zufriedenheit erwerben möge, das das einzige meiner Freude ausmachen kann und soll, da ich so ganz getrennt von allen Verbindungen der Welt lebe bis auf einige wenige edle Freunde.
Unermüdeter Fleiss begleite mich vom frühen Morgen bis an [den] späten Abend mit allen nützlichen Geschäften, die auf meinem Halse liegen.
Auch meine Lektüre sei nebst der Bibel die beste Kraft moralischen Sinnes: wissenschaftliche Aufklärung über Geschichte, Geographie, Poesie, Biographien, wenn einige Stunden der Erholung mir gegönnt werden.
<u>Den 19., Dienstagmittag.</u>
Bis auf jetzt fand oder nahm ich mir keinen Augenblick mehr, vieles zu schreiben, ach, durch welcherlei gestört und aufgehalten. Und nun will ich mich sammeln, um doch einiges nicht zu vergessen.

Allererstens litt ich durch eine ziemlich starke Krankheit meines kleinern Kleinen, die vom Zahnen her ihn überfallen. Ach, welche Empfindungen hatte ich an seinem Bettchen!

7 Und welche [Empfindungen], wenn ich ihn auf meinen Armen hatte und ihn so einsinken sah, dass an ihm alles hing, vom Kopf an bis auf die Beine! Meine Schwachheit litt unendlich, besonders auch in dem Gedanken, wie mir bei solchen Verfallenheiten[1] in Wädenswil sein werde, wenn ich so ganz einsam alles tragen müsse und so entfernt von aller Hilfe sei. Mein Gott, zu Dir allein will ich mich wenden, weil Du mich so ganz von allen Menschen zurückziehst! Ach, gib Du mir Weisheit und Kraft!

Auch litt ich vieles durch die Krankheit und durch das unartige Betragen der alten Frau Barbel Dierauer[2] von Berneck[3], die Frau Ott und ich zur Vorgängerin bestellt und beschickt[4] hatten. Ich machte meine Gedanken oftmals darüber, warum es mich so angesetzt[5] habe und entschuldige ihns[6] einzig, dass es sie selbst nicht genug gekannt habe. Ich dankte Gott, sie in fünf Wochen wieder nach Hause zu schicken.

Hingegen was ich durch die liebevolle Sorgfalt, Tätigkeit, Treue, anmutvollen, vertrauensreichen Empfindungen genoss, in dem wahrhaft edlen Betragen der Chlefe

8 gegen mich und meine Kinder, das könnte ich mit keiner Feder beschreiben, und es ihr die Tage meines Lebens nicht verdanken oder vergelten können! Ach Gott, lass mich, so viel ich kann, gegen sie tun, und sei Du ihr Segen und ihre Vergeltung! Wie gütig sandtest Du mir durch sie Erleichterung über mein so voll neuer Umstände des Leidens glücklich überstandenes Kindbett! Ich sollte es erkennen, dass Deine Hand durch liebe Menschen mir immer hilft!

Gedenke ich, dass ich in der ersten Woche April schon in Wädenswil sein soll, ist's mir fast unbegreiflich, oft unübersehbar, dass alles, was noch getan sein soll, möglich sei zu tun. Und doch hoffe ich, verlassest Du auch mich hier nicht! Du kennst meine Furcht, meine Hoffnung, meine Freuden, mit denen ich dieser Veränderung entgegen gehe, die mir so heilig und wichtig ist in so vielen Rücksichten: unsere ökonomische Lage, unser eigenes Wirken, [das] meines Mannes im Grossen und das meine im Kleinen in meiner Haushaltung und unter meinen Kindern als Beispiel jeder moralischen Tugend,

---

[1] «Verfallenheiten»: Vorfälle, Vorkommnisse.
[2] Dierauer: alteingesessenes Geschlecht von Berneck, Rheintal, St. Gallen.
[3] Berneck: Dorf im Kanton St. Gallen, Bezirk Unterrheintal.
[4] «bschickt»: dialektal, kommen lassen.
[5] «angesetzt»: betrogen.
[6] Gemeint ist die Schwester, Ott-Escher Elisabeth.

9 der Frömmigkeit, des Fleisses, der Teilnahme, des Helfens Kunst und Willen der Hülfe. Ach, dass Du mir und den Meinen alles zum Heil gedeihen lassest! Einige wenige Besuche meiner Freunde erquickten diese ernstvollen Tage: <u>Lavater</u>, <u>Pfenninger</u>, <u>Schulthess</u>, <u>Doktor Lavaters</u>, <u>Schinzin</u>, <u>Pestalozzin</u>, <u>Otts</u>, <u>Eschers</u>, <u>Wirz'</u>. Alle, nach ihrer Weise, waren mir zur Freude.
Herr Chorherr Rahn, unser Freund und Arzt, dem können wir's nicht genug verdanken, was er an uns allen und an mir getan hat, einige Monate lang. Ach, was ist ein so edler Mensch [den] Kranken für eine Erleichterung und Erquickung! Welch süsse Gefühle erfüllen die Seele nicht, so oft er sich uns naht, oder wir gemeinschaftlich von ihm sprechen! Welch eine Trennung von <u>ihm</u>! Ach, an das grenzt nichts in meiner Lage!
An diese, meine Freunde, schrieb ich ein Wort, fast jedem nach meinem Verhältnis zu ihm, und [ich] liebe sie innigst, bei aller Entfernung von ihnen.   4 Uhr, mittags.

10   <u>Donnerstag, den 21.</u>
Nach einer herrlichen Schlafnacht war ich um 7 Uhr aufgestanden, dann, ach, wie freu' ich mich, seh' ich meine 3 Kinder aufwachen um mich und wieder neu lebendig werden! Welch ein feierlicher Anblick und welcher Ruf zu meinen Pflichten! Nach dem Kaffee schrieb ich einen Plan für <u>Wädenswil</u>, meine Fragen auf künftige Woche, auf meinen Besuch bei Schwagers[7] [hin]. Wie wird es mir sein, komme ich nun hin, zu ihnen, in den Wohnort meines Aufenthalts! Nachher etwas Arbeit, Ankleidung, 's Essen, und jetzt eine Weile nachdenkend über <u>uns</u>, wie ich <u>litt</u>, und wie mir oft zumute ist bei meinem Mann. Ich nahm mir still vor, alles zu tragen und Gott, meinem Vater, mein Schicksal und meiner Kinder Schicksal anzubefehlen, weil ich nichts ändern kann mit all meinem Weinen und Angst. Du hast es bis hieher gut gemacht und wirst es weiter gut machen, wenn ich auch schon nicht voraussehe, <u>wie</u>.

11, 12   [leer]

13   <u>Hornung 1790.</u>
14   [leer]
15   <u>Montags, den 1. Hornung 1790.</u>
Schon den 2ten Monat dieses Jahres angetreten! Und was heute bewirkt? Seh' ich [es] als Pflicht an, ehe ich zurückschreite, <u>etwas</u>, ach nur etwas, niederzuschreiben! Um 7 Uhr aufgestanden, durch die süssen Stimmen meiner 3 Kinder aufgeweckt. Ach, welche mütterlichen melanchisischen[8]

---

[7] Der Schwager der R. v. O.-E., Orelli Hans Caspar von, a. Landvogt, war der Vorgänger Orelli Davids von als Landvogt zu Wädenswil. Regula erwartet Ratschläge im Hinblick auf ihre zukünftige Aufgabe

[8] «melanchisisch»: melancholisch.

Empfindungen in mir mit diesem Erwachen! 's Tee, sodann auf meine Wäsche rüstend und rüsten lassend durch die Meinen, in welchen Unterbrüchen ich meine Kinder pflegte, mit Untervogt von Ebmatingen[9] speiste, wahrscheinlich das letzte Mal, und nachher zählte ich meine Wäsche zusammen, erlas meinen Plunder zum Brühen. 's Tee, nachher schrieb ich <u>Regelis</u> seine Sachen auf, und nun setz' ich mich hieher, auch noch einiges einzuschreiben. Zurückschreitend nahe ich mich mit Zittern in Betrachtung dessen, was ich gelitten. Das immer Geheim-Tun über unsere ökonomischen Sachen erfüllt und versetzt mich in Misstrauen. Und kommt einiges hervor, so gibt's unter uns eifrige[10] Gespräche, Vorwürfe

16 und Scheltungen, die immer, auch beim Vorübergehen, doch von einander entfernen, Drohungen verursachen, durch die ich unaussprechlich leide, und [die] mich nach solchen Auftritten weinen machen und beunruhigen, dass ich oft tagelang nichts arbeiten kann, nicht meine Seele zum Gebet erheben kann, das mich in Momenten innigst betrübt. In solcher Situation nicht gesund, voll Sorge für meine zarten Kinder und entfernt von allen Freuden, Freunden der Welt, befinde ich mich oft leidender, als ich es keinem Menschen sagen könnte, noch auch hier niederschreiben. Mein Gott, stehe Du doch mir bei, alles zu tragen, was jeder Tag mitbringt!

So weh hat mir wohl nichts getan, als freitags [22. oder 29. Januar], da ich Lavaters das erste Mal sah, von einer mir verborgenen Abrede wegen Geld[11] mit der <u>Schulthess</u> überrascht zu werden. Ich wurde zornig und traurig, mehr traurig, dass ich seitdem mich noch nie erholen kann. Auch diese <u>Liebste</u> muss nun auch noch entfernt sein, und ich von ihr gedemütigt und gehemmt! Nein, dieses mag ich beinahe nicht tragen, und doch soll ich's.

17 <u>Den 26. und 27. Januar</u> gingen wir hin und her nach Wädenswil. Ach, mit welchen Empfindungen und Betrachtungen in meiner Zerstreutheit und im Druck, die Jungfer von Orelli[12] mitnehmen [zu] müssen, die mir bis aufs Essen alles vergunte[13], was zu Liebe und Ehren mir geschah, das mich eben[14] nicht erhebt hätte, weil ich sie alle nicht liebe, verachte, weil sie mir alle meinen Mann entheiligen und verderben, wie sie es schon sind. Meine Geschäfte machte ich nach geschriebenen Fragen, die ich an Frau Landvögtin[15] getan, mit denen ich ein ganzes Büchlein füllte, keine Notiz nahm

---

[9] Ebmatingen: Orelli-Escher David von war 1779–1789 Landschreiber zu Ebmatingen, Untervogt war Finsinger Johannes, vgl. Fussnote zu 1786, pag. 7.
[10] Im Sinne von zornig, emotional.
[11] Vgl. Erz., pag. 21.
[12] Orelli Anna Barbara von (1740–1798), Schwägerin.
[13] «vergunte», dialektal: missgönnte.
[14] «eben»: ohnehin.
[15] Vgl. 1786, pag. 96, 1790, pag. 10.

von der Jungfer Dasein oder Nichtdasein, und im Gespräch zurück, mich über einiges erklärte, wie [ich es] gut fand. Seit diesen Tagen beschäftigte ich mich am meisten mit dem Kopieren der Verzeichnisse über die Gebräuche der Mahlzeiten, des Aufritts und Gebräuche des Jahres durch in allen Ar-

18 beiten, Ausgaben etc.
Auch machte ich letzte Woche einige Besuche, seitdem ich den 23. das erste Mal wieder in die Kirche ging, Hess predigen hörte.
Oh, dass die Unruhe meiner Seele sich in Ruhe umkehren möchte! Erbarme Dich meiner, o Du, mein Gott!

19 <u>Sonntag, den 28. Hornung.</u>
So komme ich denn an stillem Abend wieder einmal zu mir selbst zurück, nach so vielem, das mein Innerstes beinahe aus mir selbst gebracht hat. Ach, was werde ich denn noch zu erfahren und zu erleben haben?!
Heute war ich um 7 Uhr nach einer herrlichen Schlafnacht ruhig aufgestanden, legte mich an, in die Kirche zu gehen und genoss in Lavaters Predigt über die Vorteile stiller Andacht, die mich stärkte. Besuch bei Lavaters, 's Essen und nachher In-Ordnung-Schreiben unseres Verzeichnisses von den Ausgaben voriges Jahr, darüber ich erstaunte, und mir meine Last erst wiederum schwer ist und wird, wie dann alles her[aus]kommen möge! Doch nicht dieses allein ist für mich so drückend, vielmehr die Art und Weise, wie mein Mann handelt, alles ohne mein Wissen, alles ohne meinen Willen macht und doch mich entdecken lässt, wie es um unsere Sachen steht, und welch Entsetzen es dann mitbringt. Ach, das

20 weiss ich dann allein, wie ich's den 20. [Februar, Samstag] erfahren habe, da ich ein[en] Kasten aufräumte und so vieles fand, dass ich es beinahe nicht glauben konnte. <u>Siebentausend Gulden nur Bürgscheine für Schwager Landvogt!</u> Ist er's wert, der, den mein Herz in jedem Sinn verachtet?! Ich schrieb einige Zeilen darüber an meinen <u>Mann</u> und ging leidend zu meinen Kindern zurück, sie als arme Geschöpfe betrachtend, deren Vater weder für sie noch für mich sorgt. Welch ein Leben und welch ein Los ist mir zuteil geworden, wie trag' ich dies Leiden alles! O Gott, stehe Du mir bei!
Etwa 8 Tage verflossen in Geschäften mit der Teilung[16] vom Tannenberg, da alles friedlich vorüberging, was unter uns Weibern zu tun war. Auch gab es ziemlich Plunder, jedoch alles ausgelebt und veraltert, dass es nicht lange aushalten[17] wird. Sogleich zeichnete ich's und rangierte es zu unserem Nutzen, so gut ich es konnte. Das eigennützige Wesen der Jungfer Schwester zeigte sich in hohem Grade

---

[16] Liquidation des Haushaltes der Schwiegermutter Orelli-v. Wyss Dorothea von.
[17] Im Sinne von dauern, halten.

21 und meine Bemerkung über sie blieb immer die nämliche. Oh, wie froh verliess ich sie und freute mich, nun von ihr getrennt zu sein! Wie sehr quält mich nun die Angst, die die Unlauterkeit der Handlungsweise meines Mannes und Schwagers mitbringt, da sie nun morgen anfangen, die zinsbaren Sachen[18] in Ordnung [zu] bringen. Ach, dass es wohl ergiebig sein möge, nicht ein Wunsch aus Geiz, sondern weil ich einsehe, dass ohne feste Bestimmung des Einkommens die Ruhe eines Hauses weicht, dass mehr von der Habseligkeit zur Glückseligkeit abhängt, als dass ich es geglaubt hätte.
Meine Kinder, ach, welche Sorgen für sie erfüllen meine Seele nicht. Über Wartung und Erziehung, mein Gott, stehe Du mir bei, mit ihnen sichere Wege zu wandeln, die sie und mich mit ihnen, uns, zu zeitlichem und ewigem Heil führen.

22 Alle Ruhe, aller süsser Genuss des Lebens ist mir verschwunden durch die Lage, in welche ich gedrängt bin, durch meine Kränklichkeit, durch eine Menge von Geschäften. Ach Gott, wird es auch wieder helle um mich werden, auch wieder Ruhe in meine Seele kommen, dass ich mich erquickt fühlen werde? Oftmals glaube ich es nicht mehr möglich zu sein. Überdrüssig des Elendes wünsch' ich oftmals meinen Tod, denn ich fürchte nichts zu sehr, was alles noch meiner warten möchte.
Die Nachricht, dass die Tobler[19] glücklich niedergekommen, freute mich innigst. Ach, lass sie die Freuden alle geniessen, die Du, o Gott, über Vater und Mutter ergiessen kannst! Sie sind es würdig, Deine Absichten zu erfüllen.

23 Nun end' ich wieder einen Monat. Oh, wie schwindet die Zeit denn nicht, und mit ihr was alles! Ach, lass' mein Herz nicht versinken, erhalt' es edel und gut, o Du, mein Gott, bis an mein Ende! Amen.
Diese Woche einst schrieb ich L.[ebewohl] an R.[ahn]. Ach, welch eine Trennung von ihm, wohl scheint mir keine gleich zu sein, wie diese mir werden wird.
Ach, wie oft trübt der Gedanke meine Seele, dass es mir gebrechen wird zu tun, was ich tun sollte bei dem Aufenthalt in Wädenswil, in jeder Rücksicht! Ich nehme diesen Gedanken als die Last mit, die mich unterdrückt.
Am Anfang und am Ende sei Du, mein Gott, mir mein alles! Amen.
6 Uhr, abends.

24 [leer]

---

[18] «Zinsbare Sachen»: Gülten, Valoren, Schuldbriefe.
[19] Tobler Johann Melchior Georg Christoph (1790–1851), verh. 1809 mit Bellmond Elisabeth von Bern, Sohn der Tobler-Nüscheler Anna (1757–184.) und des Tobler Georg Christoph.

25		März 1790.
26	[leer]	
27		April 1790.
28	[leer]	
29		Mai 1790.
30	[leer]	
31		Mai 1790. Schloss Wädenswil. (Abb. S. 197)
		Samstags, den 29. Mai 90.

So lange, lange kein Wort mehr hier in diese meine Blätter, da ich doch augenblicklich nie mehr zu schreiben gehabt hätte, als in dieser Zeit des Schweigens, aus meinem innersten Ich und aus der Erfahrung, die ich an meinen Mitmenschen machte. Ach, lass' dies Trost sein, armes Herz, arme Hand, dich wieder zu ergiessen, da du es sonst nirgends als gegen Gott kannst! Und das, ach, wie so wenig, ach, wie wenig rein und edel genug, erheb' ich meine Seele zu meinem Gott, entfernt von dieser einzigen Labsal durch Unruhe und Leiden. Ach, lass' mich in Dir Gnade finden durch Jesum Christum! Amen.

Die unbezwingbare Verzweiflung an der Handlungsart meines Mannes ist, was meine Seele zur äussersten Desparation[20] reizt. Immer und immer entdeckte ich aufs neue den verwirrten Zustand unserer ökonomischen Sachen: Auflösungen, Hinterlegungen derselben, sogar noch Aufnahme von [Schuld-]Briefen von meinem Bruder, der das Seine selbst brauchte, ganz ohne mein Wissen, das mich über alles betrübt. Oft ist es nicht

32 mehr auszustehen, [ich] glaube, dass ich am Ende aller meiner Hoffnung bin, jemals wieder zur Ruhe zu kommen. Ich fühle, dass es unmöglich so weiter gehen kann, und am Ende meiner Kinder und mein Elend meiner wartet. Aus stillem Einverständnis leitet sich's her, allzuviele Widersetzlichkeit zu erhalten. Alles das, was er wünschte, gibt er mir als Grund dieser geheimen Art zu handeln an und fühlt nicht, wie unglücklich für immer ich sein werde, wenn ich es entdecke, auf welchem Punkte ich jetzt stehe, da ich keine Hilfe mehr sehe und aus Misstrauen gegen ihn zittere, wenn ich nur denke, wie es mit uns kommen werde, jedes vom andern getrennt, unglücklich in einer Ecke der Welt leben wird. Zu diesem kommt noch gerechter Widerwille gegen meines Mannes Bruder, der ihn zuerst auf diesen Weg führte, der täglich geheime Briefe in lateinischer Sprache an ihn schreibt, und ihn von mir und meinen Kindern [weg] immer noch weiter in alles Unglück hineinzieht, dass ich leider weder Tag noch Nacht

---

[20] «Desparation»: Verzweiflung.

mehr Ruhe finde. Ich entschloss mich, dies alles in den Schoss eines von meines Mannes Freunden zu werfen, war daran durch Bitten – da ich's ihm sagte – zurückgehalten und auch durch ein inneres Gefühl, dass ich wenig Trost finden würde und mein unglückliches Leben lieber allein verweine. Du allein weisst, o Gott, was ich leide und wie mir zu Mut ist! Stärke Du mich, auszuhalten, und erbarme Dich meiner! Du siehst und Du kennst meine Not allein! Ich nehme dieses Schicksal als Strafe meiner Sünden an. Ach Gott, ach Gott, lass' meine Bitten um Erbarmung zu Deinen Ohren dringen!

Den 7ten April reiste ich hieher[21], zerrissen durch die Leiden der Trennung, der Erfahrungen der Menschen, mit denen ich lebe, gedrückt durch die unendlichen, vielen Geschäfte, [die] ich hatte mit der Reise, mit dem Rangieren[22] des Hauses und meiner Sachen all'. Nur bis jedes sich niederlegen konnte, was dieses schon brauchte!

Das Hiersein meiner Schwester, Herrn Otts, Herrn Eschers war mir über alles lieb. Ihnen werd' ich's lebenslang nicht verdanken können, welche Anmut sie über meinen Aufenthalt verbreiteten. Auch den Abschied von meiner Schwester werd' ich nie vergessen, welchen Schmerz ich darüber empfunden. Wie noch nie war meine Seele so niedergeschlagen, so leidend wie jenen Tag, da sie zurückgingen.

Den 14. April kam mein Mann hieher. O Gott, welch eine Szene, welche Gefühle für mich! So viel Ehre und Liebe ihm, so viele Erwartungen! Ach Gott, komm doch mit Deines Geistes Kraft von oben, ihn zu leiten mit Weisheit und Güte!

Den 15. war die Huldigung.

Was ich doch nicht für Mühe und Arbeit hatte mit der Zubereitung zu allem für die Betten, für die Tische, für die Esswaren! Das werd' ich mein Lebenstag nicht vergessen.

Auch noch eines, wie lieblich alles zwischen uns hinfiel, zwischen Hotz[23] und uns beim ersten Wiedersehen, dass ich es auch hier nicht vergessen kann anzumerken in meiner Gedrängtheit.

Lavater war mir auch einst sehr wohltuend, da er bei uns war. Sonst, ach, was sind Gäste nicht für unwissende Untergraber der Ruhe bei einem solchen Landaufenthalt! Für einmal ende ich nun [und] hoffe wieder nachzuholen, wenn ich eine Stunde der Ruhe finde. Amen.

35, 36 [leer]

---

[21] D.h. nach Wädenswil.
[22] «Rangieren»: arrangieren, einrichten.
[23] Vgl. 1786, pag. 80.

Abb. 6 [Anorym]: Schloss Wädenswil um 1755, Gesamtansicht. Blick gegen Südosten auf den See und die rechtsufrigen Hügelzüge. (Beachte den Signalmast in der rechten Bildhälfte.)

37   Brachmonat 1790.
38   [leer]
39   Brachmonat 1790. Mittwoch, den 2. Brachmonat.
Um 5 Uhr war ich erwacht, einige freundliche, zärtliche Momente mit meinem Mann, mit ihm den Kaffee, Ankleidung. Gebet in Lavaters Gebeten. Las eine Predigt von Blair[24] über den Tod[25], die mich ganz zu ernster Betrachtung brachte. [Ging] zu meinen Kindern, lernte mit Hans Casparli das ABC, arbeitete in ruhigem Nachdenken über mein Schicksal fort, bis es über 9 [Uhr] war, und nach dem vesperte ich mit den Diensten und gedachte hier einiges einzuschreiben.
Sonntags [30. Mai] las ich eine Predigt von oben erwähntem Blair über die Unveränderlichkeit Gottes, die meine Seele so mit erhabenen Gedanken bis zur Anbetung erfüllte, dass ich mir lange nichts bewusst bin, dass [etwas] einen solchen Effekt auf mein düster gedrücktes Gemüt machte, aus dem ich so viel Kraft schöpfte, dass ich alles andere darüber vergass.[26]

40 Gestern [1. Juni, Dienstag] schrieb ich an meine Schwester, an Frau Schulthess, an Herrn Pfenninger. Oh, was ist das Gefühl für Liebende, für Freunde! Auch so etwas hatte ich noch nie empfunden, wie letzthin, da ich einen Brief von der Schinz erhielt, und wie ich ihm schrieb. Ach Gott, lass' diese Freuden der freundschaftlichen Liebe meine Seele erfreuen in meinem Leiden!
Vergessen werd' ich nie, wie mir war beim Abschied von Zürich, zu welch tiefen Empfindungen ich gekommen bin durch die Äusser[unge]n der Liebe, die ich genossen hatte bei all meinen Freunden. Ich kannte nicht, wie tief mich dieses führte und welchen Antrieb es mir machte, in meiner Entferntheit, jedem würdig zu bleiben.
Letzten Samstag [29. Mai], abends, hatten wir ein entsetzliches Unwetter, das meine Seele und meinen Leib erschütterte. Ach, wie gross bist Du, o Gott, der Du solche Wirkungen zum Besten und zu der Erhebung von Dir in der Natur, die Du hervorbrachtest, bestimmt und geordnet hast! Auch fühlte ich bis zu Tränen gestern die innigste Empfindung über Deine Macht und Grösse, da ich einsam auf der Altane (Abb. S. 197) sass, der Himmel noch mit dickem schwarzen Regengewölk überzogen,
41 die Berge halb neblig und der See grau, windig, verfärbt war. Oh, wie mich die Szene so schauervoll dünkte, dass ich diesen ruhigen Zeitpunkt ganz

---

[24] Blair Hugh (1718–1800), schottischer Geistlicher und Schriftsteller, einflussreicher Prediger.
[25] Blair Hugh: «Sermons», um 1777, dt. übersetzt von Sack und Schleiermacher, Leipzig 1781–1802.
[26] Originaltext: «… erfüllte – ! dass ich mich lange nicht's bewusst bin – dass einen solchen Effect auf mein düster gedrüktes Gemüth machte – ! weil ich so viel Kraft schöpfte – das ich alles andere darüber vergass.»

dafür gegeben betrachtete und allein war. Was doch die vielen Leute um mich mich immer leiden machen, das könnt' ich nicht genug sagen. Montags [31. Mai] hatten wir <u>Wirz</u> da und Frau Doktor Lavater und Madame und Miss Tschudi[27] aus Glarus, die gerade von England gekommen sind. Sie sangen englische Lieder, die mich ganz dahin genommen[28], etwas der Empfindung Ähnliches, das die Harmonika bewirken kann und mir dieses meine Mühe, die die Übernachtung mir machte, versüsste. Nun will ich enden, um noch einige Rezepte niederzuschreiben von Geköchen.

O Gott, sei Du mit mir und bei mir und den Meinigen! Amen.

42 <u>Donnerstag, den 3. Brachmonat.</u>

Um 5 Uhr war ich aufgestanden. Kaffee, Ankleidung erfüllten eine Stunde. Las in der gestrigen Predigt über den <u>Tod</u> wieder ein Stück, unterhielt die Herren bis sie auf den Augenschein gingen. Nachher [war ich] eine Weile im Garten, da ich mich der Hoffnung des Gemüses freute, ein Fussbad nahm und nachher noch einige Bücher wegräumte von Herrn von Orelli[29] und 's Mittagessen ordnete, und nun dies hier niederschrieb und nachholte. Was ich gestern doch nicht für eine Freude gehabt habe, Hotz und seine Tochter, [mit] <u>Frau von Tronchin</u>[30], bei mir zu sehen! Gespräch über <u>Erziehung</u>, <u>Pocken</u>, meine <u>Kinder</u>, <u>Zimmermann</u>, <u>Luft</u>, <u>Gagen</u>[31], <u>Treue</u>, <u>Schwagers</u>[32], <u>Genuss des Landes</u>, <u>Lavater</u>, sehr interessant und geist[reich] und wohltuend. Beim Abschied brachte der Schiffmann Kräutersaft, bei dessen Anblick er und ich erschrak, dass die angenehme Empfindung getauscht wurde in unangenehme, auch durch die Nachricht, dass eines unserer Porzellangefässe zerbrochen[33], das mich in üble Stimmung brachte und blieb bis auf den Abend. Las noch einige Briefe an Lavater. Ach, was ist das Menschenherz für ein Gewirr von Gutem und Bösem – aus meiner eigensten Erfahrung! Gott, sei Du mit mir und mein Leiter zu Gutem! Amen.

---

[27] Tschudi Burkhard (1702–1773), Tisch- und Instrumentenbauer, der 1718 nach England übersiedelte und als Cembalobauer Weltruhm erlangte. Es handelt sich höchstwahrscheinlich um dessen 2. Ehefrau, Meier Elisabeth (17..–?), verm. 1759, und Tochter Elisabeth (17..–?), später verm. mit Will-Hill Peter. (Freundliche Mitteilung von E. Kamm-Weber, Landesarchiv des Kantons Glarus.)

[28] «dahingenommen»: vermutlich hingerissen.

[29] Gemeint ist entweder Orelli Caspar von, a. Landvogt, oder der Ehemann, Orelli David von.

[30] Die ältere Tochter Hotz', Anna Elisabeth (Louise) Crinsoz de Cottens (1767–1825), vermählt 1783 mit Jean Sigismond de Crinsoz, lebte in Genf. Möglicherweise ist mit Frau von Tronchin eine Begleitperson gemeint: Tronchin: Berühmte Genfer Familie u. a. Théodore (1709–1781), Arzt, Förderer der Pockenimpfung. Eine beruflich-freundschaftliche Beziehung zu Hotz wäre denkbar.

[31] «Gagen»: Besoldung, Gehalt von Dienstboten.

[32] Die Familie des Orelli Hans Caspar von, a. Landvogt.

[33] «Kräutersaft», «Porzellangefässe zerbrochen»: signa mali ominis.

43   Donnerstag, den 10.
Früh schrieb ich wieder hier einige Worte ein, und das erste davon ist, wie sehr ich mich freute über die gute Nachricht, dass Frau Escher[34] so glücklich am Samstag morgens früh einen Sohn[35] geboren, in einem Weh. Ach, dass Gott sie segne und alles damit Verbundene, was meinen Bruder angeht! Sonntags [6. Juni] schrieb ich ihnen. Montags schrieb ich an <u>Lavater</u> seine <u>Frau</u>, <u>Pestalozzin</u>, <u>Gattüngeli</u>, Frau <u>Schulthess</u>, <u>Wirz</u>. Oh, wie die Gefühle der Freundschaft nicht so oft meine Seele erheben, allein beleben und für Momente beruhigen, weil ich immer gestossen[36] werde, zurückgestossen von meinem, ach, mir so lieben Mann. Samstags [5. Juni] und gestern wieder auf eine sehr empfindliche Weise ganz gehemmt, nur ein Wort über unsere ökonomischen Sachen sprechen zu können, dass es mich beinahe erdrückt, uns entzweit. Mein Gott, welch ein Leiden und welche Aussicht für mich, dass ich weiss, dass es so nicht gehen kann, wenn es sich schon verweilt nach menschlichem Empfinden,

44 und [ich] nur geängstigt werde über alle Beängstigungen [hin]aus für meine <u>Kinder</u>. Ach, ich verliere mich vor Kummer für <u>sie</u>!

<u>Dienstags, den 8.</u> [Juni], war ich in der Maiengerichts-Predigt[37] mit vieler Empfindung. Im Heimweg sah ich einen Kreis um die Sonne, einem Regenbogen gleich, welches Phänomen meine Aufmerksamkeit auf sich zog, mir die Stelle der Zeitung zurückrief, welche von der Madame la Brousse[38] darin stand, doch mich auch weiter nicht berührte.

Den 8. bekam ich auch meine Reinigung, worüber ich mich freute. Mein Gott, welche Schwäche, dass ich mich fürchte, wieder schwanger zu werden, es zu entfernen suche durch Bitten gegen meinen Mann, aus Sorge für meine Kinder, aus Sorge für meine Gesundheit, dass ich ihnen nicht mehr tun könne, und ich glaube [au]ch aus Entferntheit gegen meinen Mann, zurückgeschreckt von allen meinen Erfahrungen, die ich machte. Vereine Du unsere Herzen, um Jesum Christum willen!

Den <u>8ten</u> besuchten uns Herr Stetrichter Lavaters[39], Herr Obrist[40] Corrodis[41], mit denen ich einen herrlichen Abend genoss. Oh, was sind doch Menschen von Verstand und edlem Herzen nicht für eine Erquickung![42]

---

[34] Gattin des Bruders, Escher Hans Caspar.
[35] Escher Hans Caspar (1790–1870), später in Lissabon.
[36] Vgl. 1788, pag. 116.
[37] Predigt anlässlich der Gerichtssession im Mai.
[38] La Brousse Stéphanie de (1747–1821), französische Visionärin.
[39] Lavater Jakob (1750–1807) zum grossen Erggel, 1779 Stetrichter, verh. 1772 mit Schinz Regula.
[40] «Obrist»: alte Form für Oberst. Vgl. 1787, pag. 1.
[41] Corrodi Hans Caspar (1725–1804), verh. 1765 mit Ott Regula, war Hauptmann in französischen Diensten, quittierte 1781, lebte anschliessend in Zürich.
[42] <u>Originaltext</u>: «O was sind doch Menschen nicht – für eine erquikung – von Verstand und edlem Herzen nicht –.»

45 Gestern sendete ich Herrn Landschreibers[43] die Fragmente über Friedrich den 2ten von Zimmermann[44] zurück, welche ich als das einzige Buch gelesen habe seit ich hier bin, mit unendlichem, teilnehmendem Interesse für alles, was ich darin fand, von Zeugen des Charakters, des Herzens und Geistes, von und über Friedrich. Nur bedauerte ich die üble Misshandlung von den Berliner Gelehrten in demselben als etwas sehr Unzweckmässiges an diesem Orte, mit so vieler Hitze Eingeschaltetes, wie aber Hotz[45] sagt, dass es in der Absicht hier stehe, damit es recht weit komme. So mag es auch mir recht sein.
Einige herrliche Stunden im Garten genoss ich. Oh, wie lieblich ist es hier nicht in demselben! (Abb. S. 197)
Übers Kochen las und dachte ich vieles diese Zeit her als eben etwas, das mir sehr notwendig und nützlich sei zu meinem Gebrauch.
Nun end' ich wieder, um an meine Arbeit zu gehen, im Namen meines Gottes! Amen.

46 <u>Dienstag, den 15. Brachmonat 90.</u>
Um 6 Uhr war ich aufgestanden, nahm für meinen Mann eine Gevatterschaft[46] ab, von einem Jost Sidler[47] von Ottenbach[48], in Wädenswil sesshaft, zu einem Töchterli, Magdalena genannt. Kaffee, nachher betete ich und las im Matthäus das 26., 27., 28., Kapitel[49], welches mir der Ordnung nach folgte, da ich das Evangelium seit einigen Tagen angefangen [habe] zu lesen.
Unzufriedenheit meiner Kinder, Arznei einnehmen, und nun mich niedersetzend bei diesen Blättern; um 8 Uhr fang' ich den Tag an.
Gestern schrieb ich an meinen <u>Mann</u>, an Frau <u>Ott</u>, an Frau <u>Schulthess</u>, früh des Morgens an Hotz und verlebte so in einer Art Untätigkeit den ganzen Tag durch, unter meinen <u>Kindern</u> und dem Lesen des 6ten Teils von Friedrichs Werken, indem ich sehr viel Erhabenes, Gefühltes, Tiefes für die Menschheit fand. Auch las ich sonntags schon etwas davon. Gott, welche

---

[43] Keller (Linie der Wolkenkeller) Hans Konrad (1741–1802), 1743–1798 Landschreiber zu Wädenswil, verh. 1763 I mit Muralt Anna Maria von (1747–1790), 1792 II mit Beyel Anna Barbara (1759–1824). Keller war ein Schulkamerad Lavaters, war literarisch interessiert und unterhielt eine namhafte Bibliothek, die möglicherweise auch R. v. O.-E. zur Verfügung stand.
[44] Zimmermann Johann Georg: «Über Friedrich den Grossen», Frankfurt 1788, vgl. 1789, pag. 25.
[45] Hotz stand in enger Beziehung zu J. G. Zimmermann und betreute dessen Sohn, der gelegentlich an geistiger Umnachtung litt.
[46] «Gevatterschaft abnehmen»: Die Verpflichtungen eines Paten übernehmen.
[47] Sidler: Aus dem Kanton Zug stammende, in Ottenbach und benachbarten Gemeinden ansässige Familie. Kein Taufeintrag für Magdalena Sidler in den Pfarrbüchern von Ottenbach und Wädenswil.
[48] Ottenbach: Gemeinde im Bezirk Affoltern (Knonaueramt).
[49] Matthäus 26–28: Passionsgeschichte, Auferstehung.

Empfindungen erfüllten meine Seele, da ich so allein war! Ach, sei Du mit und bei uns, um Jesu Christi willen!

47 Samstag [12. Juni] hatt' ich eine Szene mit meinem Mann, über einen angekommenen Brief von Schwager Landvogt in lateinischer Sprache, die mich ganz erschütterte, aus dem ich zu erraten glaubte, dass er meinen Mann zwinge zu einer Verbürgung für ihn, oder ob es selbst uns angeht? Genug, ich ahne nichts als Unglück und Verwirrung für uns aus der Zerrüttung unseres ökonomischen Zustandes. Jesus, welches Leiden, niemals die Wahrheit zu erfahren aus dem Munde meines Mannes! Ich kam zu Drohungen, ihn zu zwingen, mir alles zu sagen, zu bitten, nichts mehr ohne mein Wissen zu tun, und ich vermute, dass er's doch nicht hält, [dass er] jetzt, bei seinem Aufenthalt in Zürich, wieder eins meiner Verhältnisse untergräbt und [sich] etwas über unser Haupt sammelt, das uns niederschlägt. Wie oft allein, wünscht' ich mich am Ende meines Jammers, der unausweichlich mir entgegen eilt und mit mir über meine armen Kinder kommt. Ach Jesus, welch ein Gedanke! Um $^1/_2 8$ Uhr ging er traurig von Haus. Die

48 Nacht und Sonntag [13. Juni] morgens war er sehr unruhig und traurig, mein Gott, stehe uns bei, und gib mir Kraft alles zu tragen! Gib mir <u>Glauben</u> und <u>Liebe</u>, um Jesu willen! Amen.

<u>Freitags, den 25. [Juni]</u>
Heute war ich etwas spät aufgestanden, gegen 2 Stunden mit und um meine <u>Kinder</u>, ach, mit welchen Empfindungen! Um 8 Uhr kleidete ich mich an und betete und las über die Ordnung eine Predigt von Blair, die mir innigst wohl tat, meine Empfindung Ordnung zu halten stärkte, und mein[en] Massstab gegen meine Mitmenschen schärfte, nach meinem eigenen Gefühl. Nachher ging ich in unseren Garten mit der innigen Empfindung der Freude an dem Wachstum der Pflanzen, wie allemal, so ich hinkomme und sehe, wie wiederum alles gewachsen ist. Nachdenken über unsere Lage und Ernst erfüllen noch das Übrige vom Morgen, speiste froh an Casperlis Seite, arbeitete und schrieb an Frau <u>Ott</u> und Herrn <u>Escher</u>. Ach, welche Empfindung

49 regt sich bei dem Gedanken an die Liebsten dieser Erde!
Gestern, den <u>24.</u>, war früh <u>Lavater</u> bei uns fortgegangen, nachdem er tags zuvor spät herkam. Wir gingen eine Strecke weit mit ihm. Nachher packte ich ihm seine Zeichnungen ein, dachte über das fatale Geheimnis und Geschichte der Fürstin[50], Häfeli[51], Zimmermann, Stolz nach, voll tiefer Wärme. Arbeitete den Morgen durch, speiste, war überredet, nach Richterswil zu Frau Stetrichter Ott[52] zu gehen, das ich tat. In der Kutsche, die

---

[50] Vgl. 1788, pag. 98.
[51] Häfeli Johann Caspar (1754–1811), Hofkaplan des Fürsten von Anhalt-Dessau in Wörlitz, Freund Lavaters, war zweifellos in die Kontroverse zwischen diesem und der Fürstin involviert.
[52] Ott-Werdmüller Cleophea (1766–1796), 1787 verm. mit Ott Hans Conrad (1767–1816), Kaufmann im Florhof, Distriktsrichter, Stadtrichter.

Lavater holte, sass Hotz. Herzlich glückwünschte [ich ihm] zu seinem Namenstag[53]. Nachdem Lavater verreist war, machte ich Frau Stetrichter meine Visite und den Abend bracht' ich im Hotz'schen Hause zu, unter vielen muntern, angenehmen Gesprächen. Besonders, da wir noch alleine gingen, sprachen er und ich zusammen von Lavater, Zimmermann, Häfeli, Fürstin, Stolz, wie unglücklich dass es sei, dass Lavater immer reize, und dass ich ihn bitten solle, Punctum zu machen. Auch erzählte er mir seine Bekanntschaft mit Zimmermann, von seinem Briefwechsel mit ihm, und wie es seinen Gang nehme.[54]

50 Nach 9 Uhr kam ich sehr vergnügt und glücklich nach Hause mit etwas Furcht vor Gewitter, die mich hier immer übernimmt, besonders auch heute vor 8 Tagen, da ich so allein war in diesem so grossen Gebäude mit den Kindern. Samstags [20. Juni] kamen mit meinem Mann Frau Landvogt, Jungfer von Orelli, Nanette[55], die mich alle sehr drückten. Nachdem sie fort waren, eilte ich, einige notwendige Hausgeschäfte zu verrichten, und um 6 Uhr kamen Herr Doktor Lavaters. [Ging] mit ihnen in [den] Garten. Morgens mit der Frau [Doktor] in die Kirche, nachmittags nach Richterswil, Pfäffikon[56], da mir's wohl war. Viel freundschaftliche Gespräche. Nach dem Nachtessen gaben wir ihnen Musik. Montags [21. Juni] gingen wir in den Gärten umher. Nachmittags verreisten sie, ich kam wieder zur Ruhe. Jungfer Karoline Klauser[57] verdarb den Abend.

Dienstags eine herrliche, einsame Stunde der Andacht auf der Altane, die erste, die sich so auszeichnete wie diese.

Briefe an Wirz, Lavater, Doktor Lavater, Schinzin erfüllen meine Seele mit Freuden.

Auch las ich diese Wochen die Hälfte des 7ten Bandes von Friedrichs Werken, und nun wieder an meine Arbeit.

51, 52   [leer]

53   Heumonat 1790.
54   [leer]
55   Sonntag, den 4ten Heumonat 1790.
Um 6 Uhr war ich aufgestanden, geweckt und angeredet von meinen 3 Kindern, nach jedem seiner Art. Oh, welch ein Gefühl für mich Mutter von ihnen. Ich half sie ankleiden und verpflegen nach meiner Gewohnheit,

---

[53] Johannistag: 24. Juni.
[54] Vgl. 1790, pag. 45.
[55] Orelli Anna (Nanette) von (1776–1807), Tochter des Orelli-Usteri Caspar von, a. Landvogt, 1806 verm. mit Hans Jakob Denzler, Rotgerber an der Grauen Gasse.
[56] Ortschaft im Bezirk Höfe, Kanton Schwyz, am linken oberen Zürichseeufer.
[57] Klauser Karoline ist in den einschlägigen Registern nicht auffindbar. Klauser: alteingesessenes Bürgergeschlecht der Stadt Zürich.

trank Kaffee und trieb's so fort mit meinen Kindern, so gut ich es konnte bis 8 Uhr, da ich das Kleine in's Bett legte, mich ankleidete unter Betrachtungen über uns. Nachher las ich in Lavaters Betrachtungen über die Evangelien[58], das 17., 18., 19. Kapitel im Lukas[59] und nachher noch die ganzen Kapitel im Testament, in stillem Nachdenken und Vergleichen in meiner Seele. Vieles mir wichtig ist, was ich glauben kann, gestört von meinen Kindern unterweilen, und [bis] 10 Uhr arbeitete ich, um noch eine Weile in stiller Andacht allein zu sein. Las eine Predigt von Lavater über die Seligkeit der Toten, die mich hob zu guten Entschlüssen, Christum getreu zu sein im Glauben, und [mich] zu neuen Entschlüssen brachte, gut in dieser Welt zu leben, so viel an mir liegt, um einst die Seligkeit der Gerechten geniessen zu können.

's Essen währte beinahe 2 Stunden, mir zwei lange Stunden!

Nachher machte ich einige Verordnungen und kleidete mich an, um auf den Abend Lavaters junge Leute[60] von Richterswil [kommend] zu erwarten.

Nachher las ich bis etwa um 5 Uhr an zwei Predigten von Lavater über das Verhältnis der Engel zu Christus und über das Verhältnis der Engel zu den Menschen, welche Lehre er schriftmässig[61] bewies, und sie sehr rührend an das Herz zu legen wusste, mich froh machte und ganz sanft stimmte zu meiner Beruhigung.

Mittwoch [30. Juni] schenkte Lav.[ater] mir diese Predigten, das mich sehr freute.

Der Besuch[62] blieb aus. Ich ging eine Weile auf die Altane, wie ich es mir zur Gewohnheit gemacht, es alle Tage zu tun seit wir hier sind, weil es auch gar so prächtig ist. (Abb. 197) Oh, beschreiben kann ich nicht, wie es mir jedes Mal ist, wenn ich hinkomme!

Gestern und vorgestern litt ich über alle Worte durch Misstrauen gegen meinen Mann über Briefe, die er mit seinem Bruder wechselt, weil ich immer fürchte und nie beruhigt worden bin, es gehe zu nahe an unsere ökonomischen Umstände. Ach, welch ein Unglück für mich, immer zu zweifeln und niemals Ruhe zu finden. Ich hatte gestern und vorgestern Szenen, die, ach, ich lange empfinden werde in meinen innern Gefühlen! Hin und her geworfen sehe ich mich mit meinen Kindern, verlassen – hin und her geworfen sehe ich mich, nichts anfangen zu können. Meinen

---

[58] Lavater Johann Caspar: «Betrachtungen über die wichtigsten Stellen der Evangelien», 2 Bände, Winterthur 1790.
[59] Lukas 17-19: Heilung Aussätziger, Zukunft des Reiches Gottes, Gleichnisse, Jesus ruft die Kindlein zu sich, Reinigung des Tempels. Vgl. 1789, pag. 113.
[60] Lavater Johann Caspar hatte 3 Kinder (überlebend von 8): Lavater Heinrich (1768-1819), verh. 1789 mit Barbara Ott (1766-1819); Anna (1771-1852) heiratete in 2. Ehe Gessner Georg (Witwer von Schulthess Barbara, Babe iun., s. 1790, pag. 76) und Lavater Louise (1780-185.).
[61] Gemäss der Heiligen Schrift.
[62] Betrifft die erwarteten «jungen Leute» Lavaters.

58 Mann unglücklich zu machen durch Entdeckung gegen jemanden, tut mir über alles leid! Und so behandelt zu sein ist auch entsetzlich, und die Folge dann einzusehen. Oh Gott, erbarm' Du Dich in meinem Leiden und lehre Du mich tun, was ich tun soll. Komme ich je in dieser Situation zu mir selbst, so will meine friedliebende Seele still, still halten meinem Schicksal in der Hoffnung auf Gott.[63]
Viele herzliche Empfindungen für meine Geschwister und meine Freunde durchwallten mein Herz, besonders gegen Rahn. Ach, was durch Mensch-[lichk]eit die Menschheit berührt, wie tief geht es nicht, auf meine Bekanntschaft in gutem und bösem Sinn angewandt!

59 Zwischen[hin]ein viel Arbeit, zwischen[hin]ein viel Lust und Versuche zur Kochkunst, lese darüber, vergleiche, wähle. Auch lese ich im Auszug der Hausmutter[64], um doch eine Idee zu bekommen von allen meinen Pflichten. Ach, dass Du mich lehrest, o Gott, um Deiner Erbarmung willen!
8 Uhr abends.

60   Samstag, den 31. [Juli]
So komm' ich dann am Ende dieses Monats noch in einem ruhigen Moment, einige Worte einzuschreiben, heimwehvoll, gleichsam noch mir selbst. Denn wie weit bin ich durch die immer währenden Geschäfte und Gäste von aller Empfindung des Genusses durch Gebet, durch Lesen, durch Arbeiten entfernt, weil ich niemals Zeit habe, [durch] eines dieser stärkenden Sachen mich zu erheben und fühle, wie notwendig diese Sammlung der Mensch hat, niemals ich! Die Zehntenablieferung[65] ging nun diese Woche glücklich vorbei mit all dem Unangenehmen, das die grosse Mahlzeit dabei mit sich bringt. Besuche von Oncle Ratsherr[66] und Herrn Wirz, welch eine erfreuende Empfindung, und von Herrn Pfenningers, die mich drückten über alles, er durch seine Regroutierung[67] auf die Stimmung[68] für Lavater, sie durch ihre Prätention[69], dass ich beinahe verschmachtete unter dem Druck. Alle Zimmer, alle Betten gingen mir hin[70], das mir nicht gleichgültig ist. Ach, und so vieles von Sorgen und Liegenlassen in meiner Haushaltung!

61 Ach, was ist doch der Mensch und was der menschliche Sinn! Gib mir, o Gott, doch Mut, das Drückende für andere von mir zu entfernen und täglich weiser und besser zu werden, um Deiner Erbarmung willen!

---

[63] Möglicherweise: Jesaja 30, 15.
[64] (Anonym). «Kurzer Auszug aus allen fünf Teilen der Hausmutter», Leipzig 1782. Für einen ähnlichen Titel s. 1790, pag. 76.
[65] «Zehnten»: Steuern, Schuldzinsen in Form von Naturalien, Abgaben der Untertanen.
[66] «Oncle Ratsherr»: Lavater Heinrich, vgl. 1786, pag. 37: 1774 Landvogt zu Baden, 1785–1791 Ratsherr, 1791 Landvogt zu Grüningen.
[67] «Regroutierung»: Rekrutierung.
[68] Vermutlich Stimmenmobilisation für eine Wahl Lavaters (1790 zum Schulherrn?).
[69] «Prätention»: Forderung, Anspruch, Anmassung. Der heute gebräuliche Begriff passt schlecht zum Charakter der Ehefrau Johann Conrad Pfenningers.
[70] Alle Zimmer und Betten des Schlosses waren durch die Gäste besetzt.

Den 29. war mein 33. Geburtstag. O Gott, werde ich wohl besser werden in den künftig mir bestimmten Tagen? Wie werde ich's anfangen? Wie werde ich's vollenden? Was wird meiner warten? Dieses alles ist Dir, o Allwissender, bekannt! Dass es mir verborgen sei, ist Dein Wille, bestgemeinter Wille! Nur lass' mich es tief fühlen, dass alles, alles von Dir kommt, dass Du durch alles, auch das Drückendste, mir helfen werdest und ich am Ende erst erkennen werde, warum und wie alles kommen musste, so, so, wie es kam! Ach, verzeihe mir alle Fehler. Verzeihung und Segen flehe ich von Dir, Du Erbarmer! Sei Du mit mir, und stärke mich, um Deiner unendlichen Liebe willen! Amen.

62 Campes Briefe über Paris[71], Schulz'[72] Geschichte über Paris[73], Campes Seelenlehre für Kinder[74] und sein Sittenbüchlein[75] für selbe waren meine Lektüre, die ich gleichsam verstehen musste und mich heraushebte.

Ach, lass' mich doch in der Behandlung meiner Kinder liebreich, streng, mutvoll sein in dem Blick auf Dich, Du Unendlicher!

Ich hebe mein Herz und meine Seele auf zu Dir, o Du, mein Gott! Amen.

63, 64 [leer]

65 August 1790.
66 [leer]
67 August 1790, Mittwoch, abends, den 18.

So komme ich endlich, endlich nach so vielen Zerstreuungen denn wieder einmal zu mir selbst, einmal wieder zu diesen Blättern, nach so vielen Zerstreuungen und Arbeiten. Ach, welch ein Leben! Welche Sehnsucht nun auch nach zwei Ruhetagen, um mir selbst und meinen Kindern, Mann, Haushaltung zu leben. So geht nur ein Tag nach dem andern hin in Geschwätz, in Sorgen, für Essen, Lingschen[76], Geräte, dass alles nach dem nötigen Anstand besorgt sei. Alles andere muss ich dahinstehen lassen, selbst um meine Andacht muss ich zurückkommen, da mein Herz doch so nötige Erquickung hat. Morgens früh muss ich mit meinen Kindern zu tun haben, und dann gibt's keine Ruhe mehr, auch selten ruhige Arbeit nur, dass ich nicht davongerufen werde. Keine Stunde des Lesens oder ruhigen Nachdenkens, oh, welche Sehnsucht lebt in mir – nach Ruhe!

68 Die vielen lieben Gäste geben eigentlich doch wenig Genuss. Ich fühlte doch schon oft entsetzliche Leerheit in den edelsten und gelehrtesten Menschen. Stolz' Gegenwart hat mir sehr übel getan[77]. Ich war die ganze Zeit

---

[71] Campe Joachim Heinrich, «Briefe aus Paris», Braunschweig 1790.
[72] Schulz Joachim Friedrich Christoph (1762–1798), deutscher Schriftsteller.
[73] Schulz Friedrich, «Über Paris und die Pariser», Braunschweig 1790.
[74] Campe Joachim Heinrich, «Kleine Seelenlehre für Kinder», Hamburg 1780.
[75] Campe Joachim Heinrich, «Sittenbüchlein für Kinder», Breslau 1788.
[76] «Lingschen»: Lingen, Wäsche.
[77] Vgl. Anm. zu 1790, pag. 49.

gehemmt, um [!] der Geschichte Lavaters und Häfelis wegen, über die ich nicht sprechen mochte, noch konnte. Sonst fühlt' ich wohl, welchen Wert dass er, seine Gattin und die beiden Töchter Wichelhausen[78] von Bremen, sie, unter den Menschen verdienen, als edle Bewohner dieser Erde.
Auch war ich nie heiter, da Herr Pestalozzis mit und bei uns waren, weil mir zu viel zusammentraf, ich zu gespannt war und zu müde all des täglichen Strömens um mich.
Auch kann ich nicht sagen, was ich gelitten hatte über meine so entsetzlich grosse Wäsche, an der ich nicht helfen konnte und bekümmert war, bis sie wieder im Kasten war, weil der Verlust in gar zu grosses Geld läuft.
Schon wieder gestört werde ich.

69   <u>Samstag, den 28.</u>
Nun wieder einmal eine Zeile von meinem Dasein, meinem Leben, meinen Erfahrungen in demselben. Vorgestern machte ich eine der traurigsten, die ich jemals gemacht habe. Wieder eine Entdeckung, dass es meinem Mann nicht gegeben sei, niemals mir die Wahrheit zu sagen von einer Schuldpost[79] von Schwager[80] an D.[oktor] L.[avater], welches ich vermutete, und dass er nie auf Fragen hin so ganz ableugnete und ich's jetzt nun erfahren habe. Dieses bedrückte mich innigst, versetzte mich in solches Leiden und Misstrauen, dass ich es nicht beschreiben könnte. Ach Gott, was will es werden, wohin kommt es noch mit mir und meinen Kindern?
Heute war ich um 6 Uhr aufgestanden, geweckt von meinen Kindern nach einer traumvollen, hastigen Nacht. Pflegte ihrer, da ich den Kaffee trank, legte mich an, fing an, Raffs[81] Naturgeschichte[82]

70 zu lesen, und von 8 Uhr bis 10 Uhr brachte ich in Brändlis[83] Hause zu, bei dem ich noch niemals war, und der sehr krank liegt. [Ich] erwartete dort Lavater, der zurück nach Zürich ging, und der mir etwas empfindlich schien, dass ich nicht mitging. Aber auch moralischer Ursache [wegen] blieb ich bei Hause, wegen meiner Kinder und meiner Haushaltung und einer Menge Geschäfte und um das Gerede der Leute willen. Nachher arbeitete ich, nebst vielem andern, bis 12 Uhr; speiste und arbeitete wieder unter stillem Nach-

---

[78] «Wichelhausen» von Bremen, 2 Töchter: In Lavaters Fremdenbüchern (Privatbesitz, frdl. Mitt. des Besitzers; Fotokopie: ZB, Lav. Mscr. 15c: 23.9.1790) figurieren Wichelhausen Johanna Maria und Wichelhausen Meta aus Bremen. Am 21.7.1793 sind aufgeführt: «Johanna Maria Meiner, geb. Wichelhausen und Peter Wichelhausen mit seiner Gattin, Anna Margarethe, geb. Tissot, aus Bremen.» Am 3.7.1787 begegnen wir ebenda Wichelhausen Wilhelm Ernst und Wichelhausen Helene, vermutlich die Eltern der Obgenannten. Erwähnenswert ist, dass im Zürcher Bürgeretat 1806 ein Wichelhausen Joachim (1773–18..), Spezerei- und Fremdenweinhändler, unter den niedergelassenen Ausländern figuriert.
[79] «Schuldpost»: gemeint ist wahrscheinlich ein Schuldenposten.
[80] Orelli Caspar von, a. Landvogt.
[81] Raff Georg Christian (1748–1788), Pädagoge und Philanthrop.
[82] Raff Georg Christian: «Naturgeschichte für Kinder», Göttingen 1788.
[83] Vgl. 1786, pag. 11.

denken, was ich diese Wochen getan habe nebst den vielen Zerstreuungen, die wir immer und immer haben, und die mich so leiden machen.
Montags und mittwochs [23. und 25. August] kochte ich meinen Himbeer-Essig[84], etwa 10 Mass[85], zur Erquickung der Kranken und ihrer Bresten[86].

71 In einigen hellen Stunden las ich neue Logik für Kinder von Moritz[87], eine vernünftige Art zu denken, und ich selbst erstaunte über die Tiefe und Klarheit der Gedanken, die ich in diesem Buche gefunden habe. Eine solche Reifung schien mir unendlich nützlich zu sein. Ach Gott, gib Du mir Weisheit und Kraft, meine Kinder zu ihrem Besten zu leiten! Auch las ich einiges von Lavater, das mir sehr wohl getan, und freute mich, ihn Mittwoch abends und donnerstags [25. und 26. August] mit der Familie Sturmfeder[88] zu sehen, obschon es mir ambras[89] gab, denn, nebst den immerwährend fortgehenden Geschäften auf den Gütern und [im] Haus, machen Gäste immer viel Wesens zu dem Übrigen und Unkosten, die zusammenlaufen.

72 Auch schrieb ich einige trauliche Briefe an meine Schwester und Schinzin, von welchen ich sie erwidert erhielt, dass meine Seele voll tiefer Empfindungen erfüllt war. Oh, welch ein Genuss, der süssen Empfindungen voll, des Empfangens und Schreibens der Briefe von Geliebten.
Auch hatt' ich innige, herzliche Erfahrungen zu Gott, meinem Vater, von dem ich täglich Kraft erbitte um Jesus Christi willen. Amen.

73 <u>Herbstmonat 1790.</u>
74 [leer]
75 <u>Herbstmonat 1790, Montag, den 6.</u>
Nun auch wieder ein Wort in dies, mein Buch, oder vielmehr den abgerissenen Blättern, die von meinem Leben etwas sagen sollten und nicht das Tausendste sagen, was ich so gerne sagen möchte und sagen könnte.

---

[84] Originaltext: «Imberr Essig».
[85] «Mass»: Messeinheit für Flüssigkeiten. Ein Mass in der näheren Umgebung der Stadt Zürich fasste, je nach Art der Flüssigkeit, zwischen 1,5 und 1,9 Liter.
[86] «Bresten, bresthaft»: Chronisches Leiden, körperliche Beschwerden oder gesundheitlicher Schaden.
[87] Vgl. 1789, pag. 143 ff. Moritz Karl Philipp: «Versuche einer kleinen praktischen Kinderlogik», Berlin 1786.
[88] Sturmfeder: Familienname, in Württemberg, Baden, Hessen und Österreich. Sturmfeder Karl von steht in Korrespondenz mit Lavater (1770–1794, ZB, FA Lav. Ms. 528 und 583) und dieser besucht auf seiner Rückreise von Kopenhagen «Sturmfeders in Mannheim» (9.10.1793, ZB, FA.Lav. Ms. 512, 75). In Lavaters Fremdenbüchern (Privatbesitz, frdl. Mitt. des Besitzers) figuriert vom 6. Juli bis 19.7.1790 Herr Baron von Sturmfeder von Mannheim mit Frau und Fräulein Auguste (signierend «Gustchen»): Sturmfeder Karl Theodor († 1799) verh. mit Maria Karoline Freiin Greitenklau von Vollraths († 1800) und Auguste (1781–1805), später verm. mit Friedr. Frhr. von Horneck von Weinheim.
[89] «ambras»: embarras, Umtriebe.

Um 6 Uhr war ich aufgestanden nach einer traumvollen Nacht, machte [mir] bei dem Aufstehen Gedanken über das Glück und Unglück des Träumens, die guten, lieblichen – welch angenehme Empfindung, und die stark haften – welch ein Leiden! Ich trank sogleich zu Morgen, hatte innige Freude über Conradli, da er mit uns allein war. Ankleidung, Getümmel, Ausweichen [wegen] des Ausputzens der Wohnstube brachte Unordnung unter die Kinder und mich. Einiges Lernen mit Cäsperli und sie an die Sonne spazieren[gehen] heissen, so fingen [wir] unter ein wenig Arbeit den Morgen an.

76 Und um einiges nach[zu]holen von voriger Woche, [be]eile ich [mich]: Mittwochs [1. September] kam[en] Frau Schulthess, Bäbe, Herr Gessner[90], Herr Kayser, Wirz und seine Frau zu uns. [Letztgenannte] blieben von ihnen da, und die andern gingen nach Richterswil. Der Eindruck, den mir diese Gesellschaft machte, war ganz sonderbar, nicht so wohltuend, wie ich mir's dachte. Auch das Gefühl für die Schulthess, nach so langer Abwesenheit, durchdrang meine Seele nicht wie auch schon, vielleicht durch meine Erwartung gestört, mehr als die Schuld an ihr liegend.

Ich las letzte Woche den ersten Teil von Zimmermanns[91] Haushälterin[92] als ein ganz vortreffliches Buch, belehrend, tief, verständig, in alles eindringend und einführend, worin sich Frauenspersonen nur denken können. Welche Schamröte entwickelte es nicht über mich, wie vieles mir unbewusst sei, wie vieles ich nicht genau erfüllte, was ich erfüllen sollte! Und so wurde ich ermuntert, alles kennen und anwenden zu lernen,

77 was mir nur möglich sei.

Gestern und vorgestern [4. und 5. September] hatte ich einige Stunden der Ruhe gefunden im Gebet, im Lesen des Testaments, [in] Blairs Predigten, Liedern und eben des vorher gedachten Buches. Oh, welch eine Erquickung der Seele war es mir! Ach, dass ich sie mitnehmen könnte, diese göttlichen Gefühle, durch die Pfade meines Pilgerlebens! Besonders bitte ich Gott um Beruhigung gegen meinen Mann. Ach, lehre mich an ihn glauben und an ihm festhalten. Du siehst und Du weisst es allein, o Gott, was ich durch mein Misstrauen schon gelitten habe!

Einiges häusliches Arbeiten machte mich [in den] letzten Tagen auch sehr glücklich. Ach, wie freue ich mich in der Hoffnung, im Winter allein zu sein.

---

[90] Gessner Georg (1765–1843), VDM, heiratete 1791 Schulthess Barbara, Bäbe iun., und nach deren Tod, 1792, in 2. Ehe Lavater Anna (1771–1852), die Tochter von Lavater Johann Caspar.
[91] Zimmermann Joseph Ignaz (1737–1797), Pater SJ, 1766 Professor für Rhetorik in Solothurn, 1769 in München, ab 1773 in Luzern.
[92] Zimmermann Joseph Ignaz: «Die junge Haushälterin, ein Buch für Mütter und Töchter», Luzern 1784, spätere «Nachlesen» 1786 und 1789.

78 Nun gedenke ich noch an Frau Pestalozzi, Frau Bürkli zu schreiben, die mir so liebe Briefe geschrieben hatten.   10 Uhr morgens.

79, 80   [leer]

81   Weinmonat 1790.
82   [leer]
83   Weinmonat 1790, den 28., Freitag, abends.[93]
Einmal doch zu diesen Blättern hin, in süsser Einsamkeit, nach so langer Zerstreuung davon durch so viele Besuche und Geschäfte. Ach, wie zerrissen ist mein Leben, und wie wenig das bewirkte, was ich hervorbringe. Nur meine Empfindung in mir ist lebhaft, <u>leidend</u> mehr als freudig. Der Menschheit Los ist auch mein Teil.
Den 16., Samstag, ist wohl der vergnügteste Tag, den ich hier verlebte in Gesellschaft [von] Herrn Wirz und seiner Frau und Herrn Professor von Orellis[94]. Da fühlte ich auch einmal wieder, was edle Menschen sein können, und mir soll es Seligkeit sein zu wissen, dass auch sie an meiner Seite glücklich waren, wie ich an der ihrigen.

84 Mein Conradli läuft! Ach, wie dank' ich Dir, o Gott, dass ich dieses erlebt habe, wieder etwas, und kein geringes, Deiner Güte, dass ich viel tiefer Empfindung des Dankes fühle.
Das Schicksal meines lieben Oncle und Tante Ratsherr Lavaters[95], die all ihr Vermögen in der Porcellaine-Fabrik Schoren[96] verloren, geht mir sehr zu Herzen, so tief, als wenn's mich selbst betreffen würde. Ich schrieb an die liebe Schinz[97] in der Völle meiner Empfindung und habe noch kein[e Ant]wort und bin durch diese Stille nur noch mehr leidend geworden.
Las keine Lektüre, fast keine Arbeit, fast keine Briefe waren mir über den Herbst zum Genuss, beinahe 14 Tage lang. Überlast[98] aus dem Strohhof[99] verwischte alles, dass ich nur leidend, still mich verhalten habe.

85 Einige Besuche im Pfarrhaus[100], Kanzlei[101], Hotz brachten mir lange Abende und leere Erinnerungen. Ich freue mich nun der Wintertage, der

---

[93] Recte: 29. Oktober.
[94] Orelli Hans Caspar von (1757–1809), 1778 VDM, 1786 Professor der Theologie, 1800 Professor der Philosophie und Chorherr, verh. II 1782 mit Dorothea v. Wyss.
[95] Ratsherr, später Landvogt, Lavater Heinrich hatte als Gründungsteilhaber bei der Liquidation der Porzelanfabrik im Schoren bei Kilchberg 52 126 Gulden, ungefähr 1/5 der Schulden, zu übernehmen.
[96] Schoren: Weiler in der Gemeinde Kilchberg, Bezirk Horgen. Hier wurde 1763–1790 eine Porzelanmanufaktur betrieben.
[97] Anna Schinz-Lavater, die Tochter des Ratsherrn Lavater Heinrich. Vgl. 1786, pag. 7.
[98] «Überlast»: Plage, Molesten.
[99] «Strohhof»: Haus in der minderen (linksufrigen) Stadt, westlich der Kirche St. Peter gelegen. Bewohner: Ott-Escher Heinrich (vgl. 1786, pag. 10).
[100] Vgl. 1789, pag. 76.
[101] Kanzlei: Büro und Wohnhaus des Landschreibers, «Zum Walfisch», Schlossbergstrasse, im östlichen Ortsteil Wädenswils. (Frdl. Mitteilung von Prof. Peter Ziegler, Wädenswil.)

Ruhe, die meiner warten wird. Ach, lehre Du sie mich nutzen, Du, mein Gott, die letzten Momente, welche die Jahreszeit noch zum Genusse lässt, wie lieb' ich sie! Doch auch diese Woche waren mir wenige [Genüsse], weil ich einer gewissen Art Fiebrigkeit mich unterziehen musste, die mir noch unentschieden lässt, ob ich krank werde.
56 Eimer wurden gewümmt[102].
Und nun schliesst der Tag die Heiterkeit und ich dies Blatt wieder in dem Namen meines Gottes und Heilandes. Amen.

86 [leer]

87 <u>Wintermonat 1790.</u>
88 [leer]
89 <u>Wintermonat 1790, Mittwoch, den 3ten.</u>
Um 6 Uhr aufgestanden, die Kinder mit uns, 's Kaffee, Ankleidung bis 8 Uhr, dann an etwas Arbeit mit Fleiss und unter manchen ernsten Gedanken. Mitunter mit den Kindern verschiedenes getan. 's Essen, nachher unterbrochene Arbeit, dass mir des Getümmels [zu]viel wurde. Von 6 bis 7 Uhr mit dem Cäsperli in Raffs Naturgeschichte Kupfer angeschaut und von ihnen erzählt, und sie nun alle drei in ihre Ruhe getragen und Dir, mein Gott und Vater, Deiner Gnade anbefohlen. Ach, sei Du mit und bei ihnen, um Jesu Christi willen! Ach, leite alles zu dem Zweck, wonach ich strebe, sie Dir zuzuführen und sie zu guten und tugendhaften Menschen zu bilden. Ach, gib Du mir Weisheit und Kraft und Willen dazu!

90 <u>Sonntags</u> [31. Oktober] hatte ich einen der leidensvollsten Tage meines Lebens durch eine Unterredung mit meinem Bruder über unsere Umstände, weil ich sah, dass er mehr wusste, als ich geglaubt, er unendlich jammerte, und ich meine Gefahr für uns und unsere Kinder lebhaft vor[aus]sah, einige Unwahrheiten von meinem Mann hörte, dass mich dieses alles zusammen fast in Verzweiflung brachte und in Trauer versetzte. Ich hielt an mich, so gut ich's konnte. Hörte den Todesfall der Frau Landschreiber[103] einzig nur in dem Gefühl, wär' ich [doch] auch so glücklich sterben zu können. In dieser innern Situation sah ich sie Montagmorgen tot daliegen, unter vielen Tränen, und brachte den ganzen übrigen Tag in ganzer Untätigkeit in der nämlichen Situation zu. Am späten Abend leerte ich meinem Mann

91 noch aus, der mir, anstatt Trost einzusprechen, nur noch Vorwürfe machte, die mich beinahe töten, auch bis in die Nacht hinein. Nun leide ich doppelt in dem moralischen Gefühle unserer Zwistigkeit, noch mehr als in der traurigen Lage der Sache selbst. Wieder einmal raffte ich alle meine Kraft zusammen, um mich zu versöhnen. Und nun habe ich's getan, jedoch tut

---

[102] «Wümmet»: Weinlese.
[103] Keller-von Muralt Anna Maria (1747–1790), Gattin I, verm. 1763, des Keller Hans Konrad.

mir die immer neue Reizung unendlich weh. Alles Zutrauens beraubt, aller Zärtlichkeit, aller Freude, leb' ich, nur weil ich leben muss, so gezwungen fort ohne allen Mut, ohne allen Genuss des Lebens oder der Ruhe.
Gott, o Du mein Gott, erbarme Du Dich meiner, um Jesus Christus willen! Amen.

92 [leer]

93 <u>Christmonat 1790.</u>
94 [leer]
95 <u>Christmonat 1790. Samstag, den 4. Christmonat.</u>
Schon lange, lange sehnt' ich mich nach einer stillen Stunde um einiges wieder niederzuschreiben, aber niemals finde ich solche mehr. Den Tag über: häufige Geschäfte oder meine Kinder rauben mich mir selbst, dass ich nie mich herausheben kann, mir zu sein.
Immer und immer sehe ich uns mehr belastet, vertieft durch unendliche Ausgaben, über die ich tief bekümmert bin. Angstvoll, niedergeschlagen, traurig ist meine Seele, weil ich die Tage meines Lebens nichts als Unruhe und Leiden vor[aus]sehe und daraus entstehendes Unglück, traurige Armut. Ach, o Gott, Du weisst allein, was ich für meinen <u>Mann</u>, meine Kinder, mich selbst leide! Erbarme Dich unser, um Jesu Christi willen!

96 Unendliche Freude genoss ich dieser Tage von meinen Kindern durch ihr Wesen und Leben. Aber meine Seele wird zerschnitten durch <u>Liebe</u> und <u>Leiden</u> für <u>sie</u>.
Wirz fing mir an, seit verflossenem Monat täglich ein Wort zu schreiben, das mir innige Freude macht, es ihm aber nicht erwidern kann, als durch kleine Briefe an <u>ihn</u>. Oh, die Liebe edler Menschen, welch eine Erquickung andern lieben, edlen Menschen! Hotz hat mir durch einige herzliche Stunden sehr wohl getan, besonders über ein vorgefallenes Missverständnis zwischen Lavater, ihm, Heisch[104], Trompowsky[105] [und] uns, wegen des Kaufs und Verkaufs des Steines[106] für Lavater. Ich litt dabei unendlich gegen Lavater und war betrübt, dass er, so zornig und so misskannt[107], uns verurteilt, dass ich weinen möcht', wenn ich daran denke. Ach, wie doch Menschen Menschen sind in Schwachheit!

[104] Vgl. 1787, pag. 131.
[105] In den baltischen Ahnentafeln ist Trompowsky Jacob von (1715–1802), 1740 Chirurg und Bürger in Wenden (Litauen/Polen), 1744–1759 Ratsherr, 1760 Bürgermeister, Reichsadel 1786, aufgeführt (Frdl. Mitteilung der Bayerischen Staatsbibliothek, D 80328 München, Dr. H. Gonschior). In Lavaters Fremdenbüchern (Freundliche Mitteilung des Besitzers) signieren Christian von Trompowsky und C. F. von Trompowsky (9.11.1790).
[106] Im Folgenden geht es um den Ankauf eines Topas für Lavater. Dieser in unterschiedlichen Farbtönen vorkommende Edelstein soll dem im Monat November geborenen Besitzer (Monatsstein, Lavater geboren 15.11.1741) Freundschaft und Liebe sichern, seinen Zorn und glühende Phantasie zügeln. Ist er in einen Ring eingefügt, werden diese Wirkungen verstärkt.
[107] «misskannt»: für verkennen, falsch verstehen.

97 Beinahe möcht' ich den Vorfall aufzeichnen zu der ewigen Erinnerung und Wahrheit des Vorgefallenen, wenn ich nur Zeit habe.
Sonntags, den 14. Wintermonat 1790, fuhren wir hin zu Hotz. Der suchte mit uns allein zu reden über die vorschwebende Entschliessung, dass Lavater den Topas kaufen sollte, las uns Lavaters Aufsatz, auf 12 Cartons geschrieben, vor, da die Gründe vorgetragen wurden. Wir und Hotz sahen die Gefährlichkeit, die Unruhe, in welche wir mit ihm könnten hineingezogen werden, ein. [Wir] entschlossen uns, es auszuschlagen und erwarteten, wenn davon geredet werden würde. Uns schien es Leitung der Vorsehung, dass dieses vorfiel, und ich bat meinen Mann, dass er nichts tun sollte, weil wir's nicht könnten.
Er versprach es mir, und nun redeten wir nicht mehr davon. Am Montag [15. November] schrieb uns Heisch, er wolle dienstags hinaufkommen. Wir nahmen's an. Statt seiner allein brachte er uns seine russischen Freunde von Trompowsky, Mann und Frau, Frau Pfarrer Lavater [und] Louise[108], und Doktor Lavater Hinterzäunen[109]. Ich erholte mich bald und war munter. Noch vor dem Essen wurde beschlossen, sämtliche den Abend zu Hotz zu gehen. Nach 4 Uhr fuhren wir hin

98 und waren vergnügt zusammen. Heisch nahm Hotz allein, und nach einer langen Unterredung wurden wir auf morgen zu ihm eingeladen, weil sie über wichtige Dinge zu reden hätten. Ich bat meinen Mann wieder, nicht in die Verbürgung einzuwilligen von 12tausend Gulden! Morgens schrieb Heisch einen Aufsatz[110], um den Faden der Unterredung nicht zu verlieren. Ich sah ihn nicht. Um 11 Uhr waren wir in Richterswil, die Herren gingen allein, redeten, entschlossen sich, diesen Aufsatz gerade als die Entschliessung und Unterschreibung an Lavater zu geben. Noch diesen Abend, wenn Heisch und die von Trompowskys zurückgingen mit Wehmut, man werde Lavater wehe tun, war dies vorgenommen. Nach 3 Uhr kamen wir nach Hause und hatten Geschäfte. Nach 8 Uhr abends kam Wirz, der uns sagte, wie weh dieses Lavater getan habe, da sie zurückgegangen seien, er nehme es als Missverständnis sehr übel. Den Aufsatz habe er nicht lesen können, weil's dunkel war. Er habe nun geglaubt, alles zu berichtigen, und da Wirz von uns das Vorgefallene vernahm, sagte er, es werde L.[avater] entsetzlich

99 weh tun. Um 10 Uhr [18. November] ging er[111] hin, ihn uns zum Mittag[essen] abzuholen. Ich hätte niedersinken können vor ihm. Sein Ausdruck des Zorns und der Verachtung tötete mich beinahe. Der Aufsatz wurde an meinen Mann gegeben und er unterschrieb ihn noch einmal. Das Essen und

---

[108] Lavater Louise (1780–185.), jüngste Tochter Johann Caspar Lavaters.
[109] «Hinterzäunen»: Strassen rechts der Limmat, in der «mehreren», «grossen» Stadt. An den Oberen Zäunen stand das Haus von Lavater Diethelm, M.D.
[110] Protokoll.
[111] Gemeint ist Wirz, der Lavater von Richterswil nach Wädenswil bringt.

Hinunterfahren nach Kilchberg war entsetzlich. In Kilchberg kehrte Lavater noch aus[112] mit [meinem] Mann und Wirz. Im Heimfahren weint' ich und [wir] sprachen zusammen darüber, über das Gefährliche. Wirz schrieb uns, wie Lavater zornig gewesen sei. Schulthess schrieb auch davon.
Sonntags [21. November] schrieb ich einen bogengrossen Brief zur Erklärung an die Schulthess für <u>Lavater</u>, der an sie schrieb, so entsetzlich, dass dieser Eindruck mir nie mehr aus meiner Seele kommen wird die Tage meines Lebens. Ich gab dies Blatt an <u>Hotz</u> und schickte es der Schulthess wieder, ich <u>wolle</u> schweigen, Lavater misskenne uns. An Lavater wollte ich nicht schreiben, auch nicht auf ein Billett, das mir Heisch brachte. Ich wünschte lieber, Lavater hätte das Edle, Tiefe, Wohlmeinende seiner Freunde erkannt,
als dass er durch Grossmut uns niederdrücken will. Gott allein kennt, warum dies geschehen ist. Es war sein Wille, gewiss nicht ohne tiefe Rücksicht für <u>Lavater</u>. Ich wünschte, sein Glauben siegte über uns alle, aber ich fürchte mich seines Irrtums, so sehr wehe es mir tut. Wünschte ich nicht, dass dies nicht geschehen wäre, einmal hätte geschehen müssen, was geschah, weil unsere Umstände es nicht erlaubt hätten. Dabei lernte ich das Leidenschaftliche der Menschheit erkennen, einsehen, wie schwach die Besten sind und mein Vertrauen und meine Ruhe in Gott suchen. Auch glaube ich, wenn L.[avater] unbefangen wäre, er würde das Wahre, Tiefe davon einsehen, aber jetzt ist's so nicht möglich.
Gestern schrieb ich auf <u>Barbara</u>-Tag[113] an Frau Schulthess, die Bäbe, der liebsten Freundin meines Herzens und sandte ihr L.[avaters] Portrait, Wirz ein[en] Auszug aus Goethes Schriften, und ich schrieb zweimal an L.[avater], nichts von der Sache als, sein Billett durch Heisch und der Brief an Frau Schulthess habe einen tiefen Eindruck auf meine Seele gemacht. Ich habe alles vor Gott niedergelegt und schweige.
Auch an Wirz schrieb ich, er sollte schweigen.
Von Frau <u>Ott</u> und <u>Hans Caspar</u> nachdenkliche Briefe, ich auch an sie.
Die Zehntenlieferung, Wäsche, Ausputzete erfüllen diese Woche.
Einige frühe Morgenstunden, stilles Gebet erfüllte meine Seele mit Ernst. Jetzt muss ich enden. Wenn ich wiederkomme, o Gott, sei Du mit und bei mir! <u>Amen</u>.   12 Uhr mittags.
<u>   Montag, abends, den 6. Christmonat.</u>
Auf heute, an dem 1sten Geburtstag meines Töchterleins, ein Wort der dankbarsten Erinnerung gegen Gott, der mir ihns so wohl erhalten hat, dass ich mich seiner nicht genug freuen kann. Oh, was ist das <u>Leben</u>, mein Gott, dass wir seinen Wert fühlten und Dir lebten! Lass' meine Freude über

---

[112] «auskehren»: sich aussprechen.
[113] Barbaratag: 4. Dezember.

dieses Kind zur Weisheit werden, ihns gut, so gut es in meinen Kräften steht, zu erziehen.
Welch wohltuende Briefe erhielt ich nicht von R.[ahn], W[irz], S[chulthess], Bäbe[114]! O Gott, welch eine Empfindung, die der freundschaftlichen Liebe. Mein Mann ging heute nach Zürich. Gott, welche Empfindungen mit <u>ihm</u>.
Ach, leite Du alles zu meinem Besten, ewiger Vater!
Jesus Christus, Geist des Vaters und Sohnes sei mit mir! Amen.

103 Noch spät abends will ich einen ruhigen Moment [nutzen], hier anzuheften[115] von diesem nun sich schliessenden Jahr, nicht wissend, ob ich noch eine solche Weile finden würde.
Du allein, o Gott, weisst, was ich in dieses Jahr hin[ein]lege, welche Freuden, welche Leiden, welche Bekümmernisse und Ängste, dieses alles meist um unserer ökonomischen Lage willen, um der Entferntheit willen von meinem Mann, das mich so unendlich leiden macht, dass ich beinahe nicht leben mag. Tausendmal lieber alles tragen helfen, treu sein bis in den Tod, als so auf einmal hingestürzt werden in eine Tiefe, aus der ich mich niemals mehr

104 erheben werde. Auch ist durch dieses mein zartes Herz verwundet und alle meine Verhältnisse mit Geschwistern, Freunden, Verwandten losgetrennt, weil ich nie mit ihnen sprach, alles hinter mir vorbeiging, und bei der Entdeckung nicht Kraft in mir lebt, mich ihnen darzustellen, wie ich bin. Sie einst mich nicht kennen werden und mich von sich stossen werden und [ich] niemals Hilfe bei ihnen finden werden könnte. Also kehr' ich einzig allein [zurück] zu Dir, o Gott, suche Ruhe in Dir und bitte um Erbarmung für uns, um unserer Kinder willen, deren Anblick meine Seele zerreisst.
[Ich] auch niemals Kraft hatte, mich meinem Mann zuzutun, weil ich bekümmert war für alles, was aus einer Schwangerschaft für ein Kind und mich entstehen könnte. Ich hoffe, Du gebest Kraft, dieses wieder mit Liebe zu tun und verzeihest meine Schwäche,

105 weil Du mein Leiden kennst, und durch dieses Leiden mein Mut versinken würde, der jetzt schon schwach ist. Seit einigen Tagen tut mir ein gewisser Schmerz auf meines Mannes Gesicht unendlich weh und fühlt mein Herz eine Art Schmerz, der mir tiefer als tief geht und mein[e] Zweifel in ihn und seine Art zu handeln wie etwas Verzeihliches macht. Auch nie lässt er mit sich reden, nimmt alles als Vorwürfe, was ich in bester Meinung zu ihm sage, und [was] vielleicht allein durch Eifer ihm hart scheint.
Ach Gott, lehre Du mich's tragen, lehre Du mich schweigen, und lass' mich nur an Dich mich wenden und Dich bitten: <u>Trenne uns nicht!</u>
Auch bitte ich Dich, lehre Du mich treu nach Deinem Willen [leben], denn Du bist mein Gott, Dein guter Geist führe mich auf ebener Bahn!

---

[114] Mutter und Tochter.
[115] «anzuheften»: festzuhalten.

106 Einen stillen, feierlichen Tag genoss ich, feierte ich als Weihnachtstag. Herzliches Beten beseligte mich. Gott, wie dank' ich Dir! Gönnst Du mir Ruhe auch, geniess' ich sie, nur Stunden lang.
Auch genoss ich Freuden der Liebe bei einem Spazierenfahren mit meinen Kindern und gestern, im Schlitten, mit meinem Mann allein, nach Richterswil. Auch dort genoss ich Freuden der Freundschaft, herausgehoben aus [der] Unruhe. Für alles, alles, alles unaussprechlichen Dank und Preis Anbetung sei Dir, o Du Gott durch Jesum Christum, der Du mit und bei mir warst!. Ach, führe Du mich zum Ziele, der Ruhe, um Deiner unendlichen Liebe willen. Amen.

107   Den 29. [Christmonat], Mittwoch abends.
Noch einmal, feierliche Stille, sei geweiht durch [die] Empfindung der Wichtigkeit des Verflossenen dieses Jahres. Wie lieb und wie schwer waren die Erfahrungen alle, [in] Anbetung für alles, und Preis und Lob für Deine Güte, Du Gott meines Heilandes und mein Gott!
Vor 6 Uhr war ich aufgestanden, betete, Kaffee, und las Romeo und Julia[116], ein Theaterstück, das morgen aufgeführt wird. Einige Freude an meinen Kindern, Brief von Frau Ott. Nachher las ich noch ein zweites Stück, nicht mehr als sechs Stücklein. 's Mittagessen, nachher Besuch von Pestalozzi von Birr, der mich drückte[117]. Tränen der Liebe bei meinen Kindern, Betrachtung der Natur und jetzt noch schliessend hieher [geschrieben].

108 Gott, ach Gott, wie herrlich und wie gütig bist Du! Lehre mich die Führung meines Schicksals, Dich preisen und ewiglich Dich lieben, durch Jesum Christum.

---

[116] S.a. 1792, pag. 6.
[117] Im Sinne von deprimierte.

1791[1]

[eingelegtes Blatt:]   Tagebuch 1791.
Wichtigstes Jahr meines Lebens, schrecklichster unglücklichster Zustand und gänzliche Entdeckung unserer unglücklichen ökonomischen Lage.
Hingebung meines ganzen Vermögens.
Des Aufbehaltens nicht unwert und vielleicht notwendig.

1   Januar 1791.
                            Schloss Wädenswil.
2   [leer]
                            Januar 1791.
                            Neujahrstag. Samstag, den 1. Januar 1791.
Es ist kein anderer Name unter dem Himmel dem Menschen gegeben, darin er könnte selig werden, denn allein der Name Jesus Christus.[2] Dieses empfinde ich. Lehre mich es jeden Tag tiefer und wahrer erkennen in dem Lauf dieses angetretenen Jahres und bis an das Ende meines Lebens, um Dir mit jedem Tage näher zu kommen, Du mein erster und mein letzter
4   Gott! Du allein weisst, was mir bestimmt sein wird, welche Leiden und welche Freuden meiner warten. Lehre mich tun, was ich tun soll in jedem Fall, was mir das Heilsamste ist!
Ach, lass' – der grösste Gedanke aller Gedanken – Gott, meiner Seele Trost und Wonne sein! [Lass' mich] mein[en] Mann und meine Kinder über alles lieben, [mache,] dass mein Ich durch Arbeit, Treue, Liebe, Leiden
5   in mir selbst belebt [werde] zu jeder Tugend als Mensch, als Christin, als Weib und Mutter!
Wiederum lege ich einige Blätter zusammen als eine Art Tagebuch in der Absicht, bisweilen einiges einzuschreiben, wenn ich es auch nicht täglich tun konnte oder sollte, zu Erinnerungen dessen, was meine Seele berührt, zur Antreibung zu allem Guten, zur Beschämung meiner Fehler.
Gebet, Arbeit, Erziehung meiner Kinder, Besorgung der Hausgeschäfte, Genuss der Natur,
6   Umgang mit edlen Menschen, Briefe an meine Freunde, Lesen guter Bücher, diese geniessbaren Dinge der Erde erheben meine Seele und meinen

---

[1] Der Jahrgang 1791 besteht aus monatsweise zusammengelegten und gefalteten Konvoluten in A5–A6-Format. Eingestreut und am Schluss finden sich 7 unsicher datierte Konvolute, die entsprechend dem Inhalt in das Transskript eingeordnet werden konnten und in die laufende Paginierung einbezogen wurden.

[2] Apostelgeschichte 4, 12: «Und ist in keinem andern das Heil, auch ist in keinem anderen Namen unter dem Himmel den Menschen gegeben, darin wir müssen selig werden.» Vgl. 1786, pag. 103.

Geist zu Dir, Gott, den ich auch jetzt im Geist umfasse und mich freue, dass ich es tun kann.

7   <u>Sonntag, abends, den 2. Januar.</u>
Um 6 Uhr aufgestanden. Kaffee, Lieder und Gebet. Nachher las ich im Matthäus vom 1.–4. Kapitel³ mit dem Vorsatz, täglich einmal einige Kapitel im Testament der Ordnung nach fortzulesen zur Stärkung meines Glaubens und zur Vermehrung meiner Erkenntnis in Gott. Nachher kleidete ich mich an, besorgte meine Kinder von 9 Uhr bis 12 Uhr, in welcher Zeit ich mitunter das 15. Noli me nolle⁴ las von Lavater, ein Buch an seinen <u>Sohn</u>, in dem er ihm täglich einen Denkspruch einschreibt und [das] sehr interessant ist.
Wir speisten mit [den] Diensten, auch <u>Casperli</u>, der
8 alle Tage am Tisch mit uns isst. Die anderen schlafen noch. Nachher las ich Briefe von und an Lavater, die er mir von Kilchberg aus bisweilen zukommen lässt⁵, und die insgemein sehr interessant sind. In diesen fand ich seinen Beruf⁶ nach <u>Mömpelgard</u>⁷. Beschäftigung auf das morndrige⁸ Gastfest den benachbarten Herrn Pfarrers, und nun noch stille Betrachtungen, die sich in Kummer verbreiten über unsere ö.[konomische] Lage. Ach Gott, wie tief und wie nahe geht dies meinem Herzen nicht, da ich keine Veränderung vor[aus]sehe.

9   <u>Mittwoch, den 5ten.</u>
Um 6 Uhr aufgestanden, etwas unangenehmes Gespräch übers⁹ Kaffeetrinken. Nachher herzliches Gebet und las vom 8. bis 12. Kapitel im Matthäus¹⁰. Nachher mit meinen Kindern und Arbeit. Um 10 Uhr kam Herr <u>Eschmann</u>¹¹, das erste Mal mit dem Cäsperli zu lernen. Ach Gott, welch eine feierliche Stunde war mir dieses! Ach, segne Du, o Gott, diese Unternehmung. Von 11–12 [Uhr] Arbeit und nachmittags mitunter auch, nebst noch einigen Aufräumungen. Ich gedenkte viel an <u>Lav.[ater]</u>, warum er so lange nie geschrieben habe. Gedanke, ihm diesen Abend zu schreiben, und schrieb zwischen 6 und 7 Uhr diese drei verflossenen Tage [ein].

---

[3] Matthäus 1–4, über die Abstammung und Geburt Jesu, die Weisen aus dem Morgenland, die Flucht nach Aegypten, Herodes' Kindermord, Taufe, Berufung der ersten Jünger.
[4] Vgl. 1787, pag. 20.
[5] Möglicherweise durch Pfarrer Wirz Johann Heinrich als Übermittler.
[6] «Beruf»: Berufung.
[7] Mömpelgard, Montbéliard, gehörte zu Burgund und kam im Spätmittelalter an Württemberg, das es 1793 an Frankreich verlor. Lavaters Berufung materialisierte sich nicht.
[8] «morndrig» dialektal: morgig.
[9] «übers»: über dem, während dem.
[10] Matthäus 8–12 über Heilungen, die Aussendung der Apostel, die Einladungen an die Mühseligen.
[11] Eschmann Heinrich, Hauslehrer im Schloss Wädenswil und beim Landschreiber Keller Hans Conrad. Er entstammte einer regierungstreuen Familie; Wirte auf dem Gasthof z. Engel in Wädenswil. Mitbegründer der Lesegesellschaft Wädenswil. (Frdl. Mitteilung von Herrn Prof. Albert Hauser, Wädenswil.)

10   Donnerstag, den 6ten.
6 Uhr auf. Herzliche Begrüssung über die Feier von Casperlis Namenstag, ihm herzliche Segnungen. Kaffee, Lieder, Gebet, las in Matthäus fort, bis ins 16. Kapitel[12], dabei herzliche Rührung. Nachher Arbeit, mitunter Unruhe, 's Essen, nachher Arbeit. Stilles Denken an Lavater, an meinen Bruder[13], das mich in ernstes, stilles Schweigen brachte. Von 4 bis 8 Uhr im Pfarrhaus, da ich spielen musste und Langeweile hatte.[14] Keine Briefe beim Nach-Hause-Kommen, das mir leid tat. Speisten und gingen früh zur Ruhe.

11   Freitag, den 7ten.
Um 6 Uhr auf. Kaffee, war gestört an der Andacht, hatte meine Kinder bis 9 Uhr. Von da an arbeitete ich mit vielem Fleiss bis mittags unter stillem Nachdenken über unser Schicksal. Speisten, nachher bis 6 Uhr ununterbrochen Arbeit, Verordnung von Arbeiten meinen Diensten, dass mir dabei recht wohl ums Herz war im Genuss meiner Kinder, die ich um mich hatte. Ich erzählte ihnen noch aus Salzmanns Elementarbuch bis sie gegessen hatten, und half sie zur Ruhe legen. Nach diesem räumte ich auf und schrieb für gestern und heut' hier fort, da es $^1/_2$ 8 Uhr ist.

12   Samstag, den 8ten.
Fast ununterbrochenes Lesen in Herrmanns Roman[15], über die Geschichte nachgedacht.

         Sonntag, den 9ten.
Wieder früh hinter obiges Buch, in die Kirche, wo ich im Matthäus fortlas bis ins 21. Kapitel[16]. Herzliche Andacht, Pfarrhaus. Speisten. Von da an bis 4 Uhr in obigem Buch fort[gelesen]. Den Abend in der Kanzlei[17], wo es langweilig war.

         Montag, den 10ten.
Fast ununterbrochenes Lesen obigen Buches erfüllte den Tag, jedoch mit Unruhe über meine Entfernung von den Kindern und der Haushaltung. M.[eine] R.[egel], daherrührende Beschwerden.

13   Dienstag, den 11ten.
Fast ununterbrochenes Lesen vorigen Buches, viele Bemerkungen darüber, die ich wünschte niederzuschreiben. Liebe Briefe von Herrn Wirz.

---

[12] Matthäus 13–16 über Gleichnisse, Johannes den Täufer, die Speisungen der Hungernden, Krankenheilungen, die erste Leidensverkündung.
[13] Caspartag, vgl. 1786, pag. 8.
[14] Vgl. Erz., pag. 13.
[15] Möglicherweise ist damit der anonyme Roman «Herrmann und Julie», Leipzig 1790, gemeint.
[16] Matthäus 17–21 über Gleichnisse und Heilungen, die Segnung der Kinder, den Einzug in Jerusalem.
[17] Vgl. 1790, pag. 85.

Mittwoch, den 12ten.

Erst um 7 Uhr auf. Las den 3ten Teil von Herrmanns Buch aus, froh, damit fertig zu sein, weil mich's von allem andern abbrachte und doch interessierte, zu Ende zu lesen, dass ich eigentlich belohnt war, weil es den Zweck hat, alles zu zeigen, was der Mensch durch die Religion, besonders das Christentum, über sich und andere vermöge.

14 Arbeit, Aufräumen, Kinder, 's Essen, Ankleidung, Arbeit. Um 4 Uhr fuhren wir zu Hotz. Dort ein geteilter Abend. Lavaters, Doktor Bayer[18]. Lieber Brief von Wirz. Wilsons[19] Reisen[20], Pelew[21] Inseln. 's Essen, Brief an Frau Ott über meinen vorhabenden Besuch bei ihnen.

Donnerstag, den 13.

Um 6 Uhr aufgestanden, beim Kaffee Gespräch über unsere ökonomische Lage. Kummer, Missmut. Las in Wilsons Reise die Vorrede, den Plan vom Werk.

15 Unruhig in mir. Ankleidung, Kinder. Las Wirz' Tagebuch an mich, sein Tagebuch! [Ich] weinte über das Edle, Reine seines Herzens und bat Gott, auch so zu sein. Lavaters Billett an ihn! Schrieb mein Ausgabenbuch. An Herrn Chorherr Rahn einige herzliche Zeilen, und nachher schrieb ich mein Tagebuch noch. Ach, wie unvollständig, dass ich mich darüber schäme! Nun an meine Arbeit. Gott segne Du mir diesen Tag durch Deine Güte! Amen.

Schrieb noch an Herrn Wirz.

16 ### Freitag, den 14.

Um 7 Uhr erst auf, Kaffee, Ankleidung, Kinder. Unruhe über keine Briefe, Zusammensuchen meiner Sachen. Freude über Frau Otts Briefli meines Kommens halber. Zurüstungen, Essen. Einpacken, wehmütiges Nachdenken über meine Abreise, besonders auch über Ökonomisches, meine Kinder, Gevatterschaft von Rudolf Baumanns Regeli[22]. Rechnen mit den Diensten. Gedanken an das Wiedersehen meiner Freunde, R.[ahn], S.[chulthess], L.[avater], S.[chinz], O.[tt], E.[scher]. Ach Gott,

---

[18] Möglicherweise identisch mit «Peyer …D.[oktor] und Frau von Mühlhausen» die von Lavater auf seiner Heimreise von Kopenhagen besucht werden. (ZB, FA Lavater 564, 73, 24.7.1793). In Lavaters Fremdenbüchern figuriert «Dr. Joh. Jakob Peyer von Luxburg und Chrischona Peyer geb. Dollfuss von Mülhausen in Luxburg, 22. Mai 1793». Peyer J. J. M. D., 1793[!] verh. mit Dollfuss Chrischona (1767–1829). Vgl. 1787, pag. 144. Luxburg: Schloss am Bodensee, Gemeinde Arbon, Kt. Thurgau.

[19] Wilson Henry (18. Jh.), britischer Seekapitän und Entdecker.

[20] Wilson Henry: «Nachrichten von den Pelew Inseln», deutsch von G. Forster, Hamburg 1789.

[21] Palau (engl. = Pelew-)Inseln, westliche Inselgruppe der Karolinen.

[22] Regula, die Tochter des Baumann-Staub Rudolf, wurde am 16. Jan. 1791 in der Kirche von Wädenswil getauft. Das Datum im Tagebuch bezieht sich demnach auf die Zusage der Landvögtin. Neben ihr war noch Landrichter Hauser Hans Rudolf Pate (StAZ, E III 132.4).

lass' die Meinen mich wieder gesund finden! Gottes Segen sei mit uns allen! Amen.

17 Soeben legte [ich] nun mein Papier zurecht und erstaune über mich selbst. Ob ich es überschreiben werde, [so lange] leben werde, dass es so viel brauche? Und auch, ob ich immer etwas Nützliches werde darin schreiben können? Lehre mich treu sein, auch im Anmerken meiner Fehler!
Der Gedanke an Lavater durchgeht meine Seele ganz. Ob ich ihn bald sehen werde, wie mir auch sein werde dabei, in Erinnerung des Vorfalls vom 17. Nov. 90, wegen des Vorfalls des St.[eins][23]. Die Betrachtungen über die Freundschaft geh[en] tief und mein Entschluss [steht] fest: nie mit ihm zu sprechen sondern ihn sprechen [zu]
18 lassen die Tage meines Lebens, um nie mehr zu stossen oder gestossen[24] zu werden. Wie tief fühlte ich noch immer den Schmerz, der mir davon aufstieg. Auch schmerzte es mich, an Silvester nicht auch noch ein Wort von ihm zu erhalten.
Das tiefste Gefühl von Freundschaft habe ich für R.[ahn] mitgenommen ins neue Jahr, das nie von seiner Kraft verlieren wird.
Und nun zum Nachtessen.

18a[25]   Den 15. [Januar, Samstag]
Früh morgens auf, beim Kaffee Gespräch über Geldsachen, ökonomischer Kummer. Ach Gott, 160 Gulden mit Konten zu bezahlen, 30 Gulden noch sonstwie.[26] Den ganzen Morgen Zurüstung zum Fortgehen, Wehmut, Unruhe, Tränen beim Abschied, Vermahnung an alle an ihrem Ort, um 1 Uhr fort. Fatalerweise musst' ich Jungfer Ammann[27] mitnehmen, in Thalwil Herrn Ott, unendliche Freude darüber. Schmerz, tiefer, bei Herrn Wirz vorbeizufahren, ohne ihn zu sehen. Um $^1/_2$6 schon in der Stadt, Empfindungen aller Art.

18b Unendliche Freude über Frau Ott und die Kinder. Unaufhörliches Gespräch von Wädenswil, auch [von] Zürich, bis 11 Uhr, Gedanken an meine Heimat. 12 Uhr entschlafen.

    Sonntag, den 16.
Um $^1/_2$6 Erwachen, 6 Uhr auf. Ankleidung, Gebet, schrieb von gestern bis hieher, inniger Wunsch, heute R.[ahn] zu sehen. Jetzt [ist es] 7 Uhr. Bis acht Uhr las ich in Wilsons Reisen, von da an über Wädenswil freundliche Unterredungen bis mittags. Herr Escher[28], auch ohne weitere Traulichkeit bis auf den Abend.

---

[23] Vgl. 1790, pag. 96.
[24] «stossen»: anstossen, brüskieren, vgl. 1790, pag. 43.
[25] Während ihres Zürcher Aufenthaltes vom Freitag, 14. Januar, bis Freitag, 21. Januar, macht R. v. O.-E. ihre Einträge teilweise mit Bleistift. Die 2 entsprechenden Papierbogen (pagg. 18a–18h) finden sich im Original am Schluss des Konvoluts 1791.
[26] Originaltext: «160 Gulden mit zu Konten bezahlen, 30 Gulden noch sonstwie».
[27] Vermutl. Ammann Anna (1740–1823) oder Maria Barbara (geb. 1774), s. 1791, pag. 234.

18c Um 7 Uhr für eine halbe Stunde R.[ahn] da. Welch ein Gefühl durch alle Adern für ihn! Liebe und Achtung und Tränen, da er fortging, mir tiefer als tief. Gespräch bis 11 Uhr, noch macht' ich meine Konten zurecht.

Montag, den 17.
Ich schlief die verflossene Nacht nicht bis spät morgens. Aus dem Schlaf erst [um] 8 Uhr. Ankleidung, ging in [den] Garten spazieren. Traulichkeit bis ich [um] 10 Uhr ausging zur Mama. Dort war mir sehr wohl. Zu D.[oktor] Lavaters, auch da innigst, zu Herr Eschers.

18d Auch da war mir wohl in ihrer Liebe, schrieb an Papa [und] an Chlefe. Nach 3 Uhr zu Oncle R.[athsherr] Lavaters, dort mit innigster Empfindung, Wehmut. Von dort zu Frau Schinz, da mir der Genuss der Freundschaft Wonne des Himmels war. Liebe, Tränen, Offenheit, Leiden, Freude, alles mich stärkte. Auch Frau Schulthess da. Oh, was ist die Empfindung für das Edle, das der Mensch besitzt, geniesst. Ach Gott, wenn es nur gut um meine Heimat steht!

18e ### Dienstag, den 18.
Um 6 Uhr nach herrlich erquickendem Schlaf erwacht. Noch ruhiges Verweilen bis 7 Uhr im Bett. Ankleidung, und schrieb von gestern diese Blätter noch.
Herzliche Unterredung mit Frau Ott. Um 12 Uhr in [den] Schönenhof, da mir's unaussprechlich wohl war. Gespräch über Lav.[ater] und Hotz und uns, jenes Geschäft betreffend des Steins[29] halber.
Um 11 Uhr zu Frau Schulthess[30] in den Hintern Zäunen (Abb. S. 51), da Liebe, Lieben [in] Freude überging und belebte und erquickte und neu wurde.

18f Um 12 Uhr mit Herrn Eschers zu Tisch bei Herrn Ott. Allgemeines Gespräch. Von 3 Uhr abends an war Frau Nüscheler[31] da – vermengte Erinnerung[en] unserer Jugend! An R.[ahn] ein Billett, um 11 Uhr zur Ruhe.

Mittwoch. [19. Januar]
Las in Pelew-Inseln. Herzliches Gespräch mit Frau Ott. Schneiderin. Um 11 Uhr zu Lavaters, da sie krank [war], er nur heimkam und wieder ging, ohne ein Wort zu sprechen, das mir entsetzlich weh getan. Um 12 Uhr in [den] Strohhof[32]. Dort litt ich vieles. Um $^1/_2$3 Uhr in Frau Kitts[33] Laden.

---

[28] Bruder der R. v. O.-E.
[29] Topas, vgl. 1790, pag. 96.
[30] Schulthess-Ulrich Dorothea (1739–1805), 1760 verm. mit Schulthess Hans Jakob (1739–1806), (Schwager des Pädagogen Pestalozzi-Schulthess Heinrich), Linie z. Pflug, wohnhaft «Zur weissen Frau» hinter den Oberen Zäunen (heute: Obere Zäune 12). Schulthess war Eisenhändler z. Schwarzen Horn, später Handelsherr, Begründer des Bank- und Seidenhauses Pestalozzi und Schulthess im Talhof.
[31] Vgl. 1789, pag. 27.
[32] Vgl. 1786, pag. 10, und 1790, pag. 84, s. 1791, pag. 166.
[33] Kitt-Meyer Anna (1736–1809) S. 1791, pag. 174.

Tagebuch 1791

Von 3 bis 4 Uhr an bei Frau Doktor Schinz³⁴. Um 4 bis 5 Uhr im Schönenhof, inniges Gespräch
18g wieder über Lavater, Tränen der Liebe; heim und den Abend bei ihnen, meinen <u>Otten</u>, wie mir so unaussprechlich wohl war, liebes Gespräch. Nach dem Nachtessen schrieb ich an Lavater, an R.[ahn] mit tiefer Empfindung, um 1 Uhr ins Bett.

<u>Donnerstag, den 20.</u>

Früh auf, schrieb an Döde³⁵, ich könne ihns nicht sehen. Herzliche Ergiessungen. Tränen bei Frau Ott, sah Herrn Chorherr Rahn, ach, mit welchen Empfindungen, die nahm ich mit. Etwas Unruhe, dass er uns beide weinen sah. Nachher Herr Landvogt³⁶ im Strohhof.

18h [Ich] machte einige Geschäfte. 's Essen, herzliche Ergiessungen der Frau Ott, ruhiges Beisammensitzen bei und mit den Kindern. 's Essen, etwas unpässlich, ins Bett um 10 Uhr.

<u>Freitag, morgens früh, den 21.</u>

Um 5 Uhr aufgestanden, Ankleidung, packte ein und schrieb diese Blätter noch und denke nur nach Wädenswil.

Ach Gott, wie gütig warst Du, dass Du mir meine <u>Kinder</u> und Mann gesund erhalten hast! Ach, lass' mich sie diesen Abend wieder finden, mein Joch auf mich nehmen und geduldig meinen Weg gehen! Ach, lass' mich doch auch nichts finden, das meine Seele verwunde und Quelle neuen Leidens sein möchte! Gott, erbarme Dich meiner, um Jesu Christi willen! Amen.

19 Und nun noch weil' ich [beim] <u>Montag, den 22.</u>³⁷

Da fuhr ich mit meinen Kindern, allen dreien, nach Bocken³⁸ und [mit] dem Gattüngeli. Auf dem Weg litt ich unendlich wegen einigen Gefahren, in die wir des Fahrers halber gekommen waren. Genuss der Aussicht wenig, mehr in meine Empfindung [versunken], kamen glücklich zurück.

<u>Sonntag, den 23.</u> [Januar],

ging ich in die Kirche. Herzliche Andacht. Predigt. 's Essen. Nach Tisch fuhren wir dem Gattüngeli zulieb nach Freienbach³⁹. Dort war mir innigst

---

³⁴ Schinz-Gessner Anna Magdalena (1757–1800), Witwe des Schinz Salomon, M.D (1734–1784), zum Gewundenen Schwert.
³⁵ Es handelt sich um Döde (Dorothea) (1769–1801), die 2. Tochter der Schulthess-Wolf Barbara, Bäbe, im Schönenhof.
³⁶ Lavater Heinrich, Ratsherr, wurde 1791 zum Landvogt von Grüningen gewählt.
³⁷ Samstag, 22. oder Montag, 24. Januar.
³⁸ «Bocken»: Weiler in der Gemeinde Horgen. 1769 wurde hier eine Heilquelle entdeckt, die, ebenso wie die späteren Molkenkuren, Gäste anzog. Beliebtes Ausflugsziel der damaligen Zeit mit schönem Weitblick.
³⁹ Freienbach: Ortschaft im Bezirk Höfe, Kanton Schwyz, am linken Zürichseeufer.

wohl. Kirchhof, Beinhaus, Kirche, alles ist sehr wohltuend, zurück [nach Richterswil],
20 wo wir den Abend bei Hotz zubrachten, über <u>Lavater</u> sprachen, über meinen Aufenthalt in Zürich und was dieser mitbrachte. [Wir] trafen Herrn Jean Schulthess[40] an, der mir sehr interessant zu sehen war. Ich eilte fort, nachher frühes Nachtessen, auch Casperli speiste mit uns.

<u>Samstag, den 22.,</u>
bracht' ich mit Ausgaben und fremder[41] Empfindung zu, so wieder in mein altes Wesen zurückgestossen zu sein. Nachher zeigte ich dem Gattüngeli <u>alles</u> im und ums <u>Schloss</u>. (Abb. S. 197) Nachmittags gingen wir auf die <u>Altane</u> und nach
21 der Eichweid[42] spazieren, da ich sehr gedrückt war innerlich, leidend ganz entsetzlich. Ach, welche Zurückrufung, wie unvollkommen und doch – auch als unvollkommen – von vielem Wert für mich. Alle Tage schrieb ich an Frau <u>Ott</u>, um ihm Nachrichten von seinem, mir anvertrauten Engel[43] zu schreiben, erhielt 3 Briefe von ihm voll zärtlicher Liebe. Ach, welche Gefühle, die ich nicht aussprechen kann, durchdringen mein Innerstes für ihns und seine Kinder!
22 Soeben schlägt es nun 11 Uhr, und ich werde nun froh, mir selbst durch dieses nahe gekommen zu sein, da ich so ganz anderen lebte. Und nun sehne ich mich herzlichst nach einer einsamen Stunde, noch meine ökonomischen Sachen nachzuschreiben, die ich in Zürich verrichtete. Vielleicht gibt es sich morgen abends
23 zu sehen. Noch schreibt mein Mann, und ich gedenke noch einiges nachzuholen.

<u>den 29.,</u>
Gestern [Freitag, 28. Januar] waren wir vor fünf Uhr geweckt durch einen Frühboten von Richterswil, dass es in der Weberrüti[44] brenne. Nun eilte mein Mann fort, ich hatte grosse Angst für ihn und fand es merkwürdig[45] zu hören, da er nach Hause kam, dass er zweimal mit dem Pferd gestürzt sei, jedoch keinen Schaden gelitten. Ich weinte, da er wieder kam. Und den ganzen Tag, da ich

---

[40] Schulthess Jean, möglicherweise Schulthess Johannes (1744–1830), Kaufmann im Thalgarten, Ratsherr, war in französischer Literatur bewandert (deshalb «Jean»?), verh. mit Ziegler Judith, s. 1800, pag. 228.
[41] «fremd»: befremdend, ungewohnt.
[42] Eichweid: Flurname für 2 km südöstlich von Wädenswil gelegenes Gebiet, umschliessend die Liegenschaften Eichhof, Eichmüli. (Frdl. Mitteilung von Prof. Dr. Peter Ziegler, Wädenswil.)
[43] Nichte, bzw. Tochter Gattüngi, Anna Katharina Ott.
[44] Weberrüti: Flurname, Weiler bei Samstagern, Gemeinde Richterswil.
[45] «Merkwürdig»: Bemerkenswert.

24 für ihn arbeitete, waren meine Gedanken mit ihm beschäftigt voll zärtlicher Liebe. Speisten und schwatzten mit den Kindern mit innigster Lust am Gattüngeli, erfüllten die Zeit bis um 1/2 3 Uhr, da wir noch in die Sennweid[46] fuhren. Ich litt entsetzliche Angst dabei, um der Gefahr willen des Stürzens, das uns beinahe passierte beim Renken[47] der Kutsche. Den Abend durchschwatzte ich noch mit dem Herzenskind und spielte mit ihm. Nachtessen, und um 9 Uhr waren wir endlich in der Ruhe nach einem zerstreuten Tag.

25 Freitag, den 28., erinnere ich mich nichts Bestimmtes mehr, als des Empfangs eines Stücks von Wirz' T.[age]b.[uch][48], in dem ich den K[auf] des St.[eins] fand von L.[avater] und die Nachricht von Herrn O.[49], das mich beinahe in eine Ohnmacht versenkte im Gedanken an das Mitinteresse meines O.[ncle], dass ich vor Kummer mich fast nicht halten konnte, es meinem Mann sagte, der mich trösten wollte. Aber ach, was helfen Worte, mangeln die [Tat]sachen, und bestätigt finde ich's durch das längere Ausbleiben von Herrn O.[tt], dass ich zittere vor seiner Ankunft, ob ich etwas gewahr werden würde,

26 das ich fürchte. Ach Gott, erbarme Dich unser aller! Amen.
Mittwoch, den 26., fuhren wir abends nach der Papiermühle in Bäch[50], wo mir die Gegend und die Leute wieder so wohlgetan hatten, wie diesen Herbst einst.
Donnerstag, den 27., erinnere ich mich [an] nichts mehr, als an den Genuss meiner Kinder, besonders des Gattüngeli.
Dienstag, den 25., brachte ich bei Hause hin in den unschuldsvollsten Empfindungen mit meinen Kindern.

27 <u>Sonntag, den 30. Januar 1791.</u>
So lange schrieb ich nicht ein Wort mehr an diesen Lieblingsblättern seit dem Tage an, wo ich von Zürich verreiste. Und jetzt, nun freu' ich mich, es wieder zu tun, da es eben Nacht ist und ich meines Mannes noch warte, der noch schreibt.
Heute war ich um 6 Uhr schon auf, einige herzliche Lieder waren mein erstes. Kaffee, friedliches Gespräch. Meine Kinder und 's Gattüngeli, Munterkeit und Freude unter ihnen, ich sehr Ernstes voll. Ankleidung, tat meinen Kindern bis etwa 10 Uhr, frisierte und unterhielt mich mit dem Gattüngeli, dem Herzensengel.

---

[46] Sennweid: Flurname, Hof am Ostrand des Gerenholzes in Wädenswil. Die Sennweid gehörte zum Landvogteischloss Wädenswil.
[47] «Renken»: Rank, dialektal für Wenden mit einem Fahrzeug.
[48] Vgl. 1790, pag. 96 und 1791, pag. 15.
[49] Gemeint ist der Schwager Ott Heinrich, dessen Besuch bevorsteht, um seine Tochter Anna Katharina heimzuholen.
[50] Bäch: Dorf im Bezirk Höfe, Kt. Schwyz, am linken Zürichseeufer bei Richterswil. Schon vor 1780 bestand dort eine Papierfabrik, die später nach Wollerau verlegt wurde.

28 's Essen langweilig. Nachher nahm ich 's Gattüngeli allein, las ihm eine Geschichte, <u>Allwill</u> von <u>Moritz</u>[51], und nachher in Gessners Idyllen[52], fünfter Teil, die meisten Stücke, alle diejenigen, die Kupfer hatten, in der französischen Übersetzung[53]. [Ich] war gerührt von der edlen Empfindung und Unschuld und reinen Erhabenheit des Dichters. Auch freut' ich mich des edlen Sinns von Gattüngeli und des Verstandes, mit welchem es alles fasste und unterschied, dass ich weinte vor Freude. Auch beim Tee war ich voll Empfindung über das Gelesene und Empfundene. Nach dem Abendessen
29 ging ich wieder mit dem Gattüngeli allein und spielten etwas Mariage[54], da ich seinen Verstand bewunderte. Nachher erzählte ich ihm und liess mir wieder von ihm erzählen, da ich ihns nicht genug bewundern kann, zeichnete und besprach mich mit ihm wie mit einem Zwanzigjährigen. Munteres Nachtessen und noch lange Geschwätz der Liebe mit ihm, und der Freude. Die letzte Nacht, da es in Wädenswil schläft, für einmal! Ach, der Freuden all, wie werd' ich sie mir vergegenwärtigen, wie unsterblich sie aufbewahren
30 in meiner Seele! Ach, wie oft ging in diesen 10 Tagen der Gedanke über, wie es mir sein werde, wenn mein Regeli einst so gross sein werde wie dieser Engel, wie es mir auch sein werde![55] Tausend und tausend Mal vergegenwärtige ich mir seine Mama, und so sehr ich sie immer liebte, so ist sie mir durch diesen Genuss des Kindes noch lieber geworden, weil ich so viel Feines, Edles in der Erziehung des Kindes entdeckte, dass ich wünschte, dieses nachzuahmen und einst solche Früchte [zu ernten].
31 Spät aufgestanden, Kaffee, mit dem Cäper buchstabiert. Arbeit, und las mit dem Gattüngeli in Gessner und der La Roche Pomona[56], eine moralische Geschichte. Das liebe Kind brachte den ganzen Morgen mit Entgegensehen seinem Papa zu, der aber nicht kam, welches mir Todesangst verursachte, weil ich sein Zurückbleiben auf eine wichtige Ursache stützte und darüber Angst hatte, diese Empfindung aber verbarg und ruhig schien.[57] 's Essen, nachher sucht' ich das Kind wieder zu unterhalten mit Lesen, abends mit Spielen,

---

[51] Die Zitierung durch R. v. O. ist unrichtig. Die «Allwillspapiere» stammen von Jacobi Friedrich Heinrich, vgl. 1786, pag. 47.
[52] Vgl. 1789, pag. 143.
[53] Gessner Salomon: «Idyllen». Falls R. v. O.-E. sich nicht der illustrierten deutschen Gesamtausgabe von 1788 bediente, stammte die damals neueste Auflage der Idyllen von 1772. Die illustrierte französische Ausgabe «Contes moraux et idylles» erschien 1773. Übersetzer waren Huber Michael (1727–1804) und später Meister Jakob Heinrich (Henri Meister, 1744–1826).
[54] «Mariage»: Kartenspiel für 2 Personen.
[55] Sic!, Formulierung wiederholt.
[56] Vgl. 1789, pag. 101. La Roche Sophie, Herausgeberin der Zeitschrift «Pomona, für Deutschlands Töchter», Speyer 1783 ff.
[57] Vgl. 1791, pag. 25.

32 [und] noch an Frau Ott schrieb. Angst über die ganze Stille, dass ich unendlich litt, auch sehr über den Husten, von dem das Regeli geplagt wurde, über welches ich doch zum Glück des Morgens an Herrn Doktor Hotz schrieb um etwas Arzneien, auch ein Briefchen von ihm erhielt. Ach Gott, schon ende ich den ersten Monat dieses Jahres, mit ihm wieviel Böses und Gutes. Er schwand dahin, wie rauschend, wie brav. Ach, dass es mir gegönnt werde, diese künftigen Tage weiser und besser anzuwenden!

33 Lehre Du mich tun nach Deinem Willen, o Du, mein Herr und mein Gott!

34 [leer]

35 Hornung 1791.
36 Hornung 1791, Dienstag, den 1. Hornung 1791.

Um 7 Uhr aufgestanden. Kaffee, Ankleidung, Ordnung in der Küche, Arbeit. Las mit dem Gattüngeli in La Roches Pomona eine Erzählung, die zwei Schwestern[58], die mir wohl tat und meine Seele stimmte zur Empfindung. Auch empfand ich, wie wohltuend ein Kind von 11 Jahren einer Mutter ist, an dem Umgang des Gattüngeli. Mir ist, als ob meine Seele und mein Charakter sich zu seiner Unschuld erhebt und als ob ich alles Leid vergessen könnte, wenn ich ihns nur sehe. [Von] 12 Uhr spielten wir bis 2 Uhr, Ankleidung,

38 etwas weniges [an] Arbeit, und um $^1/_2$3 Uhr fuhr ich mit dem Gattüngeli und Cäper nach Wollerau[59], wo es mir im Dahinfahren unaussprechlich wohl war in der prachtvollen Aussicht und Gegend, die so hell erleuchtet war von der Sonne, dass alle Gebäude glänzten, der See wie Silber schimmerte und durch das sanfte Rauschen der Wellen einen Klang gab, dass ich hätte weinen können. O Gott, wie gross und wie herrlich bist Du in Deinen Werken. Die Kinder scherzten, waren artig. Wir lasen Briefe von Frau Ott, und ich war voll Wehmut nach ihm erfüllt, die die Liebe belebt.

39 Um $^1/_2$4 Uhr kamen wir bei der simplen, prachtvollen, durch ihre Reinheit erhabenen Kirche an, da meine Seele sich sanft erhebt und in Empfindung kommt, die nur gewisse Orte hervorbringen, und so auch heute. Nachher gingen wir über den Kirchhof, da mir's wohl war und von da zu dem würdigen Pfarrherrn Kümin[60], da wir von der Kirche sprachen und ihren Gemälden und dem Wetter und dem Schloss[61] von Wollerau und der Gegend, Äpfel assen, die mir überaus lieblich waren, noch 5 mitnahmen und so dankbar und froh nach Hause fuhren. Auskleidung und Spiel erfüllten

---

[58] Vgl. 1791, pag. 31, «Pomona…», Heft 7, S. 852: «Die zwei Schwestern, eine moralische Erzählung».
[59] Wollerau: Ortschaft im Bezirk Höfe, Kt. Schwyz, an der Nordflanke des Etzel.
[60] Kümin Joseph Franz (1733–1794), 1756 Priester, 1761 Pfarrer.
[61] Schloss Wollerau, gemeint ist vermutlich das «gemauerte» oder «weisse Haus», ein bewehrtes Wohnhaus.

40 die Zeit bis 7 Uhr, da ich ein Briefchen von Frau Ott hatte und ihm wieder schrieb. Nachher lasen wir der La Roche Erzählung zu Ende und speisten. Nachher schrieb ich von gestern mein Tagebuch nach und von heute bis hieher. ½ 11 Uhr nachts.
   Oh, wunderschön ist Gottes Erde
   und wert darauf vergnügt zu sein.
   Drum will ich – bis ich Asche werde –
   mich dieser schönen Erde freu'n.[62]

41 Mittwoch, den 2. Hornung 1791.
Um 7 Uhr auf, Ankleidung, Tee bis 10 Uhr, nebst etwas wenigen Kochgeschäften, da Herr Ott zu uns kam[63]. Er war still, gedrückt; ich litt unendlich. Frohes Gespräch über[64] 's Essen bis nachmittags, da das liebe Gattüngeli von mir geschieden [ist]. Ich weinte herzlichst, auch blieb ich den ganzen Tag in Empfindung der Liebe für ihns. Schrieb meine Ausgaben auf, erhielt Vaillants[65] Reisen[66] mit einer Beilage Tagebuch[67], und 9 Uhr schon zur Ruhe. Auch schrieb ich morgens an Lavater.

42 Donnerstag, den 8.
Um 5 Uhr auf, Kaffee, Ankleidung bis 7 Uhr, bei und mit meinen Kindern. Aufräumen und wieder Versorgen waren unsere Geschäfte. Noch las ich das von Wirz erhaltene Tagebuch und in Wilsons Reisen in den Pelew-Inseln, das meine ganze Seele erhebte. Die Unschuld und Reinheit dieses Volkes, die Lebensgeschichte von Li-Bu, des Königs Sohn[68], machten mir inneren Ernst. Herrlicher Mittag und Abend, wie ich fortlas bis 5 Uhr, an Herrn Wirz schrieb und an Frau Ott, meinem Cäper noch erzählte, und alle meine Kinder ins Bett begleitete und nun noch schrieb bis hieher. Oh, wie wenig ist meines Tuns, o Gott!

43 Freitag, den 4. Hornung 1791.
Herzliches Gebet, Kaffee. Buchstabierte mit Cäper, nahm mir vor, mit Ernst ihn zu bessern von seinem Mutwillen. Las einige Seiten in Vaillants Reisen, speiste; den Nachmittag und Abend: Arbeit, eine herzliche Erzählensstunde meinem Cäper. Von 7 bis 8 Uhr räumte ich meine Briefe vorigen

---

[62] Vgl. 1787, pag. 94, s.a. 1793, pag. 26.
[63] Vgl. 1791, pagg. 25, 31.
[64] Vgl. 1791, pag. 9.
[65] Vaillant François (1753–1824), französischer Reiseschriftsteller.
[66] Vaillant François: «Voyage dans l'intérieur de l'Afrique par le Cap de bonne Espérance 1780–1785», Bern 1790. Deutsche Übersetzungen in «Magazin von merkwürdigen neuen Reisebeschreibungen», hg. von Forster J. R. u. and. Gelehrten, Berlin 1790–1810; Bücherausleihe von Wirz Johann Heinrich.
[67] Absender von Tagebuch und Reisebeschreibung war Pfarrer Wirz Johann Heinrich, Kilchberg, vgl. 1791, pagg. 15, 25.
[68] Li-Bu (engl. Lee-Boo), hochrangiger Südseeinsulaner, der Henry Wilson nach England begleitete und Gegenstand zahlreicher zeitgenössischer Publikationen wurde.

Jahres zusammen, um sie zu verlesen. Noch einige Augenblicke las ich in L.[avaters] Handbibliothek[69]. Speiste, liebe, frohe Nachtstunde.

<u>Samstag, den 5. Febr. 91.</u>
Um ½7 Uhr erst auf. Kaffee, herzliches Gebet, nachher Ankleidung, Verweilung mit den Kindern, las in Vaillants Reisen von 9 Uhr bis 11 Uhr, erlas meine Briefe vorigen Jahres unter viel angenehmen und unangenehmen Erinnerungen, die sie mir verschafft hatten. Nachher durchging ich meiner Kinder Spargeld – 40 Gulden dem Cäperli schuldig. 's Essen, ernst mit dem Cäper [geredet] und einige Sachen noch aufgeräumt. Arbeitend, bis ½7 Uhr bei meinen Kindern, und nun ging ich allein, um noch hier fortzuschreiben und vielleicht noch was zu lesen.

Soeben erhielt ich vom <u>Gattüngeli</u> einen lieben Brief, sonst nichts, nachdem ich sonst für gewiss noch etwas von <u>Lavater</u> erwartet hatte. Viel Gedanken an meine Freunde erhebten meine Seele, veranlasst durch ihre Briefe, sonst bin ich immer sehr ernst und traurig und bekümmert. O Gott, erheitere Du meine Seele durch Deines Geistes Kraft!

Das Ende einer Woche schon wieder da! Ach Gott, wie schnell eilt alles dahin! Lehre mich's anhalten, dass die Zeit ewig werde, durch Jesum Christum! Amen.

<u>Sonntag, den 6. Februar 91.</u>
Morgens in der Kirche, abends Schlitten gefahren [mit] Herrn Landschreiber.

<u>Montag, den 7.,</u>
<u>Dienstag, den 8.,</u>
<u>Mittwoch, den 9.,</u>
<u>Donnerstag, den 10.,</u>
<u>Freitag, den 11.,</u>
<u>Samstag, den 12.</u>

Acht Tage schrieb ich hier nichts ein in dieser schon wieder sich schliessenden Woche, die doch so reich an Ruhe und Genuss war. Nun einiges soll ich noch zu meiner Erinnerung [einschreiben].

Montag [7. Februar] bekam ich meine R.[egel], viel Schmerzen und Übelsein dabei, dass ich 3 Tage den Morgen über im Bett blieb. Ziemlich viel Arbeit vollendete ich und fing wieder neue an, mit Wonne, die die Arbeitsamkeit dem Herzen weiht. Ach, lass' mich nie ermüden in dieser Lust, die so früh meine Seele erquickte und bis jetzt bisweilen stärkt.

---

[69] Lavater Johann Caspar: «Handbibliothek für Freunde», 20 Bändchen, Manuskript, Zürich 1790–1794.

An <u>Lavater</u>, an Frau <u>Schulthess</u> im <u>Schönenhof</u>, an <u>Hotz</u> schrieb ich mit inniger Empfindung. Auch schrieb ich zweimal an Frau Schulthess Hinterzäunen[70] (Abb. S. 51) und lebte in ihrer Antwort glücklich, in Liebe für ihr elterliches und ihr Haus. O süsses Gefühl freundschaftlicher Liebe, wie erhebst Du die Seele nicht!

Auch von <u>Lav.</u>[ater], <u>Hotz</u>, Wirz erhielt ich liebe Blätter. Heute las ich in Goethes Auszügen, die <u>Schinz</u>[71] gesammelt, die ich für mich kopieren liess und sie nun geniesse in stillen Stunden der Empfindung und ohne dass ich's jemand wissen lasse. Gestern las ich einige Stunden in Vaillants Reisen, in denen ich eine Schwerfälligkeit fühle, die mir unangenehm vorkommt, doch durch das Interessante, Unwahrscheinliche gelockt wurde weiterzulesen, jedoch muss ich das Buch niederlegen, weil ich's nicht über mich vermag, es auszulesen.

Auch den 3ten Band von Lavaters Handbibliothek erhielt ich, fand ein Gedicht an Cäperli[72] darin, das mich sehr freute.

Heute war ich sehr spät, keine Morgenstunde, Ankleidung, Kaffee. Nachher lernte ich mit Cäperli, las in den oberwähnten Auszügen, arbeitete, speiste. Arbeit, und die Kinder bis 6 Uhr. Und nun, da sie zu Bette sind, schrieb ich bis hieher voll Gefühl der Liebe. Soeben ein Briefchen von Frau Schulthess-Lavater, auf gut Wetter sie morgen zu sehen. Oh, welch eine liebliche Erwartung! Und nun hoff' ich noch [auf] mehrere <u>Briefe</u>.

Meine <u>Geschwister</u>, meine <u>Kinder</u> sind mir doch über <u>alles</u>. Deine Gnade und Liebe, o Gott, sei mit <u>uns</u> allen! Amen.

Sonntag, den 13.

Meines Casparlis <u>Geburtstag.</u> Ich weinte Tränen der Liebe und der Freude über sein Dasein mit diesem allem, was sich einschliesst, als Wachsen seines Körpers und Geistes. Fürbitte zu Gott für ihn und Segnungen. Oh, dass Du, Gott seines und meines Lebens, mit ihm sein mögest die Tage seines Lebens! Lehre Du mich mit Weisheit und Liebe ihn seinem Heile zuzuführen und Dir, o Gott, durch den er ist und sein wird.

Der Vormittag war mit Zurüstung und Erwartung auf Herr Schulthessens hingebracht, aber sie kamen nicht. Nach Tisch las ich Vaillants Reisen zu Ende. Abends gingen wir zu <u>Hotz</u>. Froher, munterer Abend.

<u>Montag, den 14.</u>, nahm die Metzgete[73] mir die meiste Zeit hin.

---

[70] Vgl. 1791, pag. 18e.
[71] Schinz…: «Göthes gesammelte Auszüge»: Vermutlich handschriftliches Erzeugnis eines nicht näher bestimmbaren Angehörigen der Familie Schinz.
[72] Vgl. 1791, pag. 65. Das erwähnte Gedicht findet sich in Band 5, 1790, Seite 240.
[73] «Metzgete»: Schweineschlachtung, meistens mit einem Volksfest verbunden.

Am Morgen schrieb ich einen grossen Brief an Wirz, mit Vaillant, mit zwei Briefen von ihm, mit dem Büchlein-Auszug aus Goethe und einem Paar Manschetten[74] zum Geschenke in einer grossen Schachtel.
Abends las ich in Lavaters Handbibliothek, 3. Bändchen, das mir sehr wohl tat und wohl gefiel.

Dienstag, den 15., hatte ich wieder mit der Metzgeten zu tun, schrieb an Herrn Escher[75], arbeitete etwas, und abends las ich im 4. Bändchen von L.[avaters] Handbibliothek, das mir eben nicht so wohltuend war wie das 3te.

Mittwoch, den 16.
Herzliches Gebet. Traum von Frau Schulthess im Schönenhof, dass ich jetzt auf einen lieben Brief hoffe. Ich las weiter in dem 4. Bändchen Lavaters. Ankleidung, Arbeit erfüllten – nebst der Versendung, Berechnung, Aufschreibung der Metzgeten – den Morgen. 's Essen, nachher ununterbrochen Arbeit bis ½6 Uhr. Mit und bei den Kindern bis sie im Bett waren, und von da schrieb ich seit Sonntag dies Blatt noch und bin ganz ernsthaft und kummererfüllt. Ach Gott, führe Du uns im Segen, im Glauben, in Liebe, in Hoffnung[76] weiter!

Freitag, den 25.
Heute um 6 Uhr auf, auch meine Kinder. Machte auf Mittag alles fertig um Trompowskys[77] zu empfangen, da wir aber zu ihnen geladen waren, [fuhr ich] zu Hotz. So ging ich allein hin, weil mein Mann bei Herrn Schwager blieb. Vergnügte, geistige Gespräche mit Munterkeit. Hotz begleitete mich nach Hause, mit ihm noch eine herrliche Stunde über Gesundheit und Kinder und erzählte ihm, und mein Herz war mehr als bei ihm. Ach, o Gefühl der Liebe, was bist du! Von 7 bis 8 Uhr stille arbeitend, munteres Gespräch, und nun eilte ich jetzt in meine Stube zurück, um mich in mir selbst zu fühlen und in Erinnerungen verflossener Gedanken und Taten.

Donnerstag, den 17., war Herr Gerichtsherr von Orelli[78] da, mit ihm eine vergnügte Stunde über Paris und die Kaufmannssachen [verbracht].

Freitag[79], den 18., Sonntag, den 19., Montag, den 20., las ich Locke über die Erziehung[80] mit einem Ausdrucke und Empfindungen für mein Herz, dass ich erst

---

[74] Spitzenarbeit.
[75] Escher Johann Caspar, Bruder der R. v. O.-E.
[76] Vgl. 1788, pag. 50.
[77] Vgl. 1790, pag. 96.
[78] Orelli Salomon von, vgl. 1786, pag. 40.
[79] R. v. O.-E. irrt sich bei den folgenden Daten: Sonntag, den 20.; Montag, den 21.; Dienstag, den 22.; Mittwoch, den 23. Februar.
[80] Locke John: «Über die Erziehung in den gesitteten Ständen», hg. von Campe Joachim Heinrich, Wien 1787.

57 wieder neu fühlte, wie wichtig dies heilige Werk sei, neuen Mut fasste, alles mein Möglichstes zu tun und meine Kräfte meinen Kindern aufzuopfern. Ach, stehe Du mir bei, o Du Gott meines Lebens!
<u>Dienstag, den 21.</u>, kamen Herr Landvogt[81] und Herr von Orelli[82] zu uns.
<u>Mittwoch, den 22.</u>, überraschten uns Trompowsky und Heisch. Viel und Herzliches von <u>Lavater</u> mit ihnen.

58 <u>Donnerstag, den 24.</u>
Nach einem zerstreuten Tage schrieb ich an Wirz, an Frau Ott.
Ach, ihr Blätter, Zeugen meiner Unruhe, ach, lasst mich weise lernen, wie unvollkommen alles ist, was die Erde hat, wie eitel all mein Tun!
Auch gingen wir der alten Frau Bachofen[83], als gestorben, noch ins Pfarrhaus, um ihnen das Leid zu ergötzen[84].
Ach Gott, sei Du mit mir! Amen.

59 <u>März 1791.</u>
60 [leer]
61 <u>Sonntag, den 6. März 1791.</u>
Schon 6 Tage verflossen, seit ich hier etwas einschrieb. Und nun, was an dem 6ten der Tage? Ach, wie so nichts! Und doch, dies Nichts will ich nicht vorbeieilen lassen, ohne es niederzuschreiben, nur um mir selbst nahe zu sein, nahe zu kommen!
Heute war ich etwas zu spät aufgestanden. Kaffee, nachher Ankleidung [für] in die Kirche und einen Auftritt mit meinem Herzens-Cäperli, der launig aus dem Bett gekommen und zu allem

62 nein sagte. Erstlich ging ich mit Worten an ihn, nachher gab ich ihm auf die Hände und wurde über sein Wissen, dass er nicht recht gehandelt habe und auch jetzt nicht folgen[85] wollte, so traurig, dass ich weinte. Gestört in meiner Andacht ging ich zur Kirche. Unaufmerksam war ich, doch las [ich] in der Epistel an die Römer. Nach der Kirche ins Pfarrhaus, und dort über ihre Teilung[86] offenes, ermüdendes Gespräch. Erst um $^1/_2$1 Uhr nach Hause. Bei Tisch unangenehm, um eines Wasers[87] aus der Wacht willen, der da speiste. Nachher ging ich im Garten auf die Altane,

---

[81] Schwager, von Orelli Caspar von, a. Landvogt, vgl. 1786, pag. 38.
[82] Orelli Salomon von, Gerichtsherr.
[83] Bachofen-Beyel Anna Elisabeth († 1790) war am 23. Februar gestorben und wurde am 26. Februar beigesetzt. (StAZ, E III 132.4). Schwiegermutter des Pfarrers Ammann Hans Caspar zu Wädenswil.
[84] «Leid ergötzen»: kondolieren.
[85] «folgen»: dialektal, gehorchen.
[86] Erbteilung nach dem Tod der Schwiegermutter.
[87] Waser David (geb. 1738), verh. mit Eschmann Anna Barbara (1746–1817) von Wädenswil. Ursprünglich Schlosser, hernach in der Zürcher Stadtwache und ab 1798 Stundenrufer, i.e. Nachtwächter.

63 allein und mit Cäper. Um 3 Uhr mit allen Kindern und den Mägden fuhr ich spazieren, da ich sehr ermüdet wurde und etwas traurig, dass mein ganzer Genuss des Tages und der Natur gehemmt wurde. Schrieb nun an Frau <u>Ott</u>, Herrn Escher, Lavater, Frau <u>Pestalozzi</u>, Herrn <u>Nüscheler</u> zu Ende und schickte sie[88] fort. Und nun, nach diesem, setze ich mich hier nieder, noch an und von mir selbst zu schreiben. Oh, lehre mich weise sein und besser werden mit jedem kommenden Tage!

64 Gestern, den <u>5ten</u>, machte ich den ersten Spaziergang mit Himmelswonne im Herzen und der Seele, in Begleitung meines lieben Cäperlis.
Erhielt Briefe von Lavaters Zurückkunft mit einem Kommunionslied von ihm. Auch erhielt ich von Frau Pestalozzi einen lieben Brief.
<u>Freitags, den 4.</u>, mieteten wir ein Klavier von Herrn Thomann[89] auf dem Neumarkt[90], das Frau Doktor Lavater[91] in Richterswil nicht mehr des Platzes wegen behalten konnte, für 3 Gulden des Jahres.

65 <u>Montag, den 7.</u>
Um $^1/_2$7 Uhr aufgestanden, Kaffee, Gebet. Nachher eine angenehme Lesestunde mit Cäperli, und von da [an] machte ich etwas [von] gebackener Kocherei. Noch Arbeit, frohlauniges Mittagessen mit meinen Kindern, spazieren. Nun, um 3 Uhr, fing ich an, an Frau Gessner[92] [zu] schreiben und an Jungfer von Muralt. 's Tee. Nachher öffnete ich einen Brief von Junker Zunftmeister Wyss[93], in dem ich eine Schuldanzeige fand von fünftausend Gulden, welches mich so betrübte, dass ich beinahe ohnmächtig war, traurig zu meinem Mann hinging und

66 ihm seinen Betrug vorhielt, denn er sagte mir vor einiger Zeit etwas von zweitausend. Er sagte, Schwager habe dreitausend davon. Nun, wie kann ich auch glauben? Mein Gott, mein Gott, welche Erfahrungen! Nicht mehr kann ich Wahres und Unwahres von einander unterscheiden. In diesen Gefühlen von tiefsten Leiden bracht' ich den Abend zu, und um 8 Uhr, da

---

[88] Gemeint sind die Briefe.
[89] Vermutlich Thomann Hans Jakob (1762–1831), Sekler auf dem Neumarkt. «Sekler»: Sekretär.
[90] Neumarkt: Strassenzug in Zürchs Altstadt, rechts der Limmat, zwischen Rindermarkt und Stadtbefestigung. 1819–1865 trug der heutige Paradeplatz ebenfalls den Namen «Neumarkt». (Abb. S. 51)
[91] Lavater Heinrich (1768–1819), M. D., verh. 1789 mit Ott Anna Barbara (1766–184.). Nach anfänglichen Studien beim Onkel, Lavater Diethelm, M. D., weilte er 1789–1793, in Richterwil und bildete sich bei Hotz Johannes M. D. weiter aus, den er bei seinen Abwesenheiten auch in der ärztlichen Praxis vertrat. S. 1792, pag. 48.
[92] Gessner-Keller Elisabeth (1724–1797), Gattin , verm. 1746 mit Gessner Hans Caspar (1720–1790), VDM, Pfarrer in Dübendorf. Mutter des späteren Ehegatten der Schulthess Barbara, Bäbe iun., Gessner Georg (verlobt 11. Juni 1790, Heirat 23. Mai 1791).
[93] Wyss Johann Conrad Junker (1749–1826), Zunftmeister z. Schuhmachern, 1787–1797 Statthalter, verh. 1770 mit Römer Anna Regula, Neffe des Orelli Hans Conrad von, a. Landvogts und der Anna Dorothea geb. v. Wyss.

ich ihn wieder sah, musst' ich entsetzlich weinen, ging auch so betrübt, wie ich niemals noch gewesen, zur Ruhe.

67   Dienstag, den 8ten.
Um 6 Uhr stand ich auf nach einer unruhigen Leidensnacht, weinte herzlich, da ich meinen Mann sah, und ging so betrübt wieder allein. Ich konnte nicht beten, nichts tun, als tief empfindend dasitzen über die Unehrlichkeit dieses Betragens. Ich kleidete mich an, arbeitete unter solch traurigen Gefühlen fort und blieb so bis mittags. Nachher schrieb ich noch an Frau Schulthess-Lavater, an Frau Schulthess im Schönenhof, an Herrn Körner[94], an Herrn Wegelin[95], an Herrn Escher, an Jungfer von Muralt, alles Briefe der

68 Beantwortungen und der Liebe, versiegelte alles, sass betrübt empfindend nieder, raffte mich auf, um noch hierher zu schreiben, das mich noch etwas beruhigt, und nun ende [ich]. O Gott, erbarme Du Dich meiner um Jesus Christus willen! Amen.

69   Donnerstag, den 17. März. 1791.
So lange schrieb ich wieder nicht ein Wort nieder, und um meinem Herzen wohlzutun und es nicht länger zu verschieben, nahm ich meine frühe Morgenstunde, nachdem ich um fünf Uhr aufgestanden, betete innig zu Gott für alle meine Bedürfnisse Klopstocks Lieder, 2 Predigten von Hess und das 7te Kapitel Johannes[96]. Dieses Lesen erfüllte meine Seele, belebte meinen Mut weiterzugehen, nachdem ich wieder Hauptstösse[97] erlitten habe von Leiden und Freuden.

70 Dienstag, den 9.[98], öffnete ich einen angekommenen Brief an meinen Mann, welches ich aus Misstrauen gegen ihn getan hatte, weil ich nie die ganze Lage unserer Sachen von ihm erfahren kann und schon tausendmal abgewiesen war, dass ich nachher etwas anderes erfuhr. Auch dieses war ein Brief von Z.[unftmeister] W.[yss], in dem erneu[t] eine Berichtigung[99] angesprochen war von einer Schuld von 5000 Gulden und zu 300 Gulden und noch mehr Zinsen. Mit welchem Schrecken erfüllte mich dies, da ich einst von 2000 Gulden hörte! Ich weinte und war auf liebliche [sic!] Stunden [hin] niedergeschlagener als noch nie,

71 brachte ihm dieses Blatt, und weinte von Trauer und Schmerz, tiefer empfindend als noch niemals, an welchem Abgrunde ich stehe mit den Meinigen allen, aus dem ich nicht mehr werde herauskommen. In solchen Gefühlen

---

[94] Vgl. 1787, pag. 91.
[95] Vgl. 1786, pag. 5.
[96] Johannes 7: Über Jesus auf dem Laubhüttenfest, seine Lehre, seinen Weggang und den Heiligen Geist, des Volkes und der Pharisäer Verhalten gegen ihn.
[97] Erschütterungen, vgl. 1788, pag. 35.
[98] Fehlangabe, vgl. 1791, pag. 56: 8. März.
[99] «Berichtigung»: Begleichung.

lebte ich einige Tage lang ununterbrochen. Gott im Himmel, erbarme Dich unser, der <u>Kinder</u>, meiner. Ich versinke vor Furcht der Dinge, die meiner warten.

<u>Mittwoch, den 10.</u>[100], bekam ich meine R.[egel] und war sehr mitgenommen von Verlust [von] vielem Geblüt[101], Kopfschmerzen, Mattigkeit und Tränen.

72 <u>Donnerstag, den 10.</u>[102], kam Pfenninger zu Besuch, der mir zu [er]tragen unaussprechlich war in dieser Lage. Ununterbrochen Bilder von Trauer! Schmerzend, weinend, arbeitete ich immer, sprach wenig. Samstags verliess er uns wieder. Ein kleiner Spaziergang erquickte mich.

Am Sonntag [13. März] erfreute mich Doktor Lavater durch ein herzliches Wiedersehen. Montags war meine Seele munter, las den Braunschweigischen Kalender über die französische Revolution[103] und vergass mich in etwas meiner selbst.

73 Gestern[104], den 15., war ich um 6 Uhr auf, konnte nicht beten, las die Geschichte von der Revolution zu Ende. Ankleidung, Arbeit erfüllten den Morgen. Nach einer herrlichen Stunde von 11–12 Uhr im Garten, 's Essen, Arbeit. Stilles Staunen im Ernst über unsere Lage, Tränen erfüllten meine Seele, welche durch süsses Gefühl auf der Altane gesüsst wurden, voll Wonne zu Gott mich erhebend, las nachher in Wielands[105] Agathon[106]. Speiste. Bücher, ein Briefchen von Herrn Körner erfreuten mich. Tränen, Gebet und herzliche Umarmung schloss diesen Tag.

74 Fast hätt' ich den Besuch von Heisch mit Trompowsky vergessen, der mir lieblich war, besonders durchs Lesen von einem Brief von Büel[107] an Heisch. Viel von <u>Hotz</u>, von <u>Lavater</u>, Riga[108].

Ach Gott, Du weisst schon alles, was meiner wartet! Ach, gib Du mir Kraft, alles zu ertragen, um der Gnade [willen], die auch mir durch Jesum Christum zuteil werden wird! Lass' mich alles verlassen, und <u>Gott</u>, <u>Gott</u>, mein <u>Vater</u>, Dich über alles suchen und Frieden, da alles um mich gelöst ist, die süssesten Bande, die Du der Menschheit je gegeben hast! Ach, verlass' Du mich nicht!

---

[100] Mittwoch, 9. März.
[101] Vgl. 1787, pag. 21.
[102] Recte!
[103] «Historischer Kalender der Revolution in Frankreich», hg. von Campe Joachim Heinrich und Fr. Schulze, Braunschweig 1790–1792.
[104] Mittwoch, 16. März (bezogen auf 1791, pag. 69).
[105] Wieland Christoph Martin (1733–1813), deutscher Dichter.
[106] Wieland Christoph Martin: «Geschichte des Agathon», Zürich, Leipzig 1766/67, zweite erweiterte Auflage 1773.
[107] Büel Johannes (1761–1830), Theologe, Hofrat in Sachsen-Gotha.
[108] Riga: Trompowsky stammt aus Riga. Lettland gehörte damals zum Zarenreich, vgl. 1790, pag. 96.

75 Und nun geh' ich wieder an meine Arbeit. Ach, sei Du mit mir in allem, was ich tue! Amen.
Soeben sehe ich etwas meines Leidens vom 9. schon am 7.[109] angezeichnet. Ach, meine Seele vermengt alles, vergisst und vergegenwärtigt alles durcheinander. Welche Unruh', welches Leiden in mir! Ach Gott, ach Gott! Von 2 bis 4 Uhr machte ich einen herrlichen Spaziergang nach dem Furthof[110], ganz allein mit Cäperli, unter liebem Gespräch und <u>tiefem Gefühl</u>.
[2 leere, unnumerierte Seiten]

76 <u>Freitags, den 18.</u>
Um $^1/_2$6 Uhr war ich aufgestanden, lieb und gut, Kaffee, herzliches Gebet. Schrieb aus Empfindung an die Mama einen herzlichen Brief. Nachher ging ich zu meinen Kindern, Ankleidung, lernte mit Casperli, da mir wohl war, liess sie beide, Cäper und Conradli, Kupfer sehen, die ich ihnen gestern gekauft hatte. Nachher arbeitete ich mit vielem Fleiss bis mittags, 's Essen, und nachher wieder Arbeit unter stillem Nachdenken über uns und unsere Lage. Abends noch ein wenig in [den] Garten, da mir innigst wohl wurde, und

77 von da an wieder Arbeit [bis] nach 7 Uhr. Eine Stunde blieb ich bei Herrn Landschreiber und meinem Mann, versiegelte meinen Brief, und schrieb bis hieher in einer sehnsuchtsvollen Lage meines Herzens nach meinen fernen Lieben und voll Furcht alles dessen, was meiner warten werde, voll Vorsatz, alles das meine zu tun, um mich nicht selbst zu verlieren in dem Verlust alles dessen um mich. Ach, bereite Du mich zu jeder Tugend, o Gott! Amen.

78 <u>Mittwoch, den 23. März</u>, 6 Uhr morgens. Stille Morgenstunde, eine noch auf <u>eines</u> [Morgens] meines Kummers in diese lieben Blätter.
<u>Freitag, abends, den 18.</u>, erbrach ich einen Brief von Schwager Landvogt, der mich beinahe ohnmächtig niederstürzte – so lamentabel – eine verabredete Reise incognito von meinem Mann, die mir Vorbote von äusserster Not und Verlegenheit war. Ich las ihn mehrere Male, brachte ihn meinem Mann, und da ich seine Angst wahrnahm, war die meine noch grösser. Ich weinte, schlief nicht. Samstag [19. März], morgens, weinte ich wieder entsetzlich, da ich nicht genug das Wahre von dem Falschen scheiden konnte, ob's

79 Geldsachen allein[111] anbetreffe oder seine Rechnung[112], die er ablegen sollte. Noch habe ich meiner Lebenstage nie so gelitten. Auch forderte er mir noch alles, was wir hatten, zu Hypothek ab, bei dem ein 4000 Gulden

---

[109] Bestätigung der Datenfehler 1791, pag. 70–72.
[110] Furthof: Flurname, Gehöft, 2 km oberhalb des Dorfkerns von Wädenswil.
[111] Privatschulden.
[112] Landvogteirechnung zuhanden des Rats.

haltendes Instrument war über den Baltenschweiler Zehnten[113], das wir nebst Herrn Oncle Ratsherr Lavater und Herrn Oncle Major Bürkli[114] besessen hatten, auch den dritten Teil Eigentum davon hatten. Ich gestehe da, dass mich alles verliess, legte es ihm als Heiligtum an sein Herz und glaube, so weh habe mir die Tage meines Lebens nichts getan. Ich bat ihn, nicht so zu halten, ich beschwor ihn, aber nichts half, ich musst' es hergeben. Gott allein weiss, mit welchem Schmerz,

80 gewiss mehr aus Empfindung des moralischen Versehens als aus Geiz. Ich sehe, dass solche ökonomische Zerrüttungen die Quelle aller Moral sind. Immer schwankte er hin und her, dass ich beinahe <u>verzweifle</u>. In solchem Zustand lebe ich nun seitdem. Samstags, montags bracht' ich still zu, die Nächte durchweinte ich. Montags [21. März] verreiste er nun mittags. Gehemmt zerschnitt es meine Seele. Gäste waren mir der Tod. Montags schrieb ich an Frau <u>Ott</u>, war etwas erleichtert, und gestern [Dienstag, 22. März] an meinen Mann[115] über seine Handlungsart mit tausend Tränen, mit tiefsten Empfindungen, und leide nun unendlich, über alle Worte, in tausend Vorstellungen meines Unglücks und Jammers. Und meine <u>Kinder</u>. Ach, dies, dies

81 geht über alles! Gestern nacht schrieb ich noch an meine Schwester, und jetzt zittere ich vor dem Wiederkommen meines Mannes. Ich werde es beinahe nicht mehr aushalten, an seiner Seite zu sein. Nein, so leben kann ich nicht! Gott im Himmel, erbarm' Dich über mich, ich versinke, ja, ich versinke in meinem Jammer!

82 [leer]

83 Ich schrieb es sogleich – da er[116] fort war an Oncle, an Frau <u>Ott</u>, an Herrn Escher[117], und später noch an ihn selbst einen bittenden Brief, dass er offenherzig sein möchte. Ach Gott, mit welcher Beängstigung denke ich ihm nur nach! Ach Gott, erbarme Dich, und leite es zu unserem Heil! Amen.

[1789, pag. 139][118] In einer einsamen Leidensstunde nahm ich die Feder, <u>Dir, Geliebter</u>, Geliebtester über alle Worte, einiges hinzuschreiben, genötigt, weil ich leider nie mehr mit Dir reden kann, Du immer schwankst, wenn es sich gibt, dass wir dazu kommen könnten! Verzeih', verzeih' es mir! Nicht

---

[113] «Baltenschweiler Zehnten»: Einkommen aus dem Zehnten von Baltenswil bei Bassersdorf ZH.
[114] Bürkli-Escher Conrad (1730–1788), Rittmeister, Besitzer des Schlosses Schwandegg. Frau Bürkli-Escher Dorothea (1729–1795) war die Schwester des Hans Caspar Escher-I Hottinger, -II Fries, -III Wirz, und damit eine Tante der R. v. O.-E. Vgl. 1786, pag. 106.
[115] S. 1791, in pag. 83 eingelegt (ursprünglich 1789, pagg. 139–141).
[116] Orelli David von, Landvogt.
[117] Oncle: Lavater Heinrich; Schwester: Ott-Escher Elisabeth; Bruder: Escher Johann Caspar.
[118] Einlageblatt, undatiert. Wir fügen hier den Brief an den Ehemann ein, der vermutlich durch versehentliche frühere Umstellung dem Konvolut 1789 als pagg. 139–141 beiliegt.

Vorwürfe soll die Ergiessung sein, nur <u>Bitte</u>, mich zu hören und Bitte mir zu antworten. Du siehst, alle meine Ruhe ist verschwunden, mit ihr meine Gesundheit. Wie oft ich weine tags und nachts, das weisst Du und weisst es nicht. Mein Zweifel in Deine Treue, in jedem Sinn, martert mich so. Tägliche Vermutungen, dass dieses oder jenes begegne, quälen meine Seele als Vorboten unseres gänzlichen Unglücks, vielleicht unserer Trennung. Gedenke wie mir sei, da ich dieses hinschreibe dem, dem ich mein Leben und alles aufopferte, und um dessentwillen ich so leide, so leide seit

[1789, pag. 140] jener Entdeckung der unauslöschlichen, unedlen Handlung[119], die ich auch um Deines mir so misstrauenerweckenden Betragens willen nicht vergessen kann. Seit dann, ach, Lieber, leite mich zu rechte, lass mein Herz einem Menschen ausleeren, der mir Ruhe schaffe! Wähle einen, ich will, welchen Du willst! Nur einem lass' mein Herz sich ergiessen, dass mir Ruhe geschafft werde! Denn Dir kann ich <u>nicht glauben</u>, weil Herz und Mund nicht zusammen stimmt, ich täglich auf eines und das andere komme, das mich nur unglücklich macht. Verzeih', verzeih' es! Ach, hätte ich das glauben können, glauben sollen, in jenen glücklichen Tagen, da wir ein Herz und eine Seele waren, ehe ich Mutter wurde! Und nun, seit ich es bin, welche Entdeckung und welcher Schmerz tötet mich, die Kinder im Mutterleib.

[1789, pag. 141] So halte ich es nicht aus! Warum verdiene ich solches Verheimlichen, dass alles mir sich offenbart! Willst Du nicht mehr mit mir sprechen, so will ich lieber von Dir. Selbst meine Söhne zu verlassen soll mich weniger schmerzen, als mit Dir leben, wie ich einige Monate lebte. Lieber mein Leben mir nehmen, als so unglücklich zu sein! Hätte ich sie nicht, die Unschuldigen, eilte ich davon, aber um ihretwillen bin ich noch da, will da bleiben, wenn Du offen und gerade sein willst, aber so nicht, wie bis dahin! Heute versprechen und morgen wieder brechen, nein, dieses kann ich nicht tragen! Ich denke, Du habest etwas wider mich. Habe die Liebe, es mir zu sagen! Ich will es zu verbessern gedenken, auf's Wort tun, was Du willst, wenn unsere <u>alte Liebe</u>

[1789, pag. 142] wiederkehrte. Zurückkommen würden jene glücklichen Stunden des Vertrauens, dafür mich nichts schadlos hält! Sage es, was ich Unrechtes tue, um Gottes willen sage es mir! Mein Herz blutet, dass ich sterben möchte vor Begierde, Dir zu Gefallen zu leben, weil ich Dich, wie meine Seele, dennoch liebe.

83 Heute früh schrieb ich auch davon an Frau Schinz, mit Bewegung der Seele und furchterfülltem Herzen.

    [8 unpaginierte, leere Seiten]

84–86 [leer]

---

[119] Vgl. 1789, pag. 9.

87 Auch schrieb ich an Hotz und er an mich.
Weiter zurück erinnere ich mich nichts Genaues und übergehe es also lieber ganz.
Wie innigst ich mich sehne, etwas von Wirz zu hören, das kann ich mir nicht genug wiederholen. Oh, wenn er krank sein sollte, wie würde mir sein? Nein, vielleicht erhalte ich morgen etwas.
2 mal las ich in Rousseaus Héloïse, um der Sprache willen, mich wieder darin zu üben, dass ich durchdringen möchte, sie zu
88 erlernen.
Auch einige Wonneempfindung im Genuss meines Mannes [er]füllte meine Seele, [be]lebte meine Hoffnung, mit ihm durch dieses Leben zu klimmen. Oh, wie tief wünsche ich's! Ach Gott, hilf mir, um Deiner ewigen Liebe willen!
Und nun leg' ich, liebes Blatt, dich hin. Ach, lass' mich täglich wiederkommen und [lass' es] wachsen in allem Guten! Amen.

89   April 1791.
90   [leer]
91   April 1791, Freitag, den 1sten.
Früh entfernte ich mich von allem mich Umgebenden, um einsam noch von meinem Elend und Jammer etwas, ja, nur etwas niederzuschreiben, denn alles, ach, ist zu unerschöpflich, als dass ich alles in Worte bringen könnte! Du allein, o Gott, weisst alles! Und ich empfinde alles ohne irgendeine Erklärung, die mir etwas Ruhe oder Trost sein möchte.
[Es] kam mein Mann [am] Mittwoch vor acht Tagen [23. März] zurück. Ich trug es still, leidend. Samstags [26. März], fand ich meinen an ihn geschriebenen Brief noch uneröffnet wieder. Nach dem Mittagessen holt' ich
92 ihn, ihn zu eröffnen. Er schlug's aus, über welche unaussprechliche Härte, keinen Weg mehr übrig zu wissen an sein Herz zu kommen, ich in Tränen ausbrach. Die Unruhe des Sonntags [27. März], da er wieder verreiste, vergrösserte mein Leiden bis zum Versinken. Dienstags [29. März] kam mein Bruder, dem ich alles, alles, was ich wusste, entdeckte, offenbarte. Von ihm hörte [ich], dass er ihm Briefe über 800 Gulden in seinem und Herrn Otts Namen anvertraut, von denen er mir nichts sagte, und ich entdeckte in seiner Gegenwart, dass er ein Blatt aus dem Zinsbuch
93 geschnitten hatte, ein Briefchen in Oberlunk[120], im Bernergebiet. Gott, welche Manier, welche Entdeckungen der Handlungsart! Dieses alles übersteigt alles, was Erfahrungen mitbringen an Menschen, alles Glauben, allen Mut, alle Freude. Mein steigendes Leiden ist über alle Worte. Ich versinke

---

[120] Schuldbrief. Oberlunkhofen, Ortschaft im Kt. Aargau, unter dem Ancien régime im Untertanengebiet Berns.

vor Kummer. Gott, Du weisst, wie ich zittere vor dem morndrigen[121] Wiedersehen. Welche Angst meine Seele umgibt! Nein, ich halte es nicht mehr aus, es ist zu hart. Heute früh machte ich noch die Kopie,
94 die ich vom Zinsbuch gemacht, zusammen, um sie diesen Abend noch Frau Ott zu senden zuhanden Herrn Eschers[122], der etwas von meiner Lage an Oncle sagen wird, nichts Detailliertes. Diesen Entschluss fasste ich zu meiner Beruhigung in Erwartung alles dessen, was mir begegnen könnte. Auch nehme ich [mir] vor, an ihn zu schreiben. Tag und Nacht habe ich keine Ruhe. Alles, alles bekümmert mich. Gott, Gott, erbarme Dich!
Die teilnehmenden Stunden an meines Bruders Seite waren mir tröstlich,
95 ach, aber doch wie traurig! Und wenn ich denke, es komme noch schrecklicher, Gott, wie wird es dann sein! Verzweiflung, nein, Kraft, die ich nur durch Unschuld schöpfe, wirst Du mir geben, mein Gott!
Ich kann jetzt nicht mehr vor Schmerz.
96   [leer]
97   Donnerstag, den 28. April.
Wieder einmal setz' ich mich nieder, einiges, nur einiges, wieder niederzuschreiben nach so langer Entfernung, nach so vielen Leiden und auch nach so vielen Freuden, die mein Herz bald aufhebten, bald niederschlugen. Erinnern mag ich mich alles nicht mehr, was vorgegangen, nur mitgenommen bis hieher hab' ich die Gefühle meines Leidens, das immer und immer zunimmt. Einige Briefe von Schwager[123], die ich eröffnete, über deren Inhalt ich versinken möchte, gingen mir über alles nahe, den einen jenes Instrument[124]
98 betreffend, den andern, dass ich sehe, dass es noch nicht mit der Buchhandlung[125] berichtigt sei. Über beides, wie über nichts, erhalte ich eine

---

[121] Vgl. 1791, pag. 8.
[122] Bruder der R. v. O.-E.: Escher Hans Caspar.
[123] Orelli Caspar von, a. Landvogt.
[124] Vgl. 1791, pagg. 79 und 92.
[125] «Buchhandlung»: Orelli David von (geb. 1749) war durch Erbschaft Teilhaber der Buchhandlung «Orell, Gessner, Füssli und Co.». Diese war aus der von Johann Jakob Bodmer (1698–1783) finanziell unterstützten «Rordorf'schen Druckerei» (1731–1734) hervorgegangen. Orelli-von Wyss Hans Conrad von (1714–1785), Schwiegervater der R. v. O.-E., ein Neffe Bodmers durch dessen Mutter, eine geborene Orell, wurde zum Teilhaber und Geschäftsführer. («Conrad Orell u. Co.» verlegten u. a. Bodmer und Breitinger.) Bei dieser Transaktion soll auch Junker Wyss Heinrich (1707–1741), Vater, bzw. Grossvater der beiden Bürgermeister Caspar und David, Orell Caspar (1665–1761) beteiligt gewesen sein. Weitere Teilhaber waren Wolf Salomon (1716–1779) und Heidegger Heinrich beim Kiel (1711–1763), Zunftmeister und Besitzer des schönsten und grössten Kupferstichkabinetts der Stadt, der Schwiegervater des Dichter-Malers Gessner Salomon (1730–1788). Gessner hatte seine eigene Druckerei, trat aber 1761 auf Veranlassung seines Schwiegervaters oder des Schwagers, Amtmann Heidegger Heinrich (1738–1823), als Teilhaber ein (von da an «Orell-Gessner u. Co.»). Durch Fusion (1770) der «Lindinnerschen Druckerei» mit der Nachfolgefirma der

genugtuende Erklärung – heute dieses, morgen jenes. Ach, wie wird meine Seele gepeinigt! In dieser Lage hatt' ich 13 Tage lang immer Gäste. Welche Qual für mich! An Oncle schrieb ich, da er hier war, etwas Allgemeines und sah aus verschiedenen Fragen, dass mein Bruder ihm nur zu viel gesagt habe. Ach, was hilft

99 es! Lieber will ich liebend versinken, als eine solche Störung tragen. Ach Gott, Du wirst Dich meiner erbarmen und in meiner Dunkelheit auch wieder Hilfe senden, die mich stärkt!
Auch fand ich einen Bürgschein für Pfenninger für 100 Gulden. Wenn dies auch menschlich gehandelt ist, so weiss ich nichts mehr. Welche Wut steigt in der Seele auf gegen solche Menschen, dass man lieber nichts mehr als sie in der Welt wissen mag, solche Freunde sind Mörder!

100 Gestern brach ich in Jammern aus über das so baldige Nach-Zürich-Gehen, fand aber doch diesmal einigen Trost in der Manier, [wie] vereint wir miteinander redeten, weil ich auch einige Spuren der Liebe fand, der teilnehmenden Angst. Ach, wohin wird es mit uns kommen? Gott, mich verlässt alles, denke ich an meine kommenden Tage, die heranrücken werden, und die <u>Kinder</u>. Jesus, Jesus, welche Gefühle des Leidens

101 für sie!
Gestört muss ich abbrechen.
<u>Freitag, den 29. April.</u>
Noch eine Weile [ge]denk' ich mich, in mich selbst zu denken. Gott, welch ein Erzittern vor dem, so mein Mann in Zürich tun mag, voll Folgen für künftige Tage. Ach, überall, wo ich hinblicke, sehe ich Unordnung, schwebt ein Gefühl um mich, dass wir uns nicht zu halten vermögen. Gott, welche Angst, welches Leiden, welche Furcht umgibt mich! Ach, erbarme Du <u>Dich</u>! Leite alles zu meinem und der Meinen

---

Druckerei «Froschauer», deren Besitzer der Vater des «Obmanns» Füssli Heinrich (1745–1832), Miniaturenmaler Füssli Hans Rudolf (1709–1793), war, entstand die Firma «Orell, Gessner, Füssli und Co.». Der Obmann figuriert 1790 und 1803 in den Ragionenbüchern als Mitbesitzer. Die Druckerei entfaltete eine grosse internationale verlegerische Tätigkeit, insbesondere durch die Schriften Bodmers und Breitingers u. a. Nach dem Tod Hans Conrad von Orellis (1785) wurden die Brüder Orelli-Usteri Caspar von, a. Landvogt (1741–1800), und Orelli-Escher David von Teilhaber. In den Ragionenbüchern figuriert David bis zu seinem Tod (mit Ausnahme des Jahres 1803) als Teilhaber, während Caspar mit seinem Tod 1800 ausschied. Geschäftssitz war das Haus zum «Waldegg», Schipfe 7, ab 1777 zum «Elsässer», wo eine Niederlage von Büchern, eine Druckerei, Kupferdruckerei und Schriftgiesserei bestanden. Die Firma florierte weder vor der helvetischen Revolution noch in den ersten zwei Dezennien der neuen Zeit in ökonomischer Beziehung so, wie sie es verdient hätte. Füssli und seine Associés waren gelehrte Männer, aber sie kannten das Kaufmännische zu wenig. Die Quellen zur Firmengeschichte Orell Füssli sind spärlich. So ist auch nicht klar, wie und wann das Geschäft von Heinrich Heidegger b. Kiel auf Sohn Amtmann Heinrich Heidegger überging, welcher offenbar mit einem Prozess ausschied.
Vgl. 1787, pag. 89 und 1789, pag. 18.

102 besten, um meiner Kinder willen! O Du, sei mit uns, um Jesu Christi willen! Lehre Du mich dulden und tragen und verlass' mich nicht! Ach, wie birgst Du alle meine Gefühle, alle Freuden meines Lebens, meiner Jugend, der Liebe, die sanft meine Seele hebte, wäre ich nicht so leidend. Aber alles, alles zerschlägt sich, niederdrückt mich, dass ich oft lieber sterben möchte als so unglücklich leben in dieser Welt.

103 Gestern hatt' ich noch eine Freude durch einen herrlichen Brief von Herrn Professor von Orelli[126]. Wie auch noch beim Schreiben an ihn, war meine Seele in süsser Empfindung, etwas von dem, da er bei uns war. Gott, welch ein seltenes Glück, einen Menschen als Freund lieben zu können, etwas Harmonie in ihm zu empfinden für mich, die ich immer zurückgestossen werde. Ach, lass' Du mich in Dir allein alles suchen und finden! Ich gedenke einen Versuch zu machen, ob ich Klavier lernen könne. Ach, dass mir dieses werden möchte!

104 Einige Stunden geistiger Lektüre genoss ich mit Wonne. Ich misskenne das Gute nicht, geniesse es dankbar. Jetzt will ich reden, hinkehren zu meinen Kindern. O Gott, sei Du mit mir ewiglich! Amen.

105   Mai 1791.
106–108 [leer]

109   Brachmonat 1791.
110–116 [leer]

117   Heumonat 1791.
118   [leer]
119   Heumonat 1791, Donnerstag, den 7.
Wieder einmal, geliebte Blätter, nahm ich euch hervor, um etwas meines Daseins anzuheften, das so zerrissen verfliesst, und einiges nachzuholen, das verschwunden ist. Ach, wann, wann habe ich, wann werde ich einst überwunden haben alles, alles, was ich hier gelitten habe? Zwei Monate habe ich nichts eingeschrieben, zwei Monate des Leidens, von denen ich nur einiges nachhole.

120 Gott allein weiss, was ich leide von dem Vorfall selbst, was ich noch leiden werde und was ich gelitten habe! Lehre mich erkennen, Herr, dass Du dennoch mein Gott und mein Vater bist und mich lieb habest!
Den 26. Mai 1791 [Donnerstag] schickte mir Herr Professor von Orelli, [durch] Wirz express zugesendet, [einen Brief] von Junker Zunftmeister

---

[126] Orelli Hans Caspar von (1757–1809) verh. I 1775 mit Oeri Esther (gest. 1781), II 1782 mit Wyss Dorothea von (1755–1838). 1778 VDM, 1786 Prof. am Carolinum und Chorherr. Von Orelli war der Schwager von Junker Wyss Hans Conrad, Zunftmeister. S. 1799, pag. 229, und ein Vetter von Orelli David von. (Vgl. 1790, pag. 83)

Wyss, mir sagen liessen, dass Schwager Landvogt einige Tage vorher bei Herrn Professor Geld begehrt hatte, und – da er nicht genug gehabt – so habe er's Junker Zunftmeister gesagt, da dieser ihm dann gesagt habe,
121 in welch bedenklicher Lage wir uns befinden, und dass es Liebe und Pflicht erfordern, es mir zu offenbaren, was Junker Zunftmeister noch mehr wisse. Professor von Orelli schrieb nun an Wirz ein Billett mit einer solchen Empfindung, wie ich es nicht beschreiben, nur fühlen kann, wie edel. Dass mein Mann Junker Zunftmeister allein 5000 Gulden schuldig sei, mit Schwager gemeinschaftlich eine andere Summe von 7000 Gulden, verbürgt bei Frau Examinator Rahn[127] 2000 Gulden, Herrn Verwalter Weber[128] allein 2000 Gulden, in [den] von Orellischen Fond[129] 500 Gulden. Wirz versank beinahe vor mir,
122 mir dieses zu sagen. Ich geriet in einen Schrecken des Todes, musste mich aufraffen, weil Doktor Schinz'[130] da waren. Abends Schinz[131] kam, um die Gossweiler[132] [zu holen], dem mein Mann auch 1000 Gulden schuldig geworden [war] erst se[it] Maitag. Bald ging ich hin, bald her, weinte, erholte mich wieder, und die gewünschte Nacht durchlag ich in einer Träne, die mein Mann nicht achtete oder nicht achten wollte. Vor fünf Uhr war ich aufgestanden, schrieb – um nichts auszulassen – an Professor von Orellis, indem ich ihnen ungefähr folgendes sagte:
123 «Allererstens nahm ich die Offenbarung an mich mit Dank an. Zweitens sei meine unglückliche Lage nicht ganz verborgen. Von Herrn Verwalter Weber habe ich gewusst, da wir nach Stadelhofen[133] gegangen, vom Orellischen Fond nichts, von Frau Examinator Rahn nichts, von dem grösseren

---

[127] Rahn-von Wyss Barbara (1736–1796), Witwe des Rahn Johann Conrad (1737–1787), M.D., 1781 Examinator.
[128] Weber David (1754–1830), 1787 Verwalter am Waisenhaus.
[129] Von Orellischer Fond: Die Familienstiftung wurde am 14. November 1784 mit einem Kapital von 5000 Gulden gegründet. Die anwesenden Familienmitglieder kamen auch überein, sich «mit dem 1. Jänner 1785 privatim und publice den Namen von Orelli beizulegen», nachdem der Rat bereits am 9.10.1784 die Erlaubnis hiezu erteilt hatte. Am 7. Januar 1786 wird protokolliert, dass ein «generöses Vermächtnis des Herrn Obmann und Ratsherrn Conrad von Orelli» verbucht werden konnte, welches des «seligen Herren Herr Sohn, Herr Landvogt [Caspar] von Orelli von Wädenswil und Herr Landschreiber David von Orelli in eine Obligation in den Familienfond übergeben haben.» (FA v. Orelli, Protokollbuch Orelli 1. 1).
[130] Schinz Christoph Salomon, M.D. (1764–1847), verh. 1790 mit Lavater Cleophea (1774–184.), Tochter des Lavater Diethelm, M.D.
[131] Höchstwahrscheinlich: Schinz-Lavater Caspar, Ehemann der Freundin Schinz-Lavater Anna. Vgl. 1786, pag. 7.
[132] «Gossweiler»: Höchst wahrscheinlich Gossweiler Barbara (1740–1793), erste Lehrerin an der Töchterschule.
[133] Einzug in die Wohnung im Sonnenhof bei Rittmeister Escher Hans Caspar im Jahr 1783, vgl. 1786, pagg. 4 und 91.

Kapital bei Junker Zunftmeister nichts. Von dem zweiten sei der Brief in meine Hände gekommen, da mein Mann mir gesagt, er habe zweitausend Gulden, die drei andern seien Herr Schwagers, das ich aber nie geglaubt habe, und

124 habe es schweigend gelten lassen. Drittens erfordere es Liebe und Pflicht für meine Kinder und Mann zu sagen, dass ich an verschiedenen andern Orten noch die Summe von 8- bis 10tausend Gulden mehr wisse, dass ich bitte, um Gottes willen, dass sie uns helfen und raten möchten, indem ich die Gefahr einsehe, in der wir uns befinden, dass ich aber – um Gottes willen und um alles willen – für die Ehre meines Mannes bitte und gerne alles das Meinige hingebe,

125 ihm zu helfen, wenn auf Schwagers Seite[134] der Neuenhof[135] helfe, dass mein Mann mir noch und noch alle meine Briefe[136] hinweggenommen habe, und dass ich um und um und bis auf den Tod bekümmert sei, um der Kinder willen.» Mit diesem[137] sendete ich Wirz [einen Brief] zurück, auch schrieb ich noch dazu, «dass ich es vor meinem Mann verschweigen wollte, wie sie es begehrten, wenn ich es immer könne.» Todesangst zerdrückte mich beinahe. Mich so betrogen zu sehen von dem Mann,

126 den ich so liebte wie mein Leben, oft mit Lebensgefahr mich ihm hingab und so für ihn und mich entsetzlich litt! Den Tag bis auf den Abend musst' ich aushalten unter Gesprächen, die aussert[138] mir waren. Am Abend schrieb ich noch an Oncle Ratsherr, was mir begegnet war, und dass er doch mit Junker Zunftmeister reden möchte und uns raten und helfen, und schloss dies an meinen Bruder ein und versendete es. Welch ein Glück, dass ich ihm, [dem]

127 Oncle nämlich, eine Woche vorher alles entdeckte in einem 26 Seiten grossen Brief, aus dem er also die <u>Wahrheit</u> und die Geschichte schon wusste, das mich in etwas beruhigte, so traurig es mir war.
<u>Samstags, sonntags, montags</u> [28, 29., 30. Mai] <u>bis auf den Abend, den 31.</u> [Dienstag], hielt ich meinen Schmerz an mich. Da ich's aber für ehrlicher hielt und mich Todesangst drückte und mein Mann dies zu bemerken anfing, sagte ich ihm alles, was mir begegnet sei, was ich getan habe,

---

[134] Die Ehefrau des Schwagers und früheren Landvogts Orelli Caspar von, Usteri Dorothea (vgl. 1786, pag. 38), stammte aus dem Neuenhof und war eine Tochter des Kauf- und Handelsherrn Usteri Johann Martin (1722–1803), verh. mit Muralt Anna von (1721–1795).

[135] Neuenhof: Familiensitz der Familie Usteri, heute Talacker 5, betrifft hier die Familie der Orelli-Usteri Dorothea, von (vgl. vorangehende Fussnote). Der Bruder Usteri Hans Martin (1754–1824), verh. II 1794 mit Muralt Anna Catharina von (1770–1846) fallierte 1802. (Frdl. Mitteilung von Dr. Conrad Usteri-Caflisch, Zürich).

[136] Gemeint sind Schuldbriefe, Schuldscheine.

[137] Sc.: Bescheid oder Antwort.

[138] «aussert mir»: vermutlich: mich nicht betrafen, involvierten.

128 das er mit Schrecken und Blässe anhörte, mir aber sagte, dass ich und seine Freunde es gut gemeint haben, aber seine Ehre sei dahin, und jetzt gehe er fort, er könne und wolle nicht mehr Landvogt sein vor dem Rat[139]. Auf dieses fühlte ich mich noch unglücklicher, suchte ihn zu besänftigen und anerbot alles, was ich getan, zurückzunehmen, [die Briefe] an Professor von Orelli, an Oncle, auf das er sich ein wenig setzte[140], aber mehr zornig war,

129 als sich in meine Lage teilnehmend [ver]setzte. Ich schrieb also auf diese Weise an Oncle, an Orelli, bat mein[en] Brief von Orelli zurück, zeigte zur Beruhigung diese Briefe und versendete[141] sie. [Ich] sah ihn traurig und böse, ich blieb weinend. Orelli schrieb beruhigend, dass, wenn mit Schweigen geholfen wäre, dies heilig gehalten werden müsse. Oncle liess durch Frau Schinz schreiben, er wolle selbst herkommen. In Verzweiflung

130 und Traurigkeit verfloss mir die Zeit, in tausend Beängstigungen, Furcht, Liebe und allem, was das menschliche Herz fühlen kann. Bald schrieb ich an Oncle, [bald] an Orelli und zerriss es wieder, am Mittwoch [1. Juni] auch an Oncle, ehe er zur Türe [her]einkam, da ich ihm meinen Brief geben konnte. Mein Mann war böse. Der Abend verstrich unter allgemein ernstem Gespräch. An der Auffahrt [2. Juni] ging ich in die

131 Kirche, da mir weh wurde, was vorfallen würde bei Hause. [Prof.] Orelli ging allein mit meinem Mann und redete mit ihm, brachte aber nichts heraus, drang aber doch in sein Herz, wie mir Oncle sagte. Der Abend verflog still und ernst, und ich entdeckte einige Ruhe bei meinem Mann. Zu mir sagte er nichts. Morgens sprach ich noch mit Oncle über

132 Verschiedenes, aber nichts Ganzes. [Wir] begleiteten ihn ernst und betend. In Traurigkeit versank ich nun die meiste Zeit über unter tausenderlei Betrachtungen. Besonders tut mir die Verhärtung weh, in der ich meinen Mann glaube zu sein. Morgen hoff' ich fortzufahren. Gott, erbarme Dich meiner.

133 <u>Samstag, den 9. Heumonat.</u>
Von der Auffahrt an blieb in soweit alles still bis auf Pfingstmontag [13. Juni], da Professor von Orelli hinaufkommen wollte zu einer Unterredung mit meinem Mann. In der Zwischenzeit aber kamen mir verschiedene Briefe von Wirz, von meinen Geschwistern, zu, die ich, wie es Pflicht und Klugheit erforderten und Wahrheit, beantwortete für uns und die Sache. Pfingstsonntag verfloss ruhig und mir zur Erquickung der Andacht.

134 Orelli kam nun Pfingstmontag voll banger Empfindung. Ich bat ihn um <u>Liebe</u>. Der Abend verfloss unter ernsten Gesprächen. Montags früh redete

---
[139] In Anbetracht der Schuldenlast David von Orellis war dessen Wiederwahl als Landvogt in Frage gestellt.
[140] «setzte»: beruhigte.
[141] «versendete»: irrtümlich wohl für: vernichtete sie.

er mit meinem Mann allein, dem er ins Herz drang, aber von ihm wieder keine Erklärung bekam. Dieser[142] sprach mir Mut ein und sagte, er hoffe, dass wir nun alles wissen, dass uns noch könne geholfen werden und in was für einer edlen Stimmung mein Mann gewesen sei, das mich sehr rührte und erquickte, jedoch nicht beruhigte, still,
135 liebend alles trug, mit ihm nicht sprach und er nicht mit mir, über dieses. Ach, was wollte ich lange darüber sprechen? Die Wahrheit sagte er mir nie, und des Betrugs bin ich müde, also sei Schweigen mein Teil. Wir begleiteten Orelli nach Thalwil, fuhren still zurück. Es verfloss die Woche wieder still von aussen, nur meine Tränen flossen, meine Angst zerdrückte mich fast, und meine Seele zitterte vor allen Erwartungen, bisweilen in Verzweiflung.
136 Samstag [18. Juni] erhielt ich ein Briefchen von Wirz, in dem er sich wunderte, dass ich's ihm verbot, [es] an Frau Schulthess zu sagen, da sie sonst eine gute Rat[geb]erin sei.
Sonntag [19. Juni] drauf, in aller Frühe, schrieb ich es an ihn, er sollte es ihr sagen mit allen Umständen, auch wie es mir ergangen, da[ss] ich von dem Geld, das mein Mann bei ihr [auf]nahm, nichts wusste bis es mir Lavater sagte, dass ich damals mit mir stritt, ob ich es ihr sagen wollte, und da ich es nicht getan, hernach getan habe, als hätte ich's gewusst. Und [ich] versendete des Abends noch dieses Blatt, mit einigen Zeilen an Professor von Orelli. Bracht'
137 jenen Sonntag still zu, am Abend verderbt durch Frau Pfarrherrin. Noch spazierten wir. Morgens kam mein Bruder, über dessen Ankunft ich erzitterte. Bald sagte er mir, er komme – geschickt von Junker Zunftmeister Wyss – auf einen Vorfall hin: Samstags [18. Juni] nämlich, hätte er [von] Junker Z.[unftmeister] Wyss vernommen, dass mein Mann 10 000 Gulden für Schwager[143] habe verbürgen sollen und dass dieser Bürgschein nicht gekommen sei, [und] dass sie fürchteten, Schwager komme und dann sei die Schirmlade[144] in Gefahr oder ich werde üblen Behandlungen ausgesetzt.
138 Welch ein Schrecken! Nach Tisch suchte Bruder es meinem Mann zu sagen, der ihm aber nicht das mindeste Zutrauen schenkte, [und] weder Liebe noch Ernst das mindeste [be]wirkten und [es] also nichts nützte, nur erbitterte, wie ich es aber schon voraus gesehen hatte, weil er meinen Bruder sonst nicht achtet, noch liebt. Unter tausend, mich tief verwundenden Reden verfloss dieser Abend. Mir sagte mein Bruder auch unter anderem, dass noch 1000 Gulden bei Krämer Gessner[145] hervorgekommen seien und dass er sehr wahrscheinlich

---

[142] «Dieser», gemeint ist Professor von Orelli Hans Caspar von, vgl. 1790, pag. 83.
[143] Schwager: Orelli Hans Caspar von, a. Landvogt.
[144] «Schirmlade»: obrigkeitlicher Aufbewahrungsort, Archiv, Notariatsstelle für Urkunden, Testamente, Mündelpapiere etc.
[145] Gessner Hans Conrad (1729–1792), Gessner Johannes (1757–1819), Spezereikrämer am Neumarkt.

139 18 000 Gulden für Schwager verbürgt hatte nach Vermutungen der Sensale[146], die dies in einer Gesellschaft vor Verwalter Weber ausgeredet hätten, und dieser es an Junker Zunftmeister Wyss gesagt hätte. Mein Schrecken war unendlich. Morgens kam auch Frau <u>Ott</u>, brachte mir von Wirz aus Briefe, inliegend einen von Lavater, der zweite von Frau Schulthess, die sublim waren. Aber, ach Gott, so durchwallte meine Seele noch nichts! Wirz schrieb mir dazu, dass sonntags Weber zu Lavater gelaufen sei und

140 ihn gefragt hätte, ob mein Mann ihm auch schuldig sei. Dieser habe ihm gesagt nein, sondern er uns. Nun hatte L.[avater] es an Frau Schulthess geschrieben, und nun bezeugten mir beide ihr Mitleiden. Jesus, was war das für meine Seele! Ich tat nun nichts als schweigen und sagte von diesem nichts, auch an meinen Mann. Bruder ging noch denselben Tag zurück und bat um Schweigen, und dass man Weber nichts möchte tun lassen. Nun sprachen wir nichts als über diese Vorfallenheit unter tausend Tränen.

141 Mittwoch darauf [22. Juni], da mein Mann im Gericht war, gingen wir über die Schirmlade und fanden Gottlob und Dank alles da und alles in der Ordnung, wie ich eigentlich daran nicht zweifelte, weil ich noch immer an das Edle meines Mannes glaubte und diese unglückliche Handlungsweise mehr als Schwachheit, denn als Bosheit ansah. Etwas Ruhe und – ich möchte sagen – Freude kam in meine Brust. Auch Frau Ott schien beruhigter und schrieb an Bruder.

142 Ich war nun die übrigen Tage fast immer und immer allein bei Frau Ott unter den herzlichsten, offensten Ergiessungen meines unnennbaren Leidens, das mir jahrelang schon mein Leben verbitterte. Ich zerrupfte[147] ihm den Teilrodel[148] vom Rech her und übergab ihm[149] gefundene Schriften, die es Oncle zeigen, aber nicht aus der Hand geben sollte. Jesus, Jesus, nein, ich kann's nicht glauben, und doch ist es

143 ja alles mehr als Wahrheit! Es ist zum Erstaunen, zum Versinken, dass ich diese Erfahrungen alle machen muss an meinem Mann, den ich wie mein Leben liebte. Ach Gott, erbarme Dich und sende auch wieder Ruhe zu uns. Es scheidete nun montags [20. Juni] von mir. Gott, Du allein weisst, wie es mir war! Ich gab ihm mein Tagebuch, meine Briefe von meinen Freunden und etwas meines Schmucks mit

144 zum aufbehalten, wenn mir das Haus sollte durchsucht werden, oder ich sollte fortgeführt werden.

---

[146] «Sensal»: Obrigkeitlich bestellte Person, bei dem die Kaufleute ihre Käufe und Geschäfte in Geld, Wechseln oder Waren abschliessen.
[147] «zerrupfte»: zerriss.
[148] «Teilrodel»: Verzeichnis des bei der Erbschaft verteilten Erbgutes, Testament, in diesem Fall des Orelli Hans Conrad, vormaliger Landvogt.
[149] «ihm»: «es» betrifft die Schwester, Frau Ott.

Unter diesen Tagen sei Schwager Landvogt bei Bruder gewesen, der ihm vorgeplaudert habe, als wäre es die Gelegenheit gewesen, dieser Vorfallenheit, auf dem er ihn gelassen habe, welches nicht klug war. Doch, was kann ich machen? Nun vergingen mir zwischen[hin]ein die Tage wieder still, leidend,

145 bald weinend, bald kränkelnd, bald wieder einer ordentlich, wie ich's gewohnt war, mit Kindern, Arbeiten, Diensten. Freitags [24. Juli] erschütterte mich's auch unendlich, da Wirz mir ein Päckchen, das Frau Ott ihm sendete, durch einen Express zusendete, den ich in einem glücklichen Moment wieder zurücksenden konnte. Ach, um Gottes willen, was gibt es noch alles?

146 Samstags, den 2. [Juli], brachten wir beide glücklich und angenehm bei Oncle hin, in Hütten[150], und bei Frau Schulthess[151], da mein Mann allein und mit Liebe mit meinem Oncle sprach und seitdem in einer gütern[!] Stimmung zu sein scheint, als lange nie. Ach Gott, Du hast mir doch auch schon so viel Gutes getan, mache doch auch dieses noch gütig für uns, um Deiner Erbarmung willen! O Jesus, stehe uns bei!

147 Auch seit dem verfloss alles still bei uns, und – wie es scheint – in Zürich auch, weil nichts an mich gekommen ist. Einige liebe Briefe kamen an mich ohne Bezug auf dieses, die mir wohlgetan, von denen ich einige, aber nicht alle, beantwortete.

Heute [Sonntag], den 10. [Juli], da ich dieses angefangen, von 7 und 9 bis hieher schrieb, verfloss der Morgen in stärkenden, stillen und artigen Ergiessungen in der Kirche.

148 Und auch jetzt fühle ich einige Ruhe nach dem niedergeschriebenen Umriss meines Leidens. Denn ach, was erfüllt, was durchwühlt meine Seele für Todesangst in Betrachtungen meiner Lage! Lehre mich, an Dich glauben, o Gott, dass Du Dich meiner, unser erbarmen werdest! Amen.

149   August 1791.
150   [leer]
151   Freitag, den 26. August 1791.

An einem der wichtigsten Tage meines Lebens ergriff ich, liebe Blätter, euch wieder einmal, um etwas davon niederzuschreiben. Ach Gott, bewahre Du mich vor Unglück, das das Unglück überstiege, in welchem ich jetzt schon lebe! Jetzt ist's eine Stunde, in welcher ich meinen Mann in der wichtigen Unterredung mit Zunftmeister von Wyss und Oncle denke, über unsere

---

[150] «Hütten»: Gemeinde im Bezirk Horgen, bekannt für ihre Molkenkuren.
[151] Die Tochter begleitete vermutlich den Vater zu einem Kur- oder Ferienaufenthalt in Hütten. Möglicherweise besass Landvogt Lavater aber auch ein kleines Haus auf dem Höhrohn. S. 1791, pag. 159.

Lage. Ach, dass Offenheit und Zutrauen seine Seele erfülle, zu unserem Heil und Rettung!

152 Seitdem ich meine Blätter am 10. Heumonat nicht mehr angesehen, trug sich wieder einiges bei, das ich mich gedrungen fühle niederzuschreiben. Selben Abend, da Orelli, [der] Professor, von uns gegangen[152], kam ein Brief von Doktor Lavater mit einer Obligation[153], dass er ihm das verlangte Geld nicht geben könnte. Ich besprach mich mit meinem Mann darüber, vergebliche Gefühle. Ich schwieg auch. Seitdem schweig' ich an ihn ganz, über alles und jedes, weil ich's müde bin immer anzuprellen. Nicht manchen Tag nachher brachte mir Bruder einen Teil der Frau Ott anvertrauten
153 Schriften zurück mit einem Briefchen von ihm, in dem es mir sagte, dass Doktor Lavater ungefragt an Junker Zunftmeister Wyss gesagt habe, mein Mann sei ihm 2000 Gulden schuldig und 1000 Gulden Verbürgtes für seinen Bruder. Ich musste weinen und [es] erweckte in mir die Furcht, es sei noch mehreres. Wir besprachen uns selben Abend noch über alles – ach, mit welchen Leidensgefühlen – [ich] blieb aber still und [er]hoffte auf die Entdeckung in Zürich alles. Über Doktor L.[avater] schrieb ich an Frau Schulthess, die sich sublim äusserte gegen mich.
154 Auf dieses blieb wieder ein paar Wochen alles still. Einmal äusserte ich an Wirz, dass ich wünsche, Junker Zunftmeister möchte an meinen Mann schreiben, das er bald nachher an meinen Mann getan hat, wie Wirz an meinen Bruder schrieb – vortrefflich. Er brachte ihn[154] ihm selbst, mein Bruder, auf welches mein Mann wieder nichts sagte, nach einigen Tagen [aber] an Junker Zunftmeister schrieb. Ich liess es gut sein, blieb immer still, immer leidend und ruhig über das Schweben meines Schicksals, über welches ich aber innerlich
155 entsetzlich gelitten, und mir mein Leben und alles verleidete[155], dass ich nichts tun konnte, noch machte. Es wurden nun in dieser Zeit des Schweigens verschiedene Briefe unter den Gebrüdern gewechselt, über die mein Mann dann jedes Mal sehr zornig geworden und böse auf Junker Z.[unft]M.[eister] und Oncle und Bruder. Ich liess aber alles stille gehen und bemerkte nur, dass Traurigkeit doch alles andere überschlage in seinem Herzen und ich hoffte, er fühle, dass er sich ergeben müsse.
156 Auch von und an Junker Wyss war einige Male geschrieben. Meine Situation ist entsetzlich. Liebe in die tiefsten Tiefen erfüllt meine Seele für meinen Mann, und die Gefühle des Unrechts der Handlungsweise gegen mich sind auch entsetzlich. Jesus, Jesus, erbarme Dich doch auch unser!

---

[152] S. 1791, pag. 126f, [Pfingstmontag, 13. Juni].
[153] «Obligation»: Verpflichtung, hier Schuldschein.
[154] Den Brief.
[155] «Verleiden»: Dialektal für überdrüssig werden.

Gestern erst sagte er mir, er wolle mit dem jungen Orelli[156] nach Zürich, das meine ganze Seele erschütterte und doch geheimes Empfinden des Danks in mir [be]lebte, dass es nun einmal geschehe.

157   Herbstmonat 1791.
158   [leer]
159   Sonntag, den 11. Herbstmonat 1791.
Heute ist mein Namenstag, mir ein feierlicher in meinem Unglück. O Gott, Du warst Hiob's Gott, sei und bleibe auch der meinige, und stärke mich in der Hoffnung Deiner Erbarmung über uns, an meinem inwendigen Menschen, an meiner Seele, o Jesus, Du Erbarmer!
Also, da ich so alleine bin, will ich meines Unglücks über alle Worte traurige Geschichte wieder fortfahren.

160 Am 26. August [Freitag], da ich letzthin das Letzte niederschrieb, besuchte [mich], mir stärkend und tröstend, Frau Wirz[157]. Um 8 Uhr erhielt ich Briefe vom Freitag [19. August] her von Frau Ott, dass alles Angewandte, an meines Mannes Herz Dringende, vergeblich gewesen sei, über welches ich fast sinnlos[158] wurde. Von meinem Mann erhielt ich ein Briefchen, dass ich nun zufrieden sein werde mit dem, was er getan habe bei Herrn Professor von Orelli. Ich liess es gut sein. Sonntags [28. August] brachte ich früh mit Schreiben an meinen Bruder und an Frau Schinz zu, legte mich ein wenig an, und bald

161 nachher sah ich meinen Bruder kommen, darob ich sehr erschrocken war. Er sagte mir beim Hereintreten aber, ich sollte ruhig sein, die Sache sei noch besser als man gemeint, und endlich habe sich mein Mann ergeben und alles gesagt. Der alte Landvogt habe ihm eine Obligation gemacht von 6000 Gulden, die er ihm schuldig sei, und nun hoffen die Herren, dass man alles bezahlen konnte, und dass [sie] uns nun zwischen 10 und 13 tausend Gulden noch vorschiessen sollten. So traurig es war, beruhigte ich mich, so gut

162 ich konnte. Den Tag über sprachen wir immer davon, auch dass mein Mann sich verschrieben hätte, dass er an Junker Zunftmeister und Pfarrer von Orelli[159] und meinem Bruder die Vollmacht geben wollte[160], alles zu

---

[156] Orelli Conrad von (1770–1826), VDM, Helfer zu Predigern, 1794/95 Prof. hist. eccl., 1796 Prof. eth. und iur. nat., wurde 1810 Chorherr. Sohn des Orelli-Usteri Hans Caspar von, a. Landvogts, also Neffe der R. v. O.-E., verh. 1797 mit Cramer Dorothea (1779–184.). Eine Überschneidung mit Prof. und «Chorherr» Orelli Hans Caspar von (1757–1809) führt zu Unklarheiten. Vgl. 1791, pag. 103.
[157] Wirz-Füssli Anna (1768–181.), Gattin des Wirz Johann Heinrich, Pfarrer in Kilchberg, Tochter des Füssli Heinrich, Obmann.
[158] «sinnlos»: besinnungslos, ohnmächtig.
[159] Vgl. 1791, pag. 145.
[160] Vgl. 1791, pag. 148.

besorgen, dass ich die Obligation ihm abfordern sollte. Mein Leiden wälzte sich tausendfach in mir hin und her. Um 3 Uhr kam nun mein Mann heim, traurig und still. Ich war über diese Stimmung seines Herzens froh, blieb auch traurig und still. Nicht ein Wort aber sprach er von den Sachen, als ich wisse nun
163 schon alles. Auch bei diesem liess ich es bewenden. So verstrich der Montag auch. Dienstags [30. August] früh ging ich nach Hütten hin zu Frau Schinz, da ich mit Wehmut und Tränen und Liebe und Hoffnung von der Sache sprach, sie, die lieben Schinzen, mich stärkten wie Engel, durch Liebe und Ruhe. Auch spielte es mir auf der Harfe. O Jesus, wie göttlich rein und erhaben! Nachmittags wurde es fast 4 Uhr, ehe mein Mann noch kam, über das wir viel sprachen. Spät fuhr ich still, liebend und ruhig nach Hause
164 mit ihm, da ich ein Briefchen von Lavater fand, in dem er[161] gebeten war, doch alles, alles zu sagen. Nun drang ich in ihn und sagte, dies sei gewiss auf eine Veranlassung hin geschrieben, und er sollte mir's doch sagen. Er sagte aber nichts, schien mir sehr bang zu werden, gab mir die Obligation, und darauf ging's zum Tisch.

Mittwoch [31. August] früh kam ein Brief vom alten Landvogt, in dem er schrieb, er wollte zum Bürgermeister[162] [gehen], sich zu beklagen über das, was meinem Mann begegnet sei, über welches
165 ich entsetzlich traurig war und einsah, wie entsetzlich es kommen würde, wenn sie so dumm wären. Am Abend schrieb er an seinen Bruder, er sollte dies nicht tun, ich an Lavater mit Herzensempfindung. Donnerstag [1. September] schickte mir Lavater seine Frau und Graf Stolberg[163] und Frau vorbei, da ich weinte und obiges an Bruder geschrieben hatte. [Ich] erhielt ein Billett von Lavater, in dem er mir sagte, dass auch er den alten Landvogt schweigen gemacht hätte und die Frau und Jungfer.
166 Mit Zittern liess ich mich bewegen, nachmittags nach Richterswil und auf den See zu kommen. Ich ging endlich voll Traurigkeit, genoss und sah [aber] nichts. Am Abend, da wir heimkamen, fand sich wieder ein Brief vom Landvogt, in dem er schrieb, mein Mann sollte das Verzeichnis von den hinterlegten Briefchen schicken, bei Herrn Ratsherr Ziegler[164], auf welches hin er mir nun sagte, er hätte den Herren nicht alles gesagt und ja, er wäre Herrn Ratsherr 5500 Gulden schuldig. Mein Entsetzen
167 war schrecklich. Ich irre mich um einen Tag, dies geschah Freitagabend [2. September], nachdem ich von Frau Schinz vom Höron[165] heimkam. Gott

---

[161] David von Orelli.
[162] Ott Johann Heinrich (1719–1796) im Berg, 1791 Bürgermeister, verh. 1769 II mit Landolt Barbara.
[163] Vgl. 1788, pag. 65.
[164] Ziegler Leonhard (1749–1800), Papiermüller, Zünfter zu Schiffleuten, 1786 Ratsherr, verh. mit Ott Anna Margaritha.
[165] Höron, Hohe Rone, Höhronen: Höhenzug oberhalb Hütten. Vgl. 1791, pag. 138.

segne Du ihns für seine Stärkungen! Nun war meine Seele sehr erschüttert, und ich schrieb dies Samstag [3. September] an meinen Bruder wegen Herrn Ratsherr, und dass er Montag [5. September] früh doch möchte in die Stadt gehen, dieses meinem teuersten Herrn von Orelli[166] zu sagen. Ich blieb über alle Worte traurig und still, den ganzen Tag durch müde, zitternd.

168 Und nun, was endigte den Tag! Die entsetzlichste Szene meines Lebens, die ich mir nur denken konnte. Gott im Himmel! Ach, Du weisst alles, auch mein Leiden! Von Schwager Landvogt kam ein Brief in dem er schrieb, dass er sich ganz an Doktor Lavater entdeckt, dass der ihm geraten, sich insolvent zu erklären und alle Rechte über sich ergehen zu lassen. Welch ein Todesschrecken durchlief alle meine Adern! Zugleich kam diese Nachricht von Doktor Lavater selbst und mit der Bitte, mein Mann sollte sich

169 doch nun ganz entdecken, und es liege alles in der bewussten Freunde Händen. Ich fuhr nun voll Schrecken auf und sagte, er solle doch bekennen, um Gottes willen, da ich mich dann hinsetzte [und] er mir angab, was ich hier niederschreiben werde. Er sagte, er verdiente zu sterben, wie er gehandelt, gehandelt besonders gegen mich und unsere unschuldigen Kinder. Und mich überfiel Todesentsetzen, wie ich's nicht beschreiben kann, von der Abscheulichkeit seiner Taten.

170   Schulden:
    3000 Gulden Frau Schulthess[167].
    1000 Gulden Herr Schinz[168].
    5000 Gulden Herr Verwalter Hess[169].
    2000 Gulden Herr Verwalter Weber.
    5500 Herr Ratsherr Ziegler[170].
    900 Herr Ratsherr Ziegler.
    300 Herr Nüscheler[171].
    1400 Herr Gessner[172], Krämer.
    5000 Junker Zunftmeister[173].
    7000 Junker Zunftmeister gemeinschaftlich[174].
    500 von Orelli-Fonds gemeinschaftlich.
    — —
    31 600

---

[166] Ehemann David von Orelli.
[167] Schulthess-Wolf Barbara zum Schönenhof.
[168] Vgl. 1791, pag. 122.
[169] Hess Hans Caspar (1764–1800), 1796 Verwalter am Waisenhaus, verh. 1788 mit Corrodi Anna Maria.
[170] vgl. 1791, pag. 158. Es handelt sich zweimal um denselben Gläubiger.
[171] Nüscheler Hans Rudolf, vgl. 1788, pag. 6.
[172] Gessner Hans Conrad, Krämer, Vater und Sohn, vgl. 1791, pag. 130.
[173] Wyss Hans Conrad Junker, vgl. 1791 pag. 65.
[174] «Gemeinschaftlich»: zusammen mit Schwager Orelli Caspar von, a. Landvogt.

Verbürgt
10 000 Gulden bei Müller Ochsner[175].
1000 Gulden bei Herr Doktor Lavater.
— —
13 000 .

1000 Gulden Briefe von Herren Ott und Escher.
in die Geschwister von Orelli Masse[176].

171 Dieses Verzeichnis gab ich nun mit einigen Briefen an Frau <u>Ott</u>, Herrn Oncle Ratsherr und an Herrn Doktor Lavater, welche in der Nacht geschrieben waren. Jesus, Jesus, mich in diesem Abgrunde [zu] sehen mit dem Mann, den ich so liebte, übersteigt alle meine Begriffe! Auch er schrieb an seinen Bruder, dass er nicht enteile, sondern sich im Neuenhof[177] entdecken sollte. Dieses wurde durch einen Express auf[178] Zürich geschickt. Und nun mein Dableiben, Jesus, wer wollte es beschreiben! Abends kam dieser zurück mit einem lieben Billett von Frau <u>Ott</u>, mit einem zornvollen vom alten Landvogt.

172 Montags [5. September] blieb ich tränenlos, wie betäubt, arbeitete in einem fort und sah noch am Abend Frau Schinz, die nach Hause gingen und durch Herzlichkeit mich erquickte.

Dienstag verfloss in tiefstem Gefühl des Schmerzes, abends schrieb ich noch in der Bangigkeit meiner Seele an Frau Schinz und Frau Ott, dass ich so gar nichts vernommen [hätte], und fürchtete alle Augenblicke, man werde meinen Mann und mich vertrennen und abholen.

Mittwoch, [7. September] mittags, kam mein Bruder, der nun an meinen Mann drang, alles, alles zu sagen, der nichts

173 mehr zu sagen hatte, als endlich, dass er wirklich 12 000 Gulden Ererbtes hatte von seinen Eltern, aber nicht so viel[179], wie es mein Teilrodel, den man mir gab, zeigte und der also falsch ist, dass aber alles, alles versetzt ist und, da sie teilten, die Schulden auch willkürlich, nach des alten Landvogts[180] Willen, verteilt [wurden] auf alle Köpfe, auch der Jungfer ihren. Nachher hatte ich eine Schmerzensszene mit meinem Mann, ganz entsetzlich. Dieses alles sah ich nun aus Schriften, die der alte Landvogt[181] hersendete, dass sich nun alles in diesen Abgrund verschlingt.

---

[175] Ochsner Hans Jakob (1730–1799), Müller.
[176] Erbmasse des Hans Conrad und der Orelli-von Wyss Dorothea von.
[177] Vgl. 1791, pag. 125.
[178] «Auf»: dialektal für nach Zürich.
[179] Originaltext: «aber nicht an dem wie es mein Teilrodel…»
[180] Orelli-von Wyss Hans Conrad von (1714–1785), vormaliger Landvogt, Schwiegervater der R. v. O.-E.
[181] Orelli-Usteri Caspar von (1741–1800), a. Landvogt, Schwager der R. v. O.-E.

174 Ich liess mich bereden und zwang mich, Donnerstag [8. September] als Bettags[182], in die Kirche zu gehen, um nicht Aufsehen zu machen. Ich konnte herzlich, innigst beten. Abends schrieb ich an Doktor Lavater [und] Frau Ott.
Freitag [9. September] verschwand still, Samstag auch. Abends am Freitag schrieb ich an Professor von Orelli, dringend bittend, an Lavater an Frau Schulthess, und nun war eine Zusammenkunft von Oncle und meinem Mann und Herrn Verwalter Weber und dem alten Landvogt in Meilen[183] verabredet, über diese Trauergeschichte Verabredung zu tun, die Herr Oncle gut fand, weil Herr Kitt[184] sonst treiben[185] wollte.

175 Gestern abend [10. September] nun ging mein Mann [nach Meilen] hinüber und ich blieb traurig, ruhig da, bei Hause und den Kindern. [Ich] erhielt liebe Briefe auf die Feier meines Namenstags von Lavater, Frau Schulthess, Herrn Helfer Gessner, Frau Ott [und] dem alten Landvogt, dass er nicht komme nach Meilen.
Heute [11. September] stand ich früh auf, traurig, weinend in Gefühlen alles dessen, was ich erfahren muss. O Jesus, verlasse Du mich nicht! Ich achte den Verlust meines ganzen Vermögens als den geringsten Teil meines Unglücks, welches nicht Leichtsinn ist, denn ach, ich empfinde zu tief, was mir

176 damit entgeht! Aber das betrügerische Handeln meines Mannes übergeht alle Begriffe, alle Empfindungen der Menschheit. O Jesus, hätte ich dieses auch glauben sollen zu erfahren an dem Mann, dem Menschen, den ich so sehr liebte, dem ich Kinder gebar mit so viel Lebensgefahren! Und das Schicksal dieser mir von Gott geschenkten, so hoffnungsvollen Kinder, ach! Ach, wie sehr, wie schwer liegt dies auf meiner armen Seele, dass ich von Schmerz sterben möchte, und von Liebe für sie. Diese Engelsgeschöpfe

177 so arm, so unglücklich zu sehen! Dies und eine Menge Empfindungen erfüllten meine Seele Tag und Nacht, und die Furcht, was das Ende dieser Geschichte sei, ob der Neuenhof helfen wolle[186] oder nicht, oder ob wir alle zerstreut und unglücklich werden müssen. So [zu] handeln, braucht's entweder ein Unmensch oder ein Irrer zu sein, oder vom Leichtsinn zerrissen. Weib und Kinder so zu behandeln! Doch dies alles, alles tragen und verzeihen will ich, wenn nur geholfen werden kann,

178 dass wir hier bleiben und nichts obrigkeitlich werden muss. Ich schrieb dies zwischen 10 und 3 Uhr zusammen, und fühlte mich in etwas erleichtert

---

[182] Der «Bettag» wurde zu jener Zeit am 2. Donnerstag des Monats September gefeiert.
[183] Vgl. 1786, pag. 69.
[184] Kitt Anton (geb. 1730), Strumpfmacher und Krämer auf der Schanz, 1755 verh. I mit Bonnora Catharina († 1765), 1766 verh. II mit Schweizer Dorothea († 1789), 1790 verh. III mit Meyer Anna, gs. 1785 von Waser Ludwig. Vgl. 1791, pag. 18 f.
[185] «treiben»: betreiben, Rechtstrieb.
[186] S. 1791, pag. 125.

und denke es für einmal hinzulegen in trauriger Erwartung, was sich heute wieder alles zutragen werde und zutragen könne über
meinem Haupt, meinem, ach, so müden Haupt.
O Gott, o Jesus, verlasse Du mich nicht und die Kinder um Deiner Erbarmung willen! <u>Amen.</u>

179, 180 [leer]

181 <u>Weinmonat 1791.</u>
182–188 [leer]

189 <u>Wintermonat 1791.</u>
190–196 [leer]

197 <u>Christmonat 1791.</u>
198 [leer]
199 <u>Christmonat 1791, Mittwochabend, den 14.</u>
Wieder einmal, ach, wieder einmal nah' ich mich mir selbst wieder in diesen Blättern, in unaussprechlich tiefen Gefühlen meines Herzens, wie vor meinem Gott selbst, vor den ich trete in den Betrachtungen meines Leidens, meines Lebens, die Du alle, alle kennst, und von denen ich einige niederschreiben möchte.

200 Aber ach, wo anfangen, da ich einen Teil so weit zurück habe, dass ich die Tage vergessen, da mir dieses oder jenes begegnete. Aber vergessen [sind sie] nicht, meine Leiden, vergessen nicht meine Empfindungen, wenn schon ein Nichts wieder niedergeschrieben seit dem Herbstmonat, da es sich dann begeben, dass an jenem 11. Tag [11. September] mein Mann sehr traurig nach Hause kam. Ich raffte alle meine Kraft zusammen und ermunterte ihn.

201 So vergingen dann wieder einige Tage ziemlich ruhig in mehr und minder schrecklichen Empfindungen. Den 25. September sah ich Wirz, Frau Schulthess, ihre Döde und Lise[187], Gessner, Kayser, die ich in Richterswil besuchte, nur weniges über mein Unglück sprechen konnte, aber in solchen Gefühlen des Missverstandenseins und Missverstehens litt, dass ich mich beinahe zu Tode weinte und grämte, da ich wieder nach Hause kam und allein war.

202 Ich bat Wirz, er möchte die Woche darauf einmal zu mir kommen, um ihm über das eine und andere meine Seele auszugiessen. Er kam dann mit einer Wehmut und Teilnahme eines Engels [am] Montagabend [2. Oktober] nachher, der uns in allgemeinem Gespräch lieblich, erquickend vorbeiging. Dienstags früh nahm ich ihn allein in die Seckelmeister-Stube, und nun liess

---

[187] Schulthess Elisabeth (Lisli, Lisette) (1769–1794), dritte Tochter der Schulthess-Wolf Barbara.

ich ihn fragen, was er wollte, und ich ihm antworten und mich erklären. Aber ach, o Gott, was musste ich anhören, was alles ging in mir vor,
203 da er mir sagte, ob ich mich von meinem Mann trennen wollte, die Herren fänden es nicht anders möglich, und wenn ich's tun wollte, blieben mir noch etwa 12 000 Gulden übrig. Fürs allererste wollte man mich [nach] Kyburg[188] bringen, meinen Mann nach St. Gallen. Die Trennung verwarf ich ganz und sagte, ich täte dieses nicht. Und ich sollte also sehen, dass die unversicherten Schulden auf mir noch sollten verloren gehen, [und mich] so unglücklich und getrennt zu wissen! Die Herren konnten so denken,
204 die so liebreich sich anfangs zur Hilfe anerboten! Und [ich] weinte in Gefühlen wie noch nie. Auch drangen sie allweg[189] in mich durch ihn, auf die ganze Bestellung unseres Lebens, unserer Haushaltung, für das ich ihm Rechenschaft gab, dass es mir beinahe meine Seele zerschnitt. O Jesus, Jesus, welches Leiden! Ich entliess ihn mit der Bitte an die Herren, dass sie auch menschlich handeln sollten. Und verzweifelt fast, am selben Abend noch, schrieb ich, was mir widerfahren,
205 an Oncle in der Meinung, er wisse und stimme diesem allem bei, und an Doktor Lavater. Von diesem erhielt ich ein entsetzlich hartes Billett, von Oncle, dass er selbst zu mir kommen wollte. Nun verflossen die Tage bis selben Freitag [6. Oktober] in einem Weinen, in einem Leiden, deren ich ähnliches noch nichts empfunden. Von ungefähr ging ich um 11 Uhr nach der Altane und erblickte Oncle und Doktor Lavater, welches mich so in ein zitterndes [Er]schrecken versetzte, wie ich
206 noch keines empfunden. Sie kamen dann traurig und innerlich zornig und sprachen, so bald sie da waren, von dem Zustande unseres Jammers, besonders, wie es der Neuenhof[190] angenommen, wie sich [der] Schwager entdeckt habe und [von] eine[r] Szene bei Doktor, wo dies vorgegangen war, in meinen Mann dringend, er solle noch mehr sagen, der sehr aufgebracht wurde und, ja, so verstockt, dass er nichts empfand von unserem Elende, was die Herren dann
207 auch aufbrachte, dass es schrecklich war. Ich bekam eine Liste zu sehen, dass der beiden Gebrüder Zustand sich auf Hundert und Elftausend Gulden Schulden belaufe mit den Weibergütern[191], mit der Jungfer von O.[relli] ihrem. Gott, welch ein Jammer! Wie? Wer wird da helfen? Gott weiss, wie mir war. Ach, beschreiben kann ich's nicht, nein, aber empfinden ewiglich! Nachmittags war ich noch eine Weile allein mit Doktor, der innig traurig war, aber mir wieder mit dem Gedanken der Trennung kam. Ich
208 sollte mich wohl besinnen. Ich schlug es wieder aus und sagte, ich wolle

---

[188] Kyburg: Städtchen und Landvogteischloss südlich von Winterthur.
[189] «allweg»: immer, überall.
[190] Vgl. 1791, pag. 125.
[191] «Weibergüter»: Eingebrachter Vermögensanteil der Ehefrauen.

lieber alles, alles ertragen, als dieses annehmen. Ich wolle das Geld nicht auf so eine jämmerliche Weise zusammensuchen und dann doch noch elend[192] sein, stellte ihm vor, was für Szenen das geben müsste und wie ich sie vertragen[193] wollte. Ach Gott, wenn ich dieses erdenke, zerschneidet es meine Seele!

209 Nachmittags verreiste dann Doktor wieder und Orelli[194] blieb da und machte dann Auszüge aus den beiden unglücklichen Rechnungen gegen einander von den Brüdern. Ich ging bisweilen einmal auf seine Stube um zu weinen, um meine belastete Seele zu entladen von dem Jammer, der mich zu erdrücken scheint, und erklärte ihm meinen Brief über die Szene mit Wirz, von dem allem er nichts wusste und [der] ihm zu Herzen ging.

210 Auch sagte ich's meinem Bruder. Bis Dienstag [11. Oktober] blieb er da, da ich ja einige Szenen des Leidens und des Schmerzes über meine Lage hatte, die ich ewig nicht vergessen werde, [so] auch über eine mangelnde[195] Kasse von 727 Gulden, deren Namen ich hier nicht benenne, die er mir versprach zu geben, dass ich es nicht sagen müsste. Und am Dienstag schied er von uns, was ich ewig nicht vergessen werde, in welchen Gefühlen der Liebe, des Mitleidens mit meinem Leiden.

211 Nun gab es dann bald nachher Zusammenkünfte von Herrn Usteri[196], Oncle, Herrn Pestalozzi[197] – in der Jungfer [von Orelli] Namen – Junker Zunftmeister und Doktor Lavater, da dann nun erklärt wurde, dass der Neuenhof alles für Schwager bezahlen wollte, ich durch die Hingebung meiner sämtlichen Mittel, welche sich auf 25 000 Gulden belaufen, und die Jungfer wolle das Ihrige alles auch geben. Nach einigen Tagen schrieb uns dieses alles der liebe Oncle

212 mit väterlichem Ernst, gemeinschaftlich und jedem von uns besonders, und mit Hinblick auf die gefährliche Aussicht der Zukunft für mich arme und meine Kinder. Ach, dass sich Gott unserer erbarmen möchte und unser Unglück durch Durchschlagen und Unabhängigkeit, in standhafter Demut, erträglich sein lasse, ist nur mein einziger Wunsch, meine einzige Bitte! O Gott, Du Gott meiner Seele, Du Vater meines Herzens!

213 So ging es mit immer neuen Erinnerungen unseres Unglücks fort, bis dass ich leider unterbrochen war, von mir selbst abzukommen durch ein Unglück, das meinen so lieben Bruder betraf.

---

[192] «elend»: in der Verbannung.
[193] «Vertragen»: dialektal für ertragen.
[194] Gemeint ist der Ehemann, Orelli David von.
[195] «mangelnde»: fehlende.
[196] Vgl. 1786, pag. 96, 1791, pag. 125. Bruder oder Vater der Orelli-Usteri Dorothea von, im Neuenhof.
[197] Pestalozzi Salomon (1753–1840), zum Steinbock, Bankier, Vorstand des Spitals, Zwölfer, verh. 1776 mit Schinz Dorothea (1756–1839). Beistand der Jungfer Orelli Anna Barbara von.

Samstag, den 29. Oktober, ging er nach 3 Uhr mit seinem Knecht und Hund und einem Jäger Bürkli[198] von Meilen nach dem Männedörfler[199] Berg aufs Jagen, wo er kaum angekommen war, entging dem Mann seine Flinte, durchschoss dem Geliebten meines Herzens seine rechte Ferse, und nach dem ins linke Bein noch drei Löcher. Es habe ihn zu Boden geschlagen, und er [habe] geglaubt, er habe das Bein ganz ab. [Er] liess sich mit einer standhaften Geduld anfangs auf einer Leiter, nachher in einer Bänne[200] nach Hause bringen, schickte nach dem verständigen Wundarzt, Untervogt Brändli[201] von Meilen, der mit ihm zu seinem Hause gekommen, der ihn vortrefflich verbunden hatte, weggeschnitten, alles verschlossen und, Gott sei ewig Dank, durch seine Sorgfalt dem Brand[202] vorgebogen. Mit der grössten Klugheit und Ruhe schrieb er an seine hochschwangere Frau und liess Herrn Gerichtsherrn Wieser zu sich rufen. Am Morgen nachher kam Steiner[203], den ich unwillend abweisen wollte, in der Hoffnung, Herr Escher komme selbst. Dieser aber erzählte mir etwas von dieser Jammergeschichte. Schnell entschloss ich mich hinzueilen, setzte durch einen Sturm durch und erreichte vor 11 Uhr sein Haus schon, fand ihn, ach, fand ihn, verwundet, dass ich beinahe versank schon vor dem Anblick des Blutes, das im ganzen Haus vertragen[204] war, am Ofen liegend. Er schien Freude zu empfinden, dass ich so gekommen war. Bald machte ich ihm 's Bett und bald wurde er von Herrn Gerichtsherr verbunden, der ein Stück Fleisch, meiner Hand gross, noch abschneiden musste, das Bein[205] gespalten fand. Doch konnt' er die Zehen und den Knoden[206] bewegen. Über 's Essen war er in Fieberschlummer, nachher heiter, und so blieb ich an seiner Seite, an seinem Bette, voll des tiefsten Gefühls, von Mitempfinden seines Schmerzes und der weit hinsehenden Angst für sein künftiges Elend und der nahen Gefahr, in der er jetzt noch schwebte, Tag und Nacht. Nur selten legt' ich mich hin, weinte nicht, jammerte nicht, tat alles, alles, alles um ihn.

---

[198] Bürkli: Unbekannter Angehöriger des in Meilen altverbürgerten landzürcherischen Geschlechtes Bürkli.
[199] Männedorf: Gemeinde im Bezirk Meilen, am rechten Zürichseeufer.
[200] «Bänne»: Schubkarren.
[201] Brändli Peter (1729–1814), Untervogt, Wundarzt in Meilen.
[202] «Brand»: Wundinfektion.
[203] Steiner: Unbekannter Angehöriger des in Meilen altverbürgerten landzürcherischen Geschlechtes Steiner.
[204] Im Sinn von überall vertropft, verstreut.
[205] I. e. Knochen
[206] «Knoden»: Knöchel, Fussgelenk.

218 Am Montag [31. Oktober] besuchte ihn Frau Ott, mittwochs wieder Herr Gerichtsherr, donnerstags Herr Ott, mein Mann. Und Herr Meyer[207] war fast immer da, sodass die Tage ziemlich ordentlich verflossen, da gottlob immer alles so glücklich und gut ging, als es nur zu hoffen war: kein Brand, die Wunde schön, das Fieber abnehmend, der Eiter da, er ruhig, nur wehmütig seines edlen Weibes halber, der man nicht alles sagte,

219 an die er selbst einige Male schrieb, und die nun mit Frau Ott alles ordnete, um ihn am Samstag nach Zürich zu bringen. Ach Gott, was ich alles litt, wie gerne ich selbst für ihn gestorben wäre aus Dankbarkeit alles dessen und aus Liebe, was er an mir getan hatte. Wenn ich ihm hätte helfen können! Denn die schrecklichen Wunden gingen mir an mein Herz, durchdrangen meiner Seele Tiefstes in unendlichen Schmerzen.

220 Samstags [5. November], 11 Uhr, kam Herr Gerichtsherr Wieser, speiste. Um 2 Uhr sollte die Abreise sein, da wir einen Schiffskasten[208] entlehnten, in welchen ich [ihn] bettete und in welchen er hinein gelupft[209] wurde. Gott weiss, wie mir war, in dieser sargähnlichen Kiste ihn fort[ge]tragen [zu] sehen, mitging bis ins Schiff, ihm dort noch die Hand gab. Dann am Morgen sagten wir uns Adieu und – ja – nun in lautes

221 Geschrei und Tränen ausbrach, das ich so lange zurückhalten musste und [ihm] nachsah, bis ich das Schiff nicht mehr sah, [und] so mit dem Untervogt zurückging und ihm dankte und weinte. Ach Gott, der Tränen, die nur Du zählen, die nur Du trocknen kannst, durch Deinen Segen über ihn! Nun war ich allein, nahm dann alles bleibende Zeug, die zerrissenen Schuhe zusammen,

222 packte seine Kleider und alles zusammen, beschloss[210] die Zimmer und Schränke und legte mich frühe in das Bett, wo er gelegen, nieder. Gott, o Gott, was ich da alles in jener schrecklichen, schlaflosen Nacht empfand, ach, das könnt' ich nicht niederschreiben, das geht über alle Worte, Liebe, Schmerzen, über ihn und mich! Ach, ach, das Morgen seh' ich nicht, nicht mein Leiden.

223 Früh, früh war ich wieder auf, liess den Lehmann[211] rufen, fragte, wie der Liebe nach Hause [ge]kommen sei, hörte – gut – und weinte, da ich dann nun wieder ging, noch alles machte und [zu] Mittag ass, und mit Todesangst wieder über den See setzte mit Lebensgefahr. Gott weiss allein, was [für ein] Schmerz [es war], das Haus zu verlassen, und [was] das meine wieder zu betreten, in mir für Empfindungen

---

[207] Meyer Heinrich von Stadelhofen (1732–1814), Kaufmann, Quartierhauptmann, Schwiegervater von Escher Hans Caspar oder einer von seinen 5 Söhnen. Vgl. 1787, pag. 157.
[208] «Schiffskasten»: Schiffkiste zum Wegsperren von Gerätschaften.
[209] «lupfen», dialektal: heben.
[210] «beschliessen», dialektal bschlüsse: abschliessen.
[211] «Lehmann»: Der mit einem Lehen Betraute, Pächter.

224 weckte! Kaum war es Abend, so schrieb mein Mann an Oncle und ich auch, um Geld. Ich sagte es meinem Mann, dass ich's Oncle gesagt hätte, als mich gerade alles Unglück bedrohte, dass ich versinken mochte. Ach, Szenen der Angst und des Jammers, über Angst und Jammer weit, weit hinaus, befallen mich täglich. Nun musst' ich 3 mal

225 schreiben, erhielt nie keine[212] Zeilen von Oncle, dass ich in neues Leiden versank, auch über dieses bis auf diese Stunde! Ach, überall ist's mit den Menschen doch schlimm. Zudem anerbot mir Bruder noch das gesammelte Sparhafengeld. Auch diese Kleinigkeit noch zu verlieren, ging mir an die Seele, dass ich diese auch noch hin habe! Zur Verzweiflung litt

226 ich. Gott weiss, meine Erfahrungen übersteigen allen Glauben, alle Begriffe, alle Gedanken! So, ach, so lebe ich in ewiger Bekümmernis und Leiden. Auch hatte ich eine Erfahrung an meinem Mann, der hinter mir[213] Wein verkaufte, dass ich vor Zorn und Schmerz krank geworden bin für einige Tage. Gott, ach Gott, Du musst mir noch Ruhe schaffen!

227 So, ach, so kann ich nicht immer leben. Meine Seele zittert in mir und meine Gebeine [er]starren. Nun ist's einige Tage frei um mich, und ich fühlte mich gedrungen, diese Abrisse meines Jammers wieder einmal niederzuschreiben in der Kürze und Gebrochenheit, wie es meine Seele konnte, die immer und immer gedrückter ist,

228 als ich es war. Ach, meine Kinder, meine Engelskinder! Die, die, machen mich über alles, alles bluten, wenn ich sie vor mir sehe, diese erbeteten, errungenen Geschöpfe, diese Lieblinge meiner Seele! Ach, kein Brot, keine Kleider, nichts, nichts mehr ihnen zu wissen! Ach, ach, o Gott, sei Du Vater!

229 Ach Gott, Du weisst, ob und wann sie mir entrissen werden, in Hände von Unmenschen und [solchen] die sie nicht lieben, danach sie nur zur Last sind und zum Leiden, ach, und wie empfinden sie ihr Unglück.[214] Was werden ihre[215] Gedanken sein von den Unglücklichen, die sie Eltern nennen!?

230 Da, ach da, verlassen mich alle Gedanken. Mein Schmerz ist unendlich, wie meine Liebe für sie unendlich ist, wie aber auch für meinen Mann. Zeige Du, o Gott, Dich mir in Erbarmung über uns so arme und leidende. O Gott!   9 Uhr nachts.

231   Freitag, abends, den 15. Christ[monat].
Nun wieder etwas meines Leidens. Einige Briefe meines Onkels von der Wichtigkeit meiner zukünftigen Lage gingen mir über alles ans Herz, in denen er uns von Zeit zu Zeit von dem Fortgang schrieb, wie alles Gemeinschaftliche nach und nach bezahlt werde, [ebenso] wie ein Teil von dem, so meinen Mann allein betraf. Ach Gott!

---

[212] Die doppelte Negation wird in den Tagebüchern häufig verwendet.
[213] «Hinter mir», dialektal: hinter meinem Rücken.
[214] Originaltext: «... zum Leiden – ach ! und Sie empfinden sie ihr Unglück.»
[215] Gedanken der Kinder.

232 Und nun wird, gottlob, immer fort gearbeitet und einiges bewirkt, das für mich alles von unendlichem Wert ist. Auch die hoffnungsvolle Besserung[216] mit meinem Bruder ist mir Erquickung, und besonders auch, dass seine liebe Gattin so glücklich niedergekommen ist mit einem Knaben[217], und dass sie mich zu Gevatter nahmen, machte mich über alles beglückt im Gefühl der Liebe, das mir ein so heiliges Pfand war.

233 <u>Donnerstag, abends, den 29. Christ[monat].</u>
So sehe ich mich denn nun am Ende dieses durchgelebten, durchgelittenen Jahres, in den tiefsten Gefühlen über alles, was mir in dem Lauf desselben begegnete. O Gott, ach, wie so vielerlei ist's! Nicht der Verlust meines Vermögens allein, auch noch der Verlust der Ehre ist entsetzlich für uns. Ach, und wie das Missgeschick dann doch auch noch alles zusammendrängt, dass

234 ich meine Tränen nie abtrocknen kann, wenn ich mir auch schon Linderung denk' oder hoffe. Auch noch musst' das Gerücht unseres Unglücks, unseres Schicksals, hier ausbrechen durch das Gerücht, so in der Stadt erweckt wurde, durch die Schiffleute und Gewerbler, das aber im ganzen genommen nie so viel Schaden gebracht hätte, wie die Erzählung, die die alte Frau Landvögtin mit allen Umständen von ihnen, und [von] uns der zweiten Tochter im Pfarrhaus[218] machte,

235 welche es in Bürgis[219] Haus erzählte und diese an Heinrich[220], der es mir sagte, auf welches ich sagte, es sei wahr, aber es sei alles berichtigt. Mag es Dummheit oder Bosheit sein, mag ich beides nicht entschuldigen. Immer ist's unverzeihlich an ihr, da sie die Schwatzhaftigkeit des Pfarrhauses kennt und weiss, dass es von da in alle Häuser läuft. Ach, wie weh es mir getan hat, wie weh meinem Mann,

236 da ich ihm es sagte, dass ich zittere, auch mich betrübte in dem Gedanken, was es für einen Einfluss auf unser Schicksal haben mag! Ich zittere vor Furcht, wenn ich bedenke, was es bewirken könnt'. Dieser Schlag macht, dass ich aufs neue alle Missgeschicke befürchte und [was] mich in Angst erhält, die nur Gott kennt. Gott, nur Du allein bist meine Hoffnung, mein Trost, meine Zuversicht und Stütze!

237 Über diesen Vorfall schrieb ich an Herrn Escher, Frau Ott und Oncle mit der Bitte, es geheim zu halten. Aber ach, was hilft alle Klugheit, was alle

---

[216] Vgl. 1791, pag. 213ff.
[217] Escher Hans Jakob (1791–1801), Sohn von Escher Hans Caspar und Susanna, geb. Meyer, Neffe der R. v. O.-E., s. 1801, pag. 17.
[218] Ammann Maria Barbara (1774–1823), verm. 1804 mit Schweizer Salomon (1777–1858), VDM, Pfarrer zu Niederhasli, Tochter des Ammann-Bachofen Caspar, Pfarrer zu Wädenswil.
[219] Bürgi: in Wädenswil altverbürgertes Geschlecht. Bürgi Hans Jakob (geb. um 1760/1770), Weibel. (Frdl. Mitteilung von Prof. Peter Ziegler, Wädenswil). S. a. 1799, pag. 187.
[220] Heinrich: vermutl. Dienstbote, Knecht.

Überwindung gegen die Schlechtigkeit der Menschen, die alle Begriffe übersteigt! Ach, welche Erfahrungen von denen, die ich an meinem Mann machte, den ich über mein Leben liebte, mit dem ich meine Seele teilte, dem ich Kinder gebar, bis auf die
238 Entferntesten, mit denen uns das Schicksal so grausam verbunden und verwickelt hat! Löse Du uns, befreie Du uns, o Gott, von diesen Menschen! Ach, und behüte Du uns von jeder neuen Verwicklung, da alles so entsetzliche Folgen hat! Ach, lehre Du mich klug sein bei jedem Wort, bei jeder Tat, dass ich einsehe bei den Büssungen allen, wie alles seine Wirkung[en] hat, die ins Unendliche gehen,
239 besonders nach meinen mehr als traurigen Erfahrungen und Bedrückungen. Ach, lehre mich, gut handeln und gut denken, weil dieses immer auch in dem tiefsten Unglück dennoch tröstend und erquickend ist, wie ich es zum Teil erfahren habe, obschon ich wohl weiss, wie oft ich fehle, und dass ich eine arme Sünderin von armen Sündern bin! So beruhige doch die Gefühle meiner Ehrlichkeit der Betrachtungen meiner Pflichten, mich
240 in meinem Unglück, das mir allein so nahe geht im Hinblick auf meine Engelskinder. O Gott, o Jesus, erbarme Dich ihrer um ihrer Unschuld willen! Auf ihre kommenden Tage und auf die, die mir bestimmt sein mögen, habe ich keinen Mut und keine Kraft hinzublicken, weil jeder der kommenden sein eigenes Übel mitbringt, das ich nicht vorsehen kann, und mir noch gar zu dunkel ist um meine arme Seele, die nur Gott sucht. Ach, lass' mich Dich finden! Amen.
241 Nicht der Verlust meines ganzen Vermögens allein macht mich unglücklich. Mein gekränkter Ehrgeiz und meine Scham, mich auf einmal so zurücktretend zu wissen, ist mir auch[221] entsetzlich, denn nun hab' ich kein Herz mehr, nur jemand anzusehen. Und so einsam zu leben und zu leiden, ist auch über alles schmerzhaft, obschon die Misskennung von den Freunden allen auch an meine Seele geht. So ist der menschliche Umgang doch auch Erquickung für vieles.
242 Trost [ist] mir, dass meine Gefühle nicht Erbitterungen sind, nur Demut, Standhaftigkeit und Traurigkeit, die sich im Himmel anknüpfen und festhalten zu meiner Beruhigung. Ach, dass Gott sich mir zeige zur Beruhigung, sei es durch dies oder das, und meine Furcht, in der ich noch immer schwebe, sich entferne, um meine Kräfte nicht zu erdrücken, die oft so schwach sind, dass sie wanken und [ich mich] immer fürchte, mich
243 selbst noch zu verlieren was von allem wohl das Traurigste mir sein würde. Immer Arbeit und meine Kinder sind mir Stärkung, die mein Nachdenken unterbrechen und meine Lage mir erträglich machen in gewissem Sinne.

---

[221] Im Originaltext folgen hier noch die Worte...«mit an»...

Ich las sehr wenig, besonders seit mir's Oncle verboten, wie auch 's Schreiben. Mit diesem Verlust nehme ich mir freilich viele Kraft, denn
244 dieses waren meine einzigen Freuden, die mir wohl hätten sollen gegönnt und erlaubt sein zur Schadloshaltung meines inneren Leidens, das niemand kannte und niemand kennen wird. Aber auch dies noch auf die Seite [gelegt], bleibt mir, meiner Seele, noch [eine] Stütze im Gefühl meiner Unschuld. Ja, unschuldig fühl' ich mich, weil ich nie etwas für mich brauchte als das Notwendigste. Aber alles, auch dies, glaubt niemand. Auch ich werde nie mehr sagen, nur hier mit meinen
245 Tränen niederschreiben, die ich jetzt still verweine. Ach Gott, ach Gott, warum auch so viel? Bitte, bitte, erquicke mich auch bald wieder!
Einige Äusserungen von Lavater, Frau Schinz, Frau Schulthess-Lavater und [Gespräche] im Schönenhof und [mit] Wirz waren mir wohltuend. Aber ach, wie unvollkommen ist alles. Jedes hat das seine Leiden und vergisst [die] des anderen.
246 Heute ist's einer der ruhevollsten Tage. Ach Gott, wie dank' ich jede frohe Empfindung Dir!
247, 248 [leer]
249–25 [in Jahrgang 1788, nach pag. 121 eingefügt]

1792

[2 eingelegte Blätter]

<u>1792</u>
Fortsetzung meiner <u>unglücklichen</u> ökonomischen Lage.
<u>Cäpers</u> Faulfieber.
Abreise und Abschied der <u>Mama</u>[1] auf Winterthur[2].
<u>Tagebuch</u> vom Jahr 1792, meiner liebsten Schwester, Frau <u>Ott</u>, anbefohlen nach meinem Tode. Versiegelt den 31. Christmonat 1792.
1793. Fortsetzung meiner unglücklichen Lage.
1794. Fortsetzung meiner unglücklichen Lage.
1795. Fortsetzung meiner unglücklichen Lage.
Stäfner Krieg.
Des Aufbewahrens nicht unwert.

1792, Januar.

1
2 [leer]
3 Heut' war ich um $^1\!/_2 7$ Uhr aufgestanden. Herzliche Segnungen meinem Mann, meinen Kindern, Diensten. Betrachtungen über das Verfliessen der Zeit als etwas Gedenkliches[3], in das der Mensch einschliesst, was ihm begegnet. Ach, lehre mich den Wert davon erkennen und weiser werden! Kaffee, Ankleidung, Bestellungen in der Haushaltung. Um 9 Uhr fuhren wir zur Kirche, da ich mit stiller <u>Andacht</u> und <u>Rührung</u> betete. Im Pfarrhaus Glückwünsche zum neuen Jahr. Froh und munter nach Hause [ge]kommen, über das Läuten in der Nacht [ge]sprochen, dem wir zuliebe aufgeblieben unter stiller Andacht und Tränen. Pestalozzi von Birr, der junge, und
4 Weibel[4] Blattmann[5] speisten mit uns, harrten dem Gespräch mit Pestalozzi über seine Lage aus, bis 3 Uhr. Noch kam Herr Landschreiber Keller, und nun schrieb ich bis hieher, da es 7 Uhr schlägt.
Lobe den Herrn, du meine Seele, und alles, was in mir ist, seinen heiligen Namen.[6] Jesus Christus ist gestern und heute und in Ewigkeit ebenderselbe.[7]

---

[1] Escher-Wirz, verw. Hofmeister Emerentiana, Stiefmutter der R. v. O.-E.
[2] Winterthur, Stadt im Kanton Zürich, 25 km nordöstlich von Zürich.
[3] «Gedenkliches»: Denkwürdiges, Nachdenkenswertes.
[4] Weibel: Dem Landvogt unterstehende Amtsperson, Aufsichts- und Polizeibeamter.
[5] Blattmann Jakob (1738–1822), Weibel, später Seckelmeister. Mitglied der Lesegesellschaft Wädenswil, welcher David von Orelli nahestand. (Frdl. Mitteilung von Prof. Dr. Peter Ziegler, Wädenswil)
[6] Psalm 103, 1.
[7] Hebräer 13, 8.

Gott ist ein Geist, und alle, die ihn anbeten, müssen ihn im Geist und in der Wahrheit anbeten[8].

Montag, den 3.[9], Bächtelistag[10].

Vor 6 Uhr aufgestanden, nach dem Kaffee fing ich an, alles Geschirr, Plunder, Spezereien auf unsere Mahlzeit[11] hervor[zu]suchen oder vielmehr -nehmen, weil alles seinen bestimmten Ort hat. 11 Uhr waren unsere Gäste da. Alltagsgespräch. Über 's Essen servierte ich alle Speisen, die Sousen[12] hatten, Heinrich[13] [den] Braten und tranchierte. Nachher, nachdem einige fortgegangen, spielten Herr Pfarrers, Herr Landschreiber, Herr Untervogt mit vielem Eifer bis acht Uhr. Wie wohl war mir nach dem Abschied, um der Ruhe willen, nie ums Herz.

Dienstag, den 4ten.

Um 6 Uhr aufgestanden, herzliches Gebet, Lieder, las vom 5.–7. Kapitel in Matthäus[14] fort mit inniglicher Empfindung. Nachher gab's eine Menge Sachen wieder in Ordnung zu bringen. [Ich] schrieb an Frau Ott und Frau Escher, speiste spät, weil Papa von Herrn Pfarrer Wasers[15] Kirchgang aus dem Schönenberg[16] kam. Nach Tisch Ankleidung. Um 3 Uhr mit Herrn Landschreiber in die Komödie, da Romeo und Julia von Weisse[17] gespielt wurde, für Wädenswil so gut als möglich und sonst miserabel. Ich war munter und froh. Empfing von Frau Ott die Neujahrskupfer[18], keine Briefe, speisten, 10 Uhr zur Ruhe.

---

[8] Johannes 4, 24. Bei den drei vorangehenden Bibelzitaten stimmen die Formulierungen nach Luther und Zwingli mit einander überein.
[9] Recte: Montag, 2. Januar, oder Dienstag, 3. Januar. Die Datierungen der Tagebuchblätter sind gelegentlich ungenau, da die Eintragungen R. v. O.-E.s sich auf die vorangegangenen Tage, bzw. Wochen beziehen.
[10] Vgl. 1787, pag. 10. Berchtoldstag ist der 2. Januar, der Eintrag vom 3. Januar erfolgt rückblickend auf diesen Festtag.
[11] Berchtoldsessen, feierliches Mahl anlässlich des Berchtoldstages.
[12] «Sousen»: Saucen.
[13] Vgl. 1791, pag. 235.
[14] Vgl. 1791, pag. 8.
[15] Waser Johann Jakob (1702–1791), 1744–1791 Pfarrer in Schönenberg.
[16] Schönenberg: Frühe 266r zum Wädenswiler Berg gehörige Kirchgemeinde im heutigen Bezirk Horgen.
[17] Weisse Christian Felix (1726–1804), deutscher Schriftsteller, schrieb rührende Rokokospiele und Tragödien. Vgl. 1790, pag. 107.
[18] «Neujahrskupfer»: Die anlässlich der Bächtelis(Berchtolds)besuche abgegebenen illustrierten Neujahrsblätter wohltätiger Gesellschaften, meist bildenden Inhalts, vgl. 1787, pag. 10.

		Hornung 1792.
7		
8–10	[leer]	

		März 1792.
11		
12	[leer]	
13		März 1792, Sonntag den 11. März.

Erst in dieser Abendstunde nehm' ich wieder <u>Papier</u>, um einige Blätter zu schreiben von dem Lauf meines Lebens, von demjenigen, was meine Seele am meisten berührt, seien es Leiden, Freuden, Liebe, oder was es immer sei. So will ich doch es nicht ganz unterlassen, obschon ich jetzt schon zwei Monate ganz schwieg und nicht mehr alles zurücknehmen[19] könnt'. So soll's doch jetzt etwas sein.

14   <u>Gott.</u>

Mein einziger Gedanke, der mich mit Kraft hält, mich stärkt, mir Trost und Freude ist, wenn ich mich zu ihm erhebe, wenn ich im Elend an der Erde klebe und wenn ich leide und wenn ich mich aufhebe und den Himmel anblicke. Ach, lass' mich ewig alles in Dir finden, durch Jesum Christum, meinen Herrn! <u>Amen.</u>

15 <u>Mann</u> und <u>Kinder</u> seien die Gegenstände meiner tiefsten Empfindungen und Taten! Auch selbst im Leiden werf' ich mich ihnen zum Opfer dar. So unglücklich ich immer bin, will ich dennoch ihnen treu sein bis in den Tod, in jedem <u>Sinn</u>! Ach Gott, lass' auch sie mir zum Segen und zum Trost sein, um Deiner Erbarmung willen!

16 <u>Den 9. Januar</u>, nachdem die Tage vom 1. bis auf dann mit Zeremonien unterbrochen und von einem lieben Besuch der Frau Schulthess im Schönenhof und Herrn Kayser und Herrn Wirz erfreut waren, [ging ich schliesslich] nach Zürich. Herr Kayser blieb einige Tage allein da, und ich fühlte, ach, wie tief, den Wert seiner Mensch[lichk]eit, den Wert seines Wissens, den Wert seiner Kunst in der Musik und den göttlichen Wert der Musik selbst.

17 Er spielte mir seine Schweizerlieder[20], die er selbst komponierte, lernte mich selbst «holde Eintracht»[21] davon spielen, an dem ich grosse Freude hatte, die meine Seele erhebte und in friedliche Wonne einwand, die ich lange nie fühlte, ich denke, weil er ein Mensch war, mit dem ich nicht von meinen Leiden sprechen musste und er nicht an mich [von den seinen], und ich Nahrung an seinem Geist fand, wie selten.

---

[19] «zurücknehmen»: erinnern.
[20] Vgl. 1786, pag. 67.
[21] Kayser Philipp Christoph: «Schweizerlieder mit Melodien», u.a. «Holde Eintracht, bester Segen…», Zürich 1786.

18 Bachs[22] Lieder mit Texten von Sturm[23], Schulz[24] über die Uzischen Oden und die 3 andern Teile Volkslieder aus den besten Sammlungen, auch Reichhardts[25] Cäcilie, und eine Sammlung von ihm selbst zusammen geschriebenen Melodien nahm er mit, um sie mir zum Genuss zu lassen, und spielte sie auch selbst verschiedene Male durch, welcher Genuss mir tief in die Seele ging. Ach, was ist Geist, was Geistes Nahrung!

19 Auch fuhren wir ein paar Mal Schlitten, einmal nach Hütten zu Bär[26], welches einen besondern Wert für mich hat, um meinen Lavaterschen Freunden willen, Oncles[27]. Auch interessierte mich der Umriss seiner italienischen Reisen[28] sehr, die er in abgebrochenen[29] Erzählungen meinem Gedächtnis einprägte. Geschichte der Musik! Alles hat der Mann mit [Ein]drücklichkeit inne, wie ich es noch wenig sah, mit einer Vornehmheit seiner Person, die ich tief verehre.

20 Den 9. Januar ging ich also nach Zürich, wurde von meiner Schwester und Lisettchen aufs freundlichste empfangen[30] und ging es dann unter tausend, tausend tiefen Empfindungen nach meiner Ott Haus zu, da ich ganz so versetzt wie betäubt war. Eigentlich [war] mir es seltsam, von Hause zu sein und bei meinen liebsten Geschwistern, und dann wieder in Zürich, da ich so entsetzliche Erfahrungen gemacht hatte an Menschen, wie es alle Begriffe übersteigt.

21 Den zweiten Tag war beschlossen, zu Bruder zu gehen und ich beredet, von meinem Entschluss abzugehen, nur des Nachts auszugehen, welches ich mir vorgenommen hatte, was mir auch schon wieder vieles meiner Ruhe und meiner vermeinten Annehmlichkeit wegnahm. Doch wenn's Schicksal einmal seine Gewalt übt, so geht es auch bis ins Kleinste, an dem die Seele hängt, und so ging es auch mir armen, sonst gedrückten und vom Schicksal Geschlagenen.

22 Also ging des Abends hin zu meinem geliebten Bruder. Gott allein weiss meine Empfindungen von Liebe, von Mitleiden, von Freude, ihn wiederzu-

---

[22] Bach Carl Philipp Emanuel (1714–1788), zweiter Sohn von Johann Sebastian Bach, Komponist.

[23] Sturm Christoph Christian (1740–1786), evangelischer Prediger, dem Naturalismus nahestehend. «Lieder und Kirchengesänge mit Melodien zum Singen bei dem Klavier», vertont von Carl Philipp Emanuel Bach, Hamburg 1780 und 1781.

[24] Schulz Johann Abraham Peter (1747–1800), Musiker, Musiklehrer, Komponist («Liedermann des Volkes»), vertonte Uz Johann Peter: «Lyrische und andere Gedichte», Leipzig 1765, Ansbach 1767, 2. Ausg. Berlin 1794.

[25] Reichhardt Johann Friedrich (1752–1814), Komponist: «Cäcilie», Berlin 1790–1795. Er vertonte u.a. Lavatergedichte.

[26] Bär Hans Kaspar (1738–1807), Hütten, angesehener Landarzt.

[27] Vgl. 1791, pag. 138.

[28] Kayser hatte seit 1784 mehrmals in Italien geweilt u.a. mit Goethe (1788) und der Herzoginmutter Anna Amalia von Sachsen-Weimar.

[29] Gemeint ist stückweise.

[30] «empfangen» bedeutet vermutlich, dass die Schwester Regula entgegen gereist ist.

sehen, seine Gattin, seine Kinder und die freien Nachrichten von ihm selbst zu hören, von seinem Fuss.[31] Ach, wie mir war, Gott weiss es <u>allein</u>, welche Tiefen mich zerrissen in meinem Innersten und nichts durch Tränen besänftigen konnten, die sich so in mir regten. Unterwegs trafen wir nun schon die Mama[32] an. Gott, welch ein
23 Schlag für mich, so entdeckt zu sein! Nachts blieb Frau Ott auch lange, lange in meiner Stube unter liebendem Gespräch, das mir tief in meine Seele ging. Ach!
24 [leer]

25 <u>April 1792.</u>

26 <u>Mai 1792.</u>
27 <u>Den 12. Mai, Samstagabend 1792.</u>
Nun nahm ich, liebe Blätter, euch wieder einmal vor mich, Gott, in welchem Gefühl, um wieder einmal etwas von <u>mir</u> niederzuschreiben, nachdem ich aus Traurigkeit es so ganz unterlassen habe, selbst das Niedergeschriebene im März nicht mehr angesehen, seitdem ich wieder so unendlich gelitten, wie Du es, Gott allein, weisst! Also zurück, um nicht gestört zu werden in dieser stillen Stunde, die sich mir darbietet.
28 14 ganze Tage blieb ich also in Zürich bei Frau <u>Ott</u> in Jammer. [Wir] besuchten alle ander[33] Tag meinen Bruder. Die meiste Zeit von nichts als von meinem <u>Unglück</u> gesprochen, alles Mögliche. Die Fehler meines Mannes [wurden] mir vorgerückt[34], alles Grobe, Rauhe mir gesagt. Selbst musste ich das Zinsbuch noch ansehen, alles anhören, was alle, die von der Sache gehört, Undelikates gesagt hatten. Dieses alles begegnete mir von meinem Bruder und zum Teil von Frau Ott selbst!
29 Also [waren] meine Wunden alle blutend aufgerissen, alles mein Leiden, meine Gefühle angespannt, dass ich es nicht beschreiben könnte, wie mir war, was ich gelitten! Nur so viel sage ich, dass es alle menschlichen Gefühle übersteigt und alle Begriffe. So verwundet und zerrissen konnt' ich also nach Hause kehren, wo[hin] ich auch gerne zurückeilte in einer solchen Situation, in einer solchen Ermattung, wie ich's nicht beschreiben könnte und doch gerne hier anhefte.
30 Aber ja, mein Schmerz übersteigt alle Worte, dass ich meinen Bruder nie <u>gut</u> sah, den Abschied ausgenommen. Ich erzwang mit dem grössten Widerwillen etwas Geld auf die Rechnung, mit allen erdenklichen Vorwürfen.

---

[31] Betr. Jagdunfall, vgl. 1791, pag. 213.
[32] Orelli-von Wyss Dorothea von, Schwiegermutter der R. v. O.-E.
[33] «alle ander»: jeden zweiten.
[34] «mir vorgerückt»: hervorgeholt, vorgehalten.

Alles, alles trug ich still mit einer Standhaftigkeit, die nur Gott, Du allein, kennst und im Glauben an Dich! Dieses ist also eines von meinen Leiden. Noch legte sich vieles zusammen.

31 Auch gab und nahm ich Besuche an von den orellischen Geschwistern, konnte über vieles vom Herzen weg mit ihnen [sprechen], über die unglücklichen Verwicklungen, und dass alle einander dadurch unglücklich gemacht haben. Jedoch erzielte ich nichts, und [es] artete unsere Unterredung in Vorwürfe aus, sodass ich gerne abbrach und auch sie jetzt, wie vorher, von Herzen verachte als Menschen von schlechtem Sinn und Herzen.

32 Meinen Oncle und Vater, Landvogt Lavater[35], sah ich nie allein, konnte also auch nie planmässig mich über meine Lage mit ihnen[!] besprechen, wie ich es mir vorgenommen hatte. Seine Liebe und der Seinigen Liebe aber, war mir Balsam für meine Seele in meinem Leiden. Der gehemmte Genuss aber, der wahrhaft edlen Menschen, zerdrückte meine Seele fast. Ach Gott, wie so sehr vereitelten sich alle meine Hoffnungen inniger Erquickung.

33 Ich gehe weiter in der Geschichte meines Herzens[36]. Ich besuchte Lavater, Frau Schulthess, Frau Doktor Lavater. Alles zeigte mir Liebe und Mitleid. Ich [war] voller Scham und Schmerz und Gram, genoss es nicht. Jedes Wiedersehen hatte für mich etwas Verwund[end]es, das jetzt noch blutet bei der Erinnerung daran. Einige liebreiche Besuche hatt' ich von Doktor Lavater, die mich freuten, weil sie nicht Bezug hatten auf mein Unglück oder nur sanfte Berührung waren.

34 Ich schrieb ein herzliches Blatt an den sehr geliebten und verehrten Freund, Chorherrn Rahn, auf welches hin er mir einen Besuch gab, der mir nichts war, weder meiner Gesundheit noch meiner Lage wegen, was mir über alles weh tat. Nach einigen Tagen sah ich ihn noch auf der Hofstatt, da er dann entfernt von mir Abschied nahm. Gott, welche Empfindung! Liebe hört auf Liebe zu sein, wenn sich die Sorgen verändern. Leiden trennen statt teilnehmender Verbindung, wie es ein

35 menschliches Herz nicht glauben kann. Gott, wie blutete ich! Still aber vergab ich diese Gefühle, die mir so sehr ans Herz gehen, hemmen, entfernen mich, tilgen aber nicht aus die Gefühle unserer zärtlichen Treue, Dankbarkeit, die ich für diesen Mann so viele Jahre lang fühlte. Auch wenn er mich vergisst – sei es – ich bleibe in den Gefühlen, mit tiefem Schmerz entfernt, wie ich immer war!

36 So zerrissen durch tausenderlei Tiefen des Schmerzes der Gefühle begleiteten mich Oncle und Frau Schinz bis Thalwil, da mein Mann war, auch in einer unangenehmen Rencontre mit Verwalter Weber, also das Bitterste bis auf den letzten Punkt, was sich nur mögliches gedenken lässt. Jene Nacht

---

[35] «Vater Landvogt»: gemeint ist väterlicher Freund.
[36] Originaltext: «Ich gehe weiter – ! Als Geschichte meines Herzen's»

schlug es ein [Uhr], da Frau Ott in Liebe noch von meinem Jammer sprach, der den ganzen Tag mich nicht verlässt.

37 Ein angenehmer Besuch vom Pfarrherrn[37] in Thalwil zerstreute mich einige Tage lang.

Am Dienstag [3. April], in der Karwoche, kam Doktor Lavater von Richterswil aus. [Er] nahm mich bald allein [beiseite], weil mein Mann nicht bei Hause war, und hebte da mit einer Grobheit und Härte mir <u>alles</u> mit <u>allen</u> Umständen vor, aus meines Bruders Munde, was über die Rechnung vorgegangen war, der es an Junker Zunftmeister Wyss ergoss und dieser an ihn, sodass ich beinahe versank

38 und aber auch hitzig wurde, wie es eine natürliche Folge war, da ich meiner Armut Schande wieder aufgedeckt sah, Kummer, Zorn meines Handelns sich zeigte, so gar alles wider meine ausgedrückten Bitten an ihn, dass er von Wyss nichts mehr sagen sollte, da ich demütig und innig mir von meinem Geld ausgebeten [hatte][38]. Auch noch musst' ich hören, dass er vom Orellischen Familienfonds Hilfe erbeten. Dieses alles aus fremdem Munde mit Spott und Härte zu hören, machte mich rasend und weinen.

39 Ich schrieb's an meinen Bruder, warum er auch das getan, meine Schande aufgedeckt, wider Oncles Klugheit gehandelt [habe], auch an Frau Ott, die fühlte, wie unklug und unedel diese Handlung war. Auch an Oncle schrieb ich's. Ich gestehe, dass ich alles noch besser habe tragen können als dieses Benehmen, das ich gerade von den fürchterlichsten Folgen für uns Arme ansehe und beinahe in Verzweiflung geriet und in einen Schmerz, der alles übersteigt.

40 Nun verflossen einige Tage still. Nach diesen erhielt ich die allerfürchterlichsten Drohungen mit obrigkeitlichen Untersuchungen und allem, was auch nur die Erde Schlechtes und Hartes denken kann, alles Folgen der Ergiessungen von Doktor Lavater an von Wyss, [und] von diesem an Escher, sodass ich vor Schmerz und Zorn und Gefühl beinahe von aller Besinnung kam, einige Male darüber schreiben musste und dabei ohnmächtig wurde. O Gott, o Gott!

41 In der Woche vor der Karwoche besuchte <u>Lavater Hotz</u> und auch uns, da wir ein paar herrliche Stunden hatten, auch letzten Freitag [30. März] ein schnelles Wiedersehen. Gott, ach, welch ein Mensch, ohne seinesgleichen, auch durch Leiden vervollkommnet! Noch vieles, vieles hätt' ich niederzuschreiben, aber ich scheide von euch, geliebte Blätter, im Namen meines dreieinigen Gottes, der mich bewachen wird, ewiglich. Amen.

42–44 [leer]

---

[37] Hess Hans Jakob (1743–1819), 1783 Pfarrer zu Thalwil, Gegner der Revolution, deshalb 1798 «verhasst und geschmäht», 1799 Pfarrer zu St. Jakob, verh. I (1765) mit Meister Albertine Charlotte (gest. 1782), verh. II (1793) mit Scheuchzer Cleophea.

[38] Vgl. 1792, pag. 30.

45   Brachmonat 1792.
46   [leer]
47   Brachmonat 1792, Sonntag, den 3.
Sonntägliche Stille und Ruhe bringen mich an meine geliebten Blätter, die von mir selbst sprechen und auch jetzt etwas meines Innersten aufnehmen sollen, nämlich einen Schrecken, der meine Mutterempfindung in unendliches Leiden versetzte. Freitagnachmittag, den 23. Mai, nahm ich beim Aufstehen an meinem Conradli einen bruchartigen Schaden wahr, bei dessen Entdeckung ich fast in Ohnmacht versank. In einer Stunde nachher kam Hotz sonsten[39], dem ich's sogleich zeigte, welcher mir sagte, es sei kein Bruch, sondern eine Geschwulst.

48 Samstag verordnete er ein Salbe. Montag [26. Mai] war's für einen Bruch erklärt durch den jungen Doktor Lavater[40], dem Hotz nachgab, und nun [wurden] alle Versuche angestellt, um diesen zurückzutreiben, aber alles war umsonst, meine Angst [war] über Todesangst [hin]aus. Und so, am Dienstag, probierte D[oktor] L.[avater] wieder alles. Endlich war beschlossen[41], Herrn Gerichtsherr Wieser zu beschicken[42], um alle nötigen Operationen zu machen, der – weiss Gott – um 1 Uhr der Nacht zu uns kam, morgens früh den Knaben untersuchte und es eine Wassergeschwulst[43] fand, die sich kein[en] Weg zurücktreiben lasse, alles hinwegtat, was gebraucht wurde, und zu Herrn

49 Doktor Hotz hinritt und ihm die Nachricht brachte und Binden machte und befahl, den Knaben wieder aufzunehmen, weil keine Symptome eines Bruchs [mehr] da seien. Gott, wie danke ich Dir, wie diesem Menschenfreund, dass ich keine unbesinnte Operation machen liess, die dann diesem Liebling meiner Seele das Leben geraubt hätte! O Gott, niemals wäre mir dieses mehr ab meinem Herzen gekommen! Ach, wie umsichtig war es doch von Hotz, seine Meinung dem jungen Lavater aufzuopfern und nachgebend ihm zu folgen. Ach Jesus, welch ein Zittern

50 für meine arme, beladene Seele, welche Kämpfe, welches Leiden! Gott, ach Gott, erbarme Dich über mich in meinen Kindern. Meine Seele blutet für sie aus Liebe, die nur Du kennst!
Auch hatt' ich Dienstag [22. Mai] vorher so einen Todesschrecken über das so plötzliche Dahinsterben der Bäbe Schulthess[44], so Herrn Helfer Gessner

---

39 «sonsten»: ohnehin.
40 Vgl. 1791, pag. 64.
41 Originaltext: «... endlich war Herr Gerichtsherr Wieser beschlossen zu beschicken...»
42 Vgl. 1790, pag. 7.
43 «Wassergeschwulst»: fachsprachlich Hydrocele, die Begleiterscheinung eines Eingeweide-(Leisten-)bruchs.
44 Schulthess Barbara, Bäbe iun. (1765–21.5.1792), Tochter der Schulthess-Wolf Barbara und Gattin des Gessner Georg, starb an den Folgen der Geburt ihres ersten Kindes. Sie

hatte. Oh, welch ein Schmerz, oh, welche Liebe! Liebe über alle Worte meines Herzens durchdrang meine Seele. Weinen und Traurigkeit durchdringt mich, dass meine Gesundheit ermattet.

51 Einige recht herzliche Briefe und dass meine Angelegenheit rücke⁴⁵, erhielt ich von meinen Geschwistern. Ach Gott, ach, dass Friede und Segen über meine Seele kehre! Sonst litt ich unaussprechlich über einige Berechnungen meines Mannes, sodass ich in Traurigkeit versank. Ach, ach Gott, lass' es doch ein Ende werden mit meinem Leiden, um Deiner Erbarmung willen! Merkwürdig ist's: Den 23. Mai war der lieben Bäbe Hochzeitstag und den 23. Mai ihr Begräbnistag! O Gott, o Gott, welche Betrachtungen

52 über Tod und Leben, Grab und Unsterblichkeit, erfüllen meine Seele! Anbetung sei Dir, jetzt und in Ewigkeit! Amen.

53   August 1792.
54   [leer]

55   Heumonat 1792.

56   Augustmonat 1792.
57   Augustmonat 1792, Sonntag, den 5ten.

So setz' ich mich denn wieder einmal hin, liebste Blätter, etwas von meinem Leben euch anzuvertrauen, das mir so leidensvoll verschwindet und mir schwerer und saurer wird von einem Tage zum andern, was wohl auch der Hauptgrund ist, dass ich so lange, lange wieder nichts niederschrieb. Jetzt, allein und nachdenkend über mich und mein Unglück, lange ich's hervor⁴⁶, um wieder etwas niederzuschreiben.

58 Im Brachmonat, gegen Ende desselben, hatte ich einen 5-tägigen, lieben Besuch von meiner Schwester Ott, in welchen Tagen ich über vieles meines Leidens sprechen konnte, tief aus dem Herzen. Aber ach, was hilft doch alles Sprechen, was helfen so viel Tränen, da ich doch überall wahre Liebe, aber keine Hilfe sehe. Tausend Verwundungen brachte mir selbst dieser so liebe Besuch durch das vorbeieilende, nie befriedigende, flüchtige und schiefe Beurteilen meiner Lage – auch selbst von ihr⁴⁷, sodass ich auch hier wieder wenig

59 Erquickung fand. Ach, was ist doch der menschliche Trost! Gott, liebster Vater, Du, Du musst mir helfen! Noch mit der grössten Standhaftigkeit, die

---

schrieb ein umfangreiches, kulturgeschichtlich bedeutendes Tagebuch (StAZ, W 59, FA Usteri 290–292).
⁴⁵ «rücke»: vorwärtsgehe.
⁴⁶ «lange ich's hervor»: hervorholen.
⁴⁷ Die Schwester.

nur Du kennst, bet' ich alles, alles hinzugeben, wenn nur geholfen werden kann. Niemand tut es, niemand tut nur das geringste Tröstende gegen mich, im Gegenteil, alles Undelikate, das mir meine Lage noch schwerer macht, stürmt über mich. In dieser Zeit sah ich auch meinen Bruder, seine Frau und [den] Knaben bei mir. Früher hatt'

60 ich auch einmal schon allein die innige Freude, meinen Bruder bei mir zu sehen, Gott, mit welchen Empfindungen nach seinem überstandenen Leiden[48]. O Du, welch ein Wiedersehen war's! Ach, und welcher Ernst und welches Einschneiden in meine Seele! O Gott, Du weisst alles, ich kann mehr nicht, als nur das Äusserste berühren. Mein Herz empfindet zu tief. Gott sei Dank, dass er nun in der Hoffnung leben kann, täglich besser zu werden!

61 Auch machte ich ihm einen Besuch, da ich von Grüningen[49] zurückkam, da er liebreich und gut war. Tiefer, inniger Empfindung voll eilte ich zwei Tage lang [zu] meinen Liebsten nach Grüningen, zu dem besten, treusten Oncle und Frau Schinz. Ach, welche Ergiessung, welche Tränen, welche Liebe erhob meine Seele in Wonne, die nur Gott kennt. 3 Tage verlebte ich an ihrer Seite. Aber ach, wohin eile ich, dass ich Ruhe finden möchte!?

62 Die Betrachtung meiner Lage und worin ich lebe, stürzt den besten Genuss des Lebens zu Boden. Immerwährende Furcht und Not erfüllt meine arme Seele, die niemand tröstet. Ein Tag nachher kam Wirz, der mir auch ein paar Tage versüsste durch Stillschweigen über mich. Nur ein paar Worte rissen meine Wunde auf, sonst, ach, sprachen wir immer von unserem Jugendglück, Natur und Büchern.

63 Eile Feder, eile Seele, nur anzumerken von dem Tiefsten in mir! Auch Besuch von der l.[ieben] Schulthess mit der Palm[50] hatten wir. So sehr es mich freute, sie zu sehen, so herzlich ich über ihre Bäbe weinte, so sehr schmerzte mich ihre fremde Gewalt und kalter Ernst, den ich, ach, zu tief empfand. Sie reichte mir ein Geschenk von der Bäbe zum Andenken hin, mit den Worten: «Da hast auch du eines, das eine kennst [du], und das andere

64 war auch sein.» Ich nahm es mit bescheidener Liebe, öffnete es nicht[51], bis ich allein vom Begleit in der Kutsche war und erstaunte, da ich ein <u>Band</u>, das ich ihr[52] vor Jahren schenkte, mit noch einem beiliegenden, neuen

---

[48] Jagdunfall, vgl. 1791, pag. 213.
[49] Grüningen: Städtchen und Landvogtei im Zürcher Oberland. Der «oncle», Onkel und Ratsherr Lavater Heinrich, wurde 1791 Landvogt zu Grüningen.
[50] Palm Caroline von († 1800), deutsche Lavater-Verehrerin und Freundin der Familie Schulthess im Schönenhof.
[51] Eine heute veraltete Anstandsregel verbot es, Geschenke in Anwesenheit des Donators zu öffnen, da dies als taktlose Gier interpretiert wurde.
[52] Gemeint ist Gessner-Schulthess Barbara, Bäbe iun.

fand. Gott, welche Empfindung war's, so ein Nichts und so fremd, es zu erhalten. Freilich [war es] Schwäche genug von mir, dass es mir nicht genug war, oder lieber, dass ich mir was anderes gewünscht hätte, wär's nur ein Wort von seiner Hand gewesen oder etwas
65 Getragenes von ihm! Aber ach, ich weinte vor Schmerz. Ich überwand mich, nach ein paar Tagen dankend an sie zu schreiben mit der sanften Ergiessung, ich hätte wollen, aber nicht dürfen, eine Herzensbitte an sie tun, meine Lage betreffend. Denn ich wusste, dass man just jetzt sie bitten und fragen wollte, ihre Schuld von den Briefen zu übernehmen, die Lavater einst von uns lehnte[53]. Sie antwortete mir aber nicht.
66 Einige Tage später geschah es, dass man es ihr und D.[oktor] Lav[ater] vorschlagen[54] liess, und nun brachte uns Herr Schinz[55], durch den es geschehen, [Bericht] wie so sehr es sie befremde, wie sie gemeint habe, ihre Schuld sei so gut als eine andere, und von seiner Seite auch, mit entsetzlicher Härte und Drückung und Drohung, dass es mir zum Versinken war, ja wohl noch mehr. Ich weinte und ergrimmte in mir von Gefühlen der Freundschaft und wie so nichts alles sei, wenn es auf die Probe komme.
67 Meine mehr als tödliche Angst machte mich unaussprechlich leiden, besonders da es sich noch traf, dass Lavater selbst zu uns kam. Gott, welch ein Leiden war mir dieses Wiedersehen! Wir sprachen nichts von dieser Sache, und ich dankte Gott, da er wieder fort war. Beständige Angst erfüllte meine arme Seele, und nun kam ein Brief am Freitag [3. August] von Herrn Schinz, dass noch der Doktor Lavater die eigentliche Lage unseres Unglücks
68 vernommen und der Frau Schulthess auch entdeckt [habe], nämlich dass man ohne die Übernahme der Briefe bar nicht bezahlen könne, was nun noch restiert[56]. So entschlossen sie sich, es endlich zu tun. Und nun – geschehen wird's! Aber ach, die Wunden, die ich erhalten, werden nicht mehr heilen. Ich denke mir nur: Ewige Trennung der Freundschaft, die mir für meine Treue an ihnen
69 ewiges Leiden ist, das keine Zeit mehr heilen wird. Haben sie es schon getan, bleiben die Äusserungen doch ewig unvergesslich. Das lässt sich nie mehr vergüten. Ich habe alles aufgeopfert, alles zurückgegeben, was möglich war, aber das, was mir geraubt ist, Ruhe, Ehre, Freundschaft, das sind Güter, die mir niemand mehr vergüten kann, auch keine Menschen.
70 Wirklich, [es] ist über alle Begriffe, was ich erfahre. Alles, alles ist mir entrissen. Kein Mensch zeigt einige Erbarmung, auch keine Hoffnung

---

[53] «lehnen»: leihen.
[54] «vorschlagen»: auf Vorschuss zahlen.
[55] Schinz-Lavater Caspar, vgl. 1786, pag. 7 und 1791, pag. 122.
[56] «restieren»: übrig bleiben.

erfüllt meine Seele, dass ich durchdrungen werde oder könne. Gott, Gott, Gott, ewiger, komm und hilf mir und den Meinigen oder töte mich! Eile, eile, die Not der Meinen und meine eigene ist über alle Worte gross!
71 Wieder einmal ende ich, o Jesus Christus, in Deinem Namen! Amen. Abends 7 Uhr.
72 [leer]

73 <u>Herbstmonat 1792.</u>

74 <u>Weinmonat 1792.</u>

75 <u>August 1792, Mittwoch, den 29.</u>[57]
Sollte es auch am letzten Tage sein eines Monats, will ich dennoch noch einmal mich hinsetzen in der neuen Stube, in der ich schon, ach, wie viele Tränen des bittersten Leidens einsam verweint habe, mich niedersetzen und, liebste Blätter, wieder einmal euch vor mich nehmen und etwas von mir, von mir Armen, Leidenden einschreiben, in der Demut meines Herzens.
76 Der Vorfall mit den lavaterschen Freunden[58] machte mich immer noch unendlich leiden. Freitag [24. August] erhielt [ich] von Frau Schulthess ein liebes Blatt, das ich gestern ernst beantwortet an sie sendete. Eigentlich der Hauptinhalt war dieser, dass, wenn uns die Notwendigkeit nicht gezwungen hätte, [und wenn] man einmal an sie die Bitte getan hätte, [sie] auch niemals die Lavater anvertrauten Briefe[59] zurückgenommen hätte, mit einer Ergiessung von bitterstem Leiden[60].
77 So unglücklich bin ich, so unglücklich fühl' ich mich, wenn ich des Morgens aufstehe und des Abends niedergehe, zu dem noch jeder Tag sein eigenes Übel hat. In dieser Lage musst' ich mich aufraffen, die Geschäfte und Lasten der Zehntenverleihung zu haben letzte Woche. Ich lebe zwar, als lebte ich nicht mehr, und so ist mir alles erträglich, was über mich kommt.
78 Heute erquickte durch einiges Lesen im Testament, auch an meinen herrlichen Kindern ergötzt, sich meine Seele in Gott. Ach, ach, erbarme Dich meiner. Auch besuchte uns <u>Pestalozzi</u> beim Steinbock, der Jungfer von Orelli Vogt[61]. Gott, welche demütigende Empfindung. [Er] brachte eine tiefe Unterredung über mich Arme. Ach, von allen, allen Seiten werd' ich bestürmt!

---

[57] Innerhalb des Umschlags «<u>Herbstmonat</u> 1797, Weinmonat <u>1792</u>» folgt im Konvolut des Jahres 1792 der Monat August.
[58] Vgl. 1791, pag. 18e.
[59] «Briefe»: Schuldbriefe.
[60] Gemeint sind hier Entschuldigungen.
[61] «Vogt»: Vormund, Beistand. Vgl. 1791, pag. 212.

79 Meine, alle Begriffe übersteigenden, Erfahrungen bezeugen mehr als dieses noch. Und doch, so viel [als] verloren dahinzugeben, ist auch entsetzlich, wozu uns das Treiben von Schwager zwingt, dessen Schlechtigkeit wieder einmal hier zum Vorschein kommt. Ich weiss nichts zu entscheiden, auch hier lasse ich mein Schicksal walten. Gott, o Gott, leite Du es, leite Du doch unsern Leidensgang endlich zur Ruhe! Ja, ach, erbarme Dich unser, eile, uns zu helfen!

80 Heute um 6 Uhr auf, Kaffee getrunken, innigstes Beten. Lasen in Sander[62], Messias[63], Meiners[64] bis 7 Uhr. Mit Cäper gelernt nach meiner Gewohnheit. Zu meiner tiefsten Herzenserquickung [gehe ich] zum Klavier, das bisweilen etwas Verständnis für mich Arme hat. Arbeit, Essen, nachher alle meine Hausbücher noch [hervor]geholt und jetzt noch hier, wo mir alles, ach so tiefes, durch meine Seele geht, die sich einzig in Dir tröstet, o Du, mein Gott, mit dessen Andenken ich ende! Amen.

81 <u>Wintermonat 1792.</u>
82 [leer]
83 Den 26., letzten Sonntag, kam meine Mama zu mir, mit Wasers[65] und Frau Nüscheler, um Abschied von mir zu nehmen[66]. Diese Empfindung, sie zum letzten Male gesehen zu haben und zu sehen, erfüllte meine Seele mit einer Wehmut und Schmerz, den nur Du, o Gott, kennst. Ich halte nun dieses Band der Menschheit auch wieder [für] zerrissen, bis auf eine bessere Welt! Ach, welche Betrachtungen erfüllten meine Seele über dieses Ablösen, ach, könnt' ich auch dahin eilen und meine Ruhe finden.

84 Die Angelegenheit und der Prozess mit der Buchhandlung[67] geht mir auch sehr zu Herzen und ich weiss nun selbst nicht, wo ich hindenken soll. Einerseits frei zu werden von Junker Zunftmeister Wyss durch den Verkauf derselben ist der wichtigste Beweggrund, sie hinzugeben auf alle Weise, denn

---

[62] Sander Heinrich (1754–1782), deutscher Schriftsteller, s.a. 1794, pag. 8.
[63] Lavater Johann Caspar, «Messiade», vgl. 1786, pag. 5, 1787, pag. 28. Klopstock Friedrich Gottlieb: «Der Messias», 4. Aufl., 2 Bde., Kopenhagen 1775. Vgl. 1787, pagg. 28, 62.
[64] Meiners Christoph:«Briefe aus der Schweiz», 4 Bde., Berlin 1784–1790.
[65] Waser-Hofmeister Dorothea (1760–183.), 1791 verm. mit Waser Hans Jakob (1751–1829), VDM, Pfarrer in Schwerzenbach und Winterthur. Stiefschwester der Regula von O.-E.
[66] Die Stiefmutter zieht nach Winterthur zur Tochter Dorothea.
[67] Junker Wyss Hans Conrad, Zunftmeister, hatte einen Besitzanteil an der Druckerei und Buchhandlung Orell, (Gessner) & Füssli (vgl. 1791, pagg. 65, 70, 121, 162), möglicherweise ererbt von seinem Vater Wyss David Junker (1717–1797). Dieser ist als «Gehülfe» bei der Übernahme der vormaligen Druckerei Rordorf durch Bodmer Johann Jakob erwähnt. Es könnte sich bei diesem aber auch um Wyss Hans Heinrich Junker (1707–1741), älteren Bruder des letzteren handeln. Der entsprechende Geschäftsanteil wurde offenbar in Schuldbriefe zulasten der Brüder Orelli Caspar von, alt Landvogt, und Orelli David von, Landvogt, umgewandelt. Vgl. 1791, pag. 98; s. 1792, pag. 91).

ach, was wird er noch mit uns anfangen. Gott, welche Menschheit ist in dem Innersten der Bestscheinenden verborgen, welche Niedrigkeiten! Ach, ist's möglich, so schlecht zu sein!

85   Christmonat 1792.
86   Christmonat 1792, den 31., Silvester.
  Montag. An diesem letzten, mir so feierlichen Abend, in einer der letzten Stunden, nehm' ich, liebste Blätter, euch noch einmal hervor, um zu schliessen in Empfindungen, die nur Gott kennt. Ach, wie wichtig und schwer, demütigend und erhebend, ist alles, o Gott, was mir in dem Lauf dieses Leidensjahres widerfuhr. Vor Deinen Augen schreib' ich noch einiges hin, ach, seit August weihte ich keinen Augenblick dazu.

88 Im Herbstmonat, [zu] Ende, und anfangs Weinmonat war <u>mein Ältester</u> todkrank an einem <u>Faulfieber</u>[68], bei 5 Wochen. Ich konnte da nicht für sein teures Leben beten, weil ich in meiner Schwachheit nichts als Unglück für meine armen Kinder vor[aus]sehe, tat aber alles mögliche durch Sorgfalt, Arzneimittel, was ich konnte, um ihn zu retten, und freute mich s.[einer] Genesung, als wäre er neu geboren. Meine <u>Empfindungen</u> und mein Herz, o Gott, kennst Du über mein Benehmen besser als ich selbst, oh, Du Herr meiner Gedanken

89 und meines Leidens und meiner Liebe! Unaussprechliche Angst und Kummer über unsere ökonomische Lage erfüllten meine Seele, sodass ich nach dem Herbst, am Anfang [des] Wintermonats, anfing [zu] kränkeln und in diesem Zustand unaussprechlich litt mit der Lage meiner Seele, dass ich versinken möchte über Geldverlegenheiten zu notwendigem Gebrauche und da wieder eine Menge Erfahrungen machte, die mir weh taten, aus denen

90 Du uns, lieber Gott, wieder geholfen hast! Auch meine Gesundheit stärktest Du wieder! Diese wenigen Zeilen gleichen einem angefangenen, unvollendeten Schattenriss, dessen was ich empfinde und gelitten habe. Ach, sollte ich meine Feder weiterziehen, würde ich ermatten in Gefühlen! Alle meine Freunde scheinen teilnehmend, aber ach, o Gott, wo ist unsere Ruhe und Hilfe zu [er]hoffen als bei Dir, o mein himmlischer Vater!

91 Besonders gehört auch zu dem Merkwürdigsten der Gang des Buchhandlungsgeschäfts, das sich so herum treibt. Wir wagten es in Deinem Namen, o Gott, aus der Hand des Käufers, Doktor Usteri[69], an uns zu ziehen, auch mit der ganzen Schuld, die darauf steht bei Junker Z.[unftmeister] Wyss,

---

[68] «Faulfieber»: Flecktyphus, Wundfieber.
[69] Usteri Doktor, vermutl. Usteri Paulus (1768–1831), bedeutender Arzt, Politiker und Publizist, möglicherweise – als Schwager von Orelli Caspar von, a. Landvogt – zeitweiliger Mitinhaber der «Buchhandlung» Orell, Füssli & Gessner. In den Ragionenbüchern figurieren weder die Namen Wyss noch Usteri. Vgl. 1791, pag. 84.

der Bürgen forderte, die nun Herr Ott und Herr Escher sind. Ach, Du lieber' barmherziger Gott, leite es zum Segen und zur Ruhe für uns und unsere
92 armen Kinder, die ich oft vor Wehmut und Empfindung der Liebe nicht ansehen kann, wie Du es weisst, o Gott!
Was mich aber so, über alle Worte und Begriffe aus, leidend macht, ist die mehr als traurige Situation, in der ich bin mit meinem Mann, bei dem ich nie Ruhe finde in seinem Benehmen, und dieses nicht aussprechen darf, als allein vor Dir, o Gott! Mein Misstrauen in s[eine] Seele übersteigt alle Gedanken, und ich fürchte zu erliegen.
93 Alle Umständlichkeiten[70], diese zu beschreiben, wären mir unmöglich, von so vielen tausend ungezählten, täglichen Leiden. Ich fasse zusammen in der Betrachtung und Bitte, o Gott, dass Du Dich meiner erbarmest und durch weise Leitung meines Schicksals mich zur Ruhe führen mögest, und dass Du mir Kraft gebest, alles zu tragen, im Namen Jesu Christi.
94 Ach, schon wieder gestört, nahm ich noch einmal euch, liebe Blätter, versunken der[71] Mut, versunken aller Lebensgenuss. In trauriger Traurigkeit mich fühlend und versündigend an Dir und allem, was mich umgibt, fühle ich mich.
95 Ach, so viel des Leidens [ist] durch meine Seele gegangen. So viel, viel übersteigender ist doch Deine Gnade, o Gott, wenn ich nichts wüsste als die Wonne in meinen Kindern, die so hoffnungsvoll um mich ihr Leben anfangen [zu] entwickeln in ihren Geistesfähigkeiten. Ach, so kann ich nicht genug weinen vor Dank, Empfindung, und dass ich noch leben kann bei und mit ihnen. Schwindet alles Irdische dahin, habe ich doch Dich, den ich im Geist umfasse, o Du über alles Erhabener,
96 Ewiger, Einziger, Barmherziger, Gütiger! Ist gleich noch jetzt alles so dunkel um mich bei dem ernsten Gang meines Schicksals, so werde ich es doch einst erkennen und Dich preisen, wozu es mich führte. Ach, lass' mich in Demut alles vor meiner Seele schweben [sehen], was mir begegnete, um mich gut und edel zu erhalten! Ach, wie leicht konnt' ich's vergessen und mich erheben[72], was mir nicht gut sein würde.
97 Du weisst. wie es mich beschämte, die Gabe anzunehmen, die mir meine Freundin Bürkli-Gossweiler zusendete: 30 Gulden! Ach, lass' mich dieses und alles zu wahrer Demut weisen, da kein einziges meiner Verhältnisse dieser Enden[73] ist, das nicht mehr oder weniger etwas für mich so Trauriges enthalte, von Lavater an[74], den ich über alles liebte, ist eins um das andere mir eine tiefe Erinnerung meines Elends,

---

[70] «Umständlichkeiten»: Umstände.
[71] Originaltext: «... versunken an Mut».
[72] «erheben»: im Sinne von sich auflehnen.
[73] «dieser Enden»: hier am Ort.
[74] Gemeint ist: beginnend mit.

98 durch alle meine Geliebten. Jedes Blatt davon ist Zeuge, das ich [in Gedanken] an sie niederschrieb. Also ach, lass' mich meine Getrenntheit von der Welt fühlen und nie vergessen und mich an Dir festhalten, Tugend und Religion mir meine Stärkung sein in der Vergegenwärtigung Deiner und die Keime in mir täglich weiter treiben in allem Guten, ach, besonders in standhafter Geduld dessen, was alles mir auch in künftigen Tagen widerfahren wird!

99 Ich hoffe, meine Seele erhebe sich noch in Gefühlen, die zu Dir steigen in der kommen[den] letzten Nachtstunde dieses Jahres 1792. Erbarme Du Dich unser, segne uns, sei Du mit und bei uns und mit mir, Du dreieiniger, ewiger Gott, Vater, Sohn und Heiliger Geist, den ich im Staube anbete. Ach, erquicke Du meine Seele, im Namen Jesu Christi! Amen.

1793

1   1793*
2   [leer]
3   <u>Neujahrstag.</u>
    <u>1793, Dienstag, den 1. Januar.</u>
So habe ich denn durch Deine Güte, o Du mein Gott und Vater, wieder eine neue Periode meines Lebens angefangen. Ein neues Jahr! Meine Gefühle sind unendlich im Zurück- und Vorwärtsblicken. Ich erflehe mir Deine Gnade, Deine Erbarmung auf meinem Wege, den Du mir bestimmt hast. In dem Gedanken an Dich finde ich allein Ruhe! Sonst, ach, zittert meine Seele weiterzugehen nach all den traurigen Erfahrungen, die ich gemacht [habe] in meinem vor Dir verflossenen Leben. Ach, lass' Du mich jeden Tag besser, frömmer,
4   weiser, tugendhafter werden, standhaft in Geduld und mutig im Leiden und demütig! Ach, Du weisst, wie ich sein und handeln sollte, um Dir gefällig zu sein, zu meinem Heile! Führe Du mich in Deiner Leitung dazu! Lass' keinen meiner Tage [da]hinfliessen ohne Erweckungen Deiner Vergegenwärtigung, welches mich allein stärken kann! Ach, lass' jede Pflicht mir heilig sein und sie erfüllen, bester Gott und Vater, vor dem ich wage, wieder etwas meines Lebens niederzuschreiben! Diese Übung ist mir gewohnt und – so unvollständig – doch nützlich und lieblich.
5   Ach, verschwindet gleich alles um mich, bleibst doch Du und meine Seele in mir, die Du mir gegeben hast, in der Hoffnung meiner Unsterblichkeit. Besonders lass' mich liebreich meine Pflichten gegen meinen Mann erfüllen und gegen meine Kinder! [Lass'] sanften Ernst und Liebe sie leiten und mich mein Glück in diesem finden und suchen, da ich doch von allem andern getrennt bin durch meine unglückliche Lage, und [lass' mich] dankbar [sein] gegen meine liebsten Geschwister! Ach Gott, erbarme Du Dich meiner und der Meinigen!
6   Heute erwachte ich 6 Uhr. Nach Tisch wieder in Gefühlen von sanften, erhebenden, religiösen Gefühlen, jedoch nicht Anbetung. Das bange nächtliche Aufbleiben. Heute erwachte ich [um] 6 Uhr, segnete mit Tränen Mann und Kinder auch – mit Empfindung – meine Geliebten alle. Las eine Predigt von Zollikofer. Ankleidung und Wartung meiner Kinder bis 10 Uhr. Darnach ging ich ans Klavier bis 12 Uhr. Nach Tisch wieder in Gefühlen von sanften, erhebenden religiösen Gefühlen, jedoch nicht Anbetung. Das bange, nächtliche Aufbleiben letzte Nacht zerstörte tiefere Empfindungen, die ich gestern nacht hatte bei dem Gartengebäude, der

---

* Dieser Jahrgang, bestehend aus ungehefteten Blättern, ist nicht vollständig erhalten.

ganzen Gegend und dem Anblick der so prachtvoll vom Mond erleuchteten Gegend, die
7 ich so schön noch nie gesehen hatte, und die mich in Gefühlen zu Dir emporsteigend so innig rührte! Ach, welch ein Gedenken Deiner Grösse ist in die Betrachtung der Natur gelegt, die Du so wunderbar bereitet hast! Niedersinken und Anbeten ist wohl das Gefühl, das meine nachdenkende Seele mit Trost erfüllt. Ich schreibe dieses Unvergessliche nieder mit dem Vorsatz, mich zu erquicken und in der Empfindung gegen Dich mich durchzutreiben durch dieses arme Erdenleben,
8 von dem ich schon wieder einen Tag, in biblischer Ruhe, dankbar beschliesse. Abends 6 Uhr.

Den 2ten.

Um 5 Uhr in Gefühlen der Andacht und [mit] dem Vornehmen[1], Klopstocks Messias zu meiner Stärkung des Morgens zu lesen, [aufgestanden]. Störung und Unruh' erfolgten mit Cäperli. Den Schweizerbund aus Lav.[aters] Liedern rezitiert. Allgemeines Gespräch über allerhand mit der Gesellschaft[2], ich sehr munter, aber in Gedanken verloren. Abends Musik von Frau Pfarrer Ammann. Übersattheit vom Essen und 11 Uhr erst zur Ruhe. Solch ein Tag mit seinem Innerlichen und Äusserlichen, welch eine Tötung des Lebens, des Genusses! Ach, lass' mich mit besserer Benutzung neu anfangen!

9 ### Den 3ten.

Um 6 Uhr auf, las eine Stelle in Messias, Gebet, Zerstreuung beim Vergesellschaften[3] des neuen Pfarrers[4]. Lernte mit Cäper. Gellerts Lieder, Schweizerlieder, die Geschichte Josephs[5] wieder angefangen. Schreiben. Arbeit. Essen. Gefühl von Jugend. Am Abend lesend in Müllers[6] Schweizergeschichte[7]. Von Frau Ott einen lieben Brief und ein Entwurf von Junker Z.[unftmeister] Wyss zu einer Obligation[8], bei der ich seine Härte fühlte, die mich weinen machte. Ach Gott, welche ungleiche Gefühle beleben die Menschen, ich versank in Tränen darüber. Nachtessen, nachher las ich[9] noch Medea[10]. Um 11 Uhr ins Bett.

---

[1] «Vornehmen»: Vorsatz.
[2] «Gesellschaft»: Vgl. 1786, pag. 9, 1787, pagg. 92, 101, 1791, pag. 132.
[3] «Vergesellschaften»: unterhalten, konversieren.
[4] Holzhalb David (1746–1828), 1793–1799 Pfarrer in Wädenswil, verh. 1794 mit Escher Barbara (1770–185.). Anhänger der alten Ordnung, resignierte sein Amt wegen Zwistigkeiten mit der Bevölkerung.
[5] 1. Mose 37–41.
[6] Müller Johannes von (1752–1809), schweizerischer Historiker.
[7] Müller Johannes von: «Die Geschichte der Schweizer», Bern 1780.
[8] «Obligation»: Schuldschein, Schuldverschreibung.
[9] Klinger Friedrich Maximilian von (1752–1831), Offizier und Dichter, Protagonist des Sturm und Drang.
[10] Klinger Friedrich Maximilian von: «Medea in Korinth», «Medea auf dem Kaukasus», St. Petersburg und Leipzig 1791.

Tagebuch 1793

Den 4ten,
verschlafen, darüber unwillig, weil es mir [die] Erhebung der Seele trübte. Lernen mit allen meinen Kindern erfüllte meine Seele mit wehmütiger Wonne. Arbeit, Aufräumen. Essen. Nachher schrieb ich an meinen Bruder, Frau Ott, Oncle und fuhr eine Stunde im Schlitten. Oh, wie prachtvoll die beruhigenden Gegenden, wie noch erfreulicher der Anblick meiner Kinder! Abends in der Kanzlei[11]. 10 Uhr zur Ruhe.

Den 5ten.
Soeben war ich, 6 Uhr, aufgestanden. Las im Messias voll heiteren Empfindungen der <u>Erhabenheit</u> Gottes und betete und schrieb bis hieher. Oh, segne Du mir diesen Tag, liebster Gott! Ankleidung. Nachher lernte ich mit meinen Kindern in ernster Liebe bis 10 Uhr. Ach Gott, welch ein Genuss für meine Seele! Ach, bekröne diese Arbeit mit Deinem besten Segen an diesen Lieben! Arbeit bis mittags. Nachher lernte ich wieder, arbeitete bis 6 Uhr, da ich noch in Müllers Schweizergeschichte las. Um 10 Uhr zur Ruhe im Gefühl eines der glücklichst verlebten Tages mit Dank gegen Gott.

Den 6.
Um ½ 6 Uhr auf. Las im Messias die Beschreibung der Hölle[12]. Welch ein hoher Gedanke in diese Ideen sich [hinein]zudenken! In einiger Andacht erhebte ich mich, ging zur Kirche. Auch da war ich heiterer Gefühle und [von] Andacht erfüllt. Das Geschwätz im Pfarrhaus [war] mir drückend, 's Essen, gezwungen, mit beiden Weibeln[13]. Nachher ein paar Schulz'sche[14] Lieder beim Klavier und eine Stunde im Schlitten mit Mann und Kindern voll Gefühl der Natur. Ein Geschwätzabend im Pfarrhaus zur Letzi[15]. Nachher noch liebende Stunde mit meinem Mann und Freude über Cäpers Namenstag.

Den 7.
Heute 6 Uhr auf, las im Messias, lehrte meine Kinder nebst fleissiger Arbeit und stillem Nachdenken. Mittags wieder Besuch von der Braut[16] in Schönenberg von 5 bis 7 Uhr, voll bangem Leiden und Nachdenken, während dem Lismen, über unsere künftigen Tage. Nur der Gedanke Deiner gütigen Vorsorge und Vorsehung tröstet und hält mich allein! Schrieb noch bis hieher.

---

[11] «Kanzlei»: Landschreiberei, resp. Notariat. Vgl. 1790, pag. 85.
[12] Vgl. 1787, pag. 62, vermutl. Gesänge 1–3.
[13] Vermutlich die Weibel Blattmann und Bürgi, vgl. 1791, pag. 235, und 1792, pag. 4.
[14] Vgl. 1792, pag. 18.
[15] Es dürfte das Pfarrhaus Schönenberg gemeint sein. Der Kirchhof diente seit 1703 als Befestigung. (StAZ, Dc 400, S. 91)
[16] Keller Johann Heinrich (1737–1812), 1790–1798 Pfarrer in Schönenberg, verh. 1793 mit Landolt Dorothea (1756–1835). Keller gab seine Pfarrstelle in Schönenberg im April 1798 auf, da er «Schauenburgs Proklamation nicht [ver]lesen wollte».

Den 11. [Januar], Freitag.

Innert dieser verflossenen Tage wurde es richtig mit der Obligation für Junker Z.[unftmeister] Wyss und den Verbürgungen von Herren Ott und Escher. Gottlob, dass eines berichtigt ist, wenn schon mit solcher Härte von Junker Z.[unftmeister] Wyss! Ach, meine Seele zittert in mir, was diese einzige Übernehmung[17] für Folgen habe für uns so arme! Und doch, da der ganze Anteil 11600 Gulden innehat, wäre es auch fatal gewesen, es für 7000 nicht zu übernehmen, weil wir hoffen, dieses möchte für unsere Kinder ein Anfang des Glücks sein. Du weisst es, Gott, was ich alles empfinde! Auch wälze ich ein Projekt[18] der Jahresrechnung in mir herum. Ach, dass ich eine Stunde zur Ausführung finde! Wie betrübte Arbeit dieses ist, weisst Du, o Gott, allein! Täglich setzte ich mein Lesen im Messias fort. 's Lernen mit den Kindern, Arbeit, einige Musik, einige Briefe, einige Lektüre. Trauer, dass ich wieder Kränke[19] erfühle, auch meine Seele. Gott, o Ewiger, erbarme Dich meiner in jedem Sinn!

Den 12. [Januar], Samstag.

So ist denn wieder eine Woche meines Lebens, meines Leidens vorbei, für das ich, o Gott, Dir danke!
Um 6 Uhr auf. Las mit innigster Rührung das Seelenleiden im 10. Gesang des Messias[20], Gebet. Lernte mit meinen Kindern, arbeitete, machte meine Secatenrechnung[21] [17]92. Essen. Arbeit, ein wenig gelernt mit den Kindern. Verdriessliche, leidende Sorgen und Ergiessung mit meinem Mann. Betrübt arbeitete ich bis ½8 Uhr, gestört von einem Besuch von des neuen Pfarrers Bruder[22], ein geschwätziger Mann. Ach Gott, erbarme Dich doch auch unser, meiner! Amen.

Montag, den 21.

Eine ganze Woche verfloss, ehe ich mich, liebe Blätter, euch wieder nahe, und jetzt – in den tiefsten Gefühlen über das Verflossene – setze ich mich hin, einiges anzuheften aus dem Meere meines verfliessenden Lebens. Einige Tage war ich mit der Rechnung beschäftigt, leider einsehend und betrübt, dass ohne einen beträchtlichen Beischuss es unmöglich ist, hier zu leben. Gott, welche Bekümmernisse, welches Zittern, erfüllen meine Seele voll Angst! Ich schrieb darüber an Oncle mit tiefer Angst, besonders in Rücksicht

---

[17] «Übernehmung»: Übernahme von Orell, (Gessner), Füssli & Co.
[18] «Project»: Hier Entwurf, Budget.
[19] «Kränke»: im Sinne von Kränkung, Seelenleid.
[20] Vgl. 1787, pag. 62.
[21] Vgl. 1786, pag. 43.
[22] Pfarrer Holzhalb David hatte 2 Brüder: Holzhalb Hans Caspar (1750–1823), Spitalpfleger und Stadtrat und Holzhalb-Hottinger Johannes (1758–1816), VDM.

Tagebuch 1793

auf die Rechnung. Ich versäumte einige Male eine Morgenandachtstunde, weil ich in mir unruhig und unpässlich
17 war. Auch arbeitete ich nicht so viel als gewöhnlich, und neben dem gab es einige Visiten den neuen Bewohnern des Pfarrhauses zuliebe. Gute, fröhliche, leichte Menschen! Auch nahm ich einige Lektionen bei Herrn Nägeli[23] beim Klavier, die mir sehr wohltuend und antreibend waren. Gott, welch eine schöne Kunst fasst die Musik ein, in ihrer Tiefe! Gestern war der Einsatz von dem neuen Herrn Pfarrer, da ich sehr mit Angst erfüllt war für meinen Mann, der aber eine niedliche Rede mit viel Anstand und Würde hielt. Bei den übrigen
18 Aktionen war ich ernsthaft, aber nicht tief gerührt, auch nicht angezogen oder aufgehebt zu tiefem Genuss. Ein fröhliches, kostbares Essen mitgenossen im Pfarrhaus, nachher in der Krone einer Musik beigewohnt, die zu Ehren Herrn Pfarrers gegeben war. Ich genoss den Abend durch die angenehme Gesellschaft von Herrn Pfarrer Hess[24] in Thalwil, voll froher Laune, in mir gerührt, dass ich noch fähig sei, eine unschuldige Freude mitzugeniessen. Um 8 Uhr heim. Essen und ins Bett.
Sonntags [20. Januar] kam der junge Orelli[25]. Ich zitterte bei seinem Kommen
19 und fasste mich aber. Liess mir von ihm einige Oden Klopstocks deklamieren, bei denen mir wohl war. Gestern schrieb <u>Hotz</u>, sein Bruder[26] sei bei ihm. Ich hätte ihn gerne gesehen, aber ich liess meinen Mann allein gehen, weil ich geteilte Empfindungen in mir fühlte, dass ich's nicht tun konnte. Meine ganze Lage setzt mich in einen eigenen Zustand meiner Seele, mit Standhaftigkeit alles, alles zu ertragen, oft mit Missmut und Traurigkeit, dass ich auch das Unschuldigste, Tröstlichste nicht geniessen kann, weder Freunde, noch Mann, noch Bücher. Ach, was liegt
20 doch Sonderbares auf der Menschheit, welche Hülle in allem, auf allem, was uns umgibt! Einige Predigten Spaldings[27] stärkten mich innigst, auch heute eine Stelle im Messias, im siebten Gesang[28]. Sehe ich zurück auf alles, so möcht' ich weinen, der Empfindungen voll von Dank gegen den gütigen Gott.
Auch jetzt ist's ja Ruhe und feierliche Stille um mich, für welche ich Dir anbetend danke, grosser Gott.

---

[23] Nägeli Hans Georg (1773–1836), Musiker und Komponist, im Original: «Negel», Sohn von Nägeli Hans Jakob (1736–1806), 1773 Pfarrer in Wetzikon, vgl. 1789, pag. 64.
[24] Vgl. 1792, pag. 37.
[25] Vgl. 1791, pag. 156.
[26] Hotze Johann Conrad (1739–1799), österreichischer Feldmarschallleutnant, gefallen in der Schlacht bei Schänis.
[27] Vgl. 1786, pag. 8 und 1788, pag. 24.
[28] Klopstock Friedrich Gottlieb: «Der Messias», vgl. 1787, pag. 62; 7. Gesang: Jesus vor Pilatus und Herodes, Überantwortung an die Hohenpriester.

21 Nichts kann mich trösten, nichts mich erquicken denn Du allein und der Trostgedanke, dass Deine Vorsorge mich beschütze. Mein inneres Beben und meine Angst steige auf zu Dir, mein Herr und Gott! Ach, ich anbefehle Dir meine armen Kinder über alles in Deine Liebe!
Diese Lage entriss mir alle Ruhe der Seele, allen Genuss des Lebens. Seltenes Gebet, seltenes Lesen, unterbrochenes Arbeiten

22 erfüllten die Tage des Kummers. 's Lernen mit meinen Kindern allein erquickt mich über alles, hebt noch meine Seele, wenn ich mit und bei ihnen bin, und stärkt mich, wiewohl ich oft vor Wehmut beinahe versinke über ihr Schicksal, ihre Wehmut, ihr Unwertsein bei allen Menschen. Diese armen, wahren Engelsgeschöpfe, die ich so mütterlich, zärtlich liebe! Oh, welch ein Schicksal!

23 [Welche] Lage: Das härteste [Geschick wird es sein], besonders, da es an Einsicht mangelt und aus diesem Gesichtspunkt unendliche Übel verursachen kann! Dieses Dazwischenkommen nun erschwert meine Bitten und mir wird durch diese Bedrückungen mein Leben so sauer, dass ich mit neuer Sehnsucht meinen Tod wünsche. So aushalten kann ich nicht, und Gott allein muss meinem Schicksal eine Wendung geben, die mir Ruhe bringen kann.

24 Alles, alles drängt und bekümmert mich, dass ich fürchte, mich selbst zu verlieren. Auch zittere ich, die Meinigen zu verlassen und meine Geschwister zu sehen, deren vorjährige Ermahnung[29] mir noch im Gedächtnis ist und mein Leiden dadurch [ver]doppelt. Gott, Du allein weisst es! Ach, führe Du uns zu gutem Ziele, um Deiner Erbarmung willen! Siehe an meine Tränen und mein Leiden, um Jesu Christi willen!

25 <u>Donnerstag, den 24.</u>
Um 6 Uhr auf. Las mit vieler Empfindung und Rührung den 8ten Gesang[30] der Messiade. Ach, welche Szenen, welche Erhabenheit! Zu welchen Gebeten erhebst Du die Seele nicht! Nachher lernte ich [mit] meinen Kindern. Arbeitete unter dem gefühltesten Druck meiner Lage. 's Essen, nachher berichtigte ich unsere Metzgergeschäfte[31], versank in stilles Nachdenken und Traum, schrieb an Frau <u>Ott</u>, meinen Bruder, Hotz. Speiste, und jetzt schrieb ich bis hieher, da es 10 Uhr schlägt. Gestern machte ich eine Tour in unsern Berg[32] mit dem Schlitten, ehe wir in die Kanzlei gingen, da ich mich an

26 dem Anblick der überschönen Natur ergötzte, an einer Erleuchtung der Abendsonne, die ihr Licht, gleich einer Vergoldung, auf einen beschneiten

---

[29] Vgl. 1792, pag. 28f.
[30] Vgl. 1787, pag. 62; 8. Gesang: Kreuztragung, Kreuzigung.
[31] Vgl. 1791, pag. 52.
[32] Unserer Berg: Wädenswiler Berg, Schönenberg.

und bedufteten³³ Wald warf, dass ich weinen musste in Empfindungen der Gefühle, die dieser Anblick in mir erweckte.
    Oh, wunderschön ist Gottes Erde
    und wert, darauf vergnügt zu sein.
    Drum will ich bis ich Asche werde,
    mich dieser schönen Erde freu'n.³⁴

27 Gott, o Gott, ach, erbarme Dich ihrer, ihrer, ihrer³⁵, mehr als meiner, um aller Erbarmung willen. Ich ende in Deinem Namen, Gott, mein Vater! Amen.

28 [leer]

29   <u>Hornung 1793.</u>

30 [leer]

31   <u>Hornung 1793, Montag, den 11ten.</u>

So manchen Tag des Kummers schrieb ich nicht ein Wort in diese lieben Blätter und nun noch am Abend, ehe ich nach Zürich reise, nahm ich mir noch vor, einiges einzuschreiben. Die gänzliche Berichtigung der Rechnung für die Obrigkeit setzte uns in Verlegenheit, 400 Gulden Geld zu entlehnen, um welche Summe mein Mann Herrn Pestalozzi beim Steinbock gebeten hatte, der schrieb, er wollte sie geben, wenn es mein Bruder wisse. Dieses tat

32 mir über alle Worte weh. Ich musste – weil es die Notwendigkeit erforderte – es tun, der nun entsetzlich böse war, das mich noch mehr schmerzte und verwundete und ein Leiden auf meine Seele warf, welches ich nicht beschreiben kann, [ebenso] wie auch nur die ganze Berichtigung der Rechnung, die ich mir nun von meinen Geschwistern ausbitten muss. Und Du allein, o Gott, weisst, ob ich es erhalte! Die Leiden der Abhängigkeit von Menschen sind entsetzlich, und ja in meiner […].³⁶

33 Bei Hause fand ich gottlob alles gesund, sagte meinem Mann von meinem Schmerz was ich gut fand, und was mir alles begegnete. Nachher versank ich einige Tage in so ein abgemattetes Übelbefinden, dass ich glaube, ich werde mich lange nicht mehr erholen können. Es kam – so frei wieder in meiner Einsamkeit – etwas Ruhe vermischt mit dem Schmerz meiner Seele über den Aufenthalt in Zürich. Den 20. Hornung besuchten uns Oncle und Frau Schinz, der

34 Buchhandlung wegen. Ich wiederholte eine Bitte an Oncle wegen Geld auf die Rechnung, konnte aber leider wieder nie planmässig über meine unglückliche Lage sprechen, und der Frau Schinz goss ich meinen Schmerz aus, den es mit mir empfand und fühlte, wie unglücklich ich doch sei.

---

³³ «Duft»: Rauhreif.
³⁴ Vgl. 1787, pag. 94, 1791, pag. 40.
³⁵ Der Kinder.
³⁶ Hier bricht der Satz ab, eine mögliche Fortsetzung ist im ganzen Jahreskonvolut nicht zu finden. Möglicherweise behandelt der vermisste Abschnitt weitere Fakten über den Aufenthalt in Zürich, s. 1793, pag. 44.

In dieser Zwischenzeit schrieb mir Bruder – immer bitter – bei mir häuften sich alle Fatalitäten zusammen. Es blieben viele Zinsen zurück, kamen neue Ausgaben für die Obrigkeit, alte Konti
35 für uns zu bezahlen, sodass die Summe, die uns mangelte, sich auf 15 Hundert Gulden belief, was ich Bruder schrieb, mit Widerwillen [seinen Brief] erhielt und so nun von neuem litt. In der Zeit, da mein Mann nun in Zürich war, den 19. März, schrieben mir Bruder und Frau Ott, dass es immer das Nämliche sei, noch 250 Gulden mehr Geld brauche und halt so[37], dass ich in Todesangst kam über alle Worte, über alle Begriffe [hin]aus. Beim Zurückkommen sagte mein Mann, dass er [deswegen] alle
36 Tage Szenen gehabt hätte mit meinem Bruder, besonders am Sonntag [17. März], für welches ich abbitten soll. Ich tat's und vernahm nun, dass es wegen der bernischen Obligationen gewesen sei und wegen Grosstun[38]. Ich machte viel stille Betrachtungen und fühlte mein Leiden vermehrt durch diese Reizungen, die der Menschen Herzen tief öffnen. Ach, was sind doch für schreckliche Tiefen in der menschlichen Seele, selbst bei Edlen!
37 Von Menschen abhängig werden, von solchen Kindern[39], die weder Gefühle noch Standhaftigkeit kennen, ist in meinem Schicksal entsetzlich, mein Oncle entfernt! Wahrhaftig, ich zittere Tag und Nacht vor Angst, was diese Menschen mit uns anfangen und [wie sie] uns behandeln. Gott, Gott, Gott verlass' uns nicht, leite doch alles noch zu guten Zielen, um Deiner Erbarmung willen! O Jesus, Jesus!
38 Von dem inneren Zustand meiner Seele könnt' ich keine Beschreibung niedersetzen. Das ewige Leiden mit meinem Mann, das ewige Leiden von aussen, zerreibt in zwei Feuern meine arme Seele. O Gott, o Gott, erbarme Dich! So kann ich's nicht aushalten, nicht mehr leben! Zu allem noch die Sorge für meine Kinder! Jesus, Jesus, hilf mir wachen und kämpfen und beten[40] und Ruhe finden!
39 Nach einigen Briefen scheinen nun Eschers wieder gut zu sein, aber ich, wie könnt' ich mich beruhigen, nimmer mehr kann ich's, da nun die Nahesten so hart und unklug sind! Wie ihnen trauen!? Gott, Gott, ach, ende doch, stehe mir bei in meinem immer wachsenden Leiden. Gestern erhielt ich frohe Briefe, sendete 250 Gulden an ihn[41] zurück, dennoch eben leide ich. Gott, Du allein weisst, über alle Worte!

---

[37] Im Sinne von «und so weiter, und so fort».
[38] Wahrscheinlich machte der Bruder, Escher Hans Caspar, R. v. O.-E. den Vorwurf, auf zu grossem Fusse zu leben.
[39] Bezieht sich auf die Zukunft der Kinder.
[40] In Anlehnung an Matth. 26, 41: «Wachet, betet, dass ihr nicht in Anfechtung fallet!», Markus 13, 33, Markus 14, 38.
[41] Gemeint ist der Bruder Escher-Meyer Hans Caspar.

40 Meine Erfahrungen führen mich zu den tiefsten Betrachtungen und zu einem Gram über alle Begriffe. Ach, dass mir so viel zu leiden bestimmt ist! Ich möcht' versinken, ein Grab mit meinen Nägeln aufkratzen und mit meinen Kindern mich darein legen, wenn ich's könnte, denn ich ahne Leiden, noch vieles!

41 <u>März, April, Mai, Brachmonat, 1793.</u>
42 [leer]
43 <u>Brachmonat 1793, den 22., samstags.</u>
Seit dem 11ten Hornung schrieb ich nie kein Wort mehr in euch, liebe Blätter, von meinem inneren Leben, und jetzt fühl' ich mich gedrungen, doch wieder das eine und andere nachzuholen, wie es mir vor meiner Seele liegt. Ach, mehr als ein Vierteljahr, ehe ich mir's am Anfang des Jahres doch so ernstlich vorgenommen, öfters meine Seele zu sammeln in stiller Prüfung! Und wie viel schliesst sich nicht wieder zusammen in dieser Zeit – von namenlosem Leiden!

44 Ach, dass mir innige Ergiessung erquicklich sein könnte! Ich ging also, mich an das Ende meiner vorigen Blätter anzuschliessen, den 12. Hornung, zu meiner l.[ieben Schwester] Ott und blieb ganze 14 Tage dort, im Genuss seiner innigsten Liebe <u>glücklich</u>, im Gefühl der Vergegenwärtigung meiner Lage höchst traurig und unglücklich. Gerade die ersten Tage hatte ich zu tun mit der Berichtigung und Rangierung der Geldsachen[42] auf die bevorstehende Rechnung, die sich um vieles erleichterte, da wir eine Saum[43] Wein für 400 Gulden verkaufen konnten, auf welches alles gedrungen ist und die Bezahlung des Geldes von Herrn Pestalozzi bis auf Mai

45 verschoben wurde, und also dieses wieder in die Berichtigung fiel von der Rechnung, mir aber zu unendlicher Bekümmernis auf meine Seele fiel, weil ich mir bewusst war, wie viel zu bezahlen uns aussteht und welches ich nicht sagen durfte. Durch alle diese Verabredungen also sah [ich], dass eine Menge Leute damit befriedigt wären und ich meine Hoffnung nur auf Gott setzte, dass er's weiterleiten werde mit uns Armen. Alle Nacht endeten wir bis nach Mitternacht über meine wahrhaft unglückliche Lage, meine liebe

46 Ott und ich, bei welchem meine Seele sich bald in Hoffnung tröstete, bald in Furcht zum Tode veränderte, doch mit Standfestigkeit es trug, wie es Gott will! [Ich] fast immer bei ihm bei Hause blieb, nur einige meiner Freunde besuchte, wo ich es tun musste, bei welchen ich über alle Worte gelitten. So eine herrliche Sache das <u>Wiedersehen</u> ist auf der einen Seite, so ist's auch eine schreckliche Sache, wenn alle Freunde und Geliebte an

---

[42] Sc. «der Landvogtei».
[43] «Saum»: 1 Zürcher Saum hielt 165 l.

Verwicklungen sich stossen und niemand darüber sich hin[weg]setzt und beim Alten bleibt.⁴⁴ Ach, wie habe ich dieses empfunden!

47 <u>Lavater</u> war wie ein Heiliger in seiner Studierstube, ich hätte können vor ihm niedersinken vor Liebe, voller Ehrfurcht. Er sprach sehr wenig, aber da ich eben ihm nichts zu sagen hatte, so war ich ganz zufrieden mit diesem viertelstundenlangen Wiedersehen, das seitdem sich nie mehr wiederholte und mir wohltuend bleibt, auch in der fernsten Erinnerung. Ich habe bei mir's ausgemacht, nichts zu wünschen, und also hoffte ich nichts, wenn schon Ergiessungen meines Herzens und Trost aus seinem Munde mich erquickt hätten.

48 Mein Andenken, o einziger, begleitet dich auf deiner Reise voll Ruhm und Dank und Liebe! Von ihm ging ich gleichentags zu Pfenningers⁴⁵. Ach, da blutete meine Seele in Schmerzen der Liebe an den Verstorbenen, den ich ewig nicht vergesse, aber auch nicht beschreibe, weil es jetzt mich übernehmen würde in Wehmut, die sein Sterben mir zurücklässt.

Auch eines Tages ging ich zu Frau Schulthess im Schönenhof, an einem Morgen, da ich sie im Bett fand und ich eine liebe Stunde bei ihr hatte, doch, ach Gott, wie ganz anders [war es] als vordem, wie empfindlich

49 schmerzend, da wir vor Jahren so in einander fliessend, offen weinten und jetzt so abgewogen. Kein Wunsch mehr, einander zu sehen, da ich noch so lange in Zürich blieb, denn ich ging einen der ersten Tage schon hin! Kein Tee, das ich so gerne wieder bei ihr getrunken, nichts, das meine Seele erquickt hätte. Sogar noch von Geldsachen wurde die Rede, von Briefen, die sie an unsere Schuld⁴⁶ genommen! Ach, mit welchen Verwundungen verliess ich sie und mit welchen denk' ich an sie zurück! Ach, wie kann die Freundschaft sich zerschlagen durch solche Zwischenfälle, bei den Edelsten und Reichsten!

50 Seither hat sie mir zweimal bei Veranlassungen [Briefe] geschrieben, die ich beantwortete, und nun – zur Erklärung mir – denke [ich], es habe sich vermischtes Gespräch von meinem Bruder und Freunden vermengt und sie von mir entfernt, und tröste[te] mich nur [mit] der gänzlichen Berichtigung ihrer Sache⁴⁷ auf Mai, und dass [das], was sie getan, im ganzen genommen ebenso wohl für Lavater, als für uns getan sei. Doch mir ist diese Trennung, oder wie ich es nennen mag, unendlicher Schmerz.

51 <u>Rahn</u>, so sehr ich wünschte, ihn zu sehen, durfte ich nicht zu mir bitten, und das Schicksal führte mich nie, ihn irgendwo anzutreffen, auch da ich unpässlich wurde und [Hilfe] von ihm brauchte, besuchte er mich nicht. Ach, und noch immer bei aller Entfernung, leben noch die innigsten Gefühle

---

⁴⁴ Gemeint ist, statt die alte Freundschaft zu pflegen, sich an den Finanzproblemen zu stossen.
⁴⁵ Pfenninger Johann Conrad, gest. 11.9.1792, vgl. 1786, pag. 7.
⁴⁶ Vgl. 1792, pag. 161.
⁴⁷ Gemeint ist «des Schuldbriefs».

in meiner Seele! Ob ich ihm's noch je werde sagen können, oder ihn sehen werde!? [Es] bleibt innige Achtung dennoch – bleibend in mir für ihn. Ich las erst kürzlich seine Monatsschrift[48] mit einiger Wonne und hängte s.[ein] Porträt in meine Stube. Ach, das menschliche Herz findet im schwächsten Bild oft Trost.

52 Doktor, nun Ratsherr[49] Lavater, sah ich nie. In seinem Hause litt ich eine Stunde an seiner Gattin Seite in lieben Gefühlen. Von allen andern Bekannten oder Verwandten sah ich zum Glück niemand. Meine liebste Schinz und Schulthess-Lavater ausgenommen, welche beide wie Engel waren, erquickend und tröstend in teilnehmenden Gefühlen. Mit Frau Schulthess reiste ich zu meinem lieben Oncle nach Grüningen[50] innert dieser Zeit. Drei Tage, die ich zu den glücklichsten meines Lebens zähle, wo Seele sich in Seele ergoss und Liebe den Schmerz milderte,

53 welches alles zu beschreiben ich aber nicht aussprechen könnte und lieber jetzt noch in der Erinnerung heilig behalte! Musik, Natur und Wiedersehen waren Öle meiner verwundeten Seele. Noch komm' ich von meinem Bruder, der mir sehr liebreich begegnete, aber doch nicht eigentlich mit tiefem Herzen. Seine Bitterkeit gegen meinen Mann, alle die Geschichten und seine Aufweiser[51] waren mir gar zu sichtbar. Ach, welch ein Schmerz, die Seinigsten nicht einmal ganz zu haben in solchen Leiden!

54 Dieses alles wirkte auf meine arme Seele, dass ich in innerem Schmerz fast versank. Die Sache selbst und so viel sich Beifügendes ist entsetzlich. Frau <u>Ott</u> goss allein Trost in inniger Liebe mir zu, für den ich ihns[52] in meiner Seele segne und ewig liebe. Ich eilte zurück zu den Meinen und fühlte mich in meinem Elend wieder beruhigt und glücklich neben unendlicher Last. Ach Gott, liebe Du mich zu gutem Ziele und die Meinigen mehr als mich selbst, um Deiner Erbarmung willen! Amen.

55 Die erste Hauptszene war nun, den 12. März, die Reise meines Mannes nach Zürich und die Abnahme der Rechnung, welches aber, Gott sei ewig Dank, glücklich vorbeigegangen, weil sich noch vieles Geld zusammen legte und wir uns, ich glaube, nur 150 Gulden ausbitten mussten und er sich auch sehr klug und ernst benahm und mit lieblichem Dank von der Obrigkeit die Geschäfte beendet wurden. So ging es dann weit besser, als ich hoffen und glauben konnte.

---

[48] Vgl. 1789, pag. 144.
[49] Lavater Diethelm M.D. war 1793–1798 im Rat.
[50] Grüningen: Landvogtei im Zürcher Oberland, Sitz des Onkels, Landvogt Lavater Heinrich. Vgl. 1786, pag. 37.
[51] «Aufweiser»: Anstifter.
[52] «ihns»: für die Schwester, vgl. 1786, pag. 11.

56   Den 24. Brachmonat.
Schon wieder ein Tag verflossen, ehe ich [im Tagebuch] fortgefahren bin, und jetzt scheint's nur eine eilende Stunde, und doch lieber die, als wieder verschoben.
Mein Mann bat sich von Herrn Pestalozzi aus, das Geld erst auf Martini zu bezahlen. Es wurde abgeschlagen und nun sendeten wir am ersten Brachmonat 200 Gulden, weil sich mit harter Mühe nicht mehr zusammenlegte. Gott, wie ich litt über diese Geschäfte konnt' ich nicht sagen, auch nicht, wie ich ausstehe, dass die 200 Gulden nun auf den 1. August sollen bezahlt sein. Ach, immer solche Leiden um Geldsachen!
57 Die zweite Magd geht nun fort, also wieder ein grosser Teil [von] Geschäften fallen auf meine Arme, rauben mir Zeit. Auch Arbeit mit eigener Hand und mit den Diensten wird bestmöglich betrieben.
Zwischen [hin]ein, morgens früh, abends spät, las ich einige Zeit [her] verschiedene gute Bücher, die meine Seele stärkten. Dieses überirdische Vergnügen ist wohl eines, das meine Seele hebt, meinen Mut unterhält und weitertreibt, besonders tat Troschels[53] Lazarus[54] herrliche Wirkung. Der grosse Verstand erheiterte und tröstete mein
58 Inneres in tiefen Empfindungen, die ich dabei genoss. Tod und Grab fasst meine Sehnsucht über alles [zusammen] und überdies fand ich vieles. Ausharren, ausharren will ich dennoch, o Gott, bis Du mir rufst, aber jene Stunde wird mir die liebste sein, die ich verhoffe. Sulzers[55] Betrachtungen und Unterredungen über die Natur[56], Hallers[57] Gedicht[58], besonders seine Oden über die Ewigkeit, 's Testament, Kempis[59] zogen mich zu einer innigen Religiosität aufs neue an.[60] Ribbeck's[61] Predigten[62], Lamberts[63] Jahreszeiten[64], die Schriften des Armen Mannes im Toggenburg[65],

---

[53] Troschel Jakob Elias: (1735–1807), deutscher Archidiakon und Schriftsteller..
[54] Troschel Jakob Elias: «Lazarus, oder Betrachtungen über die Krankheit», Berlin 1791.
[55] Sulzer Johann Georg (1720–1779), Theologe und Naturwissenschafter.
[56] Sulzer Johann Georg: «Unterredungen über die Schönheit der Natur nebst desselben moralischen Betrachtungen über besondere Gegenstände der Naturlehre», 2. Aufl., Berlin 1774.
[57] Haller Albrecht von (1708–1777), Naturwissenschafter und Dichter.
[58] Haller Albrecht von: «Versuch schweizerischer Gedichte», Biel 1776. Das Epos «Die Alpen» wurde erst 1795 neu aufgelegt.
[59] Thomas a Kempis (Thomas Hammerken) (1379–1471), deutscher Mystiker.
[60] Thomas a Kempis: : «Vier Bücher von der Nachfolge Christi», ganz neue Übersetzung, Augsburg 1793. S.a. 1800, pag. 307.
[61] Ribbeck Conrad Gottlieb (1759–1826), deutscher evangelischer Pfarrer.
[62] Ribbeck Conrad Gottlieb: «Predigten», 4 Bände, Leipzig 1791.
[63] Saint-Lambert Jean François de (1716–1803), französischer Schriftsteller.
[64] Saint-Lambert Jean François de: «Die Jahreszeiten», a. d. Französischen übersetzt durch Weisse Christian Felix, Leipzig 1772.
[65] Bräker Ulrich (1735–1798), «Geschichten des armen Mannes im Toggenburg», Zürich 1787 (hg. von Füssli Johann Heinrich, Obmann).

59 Rahns Monatsschrift, Pächter Martin und sein Sohn[66], Bürgers[67] Macbeth[68], Horaz' Oden[69] waren mir alles Erquickungen, jedes nach seiner Art, denen ich unendlich Dank schuldig bin. Ach Gott, wie ergiessest Du so viel Belehrendes, Erheiterndes in leidende Seelen durch solche Schriften! Auch ein wenig <u>Musik</u>, ein Anfang der Botanik erhebte mein Inneres. So viel Schweres, so viel Erquickendes gönntest Du mir doch schon so oft, dass die Waage gehalten wird, meine Seele sich belehrt! Ach, Dank, Dank steige zu Dir empor, o Gott!

60 Sehr wenige Briefe habe ich geschrieben, sehr wenige Briefe erhalten. Ach, Du, o Gott, weisst meine Ermüdungen! Auch besuchte ich Frau Landschreiber[70] sehr oft in ihrer Schwangerschaft und Kindbett[71], voll inniger Teilnahme, und genoss manchen lieben Augenblick in ihrem Hause, in vielen Rücksichten.

Der unendlichen Bekümmernis vergess' ich nicht über meinen <u>Conradli</u>, der wieder die gleichen Umstände hat wie vor einem Jahr, die jetzt noch nicht geheilt sind und mir einen Schmerz der Seele machen,

61 den nur Du, o Gott, fühlst! Ich brauche ihm[72] ordentlich, aber, ach Gott, hilf ihm Du, um Deiner Erbarmung willen! Alles das Flutende, Aufsteigende, Niederfallende meiner Lage, von aussen und innen, versetzt mich in einen Ernst, den die tausenderlei Anstrengungen bewirkten, dass nur durch stillen Genuss mich trägt, was Du am besten kennst. Uns werden keine Besuche, oder nur selten, zuteil, dass ich mich oft über einen Menschen freue – zu tiefen Tränen – der es nicht fühlt, wie mir ist, so ganz abgeschnitten von der Welt.

62 Auch jetzt ist mein Mann krank. Gott, wie mir's ist an seinem Bette: schwankende Gefühle zwischen dem Wunsch seines Lebens und seines Sterbens. Doch alles, o mein Gott, [sei], wie Du es willst, <u>gänzlich überzeugt</u>, dass Du uns führst und alles gut sei, wie es kommt! Ich habe keinen Willen, der <u>Deine</u> ist der <u>meine</u>, in kindlicher Demut. Diese Blätter [sind] nur ein Skelett dessen, was in meiner Seele vorgeht. Amen.

---

66 Vermutlich, (Anonym): «Martin der Pächter und sein Vater», 2 Teile, Leipzig 1792/93.
67 Bürger Gottfried August (1747–1794), deutscher Schriftsteller.
68 Bürger Gottfried August: «Macbeth, Schauspiel nach Shakespeare», Göttingen 1784.
69 Horatius Quintus Flaccus (geb. 65–8 a.C.) «Carminum libri quinque, lateinisch und deutsch, mit Anmerkungen für junge Leute» M. J. Schmidt (Übers.), 3. Aufl., Gotha, 1793.
70 Keller-Beyel Anna Barbara (geb. 1759), Gattin des Landschreibers Keller Hans Konrad.
71 Keller David (1793–1851), einziger Sohn des Landschreibers Keller Hans Konrad aus zweiter Ehe, 1818 VDM, 1822 Pfarrer in Zumikon, später Bonstetten.
72 Im Sinne von Medizin verabreichen, Pflege angedeihen lassen.

Auch Karls aus Burgund⁷³, Lavaters Etwas über Pfenninger⁷⁴, seine Wochenschrift⁷⁵, seine Handbibliothek, Predigten waren etwas, das meine Seele tief tröstete, aber beschreiben kann ich's nicht. Jetzt muss ich enden.

<u>Samstagabend, den 29. [Juni]</u>
So ist denn wieder eine Woche und beinahe wieder ein Monat verschwunden. Gott, wie danke ich <u>Dir</u> wieder. Um dies bin ich meinem Ziele näher, wieder eine Strecke meines Lebens vollendet! Ach, wie wenig hab' ich getan, aber ach, wie vieles von Dir genossen, Gott, Du <u>gütiger, allmächtiger!</u> Walte mit Deiner Gnade über mir, durch die Gefahren meiner Pilgerschaft, die oft so dunkel ist! Gott, ich freue mich, dass mein Mann wieder gesund ist! Heute endigt sich der Prozess mit der Buchhandlung mit Amtmann Heidegger⁷⁶. Ach, wie mag es ausgefallen sein! Gestern [Freitag, 28. Juni] hatt' ich einen schweren Tag meiner Gesundheit halben, so ein Krampf bis meine Reinigung durchdringt. Über 6 Wochen stand es an, und heute zeigt sie sich mit unendlichen Leiden. Ach Gott, meine Entfernung von meinem Mann macht mir oft so bange und doch, Du weisst es, was mich hemmt, dieser Pflicht nie Genüge zu tun, das voraussehende Elend meiner Kinder, und dass ich für ungeborene auch gleiches leiden müsste. Und doch fühle ich dies als Schwachheit, die ich nicht überwinden kann. Lehre mich tun, was mir das Beste ist. Meine eheliche⁷⁷ Sehnsucht nach Kindern, meine Liebe, meine Sorge für sie, die süssen Empfindungen alle, die ich von ihnen geniesse, und meine angeborene Zärtlichkeit – alle diese Gefühle [sind] gehemmt – machen mich auch unendlich leiden, nebst den Gefühlen all des Erlittenen von meinem Mann her, dass ich nie mehr mich ihm nähern kann wie vormals. Ach, ich möchte weinen und habe schon so oft geweint über diese Herzenssache, deren Gang nur Du kennst, nur Du das Gute und Böse darin siehst. Ach, leite mich zum Frieden in meinem Inneren, bei dieser Entfernung!

---

⁷³ Hottinger Johann Jakob (1750–1819), Philologe und Schriftsteller: «Karl von Burgund», ein Schauspiel, Zürich 1793.
⁷⁴ Lavater Johann Caspar: «Etwas über Pfenningern», Zürich 1792/93.
⁷⁵ Eine «Wochenschrift» figuriert in den einschlägigen Katalogen nicht, dagegen «Christliches Sonntagsblatt», Zürich 1792/93, «Christliche Monatsschrift für Ungelehrte», 2 Bände, Zürich 1794 und «Monatsschrift für Freunde», Winterthur 1794.
⁷⁶ Heidegger Heinrich (1738–1823) beim Kiel, Buchhändler, 1784 Fraumünsteramtmann, verfasste «Handbuch für Reisende durch die Schweiz»; Teilhaber der Buchdruckerei Conrad Orell u. Co. Er trat 1798 zusammen mit dem Sohn Salomon Gessners, Gessner Heinrich (1768–1813), Buchdrucker und Buchhändler zum Schwanen, aus der Firma aus. Er wird schon im «Ragionenbuch 1789ff» am 25.4.1797 nicht mehr als Teilhaber aufgeführt.
⁷⁷ «ehelige»: der Ehe gemäss, bzgl. Ehe rechtmässig, durch das Gesetz befestigt.

Am 27. [Juni] hatten wir einen lieben Besuch von Wirz, viel von Lavater [geredet], eine stundenweite genussreiche Begleitung mit Casperli. Ach, so gönnst Du
67 mir so manche Freude! Lerne das Leiden mich standhaft tragen, eines jeden Tages eigenes Übel! Amen.
68 [leer]

69 Heumonat, Augustmonat, Herbstmonat,
Weinmonat, Wintermonat 1793.[78]

70 [leer]
71 Ach, noch vieles von Anekdoten wäre niederzuschreiben. Aber lieber nun etwas von meinem inneren Zustand und Leben der Seele leg' ich in diese <u>Blätter</u>. Immer traurig und nachdenkend, wehmütig und angstvoll lege ich mich abends nieder und stehe morgens wieder auf. Ahnungen [von] grossen Leiden [voll], die mir bevorstehen, bereitet sich meine Seele. Täglich lerne ich einige Stunden mit meinen Kindern, mit den tiefsten Empfindungen, mütterlicher Zärtlichkeit voll. Religion, Fleiss, Gehorsam, Geschicklichkeit, ihre <u>Seelen</u> zu bilden, ist
72 meine Bestrebung. Ach Gott, segne Du mich, hilf mir und ihnen! Alle Anfänge der Wissenschaften lege ich in sie, wecke sie auf. Ach, wenn ich lange nicht mehr sein werde, hoff' ich, denken sie noch an ihre Mutter. Da ich ihnen nichts mehr geben kann[79], ist mein Zweck, doch Ewiges ihnen nicht zu rauben, diesen armen Lieblingen. Gott, welch ein Schmerz und welche Tränen und welche Gefühle, die Du allein kennst!
Im Hause halte ich so viel auf Ordnung und Sparsamkeit, als ich immer kann, wie immer, wenn mich schon alle <u>Menschen misskennen</u>.
73 Noch etwas: <u>Lavater</u> reiste im August nach Kopenhagen[80] aus religiösem Beruf[81]. Ich hätte aber gewünscht, er täte es nicht. Auch das <u>Nicht</u>finden dessen, was er suchte, war mir nicht unerwartet, wie es sich erfand. Meine Seele nahm viel Anteil an ihm, die Briefe an seine Freunde sah ich alle, auch wir waren damit gemeint, und ein köstliches Wiedersehen und Erzählen bereitete er uns am 5ten Herbstmonat, das mir sehr lieb und erquicklich war.
74–76 [leer]

---

[78] Möglicherweise fehlen im Abschnitt Juli–November 1793 einige Seiten.
[79] Anspielung auf den Vermögensverlust.
[80] Im Briefwechsel Lavaters mit Heisch Gottfried (ZB, FA Lavater Mscr. 512 und 564) heisst es «... nach Kopenhagen, wohin ich am 20. Mai abreisen werde.»
[81] Berufung.

<u>Wintermonat, Christmonat 1793.</u>

[leer]

<u>Wintermonat 1793, Samstag, den 9ten.</u>
Endlich nach so langer, langer Entfernung nah' ich mich, geliebte Blätter, euch wieder, gleichsam als nach einer Reise und Entfernung, da ich doch nicht einen Schritt aus meinem Hause gekommen bin. Dies ist aber gleichviel, die mühsame Reise meines Lebens geht immer fort ohne Fussbewegung, so steil und hart, als ob's lauter Berge wären, die ich bestiegen hätte, wohl in tieferem Sinn, in ein unergründliches Labyrinth, in dem ich mich gleichsam selbst verliere. Nun komm' ich doch einmal wieder, wie im Anlauf, zu mir selbst und euch, liebe Blätter, in Empfindung und herzlichem Nachdenken. Ich erinnere mich noch, dass ich in die letzten Blätter von Pestalozzi und der bei ihm stehenden Schuld[82] etwas niedergeschrieben, das ich aber nicht Zeit habe zu lesen und also nur das Ende noch niederschreibe davon. Wir konnten in unserer täglichen Not nicht bezahlen und im Herbstmonat liess ich ihn noch um einige Zuwartung bitten. Allein, er wollte es nicht annehmen und bezahlt sein, also so lieblos und hart, dass ich ihn von ganzer Seele verachte, und [es] mir ein[en] Seelenschmerz verursachte, der mich Jahre lang noch verwunden wird. Ich möchte diese Erfahrung einen Nagel in meinem Totenbaum[83] nennen, wenn ich dies letzte Heiligtum, das mir die Menschen geben müssen, nicht gerne so rein hätte als nichts, das mir hier zuteil wurde. Ich denke, der Tischler wird doch einst keine Schuld gegen mich fordern und ihn daher schlechter machen als jedem andern Menschenwurm. Es fügte sich endlich zu gutem Glück, [dass wir es] geben konnten und so uns losreissen von diesem Menschen. Mir aber bleibt sein Andenken in trübem Sinn, für die Tage meines Lebens. Auch machte diese Erfahrung einen entsetzlichen Eindruck für mich und mir Furcht, die mich jetzt noch zittern macht. Ökonomisch bin ich immer leider über alle Worte gedrückt, auch jetzt entsetzlich, dass ich beinahe verzweifle und vorletzte Nacht [7./8. November] mich beinahe ins Wasser gestürzt hätte. Ich fürchte nicht, in die Hände meines Gottes zu fallen, auch wenn ich's getan hätte. Aber so von Menschen gedrückt und gequält zu werden ist entsetzlich. Doch weg von diesem Gedanken! Stärke mich, mein Gott, fortzuleiden, fortzukämpfen! Einst und vielleicht doch bald wird's genug sein. So kann ich's lange nicht mehr aushalten, das weisst Du so wohl als ich selbst, und wirst durch Deine Güte alles zum Ende leiten. Du legst nie mehr auf, als der arme Mensch es tragen mag, und so hoffe ich auch auf Deine Hilfe!

---

[82] Vgl. 1793, pagg. 31, 44, 56, 80.
[83] «Totenbaum»: Sarg.

84 Es ist ein schrecklich Ding, so zu leiden, wie ich leide, und mein Ermüden kein Wunder, denn mit Herkuleskraft wäre es zu viel. Von allen Seiten so angefochten zu sein! Kein Trost der Religion stärkt meine Seele, kein Genuss der Natur, kein Freund, kein Buch, weil alles mir nichts gibt, mir mein jetziges Leiden zu verdrängen. Sturm über Sturm ist um mich, das alles weisst Du, o mein Gott, wie ich selbst, verzeihe diese Ergiessung!

85 Ich wende das Blatt und mit ihm auch den Inhalt, um des Guten nicht zu vergessen, das ich schenkte und auch fühlte. Ein Besuch von meiner lieben Ott erfreute mich sehr, durch und durch. [Ich] sättigte mich an seiner Liebe und Güte. Diese 8 Tage war mir himmlisch wohl in seiner Gegenwart und in seinem Genuss, als das einzige fühlende Geschöpf meiner inneren Menschheit und Würde und meines Leidens.

86 Auch Frau Schulthess im Schönenhof versüsste mir einen Tag durch ein köstliches Wiedersehen in meinem Hause, ganz im alten Ton der Liebe, ohne irgend etwas, das mich kränkte, was ich mit vielem Genuss genoss und mit Dank gegen Dich, Du Gott der Liebe! Und noch etwas, [das] dies alles krönte: 5 Tage besuchten mich Schinzens und Oncle, das mich mit allem tief belebte. Freundschaft, Natur, Musik, seine Harfe und ihns[84]!

87 Der geistige Eindruck seiner edlen, grossen Seele und das Tiefdringende seiner Tränen werden mir unvergesslich sein, vielleicht einst mich zu mir selbst rufen. Wenn die Last meiner Lage mich zerstören sollte, der traurigste, unerträglichste Gedanke, der mich über alles betrübt, dass ich nämlich immer befürchte, von Sinnen zu kommen und [ich] doch noch lebendig bleiben sollte. Ach Gott, entreisse mir diese Furcht und stärke mich an meinem Inwendigen, dass ich nicht noch so unglücklich werde.

88 Kaum waren sie zurück – ich in dem stärkenden Gefühle neuer Belebung – schrieb uns Herr Schinz[85], es hätte sich Landschreiber Hofmeister[86] für Wädenswil gemeldet, was mich niederschlug und meine Traurigkeit hervorrief. Ich erhebte zwar die Hoffnung mir über die Hoffnung, aber die vielen Versprechungen aller Verwandten und meine Umstände machten mich glauben, sie alle täten alles Mögliche, da es sie nichts kostete, da sonst uns niemand nichts

89 gegeben hätte. Aber auch dies tun sie nicht, und dies nun betrübt mich an ihnen auf allen Seiten, reisst mich von den letzten Banden los, die Blut oder Bekanntschaft mit uns verbinden, da ich vieles, vieles opferte, um jedem das Seine wieder zu geben und sie nicht einmal soweit sorgen, dass wir hier bleiben können. Doch was will ich von Menschen erwarten? Nichts! Alles

---

[84] «ihns, es» betrifft sie, Schinz Anna, vgl. 1793, pag. 54.
[85] Schinz Caspar (1755–1838), Kaufmann, 1803 Ratsherr, vgl. 1786, pag. 7.
[86] Hofmeister Wilhelm (1753–1814), 1777–1791 Landschreiber zu Uitikon, 1795 Obervogt zu Neunforn, verheiratet 1777 mit Hirzel Anna Maria (1757–181.). Verfasser der Hofmeisterschen genealogischen Tabellen.

[kommt] von Dir, o Gott, auch diese Wendung meines Schicksals. Du weisst, wie
90 es das Beste ist! Es ist so viel dafür und dawider, dass ich selbst zittere, es zu leiten, ich bin hier in so grosser Not, dass ich's nicht wünsche um [der] Leiden frei zu sein, aber die schöne Gegend zu verlassen und die Veränderung tut mir weh. Freilich könnt' es besser für meine Kinder sein wegen der Schulen, und dass sie bei uns leben könnten, auch vielleicht mehr Ruhe [hätten]. Aber dann die
91 Not! Woher das Lebensbedürfnis zu bestreiten und was anfangen? Ach, ist denn kein Erbarmen mehr!? Soll es täglich und jährlich härter werden? Doch nicht mein, sondern Dein Wille geschehe!

Auch Jungfer von Orelli und Nanette[87] waren da, da ich viel Leidens hatte und der alte Groll in meiner Seele loderte.

Der Herbst[88] und [die] Wäsche waren tötend, ermüdend für mich. Die Entbehrung der einen Stubenmagd
92 wirft, wie ich's vorher fühlte, so einen Druck auf uns alle, so eine Unruhe und Anstrengung, dass ich entsetzlich leide unter den Diensten und allem, und die kleine Befriedigung des Ansehens vor den Menschen teuer bezahlen muss, mit Schaden und Verdruss. Doch es musste sein, was will ich sagen, als «es geschehe», denn eigenen Willen habe ich doch keinen mehr in dieser Welt.
93 Die Beendigung der Buchhandlungsangelegenheit hatte auch etwas Tröstliches, in der Hoffnung, dies könne meinen armen Kindern aufbehalten werden. Auch erhielten wir die Verlagsbücher, und bei meiner Liebe für Lektüre ist dies eine Annehmlichkeit, die ich schätze, denn immer noch, neben der Arbeit, dem Lernen mit den Kindern, ist dies meine Lust, wohl ein unschuldiges Vergnügen, das mir aber doch nicht Stärkung gibt.
94 Und so bin ich denn wieder einmal mich und mein Schicksal in Gedanken durch[ge]laufen und [habe] hier einiges angemerkt. Ach, möge es tröstend für mich sein, wenn ich wieder komme und in diesen Wintertagen öfters geschehen! Ich werfe mich nieder vor Dir, o mein Gott! Ach, lass' mir's Trost sein! Solltest Du, der Du Deinen Sohn, Christum, uns gabst, mir Armen nicht auch alles geben können!? Amen.
95 <u>Christmonat 1793, Dienstagabend, den 31.</u>
Am letzten Abend dieses sich schliessenden Jahres nahm ich, liebe Blätter, euch noch einmal hervor. Ach, wie gerührt, wie dankbar fühle ich mich, dass Du, o mein Gott, mir und den Meinigen so väterlich und gütig wiederum durchgeholfen hast, durch so manches bitteres Leiden! Ach, und wie viel Gutes hast Du mir erwiesen, wie wollte ich's zählen können!

---

[87] Orelli Anna von (1776–1807), Tochter von Orelli Caspar von, a. Landvogt, vgl. 1790, pag 50.
[88] «Herbst»: Weinlese, dialektal: Wümmet.

96 Ja, ach, bis hieher hast Du geholfen, wie solltest Du mir in das künftige [Jahr] nicht auch helfen können? O Du, mein Gott, Du weisst, wie sehr ich Deiner bedarf! Ach, lass' mich kindlich einfältig Dir trauen! Du kannst und Du wirst mich leiten! Du weisst, dass ich so nicht lange mehr leben kann, und Du hast Macht, mein Schicksal durch mir unbekannte Wege zu verändern. Ich erstaune über Deine Macht und folge ihr mit Gehorsam. Ewig, ewig seist Du angebetet!

97 Ewig, ewig sag' ich Dir meinen Dank, Du mein Gott und mein Vater, durch Jesum Christum! Amen.
Gar wichtige Veränderungen meiner Lage trugen sich nicht zu. Nur aufmerksames Betrachten aller meiner Gänge ist mir unendlich wichtig.
Heute erst um 7 Uhr auf. Stille Herzenserfahrungen. Ernstliches, gerührtes Gebet mit meinen Kindern. Nachher Lernen, ach, mit welchen Empfindungen und Tränen! Etwas Arbeit, die Festarmen[89], 's Essen, wieder lernen. Besuch von Doktor Lavater meinem

98 unpässlichen Mann. Gespräche von Lavater, nachher etwas Arbeit und nun stilles Dasitzen, dies niedergeschrieben. Jetzt noch gedenke ich, etwas zu lesen, meine Seele zu stärken. Ach, wie tröstend, dass mit der Zeit auch meine Tage eilen und ich mein müdes Haupt vielleicht bald niederlegen kann, eher als ich's glaube. Meine Müdigkeit scheint mir nicht unnatürlich, nach so vielen meinen Erfahrungen, die Du alle kennst!

99 In Deinem Namen, o Du ewiger Gott, amen, amen!

---

[89] «Festarmen»: kein gebräuchlicher Ausdruck, vermutlich Bescherung der Bedürftigen zur Weihnachtszeit.

1794

1   <u>1794</u>
Fortsetzung meiner unglücklichen ökonomischen Lage, etc. –

2   [leer]

3   <u>1794. Januar, den 2., Donnerstag.</u>
So fange ich denn wieder eine neue Laufbahn meines Lebens an, Du, mein Gott, durch Deine Güte! Ach, nur im Glauben an Dich, nur im Vertrauen auf Deine Vorsehung gehe ich mit Mut weiter. Bis hieher führtest Du mich. Wie solltest Du nicht Macht haben, mich weiterzuführen und einst zu gutem Ziele zu leiten!
    Auf ewig ist der Herr mein Teil,
    mein Führer und mein Tröster.
    Mein Gott ist Gott, mein Licht, mein Heil,
    und ich bin sein Erlöster.

4   Du verwirfst mich nicht,
    selbst im Gericht. Mit jenes Lebens Ruh'
    erquickst, beschattest Du
    mich schon in diesem Leben[1].
Ach, lass' alle meine Pflichten zu erfüllen mir heilig sein! Treibe Du mich selbst zu allem Guten. Deine göttliche Lehre sei mir Trost und Stärkung in meinem Leiden! Die Betrachtungen Deiner Macht, Güte, Liebe, Weisheit, Ewigkeit, Unveränderlichkeit präge sich mir im Lesen der Bibel, in der Betrachtung der Natur, in meinen Schicksalen tief, tief in meine Seele! Das Gebet bringe mich Dir nahe, sei das Erste und

5 Letzte! Meine Pflichten gegen meinen Mann, gegen meine Kinder, gegen unsere Diensten seien mir heilig, auch gegen meine Geschwister, Verwandte und Freunde. Jedes ist mit mir verbunden, und jedem bin ich schuldig, was mir nur zu tun möglich ist. Ach, wie oft weiche ich ab, erliege! Treibe Du mich zu <u>allem</u>! Meine Armut: Lass' mich nie vergessen sie mit Demut tragen, mich alles überwinden, was immer nur möglich ist! Ach Gott, Du wolltest es, dass ich alles verlieren sollte! Bleibe Du nur mein Trost und meine Hoffnung, so habe ich genug!

6 Ach, die Erquickung der eilenden Zeit und die Eile meiner Tage tröstet mich, der <u>letzte</u> wird auch kommen und mit ihm die Freude, dass ich diese Welt mit allen Leiden gegen Ruhe vertausche! Meine Müdigkeit ist natürlich, nach allen meinen Erfahrungen. Behüte Du mich und die Meinigen vor noch grösserem Unglück, und lege mir nicht mehr auf, als dass ich ertragen mag, um Jesus Christi willen! Amen.

---

[1] Die vorliegenden Verszeilen lassen sich nicht bibliographieren.

7 Um 8 Uhr auf, mit körperlichen Übeln von der schlaflosen Nacht, mit Rührung gegen meine Kinder, Mann, Hausgesinde. Einige häusliche Geschäfte, Ankleidung. Mit tiefer Empfindung betete ich mit meinen Kindern, liess mir von Cäper im Matthäus das 5., 6., 7. Kapitel² lesen. [Ich] stärkte meine Seele in Betrachtungen des Wichtigen, Göttlichen der christlichen Lehre. Wieder Geschäfte, wie es meine Lage mitbrachte. Mittagessen, ein paar Blätter gelesen in der Handbibliothek von Lavater. Ankleidung, Besuch von Herrn Pfarrer Holzhalb, mit
8 ihm in die Kanzlei, ein angenehmer Abend, viel Herzliches mit unschuldigem Spiel. 's Nachtessen, nachher noch eine Stelle aus L.[avaters] Evangelien über Simeon³, um 11 Uhr im Bett.

Den 3ten.

Der gestrige Tag zerfloss mit seinen gewohnten Zeremonien⁴, vom frühen Morgen bis abends froh und munter. Ach, welch eine Zerstreuung, die das Feierliche, Ernste so wegwischend hin[weg]nimmt!
Heute um 7 Uhr auf, Kaffee, las in Sanders⁵ Güte Gottes in der Natur⁶, mit tiefer Erhebung der Seele. Ankleidung. Körperliches Nichtwohlbefinden. Aufräumen, alles in Ordnung bringen, nebst einer Stunde bei dem Unterricht meiner Kinder nahm
9 den Morgen hin. Speiste, Arbeit, und mit den Kindern lernen bis 3 Uhr. Arbeit bis 5 Uhr. Von da an schrieb ich ökonomische Sachen ein. Ach, wie schwer ist's uns nicht, nur das Notwendigste zu bestreiten, mein Gott, mein Gott! Und nun schrieb ich noch diese Worte, weil ich mir's vornehme, täglich etwas niederzuschreiben, besonders zur Stärkung. Wie gütig, Gott, Du, mein Vater, mich jeden erlebten Tag überstehen liessest! Von Dir kommen die guten Tage und die bösen! Mit Dank will ich die guten geniessen und mit Mut die bösen tragen, beide sind Deine Bestimmung!
Noch ging ich eine Stunde ans Klavier. 's Essen, und las noch in Sander bis 11 Uhr, in stiller Erhebung der Seele.

10   ### Den 4ten.

Um ½7 Uhr auf, las wieder weiter in Sander. Ach, wie stärkend ist Deine Weisheit und Güte nicht in der Betrachtung der Mannigfaltigkeit der Natur! Herzliches Gebet mit m.[einen] Kindern. Ernstes Lernen und Arbeiten erfüllte den Morgen. Erhielt von Zürich ein Paket Geld: 40 Gulden für 10 arme Personen von unbekannter Hand. Ich dankte Gott innigst und

---

² Vgl. 1791, pag. 8.
³ Lukas 2, 25 ff. Möglicherweise handelt es sich um eine privat verbreitete Schrift. Im Druck erschien später: «Simeon oder Unterhaltungen für betagte Christen, ein nachgelassenes Werkgen Joh. Casp. Lavaters», hg. von Gessner Georg, Zürich 1804.
⁴ «Berchtoldstag», vgl. 1787, pag. 10; 1792, pag. 6.
⁵ Vgl. 1792, pag. 80.
⁶ Sander Heinrich: «Betrachtungen über die Güte und Weisheit Gottes in der Natur», Leipzig 1779; «Über das Grosse und Schöne in der Natur», 4 Teile in 2 Bänden, Leipzig 1781 und 1784.

schreibe die Wohltat Frau Obmann Ott[7] zu. Nach Tisch versandte ich's und freute mich des Dankes dieser Armen. Ach, so erquickt Gott doch oft Menschen! Mich kann er auch noch erquicken, ihm anvertraue ich mich. Lernen und Arbeiten bis 6 Uhr, und diese wenigen Worte erfüllten die Zeit. Körperliches Übelbefinden machte mich traurig.

11 Um 7 Uhr auf. Herzliche Freude über Cäpers Namenstag. Las etwas weniges in Sander. Ankleidung, Arbeiten und liess mir von Cäper die Neujahrstücke[8] lesen – Zimmermann[9], Landenberg[10]. Speisten, und nach Tisch wieder Arbeit, einige häusliche Sachen. Um 3 Uhr Herr Doktor Lavaters[11] [zu Besuch], viel von Hotz [gesprochen]. Ach, wie die Menschheit ihr Los bezahlen muss! Die Erfahrungen dieses Hauses gehören mit zu den Schicksalen der leidenden Menschen. Noch Arbeit und [bis] hieher geschrieben. Besonders herzliches Angedenken an Lavater – bei meinem Schweigen an ihn – erfüllte meine Seele. Gestern ein zerschnittener Tag der Unruhe. Sanders Buch [war] mir Tröstung.

12   Den 8ten.
Um 7 Uhr auf. Herzliches Gebet mit meinen Kindern, ernstes Lernen. Metzgeten versendet[12]. Arbeit bis Mittag, wieder Lernen, Arbeit bis 3 Uhr. Von da an ökonomische Bücher berichtigt. Ach, welch ein schweres Gefühl, dass niemals zureicht, was man hat. Las noch einen herrlichen Brief, den ich den 6. empfangen von Frau Schulthess in Hottingen, schrieb einige Paragraphen daraus [ab]. Stolbergs Oden[13] in einer Miszellania, mit tiefem Gefühl [gelesen]. Ach, wie viel Leidens schwebt ob mir Armen! Mir ist immer bange.
Auch erhielt ich gestern einen Brief von Herrn Escher, der liebreich war – nach sieben Wochen! Sanders Buch ging zu Ende, mir wird es
13 lange zur Stärkung bleiben. So ein Überblick über die ganze Schöpfung, [sie] wie ein[en] Spiegel von Gottes Güte und Weisheit zu betrachten, tröstet auch mich, dass Gott, Du, Dich meiner erbarmest wie eines Würmchens,

---

[7] Ott-Esslinger Dorothea (1774–182.), verm. 1794 mit Ott Hans Caspar (1764–1820), Ratsherr und Obmann.
[8] Neujahrsblatt der Gesellschaft auf der Chorherren(stube), zum Besten des Waisenhauses 1794: «(Anonym): Lebensbeschreibung Johann Jakob Zimmermanns (1695–1756)».
[9] Zimmermann Johann Jakob (1695–1756), Professor des Naturrechts und der Kirchen- und Weltgeschichte, Chorherr. Wichtiger Vertreter der Aufklärung in Zürich.
[10] Neujahrsblatt der Stadtbibliothek, Zürich 1794, enthaltend die Sage, wonach ein Beringer von Landenberg, habsburgischer Landvogt zu Sarnen, den Vater Arnolds von Melchthal blenden liess. Die Erzählung geht, wie der Rest der schweizerischen Gründungsmythologie, auf das Weisse Buch von Sarnen zurück.
[11] Vgl. 1791, pag. 64.
[12] Vermutlich handelt es sich um Verkauf von Fleisch aus der Hausschlachtung.
[13] Möglicherweise handelt es sich hier um Stolberg Christian, Graf zu: «Übersetzung einer Ode an Sappho», o.O. 1786.

das an der Erde kriecht. Jetzt ist es 10 Uhr und ich eile zur Ruhe, in Deinem Namen, bester Vater!

Den 14ten.
Um 7 Uhr auf, schrieb einiges an unserer Haushaltungsrechnung. Ankleiden, Beten und Lernen mit meinen Kindern. Schrieb mit schwerem Herzen bis ich zu Ende war, bis Mittag. 's Essen. Wieder ernstes Lernen bis 3 Uhr, Haushaltungsgeschäft, schrieb an meine Geschwister und brachte 2 Stunden bei Bachs Liedern[14] zu.

's Essen, und nachher setzte ich mich nieder, einige Worte niederzuschreiben, welches ich einige Tage unterliess.

Am Sonntag [12. Januar] schrieb ich an Lavater und an Rahn, erhielt auf meinen mit so tiefer Empfindung geschriebenen [Brief] ein artiges Billett. Ach, wie angreifend [ist es], so von Freunden getrennt zu sein, bei inniger Liebe. Oftmals sehne ich mich, einige meiner Freunde zu sehen, dann aber freu' ich mich auch meiner Einsamkeit, um die Last meines Leidens besser zu tragen, denn meine Bekümmernis übersteigt alle Worte. Lieber Gott, nur Du, nur Du musst mir [ver]helfen zur Ruhe – durch Wendung meines Schicksals, die ich in meiner Dunkelheit nicht bestimmen kann. Die Betrachtung Deiner Vorsehung tröstet mich, die ich auch auf mich Arme ausgedehnt hoffe und auch die Meinen. So kann ich lange nicht mehr aushalten in meiner Verzweiflung. Oft scheint mir alles Täuschung in meinem Forttreiben. Und immer getäuscht werden ist entsetzlich, und wohin mich wenden, als allein zu Dir?! Nachdem ich alles getan habe, sehe ich mich hilflos und verlassen und verachtet, dass ich zittere, weiterzuklimmen.

Einige Tage las ich nichts, und dieses allein ist mir noch einige Stärkung, lenkt mich auf etwas Erhebendes.

Jetzt will sich meine Seele noch zu Dir nahen, in herzlichen Bitten, Du, mein Gott und Vater! Amen.

Den 20. [Januar], montags.
So sind denn wieder 6 Tage verschwunden, von denen ich nicht einen anmerkte. Die schnell eilende Zeit führt Schweres und Leichtes wie in einem Strom dahin, der zerfliesst. Wohl mir, wenn ich am Ende des Ziels mich mit Wonne einst finde! Viel Ernstes ging durch meine Seele. Ein liebes Billett von Lavater über seine Kopenhager Hoffnungen. Mein Gott, wie traurig, dass sein grosser Geist sich so täuschen lässt! Ach, dass ihm werde, was er hofft und wünscht, wenn's in dunklen Gefühlen doch nicht begreiflich ist! Auch machte mir Toblers Ankunft in Zürich innige, sehnsuchtvolle Freundschaftswehmut. Verschiedene Briefe, heute an Mama in Winterthur, gestern an Jungfer von Muralt,

---

[14] Vgl. 1792, pag. 18.

17	an Frau Schulthess im Schönenhof und noch mehrere. Auch einige Stunden bracht' ich beim Klavier hin, in erhebender, tröstender Empfindung. Blarers[15] Leben, einiges in Ossians Gedichten[16] und Sulzers Schriften[17] belebten meinen Geist. Viel Arbeit, viel Bekümmernis über unsere ökonomische Lage und Beschäftigung des jährlichen Details[18] erdrücken mich fast. Ach, dass ich nicht mutlos werde und mich selbst in mir verliere! Tägliches Lernen mit meinen Kindern erfüllt viel Zeit. Ach, dass ich Kraft und Weisheit und Geschicklichkeit besitzen würde, sie zur Weisheit und Tugend zu bilden! Ach Gott, lass' doch diese, Deine und meine Kinder, von Dir mit besonderem Segen geleitet werden,
18	zu meinem Trost! Du weisst, wie meine Seele an ihnen hängt, o Gott! Amen.
19, 20	[leer]
21	Hornung 1794, den 3ten, dienstags.
	Schon wieder ein Monat, der 12. Teil des Jahres, ist hingeeilt in den Strom der Zeit, des Forttriebs mit dem grossen Lauf der Dinge, in den ich Würmchen mit eingeschlossen und fortgetragen werde. Ach, [dass mir] der Gedanke Deiner Vorsorge, grosser Gott, immer lebendig und tröstend sei, denn ich bedarf [der] Tröstung, wie Du es wohl weisst, Du, mein <u>Vater</u>, mein <u>Gott</u>! Die obschwebende Berichtigung der obrigkeitlichen Rechnung bekümmert mich um und um. Eine Bitte an meinen Bruder, um etwas Geldes, beantwortete er nicht.
22	Dieses und alles bringt mich beinahe zur Verzweiflung, denn nun – nachdem ich mich entblösst und ausgezogen sehe, von allem was ich hatte – heisst's nun: Geh', sättige, nähre dich mit den Deinen, ohne dass mir jemand etwas gibt oder nur hilfreiche Hand bietete[!]. Ich weiss keine Unglücklichen, die nicht auch wieder Hilfe fänden, aber ich allein – nachdem ich alles, alles getan habe – bleibe stehen, hilflos und verachtet. Dieses tötet meine Seele in ihrem Inneren. Hilf Du mir, o Gott! Die Menschen haben mich verlassen und ich versinke!
23	Dass meine liebe <u>Ott</u> krank sei, tut mir innigst weh. Ach, mein Leben hängt mehr an ihr als an mir selbst. Mein Gott, dass es bald wieder besser werde!

---

[15] Blarer von Wartensee: Ausgestorbenes zürcherisches Junkergeschlecht. – Blarer von Wartensee Hans Ulrich (1717–1793), Obmann gemeiner Klöster, stand in literarischem Kontakt mit Kleist, Klopstock und Wieland. «Blarers Leben», ev. Schulthess Johannes (1763–1836): «Denkmal Hans Ulrich Blarers von Wartensee», Zürich.

[16] Prosafragmente und Gedichte eines südirischen Dichters aus dem 9. oder 10. Jahrhundert. Nachdichtungen und Neuschöpfungen mit düsteren Landschafts- und Naturschilderungen waren eine beliebte Lektüre der Zeit, wie etwa Ossian: «Neu entdeckte Gedichte», übersetzt von Edmund von Harold, Düsseldorf 1787.

[17] Sulzer Johann Georg: «Vermischte philosophische Schriften», 3 Bde., Leipzig 1773. Vgl. 1793, pag. 58.

[18] Vermutlich Abrechnung.

Der Todesfall von Onkel Pfarrer[19] in Kilchberg war uns nicht angesagt [worden], bis ich's zufällig, vernahm, am Tage seines Begräbnisses, den 21. Januar. Dieses tat mir weh in manchem Sinn. Ach, womit hab' ich doch alle Abschnitte[20] verdient von Lebensgeniessungen mit Empfindungen! Viel Arbeit, viel Genuss beim Unterricht meiner Kinder gönnte mir Gott. Ach, ach, meine und Deine Kinder, o Gott, nimm Dich dieser Geschöpfe an, mit mehr noch als meinem liebenden Herzen!

24 Ich las meistens in Schröckhs[21] Weltgeschichte für Kinder[22], mit Nachdenken und Nutzen für mich. Noch immer hat das Lesen etwas Stärkendes, Tröstendes für mich, in meiner jammervollen Lage.

Jetzt ist's morgens früh, meine Seele voll Kummer, meine Hände zitternd, mein Auge nass von Tränen. Ach Gott, hilf Du zu meiner Ruhe und Stärkung des Tages, um Jesus Christus willen!

25, 26 [leer]

27   März. April. Mai. Brachmonat. Heumonat.
      Augustmonat. Herbstmonat. Weinmonat.
      Wintermonat.

28 [leer]

29   Christmonat 1794.
    Mittwoch, den 31. Christmonat, abends 6 Uhr.

Bis hieher, o Gott, Du mein Vater, führtest Du mich und die Meinigen alle. Dank und Anbetung sei Dir im Namen Jesu Christi, jetzt und in Ewigkeit! Amen. Bis hieher führtest Du mich, durch so viel <u>Freuden</u>, durch so viel <u>Leiden</u>, dass ich's nicht zu erzählen vermöchte, aber auch nicht zu verschweigen. Wenn ich's schon in diese heiligen Blätter nicht eingeschrieben habe, wie ich mir's im Anfang dieses

30 Jahres vorgenommen habe, so ist alles <u>Dir</u> und <u>mir</u> bekannt und in dem Laufe des Lebens aufbehalten. Sehe ich zurück, so weine ich, sehe ich vorwärts, so weine ich wieder, in Betrachtung meines Schicksals, das so einen wundervollen[23] Gang nimmt. Ach, lass' die Betrachtung meiner Seele, dass alles dies, welches <u>dahin</u> ist, und alles das, was da <u>kommt</u>, durch die Macht Deiner Vorsehung geleitet wird, und [ich] also mich selbst nie verliere, es mag da kommen, was da will.

---

[19] Wirz Hans Conrad (1726–1794). 1755–1794 Pfarrer in Kilchberg, Vater von Pfarrer Wirz Johann Heinrich.
[20] «Abschnitte» im Sinne von Verminderung, Absonderung.
[21] Schröckh Johann Matthias (1733–1808), aus Österreich stammender Professor für Geschichte in Wittenberg, Kirchenhistoriker.
[22] Schröckh Johann Matthias: «Lehrbuch der allg. Weltgeschichte zum Gebrauch beim ersten Unterricht der Jugend», 6 Bände, Leipzig 1792–1804.
[23] Hier im Sinne von wunderlich.

Welche Erfahrungen habe ich nicht gemacht an den Menschen, wie schneidend nicht ihren Willen
31 empfunden. Durch viel Bitterkeit und Härte [bin ich] gegangen, besonders über die Zeit im März und einige Monate nachher. Wie zerrissen sich die süssen Bande der zärtlichsten Liebe unter meinen Geschwistern und mir! Lass' mich ein Opfer ihrer Beruhigung werden, und gib mir Standhaftigkeit, alles zu tragen, wenn nur sie beruhigt werden! Allein, wie pflichtmässig fühl' ich mich durch diese Störungen verbunden, an meinem Mann und Kindern fest zu bleiben, weil mir doch dieses nichts ersetzt und mir nicht Trost wird an einer anderen Ergebung.
32 Du, Du kennst die Bitterkeiten alle, die ich getragen habe und wirst mich leiten, wie es mir gut sein wird, oder mir standhaften Mut geben, auch das Traurigste zu tragen! Die Ungewissheit, dass wir bleiben oder nicht bleiben, war mir tötend und wird mir so bleiben, bis die Waage des Schicksals es bestimmt. Ach, tue Du das Beste! Ich darf nicht wählen, es ist allzu wichtig! Wie oft bracht' mich meine Schwachheit nicht zu dem verzweiflungsvollen Todeswunsch, dass wir sterben möchten.
33 Verzeihe es, wenn die Müdigkeit, weiter fortzustreben, Sünde ist wie die, die meine Seele belastet, und die Du kennst. Ach, wie traurig ist's, unglücklich und von Menschen verlassen zu sein, nicht um der Armut und des Unglücks selbst willen, sondern um all der schmerzenden Empfindungen willen, die man tragen muss nach meinen Erfahrungen! Ach, o Du, lass' mich alles tief empfinden und beweinen, nur am Ende nicht verzweifeln! Ach, lass' mich Deine Macht und Deine Güte empfinden und am Ende mich freuen,
34 dass dies alles, was ich leide, zu meinem Besten dient und durch manchen Trost sich wieder leichtert! Noch leben wir alle, geniessen alle Gesundheit, besonders auch meine Kinder. Oh, wie viel entwickelten sich ihre Seelen, wie viel sanftes Vergnügen war mir bei den Unterrichtsstunden, da ich unter ihnen sass, meine Schwachheit fühlend, doch mit ernstem Fleiss tat[24], was ich tun konnte! Erbarme Dich ihrer, Du allein kannst es! Meine Erfahrungen machen mich zittern, sollt' ich auf Menschen hoffen für sie. Ach, wer würde sich
35 ihrer annehmen oder sich ihrer erbarmen, da sich meiner niemand annimmt, noch sich meiner erbarmt. Traurigster der Gedanken ist meine Aussicht für diese Lieblinge, die ich mir mache, wenn ich mich ihrer freuen sollte und freuen möchte. In dieser Empfindung trennt sich meine Seele von jedem Wonnegefühl, das ich in der Freundschaft der Menschen geniesse, und bringt mich zu einer Unempfindlichkeit gegen das Wohltuendste, das mir bereitet wird. Verzeihe das schwache, schwarze Misstrauen, das in mir durch heute erweckt ist und das mich wie eine Hülle

---

[24] Originaltext: «...mit ernstem Fleiss zu tun, was ich tun konnte.»

36 umgibt und in Unruhe sich ergiesst, die mir jeden Genuss der Natur, der Religion, der Andacht, der Arbeit, des Lesens raubt, zerreisst, tötet! Ach, hebe meine Seele empor, stärke Du mich, beruhige Du mich, führe mein und der Meinen Schicksal zu gutem Ziele, und mache mich fähig, auch das Gute zu empfinden, das mich umgibt. An Zeit gebricht es mir, alles niederzuschreiben, aber die Erinnerungen bleiben ewig. Wenn ich alles betrachte, was sich in dieses Jahr einschliesst,

37 anbetend, dankend, liebend, werf' ich mich in dieser einsamen Stunde vor Dir nieder, o Du, mein Vater! Bis hieher führtest Du mich! Sollt' es Dir an Kraft gebrechen, mich und die Meinen weiter zu führen? Nein, Du bist der, der da war und der da sein wird von und in alle Ewigkeit![25] Amen.

Soeben durchlas ich noch diese vorstehenden Blätter und erstaune über die gleichgestimmte Lage meiner Seele, die sich nie hob, nie verlor und immer die nämliche blieb von Anfang bis zu Ende.

38 Wie viel trauriger noch jetzt, da eine 9-monatelange Lücke von nichts als Bedrückung und Leiden sprechen würde, die niemand kennt noch fühlt und mich Unglückliche so [viel] unglücklicher machte, dass nichts mich tröstete, als Du allein, o Gott, vor den ich demütig niederfalle!

---

[25] Hebräer 13, 8.

1795

1   1795.
    Unruhen in Stäfa[1].
    Schlossbesatzung von Herren Offizieren.
    Fortsetzung meiner unglücklichen ökonomischen Lage.
    Über Bleiben oder Nicht-bleiben in Wädenswil, etc.
2   [leer]
3   Januar 1795, Sonntag, abends, den 4ten.
Von dem Wichtigsten meines Lebens nahm ich mir vor, bisweilen ein Wort niederzuschreiben, und fange zu diesem Zweck wieder einmal an, es zu tun. Möge es, o Du grosser Gott und Vater, mir zur Stärkung und Besserung dienen, für meine Seele, die ich Dir anbefehle im Namen Jesu Christi! Schon 4 Tage verflossen in zerstreuenden Geschäften, in stillen Betrachtungen über mein Schicksal, in stillen Tränen, unter Arbeit und Sorgen für die kommenden[2], die mir mit ihren Leiden und Freuden bereitet sein mögen, besonders auch über den Wunsch unseres heurigen[3] Bleibens, das so
4   schwer ist – so viel dafür, so viel dawider – und das mir im vorigen Jahr so viel Szenen verursachte, an die ich mit Wehmut denke. Und nun, was wird die Folge davon sein? Seit ich im Hornung vor einem Jahr meine Schwester besuchte und nie nichts mehr niedergeschrieben hatte, gab es im März über die Abnahme der obrigkeitlichen Rechnung, des Stillstands[4] von Hofmeister, dass mein Mann [sich bewerbe] auf die Vogtei, so eine Verwirrung unter meinen Geschwistern[5] und einem Teil der Verwandtschaft, dass es über April, Ostern, Mai und weiter hinaus unendliche Standhaftigkeit brauchte, alles zu tragen, auch bei dem Besuch, den ich im Heumonat bei meinem Oncle in Grüningen machte, dass meine Seele jetzt noch blutet. Ach, dass die Menschheit nicht fühlt, wie sie handelt!
5   So geneigt ich eigentlich war, mich loszuwinden von den Sorgen und Mühseligkeiten und Gefahren, die der hiesige Aufenthalt mitbringt, so wirft mich der Gedanke – wie so gar hart, nicht tröstend die Erfahrungen alle sind, die ich verflossenes Jahr machte – zurück auf den schweren Wunsch, hier bleiben zu können. Was hätte ich für einen Gewinn, mich in ihre Arme zu werfen, bei der trostlosen Aussicht, ihrer Hülfe noch mehr zu bedürfen, als ich's hier nötig bin?! Verzweiflung durchbohrt meine Seele,

---

[1] «Stäfner Handel», s. 1795, pag. 23.
[2] Sc. Tage.
[3] «heurig», dialektal: diesjährig.
[4] «Stillstand», hier im Sinne von abwartender Haltung bzgl. Kandidatur als Landvogt.
[5] Vgl. 1794, pag. 31.

auf alles, was meiner warten mag. Nur demutvolle, aufblickende, flehende Standhaftigkeit trägt mich [dar]über [hinweg], alles zu tragen und meine Bitterkeiten zu überwinden, die meine Seele belebten. Ach, Gefühl, wie verminderst du dich mit der kommenden Zeit, mit den Umständen, mit Erfahrungen! Was ist der Mensch für ein armes Geschöpf, beweglich wie das Blatt am Baume.

6 Herder sagt in seinen Ideen, 3ter Teil[6], über die Philosophie der Geschichte der Menschheit, welches Buch ich eben las, und welches mir so einen Überblick, so eine Anschaulichkeit des Innern der Menschheit gibt, dass es mich belehrend und stärkend ein Gefühl der Wahrheit bringen wird, so oft ich mich erinnere, was dasselbe in sich schliesst: «Wie weit und wie eng ist das menschliche Herz, wie einerlei und wie wiederkommend sind alle seine Leiden und Wünsche, seine Schwachheiten und Fehler, sein Genuss und seine Hoffnung! Tausendfach ist das Problem der Humanität, rings um mich aufgelöst und allenthalben ist das Resultat der Menschenberührungen dasselbe: Auf Verstand und Rechtschaffenheit ruhe das Wesen unseres Geschlechtes, sein Zweck und sein Schicksal.» – «Keinen edlern Gebrauch der Menschengeschichte gibt's als

7 diesen: Er führt uns gleichsam in den Rat des Schicksals und lehrt uns in unserer richtigen Gestalt nach ewigen Naturgesetzen Gottes handeln, indem er uns die Fehler und Folgen jeder Unvernunft zeigt. So weist er uns in jenen grossen Zusammenhang, in welchem Vernunft und Güte zwar lange mit wilden Kräften kämpften, immer aber doch – ihrer Natur nach – Ordnung schaffen und auf der Bahn des Sieges bleiben redlich auch unsern kleinen und ruhigen Kreis an.» So ganz, ach, so ganz von allen Erwartungen des Trostes bin ich durch mich selbst zurückgekommen, und auch durch das Lesen des vortrefflichen Buchs, dass ich sehe: Der Mensch ist nach Lage, Erziehung, Art, alles geworden, was er werden konnte, aber höher hebt sich die Menschheit nicht, wie man's für sich selbst und für andere wünschte.

8 Heute [4. Januar] um 7 Uhr auf. Kaffee, Ankleidung, nachher herzliches Gebet mit meinen Kindern. Liess Cäper in Hess' Biblischen Geschichten[7] lesen, nachher ein Lied abschreiben, in welcher Zeit ich eine Predigt von Zollikofer las, über das Wünschen; nachher noch in Herders Ideen, 4tem Teil. 's Essen, wieder fortgelesen in Herder, im Gefühl der Vortrefflichkeit und Anschaulichkeit der Geschichte der Menschheit. Nachher Klaus-Freude[8] den Kindern und Tee. Sodann schrieb ich an Frau Ott [und]

---

[6] Herder Johann Gottfried: «Ideen zur Philosophie der Geschichte der Menschheit», 4 Teile, Riga und Leipzig 1785, 1792, 3. Teil Seite 423f.
[7] Hess Johann Jakob, Antistes: «Biblische Erzählungen für die Jugend aus dem Alten und Neuen Testament», Zürich 1774.
[8] «Kläuseln»: Hätscheln, streicheln.

Frau Schulthess im Schönenhof, mit zärtlicher Liebe, und nachher noch dieses Blatt, mit tiefer Empfindung. Ach, mögen die folgenden einer tröstenderen Wonne voll werden, angefüllt mit dem Zeugnis, dass ich besser und weiser in Erfüllung jeder Pflicht möge gelebt haben!

<u>Donnerstag, den 8ten.</u>
Da ich gestern und heut' an der Rechnung unserer Haushaltung geschrieben und dabei so viel traurige Empfindungen habe, treibt es mich, dies anzumerken. Ach, möchtest Du, o Gott, mir meinen Kummer erleichtern und <u>mir</u> und den <u>Meinen</u> unser Brot nicht mit so viel Kummer geben[9]. Auch behielt ich meine empfangenen Briefe von 94, bei welchen mir der Anblick davon so viel Eindrücke des Schmerzes machte, den ich empfunden habe beim Empfang derselben, dass die Wunden sich nie heilen werden. Sehr artige [Briefe] von Herrn Escher, Frau Ott [und] Lav.[ater] hatt' ich erhalten, auf die meinigen über Neujahr. Allein, Todeskummer umfasst mich, wenn ich an die Abnahme der Rechnung denke. Es vorher sagen, gibt eine neue Revolte und es nicht sagen eine plötzliche Überstürmung, welche die dir[10] allein bestimmten Folgen haben könnten. Diese Empfindungen wirken auf meine Natur so sehr, dass ich gestern nacht wieder in einen Schmerz versank, der mir – wiederholt – tödlich sein könnte.
Ich endete nun gestern Herders Ideen mit Lesen, mit dem wohltuenden Gefühl, dass mir noch kein Buch mit so vieler Helle eine Übersicht in die Tiefe der menschlichen Seele dargelegt hatte, in Betrachtung der Geschichte von 3 Weltteilen, besonders Europa. Möge ich wohl wieder etwas auswählen, das meine Seele so [er]hebte über das Traurige das mich umgibt!
Auch genoss ich, mit tiefem Gefühl und Ernst, viel Anmut bei dem Unterricht der Kinder und bei der Arbeit. Der Winter hat durch seine Einsamkeit so viel Liebliches, dass er zum doppelten Genuss wird.

<u>Donnerstag, den 22.</u>
Schon wieder 16 verflossene Tage! Jetzt in stiller Einsamkeit ein Wort in diese lieben Blätter, obschon nicht eigentlich [et]was Wichtiges mir widerfahren, so sind es doch Tage meines Lebens, die dahinflossen und keiner derselben, der nicht Gutes und Böses mitnimmt. Ein lieber Besuch von Cäter[11] Pfenninger[12] und Herrn Ziegler[13] von Sonntag [18. Januar] bis

---

[9] Vgl. Goethe Johann Wolfgang von: «Wilhelm Meisters Lehrjahre», 1795/96, 2. Buch, 13. Kapitel, «Wer nie sein Brot mit Tränen ass…»
[10] Vermutlich Folgen für den Ehemann von David Orelli.
[11] «Cäter»: Kosename für Katharina.
[12] Pfenninger Anna Catharina (1773–1837), Tochter von Johann Conrad u. Pfenninger-Ziegler Anna Catharina, verm. 1795 mit Locher Hans Jakob (1761–1834).
[13] Ziegler Rudolf (1747–182.), Stiftskammerer, 1793 Pfleger zu Zimmerleuten. Dieser Onkel kommt als Begleiter der Braut in Frage.

Dienstag, zum Abschied vor ihrer <u>Hochzeit</u> mit Herrn Pfarrer Locher[14] von Grönenbach[15] erfüllte meine Seele voll Liebe. Auch viel Arbeit, wenig Lektüre als eine Menge Briefe von und an Lavater, die ich schnell durchgelesen [hatte] und doch eigentlich bedaure, dass diese Korrespondenz nicht von reichhaltigerem Inhalt ist. Ist köstlicheres freilich nichts, als Religion und Liebe, so scheint mir doch, es könnte sich noch manches beifügen von Wert. Auch viel Ernst und Genuss war mir bei meinen Kindern, da ich sie lehrte, so gut ich's kann. Ein paar liebevolle Briefe von meinen Geschwistern, auch an sie, gaben sich mir zum Trost, nebst einigen Blättern freundschaftlicher Liebe meiner Freunde. So wenig Tröstliches ich geniesse und erfahre, hat jedes doch wieder eine neue Belebung meines Gefühls, das beinahe fast versinkt. Gott, o Gott, lass' meine Hoffnung nicht ersterben!
Die frappante Aussicht auf den See, die Bildung der Eisinseln, ist ein Gegenstand tiefer Bewunderung für mein Gefühl.

<u>Samstag, den 31.</u>
Nachdenkende Stille erfüllt meine Seele, nebst kummervollem Leiden, das mich nie verlässt. Ach, wohin zieht mein Schicksal am Ende meiner Tage? Einige Auftritte, die ich hatte mit m.[einem] Cäper, beunruhigten mich auch sehr. Sein Eigensinn und sein Ungehorsam [ist derart], dass ich ihn darüber geschlagen, nachher aber doch glaube und hoffe zu bemerken, dass es Eindruck auf ihn gemacht, weil er zahmer und folgsamer[16] scheint. Wachbar[17] kann man nicht genug sein. Ach, dass ich Weisheit und Kraft fühlte, sie, meine Kinder, zur Tugend zu leiten!
Der Jahrgang 92 von L.[avaters] Handbibliothek machte einen Teil meiner Lektüre aus und Füsslis «Schärfgen»[18], bei welchem mir sehr aufstieg, dass sein Verfasser nicht ein eigentlich grosser Mann sein kann, auch das Unfeine der Sprache und das Zwecklose des Ganzen! Wie kann man doch sagen, dass die 10 letzten Gesänge [von] Klopstocks Messiade[19] ein Quodlibet[20] oben im Himmel und seine geistlichen Lieder ein Geheul unten auf der Erde sei.
Viel Arbeit, viel körperliches Unbehagen.

---

[14] Locher Hans Jakob (1761–1834), 1791 Pfarrer in Grönenbach im Allgäu, 1800 Pfarrer in Ottenbach im heutigen Bezirk Affoltern, Knonaueramt.
[15] Grönenbach, südlich von Memmingen, war eine reformierte Kirchgemeinde, weshalb Zürich den Pfarrer stellte.
[16] <u>Originaltext</u>: «gefölgiger».
[17] Gemeint ist «wachsam».
[18] Füssli Johann Heinrich: «Ein Schärfgen auf den Altar des Vaterlandes gelegt», 2. Aufl. Berlin 1778.
[19] Vgl. 1787, pag. 62
[20] «Quodlibet»: Mischmasch, Durcheinander.

Ach Gott, sei Du mein Erbarmer, bis ans Ende meiner Tage, wie Du's warst bis an das Ende dieses Monats!

15   Hornung, März, April, Mai,
                        Brachmonat, Heumonat,
                        Augustmonat, 1795.
                        Herbstmonat, Montag, den 21.

Gott, welch eine Tücke meiner Zeit, wahrscheinlich die wichtigste von meinem Leben. Jetzt sanft hingezogen fühl' ich mich, wie mit rechtem Heimweh, zu mir selbst, einiges wieder in euch, geliebte Blätter, einzuschreiben. Ach, dass ich's könnte, wie ich es wünschte zu tun!

16 Wo fang ich an? Da, wo ich's im Januar liegen liess, wo mich das Vorgefühl von vielem niederschlug, das sich in Erfahrungen ergoss! Oh, wie blick' ich traurig zurück in Gefühlen, die meine Seele beladen! Ich bin mir keiner deutlichen Erinnerung mehr bewusst, was sich alles zutrug, bis auf den Zeitpunkt im März, ich glaube [in] der Woche, in welcher sich der 17te desselben [befand], und da mein Mann nach Zürich reiste, sich alles Missgeschick zusammenschlug, dass sich nicht so viel Geld zusammenlegte und er sich einiges ausbitten musste, das nun Herr Ott geben, Herr Escher nicht geben wollte und zugleich die Abrechnungen mit Herrn Escher eingerichtet wurden, dass alles uns zur unverzeihlichen Sünde

17 und Vorwürfen angelegt wurde, sodass sich Herr Escher von allem zurückgezogen [hat], [sich von] der Bürgschaft für die Vogtei lossagte, sodass meinem Mann untersagt[21] war, sich auf der Vogtei zu melden[22], für uns ein unaussprechliches Leiden, für mich Todesqual, bis zur Verzweiflung. Frau Schinz schrieb an mich, ich sollte davon abstehen, was ich aber nicht konnte. Frau Ott und Herr Schinz kamen nun zwei Tage vor der Anmeldung[23] zu mir, mich von diesem Entschluss abzumahnen, über welches ich beinahe zur völligen Verzweiflung kam. O Gott, behüte mich nur vor Schritten gegen mein armes Leben, lege mir nicht mehr auf, als dass ich ertragen kann! O Du, Du kennst meine Schwachheit am besten und was ich ertragen kann! Es wurde mir nun

18 keine Zeit zur Beratung übrig gelassen. Dazu [kam] die Wichtigkeit, die Vogtei jetzt überall fahren zu lassen und die Unwiederbringlichkeit – wenn ich dieses tun würde. Die Schwäche meiner Geschwister und die unbefestigten[24] Vorschläge, dass man uns 900 Gulden zusammenbringen würde für ein Jahr, zudem man mir von allen Hoffnungen von Beistand über mein unglückliches Schicksal nicht eines gehalten hatte, bracht' mich zu dem

---

[21] «Untersagt» im Sinne von verunmöglicht.
[22] Gemeint ist die Bewerbung für eine neue Amtsdauer, wofür eine Bürgschaft notwendig war.
[23] Anmeldung zur neuerlichen Kandidatur.
[24] Ohne rechtliches Fundament, auf blossen Versprechen beruhend.

Entschluss, dieses nicht anzunehmen, lieber die Bitte meines Mannes zu unterstützen und in Gottes Namen hier zu bleiben. Wie hätt' ich's anders machen können? Notgedrungen meinethalben zu bleiben, schrieb ich
19 diesen Entschluss an Frau Ott und Herrn Schinz, bei dem es endlich fest blieb. Meinem Mann wurde bewilligt[25], nach Zürich zu gehen [und] den Anmeldungstag vor sich gehen zu lassen, welches dann geschah, aber Du weisst es, o Gott, mit welchem Leiden für mich, welchen Bitterkeiten, die mir bis ins Grab in meine Seele geheftet sind. Die sollt' ich hier niederschreiben, was mir unmöglich war. Wie traurig sind doch solche Stürme des Lebens! Bedenkt man sie, möcht' man ersticken. Gefühle von solcher Not, in der ich immer lebe, und dann noch solche Erfahrungen erschüttern Leib und Seele, dass ich oft nicht begreife, wie ich's tragen mag, und nur allein in Gedanken an Dich, o Gott, zu tragen vermag!
20 Nun also ging der Anmeldungstag vor sich. Herr Ott blieb bei der Bürgschaft, weil er wohl fühlte, wie entsetzlich uns dieses sein müsste, und so setzte sich unter vielen bitteren und traurigen Gefühlen diese Angelegenheit wieder. Mich schmerzt es am meisten, diese Härte und Kälte zu erfahren, da ich alles, alles getan habe, was mir möglich war zu tun, zu meiner eigenen und zur Beruhigung meiner Geschwister und Anverwandten. Allein, dieses wird nicht gefühlt, vielmehr als Leichtsinn angesehen. Man muss nur unglücklich sein, um die Menschheit zu kennen. Ach, dass ich sie nie hätte kennen lernen [müssen], um nicht so wehmütig zu werden, wie ich's nun bin, besonders über den Charakter meiner Freundin Schinz, das so einen Einfluss durch ihre Leidenschaften auf
21 meine Geschwister hat. Sein Geiz, sein Neid! Gott, wie wenig ich's glaube und doch wie wahr und offenbar sind mir diese Züge seines Charakters, sodass ich's die Tage meines Lebens nicht mehr ehren noch lieben kann.
Es verflossen die Wochen von der Anmeldung bis zum Wahltag, ohne dass sich etwas Eigentliches zutrug. Und nun, im Brachmonat, langte auch dieser [Tag] an, an welchem mein l.[ieber] Mann auf die ehrenvollste, grossmütigste Art diese Stelle von Seiten der Obrigkeit wieder erhielt. Ich blieb aber auch da, hier in Entfernung in Gefühlen eingehüllt, die nur Gott, Du, mein Vater kennst!
22 Nach diesem kam Herr Ott mit meinem Mann heim. Viel über die fatale Trennung[26] mit meinem Bruder [gesprochen]! [Er war] sehr artig, allein, wie weh tat's mir, dass ich Verdruss hatte, da er sich an Heinrich[27] über verschiedenes äusserte. Mag sich nichts mehr rein darstellen? Keine Äusserung der Menschen, dass meine Seele in einem Menschen froh werden möge?! So ich dieses schreibe, irrte ich: Dies geschah schon nach der

---

[25] Originaltext: «Meinem Mann bewilligt war.»
[26] Im Sinne von Entzweiung, Entfremdung.
[27] «Heinrich»: Vermutlich Bedienter.

Anmeldung! Nun kämpfte ich den Kampf²⁸ fort in Demut, Misskennung und Szenen über Szenen, die auf meine Seele und auf meinen Körper wirkten und mich bis ans Ende meiner Tage kränken werden. Lehre mich tragen, lehre mich dulden und nimm mich einst zu Dir!

23 Nach Verfluss dieser mir so nahe gehenden Geschichten, von denen dies nur ein schwacher Umriss [ist], und [die] mich tiefer und inniger leiden machten, als ich's je aussprechen kann, trugen sich die fatalen politischen Unruhen in Stäfa²⁹ zu, die die Besetzungen der Schlösser und auch des unsrigen nötig machten und mir also drei Herren Offiziere und alles, was ich nicht beschreiben könnte, bei 23 Tagen, vom 3. Heumonat an, in unser Haus führte. Welche Beängstigungen der Sorgen ums Politische, des Unkostens, der Unordnung und Unruhe und Geschäfte es auch auf mich legte, ist unbeschreiblich. Nur der Trost mir blieb, dass mein Mann seine Geschäfte so glücklich führte, dass es eigentlich in

24 dieser Gegend nichts Wichtiges mitbrachte, ein paar kleine Sachen ausgenommen, die sich auch glücklich legten. Nun also wieder eines, das mich drückte und [mir] Leiden machte, da ich sonst schon gedrückt, gekränkt, ermüdet war. O Gott, habe Mitleiden mit mir! Kaum war dieses vorbei mit seiner Last, hatte ich Geschäfte über Geschäfte, einen 12 Tage langen Besuch von der Berlepsch, sodass ich vor Mattigkeit, Furcht, Geschäften immer und immer mehr gedrückt war und in eine Melancholie und Übelbefinden verfiel, von der ich mich jetzt noch nicht erholt habe, welche diese Lasten alle auf mich geworfen, nebst noch vielem, tiefem Kummer, der mich täglich drückt.

25 So verlebte ich diese Zeit meines Lebens, davon ich mich keiner [ähnlichen] zu erinnern weiss, obschon ich zittere, weiter hinauszublicken, weil ich vorsehe, dass die Trennung von meinem Bruder eine Quelle von unendlichen, tiefen Leiden ist und mitbringen wird.

Ziemlich viel Arbeit. Viel Lernen mit meinen Kindern, auch einige Lektüre, wovon mir Erquickungen in meinem Leiden, in meiner Unruhe [erwuchsen], die mich von Tag zu Tag über vieles hintrugen. Oh, sollt' ich verzweifeln, dass Du mich nicht weiter tragen werdest, o Du, mein Gott! Gönne mir nur den Gedanken an Dich, moralische Handlungen und ein gutes Gewissen, so wird es mir nie unerträglich werden zu leben!

26 Oh, dass ich meine Führungen vom Schicksal niederschreiben könnte, wäre es in [die] Geschichte meines Lebens, wie würd' ich Deine Vorsehung

---

²⁸ Originaltext: «…kämpfe eines Kampfes.»
²⁹ «Stäfnerhandel»: Aufstand der ländlichen Bevölkerung gegen die Obrigkeit des Stadtstaates Zürich. Die Untertanen beriefen sich im Zuge der revolutionären Bewegungen auf alte freiheitliche Rechtsbriefe, es wurde ein Memorial veröffentlicht. Die Unruhen griffen auch über auf die linke Seeseite. Am 5. Juli 1795 erfolgte die militärische Besetzung von Stäfa.

erkennen, mir meine Tränen abtrocknen, und wie viel von der Menschheit der Menschheit mitteilen, was, wenn [es] nicht teilnehmende Empfindungen erwecken würde, manchem Menschen nützlich sein könnte. Teilnehmung habe ich wenig empfunden, die nicht allemal durch's Heute wieder ausgelöscht wurde. Ach, was ist der Mensch für ein armes Geschöpf! In seinem Innern bin ich gleich, auch selbst ein Mensch wie andere, durch die ich leide.

27   Weinmonat, Wintermonat, Christmonat 1795.
   Weihnachen, Nachtag, den 26., Abend.
So ergreif' ich nun am Ende dieses Jahres, nach einem so langen Zeitraum, euch, liebe Blätter, doch noch einmal an diesem stillen Abend, zum letzten Mal, noch etwas von mir niederzuschreiben. Wahrscheinlich ist die innere Unruhe meiner Seele die Frucht der Leiden, das, was mich selbst von mir abwendet, [wenn] ich mich nur zwinge, dies elende Leben fortzutreiben und mich nur tröste, dass mit der Zeit auch mein Leben und mein Schicksal forteilt.

28 Hauptauftritte trugen sich eigentlich nicht zu, innert diesen Wochen. Ein Besuch in Grüningen ist eins vom Tiefsten, was meine Seele berührte, wo ich nicht ein Wort mit Oncle reden konnte, was mich so in einen Schmerz der Ungerechtigkeit und Wehmut versetzte, dass ich mich beinahe tot weinte, ihm nachher schrieb und er nicht antwortete. Diese Härte, diese Abwerfung ist mir kränkend und wird mich an ihm und Frau Schinz kränken, so lange ich lebe. Auch meine Bitterkeit gegen Frau Schinz werde ich bis ins Grab nicht von mir heben können. Nicht verlangte ich, dass er[30] mir etwas geben sollte, aber die gewaltsamen Einschnitte – die kränken – in mein Schicksal, diese werde ich ihr nicht vergessen oder verzeihen, denn niemand als es

29 trennte meinen Bruder von mir. Wenn es schon nicht absichtlich geschah, so hatte es so viel Wirkung, dass sich nun dieses zutrug.
Im Herbstmonat besuchte ich meinen Bruder einmal [in Meilen[31]], fand ihn in Geschäften. Erschrocken und freundlich machte er uns hinaufkommen, da es ein allgemeines Gespräch gab, aber von mir oder meiner Angelegenheit kein Wort auf die Bahn zu bringen war. Die Frau und Kinder waren nicht bei Hause. Wehmütig gingen wir nun von Meilen über den See und meine Gefühle [waren] gekränkt. Er versprach mir, uns zu besuchen, kam <u>nicht</u>. Den Tag vor ihrer Abreise[32] liess er mir sagen, er wolle zu uns kommen, ich zitterte vor

---

[30] Gemeint ist der Ehemann, Heinrich Schinz.
[31] Vgl. 1786, pag. 69, 1791, pag. 166.
[32] Nach Zürich.

30 Erwartung und freute mich wehmütig. Auch da kam er nicht. Nun blieb ich still. Vor dem Wahltag aber schrieb ich ihm bittend, wehmütig herzlich, einen Brief, er möchte doch unser <u>Bürge</u> bleiben, so mit Gründen und liebevoll, wie ich's nur konnte. Da schlug er mir's wieder ab und verreiste nach Schwandegg[33], dass ihn [weder] mein Mann noch Oncle nicht sprechen konnten, während dass sie in der Stadt waren. Er machte mir Hoffnung eines Besuches, aber ach, wie wollt' ich glauben können, dass er komme! Diese Härte, diese List, alles von sich zu wenden, ist doch wahrhaft traurig und gewiss unwiederbringlich verloren, dass er zurückkehre. Dies ist mir nun eine unendliche Quelle

31 von Leiden und von Furcht. Was daraus entstehe, ob es den Plan, hier zu bleiben, zerstöre, oder ob sich ein grossmütiger Mensch finde, oder was sich alles daraus ergebe, weisst Du, o Gott, allein! Meine Vernunft allein sieht die Gefährlichkeit ein, ohne dass ich ihre Folgen voraus weiss. Sei Du der Leiter dieses wichtigen Vorfalls, der Du mich, o Gott, schon durch so Ernstes führtest!

Dies sind nun einige Züge, von aussen [betrachtet], von ihnen. In Ansehung[34] meines Mannes hatte ich ein paar Szenen, die meine Seele zerrissen, sodass ich fast verzweifelte, die ich eben nicht niederschreiben will.

32 So kann es nicht mehr gehen. Lieber Gott, lass' die Stunde Deiner Erbarmung kommen, und wende zu meiner Ruhe mein Schicksal! Nicht mein Wille, aber Dein Wille, o Gott, geschehe![35] So ist's unerträglich! Sei es durch Tod oder einen anderen Weg, aber so halte ich's nicht mehr aus, die täglichen Alterationen[36] meiner Seele schwächen meinen Körper, dass ich in Gefahr komme, mich selbst zu verlieren. Würde ich nach allem Verlust die Ruhe meiner Seele, meiner Sinne verlieren, wer, oh, wäre dann unglücklicher als ich. Und diesem Punkt fürcht' ich näher als jemals zu sein. Ach, welch ein Leidensgefühl!

33 Doch abgesehen von diesen Szenen[37], war ich glücklich genug, mich in diesen festlichen Tagen meinem Kummer zu entreissen. So lass' auch jetzt mich vergessen! Lehre mich tragen und standhaft sein und nur wehmütig, nicht bitter, meines Leidens gedenken! Gabst Du mir gestern, lieber Gott, die Gnade Deines Abendmahls zu geniessen im Glauben an den vorsehenden Tod Christi, oh, so lang [wird] mir nicht vertilgen aus meiner Seele, was ich Gutes genossen und empfunden habe. Lass' mich gestärkt im Namen Jesu Christi

---

[33] Schwandegg: Schloss im Zürcher Weinland, Gemeinde Waltalingen, seit 1771 im Besitz des Generalinspektors der Kavallerie in Zürich, Major Bürkli Hans Conrad, der es 1788 auf den Schwiegersohn, Rittmeister Meyer Melchior (1756–183.), vererbte. Dieser war der Schwager von Escher Johann Caspar, dem Bruder der R. v. O.-E.

[34] «In Ansehung»: im Sinne von in Bezug auf.

[35] Lukas 22, 42

[36] Vgl. 1787, pag. 25.

[37] <u>Originaltext</u>: «Doch weg von diesen Scenen...»

weitergehen, Du, o ewige Gottheit, wirst mich nicht verlassen! Du, der mich erschaffen hast, wirst mich auch tragen durch alles, alles durch! Amen.

34 Cäper bekümmert mich sehr, wegen seinen Halsbeschwerden. Ich konsultierte Herrn Chorherr Rahn und brauchte nun von ihm [Medizin], bisher aber, ach, noch von keiner Besserung.
Auch Lavaters Gesundheit geht mir sehr zu Herzen, wahrscheinlich wird er bald sterben[38], was ich ihm eigentlich herzlich gönne. Nur hätt' ich gewünscht, ihn auch noch zurückkehren zur Vernunft zu sehen. Aber so, mir scheint, eilt er in den Systemen seiner Phantasien dahin. Irrt er sich nicht, so leite [er] auch mich zu seiner Lehre, ist's aber Irrtum, o Gott, so lass' mich bei dem Unvollkommenen meiner Ideen, in denen ich Dich wahrhaft anzubeten glaube!

35 Mir armem Erdenwurm ist's immer das Beruhigendste, Dich [als] die Gottheit im erhabensten Sinn zu denken, Deine Unendlichkeit, Ewigkeit, als den Anfang alles dessen, was ist und war, wenn ich's so nicht begreifen kann! Und Deine Liebe, dass Du Christus, Deinen göttlichen Sohn, uns Menschen sandtest, dessen göttliche Lehren, Wunder, Taten uns leiten und die Hoffnungen der Unsterblichkeit uns befestigen. Solche Ideen erheben, beruhigen, erquicken meine Seele allein und mehr als das Ängstliche, das Lavater mit so viel Kleinem lehrt.

36 Mir ist immer das Lesen der Bibel heilig.
Auch Hess' Leben Jesu[39] las ich mit Empfindungen und Erhebung.
Erst kürzlich Fergusons[40] Astronomie[41]. Ach, welch eine Erfahrung und Bewunderung zur tiefsten Anbetung der göttlichen Allmacht liegt in den Betrachtungen des Weltsystems!

    Matthisons[42] Briefe[43],
    Berlepschs Sommerstunden[44],
    Benaus[45] Gedichte,
    Bronners[46] Leben[47],
    Schröckhs[48] Weltgeschichte,
    Milbillers[49] Geschichte der Deutschen[50],

---

[38] Lavater litt an Lungentuberkulose, s.a. 1800, pag. 203.
[39] Hess Johann Jakob: «Lebensgeschichte Jesu», 2 Teile, 7. Auflage, Zürich 1794.
[40] Ferguson James (1710–1776), schottischer Mathematiker, Astronom.
[41] Ferguson James: «Astronomie aus Newtons Grundsätzen erklärt», Berlin 1793.
[42] Matthison Friedrich von (1761–1831), deutscher Schriftsteller.
[43] Matthison Friedrich von: «Briefe», 2 Teile, Zürich 1795.
[44] Berlepsch Emilie von: «Sommerstunden», Zürich 1794.
[45] Möglicherweise Benau H.: «Von Lenz und Liebe», Gedichte, Wien o.D.
[46] Bronner Franz Xaver (1758–1850), ehem. Benediktinermönch, Schriftsteller und Naturwissenschafter.
[47] Bronner Franz Xaver: «Leben, von ihm selbst geschrieben», 3 Bände, Zürich 1795–1797.
[48] Vgl. 1794, pag. 24.
[49] Milbiller Joseph (1753–1816), Geschichtsschreiber.
[50] Milbiller Joseph: Fortsetzer von Kaspar Risbecks «Geschichte der Deutschen», Zürich 1788–1790; «Geschichte Deutschlands im 18. Jahrhundert, ein Nachtrag zu Risbecks

37	Gessners[51] Ruth, Stolbergs Gedichte[52], Goethes Wilhelm Meister[53], Einige Stücke Shakespeares, Toblers Sophokles[54], Lavaters Anacharsis[55], Jacobis[56] Taschenbuch 96[57]	

waren ungefähr meine Lektüre in dem letzten Vierteljahr dieses Jahres, welches mir bisweilen Trost war.

38 Viele Handarbeit, und eigentlich das Wesentlichste, der Unterricht meiner Kinder, was mir das Wichtigste von allem ist. Sie sind mein <u>einzig Liebstes</u> dieser Erden. Gewöhnlich lass' ich sie einige Gellert-Lieder beten, einige Psalmen lernen, den Katechismus[58], gebe ihnen einfache Ideen der Gottheit von Christus, dann lass' ich sie wechselweise biblische [und] moralische Erzählungen lesen. Mit Cäper: Geographie, Geschichte, etwas Logik, Naturlehre, nebst dem Französischen, Rechnen und Schreiben, das ich in Vormittag und Nachmittage einteile.

39 Wie schwer wird es mir nicht! Und doch, als die mütterlichste Pflicht ist mir diese Anstrengung eine Seligkeit, dass mich die Aufopferung meiner selbst nicht dauert, denn nebst diesem allem bleibt mir sehr wenig Zeit übrig, weder zum Lesen noch [zur] Musik, noch Briefschreiben, noch Spaziergänge. Wie kränkend [ist es] für mich nun, wenn ich gehemmt werde durch Besuche oder Geschäfte, wo dieses nicht fortgehen kann.

40 <u>Silvester, den 31. Dezember, 1795.</u>

So ist es denn die drittletzte Stunde dieses in so vielen Betrachtungen so wichtigen Jahres, und so schliess' ich auch euch, liebe Blätter! Oh, wie viel hätt' und möcht' ich noch hinzutun, aber ich ende im Gefühl tiefer Empfindung und Anbetung. Bis hieher, o Du allmächtiger Gott, hast Du

---

Geschichte der Deutschen», 2 Teile, Zürich 1795. Risbeck Johann Kaspar (1754–1786), Schriftsteller. Risbeck weilte 1779 als Zeitungsmacher in Zürich.

[51] Gessner Georg (Schwiegersohn I von Schulthess Wolf Barbara, II von Lavater Johann Caspar), vgl. 1790, pag. 76: «Ruth oder die gekrönte häusliche Tugend», Zürich 1795.

[52] Stolberg Christian Graf zu: «Gedichte, aus dem Griechischen übersetzt», Hamburg 1782. Stolberg Christian und Friedrich Leopold Grafen zu: «Gedichte», Frankfurt 1781.

[53] Vgl. 1786, pag. 45.

[54] Tobler Georg Christoph: «Sophokles», vgl. 1787, pag. 13.

[55] Lavater Johann Caspar: «Anacharsis, vermischte Gedanken und freundschaftliche Räte», Winterthur 1795.

[56] Jacobi Johann Georg (1740–1814), deutscher Philosoph und Schriftsteller, Bruder von Jacobi Friedrich Heinrich (1743–1819), vgl. 1786, pag. 47 und 1789, pag, 143.

[57] Jacobi Johann Georg, Taschenbuch 1786. Jacobi hatte 1774–1777 die Zeitschrift «Iris» herausgegeben. Hier handelt es sich um das «Taschenbuch von J. G. Jacobi und seinen Freunden», Königsberg 1795–1799.

[58] «Katechismus»: Lehrbuch für die christliche Unterweisung, besonders von Kindern und Jugendlichen, meist in Frage- und Antwortform gehalten.

geholfen, uns alle väterlich geführt und getragen! Oh, wie empfinde ich mein <u>Nichts</u> und wie empfinde ich Deine <u>Unendlichkeit</u>, die von Ewigkeit bis in die Ewigkeit unergründlich ist! Lass' mich [durch] die Betrachtung Deiner Grösse, Deiner Erhabenheit über alle Worte und Begriffe erheben und

41 trösten und mein Leiden in Dir ergiessen und niederfallen und danken und preisen Deine ewige Güte, o Du Herr, Gott und Vater! Ach, verzeihe, ja verzeihe Du mir alle meine Sünden und Schwachheiten und erbarme Dich meiner und der Meinigen in jedem Sinn. Ach, wie viel Leidens! Lege mir nicht mehr auf, als dass ich ertragen mag, und lenke und leite mein und der Meinigen Schicksal zu gutem Ziele! Amen, im Namen Jesu Christo, amen, amen.

1796/97

[eingelegtes Blatt:] Tagebuch 1796 und 1797.
Wahl für die Vogtei, das 2. Mal. Schwere
Krankheit unserer Kinder.
Des Aufbehaltens nicht unwert.

1, 2 [leer]
3   Den 7. Januar 1796, Donnerstag.
So langte[1] ich denn nun wieder ein paar Bogen Papier hervor, um etwas meines Lebens, Daseins niederzuschreiben. Jahrelang nannt' ich euch, liebe Blätter, «Tagebuch». Jetzt aber, da ich so selten [et]was einschreibe, weiss ich keinen Namen mehr, und doch, es ganz lassen, kann ich auch nicht, weil's mir immer Erinnerungen meiner Seele sind, auf dem etwas neuen Wege meines Lebens. Ein zerrissenes Skelett meiner Geschichte des Herzens und Geistes! Und [ob] ich schon manchmal denkte, einmal [et]was zu schreiben über mich selbst, und dann, dann wären diese seltenen Aufsätze doch der treueste Leitfaden, wann und wie sich einiges Wichtiges zugetragen hätte. Also auch jetzt fühl' ich den Trieb, dies fortzusetzen – und was?! Ach, die Gefühle einer Leidenden,
4 Liebenden, Schwachen, aber nach Tugend Strebenden, wozu mich die Religion führt, meine Pflichten mir heilig und wichtig machen, meine Pflichten der Dankbarkeit, Ehrfurcht, Liebe gegen Gott, dann gegen mich selbst, gegen Mann und Kinder und gegen meine Geschwister und alle meine Freunde und Mitmenschen! Ach, lass' mich vor dem Bild, das ich sein sollte, stillstehen, sanft und demütig meine Augen erheben und Dich, o Gott und Vater meines Christus, um Gnade flehen, dass ich tun könne, was ich tun solle! Voll guter Vorsätze ist mein Herz, aber auch oft zu schwach, sie auszuführen. Stehe mir durch Deines H.[eiligen] Geistes Kraft bei! Amen.
So viel Zerstreuungen fallen immer in die ersten Tage einer so wichtigen Epoche, als der Anfang eines Jahres ist, dass ich mich fast selbst verlor,
5 nebst den Bekümmernissen über unsere ökonomische Lage, die meine ganze Seele erfüllen und mir jeden Genuss des Lebens und die Ruhe der Seele nimmt. Immer, bis auf die Zeit ungefähr eines Jahres, hatt' ich Kraft und Mut, mich zu heben. Nun aber verfiel ich nach und nach in eine ängstliche Mutlosigkeit, die mich niederdrückt. Lass' und verlass' mich nicht, o Du, mein Gott! Lege mir nicht mehr auf, als dass ich ertragen kann und lehre mich standhaft warten, auf meine kommende Stunde, die auch mir nicht ausbleiben wird, wenn ich jetzt schon in dunkler Aussicht zu verschmachten

---

[1] «langen»: greifen nach, nehmen.

scheine. Du, ja Du, kannst es wenden, dass ich einmal zur Ruhe komme und die traurigen Erfahrungen, die ich mit meinen Freunden machte, zur Freude verkehren und mich Deine Vorsicht[2] – [mich] gleichsam anschauend – empfinden lassen.

6 Vorgestern [5. Januar] schrieb ich meinem Bruder glückwünschend zum Neujahr und Namenstag, bittend um die Bürgschaft, aber mutlos in mir selbst, dass er sich meiner erbarme, jedoch ohne Furcht, weil ich seines immer edlen Sinns [mir] dabei bewusst bin, erhielt aber bis jetzt noch keine Antwort.

Heute beschäftigte ich mich mit Zittern mit ökonomischem Einschreiben und verpackte meine empfangenen Briefe von meinen Freunden. Ach, wie so wenig Tröstliches ging meiner Seele vorüber bei dem Angedenken an sie und der Vergegenwärtigung ihrer, mit einem Gefühl von Traurigkeit, was sich die Menschen sein und tun könnten ohne ihren Schaden, wenn sie Sinn und Gefühl hätten. Das mangelt!

Steig' ich von mir und den Meinigen weg und betrachte weitere Kreise, wie zum Beweise Lavaters Freunde, die ich aus seiner Korrespondenz kenne, so erblicke ich wieder die nämliche Menschheit,

7 wahrlich ein trauriges Schauspiel, und so viel und so überall ein Leidensdruck, dass es jämmerlich ist. Auch gestern und heute las ich einige Seiten aus Schweizers Seereisen[3], und da ist's wieder ein und dasselbe Gefühl, dass man weinen möcht'. Und ach, was lässt sich aus diesem ziehen[4]? Nichts [anderes] als dass ich gedrungen werde, mich an Gott zu halten wie noch niemals, und mich selbst zu verbessern und zu erhöhen, was an mir liegt, um hier auf das beste auszuhalten und einst glücklich und selig zu werden.

So eine Armut der Menschheit, wie ich sie jetzt fühle, habe ich noch niemals gesehen, so ein überall Nichts, dass man an ihnen und an sich selbst verzweifeln möcht'. Ach, lass' uns nicht versinken, Du, der Du [uns] erschaffen hast und getragen bis hieher!

8 [leer]
9   Den 6. April 1796, Mittwoch.

So eine lange Epoche meines Lebens ist nun wieder verflossen, seit ich einiges niedergeschrieben habe. Möge ich das Wichtigste nun nachholen können, mich darin beschauen wie in einem Spiegel, und besonders die dennoch haltende Hand des Schicksals preisen und anbeten, die so fühlbar mich leitende, bis wieder hieher!

---

[2] «Vorsicht»: Vorsehung.
[3] Vermutlich: (Anonym): «Reisen eines Schweizers in verschiedene Kolonien von Amerika während des letzten Krieges», aus dem Französischen, Leipzig 1796.
[4] «ziehen»: folgern, schliessen.

Vom letzten Sonntag im Januar, den 31., [an] lag ich an einem heftigen Gallen- und Faulfieber[5] sehr krank und erholte mich bei 3 Wochen lang sehr langsam, welche Tage mir verflossen in einem sonderbaren Zustand meiner Seele. Die Krankheit machte mich so dumpf unter dem Druck meiner Nerven, dass ich nicht eigentlich sonderlich litt. Fast alles, was mein Schicksal bitter und traurig macht, konnt' ich überdenken, ohne mich dabei zu kränken. Auch wäre ich sehr gerne gestorben, fühlte [ich] mich des Schicksals meiner lieben Kinder nicht beängstigt. Ach, kann ich sie schon nicht beschützen, noch glücklich machen, so begleite ich Sie dennoch noch gerne auf dem Wege des Lebens. So abgetrennt von allen Menschen und krank sein, das schien mir schwer zu sein, denn mein Mann war just in jener Zeit mit seiner Rechnung beschäftigt, und da leider meine Denkart und seine Denkart und sein Handeln und mein Handeln niemals übereinstimmt oder nie wohltuend ist, so blieb ich noch lieber allein, als aus dieser Quelle noch leidender zu werden.

Gott, wie mannigfaltig durchkreuzt sich die Seele mit Leiden, Furchten, und ist man mit sich selbst [noch] am vergnügtesten. Ich konsultierte Herrn Chorherr Rahn, der mir mit vieler Sorgfalt Arzneien schickte und sich bekümmert und zärtlich äusserte in seinen Briefen. Auch von Frau Ott genoss ich viel Liebe in seinem Schreiben, und sogar auch von Herrn Escher. Allein, nachdem ich ihn noch einmal bat um die Bürgschaft, verstummte er wieder, welches ich für einen Abschlag annahm, wobei es nun auch blieb, wie ich es nun erfahren habe. Am Ende Hornungs fielen die Geschäfte auf die Berichtigung der Rechnung ein, die mich oft so quälten, beängstigten, wie noch niemals, so lange wir hier waren, weil ich sah, dass sich nicht zusammen legte, was sich zusammen legen sollte, und dass daraus so eine Zerrüttung und Jammer entstehen werde. Bei dem Gedanken, wie misstrauisch die Unsrigen gegen uns sind, wie kleinherzig, eigennützig, neidisch, [kam es] dass ich aus aller Ruhe der Seele bewegt wurde und unendlich litt. Nebst dem sich die Wäsche auch diese Tage zutrug; und nun endlich reiste mein Mann am 12. März nach Zürich, wo sich dieses[6] berichtigte und endete, allein, über die gänzliche Zurücktretung von Herrn Escher. Auch die Bestellung eines andern Bürgen musste gemacht werden, und dieses also eine Quelle des Leidens und der Erfahrungen für uns war, die ich nicht unangemerkt lassen will. Innert[7] diesen Tagen, da ich allein war, erholte ich mich so ziemlich durch Ruhe und Gefühle der Erhebung, in stillen Tränen, in innigem Genuss der Natur und besonders in dem Lieblichen meiner Kinder, die alle drei sehr stark, aber

---

[5] «Gallenfieber, faules»: Gelbsucht, evtl. Flecktyphus.
[6] Die Rechnung.
[7] «Innert»: dialektal für binnen, innerhalb.

13	nicht gefährlich, vom Frieselfieber oder den Masern krank waren, und welche ich mit Liebe und Zärtlichkeit besorgte, und nun, gottlob, mich nicht genug freuen kann über ihre gänzliche Genesung.
14	[leer]
15	<u>Sonntag, den 17. April.</u> So gedenke ich nun in dieser einsamen Morgenstunde wieder etwas einzuschreiben in euch, liebe Blätter, nachdem meine <u>Kinder</u> nach langem nun wieder einmal in die Kirche [gegangen] sind. Und was wollt' ich niederschreiben, als die Geschichte meines Leidens, meiner Empfindungen über mein <u>Schicksal</u>. Das Wort <u>Schicksal</u> steigt mir so oft auf, möcht' ich den Sinn umfassen oder irgend einmal das Gründlichste über diese Materie zu lesen finden! Mir scheint es das <u>Allumfassende</u> der Bestimmung eines Menschen zu sein, unter der Leitung des Schöpfers der Menschen, der aus weiser Absicht die Umstände leitet, dass es so und nicht anders kommen kann. Der Christ schliesste[8] es an den Begriff des Glaubens an, durch den es ihm begreiflich ist.
15a	Also, um nachzuholen, blieb Herr Escher unerbittlich und verliess uns nun ganz, dass mein Mann sich um einen andern Mann umsehen musste, an seiner Stelle. Wie natürlich wäre es gewesen, dass Herr Schinz sich anerboten hätte[9], allein, <u>ich</u> denke mir, seine Frau liesse dieses nicht zu, und wir wollten sie auch nicht dafür ansprechen. Also war es das Natürlichste, dass mein Mann seine Verwandten anreden wollte und sollte. Er meldete sich also bei von Orelli im Garten, der es ihm versprach, nach ein paar Stunden es aber wieder zurücknahm. Was war anderes zu erwarten von einem solchen Menschen, der weder Grundzüge eines Charakters, noch Empfindungen für andere Menschen hat, wie ich ihn kannte, seit ich in seine Bekanntschaft kam.[10]
15b	Nun war ihm, meinem Mann, empfohlen, Professor von Orelli[11] in der Neustadt[12] dafür anzusprechen. Dieser soll nun eine Weites und Breites gemacht haben, und nach einem Tage es auch abgeschlagen ha[ben]. Hätte ich von dem gewusst, hätte ich dies nicht geschehen lassen, allein, mein Mann schrieb mir von diesem allem nichts. Was wäre natürlicher gewesen, als dass es dieser getan hätte, der doch die <u>einzige Veranlassung</u> der Zerrüttung unseres Glückes war [und] der alles <u>aufregte</u>, und nachdem wir so überstürzt worden, uns verliess. Welche Gründe ihn zu diesem bewogen, ist mir unbekannt, aber die Niederträchtigkeit dieses Monsieur, sie übersteigt alle Begriffe der Vernunft und der Empfindung, dass es weh tun muss, einen geglaubten Freund so zu erfahren, das geht der Natur nach.

---

[8] «schliesste an»: würde es anschliessen.
[9] Vgl. 1795, pag. 20.
[10] Vgl. 1786, pag. 40.
[11] Orelli Hans Caspar von (1757–1809), 1778 VDM, 1786 Prof. hist. S. 1799, pag. 219.
[12] Neustadt: Wohnviertel in der Grossen Stadt, südlich der Kirchgasse.

16 Auch ist es ja eine fast tödliche Empfindung, in so einer Verwandtschaft und Bekanntschaft zu stehen und weder Hilfe, noch Trost, noch Mitgefühl für Ehre und Grossmut – die ich [die Familie] so tief empfinden liess in der Handlungsweise, wie ich handelte in unserer unglücklichen Lage – von irgend einem Menschen zu sehen, der sich unsereinem annehmen würde. O Menschheit, du bist des Namens Menschheit nicht mehr würdig! Welche Bitterkeit empfindet man, kommt man in Unglück und macht solche Erfahrungen, wie wir machten.

Mein Mann redete also Doktor Ratsherr Lavater an, der es übernahm, mit der Bedingung, wenn ich die letzten Resten des Vermögens noch vorher ihm verschreiben wollte, ehe man das Recht hätte, auf seine Bürgschaft
17 zu dringen.

Gott, welche Eindrücke machte mir dieses alles, da mein Mann in der Karwoche, montags [21. März], nach Hause kam, mir dieses alles mit noch mehr Umständen erzählte. Wie konnt' ich meine Tränen zählen, wie die Empfindungen von Scham, von Bitterkeit, von Härte, von Niederträchtigkeit, von Unglück beschreiben! Nein, diese Situation ist Gefühl der Seele, die dies nicht beschreibt. Ich musst' also an R.[atsherrn] Lav.[ater] schreiben, schickte den Brief offen an Frau Ott und behielt für mich eine Abschrift. Unendlich weh an meinem Mann tut mir dieses Versprechen von ihm an Doktor Lavater, so ganz ohne meinen Willen und Wissen, dass ich dieses ihm nicht mehr vergessen werde können, so lange ich lebe. Ist denn alles, was ich je gehabt habe, nur für ihn da, um mich im Geheimen zu entblössen von allem, allem? Wahrlich, dieses
18 Gefühl übersteigt noch alles andere. Natürlich gab es überdies ein Schreiben an Schinz [und] an Oncle, und Schinz sagte mir, dass es Ratsherr Lavater nicht verlangt hätte, hätte mein Mann es ihm nicht anerboten. Allein, wär' er[13] der grossmütige Mann, wie hätt' er mir das Versprechen nicht wieder zurückgeben können! Wie ein Donnerschlag durchging es mich, da mein Mann es sagte, er habe La.[vater] gebeten, kenne ich [doch] schon lange seine Härte, und, ja, zittere, wenn ich nur an ihn denke. Nur nie eine Zeile schrieb er an mich, auf diesen Brief, den ich an ihn schrieb. Das Gefühl, dass er sich nicht mit mir einlassen wolle, liegt mir gar zu offen vor Augen und Herzen. Nun liegt also diese Angelegenheit
19 noch nicht berichtigt. Noch kein Schein[14] ist für ihn, noch keiner von ihm in die Kanzlei gelegt. Schinz, der so pressierte[15], [und] durch den es gehen sollte, ist nun 10 Tage schweigend.[16] Wie sich dies endet, weisst Du allein, Du mein Führer – Gott!

---

[13] Gemeint ist Ratsherr Lavater Diethelm.
[14] Bürgschein.
[15] «Pressieren»: dialektal für eilig haben, drängen.
[16] Originaltext: «Schinz, der so pressierte – ist nun 10 Tage schweigend – durch den es gehen sollte.»

Versinken vor Wehmut und Traurigkeit möcht' ich, hielte mich der Gedanke an die dennoch haltende Hand des Schicksals nicht. Die göttliche Vorsehung wird mich nicht aus der Kette der Wesen herauswerfen und vernichten. Nein, ist er eines Wesens, Gott, so wird er der meinige und der <u>Meinen</u> Gott bleiben, mit welchem Trost ich mich forttreibe durch diese Welt, in der ich so viel gelitten habe und leide. Wie es nun meinem Bruder zumute ist, möcht' ich wissen. Hätte <u>ich</u>

20 jemanden so beleidigt und verstossen, hätte ich keine Ruhe mehr. Mag er ruhig sein, so gönne ich's ihm, obschon mir diese Behandlungsweise schlecht und schrecklich vorkommt, weil <u>er</u> die Ursache dieser so traurigen Folgen für uns war. Ach, sollte dies alles nicht zu tiefster <u>Demut</u> mich stimmen? Ich denke, ja, dieses Gefühl werde mich nie mehr verlassen und das Edle meines Herzens in einer Stimmung erhalten, die tüchtig macht weiterzugehen in meiner Traurigkeit. Keine Lektüre, keine Arbeit, keine Freundschaft hebt meine Seele empor, die so gedrückt ist. Ach, sehe ich in die Vorfälle meiner Erfahrungen und meines Schicksals, so erschrecke ich vor dem zerrissenen Skelet meines <u>Ichs</u>, von dem nur noch ein Punkt bleibt, der wieder zu

21 Gott empor steigt. Kann ich diese Welt verlassen?
Ach, o <u>Gott</u>, <u>Vater</u>, unveränderlicher, <u>verlasse</u> mich <u>nicht</u>, <u>verlasse nicht meine Kinder</u>! Du allein bleibst ihr und mein Trost, den ich in Deiner Erbarmung finde!

    [Dieser Seite ist ein Brief, Seiten 21 a–d, mit einer Stecknadel angeheftet. Es handelt sich vermutlich um die auf pag. 17 erwähnte Abschrift an Lavater Diethelm M.D., Ratsherr]:

21 a S.[alutem] T.[ibi].
Mein teuerster, geliebter Freund!
Ich habe gestern abend bei der Rückkunft meines l.[ieben] Mannes mit einiger Rührung vernommen, wie edel und grossmütig Du uns die so grosse Gefälligkeit zu erweisen gedenkst, in die Bürgschaft für ihn zu treten, für das ich mit gerührter Seele herzlich danke. Denn lange, lange litt ich unaussprechlich unter den Verdriesslichkeiten, die sich mit meinem l.[ieben] Bruder zugetragen haben, und die ihn von uns entfernten. Noch immer und immer hofft' ich, durch meine Bitten ihn festzuhalten, da ich ihm mit Gewissheit sagt', dass er von jetzt an so wenig Gefährliches oder Bedenkliches zu erwarten hätte,

21 b als dass er in den verflossenen 6 Jahren erfahren hätte. Denn niemals hätte ich diese Bitte an ihn getan, wenn ich es nicht mit dem Bewusstsein hätte tun können, dass sich weder auf ihn, noch auf meinen l.[ieben] Schwager, Herrn Ott, etwas beziehen könnte, das bedenklich sein kann. Auch dieses, mein teuerster Freund, tue ich äussern in Betrachtung Deiner Person. Lieber wollt' ich sterben, als dass Du um unsertwillen in Gefahr kommen solltest. Ich bewies dieses in der ganzen unglücklichen Lage, worin wir uns befinden.

Lieber entblösste ich mich von allem, als dass etwas verloren werden sollte und ruhte nicht, bis alles bezahlt an Deine einzige, grossmütige Aufopferung, ausgenommen noch den kleinen Rest, der noch unser ist – ist ganz natürlicherweise zuerst noch da für jede Risiken, als dass
21c mir aufsteigen sollte, irgend jemanden in Gefahr zu bringen, von dem aber nicht die Rede ist. Denn alles, was sich hier befinden soll, ist wirklich da, und alle Jahre wird alles frisch bei der Almosenrechnung abgetan, sodass wahrlich sich nichts Bedenkliches findet. Dieses, o Teuerster, sag' ich Dir, so wie ich es meinem l.[ieben] Herrn Schwager Ott sagte, welcher Freundschaftsdienst uns beiden heilig ist: Die Vogtei zu erhalten, bei der wir zu bleiben gedenken, und welche uns einen Aufenthalt von noch 6 Jahren gewährt, in denen uns die göttliche Vorsehung nicht verlassen wird, die uns schon durch viel Leiden führte. Sollte, mein teuerster Freund, etwas <u>Förmliches</u> zu Deiner Beruhigung nötig sein, so werde ich darüber
21d [von] meinem väterlichen Freund und Oncle, Herrn Landvogt Lavater in Grüningen, beraten, [Fussnote:] (was ich tun müsse, um Deine Beruhigung vollkommen zu machen), welches ich wegen der Kürze der Zeit jetzt nicht tun konnte, und [ich] bitte, diese Zeilen nun als gerührten Dank anzunehmen! Mit ewiger Hochachtung und Freundschaft
Wädenswil, den 22. März 1796.   Deine Orell-Escher.
22   [leer]

23   <u>Mai, Brachmonat.</u>
Lehre mich bedenken, dass ich sterben muss[17].
Dieses Motto erfülle meine Seele zu tiefer Empfindung, auch wenn ich gleichsam bei mir <u>selbst</u> <u>vorüberzugehen</u> scheine, vor die unsterbliche Seele die mich belebt.
24   [leer]

25   <u>Heumonat 1796. Samstag, den 23.</u>
Von sanfter Empfindung wurde ich wieder einmal angetrieben, einige Worte niederzuschreiben in euch, liebe Blätter, nachdem wieder eine lange Zeit meines Lebens dahin geeilt und ich mit ihr, welches mir immer Erquickung ist, die mich näher ans Ziel meiner Laufbahn führt und eine Unpässlichkeit mir den Gedanken näher brächte, es möchte vielleicht bald ein Ende mit mir nehmen, was ich, ach, schon so tausend, tausend Mal gewünscht hätte.
Immer steigt mir's auf, ich sollte zu meiner Rechtfertigung noch etwas schreiben, wie etwas Geschichtliches vor dem Ende meiner Tage, als eine

---

[17] Psalm 90, 12. «Lehre uns, dass wir unsere Tage zählen und weislich zu Herzen fassen». R. v. O.-E. lehnt sich an den lutherischen Text an: «Lehre uns, dass wir sterben müssen, auf dass wir klug werden.»

Pflicht gegen meine Kinder, damit sie einst ihre arme, gute Mutter nicht verkennen[18],
26 die sie so liebte, ach, und die sie so unglücklich vor sich sehen muss, wenn ich nicht auf die beste, glücklichste, väterlichste Vorsehung traue, und die Du nicht verlassen wirst, als Deine und meine Kinder, liebster Gott, der Du die Liebe bist! Doch lass' mich von diesen tiefen, hohen Gedanken niedersteigen und noch Skizzen von meinem Leben niederschreiben!
Niemals also schrieb Herr R.[atsherr] Lavater an mich, und nun wurde ihm ein Schreiben von Herrn Oncle Landvogt aufgesetzt, in dem ihm das Auskaufsinstrument[19] übergeben wurde, welches ich abschrieb, morgen vor 14 Tagen [10. Juli], da Herr Oncle zum Besuch da war, ich eigentlich nichts Tröstliches mit ihm reden konnte. Und nun weiss ich gerade jetzt noch nicht, ob diese mich so [be]drückende Begebenheit nun einmal ihre Richtigkeit hat oder nicht. So eine Verzögerung, Einschneidung in
27 alles, von allen, die man liebt, ist für mich Arme, sonst [schon] Gedrückte, auch gar eine zu traurige, schwere Lage. Ach Gott, Du weisst allein, was in meiner Seele vorgeht!
Gegen Ende April besuchte uns einst Wirz, der auch über diese Angelegenheit sprach, und, wie ich fühle, so, dass Herr Escher besonders mit Junker Statthalter[20] Wyss[21] auf eine ihm eigene Weise gesprochen, die mir leid für seine Seele tut. Wie traurig ist's, dass sein Privathass gegen meinen Mann sich unter der Erklärung ergiesst, als sei es wegen der Vogtei. Wenigstens hoffte ich, wenn er sich unser nicht annehmen wollte, er uns wenigstens bei anderen Leuten nicht schaden werde. Aber ich sollte weise sein und von Dornen keine Trauben sammeln wollen, in figürlichem Sinne zu sprechen.
28 Noch später im April besuchte uns einmal Lavater, dessen Besuch mich über alles freute, aber über dessen innere Geschichte mit Hermann[22] ich unaussprechlich litt, und in eine Störung[23] darüber mit ihm, Wirz [und] Frau Schulthess kam, wie ich einige Briefe darüber schrieb und erhielt. Ach, wie traurig, trauriger als viel anderes, ist's für mich, Lavater, den Einzigen, am Ende seines Lebens, so <u>irrender</u> Lehren voll, aus der Welt gehen zu sehen. Gerne, gerne will ich mich betrogen ansehen, wenn's nur Wahrheit ist, allein, jetzt noch streitet es mit meiner Vernunft. Dieses mit

---

[18] Vgl. «Erzählung an die Knaben» 13.–31. Mai 1801, ZB, FA Or. 16. 15.
[19] «Instrument»: Urkunde oder Beweisschrift, wie Kauf-, Schuld- und Teilungsinstrument, etc.
[20] Statthalter: Stellvertreter des Bürgermeisters, übt Kontrollfunktionen aus.
[21] Wyss Johann Conrad, Zunftmeister, wurde 1795 Statthalter.
[22] Kontroverse zwischen J.C. Lavater und Hermann (Dienstbote, der möglicherweise Lavater durch R. v. O.-E. zugeführt worden war). ZB, FA Lav.. Mscr. 522, 224 und 226, 14.9.1794/17.9.1795.
[23] Gemeint ist Zerrüttung.

Geschichte²⁴ zu erklären, nehm' ich vielleicht ein andermal Zeit. Nur dieses Wenige lasset mich nicht verlieren aus meinem Sinn, liebe Blätter!

Der <u>Mai</u> verstrich ohne eigentliche Epochen, in stillem Wirken an meinen Kindern, arbeitete, auch etwas Lektüre, und unter viel stillem Leiden.

29 <u>Brachmonat, von dem 22., bis zum 15. Heumonat</u> hatt' ich Frau Schulthess in Hottingen zum Besuche bei mir, welche Tage und Wochen mir wie ein Traum verflossen, jedoch voll wehmütiger Empfindungen, nichts sprechen zu können, das mir einigen Trost hätte geben können, auch da ich meine Zeit ihr opferte und dahin gab, die ich sonst so gewissenhaft meinen Kindern verwende, und welches mich oft so unruhig und leidend machte, was sie nicht zu empfinden schien. Ohne irgend eine recht tröstliche Erquickung, nebst aller Arbeit, dass ich herzlich froh war, da sie verreiste. Auch Herr Oncle und Herr Schinz [und] Herr Schulthess²⁵ sah ich in liebem Vorbeigehen. Ach, wie ist doch alles Menschliche so <u>nichts</u>, ist schon einige Annehmlichkeit in so einem Beisammensein, wie dieses eines war, das mich sonst hebte und freute.

30 Einiges über <u>Botanik</u>, einiges über Philosophie, einiges über <u>Menschen</u> und <u>Freunde</u>, auch einige <u>Spaziergänge</u> erfüllten die Zeit des Beisammenseins, und jetzt bin ich ganz erfüllt seit meinem Wieder-Alleinsein mit Unruhe und Beschäftigungen über die Zehntenverleihung und Huldigung, die uns bevorsteht. Ach, lasse mich diese so bekümmernde Epoche unseres Lebens mit Mut überstehen und vorbeieilen!

Auch übergehe ich nicht, voll tiefsten Dankes gegen Dich, o Gott, das Glück, welches Du uns beschertest und das ich nicht allein nach seinem Wert schätze, sondern als eine besondere Gnade Deiner Hand, vor der ich demutvoll erstaune und anbete, dass Du meinem Mann ein Los segnetest von 800 Franken, in der Neuenburger

31 Lotterie²⁶, von welchem wir 400 Gulden²⁷ erhielten. Ach, welch eine Gnade! Du weisst, wie arm wir ohne dies gewesen wären in diesem Zeitpunkt. Mich soll dieser Beweis Deiner Huld stärken, und im Glauben, dass – wenn alle Menschen uns verlassen – <u>Du</u> uns nicht verlassen werdest, bleiben wir Dir getreu! Ach, erbarme Du Dich unser, erbarme Du Dich meiner, um Jesu Christi willen! Amen.

32   [leer]

---

²⁴ Sic. Es besteht aber die Möglichkeit, dass dies ein Verschrieb für «Gesichte», also paranormale Phänomene ist.
²⁵ Schulthess (Linie vom Thalgarten) Hans Caspar (1755–1800), Kaufmann im Wäldli, Gatte der Schulthess-Lavater Regula.
²⁶ Das Lotteriewesen war im allgemeinen in Zürich verpönt. Bezeichnenderweise handelt es sich um eine Lotterie der Stadt Neuenburg. Allerdings wurden Ausnahmen behördlich bewilligt, so die Porzellanlotterie 1775 zur Sanierung der maroden Fabrik im Schoren.
²⁷ Nach heutigem Geldwert ca. 8000 Franken.

33	August, Herbstmonat 1796.
34	[leer]
35	Sonntag, den 25. Sept. 1796.

Heute um 6 Uhr aufgestanden, noch einige Stellen aus Lavaters Pontius[28] über das Erhabene gelesen, Kaffee getrunken, nachher einige gestern erhaltene Briefe gelesen. Häusliche Geschäfte, herzliche Erhebungen im Stillen. Um 9 Uhr zur Predigt, wo ich in dumpfer Andacht dahinsank, das 4. Kapitel Lukas[29], die Versuchung Christi, las, nachher das 8. K.[apitel] an die Römer[30]. Mit meinen Kindern wieder heimfuhr, in [den] Garten ging und auf die Altane, in Naturgenuss. Geschwätz mit dem Weibel[31]. Essen. Nach 3 Uhr fing ich an [zu] schreiben, schrieb 5 grosse Briefe an Frau Ott, Frau Schinz, Frau Schulthess, Jungfer von Orelli, Herrn Escher, welches mich bis abends beschäftigte, bald angenehmer, bald unangenehmer Empfindungen voll.

36 Dann trieb ich etwas Spiels mit meinen Kindern, speiste und schrieb nun diese wenigen Zeilen hier, als Geschichte dieses Tages, in diese Blätter, des Antriebs voll, noch einiges meines Lebens zu notieren, nachdem ich's so lange wieder unterlassen habe!

Besonders erfasste, erhebte [und] beschäftigte mich die Idee der Erhabenheit der göttlichen Natur Jesu Christi und die christliche Religion, war [er]fasst [durch] all das Tiefe, Grosse derselben, ihre stärkende, besänftigte Macht für das menschliche Herz. Sie allein gibt standhaften Mut der leidenden Seele. An ihr will ich ewig festhalten, als Führerin zur Tugend und als den Weg zur Seligkeit [sie] betrachten, in ihr und durch [sie] mein ewiges Heil suchen. Amen.   9 Uhr nachts.

37   Den letzten, Christ[monat] 96.

So ist denn nun wieder ein Jahr verschwunden, mit all seinen Leiden, mit all seinen Freuden, und Du, o Gott, bist und bleibst der Ewige, Unveränderliche! Ach, welche Empfindungen des Trostes! Erbarmer, erbarme Dich meiner, immer und ewiglich, um Jesu Christi willen! Amen.

38–46   [leer]

---

[28] Lavater Johann Caspar: «Pontius Pilatus, oder die Bibel im Kleinen und der Mensch im Grossen», 4 Bände, Zürich 1782–1785.
[29] Lukas 4: Über die Versuchung Christi, Predigt zu Nazareth, Heilungen.
[30] Römer 8: Über der Gläubigen Freiheit von der Verdammnis, den Wandel im Geist, Gottes Kindschaft, selige Hoffnung auch unter Trübsal.
[31] Vgl. 1792, pag 4.

47
48 [leer]
49   1797
            Neujahrstag 1797.
Nun auch diese Epoche des Lebens hab' ich erlebt. Welch eine feierliche Empfindung erfüllt mich beim Betrachten der unendlichen Erbarmung Gottes, die bis hieher führte. Ich erhebe meinen Mut, in Demut, dass Du, o Gott, mich und die Meinen nicht verlassen werdest. Mein Leben scheint einem schwebenden Schiffchen gleich, auf den Wellen des unübersehlichen Wassers. Wie oft fühl' ich die Gefahr des Versinkens, der mannigfaltigen Gefahren, die mir drohen, nicht weiterzukommen, und dennoch hebst Du mich wieder aus dem Abgrund empor! Ach, Gott, führe mich <u>durch</u>, durch alles, dass ich die Hände Deiner Leitung ewig greifen möge! Lege mir nicht mehr auf, als was ich ertragen mag! Stärke mich mit Standhaftigkeit, mein Leiden zu tragen, durch Deines Geistes Kraft! Amen.

101 [32] <u>Dienst[ag], den 10. Januar 97</u>, war 's Regeli am Morgen mit heftigem Fieber überfallen. [Ich] liess Herrn Hotz kommen. Vom Schrecken der Blatternepidemie[33] erschüttert, vermeinte ich, es sei ein Anfall des Blatternfiebers, welches den Tag über immer zunahm.
Den 11.ten waren beide Knaben laxiert[34], wo Cäper auch von heftigem Fieber überfallen wurde, abends Schweiss bekam und eine Enge[35], ein entsetzliches Laxieren[36] fortdauerte mit Erbrechen, Verwirrung, die Nacht durch. Gegen Morgen setzte sich das Fieber und der Knabe blieb im Bett, ganz ordentlich. Am Abend wieder Schweiss, und Freitagmorgen [13. Januar] wieder wohl.
Conradli hatte gute Wirkung von ordentlichem Laxieren, Samstag [14. Januar] etwas Fieber. Heute, den 15., hatte er starken Schweiss, starkes Fieber, welches ab- und zugenommen, und stand eben auf.[37] An keinem von dreien waren Merkmale der Blattern zu sehen, und [ich] halte es also für Flussfieber, die entsetzliche Ergiessung an Cäper [für] eine Reizung der Nerven und eine unbemerkte Unpässlichkeit, die durch die Purganz[38] aus ihrer Ordnung gekommen und diese Revolution bewirkte.
Die fürchterliche Bewegung meines Gemütes, nebst der Furcht vor den Blattern, bewegt mich, diese Hauptzüge aufzuschreiben. Möge die Güte meines Gottes es zum Besten wenden!   <u>Sonntag, den 15ten.</u>

---

[32] Der folgende Tagebucheintrag liegt als loses Blatt in einem Briefumschlag bei.
[33] Vgl. 1789, pag. 33.
[34] «Laxierung»: Therapie durch Abführmittel.
[35] «Enge»: Atemnot.
[36] Vermutlich hier im Sinne von Durchfall.
[37] <u>Originaltext</u>: ...«hatte er starken Schweiss, starkes Fieber – und stand eben auf – welches ab und zu genohmen.»
[38] «Purganz»: Reinigung durch Abführen.

50   Sonntagabend, den 29. Januar.
Noch ehe sich dieser Monat schliesst, nahm ich, liebe Blätter, euch bei dieser nächtlichen Stunde noch einmal hervor, etwas von meinem Selbst, von meinem Gemütszustande niederzuschreiben. Ich weiss aber gleich selbst nicht, was ich über mich sagen kann, hüllt sich meine Seele gleichsam in ein Dunkelsein ein, in einen Zwischenzustand des Leidens und des Geniessens, in dem ich selbst nicht zu Hause bin, in meinem Innern, dass mir oft mein Leben zur Last wird.

Die ökonomischen Sorgen liegen mir schwer wie Sand auf meinem Herzen, [bin] bald ängstlicher Unruh' voll, bald [kommt] Missmut mit Misstrauen in mich selbst, bald in andere.

Auch Sorgen für die Erziehung meiner Kinder – dass nichts an ihnen versäumt werde – die alle heranwachsen wie blühende Rosen, voll Bedürfnis, weiterzukommen, voll Fleiss,

51 ich möchte sagen, Lieblichkeit der Seele und des Leibes. Ihre Fähigkeiten zu der Erlernung der Sprachen, das Forthelfen mit dem <u>Latein</u>, das mir selbst für sie so sehr anliegt, gibt mir so eine Anstrengung, dass ich oft bei ihnen fast einsinke, nebst der so schrecklichen Erwartung der Pockenkrankheit, die so epidemisch im ganzen Land umgeht. Viel Nachdenkens, viel Lesens darüber, mit Misstrauen in den jetzigen Arzt, den wir brauchen, dem ich aber vielleicht Unrecht tue, macht mich zittern, unschlüssig über die Einimpfung[39] und bekümmert, wenn ich sie[40] nur ansehe. Lieber Gott, gib mir standhaften Mut zu ertragen, was Du bestimmt hast, und leite auch dieses zu dem Besten für diese Kinder, die ich über mich selbst lieb habe! Ach, Du allein kannst und wirst mir helfen und Ruhe geben und Ruhe schenken, nach Deiner Erbarmung!

52 Die Stille meiner Schwester bekümmert mich auch oft tief, weil ich mir sie leidend denke, leidend über die Lage der Handlung[41] – und in seinem kranken Knaben[42]. Oh, walte, lieber Gott, mehr über ihns, als über mich! Bei der Liebe, die ich für sie fühle, ist's mir natürliche Empfindung!

Die Getrenntheit von meinem Bruder ist mir auch ein Zweig des Leidens. Wie, ach wie, finden wir uns wieder, bester Gott?

Und gehe ich noch in den weiteren Zirkel meiner liebenden Freunde, wie sieht es hier so traurig aus! <u>Lavater</u> und alle übrigen sind entfernter, stiller, leidend für sich, dass ich weinen möcht', denke ich mir das eine und andere.

---

[39] Die 1796 von Jenner Edward (1749–1823) entdeckte Pockenimpfung mit Kuhpockenlymphe kam damals auch in Zürich zum Durchbruch. Lavater Heinrich, M.D., der Sohn Johann Caspars, war massgeblich an deren Einführung beteiligt.

[40] Die Kinder.

[41] «Handlung»: Ott-Escher Heinrich betrieb lt. Ragionenbuch 1789 mit seinem Bruder Ott Caspar (Torgasse) eine Handlung, die 1794 nicht mehr erwähnt wird.

[42] Einer der Zwillingssöhne von Ott-Escher Elisabeth, Ott Hans Conrad (1789–1798), verstarb im Kindesalter.

Die fatale Geschichte von L.[avater] und H.[ermann] beschäftigte mich oft, erfüllte mich mit Wehmut und Leiden.

53 Ach, Betrachtungen der Seele, mit und über die Menschen! Wie, ach, wie sieht es aus?! Es ist, als ob der Liebesgeist ausgehaucht, verschwunden wäre, als ob nur jedes sich selbst lebte und sähe, und als ob es anders wäre in der Welt – oder ob ich es bin? Wie ich's auch glaube, abgemattet, müde des Anstossens, ist's mir nicht mehr wie vordem. Doch weg von diesem möcht' ich mich heben, zu dem Antrieb aller meiner Pflichten, zu höherer Tugend, zu Kraft des Wirkens, zu meiner Religiosität, welches mich allein beseligen kann. Lenke mich zu guter Lektüre zu meiner Ermunterung und Stärkung!

Goethes Wilhelm, 4ter Teil, Schillers Almanach[43] waren so das Einzige, nebst Herrn Chorherr Rahns Magazin, was meine Seele erquickte, diesen Monat über.

54 Heute[44] [29. Januar] jährte es sich, seit ich so krank war. Welch eine feierliche Erinnerung, mit einer Furcht verbunden wie noch nie, wirkliches Gefühl des Nicht-wohl-Seins! Ach, was ist Leben, was Gesundheit? Wissen wir's selbst nicht? Es ist alles Erinnerung an Tod, was wir fühlen, Trost allein, dass wir bei unserer Ohnmacht, Gott, Deiner gedenken! .

Noch möcht' ich heute den einen Tag wieder anheften, durch seine Geschichte, wie wenn's Tagebuch hiesse, was ich schreibe. Nach 6 Uhr in heftigen Schmerzen des Leibes und schwer erwacht, nach einer Unruhnacht dumpfen Gefühls mich angezogen, Kaffee getrunken, ganz allein im oberen Stübli. Unten Geschäfte gemacht. Cäper in die Kirche zu gehen angemahnt. Um 9 Uhr mit Conradli und Regeli herzliches Gebet gehalten in Gellerts Liedern, das 10. und 11. Kapitel

55 Lukas[45] mit ihnen gelesen. Nachher kleine Geschäfte, las einen Brief von Wirz und Müller[46] in Schaffhausen, über die Geschichte Lav.[aters] und Hermanns, der mich sehr rührte und viel Wahrheit fasste, staunend darüber denke, inzwischen[47] [auch] über unsere Dienste. 's Speisen bis 2 Uhr. Von da an bis nach 7 Uhr schrieb ich an unserem Hausbuche 96, mit abwechselndem Gefühl von Bekümmernis und Mut, mit Beruhigungsgefühl, es einmal getan zu haben, eingesehen den Zustand der Sachen, die so böse nicht sind, malt mir meine schwarze Einbildung doch so viele Schreckensbilder vor Augen. Ach, wozu dies, 's hilft doch nichts, verdirbt

---

[43] Schiller Friedrich von (Hg.): «Musenalmanach», Tübingen 1795–1799, s. 1800, pag. 174.
[44] Vgl. 1796/97, pag. 9, 29./31. Januar 1796.
[45] Lukas 10 und 11: Über die Aussendung und Wiederkehr der siebzig Jünger, Dankgebet Jesu, das Gleichnis vom barmherzigen Samariter, Maria und Martha, Teufelsaustreibung, Strafpredigt wider die Bosheit und Heuchelei der Pharisäer und Schriftgelehrten, vgl. 1787, pag. 117.
[46] Müller Johannes von (1752–1809), Schaffhausen, Geschichtsschreiber.
[47] Veraltet für: unterdessen.

nur dies jämmerliche Leben noch ganz! Ach, <u>Nichts</u> der <u>Erde</u>, das mich so ängstigt!

56 Nachher schrieb ich noch dem jungen Orelli, dem Helfer bei Predigern[48], der mit seiner Braut[49], Mamma[50] und Nanette am Mittwoch [1. Februar] will zu uns kommen, dass es gelegen sei. Die himmelsteigende Freude über das Schicksal dieses Menschen war auch eine beseligende Empfindung am Ende des verflossenen Jahres.

Um 8 Uhr zu Tisch mit meinen Kindern, die lieblich waren, Chlefe unlieblich. Nach Tisch schrieb ich dies hier nieder und gedenke nun in die Ruhe zu gehen. Sei, o bester Gott und Vater, mit und bei uns allen, durch Jesum Christum! Amen.   ½ 10 Uhr, nachts.

57 Diese unvollkommene Skizze von meinem Leben betrübt mich hinzulegen, und sie auszufüllen, seh' ich nicht vor.

Du allein, o Gott, weisst meine Gefühle, meine Leiden, das Gute, das ich genoss, die Dankbarkeit die [ich] empfinde für das <u>Bishieher</u>, dass ich mich nicht aufhalten will, nur enden, im Gefühl meines <u>Gottes</u>, meines <u>Nichts</u>, im Namen Jesu Christi! Amen.

58 ff   [leer]

81[51]   <u>1797</u>

<u>Den 2. April</u> war unser lieber Sohn, Caspar von Orelli, im Alter von 10 Jahren und 6 Wochen von den Blattern angegriffen. [Er war] wie gewöhnlich vor 6 Uhr aufgestanden, klagte über Mattigkeit im Kopf und beträchtliches Übelbefinden, kleidete sich an, speiste zu Morgen, betete mit den andern Kindern, sagte, er wollte in die Kirche mit ihnen, zu dem ich aufmunterte, es werde schon wieder besser werden. Nach einer halben Stunde aber war ihm übel. [Er] wurde aus der Kirche geführt und zu mir heim gebracht, blass, schwindelnd, erbrecherlich übel. Ich liess schnell Tee machen, half ihm ins Bett, wo sich starkes Fieber zeigte, viel schwatzte. Ich liess eine Fiebermixtur kommen, von der er nahm, und so unter vieler Traurigkeit und Niedergeschlagenheit die Nacht anlangte,

82 welche unruhig war, doch ohne Gichter[52] oder irgendeinen bösen Zufall. <u>Montag, den 3.</u>: Am Morgen ziemlich wohl, bei dem Erwachen klagend über heftiges Kopfweh, die Augen geschwollen und konnte die Heitere[53] nicht ertragen. Fieber und Schwitzen, klagend über Mattigkeit. Appetit:

---

[48] Predigerkirche: Gotteshaus einer der beiden Kirchgemeinden in der rechtsufrigen Grossen Stadt.
[49] Cramer Dorothea (1779–184.), künftige Gattin (verm. 1797) von Orelli Conrad von, Professor.
[50] Vgl. 1791, pag. 125.
[51] Die folgenden Aufzeichnungen sind in losen Papierbogen dem Konvolut beigelegt.
[52] «Gichter»: Krämpfe.
[53] «Heitere»: Licht.

keinen. 4 mal laxierend. Nachmittags, da Herr Hotz kam, zählte er 108 Pulsschläge auf die Minute, erklärte die Krankeit als Blatternkrankheit, befahl viel Trinkens, auf die Nacht Hebelpflaster[54]. Den Abend durch klagte der Knabe über heftiges Kopfweh, Schmerzen in Hüften und Knien, lag in schöner Ausdünstung, ohne eigentlichen Schweiss. Die Nacht durch blieb heftiges Fieber. Verwirrtes Schwatzen, Unruhe bis 3 Uhr, von wo [an] er sich zu Schlaf legen konnte und Dienstag, den 4ten, am Morgen wohl erwachte, sehr munter

war, sich an der linken Backe einige Mossen[55] zeigten, an Armen und Beinen Friesel[56], sich alle Übel verloren[57], aber die ausgezeicheten Mossen sich bald verloren, bald zeigten. Herr Hotz sagte, der Puls sei 80 Schläge auf die Minute, und es werde sich auf den Abend mehr zeigen, wie die Flecken kommen wollten. Der Knabe blieb munter, 3 mal Laxieren erfolgte und auf den Abend ein starker Schweiss. Nachher Munterkeit und Ausdünstung und fand den Schlaf nicht bis abends 10 Uhr, von wo er die ganze Nacht durchschlief, wie in gesunden Tagen, sodass wir den erhaltenen Julep[58] nicht anrühren[59] mussten nach Herrn Hotz' Befehl. Und heute, den 5ten, erwachte der Knabe, gottlob, wieder sehr munter, an Armen und Beinen mit

Friesel, im Gesicht und [auf den] Armen mit einigen wenigen sich abzeichnenden roten Flecken, sodass ich sehr zweifle, ob diese Symptome ein wirkliches Pockenausbrechen anzeigen, und bei allem Wohlbefinden mich eine Angst anwandelte. Bis anhin war ich sehr zufrieden mit der Behandlung des Arztes, der nichts gab als eine Fiebermixtur, viel Trinkens von Schotten[60] oder Tee anbefahl und auf den gestrigen Abend wieder Hebelpflaster anbefahl, einen Julep, den man aber nicht brauchen sollte, und der also auf die gute Nacht hin ganz unangerührt blieb. Möge der liebe Gott uns seinen Segen schenken und die Krankheit zum besten leiten, zu des Knaben Glück, und zu dem unsrigen. Den andern lieben Kindern, befand Herr Hotz, [sei es] nicht gut, Laxierung zu geben, weil alle 3 ungefähr vor 4 Wochen 2 Tage ordentlich

gereinigt wurden. Ich lasse ihnen alle Abend Fussbäder geben und in ihrer gewöhnlichen, einfachen Lebensweise den Gang, nebst dem Trinken der

---

[54] « Hebelpflaster », «Hebel» wird von Sauerteig, Hefe abgeleitet, auch Nabelpflaster, Zugpflaster: Emplastrum oxycroceum, hyperämisierende Paste, Pflaster, wurde vor allem als Antirheumaticum angewandt, kann zu Blasenbildung auf der Haut führen, (Pharmacopoea Helv., Ed. V.).
[55] «Mossen, Mosen»: Flecken.
[56] «Friesel»: Ausaschlag.
[57] Gemeint ist: Rückgang der Beschwerden.
[58] «Julep»: Kühltrank, Mischung von Wasser und verschiedenen Säften zur Abkühlung, Heilmittel.
[59] «anrühren»: anmachen, mischen.
[60] «Schotten»: Molke, Nebenprodukt der Käsebereitung, als Abführmittel verwendet.

Schotte. Der Friesel verlor sich gottlob und zeigten sich wenig und artige Blattern. Auch war der Knabe sehr munter, ass, laxierte etwa 4 mal und bekam einen starken Schweiss. Der Abend [war] auch sehr frei und die Nacht gut.

<u>Donnerstag, den 6.</u> [April], war der liebe Knabe des Morgens sehr munter, die Pocken vermahnten[61] sich, nachmittags zweimal Offnung[62]. Am Abend starkes Fieber, des nachts nach 9 Uhr eine schreckliche Bangigkeit, Fieber, dass ich ihm noch [um] 10 Uhr Tee machte, worauf er besserte; dennoch eine sehr unruhige Nacht.

86 Am Morgen nach dieser letztverflossenen Nacht war der Knabe weinerlich, fiebrig, still, speiste und schwatzte wenig, ich sehr erschlagen und in mich gekehrt, <u>leidend</u>. Nachmittags [bei ihm] Bangigkeiten, Fieber, Schlummer, irre redend, die Augen geschwollen, Schweiss, Offnung, kein Appetit, und [ich] gab ihm, nebst Schotten und Hebelpflaster, öfters von seinem Julep. Ach Gott, was fühlte mein mütterlich' Herz! Am Abend nach 6 Uhr verliess ihn das Fieber, und Munterkeit stellte sich wieder ein bis nach dem Essen, das in ein paar Löffeln Brotsuppe und Apfelmus bestand, davon er wenig genoss, und nun, gottlob, wohl ist und schläft. Ach, möge der liebe Gott alles zum besten endigen!

87 Für die so gute, schlafvolle, ruhige Nacht kann ich, o Gott, Dir nicht genug danken!

<u>Den</u> [Samstag] <u>8ten</u> [April] war der liebe Knabe ganz frisch und munter, wenig Fieber, Offnung, Appetit, und blieb es so bis auf den Abend. Schlief die ganze Nacht durch, sodass ich Gott nicht genug danken konnte!

Den 8ten war er noch heiterer erwacht. Schweiss, Offnung, und blieb es [so] den ganzen Morgen. Ziemlich Appetit, den Nachmittag wieder so munter, klagte über das Beissen[63] der Blattern, die ganz in Eiter schon gelb waren. Am Abend Langeweile, seltsam, speiste nicht zu Nacht und legte sich jetzt müde zur Ruhe, fast ohne Fieber. Vermutlich hat die 3 malige Offnung viel fortgenommen. Ach, kann ich Gott genug danken!

88 Den 10., Montag, war der 9te Tag der Krankheit so glücklich verschwunden, dass ich es nicht gewahr wurde, dass was gewesen wäre.

Den 11. verfloss der Tag wieder so glücklich, die Blattern schön gross im Eiter und schon einige ein wenig eingeschrumpft.

Den 12. wieder so glücklich. Appetit, Freude, Ruhe, Offnung, wie alle Tage.

<u>Den 13., Hohendonnerstag</u>[64], der Knabe wieder so munter, alles, wie es der glückliche Gang der Blattern mitbringen soll. 11 Uhr das erste Mal bei

---

[61] «Vermahnung»: Erinnerung, Ermahnung, hier im Sinne von «sich in Erinnerung rufen».
[62] «Offnung»: Stuhlgang.
[63] «Beissen»: Jucken.
[64] «Hohendonstag»: hoher Donnerstag, Tag vor Karfreitag. Vgl. 1787, pag. 61.

Tisch gastiert, munter, nach 3 Uhr zitterte er vor Schwäche, legte sich zur Ruhe und blieb munter und wohl. Ach Gott, welche dankbare Rührung fühlt' meine Seele!

89 Den 14. [April] so glücklich wie die vorigen Tage und abends ausser dem Bett bis acht Uhr, ohne die mindeste Müdigkeit.
Den 15. so gut und glücklich,
den 16. so gut und glücklich,
den 17. so gut und glücklich,
den 18. so gut und glücklich, dass er bei Herrn Pfarrer Beyel[65] von Hütten von 10 Uhr an, wo er aufgestanden, bis abends 5 Uhr im Manuductor[66] übersetzte, auch die Nacht sehr wohl schlief.
Den 19., heute, Gott sei Dank, auch wieder so ein guter Tag, wo er ein paar Stunden schrieb, zwischen[hin]ein las, und jetzt sehr wohl zu Bette gegangen ist. Ach Gott, welche Erbarmung über ihn und mich![67]

90ff [leer]
102–104 [leer]

105[68] Ach, muss – m.[eine] Liebe! – eine quasi Unhöflichkeit begehen gegen den klügeren Rat m[eine]r l.[ieben] Frau. Ich habe an dem Freitag des Hierseins Deines Mannes, hochwohlgeb.[orenen] Herrn Landvogts, zur Burgerwahl, meinem Schiffmann, der auch Waren für Chirurgus Hotz allda hatte, ein Paket mit einigen Kleinigkeiten für Deine lieben Kinder übergeben lassen, und da ich kein Empfangszeichen vernahm, so kam mir dies, bei der schon so oft erfahrenen, Euren übertriebenen Höflichkeit, etwas verdächtig vor, ihr möget's nicht erhalten haben, und da meine Leute den Namen des Schiffsmanns nicht wissen, noch ich ihn bis dato nicht anfragen können, so achtete ich's am natürlichsten, geradezu dies, beste Freundin, zu fragen, und – falls ihr's nicht erhalten – zu bitten, bei Chirurgo Hotz zu fragen, wer ihm damals Waren gebracht habe. Den Gebrauch dieser Kleinigkeiten wird Dein kluger mütterlicher Geist schon erstudieren, wie auch die Spiegelschublade zu eröffnen wäre. Ich hoffte und hoffe, noch diesen Frühling ein paar Tage bei Euch zuzubringen, der gütigen Aufnahme bin ich schon zum Voraus sicher, sowie ihr Lieben von stets gleicher Freundschaft und Liebe.   Der Eurige
9.V.97   D[oktor] Lavater, des Rats.

106 [leer]

---

[65] Beyel Hans Jakob (1769–1858), 1798–1858 Pfarrer in Hütten, verh. 1811 mit Meyer Anna Barbara.
[66] «Manuductor», Manuduction: Anweisung, Anleitung.
[67] Mit dem 19. April endet der Jahrgang 1797, es folgen zwei eingelegte Blätter, ein Briefwechsel zwischen R.v.O.-E. und Lavater Diethelm, M.D.
[68] Brief von Lavater Diethelm M.D. an R.v.O.-E., datiert 19. Mai 1797.

111[69]   Den 22. Mai 97.
Lieber Teurer!
Wir erhielten mit vielem Dank und Rührung [über] Deine Liebe und Grossmut Sonntagmorgen, den 29. April, das so kostbare, prächtige Geschenk an unser liebes Regeli und die Knaben. Unsere Magd bracht' die Schachtel und sagte: «Ich will sie in der Jungfer von Orelli Zimmer bringen», weil wir abends Herrn Helfer von Orelli, seine l.[iebe] Frau und seine Schwester erwarteten. Nun sah ich aber die Adresse und sagte mir, sie ist absichtlich an unser liebes Regeli adressiert, trug das Paket auf sein Bettchen und sagte: «Siehe, dies ist an dich, liebes Kind», das lächelte und sagte: «Aber, man sagt mir doch nicht Jungfer
112 Orell, ich heisse ja Regeli.» Nun zerschnitt ich die Schnur und hob die gar so schönen Sachen heraus, die ich dann öffnete und könnt' nicht sagen, welch eine Verwunderung und Freude es bei den Kindern bewirkte, immer fragend, was doch dies alles wäre, ob's zum Essen wäre, dies zum Spiel und Geld und ein Spiegel. Dann las ich mit Rührung und Tränen der Freude und des Dankes das liebliche Billett, nachher das Regeli selbst, sodass wir alle nicht wussten, wie uns geschah, und die Maschine, oh, die musste ich erklären,
113 bei hellem Tag Nacht machen, Sand holen und in ihrer Herrlichkeit jeden spielen lassen, sodass dies ein Jubel und wahre Freude war. Papa musste gerufen werden, die Mägde sprangen sonst [hin]zu, und so verstrich der Vormittag. Abends, da unsere Gäste kamen, erzählten wir den Spass mit der Schachtel, stellte den Damen die Trillete[70] vor, und den Herren wurde Feuerwerk[71] gespielt. Ich hätte hineilen mögen, um Dir und Deiner lieben Gattin herzlich zu danken,
114 das sich vielmal in stillen Tränen wiederholte. Mein Mann schrieb nun einige Tage nachher, Dir unser Gefühl dankbar ans Herz zu legen, den er mir selbst vorgewiesen hat. Fatalerweise aber ist der Brief nun verloren, was mir sehr weh tat und den lieben Brief Deiner Hand verursachte, der mich sehr freute. Ganz natürlich wäre es entsetzlich, den Empfang nicht zu melden und uns unmöglich gewesen, dies nicht zu tun, mit gerührtem Herzen. So gerne ich's selbst getan hätte, so konnt' ich nicht von den Kindern mich entfernen, die alle so an mir hängen
115 und mein mütterliches Attachement [macht] mich an sie gebunden. Gottlob sind alle ausserordentlich glücklich durch die Gefahren! Cäper [wurde] 3 Wochen vorher, Conradli und Regeli am gleichen Tag [von Krankheit]

---

[69] Antwortbrief von R. v. O.-E. an Lavater Diethelm, datiert 22. Mai 1797, fälschlicherweise in einem Couvert adressiert: «Frauen Landvogt von Orelli geb. Escher im Schloss Wädenswil.»
[70] «Trillete», Trüllete: Spiel mit Drehmechanismus.
[71] Das Spielzeug produzierte vermutlich Funken mittels Quarzsand im Räderwerk.

überfallen. Nach 3–4-tägigem heftigem Fieber brachen sehr wenig, sehr schöne, grosse Blattern aus, sodass ein paar Fiebermixturen nur, keine Arzneien, nötig waren, nur Schotten und Hebelpflaster die Heilung vollendeten, sodass ich Gott nicht genug danken kann und mich so gerührt meiner Lebenstage nie fühlte, wie durch diesen Beweis der göttlichen Vorsorge.

116 Einige Monate lang vorher litt ich Todesangst, weil so viele Kinder starben, elend wurden. Ich las alles mögliche über Einpfropfung[72] und war nun durch dies mehr als glückliche Dazwischenkommen unterbrochen, das aber doch das Seinige beitrug. Ein paar Monate waren sie laxiert, alle 14 Tage, viel Fussbäder, wenig Fleisch gegeben wie wenn sie gepfropft[73] werden sollten. Auch wusste ich, was sich jeden Tag zutragen sollte, und also beruhigt [war] bei Gichtern, Nasenbluten, Trümmel[74] und setzte

117 so mit Chirurgus Hotz die Kur fort mit aufmerksamer Sorge auf alles, dass mir die Gefahren und die Zeit wie ein Traum verflossen mit standhaftem Mut, es gehe alles, wie es sollte, und jetzt, gottlob, sind alle so munter und rein und gesund, als es bei ihrer zarten Anlage nur möglich ist. Und [ich] freue mich nun ihres Lebens erst von ganzer Seele. Wie sehr freute uns die Hoffnung des Wiedersehens, die ich aus den lieben Zeilen heraushebe! Vor Pfingsten hat mein Mann fast noch alle Tage mit Geschäften angefüllt: Rechtstage[75],

118 Augenscheine, Gericht, und ich ein kleine Wäsche. Nachher haben wir so gar nichts mehr, dass es uns dann herzlich freuen würde, Dich und die lieben Deinen bei uns zu sehen, um uns ungestört zu geniessen.
Lebewohl! Mein l.[ieber] Mann und die lieben Kinder und mein Dank vereinigen sich in den besten Segenswünschen über Dich. Mit innigem ewigem Gefühl von Dank und Liebe und Hochachtung.   Deine Orellis.[76]

---

[72] Vgl. 1796/97, pag. 51
[73] «Gepfropft»: geimpft.
[74] «Trümmel»: dialektal für Schwindel(anfälle).
[75] «Rechtstage»: Gerichtstage.
[76] Die lückenhaften Einträge im Sommer 1797 lassen politisch bemerkenswerte Vorgänge in der Landvogtei in der Berichterstattung untergehen: Die Gärungen unter der Landbevölkerung erreichten in dieser Zeit einen Höhepunkt, indem die Untertanen sich weigerten, eine Todesfallsteuer zu bezahlen. Landvogt von Orelli stand diesem Anliegen nicht ablehnend gegenüber und befürwortete mit Landschreiber Keller eine Petition an den Rat betr. deren Abschaffung. Dieser wurde teilweise stattgegeben. Ausserdem ging es um die in den Kerkern festgehaltenen Aufständischen der 1790er Jahre. Die Bürgerversammlungen erwirkten anfangs 1798 die Wahl von Ausschüssen und eine Amnestie für die Gefangenen. Die Ereignisse des 1. Quartals führten schliesslich, trotz Einspruchs «wegen seiner humanen Denkungsart», zur Absetzung von Landvogt von Orelli, Landschreiber Keller, Untervogt Hauser und der übrigen Beamten.

IV Briefe
Auswahl 1798

1 ZB, FA.Lav.Mscr.522, 236. R.v.O.-E. an Johann Caspar Lavater, 6. Februar 1798, aus Wädenswil nach Zürich.
Im Kanton Zürich versuchte der Magistrat die aufrührerische Bevölkerung durch eine Generalamnestie zu beruhigen (29. Januar 1798). Auf einer Versammlung von Deputierten des Rates und der Landbevölkerung wurde in Stäfa beschlossen, einen gemeinsamen Ausschuss zu wählen, der das weitere Vorgehen festzulegen hätte (Februar 1798).
[...] So ist denn nun der grosse, grossmütige Schritt unserer Landesväter getan! Möge Gott nun die Herzen unser aller vereinigen! Wir hörten dieses mit unbeschreiblicher Rührung. Die Folgen gehen ins Unendliche und werden auch besonders auf uns wirken. [...]
Habe Dank, dass Du uns alles sagst, und, <u>bitte</u>, melde uns, was Du von dem weiteren Gang der Dinge hörst [und] von den Entschlüssen und Äusserungen des Kongresses, der sich nicht in Bassersdorf[1], sondern in Stäfa[2] versammelt befinden soll, wie man sagt. Aller Glauben übersteigt die <u>falschen Gerüchte</u>, die so verwirrend sind, dass Du meine Bitten um Wahrheit verzeihen musst, die ich auch hier wiederhole.
Die Zurüstungen und Erwartungen von Stäfa etc. sind unbeschreiblich und werden so laut [daher]kommen, dass die vorige Woche ein Nichts [dagegen] war. Ich sage dies absichtlich, dass man in Zürich weiss, was dies wohl dann für eine Last [für uns] sei. Gott weiss, dass ich es begreife, aber bange bin vor [den] Gefahren, die [uns] begegnen könnten, wenn alles so im Tumult sich befindet.
Die Versammlung der Deputierten hält Wache, dass nichts Unfügliches geschehe, jede kommende Nacht, auch beim Schloss, ohne dass wir's wussten. [...]
Melde uns doch auch etwas von der äusseren Lage, die Franken betreffend.

2 ZB, FA Orelli Or 11, 2. 1. David von Orelli an R.v.O.-E., 25. Februar 1798, aus Wädenswil nach Zürich.
R.v.O.-E. war offenbar anlässlich eines Zürcher Aufenthalts erkrankt, ihre Heimkehr hatte sich demzufolge verzögert.
[...] So freut es uns nunmehr doch, dass dies[3] auf Dienstag geschieht, indem Du wenig Freude gehabt hättest, morgen bei den grossen und festlichen Zurüstungen zur Errichtung des Freiheitsbaumes im Ort vorbeizufahren und vielleicht unten in das Gedränge des festlichen Zuges hinein zu kommen. Mein Gott, morgen werden nunmehr allein in hiesiger Herrschaft

---
[1] S. 1800, pag. 243.
[2] Vgl. 1795, pag. 23.
[3] Gemeint ist die Rückkehr.

fünf Freiheitsbäume mit aller möglichen Pracht, Herrlichkeit und Freude eingeweiht, und kein Mensch denkt an die schrecklichen und grossen Gefahren, die unserem teuren Vaterland so nahe an seinen Grenzen drohen.[4] *[...]*

3   ZB, FA Lav.Mscr.522, 237. R. v. O.-E. an Johann Caspar Lavater, 18. März 1798, aus Wädenswl nach Zürich.
[...] wie oft erhob sich meine Seele in Deine Gefühle! Wie oft sehnte ich mich, ein stärkendes Wort von Dir zu vernehmen, aber nur ich selber war und blieb es! Du hülltest Dich in Schweigen, das leider, denk' ich, Deine Leiden ausdrückt über die Wandlung, die die Geschichte unseres lieben Vaterlandes nahm und über die Geschichte eines jeden Bewohners. Ach, mag doch nur die Umwälzung das beste des Ganzen bewirken, so wird jedes Einzelne seinen Gott aufs neue suchen und ihn finden in künftigen Tagen!
Mit mutvoller Ergebenheit wollen wir unser hiesiges Dableiben *abwarten, ehe wir uns für ein künftiges umsehen. Es wird sich bald bestimmen, wie lange es noch dauert, und in mancher Rücksicht sehe ich einer Veränderung sehnlich entgegen. [...]*
Ich erhalte so gar wenig Nachrichten von Zürich und sehne mich sehr nach etwas, verzeihe die Bitte, dass Du es tun mögst, mit ein paar Worten, die meine Seele erquickten. Besonders [möchte ich wissen], ob die Annäherung der Franken [für] uns bedrohend sei. [...]

4   ZB, FA Orelli Or 11. 2, 2. David von Orelli an R. v. O.-E., 21. März 1798, aus Zürich nach Wädenswil.
David v. O. war zur Erledigung von Amtsgeschäften und auf Wohnungssuche in Zürich.
[...] Wegen der Gemächer habe ich Dir verschiedene vorzuschlagen, unter denen mir [eines] ganz herrlich ist, wegen seiner so schönen Lage und moderaten Preises und übriger Schönheit. Ob es aber Dir von einer gewissen Rücksicht willen nicht ganz gefällig wäre, weiss ich nicht. Es sollte Dir aber gewiss gefallen. [...]

5   ZB, FA.Lav.Mscr.522, 238. R. v. O.-E. an Johann Caspar Lavater, 25. März 1798, von Wädenswil nach Zürich.
Mit der Institutionalisierung einer Landeskommission kam der Magistrat einer der Hauptforderungen der Landbevölkerung nach Regierungsbeteiligung entgegen.
[...] Es war nämlich von der Hohen Landesversammlung dem souveränen Volk überlassen [worden], die alte provisorische Regierung ihrer Behörde entweder zu bestätigen oder sich eine neue zu erwählen. Auch in der hiesigen Herrschaft wurde dies heute vor 8 Tagen vorgetragen, und da, vom Landvogt an, Hr. Landschreiber, Untervogt, Richter, Weibel alle entsetzt

---

[4] Gemeint ist der Aufmarsch der französischen Truppen.

[wurden], unentschieden [war], was sich für Projekte auf eine künftige Gemeinde⁵ zeigen, und gestern, den 24. [März, wurde] nun die Bestellung dieser Stellen neu besetzt, auch die des Landvogts, für welche Herr Leuthold⁶ als Präsident gewählt wurde, und also unser Schicksal ganz entschieden ist! Dies, mein Teuerster, melde ich Dir, damit Du es auch von uns selber vernommen habest, denn vermutlich wird es schon in Zürich bekannt sein. Wir erwarten nun fernere Befehle von der Landeskommission, wie unser Abreisen bestimmt werden möge, ohne dass wir Verlust erleiden dessen, was in den Gütern⁷ liegt, ob wir noch die Einsammlungen selbst machen, oder wie es ausgekauft werde. Denn wir erwarten Gerechtigkeit auch im Unglück und [bei den] Veränderungen der Grundsätze, bei der Umwälzung des Staates etc. Meine Empfindungen sind schmerzliche Wehmut, Tränen für alle Aufopferungen der Liebe, Tätigkeit, Güte, Gerechtigkeit meines Mannes für diese Herrschaft, bei der wir nicht länger zu verbleiben gedachten, als wie es die Lage der Dinge mitbringen würde, mit Entsetzen zu endigen. [...]*

6   ZB, FA Orelli Or 11. 2, 3. David von Orelli an Regula, 29. April 1798, von Wädenswil nach Zürich.
    Die beiden Zürichseeufer wurden für den Aufmarsch der französischen Truppen gegen Glarus und die Innerschweiz benutzt, um diese Kantone zur Annahme der helvetischen Konstitution zu zwingen.

[...] Gestern [Samstag, 28. April], nachts um 3 Uhr, kamen die Franken hier zu uns. 12 Mann sind bei uns einquartiert, die wir verköstigen müssen, und acht Mann Garnison, die aber von ihren Gastgebern im Dorf verpflegt werden, und diese Nacht werden noch 2 Offiziere von der Krone, wo es ihnen, wie ich glaube, allzu unruhig scheint, ins Schloss zum Übernachten kommen. Einmal ersuchten sie mich diese Nacht um Quartier für zwei von ihnen, und Du wirst leicht denken, dass ich bei der gegenwärtigen Lage der Dinge es ihnen gewiss nicht abschlug. Heute hatte ich schon zweimal Besuche von fränkischen Offizieren. Es sind äusserst artige, höfliche und verständige Männer, und einer von ihnen, Mr. Huisson, ist ein sehr feiner und kultivierter Kopf, der zugleich ein sehr empfindsames Herz zu haben scheint; ich habe heute eine Stunde sehr vergnügt mit ihm zugebracht, und ich wünschte, dass er einer von den zweien wäre, die ins Schloss zu logieren kämen. Dies hängt aber von den Befehlen der Oberen ab. Sowohl Offiziere als auch Soldaten halten den Sieg für gewiss und glauben, dass alles in ein paar Stunden ganz entschieden sein wird. Wirklich reden sie von einer ungeheuren Macht, die kommen soll, von mehr als 3600 Mann, und am Dienstag

---

⁵ Gemeinde sc. Versammlung.
⁶ Leuthold Heinrich (geb. 1754), Dorfschullehrer in Wädenswil, 1798 Mitglied der Verwaltungskammer, Präsident der ersten Munizipalität in Wädenswil.
⁷ Gemeint sind die dem Landvogt selber zustehenden Wirschaftsgüter, aus deren Ertrag er seinen Unterhalt bestritt.

[1. Mai], *sagt man, soll der grosse Angriff hier an unseren Grenzen vor[bei]gehen, wenn nicht in dieser Zeit die Kantone die Konstitution annehmen, wozu gegenwärtig aber noch sehr wenig Hoffnung vorhanden ist.*

7   ZB, FA Orelli Or 11. 2, 4. David v. Orelli an R. v. O.-E., 30. April 1798, von Wädenswil nach Zürich.

[...] *Gestern abend und heute hatten wir hier sehr ernste Auftritte, und ich bin herzlich froh, so innig lieb mir sonst Deine Gegenwart ist, dass Du nicht hier, sondern in der Stadt bei Deinen lieben Wohltätern warst, indem Du wahrscheinlich so glücklich wenigstens für uns alle äussere Gefahr von den benachbarten, so bedauernswürdigen Kantonen nunmehr verschwunden ist.*

[...] *Gestern abend spät kam von Richterswil Bericht, dass eine Frankenwacht einen Glarner erschossen, und dass die Schwyzer, über diese Handlung erbittert, nunmehr ganz gewiss diese Nacht in Richterswil einfallen würden. Da man wegen des fränkischen Kommandanten nicht Sturm läuten durfte, so liess man so schnell als möglich allen Soldaten des hiesigen Quartiers ansagen, sich auf der Stelle in den Schlosshof zu verfügen, um von da in erforderlichem Fall an die Grenzen der Herrschaft zu ziehen. Wirklich waren [sie] schon um 9 Uhr im Schlosshof versammelt, nebst der französischen Garde von ungefähr 30 Mann und 30 Jägern, sodass es, zumal beim Mondschein und bei den grossen Erwartungen und Besorgnissen, die auf allen Gesichtern schwebten, ziemlich kriegerisch bei uns aussah. Aber sie besannen sich bald eines anderen, sodass, nach ungefähr 1 1/2 Stunden, sie sich mit einem Mal wieder nach Hause begaben aus Besorgnis, sie möchten von den Franken gegen die Schwyzer gebraucht werden, vor welchem sie bange Besorgnisse hatten. Um 1 Uhr des Nachts kam eine ganze Kompanie von 150 Mann mit dem Capitain Couthon hier an, die ganz im Schloss auf der Strohschütte*[8] *logiert wurde. Ich speiste mit dem Capitain und 3 Lieutnants zu Nacht, und in der Audienzstube spiesen fünf Unteroffiziere (die Soldaten genossen nichts mehr, da sie in Horgen schon zu Nacht gespiesen hatten). Ich hatte sehr wenig ihnen zu geben, und dennoch waren sie sehr freundlich und höflich, und ich brachte ein paar Stunden sehr unterhaltend und angenehm mit ihnen zu, und um 3 1/2 Uhr ging man erst zu Bette. Der Capitain ist besonders ein sehr feiner, geistreicher und unterhaltender Mann, der sein Kommando mit Würde und Anstand zu führen weiss. Diesen Morgen um 1/2 10 Uhr kam der Befehl von dem Capitain-Kommandant Fréron an Couthon, mit s.[einer] Kompanie unverzüglich nach Richterswil zu kommen, indem die Attacke so bald [als] möglich formiert werden sollte. Sie dejeunierten hierauf noch etwas weniges an Wein [und] Brot und gingen dann alle freudig und munter fort, und zum*

---

[8]   «Strohschütte»: Ort, meist Dachboden, wo das Stroh für das Vieh aufgeschüttetet und verwahrt wird.

*voraus gewiss des schnellen Sieges, den sie [für] eine Affäre von ¹/₂ Stunde hielten; um ¹/₂ 10 Uhr erfolgte schon die Attacke. Zweimal trieben die Schwyzer die Franken bis an den Mühlebach*⁹ *hinunter; sie hatten ein sehr gut bedientes Feuer, besonders aus dem kleinen Gewehr, aber nur (wie man sagt) 2 Kanonen, da die Franken hingegen sechs oder wenigstens fünf hatten. Sobald die Schwyzer in die Ebene hinunter kamen, machte das Feuer der Kanonen eine schreckliche Verheerung unter ihnen, und nach einer Kanonade von ungefähr 2 Stunden, gegen 1 Uhr, waren die Schwyzer schon über Bäch*¹⁰ *und Wollerau*¹¹ *zurückgetrieben und beide Orte von den Franken besetzt und die Rütlischanze*¹² *ganz demontiert. Von den Schwyzern sollen etwa 1000, andere sagen 800, Mann auf dem Platz geblieben sein. Auch die Franken sollen eine beträchtliche Anzahl Tote und sehr viele Verwundete haben. Seit 1 Uhr ist nunmehr alles ruhig und still, aber morgen in aller Frühe soll die 2te Attacke der Franken vor sich gehen und ihnen noch diese Nacht ein beträchtliches Korps Truppen zu Sukkurs kommen. Von Bäch und Wollerau ist alles geflüchtet und alle Häuser sind leer, und also haben wir morgen wieder sehr wichtige und für die Schwyzer höchst wahrscheinlich sehr traurige Auftritte zu erwarten. [...]*
P.S. Heute seit 9 Uhr ist kein Franke mehr im Schloss, und ist hier eine Garde von hiesigen Soldaten zur Behördensicherheit.
Diesen Abend ging hier ebenfalls ein Trupp Husaren unten durch die Strasse nach Richterswil. Bis anhin haben die Franken noch keine einzige Wohnung abgebrannt.
*Dann, seit 10 Uhr morgens bis abends 7 Uhr war heute Comité militaire im Schloss, und Herr Hptm. Bürgi*¹³ *und noch 3 Herren assen bei mir zu Mittag. [...]*

8 ZB, FA Orelli Or 11. 2, 6. David von Orelli an R. v. O.-E., 2. Mai 1798, von Wädenswil nach Zürich.
 Die Bezwingung des Etzelpasses bei Schindellegi und der Vormarsch auf Einsiedeln (Klosterschatz) und auf Schwyz (Widerstand gegen die Revolutionsbewegung) waren das strategische Ziel der französischen Truppen. Die Landvogtei Wädenswil war von diesen Kriegsereignissen direkt betroffen.

---

⁹ Mühlebach: Von Südwesten gegen Richterswil verlaufender und hier in den Zürichsee mündender Bach.
¹⁰ Vgl. 1791, pag. 26.
¹¹ Vgl. 1791, pag. 39.
¹² Rütlischanze: Vermutlich «Rütischanze», Verteidigungswall auf dem Rütibühl, 1 km. südöstlich Wollerau.
¹³ Die Bürgi sind im Kanton St Gallen wie im Kanton Schwyz, Bezirk Höfe (in der unmittelbaren Nachbarschaft Wädenswils) nachgewiesen. Die Herkunft dieses Bürgis lässt sich nicht ermitteln. Ein Beziehung zu dem (früheren?) Weibel Bürgi Hans Jakob ist nicht auszumachen. Vgl. 1791 pag. 235.

[...] Heute morgen war eine sehr heftige Attacke von seiten der Franken gegen Schindellegi[14], und von 10 Uhr bis 1 Uhr nachmittags hörte man ein beständiges Schiessen aus dem kleinen Gewehr und den Donner der Kanonen; aber nach 1 Uhr war alles still. Der Schwyzer sollen gegen 6000 Mann versammelt gewesen sein und sich wie verzweifelt gewehrt haben, aber sie verstanden das Manöver des Feuers nicht wie die Franken, und diese sollen ein schreckliches Blutbad unter ihnen angerichtet haben, aber auch die Franken sollen viele Tote und sehr viele Verwundete haben. Auf dem näheren Etzel[15] und dem Hügel ob Schindellegi, wo das Heer der Schwyzer stand, soll man ganze Haufen von toten Körpern erblicken. Ob aber die Schwyzer schon über die Schindellegi-Brücke zurückgetrieben sind oder noch diesseits stehen, hat man noch keine sicheren Nachrichten; das Erstere scheint wahrscheinlich zu sein. Heute abends sah man schon mehrere Häuser um Schindellegi herum und auf dem Etzel in vollen Flammen [stehen], und man soll an ein paar Orten die Leute in die Häuser hinein getrieben und hierauf angezündet haben, welches mich der hiesige Metzgerknecht beim Gesellenwirt auf dem Bergli[16] mit eigenen Augen gesehen zu haben versicherte, auch zugleich die Nachricht brachte, dass die Franken schon Schindellegi passiert [hätten], und schon auf dem Kalten Boden[17] sich befänden [und] auch das Krachen immer fortdauere. [...]
Die Herren vom Landvogtamt waren bis abends spät hier und [auch] Herr Pfarrer von Hütten[18].
P.S. Schon sieht man hier aus dem Schloss zwei Scheunen auf dem Etzel brennen, und alle Häuser bei Schindellegi sollen nunmehr in Brand sein. [...]

9 ZB, FA Orelli Or 11. 2, 7. David von Orelli an R. v. O.-E., 5. Mai 1798, von Wädenswil nach Zürich.

Die Geldsorgen bedrückten weiterhin die Eheleute v. Orelli. David erteilte seiner Gattin entsprechende Anordnungen. Die Schätze des Klosters Einsiedeln wurden nach Zürich zur Disposition der französischen Generalität gebracht, was zu einer Verknappung der Beförderungsmittel in der Gegend führte.

[...] Ich hatte alle Mühe von der Welt, um bis jetzt die aufgegebenen Anfragen von der Administrationskammer zu beantworten. Ich musste hierzu die Etats von Herrn Untervogt und allen Weibeln einfordern, um alle Gehälter zu bestimmen. [...]
Aber sehr nötig ist es [erstens], dass Hr. Zunftmeister [Wyss] engagiert sei, zur Bezahlung der versprochenen 500 Gulden, und 2., dass Du die Güte habest, alles Silbergeschirr, das Du entbehren kannst, durch einen gehei-

---

[14] Schindellegi: Ortschaft im Bezirk Höfe, Kt. Schwyz, an der Sihl gelegen, am Übergang vom Zürichseebecken in die Zentralschweiz.
[15] Etzel: Bergrücken südlich des Zürichsees.
[16] Bergli: Weiler südlich des Hüttnersees am Nordabhang des Zimmerbergs, Bezirk Horgen.
[17] Kalten Boden: Flurname, Gemeinde Schönenberg.
[18] Beyel Hans Jakob (1769–1858), Pfr. in Hütten 1797–1806.Vgl. 1797, pag. 89.

men und sicheren Weg, ohne dass es Herr Schinz[19] und Herr Ott[20] weiss, zu Geld zu machen, damit wir auch wenigstens einen etwelchen angemessenen Fonds gegenwärtig haben. Wegen des Übrigen wollen wir dann hier reiflich mit einander überlegen. [...]
So komme doch so bald [als] möglich zurück, denn wegen der Franken bist Du nun ganz sicher. Nur Pferde habe ich noch einige Tage keine, denn diese sind mit allen Pferden der Herrschaft bestellt, den Raub von Einsiedeln und der March abzuholen.
P.S. Gestern trank unser Johannes Burgunder mit den Franken-Husaren in der Kirche des Klosters Einsiedeln[21], und die Franken waren mit dem roten Schaffhauser nicht mehr zufrieden sondern ordonnierten Burgunder-Bouteillen. [...]

10   ZB, FA Orelli, Or 11. 3, 17. R. v. O.-E. an David von Orelli, Sonntag, den 10. Juni 1798, von Wädenswil nach Zürich.
[...] Ich schicke Dir also morgen das blaue Chaisli[22] wieder, wenn ichs bekomme, oder die alte Kutsche. Ans Reiten ist nicht zu denken bei diesem Wetter, und ich will den Johannes schicken zu Dir.
[...] Auch berichtige es doch mit dem Gemach bei Herrn Pestalozzi[23].
[...] Gestern hatten wir ein ausserordentliches Gewitter, es gab auch Stein[24], aber ohne Schaden, hingegen in Stäfa, Männedorf und [am] Lattenberg[25] war alles ganz weiss, und heut' steht kein Laub mehr an den Reben.
[...] Franken passierten heute einige, einquartiert sind gottlob keine. Man sagt, es liege ein Arrest auf dem [Staats-]Schatz, und er sei nicht fortgeführt worden, wenn es schon in der Zeitung stehe. [...]

11   ZB, FA Lav.Mscr.522, 239. R. v. O.-E. an Joh. Caspar Lavater, 19. Juni 1798, von Wädenswil nach Zürich.
Vom 22. März bis 20. Sept. 1798 war Aarau der Sitz der provisorischen Nationalversammlung und des helvetischen Direktoriums und damit Hauptstadt der Helvetischen Republik.
[...] <u>Gerüchte</u> sagen, das Direktorium in Aarau sei auseinander gegangen; ist dies wohl Wahrheit? Ach, liebster Lavater, schreib' mir doch bald wieder ein Wort! [...]
Während den vielen Einquartierungen der Franken hat uns Gott sichtbarlich behütet! [...]

---

[19] Schinz Caspar (1755–1838), 1798 Munizipalrat, vgl. 1786, pag 48.
[20] Wahrscheinlich der Schwager Ott Heinrich.
[21] Einsiedeln: Kloster und Bezirkshauptort im Kanton Schwyz.
[22] «Chaise»: Kleine Kutsche, Halbkutsche, ein leichtes Fahrzeug.
[23] Pestalozzi Hans Caspar (1770–1849). S. 1799, pag. 24.
[24] «Stein»: Hagel.
[25] Rebhang zwischen Stäfa und Männedorf.

[...], denke doch, seit 14 Tagen sind wir allein! Diese Zwischenzeit stärkt zu neuen Erwartungen, davon wir nicht verschont bleiben werden.[26] Wie wehmütig ist unser hiesiger Aufenthalt in dem verödeten, ehemaligen herrschaftlichen Schloss, dessen Naturanlage es zu einem fürstlichen Sitz erhebte, [das] nun bald in den Händen eines Bauern sein wird, der alles, was nicht zu seinem ökonomischen Zweck dient, niederreissen und zerstören wird. Dazu zähle ich besonders auch die Altane, den Tempel der Natur, wo ich so oft mich hinsetzte in Gefühlen, die über mich empor stiegen.[27] [...] Rousseau sagt in seinem Emil *so schön «Wohl dem, der seinen Stand zu verlassen weiss, wenn der Stand ihn verlässt, und [der] dem Schicksal zum Trotz ein Mensch bleibt.» Ist dies, liebster Lavater, nicht ein frappantes Motto für uns? Ich glaube, ja! [...]*

12   ZB, FA Lav. Mscr. 522, 240. R. v. O.-E. an Johann Caspar Lavater, 24. Juni 1798, von Wädenswil nach Zürich.

[...] Mit Dankbarkeit und Liebe erhielten wir Dein liebes, interessantes Briefchen, *das uns aber in tiefes Bedenken versetzte über dasjenige, was Du auf Aarau möchtest geschrieben haben. Ach, möchten die Erfolge davon Segen auf unser liebes, armes Vaterland sein! [...]*
Ein Gerücht sagt, dass die fränkischen Truppen wieder auf Schwyz hinziehen um die Mannschaft [zu] entwaffnen, dass die Schwyzer es nicht tun werden und [dass] wieder eine neue Schlacht sich begeben werde; ach, mag dies wohl Wahrheit sein? Was wird auch unsere Gegend wieder zu erwarten haben!? [...]
Seit heute 4 Wochen hatten wir gottlob keine Franken mehr! [...]

13   ZB, FA Lav.Mscr.522, 241. R. v. O.-E. an Joh. Caspar Lavater, 10. Juli 1798, von Wädenswil nach Zürich.

[...] Man sagt, das Direktorium von Aarau werde auf den Winter nach Zürich kommen, es sei in Aarau nicht Platz genug. Ökonomisch wäre es für eine gewisse Klasse Menschen sehr gut, aber menschlich ist es eine traurige Erwartung, wenn man's bedenkt.
Es wäre wohl zu wünschen dass man hören könnte, dass der gute Landolt[28] sich selbst nicht verunglückt hätte.
Sonntag [8. Juli], spät abends, hatten wir ein ausserordentliches Gewitter. Der Schlag erschlug in einem Hause 3 Personen und traf noch zwei andere. Die Mutter hatte ein zweijähriges Kind am Arm, das lebend blieb, und sie tot, ein anderes Kind auch tot und ein Mann, welche alle sitzen blieben auf

---

[26] Originaltext: «davon wir nicht überhoben bleiben werden.»
[27] Das Landvogteischloss Wädenswil wurde im Bockenkrieg am 24. März 1804 niedergebrannt.
[28] Landolt Joh. Casp. 1737–3.7.1798, verh. 1761 mit Gossweiler Ursula, «1780 Zunftmeister und Statthalter. Dieser redliche und tätige Beamte wurde durch die Revolution ausser Tätigkeit gesetzt, was er sich so zu Herzen nahm, dass er melancholisch wurde und seinen Tod im Wasser fand» (Keller-Escher: Promptuarium genealogicum).

der Bank, ohne dass es etwas entzündete. Eine Scheuer, weit entlegen, ist ganz abgebrannt, und in die Mühlenen[29]-Mühle schlug es auch ein, ohne Entzündung, welche wunderbare Wirkung des Gewitters! Im Bezirk von einer kleinen Stunde[30] ereignete sich dies alles, und in 10 Minuten erfolgten diese Schläge.
Die fränkischen Kompanien sind noch immer da und werden vermutlich noch länger bleiben. Das Schicksal führte uns einen ganz bescheidenen und stillen Menschen zu. Gestern speisten 4 da, welch ein Geräusch wurde durch ihre Lebhaftigkeit [verursacht]! [...]

14 ZB, FA Orelli, Or 11. 2, 8. David von Orelli an Regula v. O.-E., 11. Juli 1798, von Zürich nach Wädenswil.

David von Orelli weilte in Zürich und fand die Seinen anlässlich eines Besuchs in Wädenswil wohlauf.

[...] Fatalerweise konnte ich gestern niemals mit Herrn Schinz[31] reden. Er war morgens und nachmittags in der Munizipalität[32], von der er seit Samstag vor 8 Tagen [7. Juli] Mitglied ist, da fünf Herren resigniert haben. Das Gleiche könnte [mir] vielleicht auch noch heute begegnen, also ist es doch nötig, dass Du mir erst auf Montag, anstatt auf morgen, ein Pferd – im Fall es gutes Wetter macht – und im Fall es regnet, das kleine Chaisli schickst, damit ich, falls ich heute Herrn Schinz nicht sehen kann, auf morgen noch alles mit ihm berichtigen kann, da andernfalls[33], wenn ich Morgen nachmittags schon verreisen wollte, noch alles erstrüttet[34] werden müsste, und Du ja selbst wünschst, dass alles vor meiner Abreise noch ganz und vollends berichtigt werde. Herr Zunftmeister U.[steri][35] zahlt nunmehr 750 Gulden anstatt 500 Gulden, wie er anfangs versprochen.
Wegen des Gemachs werde ich es heute ebenfalls noch richtig machen. Herr Pestalozzi[36] war gestern den ganzen Tag im Zunftgebot als Sekretär mit Arbeiten zur Verteilung der Zunftgüter beschäftigt, und Frau Pestalozzi wünschte, dass er auch dabei wär', und mit mir alles Nötige verabreden könnte. Schauenburg[37], der am Montag von Zürich wegreisen sollte, bleibt

---

[29] Mühlenen: Am See, nordwestlich vom Dorfeingang Richterswil gelegener Weiler mit Mühle.
[30] Gemeint ist das Wegmass.
[31] Vgl. 1789, pag. 9.
[32] S. 1789, pag. 87.
[33] Originaltext: «den andern Weg».
[34] «Erstrütten»: in Eile erkämpfen.
[35] Usteri Johann Martin (1754–1829), Kaufherr, 1795–1797 Zunftmeister z. Gerwe, Ratsherr.
[36] Pestalozzi war Mitglied der Munizipalität und hatte als Zünfter zur Saffran den Auftrag erhalten, das Zunftgut unter die Zünfter zu verteilen.
[37] Schauenburg Balthasar Alexis Henri Antoine von (1748–1831), französischer General, Oberbefehlshaber der französischen Truppen in der Schweiz, 12. Dezember 1798 durch Masséna ersetzt.

nun wieder bis auf weitere Ordre hier, welches man in Zürich gerne sieht. Auch ist man hier ziemlich ruhig darüber, dass der Schatz[38] *weggenommen worden [ist], man war auf diesen Schlag schon lange vorbereitet.*

15 ZB, FA Orelli, Or 11. 2, 9. David von Orelli an R. v. O.-E., 20. Juli 1798, von Wädenswil nach Zürich.

Vermutlich war das Landvogteischloss während der kriegerischen Handlungen als Lazarett benutzt worden.

[...] Die beiden Bannwarte[39] *Eschmann*[40] *und Hottinger*[41] *waren diesen ganzen Nachmittag bei mir zum Rechnen, und abends kam Herr Hauptmann Bürgi, mir einen sehr lieben und freundschaftlichen Besuch zu machen, und blieb bis $^1\!/_2$ 9 Uhr.*

[...] Gestern reisten Herr Olivier und alle Kranken von uns weg, und Gott ist allein bekannt, wie lang sie von uns wegbleiben und nicht wieder kommen werden. Hr. Olivier grüsst Dich noch zu tausendmal.

P.S. Diesen Abend erhielt ich die Nachricht, dass meine Rechnung auf den 7ten August, also den Dienstag über 14 Tage, abgelegt werden soll.

16 ZB, FA Orelli Or 11. 2, 1. David von Orelli an R. v. O.-E., 8. August 1798, von Zürich nach Wädenswil.

[...] und freut es mich sehr zu vernehmen, dass Du in Rücksicht [auf] sehr viele Dinge nunmehr beruhigt bist und wir, gottlob, bis auf Martini, und wenn wir noch einige Wochen länger zur Einsammlung und Arrangement aller Sachen nötig haben, in Wädenswil bleiben, und also, G[ott] g[ebe], den ganzen so reichen Jahressegen ungestört einsammeln können, wenn wir dann so gern im Winter in unser l.[iebes] Zürich, zu, g[ebe] G[ott], hinkünftigen Geschäften zurückkehren werden. [...]

[Ich bitte Dich], mir auf Freitag [10. August] nachmittags, wenn es schönes Wetter ist, ein Pferd, und wenn es regnet, eine Chaise, entweder unsere alte oder Herrn Präsident Hausers[42]*, wenn er die Gefälligkeit [hat] seine Chaise mir zu geben, zum Sternen zu schicken.*

Das Fest der Freiheit ist am Donnerstag über acht Tage [16. August]. Liebe, sage doch dem Heinrich, dass er auch einen Überschlag gemeinschaftlich mit dem Rebmann mache, wie viel wir noch ungefähr für das Schloss aus dem Reitholz[43] *bis Martini oder Ende Wintermonats an den daselbst noch liegenden Scheitern bedürfen, und wie viel dann noch Klafter Holz an dem schon gefällten und aufgesetzten Holz übrig bleibt. Auch ersuche ich Dich, mir dies noch bis Freitag morgen zu berichten, damit ich es dann noch der*

---

[38] Gemeint ist der Zürcher Staatsschatz.
[39] Bannwart: Flur- und Waldhüter, Förster.
[40] Eschmann: Alteingesessene Bürger der Gemeinden Richterswil und Wädenswil.
[41] Hottinger: Alteingesessenes Bürgergeschlecht der Stadt Zürich und der Gemeinde Wädenswil. Es handelt sich hier mit Sicherheit um ein Glied der Wädenswiler Familie.
[42] S. 1799, pag. 60.
[43] Flurname: Wald zwischen Wädenswil und Richterswil.

gestrengen *[Obrigkeit]*, oder wenigstens Jkr. Ratsherr Meiss[44], anzeigen könne. *[...]*

17   ZB, FA Lav.Mscr.522, 242. R. v. O.-E. an Johann Caspar Lavater, 16. September 1798, von Wädenswil nach Zürich.

[...] Es wird in Zürich bekannt sein, dass die <u>Schwyzer</u> *die Franken einziehen liessen*[45]*, ihre Waffen unaufgefordert abgaben, und also, will's Gott, keine* <u>Blutsteuern</u> *zu erwarten sind wie in Unterwalden! Ach, wie banger Erwartung voll waren wir nicht, was es auch noch in* <u>Schwyz</u> *geben würde, nachdem so viel 1000 durch unsern Berg gezogen [sind]! Ach, was mag das biedere Heldenvolk leiden in seinem Inneren! Wer sollte nicht weinen, bedenkt man's, gewiss noch mehr als wir Zürcher, die nur Ergebung fühlen ohne die innere Kraft, die diesen Helden von Natur angeboren ist! [...]*

18   ZB, FA Lav.Mscr.522, 243. R. v. O.-E. an Johann Caspar Lavater, 14. November 1798, von Wädenswil nach Zürich.

[...] und wünsche ich herzlich, dass Du aufs neue, als Stütze der Religion und besonders des Christentums, noch lange, lange unter uns leben mögest! Ich denke mir immer, mit dem nach und nach Absterben der jetzt lebenden Menschheit werde das Gefühl für Religion und Christentum doch mehr und mehr gesunken und verloren, als es jetzt schon ist. [...]
Noch sind wir nicht an unserer Abreise, aber sie wird nahen. Ich lernte Dir etwas ab, das mir heilsam ist: <u>Warten</u>*! [...]*

19   ZB, FA Lav.Mscr.522, 244. R. v. O.-E. an Johann Caspar Lavater, 26. Dezember 1798, von Wädenswil nach Zürich.

[...] So lange dachte ich nicht, mit den Meinen in diesen Ruinen der Existenz zu verweilen, als dass es nun geschieht, in dunkeln Empfindungen, die sich zeugen an einem so veröndeten Orte, uns kein Tierchen sich nicht mehr regt, das zur Notwendigkeit oder zur Freude da war, selbst im Haus alles so öde und leer, so still ist, dass man's vor Wehmut beinahe nicht aushalten kann. Und doch sind wir noch da, die gleichen Menschen wie vorher, noch ausharrend, alles, alles zu vollenden, und rücken so endlich dem Ende unserer hiesigen Laufbahn zu, unter Abschiedsgeschäften mancher Art. Ach, was man doch [auf] der Welt nicht alles erlebt! Letzte Woche hatten wir die <u>Gant</u>[46] *über alles Gütergeschirr, vom Grössten an bis zur Ratzenfalle*[47]*. Welch eine Mühseligkeit und welche Notwendigkeit war es! Aber so ein Enden kann man sich doch nicht denken, wenn man Gefühl hat, von dem mir die Natur nicht ein geringes Mass zustellte, für das ich ihr doch nicht genug danken kann. [...]*

---

[44] Meiss Hans Conrad (1764–1845), Ratsherr, Präsident des Weg- und Strassendepartements.
[45] 4. Mai 1798.
[46] «Gant»: Versteigerung.
[47] «Ratz»: Ratte.

[...], doch weilen wir noch bis ins neue Jahr, und [ich] könnte gerade jetzt den Tag unserer Abreise noch nicht bestimmen. Alles Obrigkeitliche wird nach Küsnacht geliefert, das langsam geht, erst einen Anfang nahm, da es endlich richtig wurde mit der Verpachtung dieses Schlosses und nach der Übergabe. Nebst dem muss nun mit den Pächtern über alles abgeschlossen werden, ehe wir fort reisen wollen oder können. Ach, wie werd' ich mich freuen, wenn ich in Ruhe sein werde, um mein künftiges Schicksal zu erwarten! [...]
Nimm, o Liebster, meinen innigsten Dank für jene ausgewählten Messiaden-Kupfer [48], die ich mir zum Trost noch in meine Stube hängte, und sie hängen lasse, bis ich sie verlasse.
Ach, wie schmerzte mich das so frühe Enteilen des jungen Pfenninger [49]! Ich habe gehört, dass auf <u>Gessner</u> [50] das erste Los zum Predigen in Luzern [51] gefallen [ist]. Hat es wohl die Folge, dass er dort Prediger werden soll? Welch ein Verlust wär' es für unsere Stadt!

20 ZB, FA Orelli, Or 11. 5, R. v. O.-E. an Felix Schweizer, Provisor an der Gelehrten- und Bürgerschule in Zürich, undatierter Briefentwurf, Spätherbst 1798.
Der Übertritt der Söhne Johann Caspar und Hans Conrad an die städtischen Schulen bereitet der Mutter etweiche Sorgen, denen sie in einem Briefentwurf an den Schulprovisor Ausdruck gibt.
Das Schreiben enthält rückseitig einige Anmerkungen von späterer Hand: «Brief von Wädenswil, wie Mama Orell für ihre Knaben die Schule angeht[?], nach Zürich, an Herrn Provisor [52] Schweizer [53]», «Wie die Mama Orelli-Escher ihre 2 Knaben in die Schule in Zürich empfiehlt.»
«Ich weiss nicht, ob Ihnen mag bekannt sein, dass sich unser hiesige Aufenthalt noch um einige Wochen hinauszieht durch die Versäumnis der Verpachtung dieses Schlosses, welches zu weitläufig wäre, Ihnen dieses schriftlich zu erzählen, welches mir sehr leid tut in Rücksicht der Schulexamen, die vermutlich herannahen, und mit welchen wir gewünscht hätten, dass unsere Knaben möchten angenommen werden können. Allein, da es nicht möglich ist, von hier aufzubrechen, bis alles vollendet ist, so halte ich es für Pflicht, Ihnen etwas von dem veränderten Plan mitzuteilen, den uns die Notwendigkeit zwingt zu verändern, und Sie auf das freundschaftlichste zu

---

[48] Vgl. 1786, pagg. 5, 84, 1787, pag. 126.
[49] Pfenninger Johannes (1775–1798), zu Aarau, Sohn von Pfenninger Hans Conrad (1747–1793) und der Anna Catharina, geb. Ziegler.
[50] Vgl. 1790, pag. 76.
[51] Im Oktober 1798 wurde Luzern Hauptort der Schweiz. Anlässlich der Eröffnung der Tagsatzung hatte je ein Vertreter der beiden Konfessionen die Predigt zu halten.
[52] Provisor: Vorsteher, Verwalter, Aufseher.
[53] Schweizer Felix (1757–180.), VDM, 1786 Präceptor an der Abteischule (Fraumünster-), 1794 Lehrer der lateinischen Sprache und Religion in der Gelehrten und Bürgerschule und Provisor.

bitten, uns Ihren Rat mitzuteilen, wie es wohl das Beste wäre, diese mir so wichtige Angelegenheit zu besorgen. Um die Knaben zweckmässig zu beschäftigen, hätte ich gewünscht, dass wir bei unserer Ankunft in Zürich, die vermutlich doch noch vor Weihnachten geschehen wird, die Knaben als Auditoren, jeder in die Klasse, in die es möglich wäre, könnten angenommen werden, dass sie sich [an den] Schulunterricht gewöhnen könnten, die Herren Präzeptores und Schulherren kennen lernten, ihre Scheu verlieren würden, und es sich dann bis zu dem künftigen Frühlingsexamen verziehen könnte, ehe sie als wirkliche Schüler angenommen würden, in welcher Zeit es sich dann zeigte, wohin sie aufgenommen werden könnten und [wie] man diese Zeit zu nötigen Vorbereitungen verwenden könnte zur Erlernung und Übung der Festigkeit der Regeln der Grammatik. Bis anhin haben sie immer den vortrefflichen Herrn Pfarrer Beyel[54], der sehr fleissig und verstandvoll seinen Unterricht fortsetzte, zum Lehrer gehabt, wie Ihnen dieses bekannt ist, und der mir sagte, er hoffte, dass Cäper in die 4te Schule, ohne Kurs, und Conradli in die 2. Schule könnte angenommen werden und dass er selbst mit Ihnen geredet habe. Dieses wäre mir sehr erwünscht und tröstlich, allein, da ich durch die Abschiedsgeschäfte gehindert werde, die Zeit den Knaben zu widmen, und es der Unterbrechungen über den Herbst etc. mehrere gab, so getraute ich mir nicht, so auf einmal ein Examen auszuhalten und hätte unmassgeblich geglaubt, es wäre das beste, damit bis auf Ostern zuzuwarten. Nun aber habe ich Sie bitten wollen, mir Ihre Beratung mitzuteilen über diese, mir so am Herzen liegende Angelegenheit, was Sie für das beste halten, damit keine gänzliche Versäumnis entstehe, über die ich mich betrüben würde. Ihnen ist's am besten bewusst, was die Knaben wissen müssen, um und in welche der Schulen sie könnten aufgenommen werden, und wie dieses am besten eingericht[et] werden kann, und ob dieses ohne ein Examen geschehen kann oder eines muss vorgenommen werden. Herr Pfarrer Beyel setzt die Übersetzungen des Livius nebst der griechischen Grammatik mit Cäper fort, nebst Argumenten aus Werners[55] Grammatik[56], und mit Conradli die lateinische Grammatik mit dem Lernen der Sentenzen und mit Argumenten aus der Wernerschen Grammatik. So gut und nützlich dieses ist und sein mag, so weicht es doch ab[57] von dem Schulgang des Lehrens, und [ich] sehne mich unendlich, dem Schulunterricht den Privatunterricht zu vertauschen und zu verbinden, und sehe also diese Veränderung unseres Schicksals [als] eine gütige Leitung der Vorsehung an, die zu diesem so gewünschten Zweck führt. So frei dürft' ich nicht sein, so weitläufig und offen an Sie zu schreiben, wenn die freundschaftlichste Achtung, die meine Seele erfüllt beim

---

[54] Vgl. 1797, pag. 89, und v. Orelli David an R. v. O.-E., 2.5.1798.
[55] Werner Georg Andreas (1752–1824), deutscher Philologe.
[56] Werner Georg Andreas: «Praktische Anleitung zur lateinischen Sprache», Stuttgart, o. D.
[57] Originaltext: «...geht es doch ab...»

Andenken an Sie, voll Dankbarkeit, nicht das Zutrauen erweckte, mit Ihnen als Freund unseres Hauses zu sprechen und Sie zu beraten[58] *und Sie zu bitten, sich dieser Knaben bei Ihnen selbst und bei den anderen Herren Schulherren zu empfehlen, dass sie gütigst ihnen den Unterricht erteilen wie den anderen Knaben unserer Stadt. Ach, ist es jemals nötig gewesen, die Kinder vieles lernen zu lassen, so ist [es] gewiss in dieser so wichtigen Zeit notwendig, um wenigstens in der Jugend noch gute Sitten und Grundsätze und Geschicklichkeiten sich zu erwerben, da dann bei den Jünglingsjahren der gebildete und gute Bürger seiner nicht mehr frei sein wird und dem Vaterland für sich selber zu leben verbunden ist! Wohl dann dem Jüngling, der früh für seine Ausbildung gesorgt hat, dass er dann anderen Pflichten leben kann! Mit Wehmut wird die Hoffnung in der jetzigen Dunkelheit gemischt, was das Schicksal unserer Söhne sein werde – und wie einst die Sitten dieser Jünglinge! Bald, bald wäre ich zu Exklamationen ausgebrochen, aber was ist einer Mutter wichtiger als das Schicksal ihrer Kinder, verzeihen Sie, verehrungswürdiger Freund!*
Und nehmen Sie meines lieben Mannes und meine freundschaftlichen Empfehlungen mit aller Hochachtung und Freundschaft,
Ihre dankbar ergebene   O.

21   ZB, FA Orelli, Or 11. 4 II R. v. O.-E. an die Söhne Johann Caspar und Hans Conrad, ohne Datum, aus Zürich nach Wädenswil.
Möglicherweise hat R. v. O.-E., in der Hoffnung, bald in der Zürcher Wohnung einziehen zu können, diese inspiziert und eingerichtet.
[…] Nun habe ich alles eingeräumt in der lieblichen Wohnung, die ich auch nicht genug rühmen kann, wie schön und angenehm und bequem sie ist, und in welcher wir uns, will's Gott, bald [ein]gewöhnen können. Und 2 Knaben[59], *wie zwei Engeli so artig, findet Ihr zu Eurer Gesellschaft. Ich will nun erwarten, was morgen noch von Wädenswil kommt.*

---

[58] Im Sinne von : um Rat angehen.
[59] Die Hausbesitzer Pestalozzi-Scheuchzer Hans Caspar und Elisabeth, zum Meerfräuli, hatten 2 Knaben: Hans Caspar (1792–1861) und Hans Conrad (1793–1860).

V Tagebuch 1799–1801
1799

[eingelegtes Blatt]: Tagebuch 1799, letztes Revolutionsjahr in Wädenswil. Des Aufbewahrens nicht unwert.

1 <u>Wädenswil, 1799.</u>
2 [leer]
3 Wer mich gesehen hat, der hat auch den Vater gesehen. Joh. XIV. 9. <u>Jesus</u>.
«Alle Vorzüge des Menschen, welche seinen Wert in den Augen anderer bestimmen, erregen entweder die <u>Bewunderung</u>, oder sie gewinnen unsere <u>Liebe</u>, oder sie flössen uns ein Gefühl ganz besonderer Art, das Gefühl der <u>Achtung</u>, ein.
4 In Jesu göttlichem Bilde vereinigen sich alle Eigenschaften, welche die drei Empfindungen <u>Bewunderung</u>, <u>Liebe</u> und <u>Verehrung</u> im höchsten Grade aufzurufen und zu nähren imstande sind. <u>Er</u> hatte den von ihm zuerst gedachten Gedanken, das ganze Menschengeschlecht mit einem einzigen wohltätigen Plane zu umfassen. Sein Herz schlug zuerst auf dieser Erde für die gesamte Menschheit, und die Glut dieser Liebe vermochte weder tiefe Kenntnis der Verkehrtheit des menschlichen Gemüts, noch nichts –
5 auch der grausamste Tod selbst nicht – auszulöschen. Doch die Liebe und die Bewunderung, womit der Sohn Gottes unser Gemüt erfüllt, verschwindet vor der Hochachtung, die uns seine Tugend gebietet. Sein Tod, seine Freundschaft, seine Andacht, seine Mitempfindung, sein Pflichtgefühl, sein Gehorsam, seine Ergebenheit – wo findet sich eine Vergleichung gegen den Erhabenen, <u>Einzigen</u>?!»
6 Diese Gefühle von <u>dem</u> waren mir so aus der Seele gesprochen, dass ich sie mir – aus <u>Stapfers</u>[1] Predigt ausgezogen – zu dem <u>Motto</u> dieser Blätter niederschrieb, die ich mir bestimmte, zu Skizzen meines Lebens umzuschreiben, da ich noch <u>lebe</u> nach so vielem überstandenem Leiden. Noch lebe [ich] zu so vielem mir Unbekanntem, [Be]vorstehendem. Ach, kaum Atem holen, noch aufsehen darf [ich] in den Himmel, tröstete mich nicht das <u>göttliche Bild</u> meiner Seele: Jesus Christus,
7 in dessen Namen ich meine Laufbahn antrete und fortsetze zur Ermunterung aller meiner Pflichten, die mir heilig und wichtig sind, wenn schon in so tiefem Gefühl meiner Schwachheit.
Bis <u>hieher</u> hast Du, o grosser Gott, mich geführt! An Erbarmung, an Liebe, an Güte hast Du keinen Mangel, mich weiterzuführen! Mein Glauben

---

[1] Stapfer Philipp Albert (1766–1840), evang. Pfarrer und Politiker der Helvetik, Förderer des Bildungswesens.

umfasst diese Hoffnung, in stiller Anbetung und Erwartung Deines Willens, Deiner Führungen!

8 Du kennst meine ganze Lage bis auf das Tiefste, Verborgenste! Ach, und wie fühle ich die Notwendigkeit Deiner stärkenden Geisteskraft, die mir forthelfe auf meiner Laufbahn.

9 <u>Schloss Wädenswil. 1799, Neujahrstag, 1. Januar.</u>
Gerührt und segnend gegen die Meinigen aufgestanden, in herzlichen Tränen der nun baldigen Scheidung von diesem Ort der Veränderung meines Lebens, das mir bis auf das kleinste Detail vorschwebte!
Nach Geschäften und Zerstreuung herzliches Gebet mit den Kindern, las das 5., 6. und 7. Kapitel im Matthäus[2] mit verschiedenen Ermahnungen an sie,

10 die Lieblinge meiner Seele. Dann verfiel ich in trauriges Staunen, las einige Stellen in <u>Kempis</u>[3]. Ankleidung, Tisch, Geschäfte. Schrieb an meine liebe Schwester <u>Ott</u>, wehmütig, traurig – ernsthaftes religiöses Betrachten.
Nach 4 Uhr Besuche zum Abschied von Herr Pfarrers[4]. Tränen und frohes Gespräch und Spiel wechselten ab, den Abend durch, übers Nachtessen, da sie da [waren], nahe bis 11 Uhr. Und so schieden wir herzlich von einander am Ende dieses Tages.

11 <u>Mittwoch, den 2.</u>
Ziemlich früh aufgestanden. Gebet. Information[5] und Arbeit, nach der gewöhnlichen Ordnung, auch in ziemlich ruhiger Stimmung meiner Seele bis gegen Mittag, froh, dass wieder eine Fuhre von Wein nach Küsnacht abgehe. 's Essen bis gegen 4 Uhr, wieder Information, Tee, und nachher schrieb ich Verschiedenes in unser ökonomisches Hausbuch ein, in Bekümmernis und Angst über die mehr als unglückliche Lage, in der wir uns befinden. Oh, wie traurig und betrübt für mich <u>Arme</u>!

12 Nach 6 Uhr kamen die Kinder, mit denen ich mich ermunterte und mich ihnen hingab, weil es <u>Berchtoldstag</u> war. Nach Tisch versiegelte ich meine Briefe, die ich empfangen hatte im Jahr 98, las noch in Stapfers Predigt und nach 12 Uhr zur Ruhe, da mein Mann noch nicht bei Hause war. Er speiste in der <u>Krone</u>[6] mit den hiesigen und andern Bürgern.

13 <u>Donnerstag, den 3.</u>
Spät aufgestanden. Ankleidung, Kaffee, Geschäfte. Informieren und Arbeiten nach seinem gewöhnlichen Gang bis um 11 Uhr, dann diese Blätter angefangen; mich etwas erheitert gefühlt in sanften Empfindungen. Tisch,

---

[2] Vgl. 1791, pag. 8.
[3] Vgl. 1793, pag. 58, s.a. 1800, pag. 307.
[4] Pfarrer in Wädenswil: Ammann Johann Caspar 1784–1793, Holzhalb David 1793–1800. Es handelt sich wahrscheinlich um Hess Hans Jakob, 1783–1798/99 Pfarrer zu Thalwil. Vgl. 1792, pag. 37.
[5] «Information»: Belehrung, Unterricht.
[6] «Krone»: Gasthaus in Wädenswil. Sitz der franzosenfreundlichen Partei.

mit meinem Mann über verschiedenes unserer Lage [gesprochen]. Arbeit und Information bis 4 Uhr, von einem unwillkürlichen Schlummer befallen. Tee, schrieb an Müller Hofmeister[7] in der Neumühle [einen Auftrag] mit 12 Mütt Kernen, die ich ihm einschüttete, und schrieb bis hieher.

14 Wir scheinen hienieden mehr dazu bestimmt zu sein, der wahren Glückhaftigkeit würdig als ihrer teilhaftig zu werden.

Ständli[8]:
Mein Schicksal ist nun angefangen,
Hier, wo das Leben mir in Dämm'rung aufgegangen.
Mein Geist bereitet sich zu lichtern Szenen vor
Und murrt nicht über den, der mich im Staube liebt
Und höhern Rang nicht weigert, nur verschiebet.

15 Freitags, den 4.
Nach 7 Uhr aufgestanden. Kaffee, mein Mann unpässlich an einem Fieber, das mich erschreckte und mancher Gedanke sich in mir regte, dass dies auch noch eintreffe. Die Schiffleute von Küsnacht [kamen], um noch den letzten Wein abzuholen. Der Amtsknecht forderte das dahin bestimmte Geld von 779 Pfund 2 Sch. 6 Hlr., das mich erschreckte und welches ich zusammenlegen musste. Verlegenheit, ob wir's geben wollen oder nicht, oder erst bei der Rechnung, entschlossen uns, es zu geben. Bange, angstvolle Sorge für unsere Lage,

16 die alle andere Tätigkeit hemmte und zu steigender Unruhe führte. 's Essen, nach Tisch wieder solche Gefühle. Tischmacher. Nachher noch ein lieber Besuch von Herr Toblers[9] in der Au[10]. Gefühle der Freundschaft, Ergiessungen aller Art in Herzlichkeit. Bis 7 Uhr blieben sie da, dann schrieb ich an die liebe Frau Ott. Hemmung der Seele und Angst. Tisch, müde zur Ruhe. Ach, ich armes Geschöpf, wie viel ist des Leidens um mich!

17 Samstag, den 5ten.
Um 6 Uhr aufgestanden nach einem erquickenden Schlaf. Unruhig über unsere Lage nachdenkend, berechnend. Kaffee und noch schreiben von gestern.
Mein Mann noch im Fieber liegend, etc.

Sonntag, den 6ten.
Dessen weiss ich mich nicht mehr zu erinnern, als dass es meines Ältesten Namenstag war, segnend seiner gedenkte.

---

[7] Hofmeister Johannes (1746–1804), Müller, kaufte 1770 die Neumühle in Zürich.
[8] «Ständli»: Ständchen, kurzes Musikstück, meist zu Ehren einer Person komponiert und vorgeführt.
[9] Tobler Franz Heinrich (1748–1828), VDM (quittierte den Stand 1769), alt Kammerer (Verwalter) des (Chorherren-)Stifts, in der Au, Pfarrei Wädenswil, verh. mit Schinz Anna Catharina (1750–1816).
[10] Au: Halbinsel am linken Zürichseeufer, Gemeinde Wädenswil, Bezirk Horgen.

Montag, den 7.
Ein gewöhnlicher Tag der Unruhe und des Leidens. Abends Besuch von Herrn Pfarrer[11] und Herrn Pfarrer Schweizers[12] beim Kreuz[13]. Bange politische Neuigkeiten[14].
Dienstag, den 8.
Allerlei Anstalten zum Abreisen, Bücher etc. eingepackt, unter Leiden, die nur Gott kennt.
Mittwoch, den 9.
Wieder immer nur mit Einpacken beschäftigt. 12 Koffer abgesandt mit einer grossen Weinfuhre. Entsetzlicher Verdruss über das Benehmen von Heinrich, der doch noch zuletzt mit abreiste, etc.
Donnerstag, den 10.
Glückliche Ankunft der Fuhre, oh, wie danke ich Gott! Geschäfte mancher Art, und des Leidens, unendliches! Ach Gott, lehre mich tragen, was Du mir auflegst und zulastest!
Freitag, den 11.,
hofften wir noch eine Fuhre nach Zürich zu schicken, welches aber fatalerweise nicht mehr möglich war, und ich vergeblich den ganzen Tag daran arbeitete, den Tischmacher[15] hatte bis abends, mich nur freute, das, was säumte, hinter mir zu wissen. Ach, wenn unser Lauf vollbracht ist, wie werde ich mich freuen! Schrieb an Frau Ott, da ich hörte, dass Herr Chorherr in Zürich sei, über meine Angelegenheiten. Oh, solches zu tun, wie schmerzhaft ist's nicht! Ankunft der Frankengarnison in hier. Offizier bei der Unterhandlung mit den Pächtern. In seinem Äussern ganz ein gewöhnlicher Tag.
Samstag, den 12.
Ziemlich ruhig bei der Arbeit und Information, nach dem gewohnten Gang. Fränkische Offiziere. Körperliches Übelbefinden und Leidensgefühl.
Sonntag, den 13.
Nach einer harten Schlafnacht um 6 Uhr aufgestanden. Empfindungen der Wehmut, dass es der letzte Sonntag sei, den ich hier zubringe! [Ich] bedachte all das Erlittene mit Tränen und all das genossene Gute und Freudige, das ich hier genossen. Kaffee. Hörte von einer entsetzlichen Brunst[16], die es in

---

[11] «Herr Pfarrer»: Vermutlich Holzhalb David.
[12] Schweizer Johann Konrad (1761–1820), 1785 VDM, Katechet in Hottingen, 1788 Pfarrer am Kreuz in Zürich.
[13] «Beim Kreuz»: Ursprünglich Filialkirche des Grossmünsters, im 18. Jahrhundert selbständige Kirchgemeinde in Hottingen.
[14] Vermutlich bezüglich des drohenden Waffengangs zwischen Österreich und Frankreich. Ende Dezember 1798 hatte Masséna das Kommando über die französischen Truppen von Schauenburg übernommen und bereitete den Einmarsch in das österreichisch besetzte Graubünden vor.
[15] Zwecks Demontage der zu transportierenden Möbel.
[16] Vollbrand des Bauerngutes Pfister im Ortsteil Hofen am 5. Januar.

Männedorf gehabt, mit Leidensgefühl über dies Unglück. Erhob meine Seele mit Tränen und Andacht bei Zollikofers Andachten, in Betrachtungen des Leidens
22 und der Zwecke des Leidens und der Pflichten, sich darüber zu erheben, und genoss eine Tröstung wie lange nicht. Nachher an Geschäfte, Gebet mit den Kindern.
Brief von und an Jungfer Lavater[17] in Horgen bei dem Entlassen der Lisebeth. Ankleidung. Ökonomische Schriften zum Einschreiben [her]vorgenommen, gestört durchs Essen. Leute schon gesehen über den gefrorenen See[18] gehen, schleifen[19] etc., mit Angst vor Gefahr von Beinbruch, eine der Folgen dieser
23 Wagung[20]. Ökonomisches eingeschrieben. Schriften erlesen, zum Einpacken bereitet – ein paar Stunden lang. Tee. Über die Unmöglichkeit des Abgangs der Fuhren [gesprochen]. Unruhiges Nachdenken über unsere Lage und wie es nun einzurichten sei. Riss mich wieder los, um hier diese Blätter nachzuschreiben. An Herrn Chorherr finde ich's nicht gut zu schreiben, bis ich mich in Zürich über meine Lage beraten habe, wie Frau Ott meinte, dass ich's tun sollte. Ach, welch ein Schmerz, solche Schritte tun zu müssen!
24 So brachte ich diesen letzten Sonntag grösstenteils in meiner so lieben Stube zu, die ich am meisten bedaure zu verlassen, weil ich keine Ecken für mich allein finde[n werde] in meiner Wohnung[21]. Ach, so zerfliesst alle Annehmlichkeit des Genusses! Wie viel Trauriges und Freudiges genoss ich hier! O du geliebtes Plätzchen dieser Erde, das mich schmerzt zu verlassen!
25 <u>Montag, den 14.,</u>
<u>Dienstag, den 15.,</u>
<u>Mittwoch, den 16.,</u>
<u>Donnerstag, den 17.,</u>
<u>Freitag, den 18.,</u>
waren die letzten, schrecklichen Ende-Tage des ewig unvergesslichen Aufenthaltes in <u>Wädenswil</u>, welcher mir auf mein ganzes künftiges Schicksal

---

[17] Lavater Hans Caspar (1735–1806), VDM, 1781 Pfarrer zu Horgen, verh. 1768 mit Vogel Esther (geb. 1742), hatte 2 Töchter: Anna Elisabeth (1772–182.) und Anna (1780–1812), 1807 verm. mit Gessner Caspar.
[18] Im Dialekt ist der Begriff «Seegfrörni» gebräuchlich.
[19] «Schleifen»: Schlittschuhlaufen.
[20] «Wagung»: Wagnis.
[21] Die Familie v. Orelli-Escher bezog nach der Rückkehr aus Wädenswil «das kleinere Haus des Herrn Pestalozzi, Hinter Zäunen, gegenüber dem Kastanienplätzchen» in der Grossen Stadt, rechts der Limmat. Pestalozzi Hans Caspar (1770–1849, Linie zum Brünneli), Kaufmann, Richter am Stadtgericht, verh. mit Scheuchzer Elisabetha (1770–1835), hatte 1791 das obere und das untere Haus zum Meerfräuli (heute Untere Zäune 9 und 11) gekauft. Der kleinere obere Teil umfasste im 18. Jahrhundert 2 Stuben, 4 Kammern, eine Küche und 1 Keller und entspricht dem heutigen Meerfräulein, Untere Zäune 9, einem Neubau des mittleren 20. Jahrhunderts. Der nördliche Teil, das Untere Meerfräuli, existiert nicht mehr und ging damals im Sonnenblümli, Untere Zäune 11, auf. Es ist anzunehmen, dass David und Regula v. Orelli-Escher sich im bescheideneren, südlichen Hausteil, dem «Oberen Meerfräuli» einlogierten. (Abb. 7)

von unendlichen Folgen des Leidens ist. <u>Beschreiben</u> und vergessen werd' ich es niemals können.

26 [Eine] unendliche Menge von Geschäften erfüllte diese Tage. Unendlicher Verdruss mit meinem <u>Mann</u>.

<u>Donnerstag, den 17.</u>,
liess ich unsere Kinder abreisen. Gott, welch ein Gefühl! Vor Wehmut kann ich dies nicht beschreiben.

<u>Freitag, den 18.</u>,
waren noch Abschiedsbesuche, Untervogt Hauser auch noch da. Schliefen des Nachts mit Cäper in
27 einem Bett, die letzte, schreckliche Nacht im Schloss.

<u>Samstag, den 19.</u>,
war ich sehr früh aufgestanden. Wehmütig und doch Gott lobend, heute nun verreisen zu können. Aller Arten Geschäfte, Tränen, erfüllten den Morgen, wie ich es mir nicht denken konnte. 12 Uhr setzten wir uns zu Tisch, liess durch Cäper das letzte <u>Unser Vater</u> unter tausend Tränen beten, speiste ein paar Löffel Suppe, sorgte, dass alles, was im Schloss
28 bleiben musste, beiseite gesetzt wurde, kleidete mich an, und nach 2 Uhr nahm ich Abschied von den Diensten, dem Schloss [und] setzte mich in die schrecklich beladene Kutsche – die <u>unsrige</u> – und war so sorgfältig von den Knechten begleitet, dass ich – wohl Gott weiss mit welchen Empfindungen – den Schlossrain hinunterkam, dann meinen Mann und Cäper aufnahm. Bei der Zehnten-Trotte[22] durchfuhr es meine Seele mit
29 schneidendem Leiden. Dann liessen wir die Fenster auftun, setzten uns – allen Leuten sichtbar – grüssend, weinend, segnend, durch das Dorf fahrend. Von vielen beweint, uns nacheilend, die Hände bietend, durchfuhren und verliessen wir das Dorf, erst weinend überlaut, dann still, Gott dankend, noch so mit Ehren und Frieden unseren Weg ziehen zu können. Ach, was fühlt' ich alles!
30 Was litt ich alles! Mir fuhr auch Freude in meine Seele, erlöst zu sein von dem wutgierigen Volk, das ich in meiner Seele verachte. Ach, ach! Unter diesem Gemisch [von Gefühlen] erreichten wir Thalwil, da ich mich durch Wasser mit etwas beigemischtem Wein erquickte, allein mich in die Kutsche setzte, einhüllte, weil ich durch Ermattung aller Arten fiebrisch litt.
31 Von da aus fuhren wir schnell und glücklich fort, erreichten gegen 7 Uhr die Stadt und unser kleines, liebliches Haus, fand gottlob meine Kinder wohl, alles unbeholfen und bestürzt unter den Diensten hingeworfen. [Ich] stärkte mich mit Kraft, alles zu tragen, beruhigte, ordnete im Kleinen, was ich noch konnte und war froh, meinen ermüdeten Körper niederzulegen.

32–40 [leer]

---

[22] «Trotte»: Speicher für Weinpresse.

Abb. 7. Rordorf Caspar Rudolf (1810–1860): Die untere Zäune, Zürich, Bleistiftskizze um 1850 (vgl. Abb. 2, S. 51), westliche Häuserzeile (Ausschnitt). Von rechts nach links: Häuser «z. Hohen Steg», «Wilder Mann», «Grünes Glas», «Sunneblüemli», dann Bildmitte: Haus «z. Meerfräuli» (grosses unteres, anschliessend kleines oberes), «Luchs», «Fliegender Fisch».

	Zürich 1799.
41	
42	[leer]
43	Januar, 20.–31.

Diese 12 ersten Tage meines Aufenthaltes in Zürich bracht' ich grösstenteils mit Aufräumen, Einrichten unserer Möbel, Betten, Kleider, Lingen[23] zu, ohne dass ich es beschreiben möchte oder könnte, nachdem ich so lange nicht in diese Blätter schreiben konnte. Das Gefühl, dass ich mich unter diesen
44 Geschäften beinahe selbst verlor, das war mir schrecklich und unvergesslich unter dem Erlesen des Chaos der uns umgebenden Dinge.

45–48 [leer]

49   Hornung 1799.
Von Freitag, dem 1., bis Samstag, dem 16., bracht' ich grösstenteils mit Wäsche und Aufräumgeschäften zu, nebst einigen kurzen Besuchen, die ich bei meinen Geschwistern und Freunden machte, ohne dass ich auch über diese ins Detail gehen möchte oder könnte.

50   Sonntag, den 17.
Heute stand ich nach 6 Uhr auf, ermuntert, die lästigen Geschäfte zurückgelegt und überstanden zu haben, [und] den ruhigen Tag, den ich erwartete, zu sehen. Kaffee, Ankleidung, etc. erfüllten mir, nebst verschiedenen kleinen Geschäften, den Morgen bis 10 Uhr, da wir mit den Glätterinnen[24] speisten. Stadtgespräche. Dann suchte [ich] allein und still zu werden. Las einige Lieder, betete, las in der
51 ersten Epistel an die Thessalonicher, gerührt am meisten über die Stelle der Hoffnung, der Beschreibung der Auferstehung etc.[25]
Überrascht von der Stolz[26]. Ein liebes, frohes Gespräch, zuletzt Politisches. Nachdem sie fort war, setzte ich mich noch zum Instrument[27] solange es Tag war – voll Sehnsucht nach Christus, meinem Herrn, mein[em] Ein und Alles, von welchen Empfindungen ich so lange entfernt
52 wurde. Ach, lass' mich Dich finden und suchen! Denn ach, wie so sehr bedarf ich Deiner Erbarmung für die Meinigen und mich!
Nachdem ich eine Weile bei meinen Kindern geweilt, setzte ich mich nieder, diese Blätter nachzusetzen, nachdem ich dies 5 Wochen ausgesetzt hatte und jetzt freilich es so flüchtig getan habe. Aber auch dieser Umriss ist mir schon zur Erinnerung genug, manches

---

[23] Es ist nicht ersichtlich, ob mit «Lingen» Bettwäsche oder auch Körperwäsche gemeint ist. S. 1799, pag. 96.
[24] Diese Berufskategorie war bekannt für die Verbreitung des Stadtklatsches.
[25] 1. Thessalonicher 4 und 5 über die Ermahnung zur Heiligung, unsere Hoffnung für die Entschlafenen, von der Zeit der Zukunft Christi.
[26] Stolz-Güttinger Verena, verm. 1784 mit Stolz Johann Jakob (1753–1823), vgl. 1786, pag. 3.
[27] «Instrument»: In diesem Zusammenhang handelt es sich um die Bibel. (Frdl. Mitteilung von Herrn lic. theol. Ralph Henrich, Institut für Reformationsgeschichte, Universität, Zürich.) S.a. 1799, pag. 150.

53 werd' ich noch nachholen können, wenn ich einige ruhige Momente finde, es fortzusetzen.
Jetzt ende ich um 7 Uhr für einmal. Im Namen Gottes, des Vaters, des Sohnes, des Heiligen Geistes.
54 <u>Montag, den 18.</u>
<u>Dienstag, den 19.</u>
<u>Mittwoch, den 20.</u>
<u>Donnerstag, den 21.</u>
<u>Freitag, den 22.</u>
<u>Samstag, den 23.</u>
<u>Sonntag, den 24.</u>
<u>Montag, den 25.</u>
Aller dieser verschwundenen Tage Summe zieht sich wohl ins Kleine zusammen an genossenem Leben! Ach, und doch führten auch sie wieder näher zum
55 Ziel. Besuche bei meiner lieben Schwester, bei Frau Pestalozzi[28] im <u>Steinbock</u>, die ich bei Jahren nie mehr gesehen hatte, sie in einem glücklichen Kindbett[29] fand, den Abend lieblich [ver]brachte, nebst Frau <u>Schinz</u>. Auch Besuche von Herrn und Frau Ratsherr Lavater [und] von Herrn Landschreiber Kellers. Diese Gesellschaft bewegte meine Seele auf verschiedene Weise, erhebend und drückend. Ach, dass die Menschen sich so beglücken und so beunglücken können, und ach, dass es mein Los ist, alle meine Verhältnisse zum Teil zerrissen zu sehen durch mein Schicksal,
56 und mein Bedürfnis nach Genuss der Gesellschaft sich nicht mit Lust greifen lässt, und Unglück, Leiden und ökonomische Zerrüttung auch Gesellschaftsgenuss so hemmt!
<u>Samstags, den 24.</u>, machte ich mit meinen Kindern den 1. Spaziergang übers Rämi[bollwerk]–Platte[30]–Schanzen-Graben[31], 2 Stunden lang. Auch da hemmte sich mein Genuss, weil ich nicht ruhig und heiter war. Zur Lektüre kam es mir noch nie, in einigen Morgenstunden las ich in Ewalds[32] Broschüre von der <u>Göttlichkeit</u>
57 Jesu[33]. Die Idee von der Präexistenz seiner, ehe er in die Welt kam, erhebte meine Seele zur Andacht und zum Vorsatz, täglich wieder im Testament zu

---

[28] Vgl. 1789, pag. 15.
[29] Kindbett, der Neugeborene: Pestalozzi Johannes (1799–1847), Seidenfabrikant, 1831 verh. I mit Hofmeister Anna, 1840 II mit Huber Dorothea Elisabetha.
[30] «Uff den Blatten»: Flurbezeichnung, südwestlich Fluntern, im Bereich der heutigen Plattenstrasse, Stadtkreis 7.
[31] «Rämibollwerk», «Schanze», «Graben»: Teile der Befestigungsanlage im Südosten der Stadt.
[32] Ewald Johann Ludwig (1747–1822), deutscher Prediger und Schriftsteller.
[33] Ewald Johann Ludwig: Seine Predigten erschienen in zahlreichen Publikationen 1784–1798 und später. R. v. O.-E. könnte sich auf folgende Publikation abstützen: «Über die Grösse Jesu», Hannover 1798.

lesen. Las heute das 1., 2., 3. Kapitel im Johannes[34] mit Nachdenken und Andacht, mit dem Bedürfnis, dies, meine einzige Seligkeit, in ruhigem Genuss der Religion Jesu Christi meinen Trost für alles zu finden, was mir in dieser Welt so traurig ist.

Der neue Revolutions-Calender[35] beschäftigte mich auch einige Stunden – von Herrn Obmann Füssli.

58 Heute beschäftigte ich mich mit Arbeit an meinen Kindern, nun endlich auch einmal fröhlich zum Ausgehen zu kommen im Gedanken an verschiedene meiner Bekanntschaften.

Auch fällt mir mehr als schwer das Vorhaben und Streben meines Mannes nach der Kantonsschreiber-Stelle[36] auf[37], da er morgen die Probe ablegt. Ach, wie gefallen, wie gedemütigt fühl' ich mich! Und doch, für Brot, ach, was tut man nicht!

59 Mag es Gott gefallen und uns zum besten dienen! Wie soll es mich wehmütig freuen!

Auch mit Wehmut liessen wir heute den Cäper das Brüggersche Stipendium[38] annehmen. Mag er doch dieses zu guten Zwecken benützen!

Auch kamen heute der uns in Arrest genommene eiserne Ofen, der Scheitstock und Sagstock[39] zu,

60 den uns Präsident Hauser[40] zurückbehielt auf eine indiskrete Weise, als ob wir es dem Staat hätten entwenden wollen! Auch dieser Vorfall war mir kränkend, die Neckereien aller Arten gehen doch jedem ans Herz.

Gott lege mir doch nicht mehr auf, als dass ich es ertragen mag, um Christus Jesus willen.

61   26.–28., Donnerstag.

62–64 [leer]

65   März 1799.

66 [leer]

---

[34] Johannes 1–3: Über Johannes den Täufer, die ersten Jünger Jesu, die Hochzeit zu Kana, Reinigung des Tempels, Nikodemus.

[35] «Revolutions-Kalender»: Orell, (Gessner) & Füssli bzw. der Obmann Füssli Johann Heinrich verlegten 1780–1798 den «Helvetischen Kalender», der 1799–1801 als «Neu-Helvetischer Almanach», «Helvetischer Revolutionsalmanach», 1802–1813 als «Helvetischer Almanach» erschien. Ein «neuer Revolutions-Kalender» kann nicht ermittelt werden. Dagegen erschien im Verlag Orell-(Gessner)-Füssli & Co. Johannes Müllers «Neuer Kalender», Zürich 1791 ff., bei welchem es sich um einen Regimentskalender ohne aktuelle Lektüre handelt. (Frdl. Hilfe von Dr. M. Kotrba, ZB, Zürich.)

[36] Eigentlich Sekretär des Kantonsgerichts.

[37] «fällt mir auf»: im Sinne von «aufliegen».

[38] Brüggerfonds: Stipendienfonds von Stadtbürgern für Stadtbürger zu Studienzwecken geäufnet.

[39] «Sagstock», «Scheitstock», Sägebock: Utensilien zur Aufarbeitung von Brennholz.

[40] Hauser Heinrich (......). 1798 Präsident der Munizipalität Wädenswil. (Frdl. Mitteilung von Herrn Dr. iur. Nicola Behrens, Zürich.)

	März 1799, 1.–29., freitags.
67	

Diese grosse Lücke von einem beinahe vollendeten Monat könnt' und möchte ich nicht <u>tageweise</u> auszufüllen suchen. Wohl aber fühl' ich mich angetrieben, doch noch einige Zeilen niederzuschreiben von meinem <u>Sein</u>, das so nichts ist bei näherer Betrachtung.

68 Die ruhevolle <u>Fastfeier</u> ist mir wohl das Ausheblichste[41], das Du mich, Vater im Himmel, geniessen liessest, und für welche Stärkung meiner Seele ich Dir inniglich, ja, mehr als inniglich, danke, und [ich] empfinde den Wert, was Religion und Lehren der Religion dem Menschen ist und sein soll und sein kann. Die Predigt über die Leidensgeschichte, die ich von Herrn Antistes Hess hörte, und der Genuss des Abendmahls

69 am Hohendonnerstag und Karfreitag waren mir eine Seligkeit, wie ich sie nicht beschreiben, aber nur tief empfinden kann.

<u>Tod</u> meines Herrn, den ich als Gott anbete, erkenne, liebe. Dich will ich hoch preisen mein Lebtag und Dich mit Tränen ehren!

Nachdem ich aus der Kirche kam, ordnete ich ein Bettchen zusammen, um dasselbe ins Lazarett[42] zu schicken, unter Empfindungen des Elendes der Menschen, die dort liegen:

70
1 Altes Unterbett,
1 Pfülmli,
2 Küssi[43],
1 Sommerdecke,
2 Leilachen[44],
1 Bettschafti[45]

war, was wir hinschickten und begleiten liessen durch unsere Knaben, das ich absichtlich getan, um einen Eindruck auf Ihre Herzen zu erwecken von Mitleiden und Menschenliebe.

Abends macht ich einen lieben Besuch in Hottingen[46] bei Frau Schulthess.

71 Meine meiste <u>Arbeitsamkeit</u> bestand in diesem Zeitpunkt mit dem Zurechtmachen meiner Kleider für mich, das doch einmal sein musste, nachdem ich so lange <u>nichts</u> für mich gemacht hatte, und welches mich in keine Kosten bringt und mir nicht zwecklos scheint.

Nebst einigen Andachtsübungen führte mich meine Lektüre auch zum Lesen eines Romans, der mich in die Ideenwelt versetzte

---

[41] «Ausheblich»: Hervorgehoben, hervorragend.
[42] Gemeint ist vermutlich das Siechenhaus in der Spanweid, heute Zürich-Unterstrass, Kreis 6. – Die zugehörige Kapelle, St. Moritz, war vom Grossmünsterstift abhängig.
[43] «Pfülmli»: Pfulmen; «Küssi»: Kissen.
[44] «Leilachen»: Betttuch, Leintuch.
[45] «Bettschafti»: Bettstatt, Bettgestell.
[46] Hottingen: Vorortsgemeinde, östlich der Stadt, heute im Stadtkreis 7. Das mit R. v. O.-E. befreundete Ehepaar Schulthess-Lavater Hans Caspar und Regula bewohnte hier das Landgut «Wäldli».

72 und wohltuend war durch einige Schilderungen von Charakteren. Er nennt sich ein Familiengemälde von Halden[47] und sein Verfasser Lafontaine[48]. Ich fand es ein wirkliches Vergnügen, meinen Geist darin zu erwecken und Liebe in mir erweckt zu fühlen.
Auch die Beantwortung eines tiefen Briefes, den ich vor einigen Wochen von meinem Freund Wirz erhalten, war etwas,
73 das meine Seele tief berührte.
So auch einige Besuche, die ich machte, bei meiner lieben Frau Ott, Herrn Landscheiber Kellers, [im] Schönenhof, Lavaters, Frau Nüscheler beim Weissen Wind[49], Herrn Pfarrer Hess' von Thalwil erhoben und berührten meine Seele.
Den 27., Mittwoch, fiel die Wahl des 2. Kantonssekretärs auf meinen Mann, das mich freute und rührte als Leitung der göttlichen Vorsehung, dass
74 Du uns nicht verlassen werdest. Dennoch also fiel es in den merkwürdigen politischen Zeitpunkt, wo sich so leicht alles wieder aufheben kann durch den Anmarsch der kaiserlichen Truppen, die sehr wahrscheinlich noch zu uns dringen werden.[50] Und Du, o grosser Gott allein, weisst, was unser aller Schicksal sein wird! Ach, welche erschütternden Ereignisse, und wie versetzen sie mich in Angst, nachdem ich mich so lange entzog, mit
75 meinem Herzen am Politischen teilzunehmen! Also jetzt, ach, wer sollte nicht horchen und aufmerken, was von so unendlichen Folgen für unser liebes Vaterland sein wird. Herr, Gott, erbarme Dich über uns!
Der Gram und Kummer über unsere ökonomische Lage Stunden lang unfähig werde zu allem übrigen, so wie auch der eingewurzelte
76 Widerwillen gegen meinen Mann, den ich nicht aus meiner Seele tilgen kann, ihn mit tiefem Leiden empfinde, [und] nur mit moralischer Kraft mich erhebe, um mit Geduld zu tragen, was mir so drückend und belastend ist.
Ach Gott, verlasse uns nicht, um Deiner Erbarmung willen!
Unpässlichkeiten meiner Kinder führten mich zu der Bekanntschaft mit dem Sohn von Chorherrn Rahn[51], das mir angenehm war.

---

[47] Lafontaine August: «Die Familie Halden», in «Familiengeschichten», Berlin 1797.
[48] Lafontaine August (1758–1831), deutsch-hugenottischer Schriftsteller.
[49] Wind weisser, Haus zum; heute Stüssihofstatt 4. Das Haus stammte aus der Erbschaft des Escher-Landolt Hans Caspar (1667–1732) und gelangte u.a. an die Familie Nüscheler. Vgl. 1786, pagg. 1, 55, 91, 1787, pag. 6, 1788, pag. 6.
[50] Die nördlich des Kantons Zürich stehende kaiserliche Armee stand unter dem Kommando von Erzherzog Karl von Österreich. Sie überschritt am 21. Mai den Rhein, um die Franzosen unter André Masséna zu vertreiben. Die daraus erfolgende 1. Schlacht bei Zürich (4.–6. Juni 1799) wird hier nachfolgend von der Tagebuchschreiberin vielfach berührt.
[51] Rahn Johann Rudolf (1776–1835), M.D., Lehrer am Medizinisch-chirurgischen Institut, führte mit Lavater Heinrich, M.D., dem Sohn Johann Caspar Lavaters, die Pockenimpfung in Zürich ein.

77 Nun will ich einmal wieder enden .
<u>Samstag, den 30.</u>
<u>Sonntag, den 31.</u>
Nach 6 Uhr aufgestanden. Ankleidung. Gebet, Zollikofers Andachten, und [um] $^1/_2 9$ Uhr [zu] Herrn Antistes Hess in die Predigt, der so sublim predigte, als man es sich nur denken kann. Gott, o Gott, dass wir die Gefahr fühlten und tief zu Herzen fassten!
78 Tisch. Las in Ulysses Salis'[52] Bildergalerie[53], ein seltsames Buch, in dem durchaus der Gedanken der Ertragung der Leiden sich findet, und mir also lieb war in sanftem Genuss.
Ich machte ein Spiel mit den Kindern, das Regeli geschenkt bekam.
Abends bracht' ich die Zeit
79 bei der Ott zu, mit Wehmut über die gegenwärtige Lage gesprochen. Um 7 Uhr heim.
Ach, so endet sich wieder ein <u>Monat</u>, ein Teil meines so schweren Lebens.
80–82 [leer]

83 <u>April 1799.</u>
84 [leer]
85 <u>Montag, den 1ten.</u>
<u>Dienstag, den 2ten.</u>
Um 6 Uhr aufgestanden im Gedanken stehend, was sich heute zutragen werde bei der gegenwärtigen, schweren Lage der Dinge; die mir so auffallende Gefahr der Verschanzungen[54], die gestern angekündet wurden.
86 Kaffee, Ankleidung, Geschäfte. Ängstliche, unbestimmte, traurige Stimmung der Seele. Gebet mit den Kindern. Anhaltung, ihre Lezgen[55] zu lernen, dabei Arbeit.
Die unvergessliche Nachricht, dass 12 unserer Bürger der Stadt, Mitglieder der alten Regierung, in Arrest genommen beim Regierungsstatthalter Pfenninger[56] sitzen und um 12 Uhr von

---

[52] Salis-Marschlins Karl Ulysses von (1760–1818), Naturforscher.
[53] Salis-Marschlins Karl Ulysses von: «Bildergalerie der Heimwehkranken», 3 Bändchen, Zürich 1798–1802.
[54] Nachdem die Franzosen am 25. März in der Schlacht bei Stockach durch die österreichischen Truppen unter Erzherzog Karl geschlagen worden waren, zogen die Alliierten in Richtung der Stadt Schaffhausen, welche sie Mitte April einnahmen. Die Befestigungen Zürichs wurden unter der Aufsicht der französischen Besatzung verstärkt. S. 1799, pag. 106.
[55] «Lezgen»: Lektionen.
[56] Pfenninger Johann Caspar (1760–1738). Führer des von der zürcherischen Landschaft ausgehenden Befreiungskampfes des Volkes. Eröffnete 1798 eine Volksversammlung in Wädenswil und wurde Regierungsstatthalter des Kantons Zürich, 1799 des Kantons Baden. Mitglied der helvetischen Tagsatzung.

87 hier abreisen[57]. Gott, welche Wehmut hab' ich empfunden, welche Tränen – die Erzählungen alle kreuzten sich – dass man vor Tränen versinken möchte, so unvollkommen sie[58] immer sind, mit so vielem sie vermengt sind, das wahr, halbwahr und falsch ist. Junker Bürgermeister Wyss[59], Statthalter Hirzel[60], Gerichtsherr von Orelli[61], Ott vom Schwert[62], Ratsherr Reinhard[63], Ratsherr Meiss[64],

88 Ratsherr Pestalozzi[65], Felix Escher[66], Escher von Berg[67] etc., ach Gott, was wird dies für Folgen haben, was ist [noch] mehr zu erwarten?! Schweigend, tragend[68] ist's geschehen, ach, der Schmerz der Seele! O Gott, wie beschäftigte er mein ganzes Gefühl! Nach 3 Uhr verreisten sie, wie manche Zuschauer liefen nach!
Besuch von Pfarrer Hess von Thalwil, von Jungfer

89 Pfenninger, von Herrn Obmanns Töchterli[69], das den Buchhandlungszins brachte, bis nach 6 Uhr. Dann noch mit Bangigkeit schrieb ich hieher zur Erinnerung dieses unvergesslichen Tages, da es 8 Uhr schlägt.
<u>Mittwoch, den 3.,</u>
<u>Donnerstag, den 4ten,</u>
<u>Freitags, den 5ten.</u>
Früh kam wieder die Nachricht, dass Herr Seckelmeister Hirzel, sein Sohn[70] und

90 Junker Wyss[71] und Herr Major Römer[72] zur Deportation bestimmt seien. O Gott, welche Tränen verursacht das Schreckenssystem!

---

[57] Deportation nach Basel: Im April 1799 wurden namhafte Behördemitglieder der alten Ordnung durch die helvetische Regierung bzw. die französische Besatzungsmacht nach Basel deportiert.

[58] Gemeint sind die Gerüchte.

[59] Wyss David d. Ä. (1737–1815), 1778 Ratsherr, 1783 Seckelmeister, 1795–1797 Bürgermeister.

[60] Hirzel Hans Kaspar (1746–1827), 1794 Seckelmeister, 1798 Mitglied der provisorischen Regierung.

[61] Vgl. 1786, pag. 40.

[62] Ott Anton (1748–1800), 1780 Obmann der Gastwirte, 1790 Rittmeister.

[63] Reinhard Hans, Junker (1755–1835), 1796 Ratsherr, 1798–1801 Präsident der Stadtbehörde, ab 1803 mehrmals Bürgermeister und damit Präsident der eidgenössischen Tagsatzung.

[64] Meiss Hans Konrad, Junker (1752–1820), Ratsherr.

[65] Pestalozzi Johann Jakob (1749–1831), 1788 Ratsherr.

[66] Escher Felix (1746–1805), 1795 Zunftmeister z. Waag.

[67] Escher von Berg Hans Conrad (1743–1814), Landvogt, später Mitglied der Interimsregierung.

[68] Im Sinne von belastet, duldend.

[69] Töchterli des Obmanns: Susanne Henriette (1795–186.), Tochter aus 2. Ehe des Füssli Heinrich mit Meyer Susanna Magdalena (geb. 1763).

[70] Hirzel Hans Jakob (1770–1829), Ratssubstitut, verh. mit Ott Anna Barbara (1774–1858).

[71] Wyss David, Junker (1763–1839), der Jüngere, Sohn des Bürgermeister, Ratssubstitut, Bürgermeister 1814–1832, bedeutender Staatsmann.

[72] Römer-Werdmüller Melchior (1744–1828), Handelsherr, Oberstleutnant.

Tagebuch 1799

Untauglich zu aller Arbeit verstrich dieser Morgen, ein inneres Zittern erbebte meinen Körper.
Am Abend erhielt ich Besuch von Jungfern Hess[73], Füssli[74], Pfenninger[75]. In lieblicher Anmut verstrich dieser Abend. Menschengenuss übersteigt doch alle andern Vergnügen!

91   Samstag, den 6ten.
Der Morgen verstrich gewöhnlicherweise, mit Arbeit, Information, etwas Lektüre über das Leiden in Reimarus[76] Buch von Fest[77]. Nach Tisch um 2 Uhr ging ich mit meinen Kindern spazieren, deren Zweck war, Blumen zu pflücken. Ich führte sie den Graben [hin]ab bis zum Weisshaus[78], und von da langsam bis nach Wipkingen[79], wo sich meine Seele in die Erinnerungen meiner Jugendzeit
92 versetzte, die Lieblichkeit dieser so lange nie besuchten Gegenden empfand, betrachtete, gleichsam mir jeder am Weg liegende Stein mich anheimlichte[80], der Himmel in sanfter Decke mich erhob, die Luft mich erquickte, die Unschuld und Güte meiner Kinder mich erfreute. Lange nie war mir ein Ausgang so beruhigend, lieblich, meine Seele so genussreich und empfindend in Ruhe, dass ich diese
93 Stunden zu den reinsten und erhebendsten meines Lebens zähle. Da es Vesper läutete, waren wir bei der Wipkinger Kirche. Sanfte Tränen erfüllten meine Augen, und nach einer Weile, die wir an der Limmat ruhten, kehrten wir langsam und friedlich wieder heim, wo wir [uns] nach 5 Uhr einfanden, Tee tranken, mich von unnennbarem Schrecken wieder erholte, den mir Conradli mit Tränen verursachte, den ich
94 einen andern Weg gehen liess, und der meiner wartete. Ach, dass nichts ungetrübt mir zum Genuss wird! Ausziehen. Etwas Arbeit, beten mit den

---

73 Hess…, Jungfer. Aufgrund der verwandtschaftlichen Beziehungen mit der Familie Meyer von Stadelhofen möglicherweise eine der Töchter von Hess Hans Rudolf (1740–1788), verh. 1777 mit Dorothea Meyer. Vgl. 1787, pag. 157.
74 Füssli Jungfer, möglicherweise Cleophea (1773–185.), verm. 1814 mit Schinz Heinrich (1761–1825); der Obmann Füssli hatte zu jener Zeit noch 5 unverheiratete Töchter.
75 Vgl. 1795, pag. 12.
76 Reimarus Johann Albrecht Heinrich (1729–1814), Arzt, deutscher Naturwissenschafter, Physiologe. Hier scheint R. v. O.-E. eine Verwechslung unterlaufen zu sein. Reinhard Franz Volkmar (1744–18..) übersetzte aus dem Lateinischen «Der Geist des Christentums in Hinsicht auf Beruhigung des Leidens», herausgegeben von Fest Johann Samuel, Leipzig 1792. S. 1799, pag. 101, 1801, pag. 114.
77 Fest Johann Samuel (1754–1798), deutscher Prediger und Schriftsteller, frühzeitig erblindet. Herausgeber von Reinhard Franz Volkmar: «Der Geist des Christentums in Hinsicht auf Beruhigung des Leidens», Leipzig 1792.
78 «Weisshaus», möglicherweise meint R. v. O.-E. das «Weisse Kreuz», früher als «Herrn Lavaters Haus» bezeichnet, heute Seminar Unterstrass, Rötelstrasse 40, Stadtkreis 6.
79 Wipkingen: Dorf zwischen Zürich und Höngg, nördlich der Limmat, heute Stadtkreis 10. Der Ort befand sich auf dem Weg zwischen dem Elternhaus «Tobelegg», Gemeinde Höngg, heute Limmattalstrasse 117, und der Stadt.
80 dialektal «aaheimele»: heimatliche Gefühle wecken.

Kindern, noch etwas Lektüre erfüllten die Zeit bis 8 Uhr. Bald nach Tisch im Gefühl des Genossenen zur Ruhe.

95   Sonntag, den 7.
Schlag 5 Uhr aufgestanden, Ankleidung, Waschen, Kaffee, Andacht. Um 7 Uhr ging ich [bei] Helfer von Orelli[81] zum Grossmünster in die Predigt, ein miserabler Vortrag zu einer schönen Predigt. Ohne alle Erhebung und Andacht kehrte ich nach Hause, verschiedene Gefühle, und dieses ruhige Einschreiben in diese Blätter. Eine Bitte erfüllt, die mir

96 Hans Keller ans Herz legte, für ein neu geborenes Kind[82] um alte Lingen[83]. Ach, dass mir gegeben werde, wie ich gebe! Gott, Du kennst meine ganze Lage! Ach, sei mir und den Meinen Erbarmung, ewiglich! Amen.

97   Feige Sterbliche nur, und aberwitzige
        Schwärmer
    Schrei'n von den Dächern ihr Weh, Mit-
        leid erbettelnd vom Volk.
    Klage geziemt nicht dem Starken. Im
        Kampf mit dem eisernen Schicksal
    Siegt nur eine rüstige Tat. Worte sind
        Beute des Sturms –
    Schlägt ihm ein ähnliches Herz so gab er sich
        ganz und auf ewig
    Bleibt ihm das Kleinod versagt; wird
        er sich selber die Welt.[84]
        Matthison[85]

98 Nach Tisch besuchte ich Herr Eschers, dessen Frau in glücklichem Kindbett[86] liegt, nach 3 Uhr meine Schwester, wo mir in seiner Liebe und im Genuss der Natur[87] sehr wohl war.

---

[81] Orelli Conrad von (1770–1826), 1794/95 Prof. hist. eccl., 1795 Helfer am Fraumünster, 1797 Helfer an Predigern, 1810 Pfarrer zu Predigern und Chorherr. Sohn des Orelli Caspar von, a. Landvogt, also Neffe der R. v. O.-E. Vgl. 1791, pag. 156. Da kein von Orelli um 1799 am Grossmünster akkreditiert war, muss es sich um einen Irrtum der Tagebuchschreiberin oder eine Predigtstellvertretung handeln.
[82] Möglicherweise handelt es sich um die Bitte des Pfarrers (resign. 1798) Keller-Landolt Hans (s. 1799, pag. 98) für ein armes Gemeindemitglied.
[83] Vgl. 1799, pag. 43.
[84] Matthison Friedrich von: «Auserlesene Gedichte», Zürich 1797, 4. Auflage mit Nachträgen, Zürich 1799.
[85] Matthison Friedrich von (1761–1831), deutscher Dichter.
[86] Escher Carl (1799–1801).
[87] Ott-Escher Elisabeth wohnte beim Kreuz, also am Stadtrand.

Tagebuch 1799

Montag, den 8ten.
Um 6 Uhr auf, langsames, unruhiges Anziehen. Gebet, Information. Arbeit bis mittags. Nach 3 Uhr besuchte ich Frau Hottinger[88] und Frau Pfarrer Keller[89], wo wir [über] Freundschaft, Leiden, Politik, Arbeit, Kinder, Religion, zu unserer Unterhaltung ein Gespräch hatten und meine Seele in sanften Empfindungen sich hob. Nach 4 Uhr ging ich in [den] Schönenhof zu Frau Schulthess, [wo] die neuesten Taggeschichten unsere Unterredung belebten. Nach 5 Uhr machten wir einen Spaziergang nach dem Zürich Horn, wirklich bis an den See, da mich die Aussicht bis zu Tränen rührte und sich die bittern Empfindungen gegen die Bewohner des Sees[90] verloren, sich ins Angenehme verloren, und ich mich beruhigt fand, das erstemal an der Seite dieser Freundin hieher zu kommen, die hohen Berggegenden um und über Wädenswil mich besonders anzogen. Unser Gespräch war meistens Lavater. Bei Hause fanden wir Gessner[91], das mich sehr freute, und vor 8 Uhr kehrte ich voll lieblicher Gefühle zurück. Unangenehmer Auftritt mit Cäper. Tisch, und müde zur Ruhe vor 10 Uhr.

Dienstag, den 9.
Reinhards[92] Beruhigung im Leiden, das ich mir gelehnt[93] habe, war meine Lektüre. Arbeit, Gefühl des Leidens, ein angenehmer Besuch von Frau Ratsherr Lavater erfüllte den Lauf dieses Tages, ein Tag, so ein kleiner Teil des Lebens, und doch wie wichtig und wie gross!

Mittwoch, den 10.
Donnerstag, den 11.
5 Uhr aufgestanden, las mit Ruhe in dem vortrefflichen Buch fort. Ankleidung, Gebet und Information mit den Kindern bis gegen Mittag, nebst der Arbeit. Nach Tisch ein lieblicher Besuch von Frau Schinz, von Herrn Pfarrer Hess, von Herrn Ratsherr Lavater, nebst Arbeit erfüllten die Zeit. Ach, wie viel Angenehmes bei so viel Unangenehmem erfüllt mein Leben, doch nicht immer will ich klagen! Gott, in Gott, meinem Vater, vertrauen.

---

[88] Hottinger-Schinz Regula (1758–181.) 1779 verm. mit Hottinger Hans Jakob (1750–181.), Chorherr, Professor für griechische Sprache.
[89] Keller-Landolt Dorothea (1756–1834), Gattin des Keller Johann Heinrich (1737–1812), 1779–1798 Pfarrer in Schönenberg, resignierte wegen «Verdriesslickeiten mit der Gemeinde». Vgl. 1793, pag. 12.
[90] Gemeint ist die Landbevölkerung als Urheberin der Aufstände gegen die Obrigkeit.
[91] Witwer der Schulthess Barbara, Bäbe iun., vgl. 1790, pag. 76.
[92] Reinhard Franz Volkmar (1753–1812), Hofprediger in Wittenberg und Dresden, s. 1791, pag. 98; 1801, pag. 114.
[93] «lehnen», dialektal: leihen, ausleihen.

Freitag, den 12.
Erst 6 Uhr auf, Ankleidung, Kaffee, mein Blumenzeug an den erquickenden Regen getragen. Allerlei tätige Unruhe. Ökonomische Angst, einschreiben und auch dies.

Samstag, den 13.,
war ich den ganzen Tag bei Hause in ernsten Gedanken vertieft, arbeitend, und las in Gutsmuths[94] Anweisung der Spiele für Eltern und Erzieher[95], als Erziehungschrift mir äusserst wichtig, und die Einleitung eine psychologische Abhandlung, die die ganze Wichtigkeit und den Einfluss des Spiels umfasst, den diese Beschäftigung der Kinder in sich schliesst. Besonders zog mich das Schachspiel an zu betrachten, von dem ich noch nie einen Begriff hatte. Auch auf Cäper machte es einen Eindruck, dass er einen Auszug machte.

Sonntag, den 14.
Um 6 Uhr aufgestanden. Ankleidung, in die Kirche, las eine Predigt über den Anfang des Buchs der Richter[96] von Herrn Antistes Hess [und] das 4. Kapitel in den Hebräern[97] über den Glauben. Gebet, ging nun zur Kirche [zu] Herrn Antistes Hess, der über die Worte predigte «Christus ist nicht in die Welt gekommen, dass er die Welt richte, sondern dass sie selig werde durch ihn»[98]. Mit Andacht und Rührung und Aufmerksamkeit hörte ich diese Predigt an, ging voll Gefühl nach Hause. Unterwegs hörte ich, dass Schaffhausen[99] an den Kaiser übergegangen und die Kaiserlichen dort schon eingezogen seien. Diese Nachricht erschütterte meine ganze Seele in Betrachtungen, was dieses für Folgen haben werde. Tisch. Eine Weile im Garten bei Herrn Pestalozzi[100] – über diese Neuigkeiten. Vor 2 Uhr ging ich mit meinen Kindern zur Stadt [hin]aus durchs Seefeld nach dem Zürich Horn, in tiefen, stillen Gedanken und Gefühlen über uns, mich, unser Vaterland. Auch ein Genuss der Natur. Um 3 Uhr kamen wir zu Frau Ott, weilten bis nach 4 Uhr im Garten, wo sich der Himmel wieder [auf]heiterte und wir lieblich, gutmütig beisammen verweilten bis [zum] Tee, und bis abends 7 Uhr dann heimkehrten.

---

[94] Gutsmuths Johann Christoph Friedrich (1759–1839), Pädagoge, Pionier der Einführung der körperlichen Erziehung im Schulwesen.
[95] Möglicherweeise identisch mit Gutsmuths Johann Christoph Friedrich: «Spiele zur Übung und Erholung des Körpers und Geistes für die Jugend», Schnepfenthal 1796.
[96] Richter 1–3: Über den Krieg Judas, die Vertreibung der Kanaaniter. Israels Ungehorsam und Reue, Wankelmut und Strafe, die Richter, Israels Abgötterei und Unterjochung.
[97] Hebräer 4: Über die Ruhe für das Volk Gottes in Jesu.
[98] Johannes 3, 17.
[99] Schaffhausen: Stadt am Rhein, Hauptstadt des gleichnamigen Kantons. Vgl. 1799, pag. 86.
[100] Vgl. 1799, pag 24. Bei den im folgenden erwähnten Pestalozzis dürfte es sich meistens um die Hausmeistersleute handeln.

	Tagebuch	1799 373

Ach, dass ich meinem Leiden keine Sprache finden kann, so oft mich gedrungen fühle, davon zu sprechen und doch in Kraft immer wieder in mich selbst zurücktrete und <u>schweige</u>.

109   <u>Montag, den 15.</u>
Der Schrecken der gestrigen Brunst beim Schwert[101] machte mich unruhig, so oft ich wach wurde. Um 5 Uhr aufgestanden, las in Reinhards Beruhigung der Leiden. Kaffee, Arbeit. Geschäft bis 11 Uhr, da ich noch Ökonomisches einschrieb und bis hieher, [in] diese <u>Blätter</u>.
Diese folgende Stelle[102] ist mir wie aus meinem Herze.

110 Doktor Leland: «Es hat Gott gefallen, mein kleines Vermögen durch einen Verlust nach dem andern noch kleiner zu machen, sodass ich des grössten Teils meiner weltlichen Güter beraubt worden bin. In welchem elenden Zustande würde ich mich befinden, wenn ich kein höheres und dauerhaftes Teil gewählt hätte! Ich habe in meinen kleinen Angelegenheiten von der Eitelkeit und Ungewissheit aller irdischen Güter grosse Erfahrungen gehabt und bin dadurch überzeugt

111 worden, dass sie flüchtige und vergängliche Güter sind, und wenn dieses mich nur fleissiger und eifriger macht, mich in den Besitz eines bessern und dauerhaften Gutes zu erhalten, so werde ich durch diesen Verlust sehr gewinnen. Das Leben eines Menschen, ich meine das Glück seines Lebens, besteht nicht in dem Überfluss, den er besitzt.»
<u>Wagnis</u> für Leidende   <u>Reinhard</u>.

112 Vom <u>16.–30.</u> schrieb ich diese Blätter nicht wieder nach. Freilich enthält diese Zeit nichts Besonderes, Ausgezeichnetes, immer aber als <u>meine</u> Zeit mir wichtig! Viel Arbeit, viel Lesens, auch einige Besuche erfüllten sie im Äussern und <u>Leiden</u> im Innern. Gott, mein Vater erbarme Dich meiner, um Jesu Christi willen! Amen.

112a[103]
      Nachtrag[104] zu Johann Dalberg[105], <u>broschiert</u>.
      Beiträge[106] zur körperlichen- und Seelen-Diätetik[107] in

---

[101] Gasthof am Weinplatz.
[102] Sc. aus Reinhard, vgl. 1779, pag. 91.
[103] Am Schluss des Konvoluts 1799 (pag. 333) ist ein Blatt eingelegt, das wir dem Datum entsprechend (27. April 1799) hier einfügen. Möglicherweise handelt es sich um einen Auftrag an den Buchbinder. Es war üblich, dass der Buchhändler nur den broschierten Block abgab; der Buchbinder übernahm nach individueller Weisung das feste Binden. Bei der finanziellen Notlage R. v. O.-E.'s könnte es sich aber auch um einen Katalog von Büchern handeln, die R. v. O.-E. zum Kauf anbieten wollte.
[104] Zapf Georg Wilhelm: «Johann von Dalberg, Bischof von Worms», Augsburg 1796. «Nachtrag zu Johann von Dalberg, Bischof von Worms», Zürich 1798.
[105] Zapf Georg Wilhelm (1747–1810), Schriftsteller und Polyhistor: «Johann von Dalberg, Bischof von Worms», Augsburg 1796.
[106] Carl Johann Samuel (1676–1757), deutscher Arzt und Fachautor.
[107] Carl Johann Samuel: «Diaetetica sacra, die Zucht des Leibes zur Heiligung der Seele beförderlich», o. O. 1719.

gelb[em] Papier, rotem Schnitt und Titel.
Eggers[108] Entwurf zur Prozess- und Gerichtsordnung, ebenso[109].
Prosaische Schriften[110] der Brun[111], ebenso.
Nachtrag zu Matthisons Gedichten[112], ebenso.
Lavaters Menschliches Herz, halb englisch[113].
Rahns Magazin[114], 2 Hefte broschiert.
Shakespeare 3.[Band], wie das Muster.
Christoph von Stadion[115] in gelb[em] Papier, roter Schnitt, Titel.
  den 27. April 99.

113, 114 [leer]

115   Mai 1799.
116 [leer]
117   Mittwoch, den 1. Mai, 1799.
Ein Tag, der schon verflossen ist mit all seinem Guten und Bösen, unter Arbeit, Lesen, Information.
  Auffahrtstag, den 2. Mai.
Um 5 Uhr aufgestanden, langsame Ankleidung. Ernstliches, feierliches Nachdenken mit Andacht über diesen festlichen Tag.
118 Kaffee, Geschäfte. Las eine Predigt von Lavater aus seinen alten Festpredigten mit Erbauung. In Herrn Antistes Predigt [mich vertieft], die prächtig erhebend meine Seele erhob, besonders der Gedanke, dass alles Leiden belohnt und erhöht werde. Voll innerer Wehmut über einen Auftritt meiner Kinder, zu Tränen [bewegt]. Tisch, untätige Tätigkeit. Lesen in der Venus urania[116], eine Abhandlung[117] über die
119 Liebe. Nach 2 Uhr ging ich mit Frau Schinz nach Hottingen zu Herr Oncles. Frau Schulthess kam auch, passierte dort einen lieblichen Abend ohne eigentlich höheren Genuss, und kam um 8 Uhr mit meinen Kindern nach Hause. Tisch, und mit unbeschreiblichen Krämpfen und Schmerzen ins Bett.

---

[108] Eggers Christian Ulrich Detlev von (1758–1813), deutsch-dänischer Rechtsgelehrter.
[109] Eggers Christian Ulrich Detlev von: «Bemerkungen zur Verbesserung der deutschen Gesetzgebung», 2 Teile, Kopenhagen 1798; «Entwurf einer allgemeinen bürgerlichen Prozess- und Gerichtsordnung», 2 Bände, Zürich 1799.
[110] Brun Friederike: «Prosaische Schriften», 4 Bände, Zürich 1799–1801.
[111] Brun Friederike (1765–1835), deutsche Schriftstellerin.
[112] Vgl. 1799, pag. 97.
[113] «englisch»: broschiert.
[114] Vgl. 1789, pagg. 43–47.
[115] Zapf Georg Wilhelm: «Christoph Rudolph a Stadion, Bischof von Augsburg, Eine Geschichte aus den Zeiten der Reformation», Zürich 1799.
[116] Ramdohr Friedrich Wilhelm Basil (1752–1822), deutscher Schriftsteller.
[117] Ramdohr Friedrich Wilhelm Basil: «Venus urania, über die Natur der Liebe, über ihre Veredlung und Verschönerung», 3 Teile, Leipzig 1798.

120   Freitag, den 3.
Nach einer unruhevollen Nacht um 5 Uhr aufgestanden, herzliche Andacht. Ach, der Wonnegefühle! Geschäfte, Ankleidung und Schreiben bis hieher erfüllten den Morgen bis 9 Uhr.

121   4.–13. Mai 1799.
Wieder einige verflossene Tage meines kummervollen Lebens erblicke ich hinter mir mit ihrem Guten und Bösen!
Aufgeblickt empfinde ich Gott, Dich, mich selbst betrachtet, mit Demut. Gebet, Religion, Liebe, Arbeit, Freundschaft, Lektüre, Natur erfüllten diese Epoche, auch die Feier der Pfingsten

122 mit Abendmahl, das ich gestern genoss. Ach, Geist der Erbarmung, erfülle mich mit Kraft, mit Glauben, mit Liebe, wie noch niemals, um Jesu Christi willen.
Ein paar anmutvolle Stunden genoss ich bei Lavater, den ich freitags [10. Mai] besuchte, nebst Frau Römer und ihrer Schwester[118]. Religiöses und politisches Gespräch,

123 das mir unvergesslich bleibt mit seiner lebhaften Lieblichkeit.
Leiden über meine Knaben ergreift diese Zeit her meiner Seele Tiefstes, über ihren sich äussernden Widerwillen gegen einander. Ach, nur ihrer Zwei, und so gar nicht harmonierend, da ich sie doch immer so zu vereinigen suche. O Gott, stärke mich, sie in Liebe zu

134   [Fehlpaginierung statt 124–133]
vereinen, zum Gehorsam, zur stillen Tätigkeit, zur Entreissung des Mutwillens, welche Ausartung ich als eine Folge des Umgangs der Jugend in den Schulen zuschreibe. Ach, nur diese Kinder besitze ich noch, lass' Sie mir, o Gott, zur Wonne und ihnen selbst zum Segen werden, um Jesu willen!

135 Von meinem Kummer über unsere ökonomische Lage mag ich mich nur nicht ergiessen – dieser ist über alle Worte!
    13. Mai.
Nachdem ich dieses eingeschrieben hatte, Geschäfte gemacht etc., kommen die Meinen aus der Kirche. Lavater lud mich ein auf den Abend zu seiner Privatkommunion, das ich mit Freuden anzunehmen mich entschloss.

136 Speiste; nach Tisch ging ich eine Weile zu Frau Pestalozzi[119] in den Garten. Politische Gespräche. Nachher geriet ich in Unruhe, dass meine Knaben schon ausgegangen waren ohne anzuzeigen wohin, mit wem. Ach, der Sorge um die Kinder, o Gott, wär' sie wie eine zärtliche Mutter! Ich suchte mich

---

[118] Bernet-Weyermann Judith (1759–1805), verm. 1779 mit Bernet Caspar (1756–1821), Schwester der Römer-Weyermann, Tochter des Weyermann Hans Joachim und der Bernet Ursula. (Frdl. Mitteilung von Frau Ursula Hasler, Stadtarchiv (Vadiana), St. Gallen.)

[119] Hausmeisterin, vgl. 1799, pag. 107.

zu beruhigen, las in Lavaters christlichem Handbuch[120], das ich von ihm geschenkt bekam.

137 Nachher kleidete ich mich an, Tee, und nach 4 Uhr ging ich zu Lavater hin, wo bei 30 Personen versammelt waren, er einiges von der Lehre der christlichen Kommunion beleuchtete, erklärte, [und] besonders den Gedanken heraushebte, dass die Beichte unseres Herrn und Heilandes, Jesu Christi, uns im Abendmahl bereitet und gegeben werde, die auf eine uns unbekannte Weise zur Vereinigung mit ihm werde,

138 wie die Kraft des natürlichen Bandes uns zur Stärkung diene. Dass wir doch alle in der Erniedrigung Christi, seiner Menschheit, uns zur Göttlichkeit erheben sollen. Mit Andacht und Geisteskraft redete er über eine ganze Stunde, welches mich sehr rührte [und] zur Andacht erhob. Und nach 6 Uhr kehrte ich erquickt nach einem lieblichen Spaziergang mit Frau Schulthess im Schönenhof

139 nach Hause.
Unruhig über meiner Knaben Lustpartie, wobei einige Worte an ihre Herzen drangen, [und] um nicht zornig zu werden [ich zunächst] auf die oberen Zimmer[121] ging, still und gesetzt [dann] hinunter kam, speiste und zur Ruhe ging – ein Gefühl, wie gütig Du, o Gott, seist, wie Du uns alles gegeben habest, in Jesum Christum, Deinem Sohn. Amen.

140 Dienstag, den 14.
Unter herzlicher Andacht stand ich früh auf, mit dem Entschluss, täglich im Instrument[122] zu lesen, zu meiner Stärkung im Glauben, in der Liebe Christi, die doch das Einzige, Beste, Notwendigste ist! Ich fing das Evangelium Johannes an, las mit Ruhe die 3 ersten Kapitel[123]. Nachher Ankleidung, Geschäfte, welches in tätiges Nichtstun überging

141 bis mittags. Speiste, um 2 Uhr nach Hottingen ging zu Frau Schulthess mit Empfindung des Schönen der Natur, dort in liebevoller Freundschaft mich ergoss und Ergiessung empfing über ihre Lage, über die Franken[124], auch meinen lieben alten Oncle sah, der mich eine Strecke weit begleitete, da ich vor 3 Uhr nach Hause ging zu meinen Kindern, bei Cäper sass,

142 der Wörtli machte zu seinem Feder[125], nachher mir in Trottman[126] las, wo

---

[120] Lavater Johann Caspar: «Christliches Handbüchlein für Kinder», Zürich 1771 und 1781 oder «Christliches Handbüchlein oder auserlesene Stellen der heiligen Schrift mit Versen begleitet», Bern 1767 und Zürich 1769, 1794.
[121] Vgl. 1799, pag. 24.
[122] Vgl. 1799, pag. 51.
[123] Vgl. 1799, pag. 57.
[124] «Franken»: Franzosen.
[125] Feder Johann Georg Heinrich (1740–1821), Philologe, Pädagoge und Philosoph der Aufklärung. Das angeführte Lehrobjekt lässt sich unter den zahlreichen Publikationen nicht eruieren.
[126] Trottmann Johann Joseph (1745–1788), deutscher Iurist, fürsterzbischöflicher Konsistorialrat in Prag, Professor an der Universität

wir den Witz, womit dies geschrieben ist, bewunderten.[127] Für mich las ich noch eine Stelle in Cramers[128] System der Tugend[129], das mir aber so schwer vorkam, dass ich's nicht verstehen konnte, im Gefühl der Wonne fühlte, wie wohl mir war im Genuss meiner Kinder, die diesen Abend so moralisch
143 gut waren, ihnen selbst in diesem Gefühl so wohl war, dass ich herzlich Gott dankte, speiste und bald zur Ruhe ging. Mein Mann von seiner Gesellschaft erzählte, die er bei sich hatte, [dabei] auch Herrn Obrist-Pfarrer Hess[130].

<u>Mittwoch, den 15.</u>
Körperlich nicht wohl, um 5 Uhr aufgestanden. Ankleidung, las das 4. [und] 5. Kapitel in Johannes[131].
144 [Ich] sah einer Menge Fuhrleuten und Franzosen zu, die mit Frucht[132] fortmussten, etwas Geschäfte, dann schrieb ich diese Blätter noch bis dass es 9 Uhr schlägt und ich an [die] Arbeit gehen will.
Am Abend macht' ich einen Besuch bei Frau Ratsherr Lavater. Wonnegefühlen voll sass ich bei ihr[133], besah einen Teil des Naturalienkabinetts, das mich sehr rührte in Betrachtung dessen, wie Gott alles bis
145 in die Tiefen des Meeres mit so viel Geschöpfen erfüllt, die man nicht genug bewundern kann, ihre Schönheit und Mannigfaltigkeit.
Wichtige Nachrichten von dem Anmarsch der Kaiserlichen, den Kriegsgefahren etc.
Tisch und vor 10 Uhr zur Ruhe.
146 <u>Donnerstag, den 16.</u>
Um 6 Uhr aufgestanden, untätiges Staunen. Ankleidung. Kaffee etc. Um 7 Uhr hört' ich von der Gasse, dass man diese Nacht <u>Lavater</u> deportiert habe, von Baden aus. Schreckensvoll vernahm ich die Nachricht vom Läufer[134] Michel[135], dass um 2 Uhr der Regierungsstatthalter Pfenninger

---

[127] Trottmann Johann Joseph: «Abhandlungen von Tugenden und Belohnungen», aus dem Französischen, Prag 1769.
[128] Cramer Johann Jakob (1771–1855), VDM, 1796 Professor der Kirchengeschichte, der Ethik und des Naturrechts, Archidiakon beim Grossmünster, 1801 Leutpriester am Grossmünster. Chorherr. 1795 verh. mit Blarer v. Wartensee Anna Magdalena von (gest. 1805).
[129] Cramer Johann Jakob: «Das System der Tugend nach den Prinzipien der Wissenschaftslehre», Zürich 1799.
[130] Der Titel des «Antistes» wurde unter der Helvetik zum «Obrist-Pfarrer».
[131] Johannes 4 und 5: Über Jesus und die Samariterin, Heilung am Teiche Bethesda.
[132] «Frucht»: Getreide.
[133] Frau Lavater-Usteri Regula war leidend und wird 1800 das Zeitliche segnen.
[134] «Stadtläufer»: Bote, Weibel.
[135] Michel Hans Jakob (1741–18..), 1777 Stadtläufer, ev. dessen Sohn, Michel Leonhard (1767–18..), 1796 Weibel des kleinen Rates.

[und] Unterstatthalter Tobler¹³⁶ zur Reblaube hingegangen, die Glocke fast zerrissen und dort
147 Lavaters Schriften versiegelt und einen Teil fortgenommen hätten. Auf die Nachricht, dass er und seine Frau in Baden sei[en], Tobler sogleich sich entfernt [habe], auf Baden verreist sei, um Lavater zu arretieren und wahrscheinlich [ihn] zu den anderen unserer Herren¹³⁷ auf Basel führen lasse. Gott, welch ein Schrecken war mir das, welche Gefühle der Liebe, der Wehmut, des Schmerzes stiegen in meine Seele
148 auf! Welche Vergegenwärtigungen seiner Person, seines Abschieds, erfüllten meine Seele! Welche Tränen entflossen mir, welch Zittern durchbebte mich, und auch welche bittere Gefühle der Ungerechtigkeit gegen dieses Unternehmen belebten mich. Fast zu allem untüchtig verlebte ich diesen Tag, nur einzig war meine Seele erfüllt vom Andenken Lavaters.
149   Freitag, den 17.
Cäpers Unpässlichkeit ging mir zu Herzen, weil ich fürchtete, es könnt' ein gefährliches Fieber geben. Arbeitete in seiner Kammer in Traurigkeit, Tränen. Um 11 Uhr ging ich zu Herr Ratsherr Lavaters, [um] Lavater nachzufragen, vernahm, dass wirklich schon vor 7 Uhr gestrigen Morgens Statthalter Tobler in Baden in Lavaters Zimmer getreten, da beide noch in der Ruhe sich befanden, ihn arretiert,
150 ihm alle seine Schriften weggenommen, alle Bücher, auf eine halbe Stunde seine Abreise festgesetzt habe, ihm nichts erlaubt ohne einige nötigen Kleidungsstücke als sein Sack-Testamentli¹³⁸, dass er mit einer Würde, mit einer Ruhe sich entschlossen [habe] zu gehen und wirklich verreist sei. Seine Gattin kehrte mit Gessners¹³⁹ zurück und sei innig, innig betrübt, aber doch frei. O Gott, stehe diesen Geliebten bei!
151 Diese Umstände drangen in meiner Seele Tiefstes. [Ich] las noch ein Abschiedsschreiben, das er schon vor einigen Wochen an seine Familie, Freunde, Gemeinde schrieb, im Fall er sollte deportiert werden. Stille Tränen ergossen sich in tiefen Gefühlen. Tisch. Nachher erhielt ich seine von Lauf[en]burg¹⁴⁰ aus geschriebenen Zeilen zum Lesen. Gott, welche Gefühle der Liebe, der Wehmut!
152 Unter Tränen blieb ich den Abend durch bei Cäper, arbeitend und angstvoll. Samstag, den 18., blieb ich fast beständig bei Cäper, der mir in seiner Lieblichkeit Freude machte. Arbeit, und mit Lavater beschäftigt verfloss dieser Tag.

---

[136] Tobler Johannes (1765–1839), Bruder von Tobler Georg Christoph, dem Schüler und Freund Lavaters, 1798 Unterstatthalter des Kantons Zürich, Kommandant der helvetischen Truppen bei den Kämpfen um Zürich, 1799 in den helvetischen Senat gewählt.
[137] Rückgriff auf den vorrevolutionären Begriff der «Gnädigen Herren» für die Regierung.
[138] «Sack-Testamentli»: Taschentestamentchen.
[139] Vgl. 1790, pag. 76.
[140] Laufenburg: Befestigtes Städtchen am Rhein, östlich von Basel.

153   Sonntag, den 19.
Nach 5 Uhr aufgestanden. Unbestimmte tätige Zerstreuung, Ankleidung erfüllten die ersten Stunden dieses Tages. Herzliches Gebet mit den Kindern, und liess mir, vor Helfer Hess' Predigt, erzählen über den Vorfall wegen Lavater. Tisch. Nachher las ich einiges in d[er] Bücher-Trucke[141], blieb bei Cäper. Nach 2 Uhr [ging ich] in
154 die Abendpredigt, las mit den Kindern vom 5.–9. Kapitel im Matthäus[142], nachher noch für mich das 11. [Kapitel] in der Römerepistel[143]. Tee. Doktor Rahn, und da ich allein war, las ich das 9., 10., 11. Kapitel in den Römern[144] mit Nachdenken, und nachher schrieb ich noch diese Blätter nach bis hieher, da es 7 Uhr schlägt.
155   Montag, den 20. bis Montag, den 27. Mai.
Wieder eine dahin geeilte Woche, eine Strecke meines Lebens, in der meine Seele mit manchem beschäftigt [war], das mich tief berührte, besonders mich Furcht vor dem Einzug der Kaiserlichen beängstigte. Besorgnis vor dem Abzug der Franken und Räubereien, die man besorgt,
156 und welches mich bewegte, meine Sachen anders zu rangieren, zu verteilen in verschiedene Gehalte[145], das mich noch mehr beunruhigte, selbst mir kleinlich schien, da es im Grunde doch nichts hilft [und] man nicht weiss, wo etwas zu sichern ist. Und, ach, nachdem ich das Grosse[146] hingegeben – was nützt es, mich um das Kleine zu bekümmern, das nur noch Überbleibsel
157 mir ist. Aber, ach, wie bald verschwunden und dahin ist [es], oh, des Kummers für unser Leben, für unsere Kinder! Gott, erbarme Dich unser, Du kennst und Du weisst unsere Umstände alle! Auch rangierte ich einen Teil meines Mannes Schriften[147], verbrannte ein Paar Bände, zeinenvoll[148], und mich erfüllte eine Menge Erinnerungen an unseren Aufenthalt in
158 Wädenswil, die meine Seele in Schmerzen zerrissen und betrübten, und [ich] Gott nicht genug danken und seine Güte bewundern kann, dass er uns, dass er mich, aus diesem Labyrinth herausführte, in das wir durch unser Schicksal hingeführt wurden, durch meines Mannes Schuld, gegen den sich meine Seele empörte bei diesen Erinnerungen all'.
159 Aus Tugend und Standhaftigkeit [ich] mich entschloss, es wieder zu vergessen [und] in die Vergangenheit [zu tun], die so eine Wohltat ist, dass sie

---

[141] «Trucke»: Schachtel, Schatulle. In diesem Zusammenhang vermutlich auf einen Lesezirkel bezogen, der verschiedenen Interessenten mit Lesestoff versorgte.
[142] Vgl. 1791, pag. 8f.
[143] Römer 11: Über die wunderbaren Wege Gottes.
[144] Römer 9–11: Über Israels einstige Erwählung als Werk der Gnade Gottes und die Gerechtigkeit aus dem Glauben an Gott.
[145] «Gehalte»: Behälter.
[146] Die Mitgift zur Sanierung der Schulden.
[147] Es ist unklar, ob es sich um Familien- oder Geschäftsdokumente handelt.
[148] «Zeine»: Geflochtener Korb, in der Regel zur Wäscheablage.

mir die Zukunft sich einhüllt in Dunkelheit als ob sie nichts wäre und doch in ihren Folgen so eine Unendlichkeit mit sich führt. Oh, der Betrachtungen und Gefühle aller Arten, wie beleben
160 sie meine Seele! Lektüre und Arbeit gab es wenig, Besuche ein paar, bei der Lavater, bei Frau Ratsherr, mit der ich einen Spaziergang machte. Auch einen der lieblichsten Spaziergänge machte ich mit Mann und Kindern nach dem Schlössli[149], voll reinen Gefühls von Natur und Friede unter- und miteinander.
Ach, wie Gutes lässt
161 Du mich dennoch geniessen bei so viel Schwerem, grosser, liebster Gott! Gib mir Kraft, weiterzuklimmen auf dem Pfade meines Lebens, im Namen Jesu Christi!   Amen.

Dienstag, den 28. bis Freitag, den 31.

So verflossen auch diese 4 Tage mit all ihrem Leiden zwischen Furcht und Hoffnung bei der annähernden kaiserlichen Armee,
162 und was dieses alles mit sich für Folgen bringe für uns und unser Vaterland: Unruh', Furcht, Tätigkeit, alles mit einander wechselnd! Du nur, o grosser Gott, [bleibst] Dir selbst gleich, jetzt und in alle Ewigkeit!
163, 164 [leer]

165   Brachmonat 1799.
167   Samstag, den 1. Brachmonat 1799.
Um 5 Uhr nach Gewohnheit aufgestanden, bedachte, was heute sich alles zutragen werde. Tätige Kleinigkeiten, unruhevoll. Berichte von Herrn Ott wegen unserm Weingeschäft, ich allweg[150] mit diesem und der Kutsche, die wir dort hatten – Sturm auf Sturm, Angst auf Angst. Essen, dann starkes Kanonieren von allen Seiten her,
168 das bis auf den Abend dauerte. Ach, welche Empfindungen, welche Erzählungen so mancher Art, [dass] das Zittern an Leib und Seele mich übernahm. Briefe von Lavater an seine Gattin, die ich gestern las, beschäftigten meine Seele, und meine an ihn geschriebenen Zeilen.
's Lisettli[151] Ott schlief wieder bei uns. Einer ruhigen Nacht entgegen sehend legte ich mich um 11 Uhr zur Ruhe.
169   Sonntag, den 2.[152]
Um 5 Uhr aufgestanden. Herzlicher Andacht voll erhebte ich meine Seele zu Gott. Lav.[aters] christliches Handbuch erfüllte die Zeit bis 7 Uhr. Dann

---
[149] «Schlössli»: das heute nicht mehr existierende Schlösschen Susenberg, Aussichtspunkt in Fluntern.
[150] Vgl. 1791, pag. 204.
[151] Vgl. 1787, pag. 65.
[152] Die von R. v. O.-E. geschilderten Geschehnisse um die 1. Schlacht von Zürich finden ihre Bestätigung in folgenden Publikationen: Vogel Friedrich: Chroniken 1845, S. 373; Becker Fridolin: «Die erste Schlacht bei Zürich», Zürich 1899; Zeller-Werdmüller Heinrich: «Aus zeitgenössischen Aufzeichnungen und Briefen», Zürich 1899, S. 60 ff., 81 ff.

mit und bei den Kindern, kleine Geschäfte machend und sie mit allerlei unterhaltend bis 11 Uhr. 's Essen. Ankleidung, und eilte nun aufs Bauhaus, da ich aber Frau Tante[153] nicht antraf. Bei Hause mich ausgezogen und Ökonomisches eingeschrieben und diese paar
170 Seiten.
Noch schien es heute ganz still zu sein bis 2 Uhr, da ich dahin komme. Den Nachmittag blieb es ruhig still. Um 6 Uhr spazierte ich zu meiner Schwester Ott zum Kreuz, wo wir über die vorgefallenen und zu erwartenden Begebenheiten sprachen, im Garten Blumen pflückten, die Töchter sich entschlossen, in die Stadt zu kommen, Frau Ott und Ludwig[154] aber beim Kreuz zu verbleiben. Munter nahmen wir Abschied und gingen ganz ruhig bis zum Schönenhof in Stadelhofen.
171 Dort hörten wir die ersten Kanonenschüsse, daran [anschliessend] immer und immer stärkere und nähere folgten von der Gegend von Zumikon und Witikon[155]. Ein Gelauf[156] zum Entsetzen der Promenade[157] zu. Ordonnanzreiter, die Generale, die hingingen, sodass wir zitternd bis an's Lindentor[158] kamen. Die Älteren gingen durch die Stadt an die Torgasse[159]. Lisettchen kam mit mir[160]. Mit Schrecken ereilten wir unser Haus, speisten mit Furcht, hörten dem Schiessen zu bis gegen 11 Uhr, entschlosssen uns, in's Bett zu gehen.
172 Montag, den 3.
Von 5 Uhr an hörten wir immer schiessen, ich kleidete mich halb an. Bald kam die liebe Gattung zu sagen, die Mama und Ludwig seien in der Nacht noch an die Torgasse [gelangt], vor Portenschliessung[161], und ich solle die Lisette doch nicht ausgehen lassen. Schrecken und Furcht ergriffen meine Seele. Bald nachher stürzte Frau Schulthess von Hottingen in unser Zimmer, die wirklichen Szenen entronnen und voll Schrecken
173 war [und] von den Gefahren und Unruhen der Nacht erzählte. Nach einer Stunde ging sie fort zur Frau Füssli[162]. Hastig machten wir unsere Morgengeschäfte, Ankleidung vollendet, und sahen auf der <u>Winde</u>[163] nach den Gegenden, wo wir die Kanonen erkannten; erkannten bald die Fränkischen, bald die Kaiserlichen und auch etwas von dem Angriff bei den entfernteren

---

[153] Lavater-Escher Anna Cleophea (1733–1802), Gattin des Lavater Heinrich, Landvogt.
[154] Vgl. 1789, pag. 110.
[155] Zumikon, Witikon: Bauerndörfer im Südosten der Stadt.
[156] «Gelauf»: dialektal für Massenbewegung, Gerenne.
[157] «Promenade»: 1784 auf der Geissberg-Bastion errichtete Anlage, nördlich des heutigen Bahnhofs Stadelhofen.
[158] Das Lindentor stand am Ende der heutigen Kirchgasse.
[159] «durch die Stadt»: innerhalb der Stadtmauer. Torgasse: Stammhaus der Familie Ott.
[160] Sc. ins unweit gelegene Haus z. «Meerfräuli» an der Hinterzäunen.
[161] «Porte»: Stadttor, wurde beim Eindunkeln geschlossen.
[162] Füssli-Meyer Susanna Margaritha Magdalena (1763–1823), 2. Gattin, verm. 1786, des Obmanns Heinrich Füssli.
[163] «Winde»: Dachstock.

Batterien. Verschiedene Gerüchte aller Arten. Vion[164], ein französischer Offizier, der lange bei Herrn Ott [ein]quartiert war, kam zu Besuch, erzählend, scherzend, in seinem Scherzen zu weit [gehend], dass ich mit der Lisette in die obere Stube ging, [wir] dort furchtsam weilten bis er endlich [um] 11 Uhr fort ging. Wir speisten, arbeiteten etwas, nebst dem ängstlichen Horchen und Sehen, was sich um unsere liebe Vaterstadt zutrug. Speisten, nachher wieder Angst nach einem Besuch von Vion, der alles widerrief, was er am Morgen gesagt. Wahr war's freilich, dass die Kaiserlichen bis an die Stadt, über die Kreuz-Kirche [hinaus], zudrangen, aber nicht, dass die Franken dort schon sich [ein]quartierten. Auf den Abend beschäftigte ich meine Kinder so gut ich konnte, und beruhigte mich, dass das Gefecht etwas abnahm, und wir mit Erwartung dessen, ach, was uns alle Morgen erwarte, zur Ruhe gingen. Müde, bekümmert um und um, legten wir uns gegen 11 Uhr nieder.

Dienstag, den 4.
Schreckliches Getöse, immer näher und näheres Anrücken der Truppen, Abschiessung der Kanonen auf unseren nahen Schutzwällen, Zischen, wie wenn sie ob dem Haus hinlaufen. Am Rämi[165] [und bei] der Heuelscheune[166] den Gefechten zusehend fing der Tag an und ging fort bis gegen 10 Uhr, da sogar zwei Häuser beim Kreuz brannten, das erste Gerücht sagte gar, Herrn Otts Haus. Gott, welch ein Schrecken und Zittern, und welchen Dank gegen Gott, dass es entfernter sei! 's Essen. Nach Tisch ging der Kampf unerhört heftig fort. Entschloss mich am Abend, zu Frau Ott an die Torgasse zu gehen, fand es zitternd, jammernd, leidend, dass es meine Seele ergriff, erzählend, durchs Teleskop sehend, was vorging. Ach, wie empfand ich, dass man's mit seinen Gedanken nicht umfasse, was um und an uns vorging, welche Geschichten – könnt' man sie niederschreiben! Um 7 Uhr heim, erzählend. Um 8 Uhr trat Oncle Landvogt Lavater in unser Haus. Ach, alles dessen, was vorging, war unser Gespräch! Um 11 Uhr endlich zur Ruhe.

Mittwoch, den 5., war es ganz still vom Kanonieren; fürchterliche Stille, die das Schrecklichste nahe vermuten und erwarten liess. Es schien so zu sein, dass man neue Anstalten treffen werde. Besuch bei Frau Ott, ihm helfend einpacken und Ordnung machen. Da ich hie[he]r kam, fand ich Oncle im Bett. Eine Stunde zur Pflege an seinem Bette weilend. Abends noch ein Schrecken wegen einer Ohnmacht, mit meinem Conrad. Das Getümmel alles an und um mich machten mich stumpf für das wirkli-

---

[164] Vion …, französischer Offizier.
[165] Rämi: Rebberg nordöstlich des Rämibollwerkes, Der «Fussweg auf der Rämi» entspricht der heutigen Freiestrasse.
[166] «Heuel»: Flurbezeichnung in Hottingen, im Bereich des heutigen Sonnenbergs, Stadtkreis 7.

che Grosse, das vorfiel. Auch wurde mit allem seinem Leiden wieder ein Tag verlebt durch Deine Güte, o Gott.

180 Donnerstag, den 6., war ich früh auf, bemerkte die Nachbarn zusammenlaufend, frug[167] nach der Ursache und, o Gott, was vernahm ich?: Dass die Franken ohne weitere Angriffe abziehen werden und die Kaiserlichen einrücken können. Oh, welche Gefühle wie die, könnt' ich nicht beschreiben von Dank und Lobpreisung Gottes. [Ich] sagte es im Hause allen, auch ging ich zu Oncles Bett, sagte,
181 dass ich ihn mit einer angenehmen Nachricht beunruhigen müsse etc. Gott, wie aussprechen kann man Deine Güte nicht! Noch mehrere Male hörte man schiessen, Beängstigung wegen dem Verweilen[168] des Abzugs. Verschiedene Aufschiebungen brachten Zittern in meine Glieder. Immer wechselnde Nachrichten, die fortdauerten bis 3 Uhr abends. Und endlich, ohne Raub, ohne Mord zogen die Fränkischen fort.
182 Ich [war] allein bei Conradli daheim und der Barbel[169]. Ach, wie sehnte ich mich, bis ich die Musik hörte, den ersten Kaiserlichen vorbeigehen sah. Nach 4 Uhr – welche verschiedene Gefühle, welche Erzählungen der Menge Volks, der Pracht, brachten die Zurückkommenden! Gott, wie gütig bist Du!
183 Freitag, den 7., frappierte mich nichts so sehr, wie der Anblick der Verwundeten, die ich an der Torgasse sah. Oh, so entsetzlich Herzangreifendes hab' ich noch nichts gesehen!
Samstag, den 8., zog Frau Ott schon wieder zum Kreuz, ich half ihm einpacken bis am Abend.
Sonntag, den 9., ging auch Oncle wieder nach Hause. Oh, der angenehmen Stunden mit und
184 bei ihm, wohl der letzten meines Lebens, wegen seinem Alter. Wohl mir der verflossenen!
    Vom 10. bis Sonntag, den 23.,
verfloss mein Leben, ohne dass sich dieses sonderlich aushebete[170]. Den 15. war wieder ein starkes Gefecht zwischen den beiden Mächten bei der Sihlbrücke, und noch immer halten sich die Franken am Üetliberg auf. Ach, welche Nähe, welche Unsicherheit droht [durch] diese gefährliche Lage!
185 Mehrere Male besah ich die kaiserlichen Lager auf dem Hottinger Boden, ihre Trainzüge. Welchen Betrachtungen überlässt man sich beim Überdenken, was dieses in sich schliesst.
186 Mein Mann, in Unruh' schwebend über sein Bleiben oder Nichtbleiben an seiner Stelle, war das, was auch mich beschäftigte. Geheime Äusserungen,

---

[167] Originaltext: «frögte», frögen: Dialekt für fragen.
[168] «Verweilen»: Verzögerung.
[169] Barbel, Dienstbotin, vgl. 1789, pag. 125.
[170] «aushebete»: hervorhob., vgl. 1799, pag. 68.

etwas zum Steigen[171] zu tun, war einige Male unsere Unterhaltung, dann wieder [das] Zurücktreten[172] in Stillschweigen. Endlich gestern besuchte uns Herr Ratsherr Lav.[ater], erzählte die Wahl, die mein Innerstes durchdrang, da ich meinen Mann ausgeschlossen fand, an seine elende Stelle gebunden.

187 [Ich] äusserte meine Befremdung, weil [ich] die Wahl bis auf den Weibel Bürgi[173] und Landschreiber Keller ausgedehnt sah. Gott, welche niederträchtige Intrige der Verwaltungskammer[174] des Seckelmeisters Escher[175], der imstande war, Weibel und Landschreiber dem Landvogt vorzuziehen! Inneres Beben, Wut, Leiden, Ehre, Zorn regten sich in mir, dass ich mich überheftig fand, mit meinem Mann darüber sprach,

188 wir uns entschlossen, an Herrn Ratsherr zu schreiben. 's Essen ging still hin, dann Ergiessungen, und da ich alleine war, schrieb ich beiliegenden Brief[176] an ihn. Erst nach 12 Uhr legt' ich mich zur Ruhe, unruhig, betrübt, wachend. Leidend sprang ich mehrmals wieder auf im Gefühl der Ungerechtigkeit dessen, dass man meinen Mann nicht mitgewählt habe.

188a[177]

den 23.6.99.

Mein teuerster Freund!

Wie gerührt und dankbar fühl' ich mich bei Ihrer Teilnahme, und wie sehr liegt mir die bewusste Angelegenheit auf meiner Seele, dass ich mich gedrungen fühle, sie Ihnen noch einmal innig anzubefehlen. Ach, sehen Sie doch, dass – wenn es mit Herrn Fäsi[178] fehlen sollte – dass mein Mann an seine Stelle kommen sollte. Zu seinem Sturz aber möchten wir nicht das Geringste beitragen, aber wenn das Schicksal dies sonst fügte, so würden wir dies als ein grosses Glück ansehen, weil's unsere Hoffnung war, wann die vorige Lage Bestand gehabt hätte, dass – wenn er abtreten würde –

---

[171] Beruflicher Aufstieg.
[172] Gemeint ist vermutlich die Erwägung eines stillschweigenden Rücktritts vom Posten des 2. Schreibers. S. 1799, pag. 190.
[173] Vgl. 1791, pag. A 245.
[174] Verwaltungskammer: Unter der Helvetik übernahm diese die Administration des Kantons, deren Präsident war Escher Hans Conrad (1743–1814), der unter dem Ancien Régime Seckelmeister gewesen war. R. v. O.-E. behält usanzgemäss für Escher diesen Titel bei. Während der Besetzung des Kantons der Alliierten (Juni–Sept. 1799) wurde durch Feldmarschallleutnant von Hotze eine «Interimsregierung» unter dem Präsidium von Wyss Hans Conrad Junker (1749–1826), eingesetzt, (Vizepräsident Hans Conrad Escher) s. 1799, pag. 268.
[175] Escher Hans Conrad, Junker (1743–1814), 1790 Landvogt zu Baden, 1797 Seckelmeister, 1798 Präsident der Munizipalgemeinde, Kantonskommissär, Bezirksstatthalter, 1799 Vizepräsident der Interimsregierung, 1814 Bürgermeister.
[176] S. 1800, pag. 365.
[177] Der erwähnte Brief an Ratsherrn Lavater.
[178] Fäsi Hans Caspar (1769–1849), Professor für Geschichte, Geographie und Ethik an der Kunstschule (resign. 1798), 1798 Sekretär beim Bureau des Kantonsgerichts. 1799 Sekretär des Kantonsgerichts. 1792 verh. mit Ott Anna Maria (1769–1825).

mein Mann an seine Stelle kommen würde, und diese Hoffnung seine Geduld unterstützte, an der zweiten Stelle[179]. Wie wehe würde es ihm tun und wie doppelt empfindlich würde es ihm sein, wenn ein anderer über ihm stehen würde bei den Gefühlen,
188b die jetzt seine Seele erfüllen, und die ich am Sonntag an Ihr Herz legte. Und wie vieles vermögen Sie nicht, um dieses zu erhalten, gestützt auf die Ihnen anvertrauten Gründe, durch Ihre Klugheit, Beredsamkeit und Ansehen bei den Herren, unter denen diese Wahl steht. Wie wollt' ich dann meine Tränen abwischen und meinen Gram zu tilgen suchen. Auch glaube ich, je schneller es geht, je erträglicher fällt's auf meinen Mann, als dem 2ten Schreiber, und wie traurig wär's nicht, sich um diese Stelle so in weitem Kreise zu melden. Nicht, dass er nicht – dass wenn sie es nötig finden – zu Junker Statthalter Wyss gehen würde oder zu mehreren.
Verzeihen Sie Ihrer, mit der innigsten Achtung und Liebe ergebenen,
O.
189 Um 5 Uhr stand ich auf vom Bett, gab meinem Mann den Brief zu lesen, schrieb ihn ab, versiegelte ihn, zitterte in gerechtem Schmerz und tat das Nötige mit Unruhe, schickte den Brief ab, liess meinen Bitterkeiten freien Lauf. Speiste. Nach Tisch trat Ratsherr Lavater in unser Zimmer. Ich bat ihn um Verzeihung, dass ich an ihn geschrieben hätte und legte ihm mit Heftigkeit meine
190 Gefühle vor, sagte ihm, dass ich meinen Mann nicht an dieser Stelle lasse. Er war beschämt, sagte, dass er nicht helfen könne, weil's zu spät sei, und speiste mich also mit <u>nichts</u> ab. Dennoch, glaub' ich, wird diese Szene nicht vergeblich sein, wenigstens machte es ihn fühlen, wie ungerecht es sei, meinen Mann, der so gearbeitet, stecken zu lassen. Ich sparte nichts,
191 mich zu ergiessen, und er sagte, auch dies respektiere er, weil's nicht Zorn allein sondern Liebe und Ehre [seien], die mich in solchen Affekt setzten. Im Gefühl der fast unaushaltbaren[180] Erniedrigung weinte ich heisse Tränen. Hitzegefühle erregten mich stark, auch jetzt noch wallt es heftig in mir, meinen Mann bleibend zu wissen. Ich entschlief, trank Tee,
192 Kleinigkeitsgeschäfte, und endlich, von 6 Uhr an bis nach 7 Uhr, schrieb ich diese Blätter noch mit einiger Ruhe, bis auf diese Szene, die mir nun eine neue Leidensquelle, Gram und Leiden für lange sein wird.
193 <u>24.–30.</u>
Noch einige heftige Szenen folgten diesen Ergiessungen. Ach, welche traurigen Erfahrungen, das Unglückliche fühlen [zu] müssen, wie so wenig andere ihre Lage empfinden, und es wohl das Einzige ist, sich in sich selbst zu verschliessen und in sich Ruhe zu finden! Aufblicken <u>zu Gott</u>, dem Tröster und Vollender aller Leiden.

---

[179] Als 2. Gerichtsschreiber, die Orelli David von damals innehatte.
[180] «Unaushaltbar»: unerträglich, nicht auszuhalten.

194–196	[leer]
197	Heumonat 1799.
198	[leer]
199	Heumonat 1799, 1.–14., sonntags.

Schon wieder eine Strecke meines Lebens hinter mir, eine Zeit mit so vielem angefüllt, das mich besser und weiser machen [sollte], ohne dass ich ein Wort davon niederschrieb, und doch so vieles zu schreiben nicht unwert wäre, was meine Seele bewegte. 's Leiden ist mir zwar Gewohnheit, meine Bestimmung; [ich bin] die Tage meines Lebens auch nicht abgestumpft oder [ge]fühllos bei seiner Wiederholung, wohl nur

200 allzu empfindlich und darum auch doppelt oder zehnfach leidend gegen andere meiner Mitmenschen, die gleiches Schicksal betreffen, immer mehr dahin gesunken. Arm, ja, ärmer mit jedem Tag, fühl' ich mein Leben dahineilen, quälender stets, wenn ich meine Kinder betrachte. Oh, die armen Geschöpfe, unschuldig, durch ihre Eltern unglücklich die Tage ihres Lebens. Gott – wohl ein verzweiflungvoller Gedanke – führ' ihre, sie so innig liebende Mutter, nur tröstend, dass auch manches

201 unverschuldet zu ihrem und unser[em] eigenen Unglück führte! Oh, welche Gefühle, oft mir zum Dahinsinken, oft mich wieder erhebend, tröstend, dass Gott uns nicht verlassen werde und uns aus unserem Leiden führen werde durch Mittel, die ich nicht vorsehe. Ach, [ver]lass' mich nicht! [Ver]lass' die Meinen nicht, die ich noch mehr als mich selbst bedaure, mehr noch für sie als für mich sehr leide. Als das meiste, das grösste Leiden, das meine Seele erfüllt, ist mir also

202 unter diesen Gefühlen alles nichts, alles Druck, was Natur, Freundschaft, Lesen, Religion, Arbeiten, Ermunterndes für mich hätten, und mir [ist] aller Genuss dahin, der mich stärken und beleben könnte. Auch [ist] noch meine Gesundheit geschwächt, dass ich oft am Versinken bin – zu meinem Gefühle für alles, [das] mir zum reinen Lebensgenuss gehörte. Fühle Du, o grosser Gott, meine Lage! Entreiss' mich diesem Elend oder stärke mich, es zu tragen!

203 Diese stille Stunde am Sonntag heb' ich aus, um diese Zeilen zu schreiben. Nachdem ich heute vor 5 Uhr erwachte, erhob ich mich vom Bette, zog mich langsam unter dem Druck meiner Gefühle an. Geschäfte verschiedener Art. [Ich] durchging Pfennigs[181] Geographie[182], die meine Kinder zum Lernen brauchen. Und erst nach 9 Uhr wurde mir zuteil, mich mit den 2 Kleinen zum Gebet niederzusetzen, wo ich mit ihnen vom 7. bis 11. Kapitel

---

[181] Pfennig Johann Christoph (1724–1804), deutscher Theologe, später Geograph.
[182] Pfennig Johann Christoph: «Entwicklung der neuesten Geographie für Anfänger», Frankfurt 1798.

Matthäus[183], dann auch das 40.–41. Kapitel im Jesaias[184] las, [und schliesslich] an Frau Lavater schrieb,

204 [um] das Tagebuch[185] von Lavater zurückzusenden, von seiner Entlassung in Basel an bis zu seinem Aufenthalt in Knonau[186], das, so lieblich es ist, nicht vieles enthält, das befriedigend wäre, und welches mein Mann gestern heimgebracht hatte. Dann speisten wir, dann war es nötig, mich ein wenig anzukleiden, und dann schrieb ich, halb krank, bis hieher, da es 2 Uhr ist.

Ach, wie dank' ich Gott für jede verlebte Stunde meines schweren Lebens!

205   1.–31. Heumonat.

Wieder eine Strecke meines Lebens dahin, [hinzu] zu den Tagen der Vergangenheit! Ach, wie dankbar froh fühl' ich mich für das Zurückgelegte, bei der Dankbarkeit auf das Kommende, das mir immer schwerer und schwerer auffällt. Nur erträgbar im Aufblicken zu Gott, meinem Vater, erlang' ich Kraft weiterzugehen mit immer wachsender Armut. Oh, dass Du uns doch helfest, grosser Vater im Himmel!

206 Was erfüllte diese dahingegangen Tage? Nicht viel anderes als die Lastgeschäfte einer Wäsche, die mich arbeitsam und verdruss- und kostenreich beschäftigte durch die Wunderlichkeit der Mägde und der benötigten Wäscherinnen. Ach, wie drückend ist alles für sonst Gedrückte! Und diese verflossene Woche war noch grösstenteils mit Ausbesserungen, Aufräumen hingebracht, abgewechselt [von] ein paar

207 lieblichen Abendbesuchen und kleinen Spaziergängen, die meine Seele erquickten, die tief betrübt sich fühlt in Sorgen für meine Kinder, bei dem Drang der Schuldsachen, die alles hinreissen, was an und um uns ist! Und sie, die Lieblinge meiner Seele, verarmen! Oh, des Schmerzes, sollt' ich den nicht fühlen?! Welche Mutter wär' ich bei meiner Zärtlichkeit?! Nur hingerissen, die täglichen Notwendigkeiten zu bestreiten, müssen wir alles aufopfern,

208 zudem mir auch so gar nichts Kostliches[187] wird in meinem Mann, der auch seinen Kummer [ausdrückt] durch Geschwätze, die mehr verwunden als erträglich machen – das jammerndste Elend.

---

[183] Vgl. 1791, pag. 8.
[184] Jesaja 40–41 über die Erlösung des Volkes Gottes; Gott beruft seinen Knecht, dem Elenden zum Trost, dem Helden zur Beschämung.
[185] Lavaters Exil dauerte vom 16.5.1799–16.8.1799. Nach einem Freispruch, 10.6.99, gelangte er auf der Heimreise nur bis Knonau (15.6.–21.7.), von wo aus er zur Erlangung eines Passes bei Masséna in Zug vorsprach, aber abgewiesen wurde. Er wurde erneut nach Basel verbracht, und dort bis zum 16.8. festgehalten. Vgl. «Deportationsgeschichte in Tagebuchform 1799» (ZB, Lav. Ms. 25a), sodann Lavater Johann Caspar: «Freimütige Briefe über das Deportationswesen», 2 Bände, Winterthur 1800.
[186] Knonau: Ortschaft und Landvogtei im heutigen Bezirk Affoltern a.A., und als Gebiet westlich der Albiskette unter französischer Besetzung.
[187] «Kostliches»: Köstliches, im Sinn von Wertvolles.

Den 29. war mein Geburtstag, den ich unbemerkt dahinfliessen liess. Den 30., auf dem Wege nach meiner Schwester, bedachte ich seine Wichtigkeit, Heiligkeit, berechnete, wie mich Gott so gnädig führte bis hieher. Die Hemmung, die auch körperliches Übelsein auf alles legt, bindet meine Tätigkeit, obschon der Vorsatz fortzustreben, sich wieder neu belebt, indem ich auch diese Blätter ende.

[leer]

August 1799.

[leer]

Donnerstags, den 1.–3., samstags, 1799.

Suchet was droben ist, da Christus ist, sitzend zur Rechten Gottes, des Vaters![188]

Lass' mich Dich suchen und finden, o Christus, Du mein Heiland und mein Gott, mit jedem Tage mehr, auf dem Wagen des Lebens! Ohne Dich und mein Ich ist und geht alles vorbei vor meinen Augen.

Du wolltest, dass ich wurde, und Du warst, ehe ich da war und legtest den Trieb nach Dir in meine Seele. Ach, schenke mir Glaubenskraft, Dich zu umfangen, in Dir zu leben, in Dir zu sterben! Amen.

Gestern Abend bracht' ich besonders glücklich hin im Genusse der Freundschaft der Frau Doktor Schinz[189] und auf der Promenade in Betrachtung der Natur, des so überschönen, herrlichen Abends.

«Oh, wunderschön ist Gottes Erde
und wert darauf vergnügt zu sein!
Drum will ich, bis ich Asche werde,
mich dieser schönen Erde freu'n.»[190]

Wie tief empfand ich diese Wahrheit bei ruhigem Hin- und Hergehen, das uns so einsam blieb.

Politisch ist alles still. Die Franken noch immer am Üetliberg, Lavater noch immer entfernt.

Sei auch heute und allezeit mit Deinem Segen mir nahe! Amen.

Sonntag, den 4.–8. August.

Oh, wie fliehen die Tage, und wie froh freu' ich mich jedes Dahingeflossenen, weil jeder seine eigene Plage hat und besonders auch für mich Arme, Leidende. Oh, dass Du mir helfest, grosser Gott!

In diesen Tagen nahm ich meine Sekaten[191] [vor], ein so nötiges Jahrwerk, das mir eigentlichst widerlich ist wie keines.

---

[188] Kolosser 3, 1.
[189] Schinz-Lavater Cleophea, Tochter von Lavater Diethelm, M.D., Gattin (verm. 1790) des Schinz Christoph Salomon (1764–1847), M.D.
[190] Vgl. 1787, pag. 94.
[191] Vgl. 1786, pag. 43.

Auch [hatte ich] mein monatliches Übelbefinden, das mich sehr hinnahm, und so manches, das ich gerne ins Meer der Vergessenheit senke – und bei Störung schon wieder ende.

Donnerstag, den 8. bis Sonntag, den 25.August.
So lange abermals blieb ich ferne von diesen Blättern, von mir selbst nicht. Tief empfindend, was mir Liebes und Trauriges begegnet, verleb' ich meine Tage; und diese, ach, wie waren sie so reich an so manchem.

Vor allem aus muss ich, was aussert mir, bemerken, nämlich Lavaters Zurückkunft von seiner Deportation[192], Freitag, den 16. dies[es Monats]. Oh, wie freut' ich mich des Wiedersehens in so vielen Rücksichten, seiner Gesundheit halber voraus[193]. Auch des letzten Donnerstags [22. August], [der] 2 der andern Herren und gestern, 24. [August], alle zusammen, welche der Ehre genossen, die ungerechte Schande zu tragen, wieder in unsere Vaterstadt zurückbrachte[194], welches gewiss von grossem Segen für unser Vaterland ist. Ach, dass uns Gott alles zum besten wende, was politisch wird und muss verfügt werden!

Mir ist's eine kummervolle Erwartung in Rücksicht meines Mannes. Vermutlich wird die Zwischenzeit, die er sich als Sekretär brauchen liess, schädlich sein, ein Unglück zu den übrigen Unglücken meines oder unseres Schicksals, daher auch diese Gefühle mir so viel Interesse für diese Erwartungen geben. Ach Gott, hebe Du uns etwas zu unserer Erhaltung heraus, durch Deine Leitung!

Unendlichen Kummer verursacht mir Caspers verstecktes, eigensinniges, starrköpfiges Wesen. Oh, des Schmerzes misslungener Sorge-Leitung. Möchte' ich Mittel finden, ihn zu leiten! Vieles schrieb ich gutherzige Mutter den Ferientagen zu, die, ach, zu unbeschäftigt vorübergingen. Ach Gott, stehe mir bei, in meinen guten aber schwachen Vornehmungen bei der Erziehung meiner Kinder! Ach, lass' mich nicht ermüden, so schwer es mir wird!

Einige Lektüre erhebte meine Seele, weil ich mich immer furchtsam, leidend fühle. So kann ich mich wenig über mich selbst erheben, ein paar Schauspiele Shakespeares ausgenommen, einige leichte vorbeigehende Piecen[195] und Homers Odysee[196], die ich mit Cäper las in den Hundstagsferien[197]. Oh, welch eine Lehre der Götter, welch eine Menschenkenntnis, welche Gefühle der Schönheit und Grösse der Natur, welche natürliche Anmut. Oh, welch ein Buch aller Bücher!

---

[192] Es gibt verschiedene Aufzeichnungen Lavaters über seine Deportation und den anschliessenden Aufenthalt in Knonau, vgl. 1799, pag. 204.
[193] Gemeint ist: Wiedersehensfreude aus vielerlei Gründen, aber hauptsächlich wegen Lavaters schwer angeschlagener Gesundheit.
[194] Originaltext: «... zurückzubringen...»
[195] «Piecen»: (Theater-)stücke.
[196] Vgl. 1788, pag. 71f.
[197] «Hundstage»: 24. Juli bis 23. August, Hitzeferien, oder generell Sommerferien.

222 Arbeit mancher Art zerstreute und belebte mich, mit Fleiss und Trägheit abwechselnd, wie lästig das eine, welch ein Vergnügen das andere! So oft mich Leidensgefühle der Angst über unser, ach, so armes Fortkommen übernimmt, dass ich fast erliegen möchte, tröstet mich doch auch oftmals der Glaube an die göttliche Vorsehung. Besonders lieb ist mir das Symbol des Ölkrugs der Witwe zu Sarepta[198], der nicht ausging, immer fliessend war.

223 Ach, so denke ich mir auch die fortdauernde Quelle der Gütigkeit Gottes, die, wenn sie eines nimmt oder versagt, anderes gibt und erquickt. Und bis hieher hat der Herr geholfen, ach Herr, Herr Gott, hilf mir weiter! Einige liebliche Besuche taten mir wohl, Frau Statthalter Hirzel[199], Frau Lavater[200] beim Erker, Hottingen[201]. Ach, wie wohltuend mir alles, auch wirklich wohltätig ist noch mein Gefühl für Freundschaft und Natur.

224 Einmal auch wieder eine Geschichte eines Tages:
Heute, den 25.,
erwacht nach erquickendem Schlaf um ½ 5 Uhr. Ein Gewitter, das mich aus dem Bett hebte, aufmerksam still betrachtend [war ich] erhebt zum Gebet. Langsame Ankleidung des Nötigsten, so geharrt, wie es komme, da sanfter Regen sich ergoss, und also Angst in Erquickung überging. Kaffee. Geschäfte, wie gewöhnlich

225 des Morgens bis alles in die Kirche [gegangen] war. Kleidete ich mich besser um, sonntäglich bescheiden. Dann setzte ich mich mit Regeli allein in der Nebenkammer zum Gebet: mehrere Lieder aus dem Gesangbuch, das VIII. Kapitel des Johannes[202] und, da es[203] von mir ging, las ich in Blairs Predigten zwei über die Behütung des Herzens, mit Andacht und Entschluss, diesen göttlichen Lehren nachzuleben.
Aus dem Herzen folgten die Handlungen, die gesungen [wurden], ach, wie

226 umfassend. Dann kam an's Essen ein Böhme von den Pionieren[204], erzählte mir [eine] niedliche Anekdote von Joseph dem IIten[205]. Nach Tisch las ich einen Aufsatz von Lafontaine, die Folgen einer Unvorsichtigkeit[206], welches mir wohltuend war, besonders in Vergleichung mit ein paar anderen

---

[198] Ölkrug der Witwe zu Sarepta: 2. Könige 4, 1; Lukas 4, 26.
[199] Hirzel-Hess Anna Catharina (1762–1848), verm. II 1781 mit Hirzel Hans Conrad (1747–1824), beim Licht, 1792 Statthalter, 1799 nach Basel deportiert.
[200] Lavater Schinz Regula (1755–1829), vgl. 1787, pag. 1.
[201] Gemeint ist die Freundin Schulthess-Lavater Regula.
[202] Johannes 8: Über die Ehebrecherin, Jesus als Licht der Welt, die Rede wider den Unglauben der Juden.
[203] Gemeint ist die Tochter Regeli.
[204] «Pionier»: Truppengattung.
[205] Joseph II. von Österreich (1741–1790), ältester Sohn der Kaiserin Maria Theresia und zeitweise Mitregent in den Erblanden, auch röm.-deutscher Kaiser. Aufgeklärter, aber absolutistischer Reformer.
[206] Lafontaine August: «Moralische Erzählungen», Bd. 4, «Die Strafe im Alter oder die Folgen des Leichtsinns», Berlin 1799, vgl. 1799, pag. 72.

von Becker[207] und Starck[208], welch ersterem ich den Vorzug vor den beiden andern gab. Doch was hilft eigentlich solche Lektüre?!

227 Nach 2 Uhr las ich mit meinen Kindern die Epistel Jakobs, blieb besonders mit der Lehre vom Gebrauch der Zunge stehen[209], weil's mir eine Zeitlang Mühe und Leiden macht, so viel unnützes Geplauder zu hören, dann las ich noch eine Predigt von Blair über die Anwendung der Jugendzeit, welches mich zu tiefen Vermahnungen antrieb, weil's mir gar zu ernst ist, meine Kinder zum Guten zurückzuziehen, sie nicht entweichen zu lassen.

228 Nachher nun schrieb ich diese Zeilen an stillem Abend, denn ich bei Hause blieb, weil's regnete. Und nun ende ich wieder für einmal, im Namen Jesu Christi, meines Erlösers. Amen.

229 <u>Montag, den 26., bis samstags, 31.</u>
So endet sich denn in diesen Tagen wiederum ein Monat, eine Woche, in welche sich so vieles und so wenig einschloss, blicke ich auf dieselbe zurück. Ach, wie so schnell fliesst die Zeit und ich mit derselben! Ach, lehre mich's bedenken und die Hoffnung in mir nähren und stärken, dass ich sterben soll und es könne!
<u>Dienstag, den 27.</u>, machte ich einen Besuch bei Frau Chorherr von Orelli[210], Professor[211] und Frau, wo mir eigentlich wohl war, wenn schon

230 wehmütig in Erinnerung der Vergangenheiten. Ach, wie verschwindet mit der Zeit auch Schmerz!
Klopstocks Oden[212], 2ter Teil, machte meine Lektüre aus, von welchen ich einige ausschrieb, die mir sehr wohl gefielen. Las noch schnell Sternbalds[213] Anwendungen über die schönen Künste von Tieck[214], ein Produkt des Geschmacks, des Gefühls.

---

[207] Becker Rudolf Zacharias? (1759–1823), Schriftsteller, Gründer der Becker'schen Buchhandlung in Gotha 1797. Vermutlich: «Not- und Hilfsbüchlein für Bauersleute oder lehrreiche Freuden- und Leidensgeschichte des Dorfes Mildheim», Gotha und Leipzig 1789, vgl. 1789, pag. 142.

[208] Starck Johann Friedrich (1680–1756), lutherischer Pfarrer: «Tägliches Handbuch in guten und bösen Tagen», neue verbesserte Auflage, Frankfurt a.M. 1786, ev. auch Starck Kaspar Heinrich (auch Starke, 1681–1750), deutscher lutherischer Prediger, Pietist.

[209] Jakobus 3, 5 und 6: «Also ist auch die Zunge ein kleines Glied und richtet grosse Dinge an. Siehe, wie zündet ein wenig Feuer so grossen Wald an. Auch die Zunge ist ein Feuer, eine Welt der Ungerechtigkeit. Also, sage ich, ist die Zunge unter unseren Gliedern die den ganzen Leib befleckt und zündet allen unseren Wandel an, und wird von der Hölle angezündet.»

[210] Orelli Felix von (1716–1773), VDM, 1751 Prof. linguar., 1763 Prof. theolog., 1769 Chorherr, 1748 verh. mit Hess Dorothea († 1810), Onkel, bzw. Tante der R. v. O.-E.

[211] Orelli Hans Caspar von (1757–1809), 1786 Professor hist., 1788 Katechet, 1800 Chorherr, verh. II 1782 mit Wyss Dorothea von (1755–1838), Schwester von Junker Statthalter (Zunftmeister) Wyss Hans Conrad, vgl. 1791, pag. 65.

[212] Klopstock Friedrich Gottlieb: «Oden», 2 Bände, Leipzig 1798.

[213] <u>Originaltext</u>: «Stromwald», s. 1799, pag. 239.

[214] Tieck Ludwig (1773–1753), dt. Dichter und Übersetzer.

<u>Freitags</u> [30. August]
besuchte uns <u>Lavater</u>, über Wildermetts[215] Prophezeiungen der jetzigen Zeit und Liebe und Menagements seiner Person und Charakters [gesprochen], dass Pflicht gegen Lavater doch gewiss ist.
Conradli war sehr krank. Ach, was fühlte ich! Auch fühl' ich Freude über seine Erholung. Oh, wie unvermögend ist auch die Beste der Mütter!
Mittwochabend [28. August] zogen die russischen Hülfstruppen bei uns ein[216].
Donnerstag ging ich mit Mann und Kindern in ihr Lager, um sie zu sehen. [Wir] sahen auch viele Kosaken. Die Gewandtheit, Tätigkeit der Soldaten und Grenadiere fiel mir besonders auf. Ach, dass Gott sie segne und uns durch sie helfe! Ach, wie merkwürdig, dass Völker von den Grenzen Asiens bis zu uns dringen in unser Land! Ach, dass wir doch fühlten, in was für einer Epoche wir leben, welche Gärungen in allem, welche Gefahren! Welche Leiden, welche Beängstigungen durchgraben die Seele, meine Seele, die, ach, mir sonst so schwer gedrückt ist.
Gott, erbarme Dich meiner!   Amen.
[leer]

<u>Herbstmonat 1799.</u>

[leer]

<u>Sonntag, den 1., bis Freitag, den 6.</u>
Schon wieder 6 Tage zurück. Durch Deine Gnade, o Gott, in denselben genoss ich viel Freuden und Leiden, doch mischt und gibt ein jeder Tag Gutes und Böses, und jeder führt zum <u>Ziele</u>, nach dem ich mich sehne.
<u>Arbeit</u>, Besuche, Lektüre, <u>Gebet</u>, Betrachtungen über die Lebensart der Russen, sanftes Horchen, was es werden werde, ist's, was meine Seele bewegt, auch Angst und Verdruss im Haus mit <u>Chlefe</u>, über die Kinder. Ach, dass es so gar schwer mit uns ist auszukommen, da wir so lange miteinander lebten! Aber ich glaube bald, jedes Verhältnis ist seiner Zerrüttung nahe, wo man [hin]kommt; wahrlich doch ein trauriger Gedanke, blickt man so um sich. Ich wend' mich weg, so wehmütig macht es mich Leidende, Arme.
Sternbalds Wanderungen, 2ter Teil[217], scheint mir schon nicht wieder so rein zu sein wie der erste.

---

[215] Wildermett: Alteingesessenes Bürgergeschlecht der Stadt Biel. Als Autoren der «Prophezeiungen» kommen Wildermett Johann Konrad Gottfried (1677–1758), Theologe und geistlicher Schriftsteller, oder Wildermett Alexander Jakob (1715–1786), bischöflicher Meier und Bibliophiler in Frage. Einschlägige Publikationen sind nicht bekannt. (Frdl. Auskunft von Mme. Chantal Fournier, Stadtarchiv Biel.)
[216] Vgl. Vogel Friedrich: «Chroniken», Zürich 1845, S. 375; Zeller-Werdmüller Heinrich: «Aus zeitgenössischen Aufzeichnungen und Briefen:», Zürich 1899, S. 11 ff.
[217] Tieck Ludwig: «Sternbalds Wanderungen», 2 Teile, Berlin 1798.

«Ich fühle jedesmal, wie Musik die Seele erhebt und die jauchzenden Klänge wie Engel mit himmlischer Unschuld alle irdischen Begierden und Wünsche fern abhalten. Wenn man [an] ein Fegefeuer glauben will, und die Seele durch Schmerzen geläutert und gereinigt wird, so ist im Gegenteil die Musik ein Vorhimmel, wo diese Läuterung
240 durch wehmütige Wonne geschieht.»
Tieck
241 Samstag, den 13.[218]
Wieder eine Strecke der Zeit weiter fortgerückt, und ich nehme eine kleine Zeit, es zu bemerken, obschon sie sich nicht auszeichnet vor anderen Tagen als das Einzige, dass ich den 11ten meinen Namenstag feierte in Empfindungen, die nur Gott kennt, in sanfter Freude mit meinen Kindern, denen ich Freude machte. Nachmittags kam Lavater, mir Glück zu wünschen, das mich über alles freute, und nach einer Stunde
242 kam Herr Ratsherr Lavater, uns einzuladen, mit ihnen ins russische Lager[219] bei Wiedikon[220] zu gehen, das ich gerne annahm. Um 3 Uhr fuhr ich mit Frau Ratsherr, Frau Doktor Schinz und meinem Regeli fort durch die Stadt, den Kräuel[221] bis gegen dem Hard, ränkten über's Sihlfeld[222] und kamen zuerst in das Kosakenlager, bei denen wir vorbeigingen in Betrachtungen ihrer Personen,
243 ihrer verschiedenen Gesichtsbildungen, ihrer Kleider, ihrer Baracken, ihrer Waffen etc. Ach, hätte man denken können oder sollen, dass man dieses noch sehen würde oder sehen müsste! O Gott, wie wunderbar, und ach, wie kannst Du allein uns wieder befreien von dieser Last! Weiter kamen wir zu der Infanterie, den Grenadieren, Jägern etc. Eine Kolonne ausgenommen, die in Schlachtordung stand, war alles in den Calzon[223], im Négligé[224], ganz für sich selbst
244 beschäftigt: Kochen, Nähen. Flicken etc., jeder, was er wollte und konnte, sodass ich oft dachte, wenn sie plötzlich sollten überfallen werden, wie lange es dauern würde, bis jeder gekleidet, sein Gewehr ausgehoben hätte, die Zelte aufgenommen, sodass zwischen Bewunderung der Sitten und Arten der Benehmungen manche Besorgnis aufstieg, wie unvollkommen es hier aussehe. Die Nähe der

---

[218] Recte: 14. September.
[219] Vgl. Vogel Friedrich: «Chroniken» Zürich 1845, S. 375, und Meyer Wilhelm: «Die zweite Schlacht bei Zürich», Zürich 1899, S. 17 ff.: «Nun aber wurden sie (die Russen) wieder zurückbeordert und längs der Limmat, im Sihlfeld längs der Sihl und bis nach Leimbach verlegt, wo sie in Feldlagern kampierten.»
[220] Wiedikon: Gemeinde südwestlich von Zürich, heutiger Stadtkreis 3.
[221] Kräuel: Der Stadt gehörendes ursprüngliches Weidegrundstück jenseits der Sihl in Zürich-Wiedikon, heute Stadtkreis 3, fand zeitweilig als Richtplatz Verwendung.
[222] Hard, Sihlfeld: Flurbezeichnungen im Nordwesten der Stadt.
[223] «Caleçon»: leichtes Unterkleid für Männer.
[224] «Négligé»: Nachlässige Bekleidung.

245 Franken, ihre vorteilhafte Lage, ihre List, ihre Gewandtheit, alles dies führt zu manchen stillen Beängstigungen. Mich griff das Mannigfaltige so sehr an, dass ich beinahe übel war. Nachdem wir bis nach Wiedikon gefahren, gingen wir in der Kutsche wieder zurück, übten nicht viele Gespräche, weil sich's in Empfindungen verlor und wir sagten, welch ein Andenken es uns übers Jahr sein werde, wenn wir noch leben und
246 uns erinnern können, dass wir anno 99, diesen Tag, das russische Lager besucht hätten. Bei Hause waren wir noch in sanften Empfindungen bis 9 Uhr, da wir zu Bett gingen.
247   Montag, den 30.
So endet sich denn wieder ein Monat dieses so wichtigen, traurigsten aller Jahre und Zeiten, und ach, o Gott, wie gerührt fühl' ich mich selbst im Elend, dass die Meinigen und ich noch leben nach allem dem, was wieder über unsere Vaterstadt, Vaterland, [über] uns ergangen und überstanden ist. O grosser Gott, wie gross bist Du! Mit Tränen beten wir Dich an im Unglück und vertrauen auf Dich!
248 Ewig unvergesslich sollen die Tage der Schlacht bleiben, die in unserer Nähe und bei uns geschah.
Mittwoch, den 25., griffen die Franken die russische Armee an[225], drängten über die Limmat und rückten bis auf den Abend vor unserer Stadt unter ununterbrochenem Krepieren[226] so nahe, dass der Pulverdampf übers Obmannamt[227] bis in unser Haus eindrang. (Abb. S. 51)
249 O Gott, welche Angst, welche Gefühle der Gefahren erschreckten, erzitterten meine Seele für die Meinigen und mich! Eine ruhige Nacht unterbrach das Leiden.
Donnerstag, den 26., ging es wieder früh an, immer und immer näher und gefährlicher bis um 12 Uhr, da dann die Franken wirklich die Stadt betraten, in den Gassen noch die Russen verfolgten, erschossen, verjagten. Sogar einer flüchtete sich im
250 Grossmünster bis an die Kanzel, wo er dort noch erschossen wurde. O Gott, o Gott, wie traurig und schreckhaft! Bald nachher drangen sie[228] in alle Häuser, auch zu uns, um Brot und Wein und Lingen und Geld und alles, was sie nur gelüstete [zu verlangen], wobei mein Mann in Lebensgefahr kam, da ihm einer auf seine Ringe drang, er sie nicht geben wollte. [Der Soldat] drohte
251 und wollte ihn erschiessen. Er wehrte sich, ich ein Geschrei erhob um Hilfe, [worauf] ein paar Männer zuliefen [und] die Drohung endete. In der

---

[225] In der 2. Schlacht von Zürich, am 25. / 26. September 1799, zwang Masséna den kaiserlich-russischen General Korsakoff zum Rückzug hinter den Rhein.
[226] «Krepieren»: Platzen, hier vor allem von Patronen und Hohlgeschossen.
[227] Obmannamt: Ehemaliges Barfüsserkloster, das Verwaltungszwecken diente. Heute Hirschengraben 15. (Abb. S. 24 u. S. 51)
[228] Die siegreichen Franzosen.

gleichen Zeit hatte Herr Pestalozzi[229] das nämliche Schicksal, musste ihnen sein Brauchgeld[230] geben unter drei offenen[231] Säbeln. Da dies nun vorbei war, kamen 2 Grenadiere, die nachher bei ihm logierten und taten uns und sie[232] befreien. O Gott, wie erfühlt' ich Deine Gnade!

252 Und ach, was empfand ich nicht noch fürs Gattüngeli Ott und meine Regel, die ich verschloss[233]. Nun erholten wir uns wieder, und kaum, ach, kamen wir ans Fenster, so sagte mir Herr Ratsherr Lavater, dass Lavater, sein Bruder, durch- und durch[ge]schossen sei. O Gott, welch Mitleiden, welche Gefühle! Nachher ritt Pfenninger durch unsere Strasse.

253 Den Abend durch zitterten wir, hatten schon einen Franken bei Tisch.
Ach Gott, lege uns allen doch auch nicht mehr auf, als dass wir tragen können!
Die Nacht durch blieb ich fast immer wach. Vom Freitag und Samstag weiss ich nichts Wichtiges zu merken. Sonntag [29. September] in körperlicher Unruhe. Abends Besuch bei meiner Schwester und

254 hörte [zu], ach, [sodann] schrieb ich diese Zeilen ein [und] erhielt von Lavater ein Bulletin, dass er eine sehr schmerzhafte Nacht gehabt und dass er Fürbitte begehre.
Ach, dass sich Gott über ihn erbarme! Amen.

255–258 [leer]

259 <u>Weinmonat 1799.</u>
260 [leer]
261 <u>Weinmonat 1799, Freitag, den 25.</u>
So mancher Tag floss nun wieder dahin, ohne dass ich etwas davon anmerkte, obschon ich die Zeit nicht ganz verloren achte. So ist doch vieles hin, dessen ich mich nicht entsinne. Viel Gutes genossen [wir], viel Schweres, mich Drückendes, dass ich Gott für beides danke im Gefühl, dass Du doch, o grosser,

262 ewiger Gott, eben derselbe bist, der Du warst, bist und sein wirst!
Zwei Besuche bei Lavater merke ich erstens an.
Das unverhoffte Wiedersehen von Rahn und ein Besuch von ihm, der mir wohltuend und lieblich war.
Ein Schrecken, der mich tief verwundet, den ich mit Cäper hatte, den 13. dieses Monats, und der

263 mir ewig unvergesslich bleibt, erschütterte meine ganze Seele. Er fiel nämlich an diesem Tage beim Lustigmachen in eine Farbgrube[234], ganz bis in die

---

[229] Vgl. 1799, pag. 107.
[230] Geld für die laufenden Ausgaben.
[231] «offenen»: blanken.
[232] Gemeint sind die Hausmeistersleute.
[233] R. v. O.-E. schloss die beiden Mädchen zu ihrer Sicherheit in einer Kammer ein.
[234] «Farbgrube»: Bodenvertiefung, worin der Färber die Stoffe aufarbeitet.

Tiefe, wurde aber, gottlob, durch seine Kameraden wieder herausgezogen, ohne dass er etwas Bedenkliches davongetragen, nicht viel schluckte, auch nachher nichts Unglückliches sich zeigte. O Gott, behüte meine Kinder vor gewalttätigem Tode! Wenn ich bedenke, wie er da hätte ertrinken können, so zittere ich davon. Vielleicht wär' er tagelang in der Limmat gesucht worden, ohne dass man vermutet hätte, dass er in der Grube seinen Tod gefunden hätte, wenn er nicht durch Deine Erbarmung gerettet worden wäre, das ich so dankbar empfinde! So viel Kummer mir eine Zeitlang sein Charakter macht, sein unbezwinglicher Eigensinn, seine List, ach, so liegt doch so viel Gutes in ihm, dass ich dennoch ihn mütterlich liebe und auf Gottes Erbarmung hoffe, dass er dennoch ein guter Mensch werde.

Gestern, den 24., liess ich ihn in Kilchberg[235] zurück. Ach, möge er von da glücklich wieder zurückkommen, bei der ersten Trennung von Hause, das mir so wichtig vorkommt!

Gestern also, den 24., machte ich mit Mann und Knaben[236] und Herr Schulthess' von Hottingen und Junker Eschers[237] einen Besuch, nach mehreren verflossenen Jahren, in Kilchberg, bei meinem so lieben Wirz. Wirz selber führte uns heim, erzählte viel von seinem erlittenen Verlust, von seinen Gefahren bei der Wechslung[238] der Truppen, über den Charakter derselben, ach, und empfindbar[239] der Leitung der göttlichen Vorsicht.

Viele Besuche von Freunden, bei und von ihnen, schliessen sich auch an diese verflossenen Tage.

Leiden, Bekümmernisse über unsere traurige ökonomische Lage untergraben aber alles, was um mich lebt und schwebt. So tief geht es in alles hinein, dass ich nicht mehr an meiner und der Meinen künftige Tage denken darf. So ganz am Ende aller Ressourcen weiss ich nicht weiter zu gehen ohne Deine besonderen Tröstungen und Gnade, o Du grosser Gott! Alle die Meinen sind so sehr belastet, dass ich von meiner Lage nur nicht reden darf. Alles, alles so aus, so hin, dass ich sehe, es stehen uns unendliche Gefahren [be]vor, vielleicht der Trennung oder Hunger und Mangel. Dennoch trug ich mit Kraft mich bis hieher und lasse den Mut in Demut nicht fallen.

---

[235] Beim befreundeten Pfarrer Wirz-Füssli Johann Heinrich.
[236] Schulthess Hans Konrad (1785–1849), 1811 verh. mit Landolt Anna (1790–1864). Schulthess Heinrich (1790–1840).
[237] Escher Hans Conrad, Junker, vgl. 1799, pag. 187.
[238] «Wechslung der Truppen»: Übergang von einer Besetzungsmacht zur andern.
[239] «empfindbar»: dankbar, empfindend.

Die Kontribution[240], ach, wie vermehrt diese den Kummer! Der Oberst der Interimsregierung[241]
269 machte mich weinen im Andenken an Ratsherrn Lavater.
Noch Du, o Gott, bist und bleibst allein meine Hoffnung und mein Trost in meiner, ach, so schweren Lage, in der ich kämpfe und leide.
Ein lieblicher Besuch bei meiner Schwester erquickte mich heute. So wechselt immer Angenehmes und Leidendes, das alles in Deinem Namen, o Jesus, mir erträglich [ist]. Amen.
272 [leer]

273   Wintermonat 1799.
274 [leer]
275   Wintermonat 1799, Mittwoch, den 12., 6 Uhr morgens.
«Sind die Zeiten schrecklich, so bleibt Gott Meister der Zeiten.»
                        Lavater.
So lange unterbrach ich wieder, etwas vom Lauf meiner Tage niederzuschreiben, und doch, ach, wie freu' ich mich, dass es läuft zum Ziele meines so müden Lebens.
276 Und nun wach' ich schon seit 4 Uhr morgens, stand aus dem Bett auf, tat Verschiedenes für meinen Leib Bedürftiges, wenn schon nichts Wichtiges, und da ich noch allein und still bin, komme ich noch eine Weile zu meiner Seele zurück als doch dem besten, wichtigsten Teil meines Ich, um den ich mich doch am meisten bekümmere, wenn ich schon oft [ab]weiche vom Nachdenken über mich selbst, besonders mich im Kummer verliere über unsere
277 ökonomische Lage, die einem schrecklichen Abgrunde gleicht; nicht denken darf [ich], was unausweichliche Folgen meiner und der Meinigen Los sein mag, und dies vielleicht das Einzige ist, was eigentlich meine Seele erfüllt, was mich von mir selbst abzieht, erschlafft in Dumpfheit, in Untätigkeit für Leib und Seele. Ach, was leide ich in mir selbst bei Tag und Nacht! Und nur Vertrauen
278 auf Gott treibt mich durch, der Du mich bis hieher führtest.
Auch leide ich eine Zeitlang an der beständigen Kränklichkeit meiner Kinder, meines Mannes, meiner selbst, das von allen Arten drückend und

---

[240] Die Stadt Zürich war zweimal mit Geldforderungen der Franzosen konfrontiert: Am 8. April 1798 erhob der Regierungskommissär Lecarlier eine als «Kontribution» bezeichnete Kriegssteuer. Am 3. Oktober 1799, nach der 2. Schlacht bei Zürich und dem Wiedereinmarsch der Franzosen, verlangte der Obergeneral Masséna in einer «Zwangsanleihe» nochmals eine innert kürzester Frist zu bezahlende Summe von 800 000 Louis d'or.

[241] In der kurzen Periode zwischen den beiden französischen Besetzungen, vom 8. Juni 1799 bis 25. September 1799, verwaltete eine von General Hotze bestätigte konservative «Interimsregierung» den Kanton. Ihr Oberhaupt war Junker Zunftmeister Wyss Hans Conrad, der bei den Finanzproblemen David v. Orellis eine entscheidende Rolle spielte, vgl. 1799, pag. 187.

bekümmernd ist. Führte es aber zum Tod für einzelne von uns oder für alle, ach, wie tröstlich wäre es für mich arme, liebende Mutter und Frau. Nur,
279 auch in Angst und Tränen will ich nicht verzweifeln, Gott, o Gott. Du kannst uns helfen, wie ich's nicht hoffen, nicht glauben darf.
Meiner Arbeit, meiner Lektüre ist nichts und wenig. Auch genoss ich dann und wann liebliche Freuden, sah auch Rahn noch einmal, der aber wieder verreist ist auf Bern[242].
280 Gestern suchte ich wieder meine schon so lange mir angeschafften Briefe über Erziehung[243] zur Beratung über so manchen schwierigen Fall mit meinen [her]anwachsenden Kindern, bei denen ich fühle, wie schwer ihre Leitung mir wird, besonders bei Cäper, der am meisten Verstand hat und als ältester auch der vernünftigste sein sollte, aber ach, den ich sollte als entfloh'n
281 anseh'n, wenn ich auch schon dabei das Gute in ihm fühle. Ach Gott, dass Du besonders ihn leitest zum Guten und Du ihn vor Fehltritten behüten mögest, und nun von der Änderung der Schule das Beste auf ihn möge bewirkt werden!
Herr Antistes' Sonntags- und Dienstagspredigten sind mir auch tröstlich, die ich gerne und öfters besuchte.
282 Lavater erholte sich so weit, dass er schon wieder ausgehen konnte am letzten Freitag, den 8.
Nun geht's wieder ans Tagewerk, gib mir Deinen Segen, o Gott, und Ruhe, um das ich Dich anflehe! Amen.
283, 284 [leer]

285 Christmonat 1799.
286 [leer]
287 Christmonat 1799, montags, den 9ten.
So ein langer Zwischenraum, ohn' ein Wort in dir zu schreiben, ist wohl eine Anzeige, dass ich mich in demselben beinahe verloren habe oder durch Leiden mich so gedrückt fühle, dass ich mich nicht erheben kann, von mir selbst zu reden. Beides trifft sich auch hier ein. Leiden und Sorgen über unsere
288 mehr als unglückliche ökonomische Lage bekümmern mich täglich tiefer und kräftiger, rauben mir alle Ruhe, allen Genuss des Lebens, weil alle Aufopferungen bis auf die kleinsten Dinge nicht hinreichen, uns durchzuziehen. Mit keinem weder geredet werden kann noch Hülfe zu hoffen ist, weil

---

[242] Rahn Johann Heinrich war Mitglied des helvetischen Senats und deshalb oft am Sitz der Zentralregierung in Bern, sein Sohn Johann Rudolf vertrat beruflich den abwesenden Vater.
[243] (Anonym): «Briefe über die Erziehung», Gera 1786; oder (Anonym): «Briefe über die frühere Erziehung junger Leute», Frankfurt 1793.

alles selber zu sehr gedrückt ist in der unglücklichen Lage der Dinge und ich bei dieser Aussicht beinahe in Verzweiflung komme.

289 Ein zweites meines Leidens ist das Nicht-Wohlbefinden meines Mannes, das mehrere Wochen fortdauert und die Folge der entsetzlichen Ausschlechte[244] [ist], mir oft bange für sein Leben oder wenigstens für seine künftigen Tage macht. Beide Aussichten sind für mich äusserst traurig.

Ein drittes ist, das mich moralisch mehr als kränkt, der Charakter[um]schwung meines Caspars, der von Leichtsinn zu viel Bösem hingezogen ist. Einen traurigen

290 Beweis davon hatt' ich letzthin bei dem Übergang in die Vte Klasse der Schule. [Da] übergab ich ihm ein Namenstagsgeschenk für Cantor Wüst[245], von dem er mehr als die Hälfte für sich behielt, und es mir angezeigt wurde. Welche Kränkung fühlt' ich und welches Leiden, und welch ein geheimes Misstrauen macht es mir! Solche Tränen sind nun wohl die bittersten, die ich noch geweint habe in meinem ganzen Leben.

291 Unter dieser Lage meiner Seele, nebst noch einer Menge von geringerem Wert, fühl' ich mich gedrückt, dass ich mich beinahe verliere, Genuss der Freundschaft nur halb fühle, Geschäfte nur zur Not verrichte, Lektüre mir verleidet ist, Gebet und Religion mir mein Gefühl nicht zur Kraft erhebt zu tragen oder mich zu erheben, dass es geht, wobei ich mich auch noch körperlich geschwächt fühle, dass meine Nerven

292 mich nicht halten können und also [ich] mich leidend fühle, wie noch niemals in meinem Leben und ich mich nicht zu trösten vermag, ohne dass Du, o grosser Gott und meine einzige Hoffnung, meine Umstände leitest.

293 <u>Freitag, den 13.</u>
So vieles hätt' ich nachzuholen, dass ich wieder eine Weile mich sammle, etwas davon einzurücken.

Die Dankbarkeit meiner Seele, dass ich erlebt habe, dass Cäper in die Vte und Conradli in die 3te Schule aufgenommen wurden, ist wohl auch eines des ersten, das ich empfinde. Die Freude werde ich nie vergessen,

294 wo der Custos[246] mir es ansagte, dass beide mit aller Zufriedenheit und Ehre von den Herren Schulherren von der 4ten und 2ten genommen und nun zu der Vten und IIIten bestimmt seien. So wogt es auf und ab von Glück und Unglück in meiner armen Seele, welches aber alles mich in gewaltigen Schritten zum Grabe führt.

295 Viele liebliche, erquickende Genüsse der freundschaftlichen Gesellschaft meiner besten Freunde sollt' ich nicht vergessen; wie manchen Abend, manche Stunde ich mich glücklich fühlte.

---

[244] «Ausschlechte»: Ausschläge.
[245] Wüst Hans Conrad (1738–180.), Cantor und Vorschreiber.
[246] «Custos»: Aufseher, Sigrist.

Auch eines: Der Besuch der Dienstags- und Sonntagspredigten von Herrn Obristpfarrer[247] Hess erfreut und erquickt meine Seele oft bis in das Tiefste.

296 Wenig Lektüre, vor innerer Unruh' und Leiden, war mir zum Genuss. Jetzt Ifflands[248] Theaterlaufbahn[249]. Welch ein Gefühl, einen Menschen zu kennen, der so ganz Mensch ist, wie er's ist, mit so viel Interesse für seine Schauspielerkunst, die mir immer eine der schönsten vorkommt, weil sie den Menschen

297 so unmittelbar berührt, wie fast keine andere. Wenigstens ist mir das Lesen eines Schauspiels fast das nächste, das mich berührt, fühl' ich mich in ruhiger Stimmung. Noch eines: Wie dankbar fühl' ich mich, o Gott, dass sich der gelehrte, weise Professor Bremi[250] sich Cäpers mit besonderem Eifer anzunehmen scheint, ihn zu sich kommen lässt. Ach, möge doch

298 dieser auf seinen moralischen Charakter tief wirken und ihm zum Segen werden.

299 Montag, den 30., Davidstag.

So endet sich nun wieder ein Jahr, mit dem sich so vieles überstanden hat. Oh, dass ich bedenken könnte, was ich bedenken sollte bei der Übersicht [von] so vielem Merkwürdigen, das sich für mich, für uns, für die Meinen, für unser Vaterland, zugetragen hat. Ach, meine Gefühle umfassen dies nicht! Meine Empfindungen reichen nicht hin! Wie gütig bist Du, o Gott! Ja, Du bist doch unser Vater!, wie es Jesaias

300 sagte![251] Wie viel sind Deine Erbarmungen! Ach, wie viel hätte ich auch noch einzuschreiben, aber ach, ich vermag es nicht!

Die Feier des Weihnachtsfestes ist mir heilig und unvergesslich: der erste Tag durch die unvergleichliche Predigt von Hess über die göttliche Erhabenheit Jesu, und der zweite Tag durch die Privatkommunion bei Lavater. Ach, dass diese Stärkungen mich belebten bis ans Ende meiner Tage in meinem Leiden!

301 Durch Gefühle der Freundschaft waren mir diese Tage auch noch genuss- und trostvoll, besonders auch den letzten Freitagabend [27. Dezember] bei der lieben Schinz. Ach, wie köstlich und lieblich war dies für meine Seele! Über meine ökonomische Lage, unter der ich verschmachte in Bekümmernis, könnt' ich auch sprechen, und, oh wie, mich in meinem Leiden und

---

[247] Vgl. 1799, pag. 133.
[248] Iffland August Wilhelm (1759–1814), Schauspieler und Theaterleiter.
[249] Iffland August Wilhelm: «Meine theatralische Laufbahn», Dramatische Werke I, Leipzig 1798.
[250] Bremi Johann Heinrich (1772–1837), Prof. der Theologie am Carolinum, Chorherr, Erziehungsrat, Übersetzer klassischer Schriften, Reformator des Schulwesens. Herausgeber des «Theologischen Journals für echte Protestanten».
[251] Jesaias 63, 16: «Du bist doch unser Vater, denn Abraham weiss von uns nicht und Israel kennt uns nicht. Du aber Herr, bist unser Vater und unser Erlöser; von alters her ist das dein Name.» Die Zitierung ist vermutlich nur als allgemeiner Hinweis zu werten.

meinen Hoffnungen trösten, wie ich's nicht mehr ausdrücken kann. Gross, o Gott, ist Deine Güte!

302 [leer]

303 Den 31. XII. 99, Silvester.
Um 6 Uhr erwachte ich, ruhte noch eine Weile im Bett mit dem Vorsatz, [zu] Herrn Antistes in die Kirche zu gehen, kleidete mich ordentlich an und ging beim Läuten um 7 Uhr bei dunkler Nacht, beim Anblick des schönsten Sternenhimmels, zur Kirche, da Herr Helfer Ulrich[252] predigte über die Worte des 143. Psalms, 6.-7. Vers[253], eine kurze rührende Übersicht des Vergangenen. Herzliche Tränen der Rührung, Andacht. Gebet. Um 8 Uhr in beruhigter Empfindung nach Hause, trank Kaffee,

304 legte mich häuslich an. Dann schrieb ich an Herrn Pfarrer Beyel, an Frau Schinz, an ihns[254]. Häusliche Angelegenheiten, dann Geschäfte. Las noch Briefe von Meilen[255], weilte bei meinen Kindern, die unpässlich waren, dann Arbeit. Dann Besuch von Herrn Doktor Rahn, dann Herr Bullinger[256]. 's Essen, gerade vorher noch eine Übelkeit bei Conrad, die meine ganze mütterliche Zärtlichkeit erschreckte. Nachher Weilen bei meinen Kindern und Ankleiden, weil ich nach Hottingen eingeladen wurde, meines alten Oncles Geburtstag zu feiern. Um 3 Uhr von Conrad Schulthess[257] abgeholt.

305 Mit ihm allein nach Hottingen unter dem Glanz der Sonne, ganz gross und heiter der Himmel, frei in die Berge, blendend weiss der Schnee, wie erhebend zu Gefühlen der Rührung, ging ich nach Hottingen, da ich Oncle, Tante, Hr. Schinz', Herr Schulthess'[258], Kayser etc. fand, die Musik machten, welche mich rührte, erhebte, beruhigte, und wobei ich mich in mir selbst empfand. Welch eine Beseligung die Harmonie der Töne dem Menschen ist! Um $^1/_2$7 Uhr ging ich mit der Gesellschaft nach Hause bei erleuchtetem, mondhellem

306 Glanz der Gegend. Oh, wie freute ich mich an diesem mir so feierlichen, ernsten Tag! Schlafen, Genuss der Seele in der Natur und Freundschaft zu geniessen. Meine Kinder waren recht ordentlich, ich sanft verweilend, sehnte mich nach dem Essen, um allein zu sein. Den Verlust einer Gufe[259]

---

[252] Ulrich Johann Rudolf (1773–1844), VDM, 1796–1808 Diakon am Grossmünster, verh. I 1801 mit Römer Margaretha (1774–1820), II 1822 mit Pestalozzi Anna Maria (1788–1873).
[253] Psalm 143, 6 und 7: «Ich strecke meine Hände aus zu dir, meine Seele dürstet nach dir wie ein dürres Erdreich. Herr erhöre mich bald, mein Geist nimmt ab; verbirg dein Antlitz nicht vor mir, dass ich denen gleich werde, die zum Grab hinab fahren.»
[254] Gemeint ist die Schwester, Ott-Escher Elisabeth.
[255] Briefe des Bruders Escher Hans Caspar.
[256] Bullinger Balthasar (1777–1844), VDM, 1804 Pfr. zu Erlenbach, 1824 Küsnacht.
[257] Schulthess-Hans Conrad (1785–1849) (Linie vom Thalgarten, Wäldli), später verh. mit Landolt Anna (1790–1864), Sohn des Schulthess Hans Caspar (1755–1800), Enkel des «Oncle» Lavater Heinrich.
[258] Die beiden Töchter des Landvogts mit ihren Ehemännern.
[259] «Gufe»: Stecknadel.

machte einen Aufenthalt, eine zweite Suppe²⁶⁰ zu kochen. Munteres Nachtessen, noch eine Weile bei meinem Mann allein, dann nahm ich mir vor, dies noch einzuschreiben, wie ich diesen Tag erlebte,

307 eine <u>Übersicht</u> über dieses verflossene wichtigste Lebensjahr. Oh, welcher Dank gegen Dich, o grosser Gott und Vater, ist das erste Gefühl, das mir entsteigt, denn ich nicht genug danken kann, dass er mich führte bis <u>hieher</u> mit den Meinen all, unter dem Leiden, den Opfern, die ich empfand und gebracht, aber unvergesslich bleibend, meine Fehler. Ach, möcht' ich sagen, vergib, o Gott, mir alles, um Jesus Christus willen! Amen. In diesem Namen ich ende,

308 da es 10 Uhr schlägt, und ich zur Ruhe gehen will.

---

²⁶⁰ Möglicherweise wurde befürchtet, dass die Nadel in die erste Suppe gefallen sei.

1800

1, 2   [leer]
3   1800.
Welch ein Symbol liegt schon in dieser Jahreszahl – die Vollendung eines Säkulums! Gott, und Du bist immer der Gleiche, am Anfang und am Ende, ewig der Ewige, Unveränderliche in Dir selbst und in allem, was Du erschaffen hast und was ausser[halb von] Dir ist! Der Gedanke «Gott» und alles dessen, was ich mir damit denke und empfinde sei mir über alles,
4 in Leiden und Freuden, die Du mir bestimmt hast! Ach, lehre mich's in allem erkennen, dass auch Du mir Gott seist, und erwecke mich zu allen meinen Pflichten als Gattin, Mutter, Haushälterin! Du weisst, wie schwer es mir ist, mich weiter fortzuschleppen, welche Leiden, welche Armut, welche Hemmung auf mir liegt, dass ich oft kaum mein Leben und mein Dasein in mir fühle. Gib mir Deines Geistes
5 Kraft, die mich in Christus stärke zu allem, was ich bedarf in dem Leben, das mich drückt!
          Den 1.–10. Januar 1800.
Noch nie fand ich eine Stunde, das niederzuschreiben, bis heute, am Anfang dieses Jahres, gehemmt durch körperliche Ermattung und Übelkeiten. Durch das Kranksein und das Abwarten[1] meines Conrads und der Barbel, unserer Magd, war ich ganz von mir selbst
6 abgezogen und entfernt. Wenn ich schon mit besten Vorsätzen in meinem Inneren erfüllt bin, so hindert mich jeder Umstand an den Ausführungen meiner Zwecke. Dennoch aber hoff' ich, dass – wenn ich selbst wieder besser sei und die Meinen um mich – ich tätiger in mir selbst sein werde, lebendiger zu gutem Ziele.
Innert diesen Tagen war ich noch nie ausgegangen, um meine Freunde zu begrüssen, sah auch noch keine von denselben.
7 So war's mir mit der Kirche, mit Lesen, mit Arbeiten – alles vor mir, nichts davon benutzt. Nur in Kummer über unsere ökonomische Lage verschlungen fühl' ich mich lebend. Und doch, wozu führt dies, als dass ich mich verlieren könnt', vor dem ich mich zu bewahren suchen will, ist dies doch alles ausser mir, was mir entrissen ist und mit[ge]rissen werden kann, und nur ich selbst mein bleibendes Gut bin. Aber dann, ach, das Schicksal meiner Kinder, Gott, vor dem zittere und bebe
8 ich. Nur in dem Gedanken «Gott» vermag ich's zu ertragen, weil Du alles leiten kannst, wie ich's nicht erwarten darf, selbst über mein Bitten und Hoffen!

---
[1] «Abwarten»: Pflege.

Mit diesen zusammengelegten Blättern nehm' ich mir vor täglich oder wenigstens bisweilen etwas von meinem Leben niederzuschreiben, das mir wichtig ist, und welches mich in mich selbst zurückführt, also auch etwas Bestimmtes von diesen Tagen:

Den 1. blieb ich ganz zu Hause, eine Viertelstunde ausgenommen, die wir zu einem Besuche bei Herrn Pestalozzi hinbrachten. Las verschiedenes in Wielands Supplement, 6. Tom.[2]

Den 2. hatt' ich dem[3] Regeli seine Gespielen am Abend zum Lustigmachen, in welchen lieben Kindern ich mich glücklich fühlte, [nachher] allein, nachdenkend und traurig blieb im oberen Stübli.

Den 3. besuchte ich meine Schwester Ott, weilte die übrige Zeit an Conrads Bettli.

Den 4. entsinne ich mich nicht mehr.

Den 5., sonntags, immer bei Conradli, verschiedenes gelesen.

Den 6. ganz wieder mit Kranken beschäftigt, keine Caspars besucht[4] – mit Cäper Freude.

Den 7. Kellergeschäfte,

den 8. Kellergeschäfte mit dem Eintragen der Compitenz[5] aus dem Fraumünster für meines Mannes Stelle. Gott, wie gerührt fühlt' ich mich für diese Gnade und dass ich wieder für ein Jahr genug Wein habe. Trauben gekauft etc. – ein entsetzlicher Geschäftstag.

Den 9. war ich mit dem Einschreiben-Endigen [und] -anfangen unseres Hausbuchs beschäftigt, mit zitterndem Leiden über das Viel-Brauchen, Wenig-Besitzen, Alles-Aufopfern und Dahin-Geben, was ich schon so lange sparte, dessen ich mich bald, bald am Ende jeder Kleinigkeit sehe. Oh, welche Verzweiflung fühl' ich in mir!

<u>Freitag, den 10.</u>

Nach einer Fiebernacht stand ich wieder frei auf, ermattet, untätig, still bis nach 9 Uhr. Arbeitend bis 12 Uhr.

Tisch, nachher schrieb ich dies hier ein, in der Nebenkammer, da alles grau von Feuchte ist , das gewiss auch vieles zu dem immer dräuenden Kranksein mit und [dazu] [bei]trägt.

Der Winter[6], eine moralische Betrachtung von Hirschfeld[7], wählt' ich mir aus zur Lektüre, ein Buch, das ich von Herrn Pfarrer Hess[8] erhalten habe.

---

[2] Wieland Christoph Martin: «Sämtliche Werke», 36 Bände und 6 Supplementsbände, Leipzig 1794–1801.
[3] Dativ statt Genetiv als Helvetismus.
[4] Hl. Drei Könige, Namenstag von Caspar, gegenseitige Besuche z. B. bei Lavater.
[5] «Compitenz»: Kompetenz, Besoldung, die einem Beamten zukommt. Möglicherweise handelt es sich um einen Besoldungsanteil David von Orellis.
[6] Hirschfeld Christian: «Der Winter, eine moralische Wochenschrift», Leipzig 1769, 1775.
[7] Hirschfeld Christian (1742–1792), vgl. 1789, pagg. 143–147.
[8] Hess Hans Jakob (1743–1819), vgl. 1792, pag. 37, oder Hess Salomon (1763–1837), Nachfolger des Diakons Johann Conrad Pfenninger, (verstorben 1792) und Lavaters an St. Peter nach dessen Tod. Vgl. 1792, pag. 37; s. 1800, pag. 177.

Herzliches Abendgebet mit den Kindern, mit innigster Rührung.
Den 11., samstags.
Nach 7 Uhr aufgestanden. Häusliche Geschäfte. Arbeit, durch vieles Läuten von Armen und Kleinheiris[9] Frau von Wädenswill gestört. Übelkeit bis zum Wehewerden. Mittag[essen], Arbeit mit und bei den Kindern in dunkeln Gefühlen bis abends 8 Uhr. Tee, Übelkeit. Nach 6 Uhr wurde mir etwas Lesen [zuteil]. Las in vorbemeldetem Buch, das mir angenehm, aber nicht erhebend, war. Eschmann[10] eine Stunde. Betete mit den Kindern, Nachtessen und Sehnsucht aus Schmerzen nach der Ruhe.
Sonntag, den 12.
Nach einer erquickenden Nacht um 7 Uhr auf. Ankleidung, Geschäfte aller Art, ein wenig gelesen in bemeldetem Buch. Tisch. Nachher fiel mir eine Skizze von Wezels[11] Leben in die Hände. Ach, welch ein armer, verirrter Mensch! Gott, wie nahe bin ich nicht schon so oft einer solchen Zerrüttung nahe gekommen durch und in meinem Leiden! Oh, dass Du mich bewachen mögest, und – wenn alles dahin fliesst – doch ich mir selbst bleibe! Mehr als eine Stunde schrieb ich an Frau Pfarrer Ammann. Nachher las ich schnell und mit Überhüpfung Hirschfelds Buch zu Ende, vergegenwärtigte mir in Gedanken die Winteraussichten von Schloss Wädenswil oder des Zürichsees. Welche Erinnerungen erneuerten sich an das Ganze, an einzelne Gegenden, Wälder, Hecken, Wasserfälle[12], Tag- und Nachtszenen, kurze Schlittenfahrten, Gebüsche! Des Glanzes der Sonne überall oder der nächtlichen Erhabenheit beim Glanz der Sterne, der beleuchteten Gegend, der Schwärze des Sees! Ach, dahin ist der Genuss der grossen Natur, der Ruhe, die ich genoss. Auch entfernt aus meiner grossen Stube, vertauscht in [ein] dumpfes, dunkles, kleinliches Haus und Zimmer sitz' ich da, halb krank, dies schreibend mit Unmutsgefühlen, leidend, bekümmert um mich und die Meinen. Doch Du bist der Gott, der gab und nimmt, auf Dich hoffe ich im Glauben, auch in diesem dunkeln Winterabend in dunkeln Gefühlen!
Nachher machte ich noch ein Verzeichnis der Materien[13] aus dem Allgemeinen Revisionswerk über die Erziehung, mit dem Vorsatz, einige Abhandlungen zu meiner Beratung zu lesen, weil mir die Erziehung meiner

---

[9] Kleinheiri von Wädenswil, vermutlich früherer Untertane.
[10] Originaltext: Ekmann. Verschrieb: für Eschmann Heinrich, Hauslehrer, vgl. 1791, pag. 9.
[11] Wezel Johann Karl (1747–1813), deutscher Dichter, war geisteskrank und lebte in ärmlichsten Verhältnissen: «Lebensgeschichte Tobias Knauts, des Weisen, sonst der Stammler genannt», 4 Bände, Leipzig 1773–1776, vgl. 1791, pag. 12.
[12] In der Wädenswiler Gegend gab es den Giessen(-fall) im Ort selber und westlich davon den Wasserfall des Gulmenbachs. (Frdl. Mitteilung von Herrn Prof. Peter Ziegler, Wädenswil.)
[13] «Verzeichnis der Materien»: table des matières, Inhaltsverzeichnis.

Kinder über alles am Herzen liegt und ich mich bei ihrer Führung zu schwach finde, und ich mich schon oftmals durch dies vortreffliche Werk wieder gestärkt fühlte.

18 Besuch von Herrn Ratsherr Lavater. Noch liebliche Verweilung bei meinen Kindern, Tisch. Nach Tisch las ich noch ein Sendschreiben an Lavater von anonymer Hand als Antwort auf seinen Brief ans Directorium[14], das mir bei seinem Patriotismus sehr wohl gefiel, vortrefflich geschrieben ist und den besten Zweck hat, Gutes zu wirken. Nach 10 Uhr zur Ruhe.

Den 13. Januar.
Nach einer unruhevollen Nacht um
19 6 Uhr aufgestanden. Häusliche Geschäfte, Ankleidung etc. bis gegen 9 Uhr. Dann ruhige Arbeit bis um 12 Uhr während der Information[15] von Herrn Bullinger[16]. Tisch, Arbeit. Besuch von Herrn Doktor Rahn bis nach 3 Uhr, Tee und noch diese paar Zeilen eingeschrieben in der feuchten Kammer. Nachher schrieb ich noch an meinen Freund Wirz. Tisch, und um 10 Uhr zur Ruhe.

20 ### Den 14.
Um $^1/_2 6$ Uhr aufgestanden, kleidete mich an, um [zu] Herrn Antistes Hess in die Kirche zu gehen unter religiösen Gedanken und Ermunterungen meiner Seele. Kaffee. Um 7 Uhr zur Kirche, da er über das 7. Kapitel des 2. Buchs Samuel[17] predigte, wobei ich mich zur Andacht still erhebte mit Aufmerksamkeit, und in lieblicher Empfindung nach Hause ging, von 7 bis 10 Uhr häusliche Geschäfte machte, dann in [den] Schönenhof zu Frau Schulthess ging, dort wegen allerlei Unruhe
21 wenig Genuss hatte. Von Husten und Mattigkeit ergriffen kehrte ich zum Essen heim. Arbeit bis nach 4 Uhr, wo ich noch den Abend bei Frau Ratsherr Lavater hinbrachte, da mir wohl und heiter war. Tisch, und früh zur Ruhe ging. Welch eine Abwechslung war mir dieser Besuchstag, aber – verglichen doch – fand ich, wie das Für-sich-Sein nützlicher, stärkender ist und entschloss mich, je mehr und mehr mich wieder in mich selbst zu verschliessen.

22 ### Mittwoch, den 15.
Vor 6 Uhr aufgestanden. Ankleidung, von den Kindern gestört, fing an, eine moralische Erzählung von Lafontaine zu lesen: Die Rache[18]. Dann häusliche Geschäfte, las im Revolutionsalmanach[19] einen Aufsatz

---

[14] Lavater sandte am 16.5.1799 ein Schreiben an das Helvetische Direktorium, in welchem er sich über seine Deportation und die Art und Weise des Vollzugs derselben beklagt.
[15] «Information»: Belehrung, Unterricht.
[16] Vgl. 1799, pag 304.
[17] 2. Samuel, 7: David empfängt die Verheissung vom ewigen Königreich seines Samens.
[18] Lafontaine August: «Die Rache, moralische Erzählung», Berlin 1798.
[19] Vgl. 1799, pag. 57. «Neuer helvetischer Almanach, Helvetischer Revolutionsalmanach» (1799–1822), Hg. Füssli Johann Heinrich, Obmann. Weder der Jahrgang 1799 noch der Jahrgang 1800 enthält einen Aufsatz über Unterwalden, vermutlich falsche Quellenangabe.

über Unterwalden[20], dann Arbeit in der Wohnstube bis 12 Uhr, Tisch, wieder Arbeit bis 3 Uhr, lieblicher Besuch von Frau Schinz, von Herrn Doktor Rahn. Mit Frau Schinz über das Sendschreiben an Lav[ater], von dem sie Nägeli[21] [als] Verfasser glaubt, [gesprochen]. Arbeit. Nach 3 Uhr las ich die Erzählung zu Ende. Von 6 bis 7 Uhr liess ich 's Regeli in Büchlings[22] Fabeln[23] lesen, sie wieder erzählen, indem Conradli schrieb, Cäper von Herrn Bremi heimkam und mir es innigst wohl war, Lieder beteten, munter waren, speisten, und nachher schrieb ich noch hieher unter schrecklichen Krampfschmerzen und Husten.
Ach, leg' mir nicht mehr auf, als dass ich ertragen mag, Du mein Gott!

<u>Donnerstag, den 16.</u>
Arbeit, in Lafontaines Erzählungen[24] gelesen. Nach Tisch besuchte ich zum ersten Mal Lavater, über das erhaltene, merkwürdige Sendschreiben [und] die Antwort an den Verfasser[25] [gesprochen], den er glaubt in Nägeli, dem Musikus, zu entdecken etc. Bei seiner Frau bis 4 Uhr. Dann besuchte ich meinen alten Oncle – ruhige, liebliche Gespräche – und Frau Schinz. Um 8 Uhr heim, unartiges Betragen der Knaben. Tisch. Übelkeiten und Leiden. Vor 9 Uhr zur Ruhe.

<u>Freitag, den 17.</u>
Gewöhnlicher Tagesgang, bei Hause voll Leidensgefühl.

<u>Samstag, den 18.</u>
Arbeit, Geschäfte. Las Lafontaine zu Ende, der mir nur halb und [nicht] übertrieben gefiel. Nach Tisch wieder Arbeit, lernte mit Regeli bis spät in den Abend. Tisch, und nachher von Leidensdruck weinend, vermochte [ich] herzlich meine Seele im Gebet zu erheben unter Tränen der Andacht, fühlte Stärkung des Glaubens, las die erste Epistel Johannes[26] mit Empfinden der Vortrefflichkeit, Göttlichkeit der Lehre Jesu Christi. Nach 11 Uhr zur Ruhe.

---

[20] Unterwalden: Ob- und Nidwalden waren im September 1799 von den Franzosen militärisch unterworfen worden.
[21] Nägeli Hans Georg (1773–1836), Musiker und Liederkomponist.
[22] Büchling Johann David (1762–1811), deutscher Privatgelehrter.
[23] Büchling J. D.: «Aesops Fabeln», Halle 1790.
[24] Vgl. 1799, pag. 26.
[25] Lavater Johann Caspar: «Antwort auf das namenlose Sendschreiben an den Bürger Johann Caspar Lavater», datiert 5.1.1800, Manuskript, ZB, Lav. Ms. 25.10. – IItes Sendschreiben an den Bürger Johann Caspar Lavater von M., undatiert, Antwort Lavaters 1.11.1800, Manuskript, ZB, Lav. Ms. 25.11.
[26] 1. Johannes: Gott ist Liebe.

Sonntag, den 19.
Nach 6 Uhr aufgestanden, sanfter, erhebender Gefühle voll. Ankleidung, las nach dem Kaffee die Epistel Juda[27]. [Ging] zur Kirche, wo Hess[28] über den 12. Vers des 11. Kapitels Matthäus[29] predigte: Vergleichung der Zeiten Johannes mit den unsrigen. Er las aus der Zeitung eine Rede von Kuhn[30]. Eigentlich wusste ich nicht, ob Andacht oder Gefühl für das Politische meine Seele in Staunen warf.
Bei Hause allerlei Geschäfte. Tisch. Nachher durchlas ich einen Text von Lav.[ater]-Briefen, Ankleidung, und ging mit Conrad zur Frau Ott, wo mir wohl war in lieblicher Herzensergiessung. Um 4 Uhr wieder heim in schrecklichem Regen. Nach Ankleidung las ich wieder in Lavaters Briefen, [dann] noch das 8. Kapitel im 2. Buch Samuel[31] als künftigen Text auf Dienstag. Freude an den Kindern, Tisch, nachher Schuhe und Kleider gewaschen, noch in den Lavater'schen Briefen bis 11 Uhr.

Montag, den 20.
Um 1/2 7 Uhr aufgestanden, allerlei Geschäfte, wie es gewöhnlich geht bis [zur] Ankleidung, Betten [und] Zimmer in der Ordnung [sind]. Nachher schrieb ich bis hierher, ehe ich nun an die Arbeit gehen werde, da es 9 Uhr schlägt.

Dienstag, den 21.
Unendliche Leidensgefühle bezeichnen diesen sonst ganz gewöhnlichen Lebensvorgang dieses Tages. Am Abend eröffnete uns Herr Pfarrer Beyel seinen Entschluss, wieder nach Hütten zurück zu gehen, das mir wohltätig war, weil es [eine] schon lang gewünschte Erledigung von seinen Lehrstunden gibt, da [diese] doch beinahe den Kindern überflüssig und zu viel waren bei den Geschäften für die Schule, und er uns – und mich besonders – [be]drückte in dem Zuhören der Lektionen bei seinem wohlgemeinten Eifer. Aber auch war es mir ein entsetzlicher Schlag, woher ich das Geld so auf der Stelle hernehmen wollte, um ihn zu bezahlen, das mir schrecklich war, alles ausdachte, nicht wusste, wie ich's machen konnte und in schrecklichen Kummer versetzt wurde, auch mich gar, gar sehr gedrückt fühlte im Darüber-Beraten mit meinem Mann, und trostlos mich zur Ruhe legte.

---

[27] Judas: Warnung vor lasterhaften Verführern. Ermahnung zur Standhaftigkeit im Glauben.
[28] R.v.O.-E. differenziert in der Regel Hess Johann Jakob als «Antistes» (1741–1828), (anfänglich «Helfer», vgl. 1786, pag. 11), Hess Hans Jakob (1743–1819) als «Pfarrer» (1792, pag. 37) und Hess Salomon (1763–1827) als «Helfer». Häufig begnügt sie sich aber auch mit «Hess», sodass eine Unterscheidung nicht möglich ist. Wo es sich um gedruckte Schriften handelt, nehmen wir den Antistes als Autor an.
[29] Matthäus 11, 12: «Aber von den Tagen Johannes des Täufers bis hieher leidet das Himmelreich Gewalt, und die Gewalt tun, reissen es an sich.»
[30] Kuhn Bernhard (1762–1825), Rechtsgelehrter, Politiker der Helvetik.
[31] 2. Samuel, 8: Davids Siege und Schätze.

Mittwoch, den 22.

Einige meiner Sachen waren durch[ge]gang[en][32], insgeheim geschätzt, suchte Trost. Allein, Jammer erfüllte meine Seele zu tief, als dass ich mich hätte beruhigen können. Ich verbarg Unruhe und Tränen, arbeitete, nahm einen Abendbesuch an von Herrn Pestalozzi, der mit munterer Freundlichkeit vorbeiritt, und ich halb krank mich zu Bett legte nach 10 Uhr.

Donnerstag, den 23.

Die Betrachtung meiner jetzigen und täglich grösseren Armut samt den unendlichen Folgen für uns und unsere Kinder erdrückte mich fast, dass ich kaum vermochte mich zu halten. Ach, dass Du, o Gott, mich stärkest, alles zu tragen, und die Last linderst, dass ich nicht erliege! Das Lesen des Lebens der Karschin[33] frappierte mich tief in der Seele. Ach, dass gute und grosse Menschen immer so gedrückt werden müssen, unter die ich auch mich zähle!

Am Abend machte nun Herr Pfarrer Beyel den Abschied mit s.[einer] Lektion, ich unter tausenderlei Empfindungen. Man ladete ihn auf die künftige Woche ein, weil das Geld noch nicht beisammen war. Den Abend bracht' ich unter meinen Kindern hin in Leidensgefühlen mütterlicher Zärtlichkeit. Früh, in heftigen Krampfschmerzen ging ich zur Ruhe.

Freitag, den 24.,

starb ich fast vor Kummer und in gehemmtem Gefühl, mir nicht [zu] helfen zu wissen.

Samstag, den 25.

Gewöhnlicher Gang. Eine Unterredung mit meinem Mann, wie notwendig wir haben, Geld zu lehnen[34], wie arm, wie schrecklich unsere Lage. Ach, solches alles zu fühlen ist entsetzlich. Nebst mir selbst erfüllte die Lebensgeschichte der Karschin meine Seele ganz. Das Andenken an Verwalter Hess, den man begraben.[35]

Wie ich's vergessen konnte, dass ich einen Besuch von meinem Bruder hatte am Donnerstag, den 23., der mich doch so sehr gefreut hatte, weiss ich nicht. Mit Liebe merk ich's an.

---

[32] «durchgegangen»: verlesen, angeschaut.
[33] Karsch Anna Luise (1722–1791), geb. Dürbach, aus ärmlichsten Verhältnissen hervorgegangene Dichterin, «deutsche Sappho». Ihre Autobiographie gibt R. v. O.-E. Anlass eine eigene zu schreiben, s. 1800, pag. 37, vgl. «Erzählung an die zwei Knaben», ZB, FA v. Orelli, 11.5.
[34] «lehnen»: dialektal für leihen.
[35] Der Tagebucheintrag erlaubt eine kulturgeschichtlich interessante Feststellung, denn auch im sog. Totenbuch des Grossmünsters für jenen Zeitraum (StadtAZ, VIII. C. 13) erscheint Stiftsverwalter Hess unter dem 25. Januar, mithin unter dem Begräbnisdatum; dass in den Kirchenbüchern die Personen unter dem Tauf- statt Geburtstag, und unter dem Begräbnis- statt Todesdatum eingetragen wurden, war weit verbreitet.

34   Sonntag, den 26.
Nach 6 Uhr erwacht. Im Vorsatz, mich zu erheben, mein Leiden zu besiegen, aufgestanden. Hin und her gedacht, wie ich die Geldangelegenheit machen könne, gab ich die letzten Gulden hin. So ist's zu machen ohne Lehnung, aber dann [ist] mir selbst alles entrissen. Es mag dann vorfallen was da will; hart [ist], auch dies noch aufzuopfern und hart, mich der Lehnung unterwerfen. So fing ich diesen Tag an; unterm Anlegen[36] erhebte ich mich etwas, oft denkend in Gellerts Worte:

35   Was ist's, dass ich mich quäle?
    Harr' seiner, meine Seele!
    Harr' und sei unverzagt etc.[37]

Um 8 Uhr ging ich zur Kirche, wo Hess predigte über die Worte Johannes, das 3. Kapitel: Er muss wachsen, ich aber muss abnehmen etc.[38] Gleichsam hielt er eine Art Abschiedspredigt, sagte, dass die Zunahme des Christentums und die Bestärkung in demselben das einzige und beste Vermächtnis eines Lehrers an seine Gemeinde sei. Am Ende hielt er Herrn Verwalter Hess noch

36 eine Leichenrede. Aufmerksam hört' ich still zu, ging erheitert nach Hause, ohne Leiden. Dann kleidete ich mich um und durchlas noch Lavatersche Briefe.

's Essen, wieder in den Briefen gelesen. Nachher schrieb ich an diesen Blättern. Um 2 Uhr ging ich zu meiner Schwester hin. Liebliches Gespräch – Unbedeutendes. Traurig, ernst kehrte ich um 5 Uhr heim und schrieb noch hier von heute diese Blätter unterm Getümmel der Gespielen unseres Regeli.

37 Wieder einmal weckte sich der Gedanke in mir auf, veranlasst durch die Lebensgeschichte der Karschin, etwas meines Lebens niederzuschreiben[39]; sei es auch nur eine Skizze für meine Kinder, so ist's doch etwas, das zu Gutem dienen mag, wie ich es schon lange dringendes Bedürfnis in mir zu sein fühlte, auch es hier zu meiner Erinnerung niederschreibe auf gelegene Zeit der Frühlingstage. [Es] schien mir der Gang meines Schicksals so wichtig, [und] so soll es nicht mit mir vergehen.

38 Nachher las ich noch in Samuel 2. Buch, das 10., 11., 12. Kapitel[40] als folgende Texte zu Hess' Dienstagpredigten[41].
Tisch. Ehelicher Genuss.

---

[36] Vgl. 1786, pag. 107.
[37] Gellert Christoph Fürchtegott: Lieder, vgl. Gesangbuch für die evangelisch-reformierte Kirche der deutschen Schweiz, Ausg. 1892, Nr. 275. Vgl. 1786, pag. 65.
[38] Johannes 3, 30.
[39] Vgl. 1800, pag. 31.
[40] 2. Samuel, 10–12: David und die Ammoniter, Bathseba.
[41] Diese institutionalisierten kirchlichen Veranstaltungen wurden in der Regel in den grossen Stadtkirchen abgehalten, hier dürfte es sich also um den Antistes Hess Johann Jakob handeln.

Montag, den 27.

Ziemlich früh aufgestanden, vor 5 Uhr. [Ich] las noch, [als] Morgengebet, das 1.–4. Kapitel Johannes[42] mit lange nie empfundener Empfindung der Gottheit Jesu, meines Heilandes, und voll Religionsempfindungen. Dann an Arbeit, häusliche Geschäfte, machte einen Besuch bei Frau Schulthess im Schönenhof, unaussprechlich leidend, unaussprechlich gedrückt über die Geldangelegenheit, durft' ihr nichts sagen, nahm es aus der Kinder Sparhafen, gab meinem Mann vor, ich hätt' es bei der Schulthess gelehnt, um's den Kindern wieder beilegen zu können, war entsetzlich erschüttert durch diese Begebenheit, leidend wie nie. Tisch. Nach Tisch ein wohltätiger Besuch von Frau Schinz. Über Lavater das meiste. Ach, ich denke oft, dass er sterbe, mit Wehmut. Nachher Arbeit, liess Cäper ein Schauspiel lesen von Kotzebue[43]. Tisch. Ein Maren-Schlummer[44], entsetzlich!

Dienstag, den 28.

Ich war zerstreut und verspätet zur Kirche zu gehen. Häusliche Geschäfte, Unruhe. Kleiderschrank meines Mannes in Ordnung gemacht mit Verdruss und Gram. Tisch, nachher, da ich daheim blieb, räumt' ich die Bücher im Sääli auf etc. bis nach 4 Uhr, da ich Besuch von Herrn Pfarrer Hess[45] hatte. Arbeit bis spät unter dem Dabeisein der Kinder. Herr Pfarrer Beyel kam zum Essen und Abschied. Mit Freundschaft und Dank schieden wir vom kleinen Mahl um 11 Uhr, da ich zur Ruhe ging.

Mittwoch, den 29.

Um 6 Uhr aufgestanden, las das 5., 6. [und] 7. Kapitel Johannes[46]. Häusliche Geschäfte. Da unser Franzose[47] Kaffee getrunken hatte, räumte ich wieder meinem Mann auf, voll Verdruss und Elend, kleidete mich an, lismete keine Stunde. Tisch, Kaffee, Arbeit. Um 2 Uhr ging ich bei hellem Himmel mit dem Regeli zu Frau Ott, in vielen Gefühlen der Natur, stärkte meinen Körper durch die Luft eine Weile im Garten an der Sonne. Liebliches Gespräch. Um 5 Uhr mit Ruhe nach Hause, dann Geschäfte und schrieb bis um 6 Uhr hier diese Blätter nach.

---

[42] Johannes 1–4: Zeugnis Johannes des Täufers, Hochzeit zu Kana, Reinigung des Tempels, Nikodemus, Gespräch mit der Samariterin, Heilung.
[43] Kotzebue August von (1761–1819), deutscher Dramatiker, dessen Dramen damals in Zürich durch fahrende Truppen zur Aufführung gelangten. Das Auftreten solcher Ensembles wurde in der Öffentlichkeit nicht diskussionslos hingenommen.
[44] «Maren»: Nachtmahr, Albtraum.
[45] Vgl. 1792, pag. 38.
[46] Johannes 5–7: Heilungen, Reden Jesu, Speisung der Fünftausend, Wandel auf dem Meer, Bekenntnis des Petrus, über Jesu Weggang und den Heiligen Geist.
[47] Franzose: einquartierter Soldat. Er hiess mit Vornamen Noël, s. 1800, pag. 100.

Donnerstag, den 30.
Eine kleine, aber schmerzliche Empfindung bei Frau Schulthess in Hottingen[48].
Freitags, den 31.
Dessen entsinne ich mich nicht mehr, so vieles belastet meine Seele. Ach, dass Gott mir gab, diesen Monat zu vollenden, erkenne ich als Gnade mitten in Leiden und Armut.

[leer]

Hornung 1800, Sonntag, den 1.,
las und schrieb ich noch verschiedene merkwürdige, geistige[49] Stellen aus Jean Paul[50] Richters 2tem Teil[51], an denen sich meine Seele labte. Arbeit, Angst und Leiden quälten mich. Noch macht' ich einen Besuch bei Lavater, der aufs neue krank ist, mit Liebe und Wehmut. Abends bracht' ich bei Frau Schinz hin, wo wir das zweite Sendschreiben[52] an Lavater zusammen lasen, ich getröstet nach Hause ging.
Sonntag, den 2.,
blieb ich um schlechten Wetters willen bei Hause, da ich schon beinahe zur Kirche angekleidet war. Der Morgen ging in Zerstreuung hin. Nach Tisch las ich im Nikodemus[53] von Ribbeck. Abends besucht' ich Frau Lavater beim Erkel, wo mir's lieblich war.
Montag, den 3.,
hatt' ich von früh an die Schneiderin, mit der ich arbeitete bis an den späten Abend unter manchem interessantem Gespräch.
Dienstag, den 4.,
hatt' ich eine frühe Andachtsstunde in Einsamkeit. Dann vollendete ich noch die Schneiderarbeit bis gegen Abend, wo wir Besuch hatten von Helfer Orellis.
Mittwoch, den 5.,
empfing ich körperliche und ökonomische Schmerzen und Leiden bis am Abend, wo ich Frau Ratsherr Lavater besuchte, mich zerstreute und erholte. Ach, welch eine gutmütige, edle Seele ist sie!

---

[48] Vgl. 1799, pag. 70.
[49] Im Sinne von geistreich.
[50] Jean Paul, Pseudonym für Richter Johann Paul Friedrich (1763–1825), deutscher Dichter.
[51] Richter Jean Paul: «Palingenesien. Jean Pauls Fata und Werke vor und in Nürnberg», 2 Bände, Leipzig und Gera 1798.
[52] Vgl. 1800, pag. 18.
[53] Ribbeck Conrad Gottlieb: «Nicodemus. Gespräche mit Geistlichen und Laien in Sachen religiöser Wahrheit», Magdeburg 1797. Vgl. 1793, pag. 58.

| 48 | Donnerstag, den 6.,

blieb ich, ganz in mich gekehrt, arbeitend, leidend in Gefühlen, bei Hause mit und unter meinen Kindern. Nachtgebet mit ihnen wie lange nie, voll Andacht.

Freitag, den 7.,

las ich früh in Johannes fort bis zum 12. Kapitel[54]. Arbeit, zerstreute Unterbrechung von alten Diensten[55] von Wädenswil, manche Erinnerung erneuerte sich. Tisch, Ankleidung, las noch in einem Text von L.[avaters] Briefen,

| 49 | und um 4 Uhr ging ich zu Frau Schinz, wo Frau Schulthess und Jungfer Hess[56] Musik machten, ich in erhebenden Gefühlen meine Seele erhebte. Bei Hause, nach dem Essen, noch das Leben[57] der Madame Wollstonecraft[58] las. Ach, dass Leiden und Liebe so manche grosse Seele hemmt und zerdrückt! Mich frappierte, dass Füssli[59] auch so einen grossen Riss in die Geschichte dieser Dame machte[60], den ich einst so wohl kannte.

| 50 | Samstag, den 8.

Früh erwacht. Kopfweh, Unruhe erfüllte meine Seele. Geschäft über Geld über Geldangelegenheit mit meinem Mann, Erschütterungen darüber. Ach, das Traurigste ist, dass alle, alle Aufopferungen doch nie helfen, dass Elend, der Jammer, die Armut immer bleibt, nur für eine kurze Zeit Beruhigung verschafft, so auch diese Enthebung[61] der 300 Gulden, die nur bezahlen, was sich übers Neujahr häufte. Mein Gott, erbarme Dich doch unser!

| 51 | Etwas Ankleidung, Einschreiben häuslicher Ausgaben, unter denen ich zitterte. Und hier, diese Blätter flüchtig noch schreiben, als enteilte ich mir selbst – oh, könnt' ich's!

Sonntag, den 9.

Um 6 Uhr aufgestanden, Ankleidung, Erhebung. Ging [zu] Herrn Antistes zur Kirche, der über die Worte Johannes predigte: «Wer an den Sohn

---

[54] Vgl. 1786, pag. 34.
[55] «Diensten»: Dienstboten.
[56] Hess Anna Barbara (1767–1850), Tochter des Hess-Schulthess Heinrich (1741–1770), wohnhaft im Rechberg, 1820 verm. mit Sulzer Christoph (1757–1832), VDM, Pfarrer in Marthalen.
[57] Godwin William: «Denkschrift auf Maria Wollstonecraft, die Verteidigerin der Rechte des Weibes», Schnepfenthal 1799.
[58] Wollstonecraft Mary (1759–1793), verm. Godwin, Anhängerin Rousseaus, erste Frauenrechtlerin Grossbritanniens.
Godwin William (1756–1836), englischer Schriftsteller.
[59] Füssli Johann Heinrich (Fuseli) (1741–1825), Kunstmaler. Nach turbulenten, revolutionären Jugendjahren floh er ins Ausland. In London erlangte er als Maler und Präsident der Royal Academy Weltruhm.
[60] «Riss»: im Sinne von Trennung in der vor allem seitens der Wollstonecraft eifrig betriebenen Freundschaft mit Füssli.
[61] «Enthebung»: Entledigung, Aufhebung.

glaubt, der hat das ewige Leben; wer aber dem Sohn nicht glaubt, der wird das Leben nicht sehen, sondern der Zorn Gottes bleibt über ihm.»[62] Erstlich erklärte er den Sinn dieser Worte, und nachher machte er eine Anwendung davon, die so christlich und erhabenen Sinnes war, dass ich ganz gerührt und erhoben wurde.

Ein Billett und Vertauschung meines Spruchs[63] an Frau Schulthess. Tisch, nachher etwas Lektüre ohn' Zerstreuung. Um 2 bis 5 Uhr bracht' ich bei meiner Schwester hin, in lieblichem Geschwätz. Bei Hause las ich noch Voss'[64] Gedicht Luise[65], das mir aber nicht gefiel. Freilich, manche Szene ländlicher Erinnerungen, aber nicht der gewünschten Feinheit durchlief meine Seele dabei. Tisch, und ging müde zur Ruhe.

<u>Montag, den 10.</u>
Nach unruhevoller Nacht aufgestanden. Ankleidung, Geschäfte und Arbeit erfüllten den Morgen. Schreckliche innere Unruhe und Untätigkeit belasteten mich bis 5 Uhr, da ich dann Besuch hatte von Frau Bürkli, den Abend liebreich hinbrachte. Um 8 Uhr Tisch und nachher suchte und wog ich ein'ges Silbergeschirr, um mir etwas Geld zu verschaffen für die Haushaltung, das mich tief schmerzte, ach, und ängstigte, dass ich erst mitternachts zur Ruhe kam.

<u>Dienstag, den 11.</u>
Um 5 Uhr aufgestanden, mich ermunternd zur Erhebung über mich selbst. Ankleidung. Um 7 Uhr [zu] Hess zur Kirche, der über das Gleichnis Nathans und Davids predigte[66], wo ich zur Rührung gestimmt wurde und etwas Ruhe fand. Bei Hause Geschäfte und Arbeit bis 12 Uhr, und von da bis 5 Uhr, wo ich dann Frau Escher und Louisli[67] und Herrn Escher hatte bis 8 Uhr, mir wohl in ihrer Liebe war. Tisch, übelkeitshalber zur Ruhe eilte.

<u>Mittwoch, den 12.</u>
Nach einer fast halb schlaflosen Nacht wegen Conradli erst spät erwacht. Ankleidung, Geschäfte bis 9 Uhr, dann mit Regeli lernte. Unterm Arbeiten meine Seele in Kummer versteckt war. Tisch, nachher ging ich allein, um Häusliches einzuschreiben und diese Blätter bis hieher.

---

[62] Johannes 3, 36.
[63] Vermutlich Austausch eines Billets mit einer (religiösen) Sentenz.
[64] Voss Johann Heinrich (1751–1826), deutscher Dichter.
[65] Voss Johann Heinrich: «Luise, ein ländliches Gedicht», Königsberg 1795.
[66] 2. Samuel 12, 1.
[67] Escher Regula Louise (1793–1815), Tochter des Escher Hans Caspar, Nichte der R. v. O.-E., 1814 verm. mit Escher Heinrich, im Wollenhof.

Am Abend las mir noch Cäper aus seinem Ovid⁶⁸ [in] Bremis⁶⁹ Übersetzung der Geschichte Hekubas und ihrer Tochter⁷⁰. Eine liebe mütterliche Empfindung der Freude über die Erinnerungen, dass sein 14. Geburtstag heute sich wiederhole. Ach, wie schnell eilt dieses Leben dahin, möge Gott ihn segnen und behüten!

<u>Donnerstag, den 13.</u>,
entsinne ich mich nichts mehr als eines langen Abendbesuches von Pfarrer Hess.

<u>Freitag, den 14.</u>
Viele grosse Bekümmernis über unsere ökonomische Lage. Bewegung, etwas zu verkaufen, Unruhe und Zittern. Abends Besuch von Frau Pestalozzi und Schinz, der mir angenehm vorbeiflog. Speiste, Übelkeit und Sehnsucht nach Ruhe – um 10 Uhr.

<u>Samstag, den 15.</u>
Noch die Beendigung unter Schmerzensgefühl, mich für einmal aus [...]genheit zu ziehen. Arbeit, Lernen erfüllte den übrigen Teil des Tages.

<u>Sonntag, den 16.</u>
Früh auf, Ankleidung zur Kirche, und während demselben stille Erhebung der Seele. Las in Johannes das 16. [und] 17. Kapitel⁷¹ ehe es läutet, dann zur Kirche, wo ich andachtsvoll war zur Zerstreuung, und Geschäfte. 's Essen, nachher las ich eine alte Predigt von Lavater über die Gottheit Jesu. Um 2 Uhr ging ich bei hellem Himmel zu meiner Schwester, das mich rührte. Dort bis 5 Uhr bei seinen kranken Kindern unter lieben Gesprächen; nach Hause, wo soeben Lav.[aters] Antwort auf das Schreiben des Ungenannten⁷² war, las dasselbe mit Nachdenken bis zum Nachtessen und darauf früh zur Ruhe.

<u>Montag, den 17.</u>
Nach 6 Uhr aufgestanden, langsames Anziehen. Geschäfte erfüllten den Morgen bis 8 Uhr, dann Arbeit bis 12 Uhr ununterbrochen fort. Nach Tisch Arbeit und schrieb diese Blätter noch. Ach, wie so gar nicht das Eigentliche, das in mir lebt! Wie wollt' ich dieses Unaussprechliche in Worte bringen, das meiner Seele liebste Trauer ausdrückte! Ach, dass sich Gott meiner erbarme!.

<u>8.–25. Sonntag.</u>
Die Geschichte dieser verflossenen Tage meines Lebens nach[zuer]zählen, ach, das vermöchte ich heute nicht! So viel einzeln Leidendes, so ein Einschlummern in Arbeit, in mich selbst, ist unbeschreiblich.

---

⁶⁸ Ovid: Publius Ovidius Naso (43 a.C.–18 A.D.).
⁶⁹ S. 1801, pag. 6.
⁷⁰ Ovid: «Metamorphosen», 13. Buch. Hecuba (Hekabe), Gattin des Priamus, Königs von Troja, lässt ihre Tochter Polyxene der Totenseele des Achilles opfern.
⁷¹ Vgl. 1786, pag. 38.
⁷² Vgl. 1800, pag. 45.

Heute erwachte ich vor 6 Uhr, fasst' den Entschluss, mich über mich selbst zu erheben aus dem Staub empor. In Gefühlen der Andacht, der tragenden Kraft, die mir Gott verlieh. Versinke ich ganz unter der Last der Armut und der Bekümmernis, so hebt

62 sich mein Leiden doch nicht, so ändern sich die Umstände doch nicht, also ist's Pflicht, mich zu standhafter Ertragung zu ermuntern. Auch die Erinnerung des Spruchs der Bibel flösste mir Mut ein: «Sorget nicht für euer Leben, was ihr essen und trinken wollt! Sehet an die Vögel des Himmels, sie säen nicht und ernten nicht und euer himmlischer Vater ernährt sie doch, etc.»[73]! Andacht, Ankleidung, Kaffee erfüllten die Zeit bis 7 Uhr. Dann las ich noch eine Predigt von Lavater,

63 die mich stärkte und erhob, ging dann Antistes Hess zur Predigt, wo ich aufmerksam war, wo ich stilles Gebet verrichten konnte. Die Wahl des neuen Statthalters Ulrich[74] zog er lieblich an[75]. Bei Hause kleidete ich mich an. Tisch, nachher mit meinem Mann über Erziehung der Kinder, einige Punkte, die unsrigen betreffend.

Freude über das Kirchensagen[76]. Geschäfte, stille Untätigkeit bis jetzt, $^1/_2$ 2 Uhr, wo ich diese Zeilen niedergeschrieben und meine Schwester zu besuchen gedenke.

64 Die freiwillige Versäumnis aller Lektüre ist mir jedesmal ein Beweis, wie unentbehrlich die Hebung der Seele durch dieselbe dem Körper zugespielt wird, sodass ich [aufs] neue mich zu derselben erheben will.

65 <u>Montag, den 24.</u>
Ein Besuch im Schönenhof nebst dem alltäglichen Gang meines Lebens.
<u>Dienstag, den 25.</u>
Schneiderarbeit, bei der ich mich ermuntern konnte.
<u>Mittwoch, den 26.</u>
Vollendung der Arbeit und Ruhe bis am Abend, da ich mit meinem Mann über das Tiefe unserer unglücklichen Lage sprach und dabei beinahe in Verzweiflung sank, die ich noch nie so empfand, in Tränenströmen. Ach,

66 was ist das Leiden dieser Zeit! Oh, dass Du Dich, o Gott, erbarmen mögest!
<u>Donnerstag, den 27.</u>
Beschäftigungen mit einer Kinderwäsche. Erdrückungen der Seele. Oh, wie so schwer endet sich dieser Monat! Nicht vorwärts-, nicht zurückblickend darf ich mehr atmen.

---

[73] Matthäus 6, 26.
[74] Ulrich Johann Konrad (1761–1828), Politiker, Begründer der Taubstummenfürsorge, 1800–1802 Regierungsstatthalter des Kantons Zürich.
[75] «Anziehen»: eine Anspielung machen.
[76] Kirchensagen: Verkündung eines politischen Ereignisses von der Kanzel, in diesem Falle die Statthalterwahl betreffend.

> Freitag den 28.
> Stille Arbeit erfüllte diesen Tag. Entschluss, wie es mit
67 der Vermögenssteuer⁷⁷ machen, obschon eine Risgen⁷⁸, dass man uns Vorwürfe mache, endlich aber – nach dem Entschluss – Ruhe gefasst.
Nach dem Nachtessen las ich noch die Helferpredigt von Hess⁷⁹ über die Geschichte Bathsebas⁸⁰. Herzliches Gebet, und nun, 11 Uhr, zur Ruhe.
68 [leer]

69   März 1800.
70 [leer]
71   Samstag, den 1.
Den ganzen Tag stille Arbeit. Abends las ich Wielands Johanna Gray⁸¹, ein Trauerspiel, mit vieler Empfindung und Rührung. Oh, wie glücklich, dass ich mich bisweilen noch so an etwas erquicken kann!
                Sonntag, den 2.
Nach einer körperlichen und geistigen Leidensnacht um 6 Uhr aufgestanden. Ankleidung. Gespräche bis nach 9 Uhr. Herzliches Gebet mit den Kindern, wie lange nie. Oh, der lieblichen
72 Stunde sanfter Tränen. Tisch. Nachher las ich noch aus Wieland ein Gesicht einer unschuldigen Menschheit⁸². Oh, wie froh könnte sich der Mensch erheben, wär' er unschuldig! Ach, welches Gefühl – die Wahrheit – dass aus eigener Schuld so viel Unglück auf der Welt ist! Vielleicht auch mein eigener Fall!
Nachher schrieb ich noch diese Zeilen.
                Montag, den 3.
Gewöhnlicher Lebensgang bis Mittag.
73 Nachmittags besuchte ich Lavater. Mit liebevoller Wehmutsempfindung weilte ich bei 2 Stunden bei ihm, in tiefem Genuss der Freundschaft unter Lektüre seiner Arbeit. Ach, wie wehmütig machte mich der Gedanke an seinen Tod!
                Dienstag, den 4.
Arbeitsames Bei-Hause-Bleiben erfüllte diesen Tag.
                Mittwoch, den 5.
Glättearbeit erfüllte diesen, voll innerem bitterem Leiden.

---

[77] «Vermögenssteuer»: Es kann nicht unterschieden werden, ob es sich um eine gewöhnliche fiskalische Massnahme oder eine Anleihe der Besatzungsmacht handelt.
[78] Risiko.
[79] Hess Salomon (1763–1827), 1792 Diakon an St. Peter, 1801 Pfarrer an St. Peter, verh. I 1786 mit Waser Margaretha.
[80] 1. Samuel 11, 3.
[81] Wieland Christoph Martin: «Lady Johanna Gray, ein Trauerspiel», Zürich 1776.
[82] Wieland Christoph Martin: «Gesicht von einer Welt unschuldiger Menschen», in «Sammlung einiger prosaischer Schriften», Zürich 1758 und in Wielands «Sämtlichen Werken», Leipzig 1794/1802.

74   Donnerstag, den 6.
Aufräumen. Bitterkeit der Empfindungen in meinem Innersten, Angst über unsere Armut. Nach Tisch Ankleidung um nach Hottingen zu gehen. Den Abend unter unbestimmten Gesprächen angenehm hingebracht. Bei Hause noch frohe Empfindungen im Kreise meiner Kinder.
    Freitag, den 7.
Ein paar Stunden bracht' ich bei einem Text von lavaterschen Briefen hin, schrieb einen von Pestalozzi und Lavater ab, die mir sehr interessant waren.

75 Unruhe, Arbeit, Tisch. Eine liebe Einladung von der kranken Frau Ratsherr Lavater. Weilte ein paar Stunden an ihrem Bett, dann besuchte ich noch meine Freundin, Frau Bürkli, wo wir in Ergiessungen beisammen waren bis 8 Uhr. Tisch, körperliche Übelkeit, Eilen ins Bett.
    Samstag, den 8.
Vor 6 Uhr aufgestanden mit der Vergegenwärtigung meiner unglücklichen Lage. Traurigkeit, Angst, Bitterkeit, Unruhe, dies erfüllt gemischt meine Seele. Ach, des Leidens!

76 Dann Ankleidung, Aufräumen. Durchblättern einiger Bücher, und nachher schrieb ich diese flüchtigen Zeilen über mich selbst, und nun werd' ich an meine Arbeit gehen.
O Gott, lege mir doch auch nicht mehr auf, als dass ich ertragen mag! Und behüte mich doch vor unglücklichen Schritten, denen ich oft so nahe bin unter der Last meiner Leiden, die mir oft zu schwer sind! Amen.

77   9.–18., Sonntag.
Nun wieder eine Strecke meines Lebens fortgekämpft, fortgelitten und hinter mir – von einer Woche lang! Ach, wie vieles und wie wenig in sich Schliessendes! Nur dank' ich Gott für das Überstandene, das mir mit jedem Tage so schwer ist. So wenig Genossenes, das meine Seele erheben konnte, gleich als ob ich meiner vergessen hätte. Und wie sollte ich es können, obgleich mein dumpfes Empfinden ein Leben, als lebte ich nicht,

78 für mich ist. Arbeit gab es ziemlich, auch einige Besuche: Helfer von Orellis, Ehegerichtsschreiber Escherin[83], Lavater, Frau Ratsherr Lavater, bei welchen ich Genuss und Ruhe fand.
Heute besuchte ich die Kirche, hörte Herrn Antistes Hess mit Vergnügen und Ruhe. Geschäfte, Tisch, und jetzt wollt' ich was hier einschreiben und fühle mich aber zu zerstreut, dass ich wieder abbreche, vielleicht mich in etwas Lektüre wieder finde.

79 Montag, den 17., machte ich vormittags einen Besuch bei Lavater, den ich über mein Erwarten frei fand seiner Gesundheit halber, und wo mir wohl war.

---

[83] Escher Johann Heinrich von (1757–1811), Ehegerichtsschreiber 1786–1792 (Die Titulatur erfolgt nach der alten Ordnung), 1784 verh. mit Füssli Dorothea (1766–1845), Tochter des Obmanns Füssli Heinrich.

Abends heftiges Kopfweh wegen Schmerzen, Jast. Arbeit wie gewöhnlich. Dienstag, den 18., war ich vormittags beschäftigt mit meinem Blumenzeug in der Hoffnung des Frühlings, den dieser schöne Tag hoffen liess. Nachmittags musst' ich ins Bett
80 liegen, weil die Lungen- und Krampfschmerzen überhandnahmen, das mir wohl tat, auch mein Geblüt mir Luft machte.
<u>Mittwoch, den 19.</u>
Um vieles besser erwacht, ruhte aber im Bett bis nach Tisch, wo ich aufstand, verschiedenes tat und auch dies einschrieb.
Ach, welche Gefühle über Leben und Tod stiegen in mir auf, besonders auch über mein Leben und mein Leiden.
Oh, dass Du Dich, Gott, erbarmest!
81   <u>20.–30., Sonntag.</u>
Wieder ein Zeitpunkt meines Lebens von 10 verflossenen Tagen, da ich durchgelebt und durchgelitten habe, meiner Gesundheit halber, meiner, unserer Armut halber.
Noch nie war ich ganz frei von Übelbefinden. Mehrere Tage nahm ich laxierende Arzneien, die mir wohlgetan hatten, dennoch überbleiben mir krampfhafte Beschwerden und Nervenschwäche.
82 Ach, dass mich diese zum Grabe, nicht nur zu Leiden führten! Wie getrost nähme ich sie an bei der Sehnsucht, mich diesem elenden Leben entreissen zu können, wenn es, o Gott, Dein Wille wäre! Ein Gutes hatte diese Unpässlichkeit, weil sie mir meinen geliebten Freund und Arzt, Chorherrn Rahn, zweimal zuführte, über dessen Wiedersehen ich mich herzlich freute. Oh, der Gefühle des Herzens, lass' mir dieselben geniessbar! O Natur, die mich mit denselben erfüllte!
83 Armut, oh, was bist du für ein Leiden, wozu führen die Folgen von dir?! Welche Kraft forderst du, sie zu tragen mit Moral, die oft dem Übel unterliegt. Je grösser du wirst, desto schwerer wird uns der Kampf, mit dem ich dich trage. Ach, wie nahe führst du zur Verzweiflung, zu Schmerzen, die ich noch nie kannte. Oh, lehre mich Weisheit und Erkenntnis des Wertes der Dinge, dass ich nicht erliege!
84 Den 28. besuchte ich wieder einmal Lavater, den ich schwächer und kränker fand als noch nie, und [so] vor wehmutsvoller Liebe mir Tränen des Mitgefühls brachte, die ich in Gefühl mit keinen Worten ausdrücken konnte. Der Gedanke seines Todes – vielleicht in Nähe – will mich nicht mehr verlassen, um mit Liebe seiner noch neu zu leben, so lange er hier bleibt, der Einzige, Geliebte.
85 Gestern, den 29. [März], besuchte ich Frau Schulthess in Hottingen, wo mir lieblicher Genuss der Freundschaft zuteil war, die mich erheiterte und stärkte. Viel über den berühmten Dichter Salis[84] etc. Mit nach Hause

---

[84] Salis-Seewis Joh. Gaudenz von (1762–1834), schweizerischer lyrischer Dichter, 1799 Generalstabschef der helvetischen Armee, Tagsatzungsabgeordneter 1801.

nahm ich einen Aufsatz von der Berlepsch: «Über einige zum Glück der Ehe notwendige Eigenschaften und Grundsätze»[85], in welchem ich den Hauptgedanken fand, dass Sanftmut und Ordnung das Wesentlichste sei. Sanftmut sei eine Temperaments-Tugend, die sich aber durch höhere Moral veredle. Auch hänge das Glück der Ehe von vielen kleinen Tugenden ab, das Unglück selten von grossen Fehlern.

Auch machte Lavaters Deportationsgeschichte[86] einen Teil meiner Lektüre aus, wahrscheinlich das letzte Produkt seiner Geistesarbeit, das durch ihn selbst sehr interessant ist, weniger in der Kombination und Weitschweifigkeit des Details.

Mehrere Tage brachte ich mit Aufräumen meines Schlafzimmerchens zu, das vor Feuchtigkeit und Gräue unerträglich wurde, und nachher durchging ich einen Teil meiner Schriften, räumte auf, ordnete verschiedenes, das mir zum Genuss und Versöhnlichkeit dienen mag bei diesen ersten anfangend[en] Frühlingstagen, wo der Himmel Erquickung spendet.

Auch diesen Abend war mir Besuch meiner Stiefschwestern[87] angesagt, über welches ich unendlich Freude empfinde.

Morgen endet sich wieder ein Monat. O Gott, welchen Dank empfinde ich für alles, was hinter mir ist, oh, eilte ich schneller davon, als ich's hoffen könnte!

«Gott» sei mein letzter und mein erster Gedanke, der mich stärke und tröste! Amen.

Den 31. [März, Montag] war das Sechseläuten[88].

<u>April 1800.</u>

[leer]

<u>Dienstags, den 1. April.</u>

Dieser Tag war mir angenehm durch den Besuch, den ich meinen beiden Stiefschwestern beim Weissen Wind[89] machte. Viel herzliche Ergiessungen der Liebe, der Erinnerungen an unsere, ach, so glückliche Jugend! Viel von unserer noch lebenden Mamma[90], ihrem Wohlbefinden, etc. [gesprochen].

Soeben sah ich meine Irrung im Tag. Diese Wonne genoss ich den 2. [April], mittwochs. Den ersten war [ich] im Schönenhof. Diese Abwechslung ausgenommen, verlebte ich beide Tage in unaussprechlichen Leiden über unsere Armut. Ach, dass Du Dich, Gott, erbarmen mögest über uns Armen!

---

[85] Da bibliographisch nicht nachweisbar, vermutlich unveröffentlichtes Manuskript.
[86] Vgl. 1799, pagg. 204, 218.
[87] Stiefschwestern: Nüscheler-Hofmeister Emerentiana und Waser-Hofmeister Dorothea, vgl. 1786, pag. 91.
[88] «Sechseläuten»: Zürcher Frühlingsfest.
[89] «Weisser Wind» auf der grossen Hofstatt (Stüssihofstatt), Elternhaus der R. v. O.-E. und ihrer Stiefschwestern, Nüscheler-Hofmeister Emerentiana und Waser-Hofmeister Dorothea.
[90] Escher-Hofmeister Elisabeth.

93 Donnerstag, den 3.,
las ich morgens früh eine Broschur über den Einfluss [und] die Natur der Spinnen[91] von einem Franzosen, das mir sehr gefiel. Ach, kennten wir alles um uns, wie reich wäre die Menschheit an Leitung durch die lebende Natur. Arbeit, Traurigkeit, Zorn, Angst bestürmten meine Seele in ihrem Tiefsten. 's Mittagessen. Nach Tisch machte mir Frau Schinz
94 einen Besuch, schlug mir einen Spaziergang vor in [den] Strick[92], im Spital-Hof, eine Stunde entlegen von der Stadt, das ich gerne annahm.
Um 1 Uhr kam Herr Schinz. Gespräche über die Buchhandlung, den neuen Associé Cramer[93], über die Gefahr der Vernachlässigung der Rechte, die sich mein Mann nicht sollte zuschulden kommen lassen. Meine innerliche Angst darüber, mein Unwillen, ach, [ver]setzte mich in Leiden, das ich nicht äussern durfte! Auch über die Stelle,
95 dass Fäsi[94], der Chef des Büros des Kantonsgerichts, die Verwalterstelle von Muri[95] angenommen [habe]. Die Erwartung, dass mein Mann seine Stelle am Kantonsgericht erhalten sollte, sollte nachgefragt und betrieben werden. Auch dies fühl' ich. Ach, aber alles lässt er gehen, und wohin werd' ich kommen mit den Seinen und Meinen? Auch dies setzt mich in Bekümmernis und Leiden, dass ich's fast nicht tragen kann.
96 Zwischen[hin]ein genoss ich die Natur in der Aussicht, mit Gefühl. Besonders frappierte mich der so gar grosse, weite Horizont in Betrachtung, was dieser umfasst, und wie nichts er ist gegen den ganz[en von] uns bewohnten Weltkörper. Sanfte Erhabenheit Gottes, die sich nicht einschliessen lässt, erhebte meine Seele.
Auch sprachen wir vieles von Lavater und seinen Umständen etc.
97 Nach 4 Uhr zum Grundstein[96] zum Tee. Um 6 Uhr noch mit Frau Schulthess bis nach Hottingen, dann heim, müde. Liess noch eine Erzählung in 1001 Nacht[97] lesen. Abendgebet mit den Kindern. Tisch, um 10 Uhr zur Ruhe.

---

[91] Boddaert Pierre: «Notice sur le progrès de l'arénologie ou de la découverte de l'électricité des araignées», 2ème édition, Berne 1800.
[92] Strick: Gehöft, heute in Oberstrass, Kreis 6. Dieser Hof blieb bei der Neuorganisation («grosse Remedur» 1780–1785) des Spitalwesens im Besitz des Spitals (Strickhof).
[93] Vgl. 1799, pag. 142.
[94] Fäsi Caspar, vgl. 1799, pag. 188a, ist auch später noch als Oberschreiber der kantonsgerichtlichen Kanzlei nachgewiesen.
[95] Muri: Benediktinerkloster im Freiamt, Kanton Aargau, das in der Helvetik in zivile Verwaltung überging.
[96] Haus zum Grundstein, heute Neustadtgasse 7. Bewohner lt. Bevölkerungsverzeichnissen 1762: Junker Ratsherr Escher, 1769: Capitain Escher, 1780 id., 1790: zum «Vorderen» Gundstein: Major Escher, vermutl. Escher Hans Jakob (1730–1798), 1761 verh. mit Hirzel Margrit (1734–1799). Das Ehepaar Escher-Hirzel, Onkel und Tante von R. v. O.-E., war 1798 und 1799 verstorben. Es ist nicht erkennbar, wem die Visite galt.
[97] «Die Tausend und eine Nacht, arabische Märchen, in's Französische übersetzt von Galland Antoine», aus d. Französischen übersetzt von Johann Heinrich Voss, Bremen 1781/85, oder Anonym: «Morgenländische Märchen», s. loco, 1796.

Freitag, den 4.

Häusliche Geschäfte erfüllten den Morgen, nebst Arbeit, 's Stübli hauptsächlich. Nach Tisch machte ich einen Besuch bei Lavaters, fand ihn matt und leidend. Bald darauf diktierte er mir an einem Gebet, das sogleich in die Druckerei musste, und nach diesem half ich ihm zuerst in der Krankenstube Zeichnungen und Gemälde aufräumen, dann noch auf dem oberen Boden eine grosse Mappe, bei welcher Arbeit er sich zerstreute und nach und nach munter wurde, ich in lieblichen Gefühlen ihm diente, was er wollte. Und um 4 Uhr sagte er dann vergnügt: «So habe ich viel getan, so ist's vorgerückt», und nun ging ich noch fort und kam selbst vergnügt nach Hause. Arbeitete eine Stunde. Dann kam Frau Lavater zum Erker zu mir, wo wir in lieblichem Gespräch beisammen sassen bis 8 Uhr. Eine Szene mit Cäper, die mir wehe tat. Tisch und müde zur Ruhe.

Samstag, den 5.

Nach einer halb schlaflosen Nacht körperliches Übelbefinden, ½ 7 Uhr aufgestanden. Kaffee, Zorn. Dann, nachher, Geschäfte mit unserem Boten. Mitgefühl über das Sterben Ratsherr Zieglers[98].
Arbeit, Déjeuner abgewartet von Noël[99], unserem schon 10 Wochen lang einquartierten Franzosen.
Dann, nachher, ging ich ins Stübchen und schrieb diese flüchtigen Zeilen vom Anfang April.

Sonntag, den 6.

In der Morgenpredigt von Herrn Antistes, mit aufmerksamer Andacht mich erhoben. Am Abend besuchte ich meine Schwester Ott, ein lieblicher Abend, viel von Herrn Ratsherrn Zieglers Krankheit und Tod. Die liebliche Gegend und Natur mit Empfindung genossen.

Montag, den 7., meistens hingebracht mit dem Verlesen von Lavaters Schriften, die ich gesammelt. Am Abend besuchte ich Frau Ratsherr Lavater nebst Frau Doktor Schinz, wo mir innig wohl war.

Dienstag, den 8.,

entsinne ich mich des Morgens nicht. Um 10 Uhr Besuch von Frau Tobler[100] in der Au[101]. Viel Genuss des Wiedersehens, in lieblichen Erinnerungen unseres ehemaligen Beisammenseins. Leiden und Schreckensgeschichten von ihrem Hause, von ihrer Familie. Den Nachmittag arbeitend. Abendbesuch von Herrn Doktor Rahn[102], der mir sehr verständig und lieblich vorkam.

---

[98] Ziegler Leonhard (1749–1800), 1786 Ratsherr, verh. 1773 mit Ott Anna Maria (geb. 1753).
[99] Vgl. 1800, pag. 41.
[100] Vgl. 1799, pag. 16.
[101] Vgl. 1799, pag. 16.
[102] Rahn Johann Rudolf, M.D.: Sohn des Chorherrn Rahn Johann Heinrich. Vgl. 1799, pag. 76.

103   Mittwoch, den 9.
Geschäfte aller Art, Arbeit gegen den Mittag. Nach Tisch liess sich mein Mann schröpfen, wobei er zu meinem grossen Schrecken in Ohnmacht verfiel, das mich zittern und beben machte. Endlich erholte er sich wieder, legte sich ins Bett, und am Abend sprachen wir mit Tränen über unsere mehr als unglückliche Lage, von Vertrauen auf Gott. Herzliches Abendgebet mit den Kindern. Nach Tisch las ich noch eine
104 Predigt[103] von Zollikofer über die Feier des Todes Jesu, mit inniger Anbetung und Betrachtung der so wichtigen Lehre.

Hohendonnerstag, den 10.
Vor 5 Uhr war ich aufgestanden. Bis es heiter[104] war, kleidete ich mich an. Dann las ich noch eine Predigt von Zollikofer über das Leiden Christi, und wie es die Göttlichkeit seines Charakters erhebe. Dann Empfindungen und Betrachtungen über Abendmahl etc. Ankleidung, las noch vom 14.–17. Kapitel Johannes[105], dann in die Kirche, wo Andacht
105 und Genuss des Abendmahls mir Erquickung war. Bei Hause Geschäfte, dann Tisch, dann allerlei, wie es sich gibt. Ankleidung, und nachher las ich die Dienstagspredigt von Hess vom 2. April, und darauf, da ich ganz allein war, schrieb ich diese Zeilen ein. Oh, wie nichts, wie nur Umriss von dem, was in mir lebt und empfunden wird!
Oh, dass Du, Gott, mit und in mir bleibest und mit den Meinen ewiglich! Amen.

106   Karfreitag den 11.
Um 5 Uhr war ich aufgestanden mit religiösen Empfindungen und Betrachtungen. Um 6 Uhr in die Predigt, wo Hess über den Tod Jesu schön predigte. Ruhig und heiter war mir der Genuss des Abendmahls.
Bei Hause allerlei Geschäfte.
Den Tag über verfiel ich in eine unbehagliche Untätigkeit, die mir Unruhe machte. Besonders quälte mich Geldverlegenheit, die drückende Armut, die letzten Gulden zusammenzusuchen.

107   Samstag, den 12.
Etwas tätiger, ruhiger, arbeitender als den Tag vorher. Am Abend während dem Abendgebet las ich 2 Predigten von Zollikofer: Christus, ein Vorbild im Leiden und Tod uns Menschen. Diese Betrachtungen erhebten mich zur Andacht und Rührung. Herzliches Gebet mit den Kindern. Tisch, früh zur Ruhe.

Ostertag, den 13.
Alle ausgestandenen Unglücke und alle mir bevorstehenden, möglichen, schwebten mir wachend und träumend diese Nacht vor Augen und Herzen,

---

[103] Zollikofer Georg Joachim: «Predigten, nach seinem Tode herausgegeben», 8 Bände, Frankfurt und Leipzig 1793, vgl. 1786, pag. 107.
[104] «Heiter»: dialektal für hell.
[105] Vgl. 1786, pag. 38.

107a sodass ich müde und geängstigt erwacht und aufgestanden war. Ankleidung, und Kaffee nahm ich ohn' [dass] ich mich erholte. Dann herzliches Gebet mit den Kindern. Las die Auferstehungsgeschichte im Testament[106], dann einige Predigtskizzen von Lavater, die mir wohltuend waren. Unmut, Tisch, las noch weiter in den Predigten und schrieb nun diese Zeilen ein. Oh, welche Gefühle erheben meiner Seele Innerstes, voll Andacht und Liebe! Amen.

107b <u>Samstag, den 19.</u>
Nun leg' ich wieder eine Woche hin, mit all ihrem Leiden und ihren Freuden. Wunderbares Gemisch meiner Bestimmung. Ich verehre dabei die höhere Leitung meines Gottes in stiller Ergebung. Du, o Gott, wirst mich nicht lassen und nicht verlassen in meiner Armut, die mich so drückt in den Opfern, die ich täglich bringen muss, unbewusst nur einem Menschen bis auf das Letzte. Ach, der Wehmut Tränen!

108 Auch der Stumpfheit des Gefühls und des Fühlens, wer könnt' es beschreiben? Ich nicht, da ich mich in beiden Fällen befinde.
Immer wäg' ich ab, einem Menschen meine Lage zu entdecken, aber wem??? – nach vorigen Erfahrungen, die nichts besser machten, nur noch mehr drückten?! Auch ist selbst alles gedrückt um mich, die reichsten, zärtlichen Freunde, also auch

109 Delikatesse[107] [ist] eine Hinderung!
Ordentlicher Trieb zur Arbeit erfüllte eine Periode diese Woche. Auch etwas Lektüre, Forsters[108] Ansichten[109], Manuskripte von Lavater.
Auch macht' ich einen Besuch in Hottingen, wo ich den Dichter Salis[110] und seine Gattin sah mit Vergnügen und Genuss, Kayser, Oncles etc. Ach, gestern war ich bei Lavater, dem Einzigen!

110 Hatte liebe Besuche von Frau Schinz und Schulthess, interessanter Herzensgenuss über manches, das mich erquickte, aussetzen[111] mag ich nicht alles. Mir ist [wichtig], dass nur die Erinnerung mir bleibe, seh' ich, liebe Blätter, euch einst noch. Zu welchem Zweck ich sie schreibe, wenn meine Gesundheit mir noch weiter forthilft, die nun aber seit gestern wieder erschüttert ist, dass es wahrscheinlich mit mir zum Ziele geht, das ich so gerne erreichte,

111 ehe ich ganz versinke und mich selbst überlebe, welchem Punkt ich nahe bin. Oh, dass Du Dich, Gott, erbarmen mögest über mich und die Meinen! Amen.

---

[106] Matthäus 28; Markus 16; Lukas 24.
[107] Hier: Zartgefühl, Takt.
[108] Forster Johann Georg (1754–1794), Reiseschriftsteller, Begründer der künstlerischen Reisebeschreibung und der vergleichenden Länder- und Völkerkunde.
[109] Forster Johann Georg: «Ansichten vom Niederrhein, von Brabant, Holland und England 1791–1794», Berlin 1800.
[110] Vgl. 1800, pag. 85.
[111] «Aussetzen»: darlegen, äussern.

Montag, den 28.

Nun wieder einen verflossenen Zeitpunkt meines Lebens überschau' ich, der grösstenteils in Kummer und Leiden zerfloss über meine, über unsere Armut, die mich beinahe zerdrückte bei dem immer anhaltenden körperlichen Nicht-wohl-Befinden,

112 das [an] mir haftet. Ach, wie willkommen wär' es mir, wenn ich nur meiner selbst zu gedenken hätte! Wie gerne genösse ich der Grabesruh' nach dem ermüdenden Gang meines Lebens, dessen ich so satt bin! Ach, noch nie empfand ich eine solche innere Ermattung, eine Vernachlässigung alles dessen, was mir von jeher Pflicht und lieb war! Ein Dahinsinken in Untätigkeit oder maschinenmässiges Arbeiten bei dem Daheimsitzen, oft ein Angrenzen

113 an mein inneres Verlieren in mir! O Gott, führe mich bald auf einen Pfad meines Lebens, wo ich mich in etwas zu erholen vermag! Oft meine ich, meine Lage einem meiner Freunde [an]zuvertrauen, aber meine Menschenkenntnis schreckt mich davor zurück, und [ich] bringe lieber Opfer, die mir schwer fallen und fühle mich grösser im Ausdruck der religiösen Duldsamkeit, als im Ergiessen an Menschen.

114 Eine, wie ich hoffe, tief empfindende Ergiessung hatt' ich mit meinem Mann vor ein paar Tagen. Oh, wie dauert er mich, in seinem Alter so arbeiten zu müssen ohne Bezahlung[112]! Oh, des verbrennenden Gefühls, das ich für ihn, für die Kinder, ja für mich selbst empfinde, das in mir lebt! Wird es noch inniger werden? Oh, der sich durch irgend einen Trost versüsse, der mir bereitet sein möchte, wenn ich schon ihn jetzt nicht erkenne!

115 Einige Lektüre, einige Besuche, einige Spaziergänge, einige Arbeit, alles dies genoss ich, aber nicht wie vor kurzem. Alles vermehrt nur den innern Gram, nichts versüsst ihn. Oh, welch ein Leben ist ein solches – als genösse man's nicht! Klagen der Leiden, wer fühlt sie, als Leidende, Arme, Liebende?!

116 Vor ein paar Tagen besuchte ich Lav.[ater], vielleicht zum letzten Mal, weil er immer und immer kränker wird und ist. Ach, der Wehmut, Liebe, Schmerzen, ihn enteilen [zu] sehen, und doch, ach, wie gönnt' ich's ihm! Heute erhielten wir das Handlungstraktat[113] mit Cramer von Obmann Füssli, den ich kopierte, der in mir die Hoffnung, freilich bloss Hoffnung, erweckte, die Zinsen werden mit Maitag bezahlt werden, nach dem wir schmachten.

117 Nachher machte Statthalter Wyss meinem Mann einen Besuch, den er nicht antraf, weil er auf einen Augenschein nach Fällanden[114] gegangen

---

[112] Der helvetische Zentralstaat war zeitweilig nicht in der Lage, die Beamtengehälter zu bezahlen.
[113] «Traktat»: Vergleich, abgeschlossene Übereinkunft, schriftliche Abrede, Vertrag.
[114] Fällanden: Gemeinde im Bezirk Uster, Kanton Zürich, im Glattal gelegen.

[war], der mir unsäglichen Schrecken verursachte. Vermutlich betrifft[115] es den ihm schuldigen Zins, den man nicht geben kann, bis man aus der Buchhandlung bezahlt ist. Ich hatte das Herz nicht, ihn zu befragen. [Wir] redeten mit Höflichkeit und Teilnahme von der Nicht-Bezahlung des Kantonsgerichts und der Lage der Dinge,
118 das, wie ich glaube, nicht schädlich war, wie es geschah.
Aufräumen. Ausruhen, eine Stunde Ruhe bei einem Buch erhebte den grössten Teil dieses einsamen, stillen Tages, den ich bei Hause zubrachte, auch bis hieher schrieb zwischen 5 und 6 Uhr.
O Gott, sei Du mit und bei uns!
119 <u>Donnerstag, den 29.</u>
Vor 5 Uhr Erwachen, aufgestanden, Ankleidung, Gebet und [um] 6 Uhr zur Kirche. Herr Antistes Hess. Herzliche Andacht und Erbauung bei der Betrachtung des 17. Kapitels, 2. Buch Samuel[116]. Bei Hause Kaffee, Gefühle, las Maria Müller[117], einen Roman, aus[118], dessen Charaktere trefflich und stark gezeichnet sind, oh, voll Sentiment. Frau von Wolfenhausen [!][119], geborene Lengefeld, ist die Verfasserin. Arbeit, 's Essen, wieder Arbeit. Besuch von Frau
120 Schulthess in Hottingen. Arbeit bis 7 Uhr, dann unruhevolle Untätigkeit und schrieb noch hieher.
121, 122 [leer]

123 <u>Mai 1800.</u>
124 [leer]
125 <u>Mai 1800, Donnerstag, den 8.</u>
Schon wieder so mancher Tag dieses Monats eilte vorbei, ohne dass ich ein Wort niederschrieb von dem Gang meines Lebens. Und was mag wohl die Ursache davon sein? Weil im Grunde meine Lage, immer die nämliche, drückende Armut, auf mir liegt, unter der ich leide, dass ich meiner selbst nicht zu gedenken vermag.
126 Bisweilen zerstreue ich mich bei Arbeit oder beim Lesen, raffe mich auf und zusammen, um nicht zu erliegen. Dass mir so wehe ist!
127 <u>8.–31. Mai.</u>
Ein drei Wochen langer Zwischenraum der Zeit des Daseins, des Lebens verfloss, ohne dass ich ein Wort von mir selbst schrieb, gleichsam als wie ich mir selbst abwesend gewesen wäre, das in so manchem Sinn Wahrheit

---

[115] Originaltext: «Vermutlich trifft es [...] den Zins an, den...»
[116] 2. Samuel, 17: Davids Heer überschreitet den Jordan.
[117] Wolzogen Friederike von: «Marie Müller», Roman, Berlin 1799.
[118] Vgl. 1786, pag. 11.
[119] Wolzogen Friederike Sophie Karoline Auguste von, geb. Lengefeld (1763–1847), deutsche Romanschriftstellerin.

ist. Ach, nun möcht' ich einiges nachholen, das meine Seele berührte, wenn mir diese stille Stunde nicht wieder zerstreut wird.

128 Die immer drückendere Armut, in der ich lebe, vermehrt mein Leiden täglich, bringt [da]zu Sorgen, die mich beinahe für mich und die Meinigen verzweifeln machen, Geist und Herz und Körper zerstören im eigentlichsten Sinn. Hoffnungslos bin ich zwar nicht, aber gedrückt, den letzten Sparpfennig hervorzusuchen, anzugreifen, ihn verschwinden zu sehen wie alles, was ich hatte. O Gott, zeige mir

129 Mittel, uns zu helfen aus der Not. Diese Gefühle sind also das, was meine Seele am meisten erfüllt, auch mich von mir selbst entfernt. Oh, dass Gott, Du, doch mir nicht mehr auflegest, als dass ich ertragen mag! Wäschegeschäfte drückten mich auch sehr, mehrere Tage lang, mit all ihrer Last der Unkosten, der Launen, des Verdrusses.[120]

130 Der 11te, sonntags, hebt sich vor einer Menge anderer Tage heraus, und diesen gedenke ich zu beschreiben, ist er schon so lange verschwunden. Nach einer Einladung von Herrn R.[atsherr] Lavater ging ich morgens um 5 Uhr zu ihm hin zum Déjeuner, um mit ihm und Jungfer Rordorf[121] nach Baden zu Lavater, dem Einzigen, hinzureisen. Wir säumten nicht lange, um abfahren zu können und fuhren

131 auf der Höngger Seite hinab, welches mir so manche Erinnerung belebte, so manches Gefühl erweckte, so manches Anschauen abnötigte, und, welche Freude, das Eine und Andere noch so ganz zu finden wie vor 24 Jahren und noch mehr, da ich so glücklich in meiner Eltern Landgut[122] meine Jugend verlebte! Ach, jedes Weglein, Bäumchen, oh, wie war's mir, wie froh war ich, zwei Personen neben mir im Wagen zu haben, die zusammen

132 sprachen, dass ich still bleiben konnte oder nur wenig sprechen durfte! Da es nun ein paar Stunden weit gegangen, war mir etwas freier und erhebte ich meine Blicke gegen die ganze Gegend, die Berge, die Kirchen etc. Oh, da Baden erreicht war, wie erinnerte ich mich da an Oncles[123], an den Tag unserer Kopulation[124] in der reformierten Kirche![125] Gott, da hätt' ich stehen bleiben mögen in Tränen, die nur Dir geweint werden können, Gott

133 meines so schweren Schicksals von dieser Zeit an! O Du, o Du grosser Gott, und denoch Gott! Mein eigenes Sein überschlug also weit das Gespräch, das ich zwischen[hin]ein führen musste, um mich selbst nicht zu verraten. Und nach 9 Uhr langten wir bei lieblichem Wetter schon in Baden

---

[120] Diese Aussage betrifft die Wäscherinnen.
[121] Rordorf Elisabeth (1770–1837), Tochter des Rordorf Caspar (1733–1779) und (verm. 1764) der Fehr Catharina († 1802), 1808 verm. mit Wolf Andreas (1760–1820), Pfarrer zu Hedingen. Verehrerin und Betreuerin Lavaters.
[122] Landgut «Tobelegg» der Familie Escher in Höngg, vgl. 1786, pag. 4.
[123] «Oncle» Lavater Heinrich war 1774 Landvogt zu Baden.
[124] «Kopulation»: kirchliche Vermählung, vgl. Erz. Pag. 15.
[125] 6. Mai 1776, vgl. Erz. pag. 15.

an, im Hinterhof[126], bei Lavaters, in dem Zimmer, wo er vor einem Jahr[127] daraus nach Basel deportiert wurde. Die l.[iebe] Frau Pfarrer und Louise[128] [waren] mit

134 Ankleiden beschäftigt. Lavater badete! Oh, des unvergesslichen Wiedersehens, wie er im Bade sass, wie ein reiner, heiliger Bewohner einer höheren Welt, im Hemde, das er offen – seinen Wunden zu lieb – so trug, so nur um ihn schlug. Oh, des Anblicks der Freude, die er äusserte, uns – ich darf wohl sagen, auch mich – zu sehen. Oh, der Lieblichkeit des Empfangs! Oh, dieser unvergessliche Moment!

135 Nach einer Weile gingen wir ins Zimmer hinauf. Da einige Arrangements in seinem Zimmer. Bald kam er aus dem Bade ins Bett, wo er wieder so lieblich war, schrecklich leidend am Husten, dass es mir durch die Seele ging. Er sprach wenig. Nach einer Stunde wollt' er aufstehen, forderte seine schöne Schanzlope[129], sagte scherzend: «Heute muss ich Staat machen meinen Freunden zulieb.» Wirklich zog er sich ganz an. Aber ach, welch ein Anblick, sein gebogener, vielleicht gebrochener

136 Rücken[130], Rückgrat, seine Magerkeit, seine Schwäche! Oh, wie durchdrang es mich, die schöne Gestalt Lavaters so verwelkt zu sehen, so gealtert, als ob er 80 Jahre hätte! Mit Mühe war bis aufs Frisieren, die Kapuze, Stiefel, alles angetan. Und nun ging's langsam auf den Gang[131], wo ihm ein Bettkissen nachgetragen war. Der Wind es hinderte, zu bleiben, und wir nun ein wenig auf die Matte[132] gingen, in ängstlichen, teilnehmenden Gesprächen. Auch dorthin

137 kam er langsam mit Jungfer Rordorf. Gott, welche Ehrfurcht erweckte sein Anblick! Auch dort setzte er [sich] unter die Linde in Gesprächen mit den übrigen, wenigen Badegästen. Aber bald sagte er, wir wollten zurück, da er dann langsam ging am Arm seines Schwagers, Herrn Zunftmeister Schinz'[133]. Unten an der Stiege war er wieder von Husten befallen, der ihn schrecklich leiden machte und mich mit ihm. Ermüdet und schwach ging er in sein Zimmer, um zu ruhen,

138 und wir andern blieben noch auf dem lieblichen Gang. Ach, in Wehmutsgesprächen über und von unserm Geliebten! Dann war es Mittag und Lavater [wurde] geholt, oben an [den] Tisch in einen alten, grossen Sessel

---

[126] «Hinterhof»: Kurhotel in Baden, vgl. Hess David: «Badenfahrt», Zürich 1818.
[127] 16. Mai 1799, vgl. 1799, pag. 146.
[128] Lavater Louise, jüngste Tochter Lavaters.
[129] «Schanzlope(r)»: spezifisch zürichdeutscher Dialektbegriff für Schlafrock für Männer im Spital, allg.: langer, weiter, aus dickem Stoff gefertigter, meist mit Pelz verbrämter Überrock für Männer.
[130] Höchst wahrscheinlich handelt es sich um die Folgen einer Osteoporose.
[131] «Gang»: Hausflur, Loggia, bedeckter Gartenweg, Allee.
[132] «Matte»: Kurpromenade in Baden.
[133] Schinz Caspar (1727–1816), 1773 Zunftmeister zur Zimmerleuten, verh. 1752 mit Escher Anna.

gesetzt, mit einem Bettkissen, ich zu seiner Rechten[134], ach, wohl um das letztemal ein Mahl der Liebe zu geniessen. Er mochte wenig sprechen, wenig essen, entschlief bald und liess sich wieder in sein Zimmer führen von Louise. Ich mocht'

139 nicht viel reden. Noch einmal ging's auf die Matte[135], ohne ihn, in lieber Unterredung, dann hinauf, um Kaffee zu trinken, wo auch er wieder hergeführt war. Etwas gestärkt, griff er sich an[136] zu erzählen, wie er heimgeholt worden [sei] aus der Fremde zu seinem sterbenden Vater[137] etc., das ihn so bewegte, dass er weinte, dann von seinem Vorhaben, nach Schinznach[138] zu reisen, von seinen Beschwerden, von seinem verhärteten Bauch, das mir alles tief ins Herz ging.

140 Nun aber wurde er wieder in sein Zimmer geführt, wir so zerstreut herumstehend [zurück]geblieben, dann in Empfindungen versunken, die ich zu verbergen suchte, noch in sein Zimmer zum letzten Lebewohl, zum letzten Wiedersehen. Oh, wie war's mir, wie wollt' ich's niederschreiben, was mein liebendes Herz empfunden, gefühlt hat!

141 Um 4 Uhr sassen wir, Jungfer Rordorf, Louise und Jungfer Schinz[139], die uns begleiteten, im Wagen, fuhren zerstreut bis aufs Wettinger Feld[140]. Dann verliessen sie uns. Mir war's schwer bis zu der Schiffsbrücke bei Wettingen, da wir ausstiegen, darüber gingen, und sie allweg[141] betrachteten, die schreckliche Zerstörung[142] der Grubenmannschen[143] Brücke bedauerten, und nun Jungfer Rordorf und ich allein im Wagen sassen und nach und nach heiterer

142 und freier wurden. Dann [ich], wie natürlich, unser Gespräch auf Lavater leitete, weil sie schon so lange täglich um ihn ist, manches vernahm, das mir unbekannt und angenehm war, auch in ihr Verhältnis mit Lavater einblickte etc. Dann von der Töchterschule[144], von Büchern etc., und so

---

[134] Hier erkennt man eine Anspielung auf die Abendmahlsszene mit Johannes zur Rechten Christi.
[135] «Matte»: Wiese in Baden an der Limmat, vgl. 1800, pag. 136.
[136] «griff er sich an»: raffte er sich auf.
[137] Lavater Heinrich (1698–1774), M.D., 1725 verh. mit Escher Regula (1706–1773), wohnh. z. Waldries (heute Spiegelgasse 1), Eltern von Lavater Johann Caspar VDM und Lavater Diethelm M.D.
[138] Schinznach: Badeort bei Brugg im Kanton Aargau.
[139] Schinz Elisabeth (geb. 1722), Schwester von Lavater-Schinz Anna, Schwägerin von Lavater Johann Caspar.
[140] Wettingen: Ortschaft, an der Limmat gelegen, südöstlich von Baden, Kanton Aargau.
[141] Vgl. 1791, pag. 204.
[142] Die Wettinger Brücke wurde am 7.6.1799 von den Franzosen verbrannt. Die erwähnte Schiffsbrücke war eine militärische Improvisation zu deren Ersatz.
[143] Grubenmann Hans Ulrich (1709–1783), aus Teufen AR stammender, berühmter Brücken- und Kirchenbauer, erbaute 1764 die Wettinger Brücke.
[144] Töchterschule, begründet durch den Chorherrn Usteri Leonhard (1741–1789), Freund Winkelmanns und Rousseaus. Sie bezweckte eine höhere Ausbildung für Töchter von Stadtzürcher Familien.

glücklich und vergnügt um 8 Uhr abends bei den Meinen wieder anlangte, nachdem wir den Weg über Altstetten[145] genommen, also die Höngger Seite von weitem betrachten taten und unterwegs mehrere hundert Blessierte zu Fuss und in Wagen antrafen, sodass es doch eine Resolution[146] und ein Unternehmen für 2 Frauenzimmer ist, in Kriegszeiten allein zu reisen. Gottlob, dass uns nichts begegnete!

Seitdem erhielt ich fast täglich Bulletins, die alle [be]zeugten, dass es abwechselnd um sein Leben steht, wie ich ihn selbst gesehen.

<u>Letzten Sonntag, den 25.</u>, machte[n] ihm mein Mann und Caspar einen Besuch. Ach, wie genoss ich mit[147] den lieblichen, vielleicht letzten Genuss der Freundschaft in ihren Erzählungen, von ihm, dem Einzigen.

<u>Am Montag, den 26.</u>, verreiste er nach Schinznach; noch ernstere Nachrichten von seinem Leben. Mein Bereit[sein] zur Nachricht seines Todes ist mein täglicher Zweck. Ach, wie wird mir sein!

Mit Vergnügen las ich die Hardmeyersche[148]-Lavatersche Korrespondenz, auch einige interessante Texte von Lavater. Auch der Brun[149] Tagebuch bei einer Reise durch die Schweiz, Graubünden und Italien[150], besonders die Beschreibung von Albis, Rigi, Gotthard, die Freundschaft für Salis rührte mich sehr.

Aber ach, der Herzenserhebungen, der Andacht, genoss ich wenig, gehemmt durch mein Leiden.

So ende ich denn diesen Monat.

Brachmonat 1800.

[leer]

Den 1. VI, Pfingstsonntag.

[Um] ½ 5 Uhr erwacht, sah, dass es mehr als anfangs Tag war, stand sogleich auf im Gedanken, was für ein wichtiger, heiliger Tag [es] sei, in Empfindungen. Legte mich langsam und ordentlich an, dann herzliches, inniges Gebet, Nachtmahllieder[151], Andacht. Kaffee, dann [zu] Herrn Antistes Hess in die Kirche, der über den 12. Vers des IV. Kapitels der Apostelgeschichte predigte: «Es ist in

---

[145] Altstetten, Bezirk Zürich, früher Bauerndorf im Limmattal, gegenüber Höngg, heute Stadtkreis 9.
[146] «Resolution»: Entschluss.
[147] Im Sinne von mitempfinden.
[148] Hardmeyer Kaspar David (1772–1832), 1795 VDM, Prediger in Bayreuth. Wegen seiner scharfen Angriffe auf die christliche Lehre wurde er seines kirchlichen Amtes entsetzt, war ein begabter Musiker und Sänger sowie Schriftsteller und kehrte 1800 als Lehrer nach Zürich zurück.
[149] Brun Friederike, geb. Münter (1765–1835), Reiseschriftstellerin.
[150] Brun Friederike, geb. Münter: «Tagebuch einer Reise durch die Schweiz», Kassel 1800; «Tagebuch über Rom», Zürich 1799–1801.
[151] Abendmahllieder.

150 keinem andern das Heil, auch ist kein anderer Name über dem Himmel dem Menschen gegeben, darin wir müssen selig werden.» Ich war voll Rührung und Andacht in mir selbst und durch die Predigt und das Abendmahl zu meiner Stärkung. Dann bei Hause Geschäfte, Gespräche. Tisch bis gegen 2 Uhr, da ich dann noch diese Blätter einschrieb, einen Besuch bei Frau Ratsherr Lavater versprach.

Auch las ich, durch den Text veranlasst, das 3. und 4. Kapitel der
151 Apostelgeschichten[152] und nun end' ich für heute.

Den Abend bracht' ich bei Fr. R[a]ts[herr] Lavater zu, mit Frau Doktor Schinz.

Pfingstmontag, den 2.

Nach 5 Uhr war ich aufgestanden. Ankleidung, Gebet. Las eine Pfingstpredigt von Zollikofer, dann zur Kirche, wo Hess über den gestrigen Text gepredigt. Beim Abendmahl voll Rührung, nachher bald Tisch, darnach Gespräch mit meinem Mann über
152 unsere schwere, unglückliche, ökonomische Lage, der Gedanke, meiner Schwester davon zu sagen. Unruhe, Zerstreuung. Nach 3 Uhr ging ich zum Kreuz, von Lavater geredet, dann in Henkers[153] Gesellschaft über anderthalb Stunden, das mich degoutierte, dann im Garten, von nichts neuem die Rede, froh, um 8 Uhr nach Hause zu gehen. Tisch, bald nachher zur Ruhe.

153 ### Dienstag, den 3.

Um 5 Uhr erwacht, streitend in mir, ob ich zur Kirche gehen sollte oder etwas zu meiner Erbauung zu lesen.[154] Nach meinem neuen Entschluss, täglich etwas Religiöses zu meiner Stärkung zu geniessen, entschloss [ich] mich zur Kirche, wo Leutpriester Schulthess[155] predigte über den Tod des Stephanus[156], prächtig rednerisch, das mir wohltuend war. Traf Frau Schulthess an, von ihrem Besuch in Schinznach, von Lavaters Schwäche [berichtet]. Ach, der Geliebte!

154 Dann bei Hause Arbeit unter Kummer und Sorgen bis mittags und so fort bis an Abend und in die Nacht, unterbrochen nur durch einen kleinen Besuch von Frau Schinz. Von Lavater und Frau Schulthess etc. Herzliches Gebet mit den Kindern, Tisch und nachher noch körperliche Reinigung machen etc., und nach 10 Uhr zur Ruhe.

---

[152] Apostelgeschichte 3 und 4: Wunder an einem Lahmen und Zeugnis des Petrus von Jesu Christo zur Busse. Des Petrus und Johannes Gefängnis, Bekenntnis vor dem Hohen Rat und ihre Loslassung, Gebet der Gläubigen, ihre innige Gemeinschaft, vgl. Hess Johann Jakob: Apostelgeschichte, 1778–1787, ZB, FA He 1741, 46–57.

[153] Volmar Hans Ulrich (1755–1806), 1783–1806 Scharfrichter zu Zürich.

[154] Originaltext: «... oder zu meiner Erbauung etwas zu lesen.»

[155] Schulthess Johann Georg (1758–1802), VDM, 1791 Leutpriester am Grossmünster. 1784 verh. mit Tobler Dorothea (geb. 1763).

[156] Apostelgeschichte 7, 58f.

Mittwoch, den 4ten.

Um ½5 Uhr aufgestanden, Ankleidung etc. Dann las ich in Youngs[157] Schriften das Gedicht «Die Macht der Religion»[158] mit tiefer Empfindung und Andacht und Rührung, fand besonders diese anhebende stärkende Stelle:
«O kurzsichtige Menschen, die ihr jedes Unglück, das über euch vorbeigezogen, für das letzte haltet! Ach, die Trübsale reisen in einem steten Gefolge hintereinander her und hängen oft in einer ununterbrochenen Kette zusammen. Übel werden von Übeln begleitet und Sorgen von Sorgen begraben, bis Leben und Unglück ein gemeinschaftliches Ende finden.»
Oh, welche Wahrheiten, wenn man selbst unglücklich [ist] und unglückliche Erfahrungen macht, wie ich selbst, aber auch Wahrheit, dass durch Religion alles kann getragen und überwunden werden. Stärke Du, o Gott, mich im Geist durch Deinen Geist! Amen.
Noch schrieb ich hieher bis 8 Uhr.
Der übrige Tag in Unruhe wegen Ausputzen der Zimmer, am Abend noch allein in dem Kämmerli arbeitend.

Donnerstag, den 5.

Unruhevolles Zusammensuchen von meinen Sachen, um sie zu werten, wenn ich allein sein werde. Dann wollt' ich arbeiten, konnt' es nicht, machte einen Besuch bei Frau Pestalozzi beim Steinbock. Tisch. Lernte mit den Kindern bis 3 Uhr, dann [kam] Frau Schinz. Lavaters Haare[159] und Billett, etwas weniges über unsere Leidenssituation [gesprochen]. Dann [ging ich [in den] Schönenhof, dann zur Frau Ott, da von meinem Leiden, Geschichten der Stadt, der Kaufmannshäuser und den Unglücken [die Rede war], dass ich schweigen und zufrieden sein musste mit meinem eigenen Jammer. Bei Tisch Schmerzen und Krämpfe, dass ich ins Bett eilen musste vor 10 Uhr.

Freitag, den 6.

Nach 5 Uhr aufgestanden. Ankleidung. Unruhe und Leidensgedanken. Durchlas ein paar Blätter von Youngs Übersetzung[160], dann zerstreute Geschäfte und innerlicher Jammer, und nun schrieb ich noch hieher diese flüchtigen Zeilen, die ja nur flüchtig sagen, was ich tief alles empfinde, ehe ich nun an die Arbeit gehe. Arbeit bis 12 Uhr, dann wieder unter Schmerzensgefühlen des Leidens bis 5 Uhr, da wir eine Visite machten bei Herrn Pestalozzi.
Körperliche Unpässlichkeiten nötigten mich ins Bett zu eilen.

---

[157] Young Edward (1683–1785), Dichter, Verfasser geistlicher Schriften der Aufklärung.
[158] Young Edward: «Das jüngste Gericht»; «Die Macht der Religion»; «Der Centaur» Mannheim 1792.
[159] Übersendung einer Haarlocke als Zeichen der Verbundenheit.
[160] S. 1800, pag. 161.

160   <u>Samstag, den 7.</u>
In innerlichen Kämpfen über die Not der Armut brachte ich unter Arbeiten fast den ganzen Tag hin, doch nicht trostlos, wenn ich schon nicht weiss, worauf ich meine Hoffnung gründen soll. Ach, dass des Kummers kein Ende ist, noch werden wird!
        <u>Sonntag, den 8.</u>
Meine noch immer anfallende Übelkeit machte, dass ich erst um 6 Uhr aufgestanden.

161 Ankleidung, dann Geschäfte, weil ich bei Hause blieb bei dem grossen Regen, mit den Kindern das Nötige, doch konnt' es nicht zum Gebet kommen. Nachdem ich Ruhe fand, las ich in Youngs vermischten Schriften[161] die Abhandlung «Der wahre Wert des menschlichen Lebens» mit nachdenkender Aufmerksamkeit, bewunderte die hellen, tiefen Begriffe der Religion, der Menschenkenntnis und Weltkenntnis. Welche Beschreibungen der

162 Leidenschaften, der menschlichen Seele! Diese Betrachtungen erfüllten den grösseren Teil dieses Tages bis abends 6 Uhr, da ich eben vollendete. Ich weiss nicht, warum mich die Lehre von der Existenz des Teufels [im Text] zu finden mitunter auch besonders frappierte und unerwartet war. Welche Wahrheiten fand ich in dem Gemälde des Lebens in Miniatur, wo Young alles Elend, alles Leidenschaftliche, das ich in mir, an andern kenne, darstellt, dass ich weinte!

163 Möge dieser stille Tag mir zu ewigem Segen werden durch die ansichtsvollen, tiefen Belehrungen, die ich in diesem Buche fand, und [die] mir den Wert der Dinge recht vor Augen legen!

164   <u>Montag, den 9.</u>,
las ich in Youngs Gedicht den «Jüngsten Tag» als meine Morgenerhebung. Dann Arbeit bis mittags, dann nach Tisch ging ich auf Hottingen. Herzlicher Abschied vor ihrer vorhabenden Reise[162]. Hotz das Hauptgespräch, dann auf das Bauhaus, wo mir's lieblich war, meine innere Gedrücktheit sich wälzte, ob zum Erguss oder zum Schweigen. Dann kam Nägeli, den mich sehr interessierte zu sehen und zu hören im Reden und beim Klavier. Nachdem er fort war, sprachen wir

165 dann von den Geldsachen, wie arm wir [seien], notwendig, [dass] wir einsehen, dass wir Geld bedürfen, welches mir Frau Schinz abnahm[163] und mir Gerechtigkeit widerfahren liess, das mir wohl und wehe tat, in Gedrücktheit nach Hause kam, in mir selbst tiefe Bitterkeit und Wehmut empfand im Leiden, das nur Du, o Gott, kennst.

---

[161] Young Edward: «Vermischte Schriften mit Gedichten» von Edward Young, aus d. Englischen übersetzt von J. A. Ebert, Braunschweig 1772.
[162] Schulthess-Lavater Regula fährt zur Kur ins Weissenburgbad im Simmental (s. 1800, pag. 230).
[163] Abnehmen: Umgangssprachlich für glauben.

<u>Dienstag, den 10.</u>
bracht' ich den Morgen hin mit einem Brief an Hotz, den ich der Frau Schulthess zulieb schrieb, mit Liebe, ach, und mit Leiden. Dann Nachdenken und Jammer über uns. Tisch. Aufräumen. Anordnen auf Papas Gesellschaft, dann ein Billett von Schneider Vogel[164] um sein Konto[165], der mir die Seele vor Angst beinahe aus dem Leib jagte. Im gleichen Moment kam Frau Schulthess, [ich] übergab ihr den Brief an Hotz, von ihm gesprochen, dann von Salis, von dem Buch, das sie brachte von Margaretha Klopstock[166], ihre Entbindung, ihr Tod, ihre Briefe, Freundes und Mannes Briefe[167]. Da ich mich allein fand den grössten Teil des Abends, las ich diese ernsthafte Geschichte, die Gefühle weckte, die mich in eine lange nie gefühlte Empfindung versetzten von religiösem Gefühl, das aber auch mein eigenes Leiden hemmte[168], verstellte, unterdrückte, dass ich mich beinahe in mir verlor und am Abend mich ganz ermattet befand und blieb, als wär' ich nicht mehr hier.

<u>Mittwoch, den 11ten.</u>
Später als gewöhnlich auf, unruhig, arbeitend, las noch zwischen[hin]ein das Buch aus um's wieder zurückzugeben.
Nach Tisch legte ich mich noch an, nach Hottingen zu gehen. Pfarrer Hess, allerlei Gespräch, begleitet von ihm bis auf Hottingen, dann noch Abschied nehmend von Frau Schulthess, die mir ganz verstört war, Frau Schinz. Nach einer halben Stunde fort. Beim Abschied sagte [die] eine mitempfindend, dass es nichts sei mit dem Geld – weitläufig darüber. Ich [ging] voll Wehmut, Bitterkeit und Tränen, die ich zurück hielt, zu Frau Ott, dort nichts von dem, wohl und ruhig bis 7 Uhr – anscheinend – und nun nach Hause, wo ich litt, wie lange nie. Tisch. Nachher Ausbruch der Tränen und Worte an und mit meinem Mann, dann nach 11 Uhr zur Ruhe.

<u>Donnerstag, den 12.,</u>
wieder spät aufgestanden. Ankleidung, Geschäfte, Arbeit den Morgen über, in mir über alle Worte gedrückt. Tisch und Arbeit und Lernen mit den Kindern und mein Leiden. Oh, dass Du Dich, Gott, erbarmest über mich! Unter-

---

[164] Vogel Hans Jakob (1742–1809), Schneider, Obmann der Schneider.
[165] <u>Originaltext</u>: «um seinen Konten». Konto: Rechnung
[166] Klopstock Margaretha (Meta) geb. Moller (1728–1758), verm. 1754 mit Klopstock Friedrich Gottlieb.
[167] Klopstock Margarethe: «Hinterlassene Schriften», Hamburg 1759.
[168] <u>Originaltext</u>: «…las ich diese ernsthafte Geschichte und Gefühle, das mich in eine lange nie gefühlte Empfindung versetzte von religiösem Gefühl, dann aber auch mein eigenes Leiden hemmte, …»

redung mit meinem Mann über unsere Lage – Traurigkeit – und schrieb nun ein paar Tage hier in diese Blätter.
Am Abend noch redete mein Mann mit Herrn Ratsherr Lavater über unsere Lage, und er brachte uns selbst am Abend 200 Gulden, welches mich sehr rührte, aber auch in eine entsetzliche Bewegung versetzte.

171   <u>Freitag, den 13.</u>
Zitternde Angst über [die] Geldangelegenheit erfüllte meine Seele. Arbeit, die nicht gelingen wollte, half die Zeit vertreiben. Tisch, Arbeit, freundliche Einladung von Frau Ratsherr Lavater, die ich annahm und den Abend gerührt und dankbar an ihrer Seite hinbrachte bis 8 Uhr, da ich, ermüdet durch meine innere Empfindung, nach Hause kam, speiste und zur Ruhe eilte vor 11 Uhr.

172   <u>Samstag, den 14.</u>,
wieder, ach, wie erschöpft und leidend aufgestanden. Arbeitend, gestört durch Wädenswiler. Unruhig, erhielt ein Billett, ob ich nicht um 1 Uhr zu ihr, Frau Schulthess, kommen wollte, dahin ich auch eilte. Sie, die liebe, mir sagte, warum sie mich gerufen, wäre einesteils, [um] mich noch einmal vor ihrer Abreise zu sehen und zweitens, weil sie von der drückenden Lage,
173 in der ich mich befinde, von Frau Schinz gehört hätte und mir 10 Louis d'or geben möchte, mehr könnt' sie nicht. Ich sagte ihr, dass Herr Ratsherr Lavater uns schon geholfen hätte, aber ich wollt' es dennoch mit Dank annehmen, wenn sie es mir geben wollte, und erhielt es also mit Rührung und dankbarer Liebe. Ich dachte bei mir selbst, ich wollte mich nicht durch falsche Scham, nicht durch Empfindungen selbst hemmen, weil ich's so nötig hätte.
174 Nun schwatzten wir noch eine Weile, und da ich fortging, gab sie es mir mit Tee, den sie mir schenkte. Gott weiss allein, wie mir war, wie mir ist. Solche Demütigungen machen demütig. Oh, was ist's, solches empfinden und tun müssen, so liebend es auch gegeben wird! Ich kam gegen 4 Uhr nach Hause, zitternd, suchte noch 5 Schillersche
175 Almanachs[169] und der Brun ihre Schriften zusammen und sendete es ihr. Gott, wie mir's den Abend durch war, dies beschreibe ich nicht!
        <u>Sonntag, den 15.</u>
Morgens ging ich zur Kirche; Herr Antistes Hess. Arbeit bei Hause, Abschied von meinem Mann, der auf einen Augenschein nach Meilen ging. Ich von 2 Uhr bis 8 Uhr zu Frau Ott; von meinen Angelegenheiten, Plänen, Leiden, unter dem ich
176 fast erlag, [gesprochen]. Tisch und Abschied von unserem Franzosen Choli[170].

---

[169] Die Schillerschen Musenalmanache stellten Ende des 18. Jahrhunderts, dank der eigenen Beiträge und denen anderer namhafter Dichter, einen literarischen Höhepunkt dar. Vgl. 1796/97, pag. 53.
[170] «Choli»: dialektal für schwarzfelliges Haustier, hier übertragen auf dunkelhaarigen Menschen.

Montag, den 16.
Berichtigung der Konten, die mich so peinigten. Anordnung zu ein paar Kleidungsstücken den armen Kindern für die Notwendigkeit. Aufräumen, Erhitzung in mir, dass ich beinahe fieberähnlich wurde und weinend.

Dienstag, den 17.
Endete die Aufräumungs-Anordnungs-Geschäfte unter Tränen, nachmittags wieder. Um 4 Uhr bis 8 Uhr Besuch von Herrn Pfarrer Hess, seine Eintritts-Predigt[171] und Briefe von seinen Söhnen[172] und Gespräche über Religions-Gegenstände, Unsterblichkeit, Tod, Krankheit, das mir erhebend und angenehm war. Vor 8 Uhr meines Mannes Ankunft.

Mittwoch, den 18.
Nach 5 Uhr, auf eine Traum-Fieber-Nacht aufgestanden, Ankleidung, wollte ich Young lesen, nur zerstreut. Noch Aufräumen, Geschäfte, Flicken, Arbeit, Tisch, und nachher setzte ich mich zu den Blättern, an die ich so attachiert bin, die so nichts sagen und mir so viel zur Erinnerung sind in meinem Leidensleben.
Nun schlägt's 3 Uhr. Abends Besuch bei Frau Ott.

Donnerstag, den 19.
Abends Besuch bei Frau Schinz, einiges, das mir weh-, einiges das mir wohltat. Wiedersehen von Lavater, der bei seiner Heimreise von Schinznach bei uns vorbei zu seinem Sohn hingefahren. Oh, des Gefühls, das meine Seele durchdrang, wird mir wohl ewig unvergesslich bleiben!

Freitag, den 20.,
Samstag, den 21.,
Sonntag, den 22.,
erinnere ich mich nicht wieder.

Montag, den 23.,
Dienstag, den 24.,
hatten wir Besuch von Frau Hauser, Sohnsfrau[173] von Herrn Untervogt von Wädenswil. Geschäfte damit. Erinnerungen an so viele Menschen der Gegend und unseren Aufenthalt im Schloss, dass es meine Seele tief dabei ergriff. Oh, der Vergangenheit! Oh, der Erinnerungen, die Empfindungen der Gegenwart, die Erwartung der Zukunft, alles nur im engen Raum dieses Erdenlebens, so schwer, so genussreich, so bildend für die Seele! Ach, alles so zu bedenken, wie tief geht es???

Mittwoch, den 25.
Heute vor 5 Uhr aufgestanden, herzliches Gebet und Tränen. Dann Arbeit, ununterbrochen bis mittags, dann wieder, nur unterbrochen von Herrn Pfarrer Beyels liebem Besuch.

---

[171] Vgl. 1792, pag. 37, bzw. 1800, pag. 67.
[172] Hess Christoph Heinrich (1771–1829), Kaufmann und Hans Kaspar (1772–1847), VDM.
[173] «Sohnsfrau»: Schwiegertochter.

182 Dann, nach 3 Uhr, hier diese Zeilen, die mich zu mir selbst nahe brachten in Gefühlen, auch körperliche Unpässlichkeit.
<u>Donnnerstag, den 26.</u>
Am Abend Besuch bei Frau Ott.
<u>Freitag, den 27.</u>
Dessen, ach, entsinne ich mich nicht mehr, als dass ich ihn bei Hause zubrachte, in Jean Pauls Briefen[174] las, ein vortreffliches Buch. Besuch von Frau Pfarrer Ammann etc.,

183 <u>Samstag, den 28.,</u>
setzte ich die Lektüre der Briefe Jean Pauls fort. Arbeit. Nach Tisch lernte ich mit Regeli und arbeitete, vernahm mit Rührung, dass Fäsi[175] abtreten wolle und mein Mann seine Stelle sehr wahrscheinlich erhalten werde. Ach, dass Du Dich, Gott, erbarmest und uns doch helfen mögest, ehe und ohne dass wir in Menschenhände fallen! Ging nachher zu Frau Ratsherr Lavater, liebliche Stunden an ihrem Bette. Tisch, Gespräch von der Lage der Dinge, früh zur Ruhe.

184 <u>Sonntag, den 29.</u>
Regeli bracht' eine heftige Fiebernacht hin, ich mit ihm wachend und erhitzt und unruhig. Ging aber doch Hess zur Predigt, nachher Besuch bei Herr Oncles, von Frau Schulthess' abgekürzter Reise [gesprochen]. Bei Hause Ankleidung, Tisch. Nachher zog ich verschiedene Stellen aus den Briefen Jean Pauls [aus] – neben Regeli – [und] schrieb an Lav.[ater], den mein Mann besuchte, und Conradli. Nach 4 Uhr ging ich zu meiner Schwester, trauliche, herzliche Gespräche, fand mein

185 Regeli in einem ausserordentlichen Schweiss, der mir heilsam schien. Tisch und, gottlob, eine gute Nacht.
<u>Montag, den 30.</u>
Besuche von Richters- und Wädenswilern, die den Tag hinnahmen bis abends 4 Uhr, wo ich dann zu Frau Schinz hinging, den Abend in Erguss hinbrachte, auch Jean Pauls Briefe uns zu einer andern Vorlesung führte, da sie just eines seiner Werke hatte, das Kampagner-Tal oder über die Unsterblichkeit der Seele[176]. Um

186 8 Uhr traf ich sehr vergnügt und getröstet bei Hause ein. Tisch. Erholung von der Hitze und nach 10 Uhr zur Ruhe.
So endet denn wieder ein Abschnitt meines Lebens mit diesem Monat, mit seinen Leiden, mit seinen Freuden!
O Gott, lass' mich an Dir festhalten im Leiden und im Genuss des Guten!

---

[174] Richter Jean Paul: «Briefe und bevorstehender Lebenslauf», Gera 1799.
[175] Vgl. 1800, pag. 95.
[176] Richter Jean Paul: «Das Kampagner-Tal oder die Unsterblichkeit der Seele», Erfurt 1797.

187   <u>Heumonat 1800.</u>
188   [leer]
189   <u>Dienstag, den 1. Heumonat 1800.</u>
Nach 5 Uhr erwacht in dunkeln Gefühlen. Ankleidung, durch das Läuten der Glocken ermahnt, in die Kirche zu gehen. Hess holte [den] Text im 19. Kapitel des 2. Buchs Samuels[177], dumpfe Andacht. Bei Hause Kaffee, etwas Arbeit, Staunen. Nach 9 Uhr schrieb ich einige Tage hier ein, in so vielen Geschäften, die Du, o Gott, nur allein kennst.
190 Abends Besuch bei Frau Schinz.
              <u>Mittwoch, den 2., bis Samstag, den 5ten.</u>
In Unpässlichkeit bei Hause, arbeitend, versunken, bisweilen einmal lesend in Hesperus[178], in Wielands. Peregrinus Proteus[179]. Leidend, ach, dass Du, Gott, Dich erbarmest!
Traurige Berichte von Lavater. Brief an ihn, Billett von ihm. Schreiben an Frau Schulthess. Ach, aller Genuss, als genösse ich's nicht, leben als lebte ich
191 nicht!
                    <u>Sonntag, den 6.,</u>
erhebte ich mich [um] zur Kirch' zu gehen, wo ich aber nicht heiter und unruhig war, in der Bibel lesend. Tisch, nachher wollt' ich in Hesperus lesen. Nervenschlag, Kopfweh, Gewitter, Hemmung zum Erbarmen. Nach 4 Uhr zu Frau Schinz mit Frau Lavater beim Erker, dort ein lieblicher Abend. Plan auf Dienstag, Lavater zu besuchen. Um 9 Uhr heim.
192   <u>Montag, den 7.</u>
Um $^1/_2 6$ Uhr aufgestanden, dunkel und dumpf von der Hitze, dann Geschäfte aller Art, dann nach 8 Uhr hier niedersitzend und dies einschreibend, da es 9 Uhr schlägt.
Den Abend macht' ich einen Besuch bei Frau Ott mit Frau Schinz und den Schulthesskindern[180], [verab]redeten, morgen Lavaters zu besuchen.
193   <u>Dienstag, den 8.</u>
Vor 5 Uhr aufgestanden, Ankleidung, Kaffee, dann ging ich nach Hottingen. Dort verweilten wir uns bis 7 Uhr, dann traten wir in Begleit[ung] eines Bedienten unsere kleine Reise zu Lavater an, wandelten dem Seeufer [entlang] unter allerlei Gesprächen der Freundschaft ruhig hin, ich unter tiefen Betrachtungen und Gefühlen, die die Aussicht, die Erinnerungen meines Aufenthalts in Wädenswil [weckten]. Ach, die Vergangenheit, die

---

[177] 2. Samuel 19: Davids Wehklage über Absaloms Tod.
[178] Richter Jean Paul: «Hesperus, oder 45 Hundsposttage, eine Biographie», Berlin 1798.
[179] Wieland Christoph Martin: «Pereginus Proteus», 1791. Wahrscheinlich stützte sich R. v. O.-E. auf «Wielands vornehmste poetische Werke», Bern 1793. Frdl. Mithilfe von Prof. Werner Weber, Zürich.
[180] Kinder Schulthess-(Lavater): Hans Conrad (1785–1849), verh. 1811 mit Landolt Anna (1790–1864), Cleophea (1787–184.) und Heinrich (1790–1840).

Gegenwart, die Zukunft – welche Manen[181] der Erfahrungen! Die Hitze war etwas drückend, aber das Ziel unserer Sehnsucht versüsste sie.

194 Um 9 Uhr langten wir schon in Erlenbach[182] bei dem Salisschen[183] Landgut an, sahen von der Altane Louise [und] Frau Pfarrerin und waren liebreich von ihnen empfangen, zu Lavater hingeführt an sein Bett, der grosse Freude äusserte, uns zu sehen. Bei ihm war vor uns Herr Leutpriester Schulthess angekommen. Sie beschäftigten sich mit Lesen eines Briefes von Jung[184]. Lavater sass mit einer Lebhaftigkeit im Bette, machte Reflexionen über das Gelesene, mit Kraft, wie vor 10 Jahren. Wir hörten mit stillem Interesse zu. Dann, ungefähr nach 10 Uhr, gingen wir auf die Altane, wo die offene, helle Morgenaussicht mir lieblich war, besonders

195 zogen mich die Berge um Wädenswil an. Das Schloss selbst sieht man nicht. Dann liess Lavater eines um das andere rufen, auch mich, wo er mir sagte: «Deine Lage liegt mir auf meiner Seele wie meine eigene Lage, doch verzage nicht, nur dem Herrn vertraue, ganz einfältig mit ihm zu sprechen: Herr, erbarme Dich meiner Kinder, sie sind Dein wie mein!» Und so, in diesem Geist, sprach er [zu] vielen auch. «Die Angelegenheit hab' ich auf Bern geschrieben, aber ich erwarte nicht vieles, der Gegenwärtige[185] erlangt eher etwas als der Entfernte, und Bretscher[?] weiss sich zu halten», etc.

196 Dann wollt' er Ruhe schöpfen, weil er sehr ermattet von der angestrengten Unterredung war, fand aber leider keine Ruhe. Erschütterungen der Krämpfe, Schmerzen, Husten machten ihn leidend, [er] verlangte allein zu sein. Wir wirkten bei Arbeit und Ergiessungen bei seiner Gattin, die ihn dann nachher pflegte, die Gesellschaft dann munter sich unterhielt. Mitunter mischten sich Revolutionsanekdoten [ein]; Bronner[186], Pfenninger[187], Pestalozzi, Lektüre, etc. Um [die] Mittagszeit war Lavater aus dem Bett in die Stube geführt. Wir alle bückten uns, ihm liebreich die Hände reichend. Dann

---

[181] Manen: altrömisch für die Seelen der Verstorbenen, ihre Schatten.
[182] Erlenbach: Gemeinde im Bezirk Meilen am rechten Zürichseeufer. Erlengut: Landgut des Salis-Marschlins Anton von, General (1732–1812), verh. 1793 mit Trützschler Friederike Louise von, verw. von Orelli. Vgl. 1789, pag. 117.
[183] Salis-Marschlins Anton von, General im Dienste Ludwig XIV., (1. März 1780 Maréchal de Camp). 1793 kaufte er das Erlengut, bewohnte es nur kurz, da er sich dem Vormarsch der französischen revolutionären Truppen durch die Flucht entziehen musste. Lavater, der Salis' 2. Ehe (vgl. 1789, pag. 116) traute, benutzte das Erlengut als Wohnsitz während des Sommers (bis 8. September) 1800.
[184] Stilling Johann Heinrich, gen. Jung-Stilling (1740–1847), Schriftsteller mystisch-religiöser Schriften. Namhafter Augenarzt und Staroperateur, weilte mehrfach in der Schweiz. Es besteht ein Brief von Lavater Johann Caspar an Jung-Stilling vom 12.3.1800 (ZB, Lav. H 1002.7). S. 1801, pag. 109.
[185] «Gegenwärtig»: im Sinn von anwesend.
[186] Bronner Franz Xaver (1758–1850), ehem. Benediktinermönch, 1799 Sekretär des helvetischen Wissenschaftsdéparements. Schriftsteller: «Schriften», 3 Bände, Zürich 1794.
[187] Pfenninger Johann Caspar, Regierungsstatthalter, vgl. 1799, pag. 86.

197 wurde er auf einen Sofa geführt, wir 2 auf beiden Seiten geführt und sitzend bei Tisch. Lavater ass wenig, war matt zum Niederliegen, Einschlummern, und immer, immer ermatteter, fiebriger, krampfhafter, das uns alle still, wehmütig machte. Nach Tisch gingen wir in die oberen Zimmer, dann wieder hin[unter], wo er sich etwas erholt [zu haben] schien, etwas diktierte, vom Gebet, besonders vom Beten des Unservaters sprach. Dann war er wieder in sein Zimmer geführt um allein zu sein. Wir [blieben] beisammen, dann eine Weile in traulicher Unterredung mit seiner Gattin über die Lage meines Lebens,

198 dann noch zu ihm gerufen, allgemeines gesprochen von seinem druckfertigen Saulus und Paulus[188], von Pfenningers Jüdischen Briefen[189], von ihm selbst. Dann kam mein Mann uns abzuholen und Cäper zum Tee, auch Lavater. Bald aber versank er wieder in einen Nervenschlummer, aus dem er nicht mehr erwachte, selbst nicht beim Abschied, den wir um 6 Uhr nahmen, von ihm unterwegs sprachen, eilen mussten, weil neben ob und um uns ein erhabenes Gewitter schwebte. Um 8 Uhr kamen wir nass und müde nach Hause, glücklich im Genuss

199 der Freundschaft, wehmüthig, es könnte das letzte Wiedersehen gewesen sein. Ach, des Gefühls, auch des Schmerzes der Liebe!

<u>Mittwoch, den 9.</u>
Den ganzen Tag bei Hause, arbeitend, still, müde, leidend in meiner Armut.

<u>Donnerstag, den 10.,</u>
noch gedrückter. Am Abend besuchte ich Frau Ott, das einige Erholung war.

<u>Freitag, den 11.</u>
Traurige Nachricht von Lavater. Arbeit. Abends Besuch beim Grundstein.

200 <u>Samstag, den 12.</u>
Leidend in meiner Lage. Am Abend in Hottingen mit Herr Pestalozzis, lieblicher Genuss.

<u>Sonntag, den 13.</u>
Innerlich gedrückt, äusserlich unruhig, leer. Abends bei Frau Ott.

<u>Montag, den 14.</u>
Den ganzen Tag bei Hause, meinem Manne im Bad[190] aufwartend, das mir Angst und Mühe macht. Ach, Gott, lasse es zum besten dienen!

201 <u>Dienstag, den 15.</u>
Dumpf und matt auf[gestanden]. Hess, herzliche Predigt, dann Geschäfte, ökonomische, einschreiben, hier bis 11 Uhr.

---

[188] Lavater Johann Caspar: «Privatbriefe von Saulus und Paulus, herausgegeben von Nathalion a Sancta Lupe (Joh. Casp. Lavater)», Winterthur 1801.
[189] Pfenninger Johann Conrad: «Jüdische Briefe; Erzählungen, Gespräche etc. aus der Zeit Jesus' von Nazareth», Dessau und Leipzig 1783–1790.
[190] S. 1800, pag. 214, möglicherweise nahm von Orelli wegen seiner Hautausschläge Bäder.

Tagebuch 1800

<u>Mittwoch, den 16.</u>
hatt' ich meine Sonneten[191], ein ziemlich starkes Hausgeschäft.
<u>Donnerstag, den 17.</u>
Früh erhielt ich von Frau Schinz eine Anfrage, ob ich sie auf Erlenbach begleiten wolle, welches ich angenommen, um 11 Uhr von hier abging, noch Seligkeit der Harfenmusik[192] genoss, [zu] Mittag speiste, nach 1 Uhr mit Frau Schinz und einem Bedienten abging, den Fussweg am See vorbei, wo ein Wind kühlte und die Seegegend erhellte, das ich nicht genug beschauen und geniessen konnte. Unter wonnigen Gesprächen der Liebe kamen wir um 3 Uhr in Erlenbach an, wo wir die lieben Frauenspersonen[193] arbeitend in der Stube ruhig fanden. Bald nachher tat Lavater seine Türe auf, kam allein zu uns hin, setzte sich auf das Sofa, liess uns durch die Louise einen eben vollendeten Brief an Chorherrn Tobler[194] lesen samt dessen Brief an ihn. Mit welcher Lieblichkeit, Kraft war er geschrieben, und vieles erklärte er noch mündlich darüber und von ihrem ehemaligen Verhältnis. Nachher trank er Tee mit uns, sprach mit uns. Dann ging er allein in sein Zimmer zurück, wo er jedes allein zu sich rufen liess. Mir zeigte er seine Wunden[195]. Gottlob, sagte er, dass sie wieder fliessen, dass ich wieder husten kann, dies alles konnt' ich nicht mehr.[196]
Dann fragte er mich, wozu wir unsere Knaben bestimmt hätten, voll Teilnahme. Ich sagte, Cäper zu geistlichem Stand, den er selbst gewählt. [Lavater meinte], allerdings besitze er Fähigkeit genug, aber es sei sehr schwer, das ich leicht begreife, sagte, ich hoffe, wenn er nicht auf die Kanzel Lust habe, so gerate es vielleicht zum Lehrstand, das er billigte, mich tröstete in meinem Leiden. Dann gingen die andern hin – wir im Genuss der Seinigen. Nach dem kam er auch in die Stube, wo er sich abendlich niedersetzte, das so viel sagte, nach der Aussicht hinsehend, in die Berge hinauf. Noch sprach er mit Gessner über Garve[197] und andere Gelehrte. Nach 6 Uhr mussten wir zurück unter dem Schutz von Gessner in Gesprächen über Lavater. Nach 8 Uhr kam ich müde in mein Haus in Erzählungen dieses lieblichen Tages.

[191] «Sonneten»: dialektal für das Ausbreiten von (Bett-)Wäsche, Matratzen und Decken an der Sonne.
[192] Vgl. 1791, pag. 163.
[193] Lavaters Gattin Anna, geb. Schinz, und Tochter Louise.
[194] Tobler Johannes Christoph (1743–1823), Archidiakon und Chorherr am Grossmünster, verh. 1775 mit Schulthess Anna (1740–1819), Witwe des Hess Heinrich (1741–1770), Briefe: ZB, Lav. Mscr. 529, 69–116f., 16. und 18. Juli 1800.
[195] Die Parallele zu Johannes 20, 27 ist unverkennbar: «Darnach spricht er zu Thomas: Reiche deinen Finger her und siehe meine Hände und reiche deine Hand her und lege sie in meine Seite, und sei nicht ungläubig sondern gläubig!»
[196] Es ist anzunehmen, dass Lavater mit seiner chronischen Lungentuberkulose durch die Schussverletzung eine, damals unheilbare, tuberkulöse Lungenfistel mit chronischem Ausfluss in der Brustwand hatte.
[197] Garve Christian Georg (1742–1798), Philosoph.

Freitag, den 18.,

brachte ich mit Aufräumen und häuslichen Geschäften bei Hause hin, in traurigem Gefühl meiner Lage, meiner Aufopferungen, etc.

206 Samstag, den 19.,

ging ich abends um 6 Uhr mit Jungfer Clefe Füssli[198] und Herrn Ziegler[199] nach Kilchberg, wo ich auf Brunnen von Frau Schulthess[200] wohl aufgenommen wurde und im Pfarrhaus mit Liebe. Oh, wie war mir, meinen ersten Jugendfreund[201] wieder zu sehen! Munteres Gespräch unterhielt uns bis 10 Uhr, da ich dann in mein Zimmer ging, noch meinen zerrissenen Rock flickte bei 11 Uhr und dann entschlief.

207 Sonntag, den 20.

Um 5 Uhr aufgestanden, dann Ankleidung, herzliches Gebet, Betrachtung der Aussicht, las meine mitgetragenen Briefe und im Almanach[202] ein Gedicht von Keller und Beschreibung von Gersau. Um 7 Uhr war ich zum Kaffee eingeladen, wo es das Zweite[203] zur Kirche läutete. Ich fragte, ob ich nicht geniere[204] auch hinzugehen, und nun gehörte dies mit zum Genuss des Tages, dass ich Wirz zum ersten Mal in meinem Leben predigen hörte,

208 eine Erntepredigt über Matthäus, das VI. Kapitel[205], das mir eine Tröstung war, dass Gott, der die Vögel des Himmels nährt, uns Menschen noch weit mehr seiner Vorsorge geniessen lässt etc. Noch ins Pfarrhaus zum Abschied, in Begleitung der beiden zur Frau Schulthess. Trauliche Gespräche, eins um das andere zur kranken Döde[206] ging. Dann speiste ich mit Frau Schulthess und der Nanette[207] allein, Clefe Füssli mit der Döde. Wie gehemmt

---

[198] Füssli Cleophea (1773–185.), Tochter 1. Ehe des Obmanns Füssli Heinrich, verm. 1814 mit Schinz Heinrich (1761–1825), Pfarrer in Glattfelden. Glattfelden: Gemeinde im Glatttal, Bezirk Bülach, Kanton Zürich.

[199] Ziegler Christoph (1775–1850), VDM, später, 1834, Pfarrer am Pfrundhaus St. Moritz (auf der Spanweid), verh. 1805 mit Füssli Regula (1779–1826), Tochter des Obmanns Füssli Heinrich und damit zukünftiger Schwager von Füssli Cleophea.

[200] Brunnen: Ortsteil von Kilchberg. Schulthess-Wolf Barbara, Bäbe, besass in Kilchberg ein Landhaus.

[201] Wirz Johann Heinrich, Pfarrer in Kilchberg, vgl. 1786, pag. 5, Schwiegersohn von Füssli, Obmann.

[202] «Neuer helvetischer Almanach, Helvetischer Revolutionsalmanach» (1799–1822), Hg. Füssli Johann Heinrich, Obmann, auf das Jahr 1800, S. 84: «Die Republik Gersau von «J. J.», 1797, und S. 147: «Der Jüngling am Scheideweg» (Mai 1799) von Keller Heinrich (1771–1832), Bildhauer und Dichter in Rom. Vgl. 1799, pag. 57 und 1800, pag. 22.

[203] Üblicherweise wird der Beginn des Gottesdienstes durch zweimaliges Glockengeläute im Abstand einer Viertelstunde angezeigt.

[204] «Genieren»: hier im Sinne von andere stören.

[205] Matthäus 6, 26. «Sehet die Vögel unter dem Himmel an, sie säen nicht, sie ernten nicht, sie sammeln nicht in Scheunen, und euer himmlischer Vater nährt sie doch.»

[206] Schulthess Dorothea (Döde) (1769–1801), zweite Tochter der Schulthess-Wolf Barbara.

[207] Vermutlich Wirz Anna, die Gattin des Wirz Hans Heinrich und Tochter des Obmanns Füssli Heinrich. Vgl. 1786, pag.68, 1791, pag. 160.

209 war ich übers Essen, dann sahen wir nach dem Erlenbacher Telegraf[208], der «Frei» lautete. Kaffee, und nun setzte ich mich mit Frau Schulthess hinter das Haus, wo offene und liebliche Gespräche unser Beisammensein würzten. Dann noch zum Abschied zu der Döde. Nach 4 Uhr zurück ins Pfarrhaus, wo offene, liebliche, geistige Gespräche uns unterhalten, auch die Betrachtung eines Kupferstichs vom Weissenburgerbad[209] war mir angenehm zu sehen.

210 Nach 6 Uhr gingen wir freundlich fort vom Wollishofer[210] Feld aus, die liebliche Nette, die mit einem Kind in die Stadt wollte [und ich], allein, in traulichen Gesprächen [über] ihre erwartete Niederkunft auf den Herbst[211], ihr Entlassen von Conrad[212] ins Obmannamt, die Abreise von Herrn Ziegler und auf Ostern dann Heinrich[213] zu Herrn Chorherr von Orelli[214]. Dies alles, nebst meiner traurigen Lage, unterhielt uns beim Heranrücken des Abends. Ausser[215] dem Sternen[216] holte uns mein Mann ab, da Lärm[217]

211 war, und nach 8 Uhr trafen wir hier ein. [Ich] erzählte von diesem genussreichen Tag und nach 10 Uhr zur Ruhe.

<u>Montag, den 21.</u>
Ganz mit Arbeit und Geschäften hingebracht bei Hause.

<u>Dienstag, den 22.</u>,
hatten wir Besuch von Herrn Pfarrer Hess'.

<u>Mittwoch, den 23.</u>
Ging vormittags mit Frau Wirz [und] Clefe Füssli auf den hiesigen Kunstsaal[218] zu Wirz und Füssli, da ich mit Aufmerksamkeit

---

[208] Fernschreibermaschine, 1793 erfunden durch den Franzosen Chappe: An einer Stange angebrachter Waagebalken mit Linealen in variabler Stellung zur Bezeichnung von Buchstaben und Wörtern. (Abb. S. 197)

[209] Vermutlich wegen des dortigen Kuraufenthaltes der Frau Schulthess-Lavater Regula. Kupferstiche wurden zu Reklamezwecken verbreitet.

[210] Wollishofen: Bauerndorf südwestlich Zürichs, am Zürichsee gelegen, heute Teil des Stadtkreises 2.

[211] Sohn des Wirz Johannes Heinrich: Wirz Johannes (1800–1867), Kaufmann.

[212] Conrad, ins Obmannamt. Stellenantritt von Wirz Conrad. S. 1800, pag. 219.

[213] Vgl. 1787, pag. 117. Der Sohn, Wirz August Heinrich, wurde vermutlich zur Schulung nach Zürich und zu Chorherrn Orelli Hans Caspar von in Pension gegeben.

[214] Orelli Hans Caspar von (1757–1809), VDM, 1800 Chorherr, 1782 verh. mit Wyss Dorothea von, Vetter der R. v. O.-E.

[215] «Ausser»: im Sinne von ausserhalb.

[216] «Sternen»: Gasthof in Zürich-Enge, heute Seestrasse 82, Stadtkreis 2.

[217] Lärm: Es könnte sich um einen Aufruhr oder politischen Auflauf handeln, die damals in Zürich nicht selten vorkamen.

[218] Kunstsaal: Die Projektierung dieser Institution geht auf das Jahr 1775 zurück. Eine Künstlergesellschaft, die sich um das Kunstleben und regelmässige Ausstellungen bemühte, wurde 1787 gegründet.

212 die Kunstsachen betrachtete zu unserem Genuss.
Nachmittags bracht' ich bei meiner Schwester Ott hin.

<u>Donnerstag, den 24.</u>,
schrieb ich morgens an Frau Schinz auf Annatag, an Frau Schulthess nach Weissenburgbad. Arbeit. Nach 4 Uhr ging ich mit Jungfer Hess[219] nach Hottingen, ihn[220] allein [antreffend], dann kam Pfarrer Hess, dann Nägeli, dann Hardmeyer[221] und Oncle, wo alle Musik machten, Frau Schinz krumpholzsche[222]

213 Se[rena]ta spielte, einige Lieder von Nägeli, welche Jungfer Hess sang, eine italienische Arie, dann Nägeli und Hardmeyer[223] italienische Arien und zum Ende noch klopstocksche Oden.
Oh, welch ein Zuhören, welche Erhebungen der Seele, die mich über mich erhebten, die ich nicht beschreiben konnt'! O Gott, wie gütig bist Du in solchem Genuss!

214 <u>Freitag, den 25.</u>
Um 5 Uhr auf, dumpf. Kaffee, Geschäfte. Abschied von Frau Wirz, dann schrieb ich an Lav.[ater], dann diese Blätter noch bis nach 9 Uhr. Tisch, dann nahm ich ein Bad, das nun über 14 Tage mein Mann[224] brauchte, und da ich allein war. Dann Besuche von Helfer von Orelli, dann von Frau Schinz. Dann läutete ein Soldat an [der Türe], den ich in die Kammer schicken wollt' zu Herrn Pestalozzis[225], die sagen

215 liessen, sie weisgen[226] dieselbe und haben sonst eine Veränderung vor, welches mich stutzen[227] machte. Ich liess dem Franken Wein geben, um ihn gut zu erhalten, legte mich an. Kaum war ich fertig, so liess man mich zu Frau Pestalozzi rufen, die mir sagte, sie habe schon lange eine Veränderung vor, ihres Hauses halber, [sie] brauchten dabei die Kammer und könnten also unsere [Ein]Quartierung nicht mehr darein legen, das mich befremdete, und sie bat, nun noch diese Nacht Geduld zu haben. Ich wollte morgen Anstalt[228] im Hause machen, empfindlich wurde, [und],

216 wie ich hoffe, ihr keine Grobheiten machte, aber doch, ja, empfindlich wurde.
Ich ging zu Frau Ratsherr Lavater, hinterliess, dass – wenn etwas vorfallen würde – man mir berichte. Nach 7 Uhr sagte mir Chlefe, Herr Pestalozzi

---

[219] Vgl. 1800, pag. 49.
[220] Schulthess Hans Caspar verh. mit Lavater Regula, zum Wäldli in Hottingen, in Abwesenheit der Gattin, Schulthess-Lavater Regula.
[221] Vgl. 1800, pag. 145.
[222] Krumpholz Johann Baptist (1742–1790), böhmischer Harfenist und Komponist.
[223] Vgl. 1800, pag. 145.
[224] Vgl. 1800, pag. 200.
[225] Pestalozzi Hans Caspar, Nachbar und Hausmeister der R. v. O.-E.
[226] «weissgen»: dialektal für weissen, weisseln.
[227] «stutzen»: stutzig.
[228] «… ich wollte morgen Anstalt machen», i. S. von Vorbereitungen treffen.

habe in die Küche gerufen: «Wenn man die Leute nicht haben könne, so müsse man sich zu helfen wissen, man solle das Billett[229] auf die Munizipalität[230] schicken», welches ich tat, das aber nicht angenommen wurde. Ich ging nach Hause, machte Anstalt auf der Laube, weil mir nichts übrig blieb, unterhielt den Franzosen, arbeitete und wartete bis 9 Uhr zum Tisch, wie mein Mann heim kam von Lavater.

Den 26. früh reiste der Soldat ab, ich erzählte die Geschichte meinem Mann – meine Empfindlichkeit. Dann Arbeit bis mittags. Abends Besuch in Hottingen. Schon wieder ein Franzose, den ich ins Stübli logierte, und das mir sehr bitter war.

Den 27., Sonntag, blieb ich bei Hause bis auf den Abend unter staunendem Betrachten und Leiden über meine Lage. O Gott, wie gut bist Du, dass Du mich und die Meinen bis hieher gebracht! Untätige Unruhe quälte mich. Abends erquickte ich mich bei Frau Ott, dann Bitterkeit über die Grobheit des Franken, müde, um 10 Uhr zur Ruhe.

<u>Montag, den 28.</u>

Vor 4 Uhr auf, abwartend, horchend bis der Franke abgereist, dann Gebet und las in Sirach[231], Kaffee, Geschäft, Arbeit, den Braten einpacken an Herrn Wirz, und Frau Schulthess schreiben, die auf Kilchberg abgehen wollen. Ach, ich weiss nicht, wie mir geschah und zumute war: Conrad Wirz[232], der sie abholte, so liebreich, speiste da. Nach Tisch gingen sie fort, darüber ich unruhig war und wehmütig, sie zu entlassen. Um 5 Uhr gingen sie in Gottes Namen fort, ich in stummer Betrachtung. Arbeit und Unruhe bis 8 Uhr, Tisch, und müde von Kopfweh und Beschwerden zur Ruhe, mit Regeli allein.

<u>Dienstag, den 29.</u>

Nach 5 Uhr war ich aufgestanden, Ankleidung, las in Sirach. Gespräch, schrieb Ökonomisches ein und diese Blätter bis nach 9 Uhr.

Nun merk' ich auch hier an, dass ich heute meinen 44. Geburtstag erlebte. O Gott, in welchen Gefühlen blick' ich auf mein verflossenes Leben hin und mit welchen Blicken in die Zukunft! O Gott, Gott, erbarme Dich meiner und meines Lebens! Amen.

<u>Mittwoch, den 30.,</u>

kamen die Kinder Schulthess[233] von Hottingen, mir zu sagen, dass sie Nachricht erhalten, dass ihr Papa[234] tödlich krank sei. Sie speisten da, ich

---

[229] «Billett»: hier Einquartierungsschein.
[230] «Munizipalität»: Stadtverwaltung, vgl. 1799, pag. 87.
[231] Buch Jesus Sirach, apokryphe Schrift der Bibel.
[232] Wirz Hans Conrad (1781–184.), Polizeidiener, später Weibel. Sohn von Wirz Hans Conrad (1753–184.), Färber, des Bruders von Wirz Hans Heinrich, Pfarrer zu Kilchberg.
[233] Vgl. 1800, pag. 192.
[234] Schulthess-Lavater Hans Caspar (1755–1800), Kaufmann in der Seidenfirma Schulthess im Thalgarten, vgl. 1786, pag. 8.

tröstete sie, ohne dass ich innerlich Hoffnung hatte, dass es besser werden würde. Allein, es linderte doch ihre Wehmut.
Abends bracht' ich bei Frau Ott hin, wo wir meistens von dem Vorfall sprachen, mit herzlicher Teilnahme.

222 <u>Donnerstag, den 31.</u>,
machte ich meinem lieben alten Oncle[235] und [der] Tante Besuch, um Nachfrage nach Herrn Schulthess zu halten, und da sie bis 12 Uhr keinen [Bescheid] erhielten, trösteten wir uns mit einiger Hoffnung seines Lebens halber. Nach Tisch hatte ich Besuch von Herrn Pfarrer Hess. Um 4 Uhr liess ich fragen, was Herr Oncles für Berichte von der Post erhalten und vernahm mit wehmutvoller Traurigkeit, dass er wirklich schon gestorben sei, das mich herzlich weinen machte.

223 Ich ging hin und nahm Teil an den Tränen, dem Jammer, der Trauer, des Schmerzes. Tante weinte laut, Oncle trauerte tief in stiller Grösse. Es kamen Freunde und Verwandte und Herr Doktor Rahn mit der Krankengeschichte von Herrn Schulthess, die er von Herrn Chorherr erhalten. Die Heftigkeit, die Verwicklung der Umstände waren so gross, dass wir alle überzeugt wurden, dass es unmöglich gewesen wäre, Besserung und Erholung zu [er]hoffen.

224 Um 6 Uhr gingen die Kinder allein nach Hause. Welch ein tief schmerzliches Gefühl, sie so allein weggehen zu lassen! Nach 7 Uhr ging ich auch hin, nach Hause, in tiefem Trauergefühl.
So endete sich wieder ein Tag und wieder ein Monat meines Lebens.

225 <u>August 1800.</u>
226 [leer]
227 <u>August 1800, Freitag, den 1ten.</u>
Um 8 Uhr morgens ging ich nach Hottingen zu den Kindern Schulthess, ach, mit welchen Gefühlen der Liebe, des Nachdenkens über alles, mit inniger Liebe von ihnen empfangen; [es] war mir etwas leichter, ich war nun da, um sie liebreich zu unterhalten und machte einige Geschäfte mit Kleidung der Kinder, im Schmerze froh. Der Morgen ging abwechselnd hin. Um 11 Uhr machten sie Musik, das mich zu vielen Tränen rührte,
228 wie sie es taten. Über's Essen blieb Herr Corrodi[236] da, der am Morgen kam. Bis am Abend gelang es mir, zwischen Wehmut und Liebe, die Kinder zu zerstreuen. Dann kam Herr Ratsherr Schulthess[237] und Herr Oncle und Herr Schinz[238], mit denen ich dann nach 8 Uhr nach Hause ging.

---

[235] Lavater Heinrich, a. Landvogt, Schwiegervater des Sterbenden.
[236] Corrodi Hans Rudolf (1760–1833), Pfarrer zu St. Jakob und Lehrer der Schreib- und Rechenkunst an der Bürgerschule, zu dem die Knaben Schulthess in die Schule gingen.
[237] Schulthess-Ziegler Johannes (1744–1830), Ratsherr, Bruder des Verstorbenen, vgl. 1791, pag. 20.
[238] Schinz Caspar, Schwager des Verstorbenen.

Ach, des Gefühls der Liebe, was die liebe Schulthess verloren, erfüllte meine ganze Seele!

229 <u>Samstag, den 2ten,</u>
machte ich frühmorgens im Vorbeigang Besuch bei Frau Escher[239], der Freundin von Frau Schulthess. Um 9 Uhr ging ich wieder nach Hottingen, wo Tante vor mir angekommen war. Ich unterhielt sie teilnehmend, liebend, bis mittags, da Oncle auch zum Essen kam. Oh, der Anmut und Wehmut! Nach Tisch gingen wir in [den] Garten, dann kam von Meiss[240], der mir über alles wohl gefiel, in Empfindung und Verstand, eine Szene, wie es wenige gibt.

230 Tee und Wäldchen[241] brachten mir viele Tränen, Sehnsucht, ob Frau Schulthess [und] Frau Schinz[242] ankommen würden, das wir vermuteten nach einem erhaltenen Brief von Frau Schulthess, weil sie schon Donnerstags abgereist waren von Bern. Allein, ohne dass sie kamen, mussten wir um 8 Uhr nach Hause. Mir war's um Herz und Körper mehr als bang – in Liebe.

231 <u>Sonntag, den 3.,</u>
war ich bei Hause geblieben in Tränen, in Empfindungen, in Gebet. Mit Ankleiden beschäftigt bis nach 2 Uhr, da ich, ehe ich zu Frau Ott ging, bei Hottingen vorbeieilte und alle angekommen waren. Oh, der Schmerzen des Wiedersehens nach so einer Schmerzenszeit! Mit Liebe gab's Umarmungen, Ausrufungen. Oh, was empfand ich nicht, sie, Frau Schinz, Herrn Schinz, Herrn Major Schulthess[243], Herrn Chorherr Rahn zu sehen.

232 Sie gingen fort, wir in eine andere Stube, dann kam der alte Direktor Schulthess[244], Götti von Herrn Schulthess selig. Szenen der Abwechslung, neuer Besuch. Nach 5 Uhr ging ich zu Frau Ott, wo wir über das Vergangene weinten, erzählten in herzlicher Teilnahme bis nach 8 Uhr, wo ich heimging.

233 <u>Montag, den 4.,</u>
blieb ich ganz bei Hause in Tätigkeit für uns und mich.

<u>Dienstag, den 5.</u>
Abends wieder Besuche in Hottingen. Ach, der laute Jammer, das abgebrochene Erzählen der betrübten [Witwe] ging mir tief zu Herzen, an der Seite der Betrübten.

<u>Mittwoch, den 6.,</u>
blieb ich bei Hause.

---

[239] Escher, Frau, möglicherweise Escher-Meyer Susanna, die Schwägerin von R. v. O.-E.
[240] R. v. O.-E.s Angaben sind zu vage, um ein bestimmtes Glied dieser Familie zu identifizieren.
[241] Wäldli, Landgut der Familie Schulthess in Hottingen, vgl. 1799, pag. 70 und 1800, pag. 212.
[242] Die beiden Schwestern weilten zur Kur in Weissenburgbad.
[243] Schulthess-Oeri Heinrich (1759–1827), Kaufmann, Major, Bruder des Verstorbenen, Besitzer der Häuser zur Krone, Vogelhütte, Unterer Berg, Seehof und Seehalde in Meilen.
[244] Schulthess-Hirzel Caspar (1709–1804), Bankier im Rechberg, Direktor, Onkel und Pate des Verstorbenen.

Donnerstag, den 7.,
Freitag, den 8.,
Samstag, den 9.

Dieser Tage entsinne ich mich nicht mehr,
234 blieb ich bei Hause, beschäftigt mit einer Vorkehrung auf meine bevorstehende Reise nach Winterthur, wo ich liebreich eingeladen wurde von Herrn Nüscheler[245] auf der Hofstatt.

Nach Tisch Ankleidung und Besuche bei Frau Schulthess und Frau Ott, um 8 Uhr ermüdet nach Hause.

235   Montag, den 11.

Nach einer unruhigen, beinahe fiebervollen Nacht, in der ich öfters erwachte, stand ich um 3 Uhr auf, legte mich an und trank Kaffee in Gefühlen der Sehnsucht, bald abreisen zu können, welches sich beinahe gegen 5 Uhr verzog, wo mich dann Herr Nüscheler abholte, wir beim Rechbrunnen[246] (Abb. S. 149) zu Frau Nüscheler, Lisette[247] und Caspar[248] [uns] einsetzten. In Liebe und liebevollen Gespächen fuhren wir vor Sonnenaufgang,

236 bei ganz hellem Himmel, Kühle, weiter und weiter, ich tief frappiert von der Natur, der Neuheit der Gegend, des weiten Horizonts, der anmutvollen, niedlichen, kleinen Dörfer, und rückten so unvermerkt immer, immer weiter um die Gegend der Breite[249] und der Steig[250], wo vor einem Jahr sich so manche wichtige Szene zugetragen für unser ganzes Vaterland. [Da] war ich noch aufmerksamer, [wir] fuhren dann

237 langsamer fort, den Berg hinunter über die Töss[251], vor uns der schöne Rebberg, der oben mit Holz bewachsen, dann das Dorf Töss samt Kirche und Amtshaus[252], und vor uns das Städtchen Winterthur[253], dessen Anblick mich Tränen kostete in der Sehnsucht, meine alte, edle, geliebte Stiefmutter bald, bald zu sehen, welche ich 10 Jahre nie mehr gesehen habe, seit der Frau Waser Verkünd-Sonntag[254]. Um $^1\!/_2$9 Uhr langten wir dann wirklich schon an. Beim Hause

---

[245] Vgl. 1788, pag. 7. Stiefschwager der R. v. O.-E.
[246] Auch «Neumarktbrunnen», vor dem Haus zum Rech, heute Neumarkt 4.
[247] Nüscheler Elisabeth (1783–1845), 1813 verm. mit Vogel Heinrich (1783–1858), Schlosser, s. 1800, pag. 243.
[248] Nüscheler Hans Caspar (1788–186.), Schreiner, 1816 verh. mit Ammann Judith (1795–186.).
[249] Flurname bei Nürensdorf.
[250] Pass östlich von Brütten, wo 1799 die Franzosen gegen die Österreicher Stellung bezogen und diese dreimal nach Winterthur zurückschlugen.
[251] Töss: Nebenfluss des Rheins.
[252] Des säkularisierten Dominikanerinnenklosters.
[253] Winterthur: Stadt im nordöstlichen Kanton Zürich, Zentrum des gleichnamigen Bezirks.
[254] Sonntag der Eheverkündigung der Stiefschwester, Waser-Hofmeister Dorothea, 1791.

238 empfing mich dann nun selbst die liebe alte Mutter mit Tränen [und] liebevoller Umarmung. Oh, des Wiedersehens Freude war ein Gefühl des Himmels, wie ich's niemals empfand – an meinen Vater: Empfindungen, an meine Jugend: Erinnerungen. Alles, alles war meiner Seele nahe. Dann kamen die Kinder Emerentiana und Dorothea[255], also alle[256] die Ihrigen, auch Frau Waser und Herr Waser[257] waren über alles

239 erfreut, wie ich, uns wieder zu sehen. Dann trank man Tee unter Gesprächen der letztverlebten Zeiten, der Erzählungen, wie wunderbar die Wirkungen der Gichter[258] an der alten Frau aufbrechen. Gerade dieses Tages und einige vorhergehende war sie heftig befallen, dass sie gestern beinahe eine Stecknadel verschluckt hätte. 2mal sei sie schon [aus] Etagenhöhe in einen Hof gefallen, ihr nie nichts von wichtigen Folgen Übles

240 begegnet. Gott, welch ein Wunder! Behüte sie durch Deinen Schutz der Engel vor Unglück bis an ihr Lebensende! Dann, nach dem Tee, zeigten sie mir ihre Wohnung, welche angenehm und commod[259] eingerichtet ist. Mithin kamen wir auch zu Herrn Schwagers Bibliothek, da es nun der Gelehrsamkeit Lob gab, der Gespräche, die mir für ihn angemessen schienen, Bekanntschaft einiger Bücher, die mir

241 unbekannt waren. Dann kamen wir auf Blumenzeug-Arbeit zu sprechen, die ich bewunderte. Sie, die liebe Mutter, anerbot mir einen Spitz[260] an eine Haube, das ich mit Freuden annahm zum Andenken ihrer Liebe, ihrer Handarbeit. So war es 12 Uhr, da wir essen mussten. Auch da alles versammelt, alles liebreich, genussreich, erinnerungsreich. Eine Apfeltorte, wie sie Mama machte vor 20 Jahren! Ach, auch dieses

242 Geniessbare war mir überlieblich zu geniessen, was ich so lange nie und [früher] so öfters genossen hatte. Sie machten wirklich des Wesens viel. Dann sassen wir noch eine Zeitlang in der Stube, und um ½ 5 Uhr kam die Kutsche, da ich dann gerührt und dankbar und segnend Abschied in Tränen der Liebe nahm.
Wahrscheinlich war dies das letzte Mal, da ich sie wiedersah. Ihr Alter lässt mich nicht mehr

243 viele Wiederholungen hoffen, so wenig als die Umstände.
Dann fuhren Herr Nüscheler, Meret, Döde [und] ich in grosser Hitze, Staub und munterem Gespräch bis nach Bassersdorf[261]. [Ich] genoss der

---

[255] Nüscheler Emerentiana (Meret) (geb. 1782), 1804 verm. mit Sulser Johann Heinrich, und Dorothea (geb. 1787), verm. mit Wirth Jakob (gest. 1831). (Stief)Nichten der R. v. O.-E., welche vermutlich bei der Tante in Winterthur in den Ferien weilten. Vgl. 1800, pag. 235.
[256] Vgl. 1800, pag. 235.
[257] Waser Hans Jakob, vgl. 1786, pag 91, 1792, pag. 83.
[258] Der Aufbruch der entzündeten Gichtknoten bringt dem Patienten Erleichterung von den Schmerzen.
[259] «commod»: bequem.
[260] «Spitz»: Spitzen- Klöppelarbeit.
[261] Bassersdorf: Bauerndorf im Bezirk Bülach, Kanton Zürich.

verschiedenen Aussichten Lieblichkeit ganz, auch der Stelle wo [die] Kyburg[262] sich zeigt. Wir stiegen aus in Bassersdorf, tranken Wein und Wasser, erfrischten uns, liessen den Wagen öffnen, setzten uns dann in abgekühlter Luft ein. Der dämmernde, weite Horizont, die abwechselnden Gegenden, alles war mir – nebst den Empfindungen meines Herzens – so feierlich. Besondere Dankbarkeit und Liebe erfüllten meine Seele, Genuss in dem lieben Begleit. Bei Sternenhimmel und Nacht langten wir um $1/2$ 10 Uhr glücklich an. Oh, des unvergesslichen Tages Seligkeit, wie wollt' ich's beschreiben!

Dienstag, den 12.,
war mein erstes Geschäft, mit Mühe und Ermüdung eine Franzosenkammer auf der Winde[263] aus meinen Bücher- und Bettkarren[264] einzurichten unter etwas bittern Empfindungen gegen Frau Pestalozzi. Nach 9 Uhr war ich von einem lieben Besuch von Chorherrn Rahn unterbrochen, Frau Schulthess unsere meiste Unterredung, Politik, etwas unserer Umstände etc.

Dann fühlt' ich meine Ermüdung sehr. Tisch, Geschäfte, den Abend in Hottingen. Um 8 Uhr heim.

Mittwoch, den 13.
Kochte Himbeeren-Essig für Frau Schulthess und für mich noch einiges von Kirschenmus etc.
Ein liebliches Billett nebst einigen Sentenzen von Lavater, das mich rührte, welches ich mit tiefen Empfindungen beantwortete. Arbeit nach Tisch, dann noch zu Frau Ott.

Donnerstag, den 14.
Verschlafen bis 6 Uhr, das mich dumpf machte, besonders gegen den gestrigen Morgen, wo ich so herzlich beten konnte. Kaffee, Geschäfte, Ankleidung erfüllten die Zeit bis 8 Uhr. Dann schrieb ich Ökonomisches ein in trauriger Bekümmernis. Oh, des Schmerzes für die Notwendigkeiten! Dann schrieb ich diese versäumten Blätter noch, erhielt ein Billett von Lavater, das ich dankbar beantwortete, wegen unserer Angelegenheit.

Tisch, Arbeit in dem Zirkel meiner Kinder, die mir vorlasen. Grosse Hitze hemmte uns. Arbeit bis $1/2$ 6 Uhr, dann schrieb ich noch diese Blätter von dem unvergesslichen August nach, bis es 7 Uhr schlägt, da ich jetzt ende.
«Ohne scharfe Leiden, wer lernte kennen sich selbst je!»
Lavater.

Freitag, den 15.,
hatt' ich abends einen Besuch von Frau Lavater vom Erker. Spaziergang, Hottingen.

---

[262] Kyburg: Landvogteischloss bei Winterthur.
[263] «Winde»: Dachstock.
[264] «Bettkarren»: Bettgestelle, analog «Bücherkarren»: Büchergestelle.

Samstag, den 16.,

blieb ich bei Hause, erhielt die Nachricht, dass Fäsi[265] nicht zu der Verwaltungsstelle nach Muri gewählt wurde. Diese niedergeschlagene Hoffnung betrübte mich und versetzte mich in Kummer, den Du allein kennst, o Gott!
Besuch bei Herrn Ratsherr Lavater, der meinem Herzen wohlgetan. Arbeit in dunkeln Gefühlen bis an den Abend.

Sonntag, den 17.,

erhebte ich mich, zur Kirche zu gehen dem Herrn Antistes Hess. Gefühle herzlicher Andacht und Erbauung.
Schrieb an Lavater den Vorfall mit Muri, Beruhigung darüber – der Gedanke, dass er mehr als Salomon sei. Tisch, dann las ich etwas, Störung während der Abendkirche von einem Höngger, ging nach 4 Uhr zu Frau Ott. Dort herzliches Gespräch bis 8 Uhr.
Dann las ich noch geschriebene – wie wenn sie vor 10 Jahren geschrieben wären – verschiedene Billetts von Lavater an Verschiedene.
Nach 10 Uhr zur Ruhe.

Montag, den 18.

Früh morgens ein unangenehmer Besuch von Wädenswil, der mich zornig machte, dann Arbeit bis 12 Uhr, hauptsächlich Aufräumen von der Badekur meines Mannes[266], die er vollendet hat. Rangieren seiner Bücher, schrieb an Lavater. Tisch; bei Tisch ungut gekochtes Gemüse, Zorn darüber, bestialischer Gestank. Arbeit den ganzen Tag, abends las ich eine Predigt von Hess. Besuch von Oncle, der mir wohltuend war. Tisch. Las noch ein Kapitel in der Bibel, den folgenden Text.

Dienstag, den 19.

Um 5 Uhr aufgestanden, Ankleidung. Um 6 Uhr zur Kirche, wo ich gerührt und erquickt war. Dann heim an [die] Arbeit. Zorn mit der Barbel, der mich echauffierte und sonst angriff bis auf das Innerste der Seele. Arbeit, Tisch, Besuch von Herrn Obmann Füssli, der m.[einem] Mann die Hoffnung, Geld aus der Handlung[267] zu erhalten, niederlegte, mir Schrecken und auch Mut [machte], denn Gott, Du allein weisst, wie und was für uns daraus entstehen wird. Turbenmann[268] bezahlt, dann Besuch von Herrn Professor Hess[269]. Nachrichten von seiner Frau und elenden[270] Tochter. Dann Arbeit bis 4 Uhr. Besuch bei Jungfer Muralt

---

[265] Vgl. 1800, pagg. 95, 183.
[266] Vgl. 1800, pag. 200.
[267] Gemeint ist ein Darlehen der Firma Orell, (Gessner), Füssli & Co.
[268] «Turben»: Torf zu Heizzwecken, «Turbenmann»: Feilträger von Turben.
[269] Hess Heinrich (1739–1835), 1784 Prof. hist. patriae, verh. 1769 mit Emerentiana Rahn. Tochter: Anna Maria (1785–1800).
[270] «elend»: krank.

nebst Herrn Pestalozzi[271] beim Brünneli[272], vielfältiges Leiden meiner Seele, dann Bangigkeit von Hitze und Gewitter, das schnell vorbei war. Las noch einiges von
254 Bonstetten[273] über Tod und Unsterblichkeit[274], das mir wohltat. Nach 10 Uhr zur Ruhe.

<u>Mittwoch, den 20.</u>
$^1/_2$ 6 Uhr aufgestanden. Ankleiden, Unruhe, dass ich mich nicht erheben konnt'. Geschäfte, häusliche, bis gegen 9 Uhr. Dann schrieb ich hier diese Blätter nach. Ach, zu welchem Zweck?! Mich in mir selbst zu beruhigen und wieder zu finden, vielleicht einfach, etwas von meinem Leben niederzuschreiben, das ich doch tun möchte.

255 <u>Donnerstag, den 21.,</u>
<u>Freitag, den 22.,</u>
<u>Samstag, den 23.,</u>
<u>Sonntag, den 24.,</u>
<u>Montag, den 25.,</u>
<u>Dienstag, den 26.,</u>
<u>Mittwoch, den 27.</u>
Dieser 7 verflossenen Tage entsinne ich mich nicht mehr, um bestimmt einem jeden das seine zuzuteilen. Es war genug, einem jeden seine eigene Last zu tragen.

256 <u>Donnerstag, den 28.,</u>
ging ich um 8 Uhr mit meinem Cäper aus der Stadt, langsam, still, dem See nach bis um $^1/_2$ 10 Uhr nach Erlenbach, um Lavater zu besuchen. Bei der Haustüre waren wir von der Louise empfangen, dann zu Lavater geführt, der im Bett sitzend arbeitete, voll Munterkeit sprach mit Frau Schulthess, Jungfer Füssli[275] [und] Herrn Wirz, deren Wiedersehen mir sehr wohl tat. Er sagte unter anderem, da er eben Billetts nach dem Tode an Freunde[276] schrieb, er könne nicht aufhören gvätterlen[277] bis an sein Ende, sei er aber einmal dort, in seiner und unserer Heimat, dann, erst
257 dann, wolle er doch manchen Spass machen, wenn er gereinigt dort lebe und dann so eines ums andere von uns ankomme, staune und sich noch

---

[271] Pestalozzi Johann Conrad (1745–1838), Seidenhändler und Fabrikant zum Brünneli, 1768 verh. mit Hirzel Anna (1745–1823). Vater des Hausbesitzers des «Meerfräuli», Pestalozzi Hans Caspar.
[272] «Brünneli»: Haus zum Brünneli, heute Froschaugasse 7.
[273] Bonstetten Karl Viktor von (1745–1832), schweizerischer Schriftsteller, stand im Verkehr mit zahlreichen bedeutenden Persönlichkeiten der Epoche.
[274] Bonstetten Karl Viktor von: «Über Tod und Unsterblichkeit», Schriften, Zürich 1793.
[275] Jungfer Füssli: als Töchter des Füssli Heinrich, Obmann, kommen in Frage Elisabetha (1772), Cleophea (1773), Catharina (1774), Maria (1778) und Regula (1779).
[276] Lavater Johann Caspar: «An einen Freund nach meinem Tode». Serie von Sentenzen, ähnlich den Tagzeilen, welche Lavater an seine zahlreichen Freunde und Freundinnnen versandte. (Beispiele: StAZ, X 306 15 oder W I 54.13 2)
[277] «gvätterlen»: spielen, Tändeleien machen.

nicht recht zu fassen wisse, dann wolle er mit den Vorgegangenen kommen und zu dem einen sagen, dies war deine Mutter, deine Tochter, dein Mann. Oh, da werde so ein Antreffen, eine Seligkeit sein, wie wir's nicht denken können! Alles aber werde so ganz anders sein, als wir's erwarten, dass wir erstaunen werden, etc. Dann war von dem Stolz, der angekommen, gesprochen, von Tobler[278],
258 dem Senator gesprochen, den ich gestern angetroffen und wiedergesehen habe. Ach, was hab' ich empfunden! Dann gingen sie fort, ich mit zum Begleit bis an [den] See, wo [die] Schulthess lieblich sich öffnete, nachdem sie so verschlossen und entfernt war. Vielleicht lag es in dem, dass ich den Besuch bei Lavater teilte, wenn schon unwissend. Von ihrer kranken Döde [gesprochen] etc., dann bis mittags auf der Altane mit der l.[ieben] Lavater in traulichem Gespräch allein. Zum Tisch kam Lavater allein aus der Kammer, das mich freute und rührte, dann war er freundlich und munter ohne besonders tiefe Ergiessungen. Nach Tisch war der
259 Kaffee mit Frau Pfarrer und Frau von Orelli[279], Lavaters Schwester, auf der Stiegenzinne genommen in Gesprächen über und von Lavater, seinen Aufenthalt in Schinznach, seinen Besuchen, seiner Wirksamkeit, seinen Schriften, seiner Treue an seinen Ideen und dem Christentum. Dann kam Jungfer Kitt[280]. Sie allein packte eine Kiste mit Gemälden nach Russland[281] mit Lavater. Um 3 Uhr kam er wieder zu uns in die Stube, setzte sich nieder, und da er eben von Fliegen geplagt[282] wurde, gab dies Stoff, die Naturgeschichte, ihre vortreffliche Bildung und Schönheit zu beschreiben,
260 sie gleichsam poetisch zu besingen. Dann, nach diesem, legte ich einige Fragen vor, ob er glaube, der Tod des Menschen sei von jeher bestimmt. Darauf sagte er, zuverlässig glaubte er, sei dies nach ewigen Gesetzen einem jeden bestimmt. Auf die Frage, ob er glaube, dass Schulthess[283] seiner Frau Schutzgeist sei oder sein werde, sagte er, er glaube, dies sei möglich durch Demut und Liebe zu erlangen, allein, durch ungestüme Klagen werde es

---

[278] Tobler Georg Christoph war ein Anhänger der helvetischen Republik und 1800 für einige Monate eidgenössischer Senator. Vgl. 1786, pag. 18.
[279] Lavater Anna (1740–1807), verm. mit Orelli Hans Caspar von (1740–1819), Landschreiber zu Birmensdorf und Urdorf.
[280] Kitt Anna Magdalena, gen. Mäde (1763–1822), Kopistin Lavaters (ergänzender Hinweis von Herrn Dr. J. Blass, Zumikon), 1808 verm. mit Hess Salomon (1763–1837), 1792 Diakon, 1801 Pfarrer an St. Peter, vgl. 1800, pag. 67. Tochter des Kitt Hans Ulrich (1724–1863), Knopfmacher, 1750 verh. mit Fäsi Ursula.
[281] Das physiognomische Kabinett Lavaters enthielt zahlreiche Porträts, u.a. von namhaften Künstlern. Lavater war gezwungen, einen Teil davon aus finanziellen Gründen u.a. an die russische Kaiserin Maria Feodorowna zu veräussern. Dieser gelangte später in den Besitz von Dr. Heinrich Blass-Laufer, Zürich, der weitaus grösste Bestand liegt aber in Wien (Freundliche Mitteilung von Prof. Max Wehrli †). S.a. 1801, pag. 18.
[282] Die unsachgemässe Wundpflege lockte zweifellos Fliegen an.
[283] Schulthess Hans Caspar, der verstorbene Gemahl der Schulthess-Lavater Regula, vgl. 1800, pag. 221.

gehindert. Unendlich könne der in dieser Welt Lebende die Verstorbenen leiden machen.[284]

261 Was zu antworten sei, wenn sie so oft sage: «Holet mir ihn», soll ich sagen, sie sei eine Närrin. Ich sagte, dass ich [dar]auf dies schon oft gesagt hätte, wenn ich's tun könnte, dürft' ich's nicht tun, um ihn in seiner Seligkeit nicht zu stören.

Nägeli soll auf Bern geschrieben haben, dass man Fichte[285] zur Gesetzgebung berufe, wie schwach! Er sagte dies, da ich den Anlass machte, da ich sagte, ich habe Hardmeyers Predigten[286] gelesen, sie nicht wirksam gefunden, wie ich geglaubt hätte. Dann liess er noch einige

262 Billetts [vor]lesen von Jungfer Kitt, [wir] tranken Tee. Er erzählte einige Anekdoten, die mir aber entfallen sind. Dann nahmen wir Abschied, Jungfer Kitt, Cäper und ich. Seine Gesundheit, sein Zurückkehren nach der Stadt, sein Gebetbuch, von Jungfer Rordorf, von Freunden waren unsere Gespräche, bis wir nach 7 Uhr in die Stadt kamen. Oh, welch einen genussreichen, lieblichen Tag verlebte ich in diesem, in den Gefühlen der Liebe, des Wiedersehens.

263   Freitag, 27., Samstag, den 30., Sonntag, den 31.,
verschwanden in Leiden, Liebe, Arbeit, Lektüre, Dumpfheit, Besuchen – wie so vieles – in das Meer der Vergangenheiten, die nur Gott und mir wissend bleiben.

Ach, so endet sich wieder eine Strecke meines Lebens. Nur Du, o Gott, bleibst ewig eben derselbe, der Du warst, bist und sein wirst. Amen.

264   [leer]

265   Herbstmonat 1800.
266   [leer]
267   Montag, den 1. Sept. 1800.
Nach 5 Uhr leidend am Körper erwacht, voll Bekümmernis über Ökonomisches, dann unruhig, Ankleidung, Arbeit. Lernte mit Regeli ein paar Stunden allein, mit Nutzen. Schrecken über eine Brunst, die von Knaben, die Patronen machten, entstanden. Erhielt von Lavater sein Gebetbuch[287] geschenkt, das mich freut. Tisch. Nachher Arbeit und mit Regeli wieder allein bis 3 Uhr. Stilles Leiden, dann entsetzlicher Stand[288] mit meinem Mann über unsere

---

[284] Gemäss esoterischen Theorien hindern «Kontaktversuche» und übermässige Trauer der Hinterbliebenen die Seelen Verstorbener am «Fortschritt» im Jenseits.
[285] Fichte Johann Gottlieb (1762–1814), deutscher Philosoph, durch seine Lehrtätigkeit und Heirat (1793) mit der Zürcher Kaufmannstochter Rahn Johanna (1758–1849) mit der Schweiz besonders verbunden. Fichte war im vergangenen Jahr unter dem Vorwurf des Atheismus von der Universität Jena entlassen worden.
[286] Vgl. 1800, pag. 45.
[287] Lavater Johann Caspar: «Gebether vor und nach der Morgenpredigt an Sonntagen», Zürich 1799.
[288] Im Sinne von Kampf, Widerstand.

268 mehr als traurige, täglich traurigere Lage, seine Härte, mir alles, auch das Letzte, abzudrücken, das in etwas Silbergeschirr etc. besteht. Tränen und Bitterkeit waren unser Auseinandergehen. Kein Entschluss, keine Aussicht von Hilfe. Arbeit, etwas Erholung, ganze Dumpfheit. Las eine prächtige Predigt von Hess: Tapferkeit und Frömmigkeit, über S.[amuels] 2. Buch, das 23. Kapitel[289]. Dieses rührte mich tief. Arbeit, und noch schrieb ich hieher von einigen

269 Tagen, da ich nichts geschrieben. Jetzt hebt die Nacht dies auch auf.

<u>Dienstag, den 2.</u>

Vielleicht nach der schrecklichsten Nacht meines Lebens, von Verzweiflung und Angst über unsere Lage, stand ich [um] $^{1}/_{2}$ 6 Uhr auf, ging [zu] Hess in die Kirche, da ich Beruhigung fand, einigermassen. Dann heim, Kaffee, Aufräumen für meinen Mann mit Grauen, wegen seiner Unordentlichkeit, Nicht-Menschlichkeit. Dann durchging ich meine Sachen, meine Armut fühlbarer als noch nie.

270 Dann gab ich der Frey, die ganz beraubt, etwas Lingen. Dann noch Ankleidung und Arbeit bis mittags. Nach Tisch bis 6 Uhr arbeitete ich wieder unter bitteren Gefühlen, dann hatt' ich Besuch von Jungfer Körner[290] mit dem Fräulein von Salis[291], das mir manches Mitgefühl nebst eigenem in meiner Seele erweckte. Oh, des Leidens der Menschheit! Gott, wie gross und über uns erhaben musst Du sein, wenn Du alles vergüten willst und mit Kraft stärken.

271 <u>Mittwoch, den 3.</u>

Auf Arzneien hatt' ich eine sanfte, ruhige Nacht, das Erwachen [war] schwer, dumpf. Kaffee, gewöhnliche häusliche Geschäfte. Gebet mit Regeli, dann arbeitete ich mit Ruhe und Interesse bis nach 10 Uhr, erhielt einige tröstliche Gedanken von Lavater, die mich rührten. Ich schrieb an ihn, ihm für sein Gebetbuch dankend, dann noch Arbeit bis 12 Uhr. Nach Tisch fast ununterbrochen Arbeit bis nach 5 Uhr. Las dann mit Geist und Gefühl die vortreffliche

272 Vorrede in Lavaters Gebetbuch, die Lehre vom Gebet. Die besonderen Abteilungen des Gebets machen sie weitläufig und viel umfassend fürs Nachdenken, tief, geistreich, vortrefflich. Dann ass ich Obst, mit dem ich mir einige Tage weh getan, und dann schrieb ich noch bis hieher, da es dunkel wurde.

---

[289] 2. Samuel, 23: Davids letzte Worte, seine Helden.
[290] Altes Zürcher Bürgergeschlecht. In Frage kommen Körner Anna (geb. 1775), Tochter des Körner-Seeholzer Hans Rudolf (1748–1816), Rotgerber, oder wahrscheinlicher Körner Regula (geb. 1772), Tochter des Körner-Pechioler Hans Georg (1736–1795), Buchbinder. Erzieherin im Erlengut. Vgl. 1787, pag. 91.
[291] Salis-Marschlins Friederike von (1796–1835), Tochter des Generals Salis-Marschlins Anton von, Besitzer des Erlenguts. Nachmals Gattin (verm. 1814) des Bankiers Schulthess Adolf Friedrich von (1789–1842).

|273|Donnerstag, den 4.|

Abends Besuch mit Frau Hess[292] beim Rechberg[293] [und] Frau Bürkli[294] beim Tannenberg bei Frau Schulthess[295]. Lavaters Gebetbuch und Vorlesung seiner Vorrede [bildeten] den Inhalt des Abends.

Freitag, den 5.
Dessen entsinne ich mich nicht mehr.

Samstag, den 6.,
bracht' ich den ganzen Tag bei Hause zu in Kummer und Sorgen. Gespräche der Angst mit meinem Mann über die Erlegung des Hauszinses. Die abschlägige[n] Antwort[en] von Herrn Schinz[296] [und] von Herrn Weber[297] mit der von Frau Ott brachen mir fast das Herz ab in tiefem Gefühl, in tiefem Leiden. Ach, wie könnt' ich, wie sollt' ich meine Leiden beschreiben können!

Sonntag, den 7.
Um 6 Uhr kleidete ich mich an [für] in die Kirche, zum Abendmahl zu gehen, wo ich mich, vergessen in Andacht und Aufmerksamkeit, erheben konnte bei der Predigt von Hess und bei der Abendmahlshandlung selbst. Oh, der seligen Stunde, wieviel genoss ich! Bei Hause Arbeit, dann Tisch, dann etwas Lektüre, dann am Abend Besuch bei meiner Schwester, die mir mehr nicht als 60 Gulden[298] versprach, [die] ohne Gefühl meine Verlegenheit spürte. Oh, wie schwer war es mir noch und noch, dass ich hätte versinken mögen! Bei Hause entbrannte ich zu Wut über die Saumseligkeit meines Mannes, seine Tyrannei, Teufelei, mir's noch abzudrücken von einigen Überbleibseln meiner Habe, die ich verbrauchen musste.

---

[292] Hess-Schulthess Maria Barbara (1737–1828), beim Rechberg. Die schon nach einem Ehejahr mit Hess Felix (1742–1768) verwitwete Tochter des Direktors und Bankiers Schulthess-Hirzel Caspar besorgte diesem im Rechberg den Haushalt («Tante Hess»). Hess Felix VDM war ein enger Freund und Anhänger Lavaters gewesen.

[293] Die Häuser «Rechberg» (heute «Steinberg»), «Rech» und «Tannenberg» standen in derart enger Verbindung zu einander, dass eine Ungenauigkeit im Sprachgebrauch bei R. v. O.-E. durchaus denkbar ist. Vgl. 1786, pag. 4, 1787, pag. 11, 1789, pag. 28, 1800, pag. 233.

[294] Bürkli-Schulthess Ursula (1748–1826), Gattin des Bürkli Johannes (1745–1804). Nach dem Tod ihres Ehemannes heiratete Bürkli Ursula ihre Jugendliebe, den Pfarrer und Schriftsteller Meister Jakob Heinrich (Henri) (1744–1826), mit dem sie noch 22 Jahre in glücklicher Ehe lebte.

[295] Schulthess-Meyer Franziska Johanna Alida Leonora (1819–1912), Gattin des Schulthess Leonhard (1815–1891), Bankier zum Rechberg, bewohnte das Haus zum Rech, wo sie einen grosszügigen Haushalt führte. Im Kontext mit den übrigen, hier angeführten verschwägerten Personen und den Örtlichkeiten handelt es sich hier zweifellos um die Bankiersgattin. (Abb. S. 149)

[296] Vgl. 1791, pag. 121.

[297] Vgl. 1791, pag. 121.

[298] S. 1800, pag 278.

276   <u>Montag, den 8.</u>,
beschäftigte ich [mich] mit [der Be]wertung einiger Sachen für den Wert von 113 Gulden, die ich zitternd zusammennahm, meinem Mann selbst gab, einem Goldschmied hinzutragen für Geld. Gott, welche fürchterliche Erfahrungen führt die Armut mit, nicht nur die Beraubung des Seinen, auch noch die Bitterkeit, die sie mitbringt, zitternde Wehmut. Überblick des namenlosen Unglücks, in dem ich lebe, ist mir zum Versticken, Entsetzen,
277 das mein Seele umgibt. Körperliche Übelkeit, Widerwillen. Spazieren mit Frau Schulthess, Schinzin etc. Lavater fuhr bei uns vorbei bei seiner Ankunft, die er mir gemeldet hat[te]. Zum Versinken müde, leidend beim Heimkommen.
        <u>Dienstag, den 9.</u>
Leidend in mir über alle Begriffe, so nur einzig in mir die Beschäftigung. Abends bei Frau Ott, die 6 Louis-d'or noch immer bittend.[299]
        <u>Mittwoch, den 10.</u>
Conradlis Krampfkolik machte mich unbeschreiblich leidend und ängstlich für ihn, die in hohem Grad stieg,
278 dass ich dachte, er könnte mir heute noch sterben. Meine Gefühle darüber, ach, möcht' ich nicht beschreiben.
        <u>Donnerstag, den 11.</u>
Der meinige und Regelis Namenstag. Mit welcher Traurigkeit, Stumpfheit, Wehmut, Leiden bracht' ich in Stille beim Bette Conradlis zu, arbeitend, weinend. Nicht einer meiner Freunde gedachte meiner als Lavater allein mit ein paar Zeilen. Oh, der Erinnerungen der Vergangenheit, welch eine Vergleichung: der heutige, einsame, leidende, traurige, gegen den vorhergehenden [Tag]!
279   <u>Freitag, den 12.</u>,
in Unruhe, Angst über meine Armut, dem Einlauf von Konten[300], der Übergebung des Zinses, Zorn über Versäumnis. Körperliche Übelkeit. Nach 2 Uhr legte ich mich an zu Lavater, den ich nur 2 Minuten lang sah, den Abend bei Frau Ratsherr Lavater und Frau Usteri[301] bis 8 Uhr. Tisch, und noch schrieb ich dies hier ein bis $^{1}/_{2}$ 11 Uhr.
280   <u>Samstag, den 13.</u>,
war ich nicht sehr früh. Ankleidung, Kaffee, häusliche Geschäfte erfüllten den Morgen bis 8 Uhr. Da ich dann bei Conradli, der noch im Bett blieb, allein war, schrieb ich mehrere von Lav.[ater] erhaltene Sentenzen ab, voll tiefer Belehrungen, Geist und Leben. Arbeit, innere Unruhe erfüllten den Morgen. Ein Billett von Frau Schulthess mit Schokolade für den

---

[299] Vgl. 1800, pag. 275, dort ist von 60 Gulden die Rede.
[300] <u>Originaltext</u>: «Einkauf von Conten». Wahrscheinlich handelt es sich um einen Verschrieb für «Einlauf» der Konten, i.e. Eingehen von Schuldforderungen, s. 1800, pag. 357.
[301] Usteri-Schweizer Elisabeth (1764–184.), Witwe des Quartierhptm. Usteri Heinrich (1754–1814), Schwägerin von Lavater-Usteri Regula.

Namenstag. Auch der Nachmittag verschwand in Unruhe, tiefem Gefühl meiner Leiden, Arbeit, Kopfweh. Ach! Dann Tisch, dann in entsetzlichen Schmerzen zum Schlaf.

Sonntag, Bettag, den 14. Sept.

Frei erwacht, um 6 Uhr aufgestanden. Ankleidung, ganz dumpf in meinen Empfindungen. Oh, der Hemmungen der Seele! Dann Hess zur Kirche, der über die Worte [im Evangelium] Matthäus, 24. Kapitel den 4. Vers predigte: «Sehet zu, dass euch niemand verführe.» Den grössten Verführer trägt ein jedes bei sich selbst. 3 Abteilungen, über die Verführer des Staates, [die] Verführer der Sitten, [die] Verführer der Religion. Über diese Abteilung predigte er vortrefflich. Bei der Abendmahlshandlung war ich heiterer, gerührt. Tod Jesu Christi, Liebe durch den Heiligen Geist mit Glaube, Gefühl der Erhabenheit Gottes waren die Gegenstände, die meine Seele erfüllten. Vorsatz, alles zu tragen, was mir aufgelegt wird, Vergessenheit dessen, was hinter mir ist.

Dann bei Hause verschiedenes, das zerstreute Geschwätz, das mich leiden machte, dann herzliches Gebet und Tränen; las in Lav.[aters] Gebetbuch, im Testament [das] 14.–17. Kapitel Johannes[302]. Dann schrieb ich an Professor Hirzel[303] und dann noch hieher bis 3 Uhr abends.

Montag, den 15.,

blieb ich bei Hause, den ganzen Tag durch, in Arbeit und Leiden. Oh, ich mag nicht mehr beschreiben, wie es mir ist!

Dienstag, den 16.

Vormittags bei Hause im Gewöhnlichen. Abends macht' ich einen grossen Spaziergang mit Frau Schulthess in Hottingen nach dem Tobelhof[304] in vielen Ergiessungen über mein eigenes und ihr Leiden. Dann lieblicher Genuss der Natur und Aussicht. Tee mit Eiern vor dem Hause, dann Furcht vor [den] Franken, da wir im Walde waren, zurückeilten. Verspätung des Abends, dass wir einen Wegweiser mitnehmen mussten und also unser Gespräch abgerissen wurde. Erst gegen 8 Uhr kam ich nach Hause.

Mittwoch, den 17.

Traurigkeit, Übelkeit, Arbeit, Leiden erfüllte mich ganz, durch und durch. Nach Tisch Ankleidung, Besuch von Oncle, dann macht' ich mit Frau Pestalozzi, Jungfer von Muralt [und] Regeli einen Besuch [bei] der Frau Landvogt Zoller[305] im Steinbock[306], ihrem

---

[302] Vgl. 1786, pag. 38 und 1800, pag. 104.
[303] Hirzel Heinrich (1766–1833), V. D. M., 1789 Prof. der Kirchengeschichte, 1809 Chorherr.
[304] Tobelhof: Gehöft auf dem Adlisberg, am Weg von Zürich nach Dübendorf, westlich von Gockhausen.
[305] Zoller-Escher Elisabeth (geb. 1727). Witwe des Zoller Hans Jakob (1721–1792), 1761 Landvogt zu Baden.
[306] Steinbock, Zollergut: Landhaus (abgetragen) des Zoller Hans Jakob, Stampfenbachstrasse/Sumatrastrasse 3, Zürich-Unterstrass.

285 Landgut. Viel Liebe von ihr empfangen, das Haus, welches durch sein Schicksal merkwürdig ist, besehen. Anno 1780 schlug der Strahl ein, vor einem Jahr 2 Kanonen- und mehrere Flintenkugeln. Der Geschmack, mit dem es angelegt ist, die Schönheit und Anmut der Aussicht gefiel mir sehr wohl, auch war's im ganzen ein anmutiger, lieblicher Abend. Um 7 Uhr kam ich heim. Abendgebet mit den Kindern. Tisch, früh zur Ruhe.

286 <u>Donnerstag, den 18.</u>
Ich nahm Rhabarber-Pulver[307] zum Laxieren. Arbeitete in Tränen und Leiden. Las auch mit Conradli Catos Leben im Plutarch[308], rechnete mit ihm. Am Abend besuchte ich Frau Ott, noch eine Stunde im Garten. Von 7 Uhr an las ich zu meiner Erbauung und Stärkung in Klopstocks Liedern unter einem Tränenstrom, dann Tisch, dann müde ins Bett.

287 <u>Freitag, den 19.</u>
Um 6 Uhr auf, las Lav.[aters] Anrede am Bettag[309] mit Empfindung, dann Gebet; dann Geschäft und Ankleidung, dann schrieb ich an Frau Schulthess und Herrn Wirz; dann kam Anna[310] von Isny[311], und da von ihr[em] Unglück erzählt. Ich gab ihr einen neuen Taler. Dann Erinnerungen an 24 Jahre zurück[312]. Oh, der Vergangenheit! Arbeit, Geschäft, Tisch, Einmarsch der Reservearmee[313] und schrieb bis nach 3 Uhr hieher.

288 <u>Samstag, den 20.,</u>
bracht' ich den ganzen Tag bei Hause zu. Abends ein Besuch von Doktor Rahn. M[314].
Viel Schweres in meinen Gefühlen.

<u>Sonntag, den 21.</u>
Nach 6 Uhr aufgestanden. Ankleidung. [Zu] Hess nicht in die Predigt. Andacht und Erhebung bei Hause mit meinen Kindern. Geschäfte, Bedrückung meiner Lage halben. Tisch, nachher unbestimmte Unruhe. Nach

---

[307] Rhabarberpulver: Aus den Wurzeln des Blattgewächses gewonnenes Pulver, das von altersher bei Verdauungsstörungen und als Abführmittel verwendet wurde.
[308] Mestrius Plutarchus (50–100): «Catos Leben». Die gebräuchliche Plutarchübersetzung (Frankfurt 1783–1800, Magdeburg 1799–1806) der Goethezeit stammte von Kaltwasser Johann Friedrich Salomon (1752–1813), deutscher Philologe. Sie dürfte auch bei den Zürcher Altphilologen in Gebrauch gestanden haben. (Frdl. Mitteilung von Dr. Klaus Bartels, Kilchberg ZH.)
[309] Die obrigkeitlichen Bettagsmandate wurden in der Regel vom Antistes oder dem Kirchenratspräsidenten verfasst, was es hier mit «Lavaters Anrede» für eine Bewandtnis hat, ist unklar.
[310] Anna: Möglicherweise frühere Dienstbotin.
[311] Isny im Allgäu. Unklar ist, ob die Dienstbotin von dort stammt oder vorübergehend dort gearbeitet hat.
[312] 1776 heiratete R. v. O.-E. den späteren Landvogt Orelli.
[313] «Ende August (1800) passierte eine bei Dijon gebildete französische Resevearmee unter General MacDonald die Schweiz und grösstenteils durch Zürich.» Vogel Salomon, «Chroniken», Zürich 1845, Seite 379.
[314] «M» [...], es folgt ein weiterer Grossbuchstabe, nicht auflösbar.

3 Uhr zu meiner Schwester, dort Rezepte abgeschrieben von meinem kaiserlichen Arzt[315], in der Sehnsucht, sie Lavater zu geben, welches fast den Abend erfüllte. Bei Hause ein liebliches Billett von Lav.[ater], Tisch und bald zur Ruhe.

<u>Montag, den 22.</u>
Den ganzen Tag bei Hause, leidend, arbeitend. Besuch von Pfarrer Hess, ohne dass ich vieles weiss mich zu erinnern.

<u>Dienstag, den 23.</u>
Um 6 Uhr aufgestanden. Ankleidung und [zu] Hess in die Predigt, der über das 24. Kapitel des 2. Buchs Samuel[316] predigte, vortrefflich, dass sich meine Seele stärkte. Bei Hause mit meinem Mann über unsere mehr als traurige Lage [gesprochen]. Arbeit. Besuchte noch [von]10 Uhr bis ½ 12 Lav.[ater], den ich weit zurückgekommen fand in seiner Gesundheit, aussert[317] dem Bett, ermüdet von einer Kopulationsrede[318], die er eben gehalten hatte, jammernd über seine Schmerzen, sein Elendsein, welches mich herzlich weinen machte in tiefer Empfindung. Ach, der Liebe Gefühl, wie tief gehst du! Tisch, Arbeit bis auf meine Gebundenheit, nichts tun zu können als Lismen[319].

<u>Mittwoch, den 24.</u>
Wieder in der nämlichen Stimmung der Seele, inneres Zittern durch Mark und Gebeine vor Kummer und Sorgen. Oh, dass des Leidens so vieles ist für all das Notwendigste! Tisch, Besuch von Frau Schulthess, offenes, freies Gespräch der Freundschaft und Liebe bis 4 Uhr. Dann noch Arbeit mit und unter den Kindern bis spät abends.

<u>Donnerstag, den 25.</u>
Vor Kummer immer gedrückter in der nämlichen Lage. Der Eintritt der fränkischen Reservearmee noch dazu. Den Abend bei Frau Ott hingebracht.

<u>Freitag, den 26.</u>
Heute der Erinnerungstag der Wiedereinnehmung der Franken von Zürich[320]. O Gott, welche Betrachtungen durchliefen mein Herz! Schon wieder ein Jahr verflossen und mit und in demselben so vieles! Unbestimmter, jammernder Kummer über meine Lage. Vortrefflicher Brief von Wirz. Tod der Palm[321]. Abrede wegen der Tragung der Brenten[322]

---

[315] Chorherr Rahn Johann Heinrich war 1792 vom Kurfürsten Karl Theodor, Pfalzgraf bei Rhein, zum kaiserlichen Hof- und Pfalzgrafen ernannt worden, eine Würde, die notarsähnliche Befugnisse mit sich brachte.

[316] 2. Samuel, 24: Davids Volkszählung wird mit der Pestilenz bestraft.

[317] «aussert»: dialektal für ausserhalb.

[318] Traurede.

[319] Vgl. 1786, pag. 91.

[320] September 1799: Überschreiten der Limmat bei Dietikon durch die Franzosen, anschliessend Rückeroberung Zürichs.

[321] Vgl. 1792, pag. 63.

[322] «Brente»: Tragbütte, vermutlich für den Wassertransport in die einzelnen Wohnungen.

293 mit Frau Pestalozzi. Arbeit. Nach Tisch schrieb ich einige Sentenzen ein, auch ökonomische Unruhe. Erinnerungen an vergangene Zeiten.
Vergangenheit – dieser Begriff, dieses Empfinden beschäftigt mich heute besonders in seinem Wehmütigen, in seinem Tröstlichen. Nicht darf ich denken an meine und der Meinigen Zukunft!
Oh, wie durchbohrt es meine Seele, wie ängstlich fühl' ich mich weiterzugehen!

294 Arbeit erfüllte übrigens die Zeit, und abends 7 Uhr schrieb ich bis hieher von einigen Tagen her. Ach, die Tage voll Kummers werden sich auch wieder heitern, oder werde ich ihnen ins Grab entgehen?!

295 <u>Samstag, 27.–Dienstag, den 30.</u>
Dieser Tage erinnere ich mich nicht mehr, weder ihres Guten noch ihres Bösen. Von Dir, o Gott, kommt beides, Gutes genossen und Böses gelitten, muss es sein, bis dass ich beides überwunden und ich Dir, o Gott, rufen kann, reden kann [über] mein Leben wie dieses Monats Tage.

296 [leer]

297 <u>Weinmonat 1800.</u>
298 [leer]
299 <u>Weinmonat 1800, 1.–20.</u>
<u>Montag, den 20.</u>
So viele Tage eilten hin, ohne dass ich einen davon anzeigte. Sie umfassten vieles, meistens Leiden der Armut, das mich beinahe nieder- und zerdrückt. Gott, erbarme Dich der Meinigen und meiner, dass ich mich nicht darüber verliere vor Angst und Kummer, denn meine und der Meinigen Not ist gross, das weisst Du!

300 Wäsche und Hausgeschäfte fielen in diese Tage und füllten sie aus, die auf meine zerrüttete Gesundheit noch grossen Einfluss hatten und noch mehr mich drückten und schwächten.
Die Krankheit meines Schwagers, Bruder meines Mannes, bewegten mich zu öfteren Besuchen bei ihm. Manche stille Betrachtung wurde erweckt über Tod und Grab und Unsterblichkeit, an seinem Bette. Auch verlangte er Aussöhnung mit uns, deren ich ihn leicht versichern konnte, weil ich keinen Hass in meiner Seele getragen und seine Veranlassung

301 und Beitragung meines Unglücks als Gottes Willen ansehe, obschon ich ihn als den Urheber desselben ansehe, aber gewiss ihn ruhig sterben oder leben lasse. Mag es aber doch Gott gefallen, so halte ich seine Erlösung für einen Segen. Mir scheint noch immer, als könnte er sich noch erholen. Und wie traurig wäre das, wenn es geschehen sollte, für ihn und seine Kinder und auch [für] uns. O Gott, erbarme Dich seiner und erlöse ihn bald aus dieser Welt voll Jammer und Elend!

302 Fast gar keine Lektüre, fast gar keine Gebetserhebungen genoss meine Seele. Alle Gefühle hüllten sich in Kummer, Sorgen und Leiden. Ach, dass mir

Kraft werde, meine Seele zu erheben, dass ich nicht versinke! Ein inneres Verschweben und Streben nach Veränderung meines Schicksals schwebt mir vor Augen und Herzen, vor dem ich zittere, ohne zu wissen, was meiner wartet. Oh, auch dies Gefühl ist Leiden, wie ich's nicht beschreiben kann.

303 Heute besuchte ich Lavater. Freude der Liebe durchdrang mich bei dem Eindruck seines Aussehens, seiner Würde, seiner Schönheit, seiner Heiligkeit. Oh, welch ein Gefühl durchging meine Seele. Er gab mir mehrere seiner Billetts, jedes einen erquickenden Gedanken [enthaltend]:
«Gott weiss, was du trägst, und, wie's du tragen magst, weiss er.»
«Gott versagt – um Grösseres zu geben – wie manches den Seinen.»
«In des Vaters Schoss wirf ganz im Gedränge der Not dich.»

304 Ach, welche Tröstungen! Gott, stärke Du mich, sie zu fassen!
Einige genossene Stunden der Freundschaft waren mir zuteil. Wie wahr sagt auch Lavater:
«Oh, wie wenige sind geschaffen zur heiligen Freundschaft!»
Treibe Du mich, o Gott, zur Erfüllung meiner Pflichten, in denen ich so erschlagen mich fühle, besonders gehemmt gegen und für meine Kinder, die ich liebe wie und über mein Leben.

305 Heute um 6 Uhr nach einer guten Nacht aufgestanden. Ankleidung, Kaffee und Geschäfte waren das Erste, dann ein Gespräch des Kummers über den Mangel an Geld, der meine Seele bis auf das Innerste durchdrang, dann wieder Hoffnung, es gehe. Rechnete mit der Magd mit innerem Zittern, dann tat ich verschiedenes, dann ging ich in die Schipfe[323] an Schwagers Bett, fand ihn schwach, aber freier als gestern. Mit der Nanne[324] über seine traurige ökonomische Lage [gesprochen] etc. Um 11 Uhr zu Lavater, oh, mit welchen Liebesgefühlen! Um 12 Uhr nach Hause,

306 dann Aufräumen bis 3 Uhr, dann allein zu Frau Ott. Erquickt und genussvoll dieses überherrlichen Abends in der Natur, im Garten, und Tee bis nach 5 Uhr, dann nach Hause und schrieb Gedanken von Lavater in ein Büchlein und dann diese Blätter. Skizzen meines Daseins, ach, was bezeugt ihr! Und doch, das Gefühl meiner Existenz ist mir doch noch heilig, ist sie schon zerrissen.
Jetzt schlägt es 7 Uhr. Gott, wie danke ich Dir diese stille Stunde!

307 <u>Dienstag, den 21.</u>
Von diesem Tage brachte ich den grössten Teil des Tages bei Schwagers Bett hin. Las dort in der neuen Übersetzung Kempis[325] von Sailer[326] die so

---

[323] Schipfe: Häuserzeile am linken Limmatufer, Wohnung des Schwagers Orelli Caspar von, a. Landvogt.
[324] Anna, Tochter des a. Landvogts.
[325] Thomas a Kempis: «Das Buch von der Nachfolge Christi», übersetzt von Sailer Johann Michael, München 1800. Vgl. 1793, pag. 58, 1799, pag. 10.
[326] Sailer Johann Michael (1751–1832), aufgeklärter katholischer Theologe.

vortreffliche Vorrede voll Geist und Andacht. Hatte einen liebreichen Besuch von Ratsherrn Lavater, der mich erquickte. Am Abend nahm ich von Schwager – als das letzte Mal – Abschied mit Tränen um 8 Uhr.
 Mittwoch, den 22.,
erwartete ich mit Sehnsucht meinen Mann nach Hause vom Wachen beim Schwager. Da er aber lange nicht kam, vermutete ich, dass er nun gestorben sein werde,
welches dann nun auch so war, da um 9 Uhr mein Mann heimkam und sagte, dass er nun gestorben [sei], angelegt[327] und Ruhe habe. Herzliche Tränen der Empfindung eines «Gottlob», dass es nun überstanden! Mein Mann ging matt von Traurigkeit zur Ruhe. Ich verfiel in stummes Betrüben, dass ich Erschütterungen erlitt, die mir weh taten. Ich denkte an Schwager als die erste Ursache meines und der Meinen Unglück. Es mischte sich Neid ein, dass er sterben konnte. Dann auch erfüllten mich Todesbetrachtungen – das Schreckliche davon.

Geschäfte, Weibel Theiler[328] etc. Bekümmernisse über unsere Lage, Tisch, Unruhe, Angst. Nach 3 Uhr ging ich noch die Leiche zu sehen. Tränen, dann nachher mit Frau Nüscheler über seinen, der Seinen Charakter, ihre und unsere Schicksale [gesprochen]. Müde, erschüttert nach Hause.
 Donnerstag, den 23.
Fast ganz ging dieser Tag hin mit Ausputzen etc.
 Freitag, den 24.,
waren diese Hausgeschäfte fortgesetzt. Nachmittags macht' ich einen Besuch bei Frau Schulthess in Hottingen,
dort über unsere Lage durch Veranlassung der ihrigen [gesprochen], ohne Trost und Hoffnung, dass sie etwas für mich tue, wann es mir so leicht schien, dass sie es könnte.
 Samstag, den 25.,
bracht' ich ganz bei Hause hin. Da mein Mann gerüstet an den Kirchgang ging, übernahm mich ein Schmerz, der mein Innerstes durchging, und Tränen der Empfindungen. Ach, was ist der Mensch und des Menschen Leben! Arbeit und Ruhe erfüllte noch das Ende dieses Abends.
 Sonntag, den 26.,
blieb ich bei Hause. Stilles Gebet mit meinen Kindern, dann Geschäfte aller Art. Ankleidungen, Zerstreuungen bis nach Tisch, wollte mich sammeln, war aber wieder gestört, machte dann Besuche, bei Frau Escher, Frau Ott, Frau Schulthess bis abends 7 Uhr, bei denen ich einige Zerstreuung, aber keine Tröstung fand.

---

[327] «Angelegt»: Der Leichnam wurde bekleidet und aufgebahrt.
[328] Aus Wädenswil und Richterswil stammendes Geschlecht. Möglicherweise Theiler Johannes (1768), 1799 Sekretär, 1800 Mitglied der Verwaltungskammer, stand den revolutionären Kräften im Umkreis Johann Caspar Pfenningers nahe. Möglicherweise spielt hier R.v.O.-E. auf die frühere Funktion des Theiler an.

Montag, den 27.
Ganz bei Hause hingebracht, schreckliches Leiden in und um mich, über unsere ökonomische Lage.

Dienstag, den 28.
Nach einer unruhigen Nacht ging ich [zu] Hess in die Predigt, [der] die Geschichte Davids[329] endete, wo mir körperlich entsetzlich übel war. Bei Hause einige Gedichte Lavaters niederschrieb, die ich gestern von ihm erhalten, und dann hier diese Blätter niederschrieb seit 8 Tagen. Ach, wie fühl' ich meines Lebens Last, wie gross und immer grösser ist die Bekümmernis für meine Kinder, für meinen Mann, für mich! Oh, dass Du Dich, o Gott, unserer zu rechter Zeit erbarmen mögest! Amen.

Mittwoch, den 29.
Arbeitend, staunend, voll Traurigkeit bracht' ich den Morgen hin. Ach, vor Druck mangelt mir die Kraft, mich zu erheben zu Dir, o Gott! Um 11 Uhr kam Frau Schinz, sagte mir, sie komme von Lavater, der ihr gesagt habe voll Freude, dass er so reich geworden, indem er einen Wechsel aus Russland[330] erhalten. Da habe es[331] gesagt, es wünschte auch so reich zu werden oder es zu sein, es wollte dann mit Frau Orelli[332] teilen. Kaum hatt' es dies gesagt, so gab er ihm 15 Gulden, um es mir zu bringen, und es bat mich, es anzunehmen. Ich sagte erzitternd, da es zum Glück nicht mehr sei, werde ich's annehmen. Aber, ach Gott, wie schrecklich kommt mir es vor, das erste Almosen anzunehmen. Mein Gott, wozu[333] ist's mir gekommen! Lehre mich's mit Demut erkennen und mit Dank beherzigen! Auch sagte es mir, es habe 20 Gulden beiseite gelegt, es mir zu geben, allein es gab's mir nicht, das mir gerade in dieser Lage so vieles gewesen wäre. Ich sagte es noch meinem Mann, da er heim kam, und wir beschlossen uns, es Lavater so bald man's könnte wieder zu bringen, da er's selbst so nötig hat. In dem Laufe des Tages war diese Begebenheit das, was meine Seele erfüllte: Wie wenig von Menschen zu erwarten sei, wie vieles von Gott, wie traurig das Los der Menschheit, für das Notwendige so zu streiten etc.! Ach, wie wollt' ich alles beschreiben, was ich empfunden habe! Abends waren Herr Pfarrer Holzhalbs bei uns, ganz erfrischt und belebt. Ach, gegen uns welch ein Abstand, und wie gönnte ich's ihnen, wie litt ich über uns.

Donnerstag, den 30.
Den Morgen wie gewöhnlich verlebt, nachmittags in Hottingen, wo grosse Gesellschaft war. Freundschaftlicher Abend – ohne jene 20 Gulden – in mir streitend, ob ich sie lieber hätte oder nicht.

---

[329] 2. Samuel, 23 ff.
[330] Es handelt sich um die Bezahlung der Teilbestände aus dem physiognomischen Kabinett. Vgl. 1800, pag. 269.
[331] Gemeint ist Schinz-Lavater Anna, s. 1800, pag. 329.
[332] R. v. O.-E.
[333] «…wozu ist's mir gekommen»: wie weit ist es mit mir gekommen.

317 Ach, um solcher Kleinigkeiten willen ist's entsetzlich!
Freitag, den 31.,
verstrich der Morgen fast in ganzer Untätigkeit. Gegen 11 Uhr Frau Schinz, die allein von Frau Schulthess redete, und ich mit ihm über sie und ihr Schicksal in tiefer Empfindung, gab noch für Kabis den Rest der 13 Gulden[334] hin, die ich für Notwendigkeiten verbraucht habe, wieder ohne Geld bin. Inneres Entsetzen. Tisch,
318 Traurigkeit. Um 2 Uhr nach Hottingen, um 3 Uhr zu Frau Ott, von meiner unglücklichen Lage. Um 5 Uhr heim, arbeitend während dem Lernen mit den Kindern, las eine Predigt[335] von Jerusalem[336] von Leiden, die mich stärkte und beruhigte. Tisch und entsetzlicher Magenkrampf, dass ich vor 10 Uhr schon ins Bett musste.
O Gott, sei Du mein und der Meinen Erbarmer, um Jesu Christi willen. Amen.
319, 320 [leer]

321   Wintermonat 1800.
322 [leer]
323   Wintermonat 1800, Samstag, den 1.
Nach einer schmerzensvollen, unruhigen Nacht um $^1/_2 7$ Uhr aufgestanden, still leidend über meine Lage. Geschäfte gemacht, noch das letzte Geld [so]zusagen gerafft, um das Nötigste für heute zu bestreiten, dann Ankleidung, und schrieb an diesen Blättern noch bis hieher, da es 9 Uhr schlägt.
324   1.–15. Nov. 1800.
Von 14 Tagen wieder verlebt und überstanden nahm ich diese Blätter für mich, um einiges niederzuschreiben von dem Gang meines Lebens, meines Leidens, das mir immer und immer schwerer wird und ist. Von keiner Seite was Eingehendes[337], entblösst von allem Notwendigen im Hause, verschiedenes schuldig, dies alles, wie elend und jammervoll für meine Gefühle!
325 Der Kummer für dies alles und für die Folgen von diesem allem, der Anblick und Rückblick auf, an meine Kinder – Gott, wie ist's mir!
Meine abnehmende, zerrüttete Gesundheit oben[dr]ein, für mich tröstend, es gehe dem Grabe zu, aber für die Kinder, wie schrecklich wär's, wenn ich sterben sollte! Aber auch schrecklich ist's, ihr Elend, ihre Trauer zu sehen, nicht helfen zu können, wenn Gott sich nicht besonders erbarmt.
326 Ich nahm zu einer Probe ein Mousseline-Stück an[338], ob, wenn ich viele hätte, etwas damit zu verdienen wäre. Nun aber hat es auch sein Bedenken, dass ich noch nicht entschlossen bin, was ich tun wolle.

---
[334] Es handelt sich zweifellos um den ganzen Wintervorrat.
[335] Jerusalem Johann Friedrich Wilhelm: «Sammlung einiger Predigten», Braunschweig 1788.
[336] Jerusalem Johann Friedrich Wilhelm (1709–1789), deutscher Theologe.
[337] «Eingehendes» im Sinn von Einnahmen.
[338] Heimarbeit.

Neue Hoffnungen, dass Herr Fäsi eine Verwalterstelle annehme, mein Mann seine jetzige Stelle erhalte, erhebten und trösteten mich. Allein, auch trostlos war ich, diese Hoffnung wieder verschwinden zu sehen.
Oh, wie traurig, so abhängig mich zu fühlen.

327 Einige Besuche hatten wir von Herr Pestalozzis, von Herr Helfers[339]. Einige [Besuche] machte ich bei Frau Schulthess in Hottingen, bei Frau Ott, im Schönenhof, [bei] Lavaters. Ach, dies ist wohltuend für meine Seele, aber die Hemmung, nichts von meiner Lage, meinem Leiden merken zu lassen oder – geschieht dies – ohne Tröstung nur noch Vermehrung in meinem Ich zu empfinden von den Lasten, die mich umgeben, ist schrecklich, ist schmerzender als ich's beschreiben könnte.

328 Krampfschmerzen töteten mich fast mehrere Tage, mehrere Nächte lang. Ein einziges Pulver befreite mich, von Chorherrn Rahn, der mich – noch sein Sohn – nie besuchte, das mir schmerzlich weh tat.
Wenig Lektüre war ich fähig zu geniessen. Wenig Erhebungen der Seele zu Dir, o mein Gott.
Auch mit der Arbeit hatt' ich nicht die Zufriedenheit, die mir mein Fleiss sonst in die Seele bringt. Alles, ach, ist verschlungen mit

329 dem Druck der Armut. Wie ich mir nicht zu helfen weiss, wie ich willig alles opferte, was ich hatte! Aber, da auch dies bis auf Kleinigkeiten hin ist, so habe ich keinen Trost mehr.
Gestern brachte mir Frau Schinz in ein Tuch gewickelt 20 Gulden, die ich mit Zittern abnahm. Gott, ach, wozu ist's mir gekommen, welches Opfer der Demut, der Armut, und welche neue Hemmung, dass dies Kleine Grösseres hindert,

330 mit Herrn Schinz zu beraten. Ach, jeder Tag, mit welcher Last wird er getrübt! Vor 14 Tagen redete es davon, es mir zu geben, und da es mir's nicht gab, war ich froh! Und beim Abnehmen fühl' ich welchen Dank!
Welche Gefühle, welche Betrachtungen durchwallen meine Seele, über mich selbst, über mein Leiden! Welche Ergüsse der Tränen, welche Liebe, welcher Zorn! Ach, was für ein Chaos ist mein inneres Ich. Oft

331 ergreift mich Verzweiflung, der ich nicht Widerstand zu halten vermag, wenn nicht Deine Erbarmung, o Gott, mir bald, bald hilft.
Nachdem ich bis hieher geschrieben hatte, schrieb ich noch ein Briefchen an Lavater auf seinen 60. Geburtstag, mit tiefer Liebe-Empfindung.[340] Blieb untätig staunend über meine Lage. Arbeitete eine Stunde. Mittagessen, nachher kaufte ich 2 Pfund Wachskerzen à 2 Gulden 30 Sch. zu einem Geschenk für Lavater, kleidete mich an, arbeitete bis 4 Uhr. Dann ging ich zu Lav.[ater],

332 der am Tisch in der Stube sass. Mit Rührung und Liebe trat ich segnend zu ihm hin. Dann kamen mehrere seiner Freundinnen. Man setzte sich und

---

[339] Orelli Conrad von (1786–1827), 1797–1810 Helfer an Predigern, Neffe der R. v. O.-E.
[340] Hier wäre der Brief am Ende des Jahrganges, 1800, pag. 363, einzufügen.

trank Tee. Er fing an zu reden, von seinem Leiden, von seiner Stimmung der Seele, von der Freude, heute noch diesen feierlichen Tag erlebt zu haben, nannte sich den unglücklichsten Glücklichen durch den Kreis seiner getreuen Freunde. [Er] sagte, dass das Wasser ihm bis an den Mund gehe und [er] nur durch stille Konversation mit dem Herrn die Kraft erbringe, alles zu tragen, wie sehr es ihn betrübe, dass – wenn er beten wollte – dies ihm die grössten körperlichen Leiden verursache[341],

333 die ihn hemmten. Dann liess er uns durch Louise Gedichte lesen, die er von Frau Römer [und] Herrn Pfarrer Gessner erhalten, vortrefflich schön, einen Brief an einen Bremer[342], die Vorlesung auf Morgen in der Kirche. Dann zwischen[hin]ein ruhte er, sprach [et]was Anmutiges, sagte, dass wir uns nicht betrüben sollten, wenn er sterben würde, dass er zwei Sachen von uns verlange: Das Erste, dass wir mit niemandem von ihm sprechen sollten, weil dies immer mehr schädlich als nützlich wäre, und das Zweite, dass wir uns unter einander lieben sollten um seinet-, um unsertwillen etc.

334 Ach, niederschreiben kann ich nicht das 100ste! Meine Empfindungen machten mich in Tränen versinken aus Liebe. Auch weinten alle sehr, weil er sagte – und, ach, wie wahrscheinlich – dass es das letzte Mal sei, dass wir so bei ihm versammelt seien. Vor 6 Uhr nahm ich Abschied, nachdem er mir ein Blatt gegeben, das er für heute gedruckt hatte, und ach, wie erzitterte ich nicht, da er mir ein Stück Geld in die Hand gedrückt. Gott, ach, wozu ist's mir gekommen! Zurückgeben konnte ich's nicht, um nicht Aufsehen zu erregen, weil ich mich geschämt hätte, und doch, ach, was war

335 dies für ein Schlag für meine empfindsame Seele! Mit tausend Tränen ging ich heim, öffnete, was es war, und es war ein Dukaten[343], den er soeben vor meinen Augen und aller Augen von Jungfer Cramer[344] erhalten, die er unter den Tisch genommen[345] hatte, aber ach, wie demütigend für mich, das ich tief, tief empfand und herzlich beweinte. Ich ging in Demutsgefühl allein bis Tisch. Nachher erzählte ich's meinem Mann, der auch weinte, und nun zur Ruhe.

336 <u>Sonntag, den 16.</u>
Nach einer unruhevollen Nacht aufgestanden. Ankleidung, wollte in die Kirche. Regen etc. hielten mich davon ab, Geschäfte. Um 9 Uhr herzliches

---

[341] Damaliger Gewohnheit entsprechend, betete Lavater knieend.
[342] «Bremer»: bezieht sich möglicherweise auf die Bremer Familie Wichelshausen, vgl. 1790, pag. 68, oder auf Persönlichkeiten im Zusammenhang mit Lavaters Berufung nach Bremen, vgl. 1786, pag. 39. Lavater Johann Caspar: «Briefe an seine Bremer Freunde», o.O. 1798, Zürich 1918.
[343] 1 Golddukaten (seit 1621) = 4 Gulden, 1 Gulden = 2 Pfund, 1 Pfund = 30 Kreuzer à 8 Heller oder 20 Schilling à 12 Pfennig bzw. Haller oder 8 Batzen.
[344] Vermutlich Cramer Maria Elisabetha (1770–1829), 1812 verm. mit Körner Hans Heinrich, Lehrer an der Kunstschule, Tochter des Cramer Hans Heinrich (1744–1820), Kaufmann, Direktor, 1770 verh. mit Lavater Anna Barbara (geb. 1745). Eine Verwandtschaft mit Johann Caspar Lavater besteht nicht.
[345] Möglicherweise als Kostgängerin.

Gebet mit den Kindern und Lesung der 1. Epistel Johannes[346]. Untätige Unruhe in meiner Seele. Mittag. Nach 1 Uhr zu Frau Schulthess, die mir anzeigte, dass Chorherr Rahn ihr gesagt habe, dass Herr Professor Cramer[347] trachte, aus der Buchhandlung zu kommen, und dass es gut wäre, wenn wir trachteten, uns auch daraus zu ziehen, indem sie nicht gut stehe. Gott, welch ein Schrecken, auch noch dies verloren! Ich äusserte nicht viel von meinem Inneren. Nach 4 Uhr zu Frau Ott. Ungern blieb ich dort neben der Bachofen[348]. Nass um 8 Uhr nach Hause. Tisch, meinem Mann diese Angelegenheit offenbarend, unsere Bekümmernis wegen dem Kapital, so auf Junker Wyss steht und der Bürgschaft unserer Schwäger. Gott, o Gott, was will es alles um mich werden!

<u>Montag, den 17.</u>
Nach einer unruhigen Nacht zu neuem Kummer erwacht. Geschäfte, diese Blätter noch geschrieben, und mit Angst und Zittern Geld aus dem Sparhafen eines Kindes entlehnt, um 50 Pfund Anken[349] zu kaufen. Gott, wie schrecklich ist's, um alle Notwendigkeiten so zu streiten! Den Tag über bracht' ich in Traurigkeit und Geschäften hin. Abends las ich das Buch Judith[350], die Heldentat der Frau. Allein, ich war gestört von Ratsherr Lavater, der etwa eine Stunde bei uns blieb, von seiner Frau, von Lavater sprach und von der Impfung der Kuhblattern[351], der Geschäfte dieser Entdeckung, über die Wohltätigkeit derselben etc. Nach Tisch las ich noch Judith zu Ende in ernster Betrachtung, mir äusserst merkwürdig. Herzliches Gebet, gegen 11 Uhr zur Ruhe.

<u>Dienstag, den 18.</u>
Nach 5 Uhr war ich aufgestanden. Ankleidung, um in die Kirche zu gehen. Kaffee. Hess predigte über das 3. Kapitel im 2. Buch der Könige[352] über die ersten Anstalten zum Tempelbau. Stille Andacht, doch eben nicht heiter war meiner Seele Gefühl.
Dann bei Hause Gespräche, anstatt für meines Mannes Gesellschaft Arbeit. Tisch, Ankleidung, Arbeit, Pfarrer Hess. Abends lieblich bei meinen Kindern im Stübli allein. Nach ein paar Minuten [kam] Ratsherr Lavater. Tisch, las Hess' Predigt von vor 8 Tagen. Nach 10 Uhr zur Ruhe.

<u>Mittwoch, den 19.</u>
Fast ging der ganze Morgen hin mit dem Ankensieden[353]. Arbeit. Tisch, nachher bei schrecklichem Weg zu

---

[346] 1. Johannes 5, 4: «Unser Glaube ist der Sieg, der die Welt überwunden hat.»
[347] Vgl. 1799, pag. 142; 1800, pagg. 94 und 116.
[348] Bachofen: Aufgrund der spärlichen Angaben nicht eruierbar.
[349] «Anken»: Butter.
[350] Judith 13: Judith tötet Holofernes.
[351] Vgl. 1796/97, pag. 51.
[352] 2. Könige 3: Reich Israel, Krieg wider die Moabiter.
[353] «Ankensieden»: Einkochen der Butter.

340 Frau Ott, wo sein Namenstag war, unruhig bei ihm, herzlich liebend. Um 5 Uhr nach Hause, liess mir noch eine kleine Pièce von Iffland[354] lesen, Der Magnetismus[355], ein armseliges Stück. Gebet und Tisch, sehnte mich ins Bett zur Ruhe, die ich leider nicht mehr finde.

<u>Donnerstag, den 20.</u>
Spät auf, doch noch einige Erhebungen. Geschäfte, Arbeit. Kummer in meinem Stolz hebte mich auf und nieder. Tisch, Arbeit. Um 3 Uhr nach Hottingen, traf Chorherrn Rahn an. Fr[...], Schinzen, hebte und erhebte mich über meine Leiden, lebte in

341 ihr. Gegen 7 Uhr nach Hause, liess mir noch eine kleine Pièce von Iffland lesen, ein schönes Stück, die Geretteten[356]. Cäper las mir's also, dass es meine Seele verwundete. Meinen Schmerz hielt ich an mir. Tisch, und früh zur Ruhe.

<u>Freitag, den 21.</u>
Spät aufgestanden, dann Geschäfte, Unruhe bis gegen 9 Uhr, dann Arbeit bis 12 Uhr. Tisch. Nachher mit meinem Mann über unsere Lage, über die Charaktere der Kinder, über das Leiden [wegen] der bemerkten Fehler, über die Freude, dass sie fleisssig und geschickt und im Publikum[357] so gut fortgekommen. Arbeit bis nach 3 Uhr, dann ein wenig Ruhe, Tee, und von 5 Uhr bis 8 Uhr liess

342 ich mir von Cäper aus Goethes und Stolbergs Übersetzungen lesen, wohl in diesem Genuss, aber besser wär's mir gewesen, etwas tröstlich Religiöses zu lesen, ein einziges Wort wischte alle Annehmlichkeiten hin. Tisch, Geschwätz, und schrieb bis hieher, da es 10 Uhr geschlagen hat.

343 <u>Samstag, den 22., bis Sonntag, den 30.</u>
Eine verflossene Woche des Leidens, der Freuden, davon [im] Detail ich mich nicht mehr erinnere, wenn schon eingegraben in meine Seele. Oh, dass ich meiner oft vergesssen könnte.
Es fiel das Examen meiner Knaben in diesen Zeitpunkt, da Cäper mit Ehren bestand, Conradli von der III. in die IV. Klasse kam mit allen Freuden und Ehren und mit der Belohnung eines Premiums[358], welches in Herrn

344 Bremis[359] Cornel[360] bestand für seinen Fleiss, für sein gutartiges Benehmen. Gott, wie weinte ich vor Freuden, wie fleh' ich Dich an um Segen für ihn und für alle meine Kinder. Herr, hast Du uns alles genommen, ach, so sei

---

[354] Iffland August Wilhelm (1759–1814), Schauspieler, Dramatiker und Theaterleiter.
[355] Iffland August Wilhelm: «Der Magnetismus», Lustspiel, Leipzig 1789, Mannheim 1793.
[356] Iffland August Wilhelm: «Die Geflüchteten», Schauspiel in 1 Aufzug, Leipzig 1799, 1800. «Die Geretteten» dürfte ein Verschrieb R. v. O.-E.s sein.
[357] «Im Publikum»: publico, in der Öffentlichkeit, beim Umgang mit den Mitmenschen.
[358] Schulprämie, Preis.
[359] Bremi Johann Heinrich: «Cornelius nepos eius vita», Übersetzung, Zürich. 1800, vgl. 1799, pag. 297.
[360] Cornelius Nepos (99 a. Chr.–24 a. Chr.), römischer Historiker.

Du doch mit ihnen, mit Deinem Segen, Deiner Erbarmung, um das ich Dich mit innigster Seele flehe!

345, 346 [leer]

347 <u>Christmonat 1800.</u>

348 [leer]

349 <u>Christmonat 1800, Montag, den 1. [bis] 3., Mittwoch.</u>
So erreichte ich dann doch unter allem Leiden auch noch den Anfang dieses Monats.
Montag macht' ich einen Besuch bei Frau Escher.
Dienstag blieb ich ganz bei Hause.
Mittwoch. Heute stand ich ziemlich früh auf, las eine Predigt von Zollikofer, dann Arbeit, Geschäfte, und dies bis hieher um 10 Uhr.

350 4. bis 16. Christmonat.
Eine Unterbrechung dieser Blätter ist auch gleichsam eine Abwesenheit meiner selbst, entweder körperliche Übelkeit oder ökonomisches Leiden, das mich mir selbst raubt. Beides drückte mich diese Tage über bis nahe an Verzweiflung, aus der ich mir nicht zu helfen weiss. Wohl voraus sah ich meine Armut, denkte mir manches Leiden, aber es belebte mich auch Hoffnung, dass ich Menschen, Freunde finden würde mit

351 teilnehmender Hilfe. Allen gebricht's freilich an Hilfskraft, und nun bleibt mir nichts übrig als Du, o Gott, der Du durch die Wege der Vorsehung mich durchführen kannst durch die mich umgebende Dunkelheit, Armut, Leiden. Ach, stärke meinen Glauben, meine Standhaftigkeit, mein Vertrauen, dass ich nicht erliege in meiner Not mit den Meinigen, die alle Dein sind, wie ich hoffe Dein zu sein!

352 Ich mag meine Erinnerung nicht anstrengen, was diese Tage über mag begegnet sein. Nur heute berührte es mich tief, zu hören, dass Lavater seinem Lebensende nahe, so vorauszusehen es war[361]. Ach, welchen Schmerz der Liebe empfind' ich dabei! Dienstag, den 16., besuchte ich das letzte Mal die liebe Frau Ratsherr Lavater, meine geliebte Freundin. Oh, hätte ich's vorgesehen! Oh, die Geliebte!

353 Die mit herber Mühe erhaltenen Neujahrsgeschenke beschäftigten mich heute, und sie zu geben mit Schmerz statt mit Liebe. Oh, was empfinde ich in mir, in meinem Leiden, in allweg[362].
Wie glücklich ist der Mensch, der sich nicht selbst überlebt oder sein Gut, das er hatte, oder Gelegenheit hat, sein Brot für die Seinen und sich zu verdienen!

---

[361] Originaltext: «...so vorausgesehen es ist.»
[362] Vgl. 1791, pag. 204.

354   <u>Mittwoch, den 17.,</u>
      <u>Donnerstag, den 18.,</u>
      <u>Freitag, den 19.,</u>
besuchte ich vormittags Lavater mit der tiefsten Empfindung meiner Seele, als ob es das letzte Mal wäre. Ich fand ihn im Aufstehen begriffen, hörte ihn vernehmlich reden im Kabinett. Nachher, da er im Sessel sass, ging ich hin. Er blickte mich an, erkannte mich, ohne dass er sprechen konnte oder mochte. Dann war mir zuteil, meine Hände an seine Stirne zu legen, ihn zu halten, ihn mit Tränen zu benetzen. Auch er drückte sein Haupt an meine Brust, ach,

355 ich denke, das letzte Lebensgefühl zu empfinden. Oh, wie freue ich mich dieses Schmerzes, Genusses der Freundschaft! «Mein Leben steht am Rande des Grabes. Meine Existenz[363] auf der Brust ist entsetzlich!» Noch sass ich vor ihn hin, bückte mich vor ihm und schied gerührt, dankend, liebend von ihm.

Der Brand[364] zeigt sich an seinen Wunden. Er speist nichts mehr, schlummert fast immer, ach, alle Zeichen des nahen Todes, das schrecklichst Schmerzhafteste!

356   <u>Samstag, den 20., Sonntag, den 21., Montag, den 22.</u>
Dieser Tag war der Todestag meiner geliebten Freundin, Frau Ratsherr Lavater. Welche Tränen, welcher Schmerz! Lavater liess sich noch zu ihr hintragen, wo ihm 2mal ohnmächtig war. Ach, welch eine Szene!

<u>Dienstags, den 23.</u>, ging ich zu Herrn Ratsherr Lavater, ihm mein Mitgefühl zu bezeugen, noch die Geliebte tot zu besehen. Ach, der Tränen der Liebe, der Anmut! Die Liebe, die Trauer, die ich empfunden! Ach, wieder ein Band der Seele zerrissen!

357 Mittwoch, den 24., in Unruhe über die Summe der eingelaufenen Konti bekümmert. Ach, und wie leicht – wenn sich Erbarmung findet – lässt es sich machen!

      <u>Donnerstag, den 25., Weihnachtstag.</u>
Um 5 Uhr erwachte ich, stund auf, um nicht wieder zu entschlafen und mir eine stille, einsame Andachtsstunde zu erheben. Nach dem Ankleiden las ich 2 Predigten von Zollikofer, eine Weihnachtspredigt über die Worte «Dein Reich komme»[365], eine Nachtmahlpredigt, des Abends oft im Andenken an Jesus. Beide erhebten mein Seele zu tieferer Andacht.

358 Auch in der Kirche genoss ich der Empfindungen viele, die mich trösteten, stärkten. Gott, o Gott, welch eine liebliche Stärkung! Ach, dass es solche Tage gibt, der Gnade, der Liebe, wie tröstend für leidende Christen! Mittag, Gespräche, schrieb hier einiges ein bis hieher.

---

[363] «Existenz»: Befinden.
[364] «Brand»: Entzündung, Infektion.
[365] Matthäus 6, 10; Lukas 11, 2.

26. – 28., Sonntag.

Noch nie empfand ich den Schmerz der Empfindung so stark, wie aus den erhöhten Gefühlen der Festfeier in mein Alles, Leiden in meiner Armut mit all ihrer Bitterkeit, Zurückzutreten wie in diesen Tagen.

Den 27.[366] war der Begräbnistag meiner lieben, unvergesslichen Freundin, Frau Ratsherr Lavater. Ach, welcher Schmerz der Liebe! Auch die Ankunft ihres Sohns[367] in der gestrigen Nacht. Bis fast 12 Uhr wartete[368] ich noch die wenigen Überbleibsel einiger silbernen Gefässe, die ich aus Armut werde verkaufen müssen. Gott, welche Schmerzen, welche Leiden! Lege mir nicht mehr auf, als dass ich ertragen mag! Siehe mein Leiden ist übergross, erbarme Dich meiner und der Meinigen!

Aus Kummer blieb ich bei Hause im Wunsch, das Ürtige[369] zu tun.

29., 30, 31., Silvester.

Noch fass' ich einiges zusammen in einer der letzten Stunden dieses durchlebten, durchgelittenen Jahres.

Armut drängte mich, noch für 34 Gulden Silbergeschirr zu verkaufen mit unendlichem Leid der Seele, mir schrecklicher als der Tod.

Gestern, Davidtag [13. Dezember], voll Missstimmung, ach, und Leiden der Seele von einer Art, die nur Gott kennt. Wahrscheinlich machte ich gestern den letzten Besuch bei Lavater. Gott erbarme sich seiner! Gott, welch ein Anblick des Mitleidens, des Elends, der Liebe.

Heute verlebte ich in stiller Trauer, in tiefen Gefühlen, in Tränen diesen Tag. Am Abend noch eine liebliche Stunde mit meinen Kindern, in Gebet, in Ermahnung, in Segnungen, in Tränen, in Empfindungen. O Gott, erbarme Dich ihrer. Eine gute Stunde liess ich Cäper in Ciceros[370] Buch von den Pflichten[371] lesen, sagte ihm, so könne kein Vater, keine Mutter ermahnen, und ich hoffe, dies mache einen tiefen Eindruck auf ihn, dies geschehe nicht umsonst. So viel Gutes und so viel Leidendes habe ich erlebt, o Gott, dass ich anbetend im Geist wiederhole und danke und Dich anflehe im Glauben, der Du mir bis hieher geholfen hast, Du mögest mir nicht mehr auflegen, als dass ich ertragen möge, um Jesus Christus, meines Heilandes, willen! Dein Geist sei mit mir, jetzt und in Ewigkeit! Amen.

---

[366] Gemäss Totenbuch des Grossmünsters (StadtAZ, VIII C 13) war der Begräbnistag von Frau Lavater-Usteri der 28. Dez. 1800. Die retrospektiven Eintragungen R. v. O.-E.'s trugen unzweifelhaft zur Fehlangabe und wahrscheinlich auch anderen, nicht entdeckten Datums-Ungenauigkeiten bei.

[367] Lavater Diethelm, M.D. (1781–184.), 1802 verh. mit Margarethe Hofmeister (1784–1843). 1784 Arzt am Krankenhaus St. Moritz auf der Spanweid.

[368] «warten»: pflegen, vermutlich reinigen, polieren.

[369] «ürtig»: Adjektiv zu Ürte, Geschenk zu einem besonderen Anlass (Hochzeit, Weihnachten, Neujahr).

[370] Cicero Marcus Tullius (106–43 a. Chr.), römischer Staatsmann, Schriftsteller.

[371] Cicero Marcus Tullius: «Von den Pflichten, aus der Urschrift übersetzt mit politischen kritischen Anmerkungen» von Johann Jakob Hottinger, 2 Bändchen, Zürich 1800. Das Werk erschien in 2. Auflage, durchgesehen von Johann Heinrich Bremi, Zürich 1820.

362 [leer]

363 [Beilage, Brief]³⁷²
        den 15. Nov. 1800.
Liebster Lavater!
Von Mitgefühl Deines Leidens durchdrungen, von Liebe und Dank erfüllt, lebt in mir die Hoffnung, heute segnend an Dein Bett zu treten in der heiligen Empfindung, dass Du noch unter uns lebst, noch unter uns wirkest! Ach, dass Deiner Tage noch viel werden mögen! Ach, dass Dein Leiden möchte erleichtert werden! Ach, dass Dir Tröstungen und Stärkungen des Himmels werden möchten! Wie wünsche ich dies so herzlich, und dass Gott noch mehr über mein Wünschen tue, flehe ich vor ihm, dem göttlichen Erbarmer. Dies möchte ich, o Einziger, Dir sagen, wenn ich Dich sehe, gehemmt durch Schüchternheit. [Deshalb] schreibe ich's Dir an diesem feierlichen Tage, wenn ich nicht ein Wort herausbringen könnte.

364 [Beilage, Briefentwurf, undatiert, unadressiert]³⁷³
Mein Teuerster Herr Ratsherr³⁷⁴, Freund.
Da ich³⁷⁵ bei ruhigem Nachdenken und [...]³⁷⁶
365 Ich konnte gestern Abend bei der überraschenden Nachricht der Kantonsrichterwahl, die mich wehmütig machte, mich wohl nicht augenblicklich äussern, wie ich's wohl gewünscht hätte, nämlich, dass mein l.[ieber] Mann auch mit unter den Gewählten sein möchte, zumal wir mehrere Male miteinander darüber geredet und es nicht wagen durften, Ihnen – noch jemand anderem – von dem geheimen Wunsche unseres Herzens etwas zu sagen. Und jetzt fühle ich ganz natürlich, dass es zu spät ist, und [ich] auch mit keiner Bitte an Sie kommen möchte, als etwa in dem Fall, dass, wenn es einige unter den Gewählten ausschlagen würden, ob Sie nicht wollten so gütig sein und meinen Mann dann vorschlagen, weil Sie gewiss mit uns oder vielmehr mit mir fühlen, wie sehr es ihn freuen würde, mit unter diesen Männern zu arbeiten, und wie empfindlich es ist, unter seinem Weibel und Landschreiber³⁷⁷ und Freunden als Schreiber zu stehen, zumal er seine Stelle nur annahm und sich darum bewarb, weil er nicht gerne untätig blieb und unter den Kantonsrichtern die wenigen Redlichen liebte und ehrte und die anderen verachtete, und es ihm gleichgültig war,

---

³⁷² Briefkopie oder -entwurf an Lavater Johann Caspar anlässlich seines Geburtstages (geb. 15.11.1741). Vgl. 1800, pag. 331.
³⁷³ Der Brief steht wahrscheinlich im Zusammenhang mit Muri, vgl. 1799, pag. 188, 1800, pagg. 95, 183, 249, 326. (Vgl. «Erzählung an die Knaben» FA Orelli, Or 11.5: «Am 19. März wurde Papa Kantonsrichter».) S. 1801, pag. 222.
³⁷⁴ «Herr Ratsherr»: durchgestrichen, gemeint ist Lavater Diethelm, M.D.
³⁷⁵ «Da ich» durchgestrichen.
³⁷⁶ hier abgebrochen.
³⁷⁷ Vgl. 1799, pag. 187.

zweiter Schreiber zu sein. Bei der Veränderung der Dinge aber verändern sich auch natürlich seine Empfindungen, und fällt ihm also weit schwerer, an seiner

366 Stelle zu arbeiten und werden sich die Geschäfte mehren, die schon bei der Gärung streng genug waren für sein Alter, und auch für seinen schwächlichen Zustand befremdet waren, und für ihn in der jetzigen Lage ihm schwerer fallen werden, da es dann noch keine Aussicht von Dauer ist (freilich so wenig als die Kantonsrichterstelle selbst), als Hoffnung einer Bezahlung. Bedenke ich, welche Sorgen, Mühe, Arbeit, Aufopferung, Treue am Staat er die 9 Jahre seiner Stelle in Wädenswil sein einziges Bestreben war, so gestehe ich, dass ich eine Vergessenheit dessen und eine Hintansetzung seiner Person nicht begreife, bei seinem Streben, seinem Vaterland und seiner Haushaltung alles mögliche zu tun. Diese Herzensergiessung verzeihen Sie mir. Er weiss nicht, dass ich an Sie schreibe. Auch weiss ich, dass er alles Mögliche an seiner Stelle tun wird, wenn er sie erhält, aber mir schien es Pflicht, ihnen diese Vertraulichkeit zu äussern – gewohnt allen Aufopferungen, die nur Gott kennt – sei auch diese Ergiessung an Sie im Gefühl Ihrer Teilnahme und ewig dankbaren Anerkennung derselben an unserem Schicksal, das sich so eigen ausnimmt. Verzeihen Sie Ihrer mit der innigsten Hochachtung und Liebe ewig ergebenen Freundin Orell.

1801

1, 2 [leer]
3   1801.
     Neujahrstag, Donnerstag, den 1. Januar.
«Siehe, ich mache alles neu.» Offenbarung Johannes, 21, Vers 5. [Dies war der] Text der heutigen Predigt von Herrn Antistes Hess, der ich mit Andacht und Rührung zuhörte. Nachdem ich mehrere Jahre keine Neujahrspredigt mehr besucht hatte, machte diese einen tiefen Eindruck auf meine gedrückte Seele.
     «Ich bin das A und das O, der Anfang und das Ende.»[1]
4   «Jesus Christus ist gestern und heute und ewig der Selbige.»[2]
     «Nehmet [hin] den heiligen Geist!»[3]
     Heilige Dreifaltigkeit,
Dich erreichen noch umfassen meine Gedanken nicht, aber der Ausdruck Deiner Grösse vergrössert sich mir in diesem erhabenen Bild, zur Anbetung der erhabensten Gottheit, die ich voll Ehrfurcht nenne: Gott Vater, Sohn und Heiliger Geist!
5 Vor 5 Uhr erwacht, aufgestanden. Ankleidung unter mancher Betrachtung dieses feierlichen Morgens. Dann las ich eine Predigt von Zollikofer, Aussicht auf die kommenden Tage, vor denen ich zittere. Diese Betrachtung stärkte mich, tröstete mich. Dann segnete und wünschte ich mit Tränen den Meinigen Glück, voll tiefer Rührung, dann Geschäfte, dann zur Kirche, da ich Vorsätze und Entschlüsse in Empfindung meinem Gott vortrug in stiller Andacht.
6 Besuch gemacht bei Herrn Pestalozzi[4], über Gefahren der Kinder [gesprochen]. Um 11 Uhr zum Tisch, Besuche. Zur Zerstreuung las [ich] in Ciceros Buche der Pflichten[5], hebte mir manche vortreffliche Stelle heraus, die mich frappierte. Gegen 3 Uhr hatt' ich einen Besuch von Herrn Lavater, Sohn von Herrn Ratsherr. Herzliche Tränen über seine selige Mutter, meine geliebte Freundin. Dann setzt' ich meine Lektüre in Cicero unterbrochen fort im Kreise meiner Kinder, die um mich waren und die mich störten. Nach 6 Uhr nahm ich diese Bogen, um wieder
7 aufs neue – auch in diesem Jahr – etwas von meinem Leben, von meinen Leiden einzuschreiben, denn, ach, was wird mir bevorstehen?! Szenen, vor denen ich bebe! Nur Du, Gott, bleibst und bist mein Trost, Du allein

---

[1] Offenbarung 21, 6.
[2] Hebräer 13, 8.
[3] Johannes 20, 22.
[4] Hausbesitzer Pestalozzi Hans Caspar.
[5] Vgl. 1799, pag. 297, 1800, pag. 361.

kannst durch Deine Vorsehung alles leiten, dass ich nicht erliegen muss, denn Du, Du kennst meine Armut als die grösste Quelle meines Leidens. Ach, wie ruhig fühl' ich dieses Tages Ende, an dem ich mich über mich selbst erheben konnt', durch Deine Gnade!

8 «Leiden, der einzige Weg zur ewigen Freiheit vom Leiden.»
<u>Lavater</u>, den 25. X.[6] 1800.
Welche Belehrungen, Du Vorbild der Leiden, hast Du, o Lavater, uns gegeben in Deinem Leben! Ach, dass Du, Geliebtester, so lange am Rande des <u>Grabes</u>, so unendlich leiden musst! O Gott, erbarme Dich seiner, sei mit seinem Geist, um Jesu Christi willen, und tröste ihn an seinem Inwendigen[7], dass er getröstet werde vor Deinem Angesicht!
Heute gedenkte Hess sich seiner mit Rührung.

9 Lass' mich meine Pflichten erkennen und ausüben, als Gattin, Mutter, Freundin, dass ich mit Freuden am Ende der Tage zurückblicken darf auf das Vergangene, mit mehrerer Treue und Eifer als bis hieher. Meine Verbindungen ziehen sich zusammen[8] durch den Tod meiner Geliebten, durch Missgeschicke, die abbrachen, was ich liebte; dann auch Gelegenheiten, von denen man es nicht glaubte, scheiden ab, entfernen, verkälten die nahesten Verhältnisse, dass es Pflicht ist, den Bleibenden alles zu sein, was man kann.

10 <u>Den 2. Januar.</u>
Nach 6 Uhr aufgestanden, den Kindern mit Ankleiden geholfen, die Stubenhitzen[9] zu vertragen. Nachher grosse Angst empfunden über unsere Lage. Las etwas weniges in <u>Ciceros Brief</u>[10]. Besuch von Helfer Orelli. Einkleidung zum <u>Kreuz</u>[11], ging langsam, mit Blicken zum Himmel, zu Gott, zu meiner Schwester. Liebliches Mittagessen mit Frau Ott und den Kindern. Nachher überfiel mich grosse Bangigkeit, die in mir anhielt. Nach 3 Uhr kam Herr Chorherr Rahn, um der

11 Lisette[12] und Ludwig die Pocken einzuimpfen. Ach, mit welcher Teilnahme durchging es meine Seele, und [mit] Flehen und Wünschen, dass Gott dieses

---

[6] Dezember.
[7] An seinem Innern, sc. die Seele.
[8] «Ziehen sich zusammen», im Sinn von sich einengen.
[9] «Stubenhitzen»: Alt-Zürcherischer Brauch. Am Berchtoldstag besuchen die Kinder die verschiedenen Gesellschaften und bringen diesen Unterstützungsbeiträge für ihre Wohltätigkeiten (früher Holz zur Beheizung der Stuben). Als Gegengeschenk erhalten sie ein «Neujahrsstück», «Neujahrsblatt» bildenden Inhalts.
[10] Cicero Marcus Tullius: «Briefe, übersetzt und erläutert von Wieland Christoph Martin», 7 Bände, Zürich 1808–1821. Da keine vor 1801 datierten übersetzten Editionen bekannt sind, ist anzunehmen, dass die Cicerobriefe schon vor ihrem Erscheinen R.v.O.-E. zugänglich waren. (Frdl. Mitteilung von Herrn Prof. Klaus Bartels, Kilchberg.)
«Ciceronis Marci Tullii epistolae ad diversos et ad Marcum Brutum, nach der Zeitfolge geordnet und mit Anmerkungen zum Schulgebrauch erläutert» von D. A. E. Barbek, 2 Bände, Lemgo 1795. Es ist kaum vorstellbar, dass R.v.O.-E. einen lateinischen Text las.
[11] Wohnung der Schwester, Ott-Escher Elisabeth.
[12] Ott Elisabeth (1786–185.), 1827 verm. mit Wirz Wilhelm (1772–1844), Krämer.

Vornehmen segne! Dann war Tee getrunken und etwas gespielt und der Guckkasten¹³ besehen, mir alles dies mit äusserem Zwang, Anstrengung und innerlich mit Trauer erfüllt. Nach 7 Uhr kam meine Magd, brachte die Nachricht von Lavaters Tod, das meine Seele durchwallte. Ich ging nach Hause, liess mir von meinem Mann erzählen, wie er's vernommen und wie er ihn schon tot gesehen hätte. Banger Schmerz zerriss mich beinahe. Tisch, und bald ging's zur Ruhe.

Samstag, den 3.

Von mancherlei Schmerz erfüllt, meistens Schmerz der Liebe für Lavater, brachte ich den Morgen hin, mit Arbeit untermischt. Tisch und nachher Ankleidung, um zu der mir so <u>heiligen Leiche Lavaters</u> hinzugehen, welches auch geschah. Ach, <u>welche Gefühle</u> beim Betrachten seines Hauses, <u>welche</u> beim Wiedersehen seiner <u>Gattin</u> und Kinder und, ach, <u>welche Gefühle</u> beim Erblicken des toten Freundes, der, wie ein Verklärter, voll Ruhe, voll Seligkeit, überschön auf seinem Bette lag, wie wenn er sagen wollte, «jetzt ist's errungen, weint nicht!». [Er war] umringt von seinen Freunden, die weinten. Ach, des verschiedenen Schmerzes, des verschiedenen Ausdrucks der Liebe, Wehmut, die jedes äusserte! Mehrere Male berührte ich seine Wangen, seine Hände, besah sein Angesicht, klammerte mich beim Haupt an seine Bettstatt. Oh, ach, wie war mir, wie wenn mir mein Herz gebrochen wäre! Millionen Tränen-Äusserungen entflossen mir, dass mehrere mich trösteten in Liebe. Aber mein Herz findet den besten Trost in den Gefühlen der Ehrfurcht, des Dankes, der Liebe für ihn, ihn, den Einzigen, den Unvergesslichen. Bei 2 Stunden weilte ich bei und um ihn, konnte mich beinahe nicht losreissen von dem Geliebten, ach, dem ich mich nun zum letzten Male nähern konnte! Die Liebe, die ich von allen den Seinen, von seinen Freunden genoss, war meiner Bescheidenheit unbewusst, dass ich sie verdient hätte, und endlich nun kehrt' ich um 4 Uhr heim, trank Tee, hebte mir ein Gedicht von Lavater hervor, Meinem Tod 1770¹⁴ und seine Elegie auf Felix Hess¹⁵, die mir Cäper unter vielen Tränen vorlas. Oh, welche Gefühle erhebten diese Stunden dieses unvergesslichen Tages! O Lavater, in deinem Angedenken, [in] der ewigen Liebe für dich!

---

¹³ «Guckkasten»: Vorrichtung zum Betrachten von Bildern, hauptsächlich Veduten, welche dank optischer Hilfsmittel perspektivisch erscheinen.
¹⁴ Entsprechende Drucke sind nicht auffindbar. (Frdl. Mitteilung von Dr. Niklaus Landolt, Forschungs-Stiftung Johann Caspar Lavater, 4052 Basel.)
¹⁵ Lavater Johann Caspar: «Denkmal auf Johann Felix Hess, weyland Diener des göttlichen Wortes», Zürich 1774. (Frdl. Hinweis von Dr. Niklaus Landolt, Forschungs-Stiftung Johann Caspar Lavater, 4052 Basel.) Eine «Elegie», ist in diesem Bändchen, das hauptsächlich biographische Notizen und Briefe enthält, nicht vorhanden.

16 Sonntags, den 4.
bracht' ich ganz untätig für Leib und Seele hin, unaussprechliche Bekümmernis und einen Vorschlag von meinem Mann über unsere ökonomische Lage ausgenommen.
Am Abend Besuch bei Frau Ott. Die Kinder befanden sich noch wohl.[16]
Voll Schmerz der Seele und des Körpers kehrt' ich um 8 Uhr nach Hause.

17 Montag, den 5.
Den Morgen bracht' ich mit Einschreiben, Zusammensummieren unserer Haushaltung zu, mit tausend Tränen der Bekümmernis des weiteren Fortkommens. Mit meinem Mann, der dazukam, voll tiefen Schmerzes geredet. Tisch, nachher ging ich zu Herr Eschers, meinem Bruder, dem am Samstag Jacques[17], sein Söhnlein zu 4 Jahren alt, an dem Friesel der Folgen der Pocken, die sie eingeimpft[18] hatten, gestorben. Seine innige Betrübnis mit Teilnahme empfunden, an dem Bett des Jüngsten, Carl[19], geweint, gestanden.

18 Auch liegt Heinrich und Louise [krank] daran; den toten Knaben mit Wehmut angesehen. Ach, was ist der <u>Tod</u>, Gott des Lebens, der <u>Liebe</u>?!
Nach 3 Uhr ging ich in Lavaters Haus nach der Einladung von seiner Frau, seinem Leichenbegängnis zuzusehen. Sie liess sich aber nicht sehen. Ich war in die Grüne Stube, wo sein physignomisches Kabinett[20] ist, geführt. Sein Porträt zog meine Augen, mein Herz an. Ist's möglich, dass man <u>ihn, ihn</u> begräbt?! Eine Näherin blieb bei mir, ich liess meinen Empfindungen, meinen Tränen Lauf, sehe die unzählbare Menge Menschen. Beim Vorbeitragen

19 der <u>Leiche</u>, der <u>heiligen Leiche</u>, wollt' ich versinken vor Schmerz. Sobald er fortgetragen, ging auch ich – ohne jemanden zu sehen – nach Hause. Dann weilte ich bei den Kindern in Trauern und Tränen. Noch mit meinem Mann über unsere Lage [gesprochen], dann nach 9 Uhr zur Ruhe, weil ich Kopfweh und Schmerzen hatte.

Dienstag, den 6.
Ach, welcher Tag[21] der Erinnerung an <u>Lavater</u>, der von jeher mir ein Festtag war, meines Sohnes, meines Bruders.
Arbeit, verschiedene, dann die Nachricht, dass Herr Eschers <u>Carl</u> nun auch gestorben. Herzliche Tränen der Liebe, ach, welche

20 Trauer und welche Angst erweckt es mir in Erwartung dessen, was sich mit den Kindern meiner Schwester zutrage. Arbeit, dann Mittag[essen], verschiedenes geordnet, hieher noch geschrieben zu meiner Erinnerung. Mein

---

[16] Nach der Pockenimpfung.
[17] Escher Hans Jakob, Jacques (1796–1801).
[18] Es lässt sich nicht ausschliessen, dass es sich damals um eine systematische Impfaktion gehandelt hat.
[19] Escher Carl (1799–1801).
[20] Vgl. 1800, pag. 259.
[21] 6. Januar: Heilige Drei Könige, Namenstag Lavaters und zweier Familienangehöriger R. v. O.-E. s.

Blicken auf die Zukunft ist, wie an einem Abgrund stehend zu versinken. Oh, dass Du Dich, Gott, erbarmest und uns einen Ausweg zeigest! Lips zeichnete und liess ein Denkmal[22] machen für Lavater, eine so schöne Komposition, die zu Tränen rührt: Sein Bildnis in der Mitte,
21 zur einen Seite unten eine weibliche Figur, weinend mit drei Kindern, an den Mauern der Stadt, die die bürgerliche Trauer ausdrücken soll, zur andern der Genius Tod, der die Lebensfackel auslöscht, deutet aber in die Mitte auf das Sinnbild der Ewigkeit einer Schlange[23], in deren Kreis ein Schmetterling[24]. Ob[25] dem Bild seines Hauptes ein Lorbeerkranz als Belohnung seiner bürgerlichen Tugenden, und dann über 2 Genien[26] ein Sterndiadem und helle Erleuchtung des Himmels. Oh, der Seligkeit, die seiner wartet,
22 wer will sie ausdrücken?! Doch auch solche Gedanken sind Tröstungen.

<u>Mittwoch, den 7.</u>,
machte ich um 10 Uhr meinen Besuch zum neuen Jahr bei Oncles im Grundstein[27] und hauptsächlich ging ich hin, mich mit meinem Oncle über unsere ökonomische Lage zu beraten. Erstlich erzählte ich davon der Tante, die mit Rührung und Teilnahme und Offenheit von der ihrigen Lage mich anhörte und erwiderte, dann sprach ich noch im allgemeinen mit Oncle davon, der mir Hoffnung machte, mich zu besuchen. Ich ging sehr erhitzt und beklemmt nach Hause.

23 Nach Tisch Arbeit, um 3 Uhr machte ich Jungfer Hafner[28] einen Besuch, sie zu beraten, ob mein Regeli in die Töchterschule[29] könnte angenommen werden. Sie machte mir es schwierig wegen dem Alter, da es bloss 11 Jahre und 1 Monat hätte, und ich entschloss mich also noch bis zu künftiger Annahm' im Herbst zu warten. [Ich] durchging einige der Schriften und befragte sie über vieles, fand das Vortreffliche dieser Anstalt und wie es ein Ganzes in die Erziehung einer Tochter lege etc. War von einem heftigen Blutsturz[30] überfallen, ging aber dennoch zu meinem Bruder, ihm meinen Anteil seines Verlustes zu bezeugen, sah die 2 toten Knaben mit Rührung

---

[22] Über das Lavaterdenkmal und die Probleme seiner Realisierung s. Escher Konrad, ZTB 1941, S. 84–108, mit Abbildung, sowie Pestalozzi Friedrich Otto, Njbl. zum Besten des Waisenhauses, Zürich 1916.
[23] Ouroborus, Schlange, die sich als Kreis in den eigenen Schwanz beisst. Symbol eines in sich selbst geschlossenen Zyklus der Evolution und der Ewigkeit; auch interpretiert als Vereinigung der iridischen (Schlange) mit der himmlischen Welt (Kreis).
[24] Symbol für die Seele. Abb. auf dem Buchdeckel.
[25] Im Sinne von über, oberhalb.
[26] <u>Originaltext</u>: «...höher von 2 Genius...»
[27] Vgl. 1800, pag 97.
[28] Zwei Schwestern Hafner waren Lehrerinnen an der Töchterschule: Hafner Anna Elisabeth (geb. 1766) und Hafner Esther (1774–181.), Töchter des Hafner Salomon (1745–1791), verh. mit Steinbrüchel Regula.
[29] Seit 1744, als Stiftung bestehende Institution, vgl. 1800, pag. 142.
[30] «Blutsturz»: Massiver Blutverlust, z.B. Aushusten oder Ausspucken von Blut, Hämoptoe, oder bei der Regelblutung, Menorrhagie, z.B. im Klimakterium.

24 und Tränen und Empfindung. Sie lagen in einem Totenbaum[31] neben einander wie Engel. Herr Escher legte sich diesen Morgen auch am Friesel [hin], lag in Fieber und Schlummer. Ach Gott, welche Empfindung für mich, auch lagen noch 2 andere seiner Kinder [darnieder]. Gott, welcher Schmerz beim Gedanken, auch bei ihm könnte es tödlich werden! Unaussprechliche Hitze des Zimmers verkürzte meinen Aufenthalt. Nach 5 Uhr kam ich ermattet durch vielerlei Geschäfte nach Hause, arbeitete, und war bei den Meinen, 's Essen, um 10 Uhr zur Ruhe.

25 <u>Donnerstags, den 8.</u>
Morgens um 10 Uhr ging ich zu der Jungfer Chlefe Füssli[32] wegen dem Knaben Wirz und einer zu errichtenden Gesellschaft[33], dass mir schwer fiel meine Äusserung[34].
Nach Tisch hatte ich Besuch von Frau <u>Schinz</u>, von Senator <u>Tobler</u>, viel von <u>Lavater</u>, von Hamann[35] [gesprochen], von dem <u>Tobler</u> uns einen Brief an Lavater vorgelesen. Er begleitete mich bis zum Kreuz zu Frau Otts Haus. Dort fand ich die Kinder noch wohl und spielten Lotto – <u>ich</u>, ach, mit was für Gefühlen der Angst in meinem Innern und mit welchem Leiden kehrt' ich nach Hause!

26 <u>Freitag, den 9.</u>,
Spät auf, dann Geschäfte nach dem gewöhnlichen Gange des Tages, dann Schriften rangiert, dann wurd' ich nach Hottingen gerufen zu Frau Schulthess und ging [um] 10 Uhr hin. Über ihr Leiden und ihre Lage, nichts über das meinige, tiefe, der Seele, das mir so nahe ging. Um 3 Uhr heim und arbeitete bis 6 Uhr, da mein Mann nach Hause kam, vom Oncle, der ihn zu sich rufen liess[36], ihn – statt Beratung, wie wir's verlangten – von sich wies mit den kältesten Äusserungen an [den] Orellifonds[37], die Orelli-Familie, Buchhandlung etc., das mir so kleinlich vorkam, alle Bitterkeiten, die ich jemals empfunden habe,

27 aufweckte, zur Desperation erweckte, erhebte, zu Tränen reizte, mein Leidensgefühl tief erregte, zu andern Entschlüssen brachte, zur Verachtung der Menschen stimmte, kurz, alles in mir umkehrte. Um 7 Uhr ging ich wieder zu den Kindern, arbeitete, Gebet, Tisch mit ihnen, nachher wieder

---

[31] «Totenbaum»: Sarg.
[32] Füssli Cleophea (1773–185.), 1814 verm. mit Schinz Heinrich (1761–1825), Pfarrer in Glattfelden.
[33] Gesellschaft: Gezielt zusammengestellte Gruppe gleichaltriger Knaben, die sich in regelmässigem Abstand im Hause eines Mitgliedes zur Freizeitgestaltung traf, vgl. 1786, pag. 9.
[34] «Äusserung»: Selten für Vermeiden. Gemeint ist, R. v. O.-E. konnte sich der Aufgabe nicht entziehen.
[35] Hamann Joh. Georg. (1730–1788), deutscher Philosoph, Verfasser theologischer und moralischer Schriften. (Lav. Ms. 268–280).
[36] Eigentlich: ... hatte rufen lassen.
[37] Unterstützungsfonds der Familie von Orelli.

von unseren Leiden sprachen, von der Kleinlichkeit[38] etc. Ach, was empfinde ich alles! Ist denn auch kein Erbarmen, kein Ausweg?! Muss ich denn versinken? Nein, o Gott, Du mein Gott, Du kannst mir helfen! Stehe mir mit Kraft und Weisheit bei!
11 Uhr ging's ins Bett.

<u>Samstag, den 10.</u>

Fast in ganzer Verzweiflung über meine Lage. Besuch bei Herrn Escher. Mitleidensgefühl, Liebe.

<u>Sonntag, den 11.</u>

Ich raffte mich zusammen, in die Kirche zu gehen. Ankleidung etc. Auf dem Wege hört' ich, Herrn Escher sei zum Sterben schlecht. Mein Erzittern und Erbeben, und doch, mein An-mich-halten ich nicht beschreiben konnte. Leutpriester Schulthess predigte über die Worte: «Herr, zu wem wollten wir gehen? Du hast die Worte des ewigen Lebens.»[39] Nach der Kirche eilt' ich zu meinem Bruder, den ich äusserst schwach fand, in Tränen und Liebe bei ihm weilte, in manchen Empfindungen. Ach, der Gefühle Mannigfaltigkeit! Bei Hause Ergiessungen der Tränen, die mir [Er]leichterung verschafften. Tisch. Nachher las ich eine Predigt von Herrn Helfer Orelli am Ende des vorigen Jahrhunderts und noch etwas Religiöses bis gegen 3 Uhr, da ich dann meine Schwester besuchte, Lisette von Pockenfieber ergriffen, den Abend [wir] liebreich hinbrachten. Ach, der Gefühle Menge!

<u>Montag, den 12.</u>

Ganze, völlige Untätigkeit unter dem Druck meines Leidens erfüllte den Morgen. Nach Tisch kam Frau Schinz. Erst über Herr Eschers [gesprochen], dann [über] Frau Ott, dann über meine Lage. Freie, hitzige Erklärung, wie wehmütig, gedrückt, gross, bescheiden ich alles behandelt, dann erklärt, dass ich mich an die Orelli[40] nicht wenden wollte, wie leicht es mir zu helfen wär', hätt' ich nur einen Menschen, mit dem ich reden könnte, dann von <u>Lavater</u>, <u>Tobler</u>, der Lavaterschen Lage, seiner Familie etc. Dann kam, nachdem sie fort war, Herr Ratsherr <u>Lavater</u>, und noch besucht' ich meinen Bruder, den ich etwas freier fand. Von 5 Uhr an Ermüdung, Schmerzen und Leidensgefühle. Tisch, eilten ins Bett.

<u>Dienstag, den 12.</u>

Auf und nieder wallen meine Leiden, Ergiessungen, Tränen. Ach, was sag' ich alles, was zu wenig. Schrieb an meine Schwester um 10 Louis d'or[41]. Nach Tisch besuchte ich ihns. Lisette hatte starkes Fieber überstanden, [war] munter, heiter, [hatte] viele Blattern. <u>Lavater</u> unser meistes Gespräch.

---

[38] <u>Originaltext</u>: «Kleinheit».
[39] Johannes 6, 68.
[40] Vgl. 1801, pag. 26.
[41] Louis d'or = 10 Gulden.

Beim Fortgehen gab ich ihm[42] das Billett[43], ging gedrückt, trauernd nach Hause. Dann Tisch, Schmerzen im Leib, entsetzliche, und zur Ruhe.

32   **Mittwoch, den 14.**
Mit dem Erwachen raffte ich mich zusammen, mit Ergebung und Mut über diesen heutigen Tag zu kämpfen. Kleidete mich ordentlich an, das mir oft nur nicht mehr möglich ist. Lesen in Lavaters Briefen, da ich eine Stelle <u>über das Reinigungsgericht der Menschen nach dem Tode</u> abschrieb, um 10 Uhr meinen Bruder besuchte, ihn zur Verwunderung frei fand. Tisch, Arbeit etc. mit ziemlichem Mut fortsetzte, dann nach Tisch noch in Trembley[44] las[45], und nach 10 Uhr zur Ruhe ging.

33   **Donnerstag, den 13.**
Nach einer oft mit Erwachen unterbrochenen Nacht stand ich um 5 Uhr auf, betete aus meiner Seele zu Gott [in] Zollikofers Gebetbuch[46] und las einiges in Trembley. Dann gewöhnliche Geschäfte, Bericht von der Lisette Ott, der mich mit Zittern erfüllte. Ankleidung, ach, und Ströme der Gedankenmengen und -empfindungen, schrieb auch hier diese Blätter noch bis jetzt, 10 Uhr.

34   **16.–31. [Januar]**
Welch ein Abschnitt meines Lebens, vielleicht einer der traurigsten, tief einschneidenden auf mein Inneres und Äusseres, nämlich unaussprechliche Bekümmernis über meine oder unsere Armut, die mir – mit Not verbunden – fast erdrückend ist, dass ich fürchte, mich selbst zu verlieren, so nahe grenzend an Verzweiflung mich geführt zu fühlen, zu sehen. Sollt' ich mich ins Beschreiben einlassen? Oh, dass ich's könnte, aber den Schmerz wieder zu empfinden, ach, den aufzureissen wär' mir auch schwer!

35   50 Gulden erhielt ich von Frau <u>Ott</u>, die, ach, mir nicht zureichend waren, etwas an die daliegenden [Schulden-]Konti zu bezahlen. Nun unternahm ich, etwas altes Silber für 81 Gulden zu verkaufen, ohne dass es mein Mann wusste, nahm noch 20 Gulden aus meinem Sparhafen und bezahlte damit 11 Konti, das mir nun leichter machte; aber noch stehen grössere aus, die mich mehr als ängstigen. Oh, [nur] um [der] Notwendigkeiten willen! Gott, ist's möglich, dass der Mensch sich so ängstigen müsse?!

36   <u>Leiden</u> um dieser Welt <u>Elendigkeiten</u>! Ach, welch eine Bestimmung, welch eine Traurigkeit! Trost und Hoffnung der zukünftigen Welt! Öfteres Gespräch des Herzens mit dem <u>Herrn</u> ist, wie Lavater sagt, ein Mittel zur Ertragung dieser Lasten, die sonst oft unerträglich werden würden!

---

[42] Gemeint ist die Schwester, Ott-Escher Elisabeth.
[43] «Billett»: Schuldschein über den geliehenen Betrag.
[44] Trembley Abraham (1701–1778), schweizerischer Naturalist.
[45] Trembley Abraham: «Unterricht eines Vaters für seine Kinder über Natur und Religion», 6 Teile, Leipzig 1775, oder Trembley J. (....): «Über Carl Bonnet, Geschichte seines Lebens und seines Geistes», a. d. Französischen mit Anmerkungen, Halle 1795.
[46] Zollikofer Georg Joachim: «Anreden und Gebete bei dem gemeinschaftlichen und auch dem häuslichen Gottesdienste», Leipzig 1795.

Besuche in Hottingen, bei Frau Ott, Herr Eschers, Frau Doktor Schinz, Frau Pfarrer Lavater etc. waren auch innert dieser Tage eingeschlossen, trugen etwas zur Ermunterung meiner bei, auch oft zu Schmerzensregungen!

37 Eine Menge Lavaterscher Billets[47] an seine Freunde nach dem Tode schrieb ich ab, dankte und lebte in seinem Geist. O der Selige, Geliebte! Welche Belehrungen finden sich in diesen abgerissenen Gedankenströmen!
<u>Arbeit</u>, so viel ich vermochte, freilich leider nur für <u>uns</u>, nicht um Geld. Ach, dass ich etwas finden, ausdenken könnte, das mir nützlich und gut wäre!
Andere Lektüre, so viel als keine, weil sich meine Seele nie frei fühlte. So war auch mir kein Genuss übrig in diesem Druck meiner Lage.

38 Etwas Tröstliches begegnete mir innert dieser Zeit, nämlich, nachdem ich ganz resigniert hatte auf die Töchterschule mit meinem Regeli, schlug mir's Herr Chorherr Orelli vor, und nach einem Besuch von ihm, einem Billett an ihn, war es angenommen in die <u>erste Klasse</u>, wohin es auf künftigen Montag [6. Februar] gehen wird. Ach, Gott sei Dank, wieder <u>eins</u> auf den Weg gestellt, der es zu Höherem, Besserem, Tiefem führen wird! Oh, der Freude, die ich empfunden, der Dank, den ich fühlte!

39 Ich schliesse nun mit diesem, an sich selbst so schweren, Abschnitt auch schon wieder diesen ersten Monat von diesem Jahr. O Gott, lass' mir Dein Bis-<u>Hieher</u> Pfand sein, dass es weiter gehe, wenn, ach, auch noch so dunkel für meine arme Seele.

40 [leer]

41 Hornung 1801.
42 [leer]
43 Hornung 1801, Sonntag, den 1.–4., mittwochs.
Sonntag [1. Februar] besuchte ich die Kirche, schrieb Lavater-Billets nach dem Tode ab. Abends Besuch bei Herr Landschreiber Kellers. Viel Erinnerungen an verlebte Tage, Stunden. Montags [2. Februar] Arbeit, Besuch bei Herr Pfarrer Hess', Frau Pfarrer Lavater. Abends Arbeit bei den Kindern. Dienstagmorgen [3. Februar] Arbeit, nachmittags war bei Frau Ott hingebracht, etwas gehemmt, langweilig, arbeitend. <u>Mittwoch</u> [4. Februar], heute,

44 nach 6 Uhr aufgestanden, gewohnte Hausgeschäfte bis gegen neun Uhr, dann schrieb ich diese Blätter nach, die mir so lieb sind, wenn schon, ach, so unvollkommen, so Zeugen meiner Schwachheit. Und nun will ich an [die] Arbeit gehen.

45 5.–15., sonntags.
Ach, wiederum ein so grosser Zeitraum meines leidensvollen, ja täglich wachsenden Leidenszeitraums, verschwunden seit ich dies nur anmerkte.

---
[47] Vgl. 1800, pag. 256.

Je stiller, je unbemerkter ist mein Leiden, desto grösser! Meiner Armut Leiden, Qual, Not drückt, drängt, hemmt mein Leben bis zum Versinken in melancholische Schwermut, die ich nicht mehr zu tragen Kraft fühle, die mich zu Schritten reizt, die mir den Tod drohen.

46 <u>Verzweiflung</u>, welch ein schreckliches Gefühl bist du für einen feinfühlenden Menschen! Aus <u>Not</u> erregte Gehemmtheit für alles Höhere des Genusses. Weder Andacht, noch religiöse Betrachtung, noch Moral kann die Seele über den Druck erheben. Oh, des Elends, Gefühl des Leidens, Weh, das meine Seele bedrängt! Hilf mir, o Gott, in Erbarmung, in Milderung, in Verminderung meiner Leiden, aber bald, bald, ehe ich versinke, ehe meine Mordgefühle an mir siegen!

47 Täglich, wenn ich's immer mochte, las ich etwas von <u>Lavater</u> und strebe, mir täglich etwas von ihm zu geniessen. Heute las ich einen Brief von ihm über die Existenz des <u>Satans</u>[48], eine Lehre, die ich immer bezweifelte, aber nun, nach dieser Betrachtung, einsehe, dass sie als <u>Bibellehre</u> unwidersprechlich wahr sein muss. Auch das viele <u>Böse</u> beweist doch den Einfluss und die Existenz einer bösen, also satanischen Ursache, eines Wesens, ohne welches wahrscheinlich das Böse nicht wäre, das in und um den Menschen ist.

48 Diese ganze Woche stritt ich mit körperlichen Leiden, an den Grenzen der Armutsverzweiflung. <u>Arbeit</u> ohne Zweck. Entfernung von Gesellschaft, ach, wie drückend bist du!

Noch hab' ich immer unbemerkt gelassen, dass, nach gänzlicher Resignation[49] meines Regelis halben in die Töchterschule, des Alters halben, wie vorgeschlagen wurde von Herrn Chorherr Orelli, dass man ihns schicken wollte, es angenommen werden sollte. Ich schrieb ihm ein Billett und nahm

49 es mit Dank an, nachdem ich ihns mit Liebe anbefahl in meinem <u>Wiedersehen</u> bei uns. Auch in der <u>Annahme</u>[50] bestand es mit Ehren ohne alle Vorbereitung, und nun ging es schon eine ganze Woche die Hälfte des Tages zur Töchterschule, die andere Hälfte zur Jungfer Locher[51], wo es arbeitete, froh, dass ich beides zugleich ultimieren[52] kann, der Kopf- wie der Handarbeit halben, denn, ach, ich darf meines <u>Schicksals</u> [wegen] <u>Gott</u> nicht fragen, welches ihm das Nötigste sein wird in unserer Leidenslage. Gott sei Dank, dass ich <u>ihns</u>,

50 die Geliebte meiner Seele, auf diesen zweckmässigen Weg des Lebens stellen konnte und ihns denselben wandeln sehe, ehe ich sterbe!

---

[48] Lavater beschäftigte sich schon seit einigen Jahren mit diesem Problem. Vgl. «Predigten über die Existenz des Teufels», Frankfurt und Leipzig 1798.
[49] «Resignation»: Verzicht.
[50] Aufnahmeprüfung.
[51] Locher Anna Margaritha (1767–181.), Lehrerin an der Töchterschule. Tochter des Locher Dietrich (1730–1787), VDM, verh. 1758 mit Bertschinger Elisabeth.
[52] ultimieren, im Sinn von optimal kombinieren.

Wie oft denke ich, ist's möglich, dass wir zerrissen[53] werden müssen? Ist's denn, o Gott, keine Erbarmung über uns, wenn nicht um unsertwillen, doch um dieser 3 kleinen, fleissigen Menschen, unserer Kinder willen?! Oh, schreckliche Gefühle, die mich beleben an den Sterbensabgründen, an denen ich stehe mit den Meinen!

51 Seit dem Tod meiner Freundin, Frau Ratsherr Lavater, habe [ich] ihn, den edlen Freund, Ratsherrn Lavater, fast nie mehr gesehen.
Donnerstag [12. Februar], nachmittags, besuchte er uns, nachdem ich von seiner Gattin, von seinem Bruder gesprochen hatte. Mit Tränen der Liebe langte er ein Papierchen hervor und sagte, ob er diese Kleinigkeit zu einem Angedenken von seiner Frau, meiner Freundin, mir geben dürfe, das mich nun tief frappierte, eröffnete und ein goldenes Kreuzchen mit einem Herz erblickte, das mich noch tiefer rührte, [und ich] sagte: Gestern hab' ich eine Kopie gefunden

52 von einem Gedicht, das sie meinem Mann im Jahre 84 diktierte, am Tag, da sie dasselbe ihr schenkten, den 11. September, an Regula ihrem Namenstag, das ich ihm dahingab. Wie frappant, dass es just dies sein musste, das Sinnbild von Kreuz, von Herz, mit ihrem, der geliebten Verstorbenen Namen, mit seinem und ihrer Kinder Namen. Der Sinn jenes Verses war, dass durchs Kreuz und Aufblicken auf die Vollkommenheit des Höchsten, sie sich in Liebe mit ihren Kindern täglich mehr vereinen wollen, und

53 dass sie dies täglich an ihrem Hals tragen möchte. Er weinte, ich weinte in Liebe und freue mich dieses Andenkens der Liebe; mir sollt's Antrieb sein zu würdiger Nachahmung der Freundin, Pfand der Freundschaft seiner, des so guten edlen Mannes.
Nach zwei Tagen besuchte er uns wieder. Von Lavaters Herz, das ausgeschnitten, aber der Leiche wieder beigelegt wurde, [war die Rede]. Heftiges Gefühl entriss es der Balsamierung, das sie tun wollten. Oh, der menschlichen Gefühle, Erfahrungen!

54 Gestern [14. Februar] wollt' ich hingehen, um ihm zu danken, traf ihn nicht bei Hause an, besah das so kenntliche Porträt meiner Freundin. Tränen der Liebe um sie! Oh, wie schwer wird es halten, sie zu ersetzen, für eine andere Frau, die er wählen wird, und welchen Gedanken er selbst fühlt, als Notwendigkeit einzusehen!
Diese Erinnerung, oh, wie lieblich!

55 Sonst für alles so Ersterben fühl' ich mich, wie bald belebt, beruhigt, ich werden könnte, hätte ich nur Geld, um Notwendiges zu zahlen, vor dem ich zittere, wenn es verschoben bleibt bei wachsenden Gefahren der plötzlichen Einforderungen, die jetzt für einmal verschoben sind. Oh, der Armut, nicht nur Not, noch Angst, noch Erbitterung, die alles übersteigt.

---

[53] «Zerrissen»: im Sinne von auseinandergerissen.

56 Nachdem ich heute von der Existenz des Satans von Lavater gelesen hatte, kleidete ich mich an in die Kirche, wo <u>Hess</u> vortrefflich predigte. Herzliche eigene Erhebung. Dann, bei Hause, Geschäfte, Tisch etc., und schrieb zu meiner Erleichterung diese Blätter noch bis hieher, nach 1 Uhr. Noch gedenke ich meine Schwester <u>Ott</u> zu besuchen am Abend.

57 <u>Sonntag, den 22, nachts 10 Uhr.</u>
Gott, mit welcher Empfindung ergreife ich die Feder, um etwas über diese verflossene Woche niederzuschreiben, das meine Seele so tief berührte, für das ich [vor] Dir, o Gott, niederfallend niedersinke und anbete und danke, dass Deine Erbarmung und Güte mich nicht verliess und [Du] mich hieher führtest!
<u>Letzten Montag, den 16.</u>, war Conradli von dem so gefährlichen Friesel auf die heftigste Weise angegriffen. Oh, wie dies meine Seele berührte! Mit welchen mütterlichen Empfindungen ich dies bemerkte, ich die

58 steigende Gefahr wahrnahm, das Leiden mitfühlte! Oh, wie dies mich antrieb, alles Mögliche der Rettung zu tun und mit Furcht und Hoffnung, Liebe, Ergebung, Betrachtung für Leben und Tod mich erfüllte! Dies alles, o Gott, wie tief es mir zu Herzen drang, das, hoff' ich, sei Dir unverborgen vor Deine Augen gedrungen! Das Leiden, das meine Seele, die zermalmte, arme, erfüllte, fühlt alles doppelt tief. Das Mitleiden, die Gefahr, die Szenen die ich ansehen musste, oh, wie wollt' ich's beschreiben und wie wollt' ich's unbemerkt lassen für meine mütterliche Seele, für die Erinnerungen!

59 Montag nahm das Fieber immer heftiger zu, so die Nacht durch, so dienstags [17. Februar], noch heftiger mit brennender, dürrer Hitze, Verwirrung, Unruhe, Leiden bis auf den heftigsten Grad. Dienstags, nach dem Nachtessen, waren Hebelpflaster, ein Pflaster auf den Hals gelegt. Es traten Gichter oder Krampfungen ein, die den Knaben ganz starr, kalt, atemlos, ohne Lebenszeichen hinlegten, dass ich noch zu Herrn Chorherr hinschicken musste, um ihn holen zu lassen, in welcher Zeit sich der Knabe etwas erholte, Blatternpflaster[54] aufgelegt wurden. Die Nacht hindurch war ich an seinem Bette

60 wachend, ach, wie geängstigt! Mittwoch [18. Februar] war der Friesel über den ganzen Leib ausgebreitet. Verwirrung, Fieber, Hitze, dies alles in heftigstem Grade, so die Nacht durch, so donnerstags [19. Februar], dass ich an allen Adern zitterte. Freitags [20. Februar] war der Friesel zurückgetreten, auch samstags [21. Februar], und [ich] hütete bis das Fieber nachlassen wollte, weil ich die steigende Gefahr immer vor mir sehe, die fast ganz durchgewachten oder die noch kurzen Ruhestunden. O Gott, werd' ich die vergessen können, die Tränen, die seltenen, aber tiefen Gebete! Dies alles, oh, wie war es mir!

---

[54] Vgl. 1796/97, pag. 82.

61 Aber nun auch bei der Besserung, die sich gestern und heute [22. Februar] angelassen, besonders heute alles sich so zu lösen anfängt, oh, dass Du Dich, Gott – so oft die Gefahr am grössten ist – dennoch gnädig und väterlich zeigst wie [an]erkenn' ich dies anbetend, voll! Oh, wie reicht doch alles nicht ans Blut[band], wenn dies zerrissen zu werden scheint, das ist wohl nicht zu verschmerzen! Nein, dies Band hat tiefe Haken, die in der Seele haften!
Mein anderes Leiden, oh, dies stieg auf eine Höhe, die alle Empfindung übersteigt.

62 Auch der tödliche Widerwillen gegen meinen Mann.
Heute eine liebreiche, aber tief zerschiedene[55] Unterredung mit Frau Schinz, ein lieblicher Abend mit Conrad an seinem Bette. Jetzt gedenke ich mich im Namen meines Gottes niederzulegen, da es 11 Uhr schlägt – diese Nacht zum ersten Mal wieder.

63 <u>Montag, den 23.,</u>
<u>Dienstag, den 24.,</u>
<u>Mittwoch, den 25.</u>
Von diesen Tagen weiss ich nicht mehr deutlich zu erinnern, jedem war sein eigenes <u>Leiden</u> in reichem Mass.

64 [leer]

65 <u>1801. Ende von Hornung.</u>
<u>Monat März.</u>
<u>Anfang April.</u>

66 [leer]

67 <u>Ostertag. Sonntag, den 5ten April 1801.</u>
Heiliger Tag! Mit welchen <u>Erinnerungen</u> gedenke ich, dich, einen Teil von dir, mir zur <u>Feier</u> zu machen, um hier etwas von dieser still verflossenen Zeit niederzuschreiben in die <u>Skizze</u> meines <u>Lebens</u>.

68 <u>Etwas vom 26. Hornung an bis zum 3. April.</u>
Also brach auch, den 26. Hornung, einer der wichtigsten, unvergesslichsten Tage meines Lebens an, ohne dass ich ihn dafür erkannte bei seinem Anfang, und war's bei seinem Ende. Gott, es war Deine Bestimmung! Ach, stärke mich, meinen Erinnerungen treu zu folgen!

69 Lehre mich die Wichtigkeit der Zeit fühlen und benützen, Deine <u>Grösse</u> und mein <u>Nichts</u> erkennen und empfinden, und stärke mich durch Deines Geistes Kraft im Glauben an Christus – mich Dir ganz zu weihen mit den Meinigen – dem ich mich und die Meinen aufs Neue anbefehle! Amen.

70 Am Morgen dieses Tages sagte mein <u>Regeli</u>, es hätte <u>Halsweh</u>, über welches ich heftig erschrak und es sogleich für einen Anfall des <u>Friesels</u> oder Scharlach-Fiebers hielt, wie bei Conradli. Ich weilte bei seinem Bette, es

---

[55] «zerschieden»: uneinig.

verlangte sein Liederbuch und übersprach seine Lieder auf Jungfer Hafners und Herrn Helfer Ulrichs [Lektionen]. Dann sagte es zu mir: «Mama, ich darf doch in die Musik, den Abend?» Ich wusste nicht, was
71 ich sagen sollte, da es dies aber mit Heftigkeit verlangte, gab ich nach, und es sagte, schon ein paar Morgen hatt' ich Halweh, das mir wieder verging. Um ½7 Uhr begehrte es aufzustehen, um in die Töchterschule zu können. Ich half, ihns ankleiden, es begehrte, mir seine Lieder aufzusagen und sagte mir dieselben auf mit einer Pünktlichkeit, Verstand, Anmut, Andacht, dass ich erstaunte: das 13. [Lied],

«Geheiligt werde, Gott, Dein Name etc.»,

72 das 28., «Herr Gott, Du bist die Zuflucht aller Zeiten», das 37., «Gott ist mein Lied, er ist der Gott der Stärke».[56]

O Gott, hätte ich gedenken sollen, diese Lieder das letzte Mal aus seinem Munde zu hören!

Um 10 Uhr ging es dann also fort, ach, das letzte Mal in die Töchterschule! Ich sah ihm nach, bis es die Gasse [hin]ab war. Gott, o Gott, zum letzten Mal, das ich nicht dachte. In der Zwischenzeit bis Mittag besuchte Herr
73 Chorherr Conradli. Ich sagte ihm von dem Angriff bei Regeli, fragte ihn, was ich machen sollte wegen dem Abend. Er sagte, ich sollte ihns gehen lassen, wenn es wohl heimkomme, solle ihm den Hals und die Füsse warm ankleiden. Wir sprachen dann von Lavater, von der Trauermusik, die ihm also aufgeführt wurde. Nun war es 12 Uhr. Meine Sehnsucht stieg, zu vernehmen, ob sich das Halsweh noch vergrössert habe, das es leider sagte. Ich kündigte ihm an, [dass] Marie Pestalozzi[57], seine liebste
74 Gespielin, wollte mit ihm gehen, das ihns sehr freute. Über Tisch war es sehr munter und gesprächig. Nach Tisch sehnte es, sich anzukleiden, holte alle seine Kleidungsstücke, bis auf das geringste, selbst aus seiner Kommode, kleidete sich grösstenteils selbst an, in seinem Mousselinenrock, seinen braunen Bändeli, besah sich mit Wohlgefallen im Spiegel und war überaus munter. In dieser Zeit kam Herr Pfarrer Beyel, da es ein Gespräch gab über die Unsterblichkeit, dem
75 es aufmerksam zuhorchte. Es eilte die Zeit zum Gehen. Er spasste mit ihm, es sollte sich nicht unter ein Gewölb setzen, es könnte darunter erdrückt werden etc. Nun ging er und nachher es mit seiner lieben Mariana, Döde

---

[56] «Christliches Gesangbuch, oder Sammlung ausgewählter Psalmen und Lieder», Zürich 1826. Die Numerierungen stimmen mit dieser Auflage überein und müssen dementsprechend aus einer früheren übernommen worden sein. R. v. O.-E. stützte sich vermutlich auf das «Christliche Gesangbuch oder Sammlung ausgewählter Psalmen und geistlicher Lieder über die wichtigsten Wahrheiten der Glaubens- und Sittenlehre…», Zürich 1787. (Frdl. Mitt. von Peter Ernst Bernoulli, Pfarrer und Kantor, Zürich)

[57] Pestalozzi Anna Maria (1788–1873), Tochter des Pestalozzi Salomon (1753–1840) im Steinbock und der (verh. 1776) Schinz Dorothea (1756–1839).

Escher⁵⁸ und Chlefe. Ich sah ihm wieder nach, bis es sich aus meinen Augen verlor. Ach, sollt' ich je dies vergessen, mit was [für] Anstand, Schönheit, Anmut ich's aus meinen Augen verlor, zum letzten Mal gesehen habe! O Gott, o Gott, wie hätt' ich dies gedenken können!

76 Ich blieb allein bei Conradli bei Hause, überfallen von Angst, Beklemmung, Unruhe, Übelkeit in mir, sehnte mich aufs Heimkommen von Regeli, und, ach, es kam mit diesen Kindern und der Chlefe vergnügt, aber ich fragte nach dem Halsweh, das es noch gespürte, Kopfweh, und ich eilte, ihns schnell helfen abzuziehen, da Marie noch da war, und half ihm ins Bett, wo es bald stille wurde, noch etwas zu Nacht speiste, schlummerte. Nach Tisch sagte

77 ich zu Chlefe, sie sollte doch dableiben, ich musste ins Bett wegen dem Fieberfrost, der mich befalle und wegen der Ermüdung, den Nachtwachen bei Conradli. Ich ging also vor 10 Uhr nachts. Morgens war ich schon vom Fieber mehr noch ergriffen, stund auf zum Regeli, das auch heftig Fieber hatte, Erbrechen und Anzeichen von⁵⁹ Friesel. Noch blickt' ich in die Stube, bald redete es, bald schlummerte es, bat mich um ein Hütchen, wenn es wieder gesund wäre, das ich ihm versprach,

78 es aufmunterte, und noch sagte es mir: «Der Friesel ist schon da, es geht besser als bei Conradli, ich werde nicht so krank werden, doch hab' ich stark Halsweh.» Um 10 Uhr etwa ging ich ins Bett, das Fieber erholte sich bei mir. Zum Tisch stand ich nicht auf, ich überliess es seiner treuen Wärterin, Chlefe. Wir nahmen die gleichen Arzneien. Fieber hemmte meine Empfindungen, ich sah nach seinem Bette, fragte nach ihm, allein, eigentliche Furcht vor Gefahr hatte ich

79 keine. Immer stieg mein Halsweh, mein Fieber, wie das seinige auch, und die Nacht durch war ich ganz dumpf vor Schmerzen. Am Samstag [28. Februar] sah ich Ängstlichkeit, auch Herr Ratsherr Lavater ängstigte [sich], ohne mir's deutlich zu sagen. Es zeigte sich dicker Schleim auf der Zunge, Sticke, Fieber, Erbrechen. [Ich] sitze, wache immerzu bei ihm⁶⁰, eine Angst stieg und Misstrauen, dass ihm die Arzneien nicht zur Zeit fleissig gegeben wurden, und ich verlangte,

80 es in die Nebenkammer zu mir zu nehmen, das dann auch geschah. Es wurde – bis sein Bettchen gemacht war – zu mir in mein Bett getragen, wo es ganz still, heiss war, nichts sprach und nun in sein Bettli gelegt [wurde]. Ach, das letzte Mal an meiner Seite, so nahe an meinem Herzen! Gott, ach Gott, mir jetzt noch verborgen, die Trennung so nah, mir armen, liebenden

---

⁵⁸ Escher Anna Dorothea (1791–1859), Tochter des Escher v. d. Linth Hans Conrad (1767–1823) und der Orelli Regula von (1768–1832), verm. 1811 mit Bürkli Georg Conrad (1787–1873), Rittmeister, Kaufmann im Tiefenhof.
⁵⁹ Originaltext: «Anzügen zum Friesel».
⁶⁰ Originaltext: «immer bei ihm zu».

Mutter, welch ein <u>tiefer, ewig tiefer Schmerz</u> für mich Unglückliche! Welche Tränen entfliessen mir bei diesen Erinnerungen!

81 Ich blickte immer nach seinem Bette, wo es so stille war und fragte nach ihm. Allein, mein Fieber und meine Krankheit stieg immer, mein Gefühl war aber immer dumpfer, auch die Nacht durch, die ich leider nicht mehr beschreiben könnte. Und nun brachst du auch an, letzter Lebenstag meines Engels, der nun in Gott ruht.

<u>1. März 1801, Sonntag.</u>

Den Morgen war [es] still, ruhig, nur Deuten mit dem Finger, die Augen offen, wie mehrere heftig bezeugen.

82 Morgens besuchte uns Herr Chorherr. Er sagte mir, dass der Schleim auf der Zunge abgenommen habe bei Regeli, der Friesel schön da sei und das Fieber gemässigt, also dass es beinahe um etwas gebessert habe. Bei mir stieg die Krankheit noch immer, Blutverlust[61] zum Entsetzen. Herr Ratsherr Lavater wollte ihm Pulver eingeben, ich sagte, es sei nicht notwendig, es nehme die Mixturen von Herrn Chorherr, und bei meinem unumschränkten Zutrauen in Herrn Chorherr,

83 bei meiner Dumpfheit der Krankheit, hielt ich's für überflüssig. Mein Mann sagte, Herr Chorherr komme mittags wieder, ehe er auf Baden verreise, über welches ich erschrak. Dennoch aber tröstete ich mich, ohne etwas zu sagen, da das <u>Geliebte</u> still war, zu schlummern schien. Ich erwartete mit Sehnsucht Herrn Chorherr, der dem Geliebten auf das eine Bein, etwa 2 Uhr mittags, ein Blatternpflaster[62] legte, ohne dass das Kind ein Wort sagte. Sagte Herr Doktor, [er] werde den Abend

84 kommen um zu sehen, was die Blattern[63] gewirkt hätten und wann es nötig wäre, auf das andere Bein noch eines legen [würde]. Und nun nahm er Abschied. Ich wurde ruhiger, dass auch dieses geschehen, veranstaltete, dass <u>Chlefe</u> ins Bett gehe, liess Barbel, ihre Schwester, rufen, um bei Regeli zu bleiben unter meiner Aufsicht. Nach ein oder zwei Stunden sagte sie, es zeige sich Schweiss. Ich fragte, ob es ein rechter Schweiss sei. Sie bejahte es, sagte

85 aber bald, es zeigen sich Gichter[64], über welches ich erschrak, es aber für eine Folge des aufgelegten Blatternpflasters hielt und hoffte, sie setzten sich wieder. Ängstlichkeit von Papa, der Chlefe, Barbel beängstigten auch mich. Die starren Augen, die ich sah, das heftige Atmen, die Stille vermehrten meine Angst. Ich liess den jungen Doktor[65] rufen, da aber dieser nicht bei Hause war, Herrn Ratsherr Lavater, seinen Götti. Er erschrak sehr über den

---

[61] Massive klimakterische Blutung.
[62] Möglicherweise ein Senf- bzw. Zugpflaster, das zu Blasenbildung, «Blattern», auf der Haut führen kann. Vgl. 1801, pag. 59.
[63] Gemeint ist der Erfolg des Pflasters.
[64] «Gichter»: Krämpfe.
[65] Rahn Hans Rudolf, Sohn des Chorherrn Rahn Hans Heinrich.

86 Zustand der Gichter, in dem er ihns fand, die Zähne zusammengepresst, die Gichter immer gewaltiger. Er versuchte, ihm mit dem Mameli[66] zu trinken zu geben, vermocht' es nicht mehr, legte ihm Blatternpflaster auf die Brust und das andere Bein und verliess uns wieder. In dieser Zeit kam Herr Doktor Rahn. Ich sagte ihm das Vorgefallene, er machte mir Hoffnung, dass es nicht so schlimm sei, dass noch Hoffnung da wäre, die ich bezweifelte. Er versprach

87 wiederzukommen, wie auch Herr Ratsherr, aber immer veränderte sich der Atem, die Gichter stiegen immer. Ich musst' bei steigendem Fieber, bei Blutverlust zum Entsetzen, wie gehemmt in meinem Bette bleiben, allem dem Jammer, dem Schmerz, dem Abnehmen nur zusehen, von meinem Bette in das seine. Da kamen nun beide Ärzte wieder, vereinigten sich, Blutegel anzusetzen[67], über das ich noch tiefer erschrak, aber nicht [ver]hindern konnte. Diese sogen,

88 aber auch dieses Hilfsmittel blieb ohne glücklichen Erfolg. Es erschwachte immer mehr, die Zuckungen wurden immer heftiger, der Puls blieb aus, und gegen 10 Uhr erfolgte sein
   Tod![68]
Gott, wie war mir! Wie wollt' ich beschreiben, was in meiner Seele vorging, was ich empfunden habe, was ich gelitten! Ach, unter allem, was ich je erfahren, gelitten habe, war dieses das Schmerzlichste, Grösste, Tiefste!

89 Ach, welche Wunde, welcher Schmerz der Seele war es für mich! Sollte ich's vergessen können! Dennoch fasste ich mich mit stiller Demut und Gelassenheit, sah ihns tot bei meinem Bette vorbei[ge]tragen [werden] – o Gott, o Gott – verordnete, was ihm sollte angelegt werden, sein weisser Rock, sein erstes, selbst gemachtes, neues Hemd, neue Strümpfe etc. Nun musst' Cäpers Bett aus seiner Kammer getragen werden, die Leiche in seine Kammer,

90 sein Bettchen aus meiner Kammer, und nun wurde es noch Mitternacht, ehe es, dies alles, getan war. Ach, was litt ich bei diesem Verlust, wie fühlte ich das überlaute Schreien von den Brüdern um Tittli, ach, nun haben wir kein Tittli mehr, das Liebste ist uns gestorben. Besonders war Conradli über alles betrübt, und nun, da ich allein übrig blieb, konnt' auch ich mich in Tränen und in Geschrei ergiessen in meinem Schmerz, in meiner mütterlichen

91 Liebe, fand auch etwas Schlaf.
Morgens schrieb ich noch beim Licht an meine Schwester das Vorgefallene, bat ihns um Gottes Willen um Geld zur Beerdigung, in meiner Armut und in meinem Leiden, das sich teilte in so manche Zweige.

---

[66] «Mameli», Mämmeli, Schoppen: Trinkflasche.
[67] Originaltext: «Blutigel anzuhenken».
[68] Sonntag, 1. März 1801.

Morgens fragte ich zuerst nach der
 Leiche.
Vor ihrer Schönheit, Anmut, ergoss [ich] mich in Tränen und Worten der Liebe über ihns, dass es mich nie betrübt hätte, als durch seinen Tod.
Es stürzten die teilnehmenden Freunde herbei, mich in meinem Jammer zu trösten. Herr Ratsherr Lavater, sein Herr Götti, liess ihns malen durch Jungfer Pfenninger[69], schnitt ihm Haare ab. Ach, auch diesen Tag noch stieg meine Krankheit, [so]dass ich nur zum Teil empfunden, was vorging. Dienstagmorgen [3. März] war Cäper auch angegriffen, zu mir herabgenommen, er [war] voll Furcht, es warte das nämliche Schicksal seiner, wie Regeli.
Die Brüder schrieben Abschiedsbriefe an die übergeliebte Schwester. Ich [war] beklemmt in meiner Krankheit, bald weinend, bald still. Ach, des Schmerzens meiner Seele um ihns, um ihns, den Engel!
Mittwoch [4. März] war es, wie die anderen Tage, von einer Menge seiner und meiner Bekannten besucht, beschenkt mit Blumen. Jungfer Locher brachte ihm einen zierlichen Kranz, im Begleit mehrerer Töchter[70]. Zu mir liess man niemand.
Am Donnerstagmorgen [5. März], dem Begräbnistage[71],
liess ich mir den Engel im Sarge noch in die Stube bringen, kniete hin zu ihm, um ihns zu segnen, zu küssen, dem zu übergeben, von dem ich's empfangen hatte. Eigentlich war mir dieser Tag der Einweisungstag in den Himmel, nun sah ich's als eine Tochter des Himmels an. Gott, welche Gefühle belebten meine Seele, wie teilten sich die Gefühle in mir, in die um ihns, in die für mich. Gedenke ich seiner, so danke ich Gott, dass er's diesem Leben entrissen in seiner Unschuld. Welch einen schönen Lauf von 11 Jahren 3 Monaten machte es in dieser Welt, wie glücklich verlebte es sein Leben. Durch seinen Verstand, durch seine Tugend, durch sein Benehmen verschaffte es sich selbst nichts als Liebe, als Freude, beglückte sich selbst und mich arme Mutter mit ihm. Gedenke ich aber meiner, oh, so möcht' ich versinken. Die treue Begleiterin meines Lebens, die Anmut, die Freude, nicht mehr um mich zu wissen, sie von meiner Seite entfernt zu wissen! Oh, welch ein Verlust, Gott, den beschreibe ich nicht!
Am Morgen des Begräbnistages brachten ihm seine Gespielen einen Blumenkranz, auf den Sarg zu legen, gebunden mit weiss und schwarzen Borten, eine Schleife, auf der

---

[69] Pfenninger Elisabeth (1772–1847), Miniaturmalerin, Tochter des Diakons an St. Peter, Pfenninger Johann Conrad, lebte in Paris.
[70] Schülerinnen.
[71] Gemäss dem Totenbuch Grossmünster wurde Orelli Regula von am 5. März 1801 im Krautgarten-Friedhof beigesetzt (StadtAZ, VIII C 13).

97 ein Schmetterling gemalt war, der eben aus einer Raupe entschlüpfte[72], mit einer Inschrift: «Also werd' ich mich einst entwinden der sterblichen Hülle», nebst einem beigelegten Gedicht von Herrn Pfarrer Gessner im Namen der Gespielinnen. Wir entwanden die Hülle, die ich behielt, und schrieben das Gedicht ab und bestimmten, den Kranz auf den Sarg zu legen.

98 Es war Mittag, [nach]mittags erhielt ich ein Gedicht der Tröstung von Herrn Pfarrer Gessner, war besucht von Frau Escher, von Herrn Chorherr Rahn über die Zeit des Kirchgangs. Ich bewaffnete mich mit Standhaftigkeit und endete diesen Schmerzenstag in stillen Tränen. «Ach, nun keine Kleine, Herzige mehr!» rief ich in meiner Seele tausendmal aus. Von da an schien es mit mir zur Besserung zu gehen! Aber von da an war Cäper immer mehr

99 krank, das einen neuen Schmerz verursachte. Bis in die künftige Woche ging Papa umher, auch er musst' einige Tage liegen, sodass wir uns alle im Bett befanden. Gott, wie mancherlei Leiden, wie mancherlei Gefühle belebten meine leidende Seele!
Nebst diesem <u>Blutschmerz</u>[73] in allweg[74] noch den Schmerz, die Angst unserer ökonomischen Lage, unserer <u>Armut</u>, wie wollt' ich dies beschreiben, nur <u>erinnern</u>!

100 Wenige Tage nach dem Kirchgang brachte mir Herr Ratsherr Lavater eine 2 Ellen lange Haarschnur von Regelis Haaren [und] sein Bild in einem Miniaturgemälde, in einem Medaillon mit Gold gefasst. Gott, welche Angedenken, welcher Sinn von Mitgefühl belebte diesen getreuen Freund! Wüsste die Geliebte von der Liebe, die ihm im Tode noch lebte, wie würde es sich freuen!

101 Ich schrieb ihm mit diesen Worten meinen Dank: Von der Wiege bis ins Grab, dem Getreuen! Oh, welche Traurigkeit und Anmut für mich arme Mutter, mich in diesen Andenken zu freuen und ihns, ihns, ihns verloren zu haben!
Nun besserten wir alle wieder langsam, ach, zu was für <u>Schicksalen</u>!

102 Das Erlesen der Kleider, seiner übrigen Sachen, jede Erinnerung an ihns erneuerte meinen Schmerz. Ich beschenkte 22 Kinder mit Kleinigkeiten zu seinem Angedenken, die Dienste, Herrn Bullinger, seinen Lehrer, Jungfer Hafner, Jungfer Locher, seine Brüder, holte seine Arbeiten ein, seine Schriften. Gott, ach, dieses alles, mit was für Gefühlen der Liebe, des Schmerzes. Wie wiedertönt, laut und leise,

103 alles von Liebe und Lob von diesem Kinde. Ich unglückliche Mutter, wie glücklich auch noch in seinem Verluste! Je mehr Kräfte meine Natur erlangt, je mehr Schmerz empfinde ich um ihns, sodass mir nach Verfluss von

---

[72] Symbol der menschlichen Seele, die aus der irdischen Hülle entweicht. Vgl. 1801, pag. 21.
[73] Verlust eines Blutsverwandten.
[74] Vgl. 1791, pag. 204.

7 Wochen ist, als ob's erst gestern noch da gewesen wäre. Überall sehe, höre ich's, bin ich ihm nahe. Oh, des Engels Angedenken, was fühle ich dabei!

104 Ich winde und wand mich durch, in Liebe und Leiden. Am Karfreitag [3. April] ging ich früh in die Kirche zum Abendmahl.
Ach, und aus der Kirche zum Grab.
Nach Tisch zu Herrn Ratsherr Lav[ater], voll Dank!
Am Ostertag [6. April] konnt' ich wieder zur Kirche, zum Abendmahl,

105 und heute [Ostermontag], den 6. April, schrieb ich diese Skizze von dem wichtigsten Abschnitt meines Lebens hier ein, in diese Blätter, freilich nur Skizze meines Leidens!
Führe mich, mein Gott, mit Erbarmung für die Meinigen und mich, und lege mir nicht mehr auf, als dass ich ertragen mag, um Jesus Christi willen! Amen.

106   Den 25., Samstag, abends.
Wieder einige Tage meines Lebens flossen hin, ohne dass ich sie anzeichnete. Ach, was schliessen sie ein, mein gewöhnliches Leiden der Armut, der Bekümmernis über sie! O Gott, o Gott, von was, durch was geht es weiter?! Nur Gnade ist's, dass es bis hieher ging.
Arbeit, wenig Lektüre, einige herzliche, notwendige Besuche machte ich, nahm sie an, die meinem Herzen wohltaten.

107 Ach, die Wehmuts- und Traurigkeitsgefühle der Liebe um meinen Engel machten einen grossen Teil dieser Zeit hin! Mit was könnte ich lieber beschäftigt sein als mit der geliebten Seligen! Oh, des Angedenkens Wonne, der Erinnerungen, der Anmut, der Freude an ihm, dem geliebten Herz! Sollte ich, könnte ich [es] unbeweint lassen? Die Tage meines Lebens werden meine Tränen nicht vertrocknen um die Geliebte.

108 Ich erlebte die Freude, dass Cäper in die VII. angenommen worden, also eine neue Epoche seines Lebens. Oh, dass Du Dich, grosser Gott, über ihn erbarmest, ihn führest zu seiner Seligkeit durch diesen Weg! Heute erhielt er ein Premium, Schneiders[75] vortreffliches, kostbares griechisches Lexikon[76]. Ach, wie schnell, wenn schon so mühselig, erbebte ich, ihn Student zu wissen!

109 Wie viel grössere Freude würde ich wohl empfinden, wäre meine Seele nicht so verwundet durch innere und äussere Leiden, die mich beinahe erdrücken. Ach, wie vieles fühlt' ich, von meinem Inneren niederzuschreiben! Möcht' ich's tun, mein Gutes und Böses zu prüfen! Aber ach, Du, o Gott, kennst mich, ohne dass ich mich Dir offenbare!
Jung[77], Doktor, Professor aus Marburg, hielt sich einige Tage in Zürich auf,

110 wo er als Augenarzt mehreren Personen den Star stach, Lavaters Freund. Ich sah ihn selbst nicht, nahm aber an dem Wohltätigen dieses Besuchs

---

[75] Schneider Johann Gottlob (1750–1822), deutscher Philologe.
[76] Schneider Johann Gottlob: «Kritisches griechisch-deutsches Handwörterbuch», Züllichau 1798.
[77] Vgl. 1800, pag. 196.

Anteil, las seine Lebensgeschichte⁷⁸, die mir als Geschichte der Vorsehung sehr tröstlich und lieb war.
Diese wenigen Erinnerungen an mich, die ich hier <u>einsam</u> niederschreibe, unterhalten doch den Faden der Geschichte meines Lebens, meines <u>Leidens</u>, wenn ich's nun schon wieder hinlege.

111 Den 21. brachte ich gar einen lieblichen, wehmütigen Abend bei Frau Schulthess im Schönenhof hin, da eines dem anderen von seinen Gefühlen über das Hinscheiden unserer Töchter⁷⁹ ergoss, Trost fand in Teilnahme, in Liebe und in der gewissen Hoffnung des Wiedersehens unserer Geliebten. Ach, wie dunkel sind doch alle Begriffe über Tod und Grab uns armen Menschen!

112 Nach dem Ende eines Monats schliesse auch ich die Skizze dieses Monats, da ich mich leidend und gedrückt durch unsere so grosse Armut, wie fast noch niemals meines Lebens, fühle, vieles von Notwendigem uns fehlt, und ich keine Aussicht von Hilfe, von Veränderung meiner Lage vor mir sehe. Das Einzige, das mich Haltende bist Du, o Gott, mein Vater, mein Erbarmer! Amen.

113 <u>Den 28.</u> [März]
Noch einmal besuchte ich diese Woche meine Freundin <u>Lavater</u>, traf's in der Stunde, wo Sie eben auszog. Oh, mit welchen Gefühlen wandelte ich noch einmal an die Stelle, wo ich <u>Lavater</u>, den Geliebtesten <u>tot</u> gesehen, lebend so viel von ihm genoss, hörte. Oh, dass Du es fühltest, Geliebtester meiner Seele, wie ich <u>litt</u>, wie ich fühlte deine Einzigkeit, Freund meiner Seele!
<u>Den 26., letzten Sonntag</u>, lebte ich in höheren Gefühlen in der Kirche,
114 im Angedenken meines Regelis, im Vorbeiwandeln bei seinem Grabe! Oh, wie gerne würde ich stundenlang dabeisitzen, seiner gedenken!
In Hottingen las ich einsam im Wäldchen⁸⁰ im Testament, nachher las Frau Schulthess mir eine Predigt⁸¹ von Reinhard⁸².
Tisch, liebliches, freundliches Gespräch der Freundschaft, Tränen ums <u>Regeli</u>. Den Abend bracht' ich lieblich hin, bei Frau <u>Ott</u>, meiner geliebten Schwester.

115, 116 [leer]

---

⁷⁸ Stilling Heinrich: «Heinrich Stillings Jugend», Berlin und Leipzig 1777; «Heinrich Stillings Jünglingsjahre», Berlin und Leipzig 1778; «Heinrich Stillings Wanderjahre», Berlin und Leipzig 1783; «Heinrich Stillings häusliches Leben», Berlin und Leipzig 1789. Eine «Lebensgeschichte» erschien erst 1835.
⁷⁹ Schulthess Dorothea (Döde) (1769–1801), die zweite Tochter der Schulthess-Wolf Barbara (Bäbe) war am 2. April 1801 verstorben.
⁸⁰ Vgl. 1799, pag. 70 und 1800, pagg. 212, 230.
⁸¹ Reinhard Franz Volkmar: «Predigten», 2. Aufl., 2 Teile, Wittenberg und Zerbst 1792, 1793.
⁸² Vgl. 1799, pag. 101.

117   Mai 1801.
118   [leer]
119   Den 1.–3., Sonntag, Mai 1801.

Wiederum einen Monat angetreten! Bis hieher brachtest Du, o Gott, mich! Fortdauernde Angst und Bekümmernis über weiteres Fortkommen erfüllt meine arme Seele. Spürbares Abnehmen und Zerrüttung meiner Gesundheit fühl' ich täglich durch alles, was über mich ergeht. Ich hoffe meines Lebens Ende bald erreicht, wünschte es, wenn

120 ich nicht meine Knaben zurücklassen müsste, so arm, so verlassen, und die mich, wie ich sie, so zärtlich liebe. Ach, des Schmerzens Gefühle, des Hierbleibens, des Scheidens! Welches möchte schmerzlicher für mein liebendes Herz sein! Ich wähle nicht, nehme es ganz ergeben an von Dir, mein Vater, der es mir bestimmt hat, ehe ich und die Meinen geboren waren.

121   Mittwoch, den 13.

Wiederum einige Tage zurückgelegt! Tage des Leidens, der Angst, aber auch diese zurück. Gott sei Dank dafür! Mehrere Stunden davon verlebte ich im Verlesen meiner Briefe, Tagebücher, im Gedanken, etwas davon aufzuschreiben zu einer kurzen Lebensgeschichte, das mir so sehr anliegt zu tun, um des Ganges meines Schicksals willen, das sich so auszeichnet.

122 Auch genoss ich der Freundschaft viel Anmutiges in lieblichem Genuss und auch einige Lektüre in Klopstocks Oden[83]. Naturgenuss war auch mitgenommen, in dem sich meine Seele so oft labte. Aber einsamer als einsam fühl' ich mich, von allen Menschen verlassen, die mir und den Meinen Hilfe leisten könnten. Auch dies schliesst mich Dir, o

123 mein Gott, neu an, denn Du wirst mich nicht verlassen und dennoch alles fügen zu gutem Zweck. Amen.

124   Sonntag, den 31. Mai.

Am Ende dieses Monats ergreif' ich noch die Feder, um etwas [von] dieser verschwundenen Zeit anzumerken. Ich schrieb nun wirklich ganz aus meinem Gedächtnis ein paar Bögen meiner Lebensgeschichte, gleichsam einen Schattenriss um mich selbst. Ach, wie tief fühlte ich, wie schwer dies ist, welche Erinnerungen dieses

125 erweckte an Glück, an Unglück, an Liebe! Oh, was ist der Mensch und der Menschen Sohn oder Tochter, dass Du Dich unser annimmst! Ich denke, dieses Vorhaben noch etwas weiter auszuführen, mit meinem Tagebuch zu vereinen, wenn ich das Leben behalte.[84]

---

[83] Vgl. 1793, pag. 19.
[84] R. v. O.-E. verweist hier auf die «Erzählung an die zwei Knaben, verfasst 13., 14., 20., 31. Mai 1801», ZB, FA Or. 11.5. Die Verfasserin bemerkt dazu: «Alles Umständliche würde ich in meinem Tagebuch finden, das ich vom Jahr 1779 (sic!) anfing und fortsetzte bis auf jetzt, wenn ich diese Erzählung nicht aus meinem Gedächtnis niederschreiben wollte – als Schattenriss von mir selbst – unbestimmt, ob ihn so liegen zu lassen oder erweitern.»

Viele Arbeit nahmen diese Tage auf, viele Besuche der Notwendigkeit. Ach, viele innige Gefühle des Leidens
126 erfüllten mein ganzes Wesen der Seele und des Körpers! Sorgen der Nahrung. Wehmutsliebe Tränen um mein einziges, geliebtes Regeli ist's, was meine Seele erfüllt, belebt. Oft Entfernungen von Gott, von den nächsten Pflichten, aber auch Vereinigungen mit Gott im Gebet genoss ich. Kraft und Schwäche wechseln in mir unaufhörlich ab.
127 Donnerstag, den 28. Mai, erhielt ich die ersten Blümchen ab Regelis Grab. Jehova-Blümli[85], Gras, Nelken, weisse Vergissnichtmein, mehreres. Gott, welche Empfindung der Wehmut um ihns, der Hoffnung, dass es lebe wie diese Blumen auf der Erde, die ihns bedeckt! O Schmerz der Mutterliebe, wie erweckst du Tränen, die Gott nur abwischen kann, oh, von seinem Grab, von meinem
128 Grab, wie ich's nahm. Lebend war es mein, und tot sollt' es nicht auch noch mein sein, beides zuerst dem Herrn, meinem und seinem Gott, dem wir beide sind. O Bildchen, vor dem ich schreibe, hätte ich statt seiner meinen Engel noch! Ach, Liebe dringe hin zu ihm, zu ihm, dem Liebling meiner Seele!   Amen.
129, 130 [leer]

131   Brachmonat 1801.
132 [leer]

133   Brachmonat 1801, Montag, den 8.
So verstrichen denn nun wieder mehrere Tage meines Lebens, kummervoll, leidend an <u>Leib</u> und <u>Seele</u> – für <u>Leib</u> und <u>Seele</u> – <u>liebend</u> die Meinigen, meine <u>Tote</u>, bei deren Grab ich eben weilte und das <u>Kranzgestell</u> verrückt[86] sah! Welch ein <u>Schmerz</u> für mich arme Mutter, welche volle, grosse Tränen entrannen mir, o Gott!
134 Einen hingebrachten Tag will ich niederschreiben, die verflossenen sind aus meinem Gedächtnis verschwunden, nicht ihre Gefühle.
Heute erwachte ich früh nach einer körperlich leidenden Nacht von Enge, Mattigkeit, trauriger Gedanken und Empfindungen voll. Gott, ist's möglich, dass ich ganz versinken, verunglücken soll! Nein, Deine Vorsehung umschlingt auch mich und die Meinen, <u>glaube ich</u>!
135 Weiteres konnt' ich nicht beten. Ankleidung, Kaffee, Geschäfte, Vorbereitungen auf die Wäsche aller Arten. Innere Unruhe, Angst, schreckliches Leiden durch Äusserungen meines Mannes erweckt, über unsere ökonomische Lage, die mich fast in Verzweiflung brachten. Tisch, nachher erhebte ich mich in und von diesen Bitterkeiten durch Arbeit, dann Tee. Dann ging

---

[85] «Jehovablümchen»: eine Steinbrechsorte.
[86] Durch die Absenkung des Grabhügels über dem Sarg wurde das Kranzgestell verschoben.

ich nach Hottingen⁸⁷, zuerst zu meinem Grab⁸⁸, traf Frau Schulthess nicht an, weilte ein wenig im Garten,

136 kehrte nach Hause [zurück], etwas erquickt, und schrieb ein noch bis hierher, [in] diese unvollkommenen Blätter noch, da es 7 Uhr schlägt. Der Überblick eines Tages, welch eine Geschichte, fast die Geschichte aller Tage des menschlichen Lebens, von Gutem und Bösem.
Schreckliche Vorempfindungen von Trennung, von Unglück über mich, von den Meinigen und mir, schweben vor mir Tag und Nacht umher. Christus erbarme Dich über uns, über mich arme Arme!

137 ### Sonntag, den 14.
Am stillen, einsam bei Hause sitzenden Abend weile ich auch eine Weile bei mir <u>selbst</u>, bei diesen Blättern, die ich nicht ende bis mein Leben sich endet.⁸⁹
Die meiste Zeit dieser Woche bracht' ich mit Wäschegeschäften hin, wie diese Angelegenheit es mitbringt, in Fleiss und Tätigkeit. Unendlicher Schmerz der Wehmut und Liebe ergriff mich bei meines Regelis Lingen, dass ich in Tränenströmen fast versank.

138 Seine Kleider ohne ihns, o Gott, was hab' ich empfunden! Welches Angedenken an ihns, welche Erinnerungen an ihns! Oh, möchte es empfinden, wie ich's liebte, wie ich um ihns traure!
Montags [8. Juni] träumte ich das erste Mal von <u>ihm</u> – auch <u>Conradli</u>. Dies nahm ich, als ob es uns umschwebte. Oh, möchtest du, Empfindung wiederkommen. Oh, dass ich dich <u>wiedersehe</u>, Geliebteste meiner Seele!

139 Schreckliche Erfahrungen von Kummer und Verdruss schlossen sich auch in diese Tage ein, über Geldangelegenheiten. Niemand will, niemand kann uns helfen. O Gott, welche Schicksale schweben vor meinen Augen, für die Meinigen und mich! Oh, sende, sende Erbarmung, eile, uns zu helfen, ehe wir versinken müssen, ehe wir getrennt und zerschlagen werden! O Gott, höre mein Rufen!

140 Zeige mir einen Ausweg, wie wir uns helfen können. Ich mag mir selbst das Vorgefallene nicht erzählen, nur dies sind die Gefühle davon, von meinem Leiden, von denen her auch meine Gesundheit entsetzlich leidet, ein Wahnsinn ohne seinesgleichen, ein Drücken, eine Schwäche, dass es lange nicht mehr gehen kann mit mir armen Leidenden.

141 So viele Jahre lang litt ich unaufhörlich, oh, wie wollt' ich's noch weiter tragen können!

Donnerstag, den 25.
Innert diesen Tagen, welche Leidenserfahrungen!
Mit Herrn Escher einige Unterredungen, Bitten, denen er alles abschlug. Endlich, endlich liess sich Herr Ott erbitten, Bürge zu sein für 250 Gulden,

---

⁸⁷ Landhaus «Wäldli» der Frau Schulthess-Lavater Regula.
⁸⁸ Gemeint ist Regelis Bestattungsort im Krautgartenfriedhof, vgl. 1801, pag. 94.
⁸⁹ Hier bekundet R. v. O.-E. die Absicht, das Tagbuch bis ans Lebensende fortzusetzen.

142 die wir uns lehnten⁹⁰ bei Herrn Bürkli⁹¹ im Tiefenhof, und ach, mit welchem Schmerz wollte es mein Mann abholen, erhielt es nicht. Noch müssten wir 120 Gulden lehnen bei Herrn Ratsherr Lavater um den Welsch⁹² zu bezahlen, der meinen Mann von seiner Schuld zu bezahlen zwang. Auf heute, hoff' ich, bekommen wir das Geld von Herrn Bürkli, um Herrn Ratsherrn das seinige wieder zuzustellen, von dem Überschuss einiges Nötiges zu bezahlen, einige Notwendigkeiten zu kaufen

143 und dann wieder arm zu sein und schuldig⁹³ auch. Ach, welch eine Situation, grosser Gott, welche Erschütterungen für mich tief Erschütterte! Meine Gesundheit leidet täglich. Arbeitsamkeit erhaltet sich in mir. Von meiner Seele fühl' ich mich gleichsam getrennt aus Leiden und Kummer, die mich zernagen. Diese Gefühle machen die Geschichte der verflossenen Tage aus.

144 Ich verkaufte meine Perlen und einen Ring von meiner Mama selig, erlöste 114 Gulden zur Unterstützung meiner Haushaltung, zu verbrauchen bestimmt. Gott, auch diese Gabe, die letzte zum Opfer, von der mein Mann noch nichts weiss, weil ich's heimlich tat. Oh, hilf uns, o Herr, um Deiner Erbarmung willen!

145 Erbarme Dich meines Schmerzes, den ich empfinde, so arm zu werden!

146–148 [leer]

149 <u>Heumonat 1801.</u>

150 [leer]

151 <u>Heumonat 1801, Dienstag, den 14.</u>
Am stillen Abend ergriff ich wieder einmal die Feder, nach so langem Abwesen[dsein] meiner selbst, wie ich's nenne, wenn ich nicht diese geliebten Blätter meines Lebens fortsetze. Ob ich <u>allein</u> bleibe, ob ich's vor <u>Schmerz</u> kann, wenn ich meiner gedenke, meines Kummers, meiner Armut wegen? Doch sei und fliesse was da wolle, ist's doch mein Gang, meine Empfindungen, die ich niederschreibe.

152 Meine Arbeit war das meiste, meine <u>Matratzen</u> zu renovieren, auflösen, reinigen, waschen, wieder verarbeiten. Dies war ein wesentliches, notwendiges, nützliches Hausgeschäft und gab mir Munterkeit durch diesen Zweck. Viele Tage lang stilles, häusliches Daheimsein. Zu meiner Lektüre wurden allein Eulers⁹⁴ Briefe über Physik⁹⁵ und Naturlehre, davon mich

---

⁹⁰ «lehnen» dialektal: ausleihen.
⁹¹ Bürkli Hans Georg (1763–1811), Kaufmann im Tiefenhof, verh. 1784 mit Meyer Dorothea (v. Stadelhofen) († 1836), Schwager von Escher Hans Caspar, dem Bruder der R. v. O.-E.
⁹² «Welsch»: Italiener, vermutlich ein Kaufmann oder Händler.
⁹³ Gemeint ist schuldend.
⁹⁴ Euler Leonhard (1707–1783), schweizerischer Gelehrter, Naturwissenschafter in Petersburg und Berlin.
⁹⁵ Euler Leonhard: «Briefe an eine deutsche Prinzessin über verschiedene Gebiete der Physik und Philosophie», aus dem Französischen, 2 Teile, Leipzig 1784.

die Metaphysik am meisten interessierte, nebst Lehre von der Elektrizität und die vom Magnetismus. Welche erhabenen Ideen von
153 Gott und der Natur belebten meine arme Seele. Auch fing ich wieder an, Hess' Dienstagspredigten zu besuchen, die mir heilsame Nahrung waren, als just die Geschichten des Elias, der Witwe von Sarepta[96] mir neues Interesse gaben. Dann hatten wir auch ein paar Besuche von Doktor Stolz aus Bremen, die mir wohl taten. Obschon er mehr an Kopf als [an] Herz gewann, so ist er doch einer der seltenen Menschen, die ich von Herzen respektiere. Mir bracht' er wache Erinnerung des Alten bei, und für das Neue war ich
154 auch nicht unempfänglich, was er zum Genuss der Unterredungen brachte. Auch fand ich einen schönen Geist in seinen Revolutionspredigten[97], bedaure im Stillen die Vorurteile der Lavaterschen Familie und Freunde gegen ihn. Ich glaube nicht, dass sie ihn genugsam kennen, wie er's verdiente. Er reiste vor 8 Tagen [7. Juli] zurück, und ich denke, ihn nicht wiederzusehen.

Die Nachricht von Hotz'[98] [Tod], Doktor Hotz, erschütterte mich, doch sage ich gottlob, weil ich ihn schon lange als für einen der unglücklichsten Menschen halte
155 und ihm's gönne, von Leiden erlöst zu sein, die er fühlte. So geht eines um das andere heim von den Meinen, die ich liebte. Auch ihn liebte ich unaussprechlich, und vergegenwärtige ich mir die anmutvollen Stunden bei ihm und uns, so möcht' ich weinen, ihnen enteilt zu sein. Doch alles Ablösen dieser Erde führt nur näher zu Gott. Auch innert diesen Tagen hatt' ich einen Besuch von Mäde Alder[99] von Wädenswil, der ersten Freundin meines Regeli, der mir wehmütig, anmutig war. Ach der
156 Erinnerung an meinen Engel, der Erinnerungen, dass sich seine Gefühle an diesem Kinde anfingen [zu] entwickeln, lieben lernte, lernte Menschen kennen und bilden und geniessen, war mir alles lebendig, erweckte Tränen, die Du, o Gott, nur kennst. Ich schenkte ihm einige Kleiderstücke zum Andenken, entliess ihns segnend. Auch brachte mir Johannes Lehmann[100], ein alter Knecht von Wädenswil, viele Erinnerungen an meinen dortigen Aufenthalt, der einen so grossen
157 Abschnitt meines Lebens in sich schliesst, wo ich litt, liebte, lebte, genoss, der auf mein Denken und Sein ewigen Einfluss hat. Mehrere Besuche meiner hiesigen Freunde holte ich nach, zu meiner Erquickung, in lieblichem Genuss, in wacher Betrachtung, wehmütig. Kälte nimmt in den besten

---

[96] 1. Könige 1–9; Lukas 4, 25 und 26.
[97] Möglicherweise Partien aus J. J. Stolz' «Predigten über die Merkwürdigkeiten des 18. Jahrhunderts», 2 Bde., Altenburg 1801–1802.
[98] Tod Hotz': 4.7.1801 in Frankfurt, bei seiner Tochter, Mme. de Neufville.
[99] Alder Magdalena (1788–1853), Tochter des Alder Caspar und der Diezinger Susanna.
[100] Lehmann Johannes, Knecht der Landvogtei Wädenswil.

Menschen doch schrecklich überhand, ach, man möchte weinen, in einer Hinsicht, im Geist. Herr Ratsherr Lavaters Entfernung[101] von hier tut mir weh. Ach, möchte er glücklich und bald wiederkommen, wie sehne ich mich nach ihm und

158 von ihm von den letzten Lebensumständen von Hotz zu hören. Wie weh mag's ihm getan haben, ihn nicht mehr lebendig wiederzusehen. Finden wir uns alle wieder, die wir hier lebten und liebten? Wie wird uns allen sein, wenn jedes das Seine überstanden hat. Ach, welch ein Schmerz, bisweilen zu zweifeln und doch auch wieder, wie natürlich in dieser Dunkelheit, die uns umgibt.

159 Unendliches Leiden des Kummers, der Armut belastet mich, ich glaube mit jedem Tage mehr und mehr. Meinen Mann, meine Knaben, mich selbst darf ich nicht bedenken, ohne beinahe zu versinken. Eile, eile, o Gott, mit Deiner Hilfe, ehe wir erliegen, ehe wir zerrissen werden. Du weisst alles, wie und wo Du helfen kannst und wo geholfen sein muss, ehe ich Arme erliege. Innere Unruhe und Furcht quält mich Tag und Nacht. O Jesus, Jesus, erbarme Dich unser!

160 Dieses Gemischte füllte meine Tage aus, in denen ich nichts einschrieb, aus mancherlei Gutem und Bösem abwechselnd. Nun ende ich wieder einmal. Ob und wann ich mich wieder finde, weiss ich nicht.

161 <u>Mittwochs, den 29. VII.</u>
<u>Mein 44. Geburtstag.</u>
Meine, seit beinahe 3 Wochen lange, hinfällige Gesundheit, Verlassenheit aller Lebenskraft, dahinsinkende Blödigkeit, von Schwäche der Nerven, von Kummer und Traurigkeit, lässt mich vermuten, glauben, hoffen, dieses möchte wohl der letzte Geburtstag sein, den ich erleben möchte. Ich gedenke, mir dieses mit

162 aller Ruhe und mit Betrachtung, wie gut es mir geschehen würde, wenn Du, Gott, Dich meiner erbarmtest und mich hinnehmen würdest zu Dir. Nur die Trennung von den Meinen schmerzt mich, fesselt mich an diese arme Erden- und Leidenswelt. Das Schicksal meines Mannes in seinen alten Tagen, die Schicksale meiner Knaben in ihrer Jugendzeit, diese liegen mir am Herzen. Die Härten der Gefühllosigkeit

163 der Menschen – was lässt sie mich für Sie, was für mich erwarten, nach meinen bisherigen Erfahrungen?! Du aber, o Gott, bist grösser und mächtiger, alles zu leiten, wie ich es nicht vorhersehen kann. Du sorgst für sie alle![102] Dieser Gedanke erleichtert mir meinen Abschied. Ich <u>kann</u> nicht für <u>sie</u> sorgen, mir gebricht's an Kraft und Mitteln, da mir alles entrissen ist, was ich hatte. Mein Lebenswunsch besteht,

---

[101] Möglicherweise war der am 22. Dezember 1800 verwitwete Lavater Diethelm zur Brautschau nach Basel gereist. Er verheiratete sich in 3. Ehe 1802 mit Linder Rosa.
[102] Möglicherweise Anklang an das Bibelzitat Matthäus 6, 26.

164 nur mit den Meinen zu leiden, sie nicht in Elend verlassen zu müssen, mit ihnen zu teilen, was uns nach Deinem Willen bestimmt ist. Die kleine Selige sehe ich als gerettet, in Deinem besonderen Schutze, an und freue mich, ihns zu finden, wiederzusehen, wenn Du mich zu Dir abrufst. Lehre mich mit Geduld, nach Deinem Willen, gestärkt durch Deinen Geist, aushalten
165 hier, so lange ich lebe und sterbend Dein sein, der Du mich erschaffen hast! Oh, der Begriffe so vieler über mich, meine Natur, meine Religion und der Geheimnisse über alles! Oh, was ist der Mensch?! Und was bist Du, o Gott?! Diese Frage möchte Vermessenheit sein, aber sie ist mir nur Empfindung meiner Gefühle, Ausruf der Anbetung, der Erhabenheit,
166 wenn ich Deiner gedenke. Stärke mich durch Deines Geistes Kraft im Leben und Sterben! Amen.
Ich mag nichts von der Geschichte meines Lebens niederschreiben, sie fasst sich in zwei Worte, in zwei Begriffe, in <u>Liebe</u>, in <u>Leiden</u>, das meine ganze Seele erfüllt. Bis hieher führte mich Gott. Solltest Du mich nicht noch weiterführen können, lebend und tot?!
167, 168 [leer]

169 <u>Augustmonat 1801.</u>
170 [leer]
171 <u>Augustmonat, Dienstag, den 18.</u>
Schon mehr als die Hälfte dieses Monats hab' ich hingebracht, ohne hier eine Weile geweilt zu haben bei den Blättern meines <u>Lebens</u>! Was aber hätt' ich zu melden als <u>Leiden</u>, die Du, o Gott, allein kennst, erzeugt durch meine <u>Armut</u>, die täglich dringender, grösser wird, die ich beinahe nicht mehr tragen kann.
172 Keine Mittel, keine Menschen kenne [ich], die mich befreien aus diesem Übel – so vieles ich ausdenke, oft tränend mich allein ergiesse, viele Tage lang selbst nicht einmal[103] beten kann, das mir das Traurigste ist. Gott, erbarme Dich der Meinigen und meiner! Du weisst ja alles, was ich leide. Was ich beten kann, bringe ich nicht in Worte, doch in Angst und Seufzern
173 Dir dar. Oft scheint's mir nur Kleinmut, mich nicht an Verwandte oder Freunde zu entdecken, da mir doch so leicht zu helfen wäre. Ach, kennte ich nicht aller eigene Not, [eines] jeden Lage, die mich hemmt!
Auch nimmt mein Schmerz um mein Regeli immer und immer zu. Sein Verlust ist mir jeden Tag spürbarer – seine Liebe nicht mehr zu geniessen! Oh, des Engels, ja Überengels Lieblichkeit, wie empfinde ich [sie],
174 wie in Selbstgesprächen, wie in Ergiessungen an ihns! Gestern bracht' ich der Jungfer Pfenninger ein Halstuch als ein kleines Angedenken für sein Portrait, ihm, das ich schon lange beiseite gelegt, das ich ihr zu geben gedenkte für das liebliche Bild. Oh, der Gefühle Zahl, der Liebe, der Wehmut um ihns. Ach, wie ist jetzt mir so einsam, wehmütig. Auch Cäper liess ich

---

[103] <u>Originaltext</u>: «nur nicht».

175 nach Kilchberg gehen. Vor einem Jahr war es das Geliebteste, mein Trost, da die Knaben fort waren. Jetzt hielt ich Conradli da, allein wär' mir gar zu schrecklich. Gott sei mit ihnen, führe sie mir wieder zu! Wie sehne ich mich, sie wiederzusehen überm Grabe und hier. Wieder einmal fühl' ich mich meiner Gesundheit halben etwas besser, für das ich Gott danke. Was wär' elender als ich, sollt' ich

176 krank werden, krank sein, bei meinem Kummer, der mich zu töten anfängt! Arbeit, Freundschaft, Natur, Lektüre, Leiden und Liebe erfüllt mein Leben, wovon ich schon nicht weiter reden mag, lebt dies alles in mir. Nur den Faden meiner Geschichte mag ich nicht zerreissen, fortziehen, so lange ich lebe. Darum schreib' ich bisweilen was ein in die Blätter.

177   Montag, den 31. August 1801.
So endet sich denn mit ein paar Stunden wieder die Epoche eines Monats. O Gott, ohne dass mir ein wesentliches Unglück widerfuhr – welche Gnade – und ohne dass so viel Gutes, bei allem Leiden, allem Kummer, dass ich nicht genug mich dankbar freuen kann der Güte und Erbarmung meines Gottes! In detailliertes Erzählen kann ich mich nicht einlassen. Zu vieles, neues in jedem Sinn, das nur Gott und mir bekannt ist!

178 Die unerhörte schreckliche Mordtat, die an einem geistlichen Herrn Ammann[104], Schullehrer im Waisenhaus, im Käferhölzli[105], kaum eine halbe Stunde von der Stadt, vermutlich von einem helvetischen Tambour verübt worden, erschütterte meine teilhabende Seele tief. Die vergesse ich nicht, die sich heute vor 8 Tagen [24. August] zugetragen.
Auch das zweimal wiederholte Wiedersehen meiner Stiefschwester Nüscheler war mir wohltuend.

179 Öftere Erinnerungen an meine Seligen, Regeli, meinen geliebten Engel und Lavater, meinen Freund, waren Hauptbeschäftigungen meiner leidenden Seele. O Wiedersehen dieser Geliebten, werd' ich dessen teilhaft[ig] werden? Ich ende diesen Zeitpunkt in Glauben, Hoffnung und Liebe[106] und Leiden.   Amen.

180   [leer]

181   Herbstmonat 1801.
182   [leer]

---

[104] Ammann Hans Georg (1775–1801), VDM, Lehrer der Religion am Waisenhaus. «Wurde von einigen Soldaten der helvetischen Auxiliartruppen in französischen Diensten im Käferhölzli jämmerlich ermordet. Der Haupttäter, Tambour Meyer, wurde im Schützenplatz erschossen» (Keller-Escher Karl: Promptuarium genealogicum, ZB, Mscr. II, 1). Ammann wurde gemäss Totenbuch Fraumünster am 27. August bestattet. (StadtAZ, VIII.C.16).
[105] Käferhölzli: Östlicher Teil des Käferbergs oberhalb Wipkingen, Stadtkreis 10.
[106] Vgl. 1788, pag. 50.

183   Den 11. Sept. 1801.

Nach 5 Uhr erwacht. Mit Tränen der Wehmut, der Traurigkeit, der Liebe für mein liebes <u>Regeli</u>[107] selig, stieg ich aus dem Bett, langte sein Portraitchen hervor, ehe es heiter[108] war, ergoss mich in Tränen der Liebe, des Gefühls an <u>ihns</u> und in Gebet für <u>ihns</u> zu Gott, meinem und seinem Vater. Ach, wie könnt' ich wiederholen, was alles in meiner Seele lebte und wie es vor mir selbst verschweigen!

184 Oh, des Schmerzes der Trennung, des Todes, oh, der Erinnerung des verflossenen Lebens, des Genusses der Freude, der Liebe, der Hoffnungen, die meine Seele erfüllten, da ich noch Mutter war von dem lebendigen Kinde, das nun ein Opfer des Todes ist. Meine Gefühle [sind] Toten-Opfer, doch nicht ins Grab allein, auch übers Grab hinaus, wo ich hoffe und glaube, es <u>wieder zu sehen</u>! Die Knaben erwachten, weinten mit mir, auch Papa und die Diensten, jedes nach

185 seiner Art. Kaffee, dann Beschäftigung mit Bohnen, die nicht trocknen wollen, verändert[109] werden mussten. Tränen der Liebe, untermischt mit Rufen, o Jesus, Jesus! Ach, wie ergriff mich ein Schmerz! Frau Schulthess im Schönenhof schrieb mir ein Briefchen mit einem Ring belegt von Regelis Haaren, die die <u>Döde</u> verarbeiten wollte. Oh, der teilnehmenden Tränen und Liebe, welche Rührung war sie meiner Seele. Auch liess ich Blumen ab[110] seinem Grabe holen. Oh, wie ist's mir, sie vor

186 meinen Augen blühen zu sehen, ihns ruhend unter ihnen im Grabe zu denken. Oh, du heilige, geliebte Erde, die ihns bedeckt, in der es ruht, der Liebling meiner Seele, die ich mit Schmerzen gebar, mit Liebe getragen, gepflegt habe, die ich so sehr ersehnte, so glücklich mich fühlte in seinem Leben! Oh, der Erinnerungen, wie hätt' ich's vor einem Jahr denken sollen, es lebte <u>heute</u> nicht mehr an meiner Seite.

187 Doch es war alles Gottes Wille. Er rufte ihns ins bessere Leben zu ihm, enthebte es früh von Leiden, von Armut, in denen ich mich so unglücklich fühle – ein entsetzlicher Gedanke für mich, auch in dem Ruhe zu suchen, dass es nicht noch grösseres Unglück als ich selbst erfahren sollte! Gott, der Du mächtig warst, es davor zu bewahren, befreie auch mich von dem Leiden, von der Armut, die jetzt auf mir liegt und mich so sehr drückt.[111]

188 Ich ging um 11 Uhr fort, <u>allein</u> in Papas Stübli, dies zu schreiben, nachdem ich diesen Monat noch nichts über mich geschrieben hatte von der Not, Armut, Leiden, das mich zu Boden drückt. Ach, eile, eile, o Gott, mir zu helfen, ehe ich erliege, versinke in moralischem, physischem, ökonomischem Leiden, das alles sich auf mich zusammenzieht.

---

[107] <u>Originaltext</u>: «…der Liebe an mein liebes Regeli».
[108] «Heiter»: taghell.
[109] «Verändert»: hier im Sinne von «neu ausgelegt».
[110] Dialektal für ‹von›.
[111] <u>Originaltext</u>: «…es dafür zu bewahren, auch mich von dem Leiden, von der Armut zu befreien, das jetzt auf mir liegt…»

Aus der Buchhandlung werd' ich etwas Geld erhalten, und das Übrige lehne ich von Frau Schulthess, ach Gott, mit welchem Schmerz, das mir mehrere Tage meine Seele verwundet, weil mir doch nicht geholfen ist, und ich, sobald diese Notwendigkeit abgeherrscht[112] ist, ich wieder arm und in Not bin wie zuvor.

Oh, welch ein festlicher feierlicher Tag war mir dieser 11. Sept.[113] in Wädenswil. Oh, der Vergangenheit Erinnerungen! Vor einem Jahr noch lebten mein Regeli, meine Freundin, Frau Ratsherr Lavater, und Lavater, der Einzige. Oh, welche traurige Veränderung, oh, welche Trennungen. Wahrscheinlich steht auch mir die meinige nicht mehr weit entfernt vor, das ich heute meinen Knaben vorsagte[114]. Es geschehe, o Herr meines Lebens, wie nach Deinem Willen in erbarmender Liebe, wie Du willst!

Sonntag, den 13. Sept., Bettag.

Um 5 Uhr aufgestanden in dunklen Empfindungen des Leidens, im Vorsatz, von heute an mich zu erheben im Gebet, in religiösem Sinn und Geist meine Armut weiter zu tragen. Ankleiden, Kaffee. Kirche, wo ich in stiller Andacht meine Seele erhebte, dass ich wenig von der Predigt von Hess hörte über die Lehre des Abendmahls, besonders des Todes Christi.

Erhabenster Mensch,
Liebendster Mensch,
Leidendster Mensch

und Gott in ihm. Oh, welche Begriffe! Sollten die mich nicht über die Erde und über mein Leiden erheben, in dem ich schmachte?! Gott, der Du alles weisst, wie leicht kannst Du mir helfen, wie mir einen Ausweg zeigen, wenn's Dein Wille ist! Tisch, und nachher dunkles Staunen, betete einige Lieder von denjenigen, die mein Regeli oft betete. Ach, der Tränen um ihns! Ach, welche Gefühle beleben ihns, welche Vorübungen bracht' es mit in den Himmel[115], wo es lebt und wo auch ich leben werde. Überrascht von Herrn Pestalozzi, der uns den Reçu[116] vom Hauszins überbracht, den mein Mann ihm gestern gebracht. 100 Louis d'or erhielt er aus der Buchhandlung und 5 Louis d'or lehnte ich bei Frau Schulthess im Schönenhof, das mir sehr schwer fiel, und doch dies das einzige Mittel war, es in Richtigkeit zu bringen. Gott, welcher Druck erfüllte mich, dies zu tun bei meiner liebsten Freundin, und wie schwer hält es doch, das Nötigste zu erhalten. Wie ist Bitten so schwer, wie schwer[117] gibt

---

[112] «Abherrschen»: eine Schuld bezahlen.
[113] 11. Sept.: Regulatag.
[114] Im Sinne von vorhersagen, voraussagen.
[115] «Lieder» als Vorübungen für den Himmel.
[116] «Reçu»: Quittung.
[117] «Schwer»: im Sinne von «ungern».

alles, und welche Leiden warfen die Verlegenheiten auf mich Arme! Gestern las ich eine Predigt von Lavater von dem Überdruss des Lebens, die mich rührte, tröstete, zur Standhaftigkeit, zum Vertrauen auf Gott ermunterte.

196 Mein Leben scheint mir oft so überflüssig, so abgerissen von allem zwar, dass ich mich sehne nach einem Beruf, der mich anfrischte, der mich antriebe zur Wirksamkeit. Arbeite ich gleich so viel, so könnte ich doch noch mehr tun und würde munterer werden. Gott, erbarme Dich, zeige mir einen Weg dazu!

197   Sonntag, den 20.
Wieder eine Woche, eine Epoche des Lebens zurückgelegt, in der nichts Eigentliches, Trauriges oder Widriges mir widerfahren. Nur der fortdauernde, schreckliche Gedanke an meine Armut, an mein Leiden, an die Abnahme meiner Kräfte lässt mich, mich, nicht glücklich nennen. Der Abgrund meines und der Meinigen Elend steht mir wie eine offene Höhle des Versinkens offen, sodass ich nichts mehr

198 geniessen kann, das mich erquicken könnte. Schrecklichster Zustand, sich selbst und die Seinigen überlebt zu haben! Wie fühl' ich darin mehr als Schrecklichkeit. Arbeit, Lektüre, Natur, Freundschaft, alles geniessen tun ohne Genuss, ohne Beruhigung, ist mein Teil in Bekümmernis und Traurigkeit. Dies umgab mich, genoss ich, ohne dass es mir etwas war! Ach, mein Leiden, mein Jammer!

199 Gerührt las ich die beiden Episteln Korinther und den Römer[brief], besonders tröstend in diesem die Ausdrücke und Begriffe: Der Gott allen Trostes[118]. Oh, sei Du auch mir Trost, Erquickung, trockne Du meine Tränen, o Gott, und zeige mir, dass Du der seist, der Du warst[119], ehe ich geschaffen war, dass ich in meinen Leiden nicht versinke! Jetzt sitze ich während der Kirche allein daheim nach verschiedenen

200 Geschäften, ohne Erhebung meiner Seele bis auf jetzt. Lass' mich [...] und getröstet werden durch irgend etwas, dass ich etwas für mich suchen werde. So endete ich auch wieder diesen Monat mit so viel Leiden. Lass' mich, o Gott, erkennen, dass Du dennoch bist, der Du warst, bist und sein wirst! Amen.

201   Weinmonat 1801.
202   [leer]
203   Weinmonat 1801. Sonntag, den 11.
So lange wieder einmal nichts von mir! Ach, wahrlich leb' ich gleichsam wie von mir selbst entfernt, wie von diesen Blättern, in die ich nichts geschrieben.

---

[118] Römer 15, 5; 2. Korinther 1, 3.
[119] Hebräer 13, 8.

Meine täglich wachsende Armut, das Ende beinahe alles dessen, was ich hatte aufgeopfert, keine menschliche Hilfe vorsehend,
204 macht mir mein Leben mit jedem Tage schwerer, ist's, was meine Seele belebt und bekümmert, dass ich mühsam meiner Wege gehe, unmut- und mutvoll zweifelnd und glaubend, und dennoch, o Gott, hoffe ich auf Dich! Viel Arbeit verrichte ich, besorge meine Kinder, Mann, Haushaltung, geniesse Natur, Freundschaft, auch etwas Lektüre – besonders
205 religiöse – Lavaters, Zollikofers, Hess' Schriften. Ach, und wie oft Tränen der Wehmut weine ich beim Grab meines Regeli, oh, des geliebten Engels. Welchen Schmerz um ihns empfindet meine Seele! Wahrlich, mein Dasein ist ein Gemisch des Guten und Bösen, der Freude, des Schmerzes, dass ich beinahe vor mir selbst erstaune.
206 [leer]
207 Sonntag, den 18.
Sehr viele Arbeitsstunden füllten diese Wochen aus, ich lismete meinem Conradli eine Weste mit vieler Liebe und Liebesgefühl, und Conradli las mir mehrere Stunden in Gessners Schriften vor, vor allem aus aber berührte mich tief und innig der Tod Abels[120], das, was ich über Tod, Grab, Unsterblichkeit fand, über Edles. Ach, so nahe mit dem Grab verwandt, so liebend für meine Selige, Herzige,
208 was kann mich mehr berühren als diese Betrachtungen, die Gefühle, die zum Grab und darüber [hinaus] führen?! Ach, wär' es mir vergönnt, diesen Gefühlen rein nachzuhängen, wie glücklich fühlt' ich mich in meiner Traurigkeit, aber leider kränkt, drückt mich meine Armut, dass dies in mir alles erdrückt. Was meine Seele laben könnt',
209 bringt mir tödliche, verzweifelnde Erfahrungen, vor denen ich erzittere, versinke. Besonders macht' ich diese Woche eine schreckliche Erfahrung, die mich kränkt. Eine kleine Lehnung[121] von 30 Gulden machte mein Mann bei Ratsherrn Lavater ohne mein Wissen, zu einem Lotterielos! Nun ist auch dieses geschehen, mir abschneidend eine andere Hoffnung, die ich auf
210 diesen getreuen Freund setzte. Ach Gott, wie ich in mir seufzte, so ganz von aller Hilfe entblösst, nur die dringendsten Bedürfnisse für die Meinigen und mich! Die Disharmonie gegen meinen Mann, ach, des unaussprechlichen Leidens, wie könnt' ich's aussprechen vor mir selbst, da ich niemanden weiss, dem ich meine Not
211 klagen kann, als Dir, o Gott, und der mir helfen kann! Ach, hilf mir doch bald, bald! Wie kann ich mir nur über diese Woche aushelfen? Ich weiss nicht wie und wodurch. Ach, verzweifeln, versinken, in Schande und Armut verfallen ist und wird mein Los sein. Oh, dass Du Dich, Gott, erbarmest über mich und die Meinigen!

---

[120] Gessner Salomon: «Der Tod Abels» in fünf Gesängen, 1. Auflage, Zürich 1758, erschien in zahlreichen späteren Auflagen.
[121] «Lehnung»: Ausleihe.

212 Wie schrecklich ist mein Leben, wenn ich allein bin und wie noch viel schrecklicher, wenn ich vor meinen Kindern ungetreu bin, an sie denke, für sie leide! Oh, des Schmerzes, den ich für sie empfinde, die Liebe, die so mein Herz erfüllt, wie beschreib' ich sie! Tränen, Abhärmung der Kräfte, der Gesundheit – traurige Folgen

213 von unendlichem Leiden, das mich umgibt! Oh, fühlt es einst, wenn ihr diese Blätter durchlest! Und sieht sie kein Auge, oh, so steigt auf, Gefühle des Leidens, wo sie getrocknet werden können, die Tränen, die ich unzählbar weinte!

214 [leer]

215 <u>Wintermonat 1801.</u>

216 [leer]

217 <u>Wintermonat 1801, Donnerstag, den 12.</u>
Mich treibt mein inneres Gefühl, wieder einmal einige Zeilen von meinem Leidensweg hier einzuschreiben. Von dem gewöhnlichen Gang meines Lebens erinnere ich mich nicht mehr. Dieser fliesst in seinem Gewöhnlichen fort zwischen Arbeit etc.

218 Aber wie, wie will ich beschreiben unbeschreibliche Gefühle, Geschichten, die mir so tief gehen?
Den 5ten dieses erhielt ich ein Billett an meinen Mann von Herrn Orelli[122] beim Weissen Wind[123] auf Dorf, dass er ihm solle seine Schuld von 300 Gulden auf Martini bezahlen. Wo dieses nicht erfolge, werde er ihn rechtlich dafür suchen[124]. Mein Schrecken war unbeschreiblich, mein Zorn gegen meinen Mann noch mehr, dass er's so weit kommen liess, ohne etwas davon

219 zu sagen. Zorn, Wehmut, Angst durchgruben meine Seele. Freitag [6. November] schrieb ich an Herrn Schinz einen Brief, [über] den Zustand der Sache, dass wir dies schuldig seien, dass ein Schuldbrief bei Herrn Orelli liege, dass ich ihn für 250 Gulden bitte, ihm diesen Schuldbrief hinterlege bis zu Ende Januars, wo mein Mann dann diese Summe aus dem Orellenfond erhalte[125] und wir ihm's wieder geben würden, also für eine Interimszeit von 3 Monaten. Nachmittags kam er selbst, schlug

220 es aus. Er selbst hätte es nicht, aus der Schulthessschen Masse[126] gebe er's nicht, er wisse auch niemanden, der es hätte. Ich, gestehe ich, ergrimmte in meinem Inneren, meine Seele schmachtete den ganzen Samstag [7. No-

---

[122] Orelli Hans Jakob von (1754–1833), Kaufmann, 1780 verh. mit Strasser Margaretha (1764–1823).
[123] «Weisser Wind» auf Dorf, heute Oberdorfstrasse 20, Zunfthaus der Weggenzunft.
[124] «suchen», hier: belangen.
[125] Es handelt sich um den Zins aus dem Gründungsdarlehen an den Orellischen Familienfond.
[126] Orelli Salomon von war verheiratet mit Schulthess Anna. Er war nicht bereit, das Frauengut für eine Darlehensgebung anzutasten.

vember], der ohne etwas verfloss. Sonntags [8. November] schrieb ich noch einmal an ihn, setzte einige Hoffnung, er gebe es vielleicht. Montags [9. November] erhielt ich ein teilnehmendes Billett, in dem aber stand, alle Nachfrage sei vergeblich gewesen, mein Mann sollte noch Herrn Landschreiber Ulrich[127] befragen, das sogleich geschah, allein, erst dienstags [10. November] antwortete dieser, Frau Landvogt Zoller[128] <u>könne</u> und <u>wolle nicht</u> entsprechen. Ich versank also noch in tiefern Schmerz, bedenkend die menschlichen Folgen des rechtlichen Teiles[129], dass ich in Traurigkeit und Schmerz versank. Die Härte der Menschen, die Härte des Schicksals, die unglückliche Handlungsart meines Mannes gegen mich, gegen die Kinder. Verzweiflung durchgrub mich.

Mein Mann tröstete mich auf eine Zahlung als Kantonsrichter, das ich nicht glaubte. Angst überlief mich. Um 1 Uhr erst kam er heim, brachte 200 Gulden nach Hause, die er diesen Morgen erhalten. Wie <u>dankte</u> ich Gott, mich aus dieser Angst befreit zu haben, entschloss mich noch, meinen Brautgoldschmuck hinzugeben, das mir aber beinahe meine Seele zerriss, nicht aus Eitelkeit, sondern als das letzte Wesentliche meines Vermögens. Gott, wie hätte ich mich gefreut, diese 200 Gulden zu gebrauchen, auf die ich lange hoffte, zu Holz, Turben, Winterkleidern, [Schulden-]Konto! Dies alles steht nun aus, mich in der Seele beängstigt, und doch musst' es so hingegeben werden, um noch grösseres Unglück abzuwenden. Ach, des Leidens ist kein Ende, der Jammer unabsehlich, der mich belastet, die schrecklichen Gefühle gegen meinen Mann, die traurigen Gefühle für meine Kinder. O Jesus, Jesus, die Erfahrungen der Menschen gegen mich, die mich kennen, was lassen diese mich erwarten für die Kinder, die sie nicht kennen.

113 Gulden erlöste er nur für den Goldgerust[130], und nun wird er's diesen Mittag hintragen, Herrn Orelli zu bezahlen. Den Brief [aus]zulösen, mag ich dann einiges Geld finden für die dringenden Notwendigkeiten auf dieses hin. Ach, dass Du, Gott, Dich unser erbarmest! Mein Leiden möchte' es mit jedem Tag mehr. Meine Gesundheit litt unendlich bei diesem Vorfall. Ich hoffe, bald zu sterben, aber meine Kinder zurück[zu]lassen, ist unendlich schmerzend. Lege mir, ewige Erbarmung, nicht mehr auf, als dass ich ertragen mag!

Vor Traurigkeit, Angst, Leiden kann ich nicht weinen. Ach, und zu diesem allem noch die Wehmut um mein Regeli. Den 10. liess ich Trauerweiden

---

[127] Es standen 1801 verschiedene Landschreiber Ulrich im Amt. In Frage kommen Ulrich Hans Jakob (1753–1826), 1786–1826 Landschreiber von Wettswil/Bonstetten, Ulrich Hans Jakob (1765–1827), 1795–1815 Landschreiber zu Grüningen, und Ulrich Hans Jakob (1769–1840), 1795–1813 Landschreiber in Andelfingen.
[128] Vgl. 1789, pag. 60.
[129] Gemeint ist Pfändung, Betreibung o. ä.
[130] «Goldgerust»: Goldchrust, dialektal: Goldware.

[und] Rosenstauden auf sein Grab pflanzen. Mögen diese gedeihen, mein Schmerz sehnt sich nach ihm selbst!
Ach, wie dank' ich Gott für die Befreiung seines Erdenleidens! Wie schmerzend,
227 unerträglich wären ihm solche Erfahrungen!
228   Sonntag, den 22. Nov. 1801.
Stille Sonntagabendstunde, die ich bei Hause, nicht wie gewöhnlich bei meiner Schwester, hinbrachte. Verfliessen sollst du nicht, ohne noch hier in diese Blätter wichtiges einzuschreiben, da ich mir näher bin, als sonst gewöhnlich, in stillster Stille.
Trauriger Unmut und Leiden erfüllte meine Seele. Tränen, ach, die Gott kennt. Zittern meiner Adern und
229 Gebeine in Erwartungen, die da kommen, meiner warten, erfüllte meine Lebensstunden. Einmal tiefes, inniges Gebet in einer Nacht erhebte meine Seele, stärkte mich. Arbeit und Ordnen einiger notwendiger Winterkleidungsstücke beschäftigten mich. Verschlossen, still blieb ich diese ganze Woche durch fast immer bei Hause.
Noch schrieb ich an Herrn Schinz den Ausgang der Sache, in wenig Worten am Freitag.
230 Freitags [20. November] erzählte ich – zu meiner Rechtfertigung in gewissem Sinn – das Vorgefallene der Frau Schulthess, meine Schwester sah ich nie allein, und sie weiss also bis dato kein Wort von der Sache. Ach, dass man von so was nicht sprechen <u>darf</u> zu den Seinigsten.
Mittwochmorgen [18. November] liess mir Frau Doktor <u>Schinz</u> das <u>Sterben</u> ihres <u>Helmlis</u>¹³¹ melden, das mir sehr zu Herzen ging in inniger teilnehmender Traurigkeit. Am Donnerstag flocht ich einen <u>Blumenstrauss</u> auf
231 seine Leiche mit tausend Tränen, eilte nach Tisch zu der betrübten Mutter, zu der <u>engelschönen Leiche</u>, oh, die erste, die ich erblickte seit meines Regelis, seiner geheiligten, geliebten [Leiche]. Oh, ich kann mir's nicht versagen, was ich hoffe, dass <u>es</u> und <u>dieser Geist des Knaben</u> einander erkannt, einander erfreut haben. Sie kannten sich in dieser Welt, und ich hoffe, sie erkannten sich in jener Welt. Oh, was ich alles empfand, empfinde. O Liebe, Leiden,
232 du Führerin, Belehrerin meiner Seele, zu welchen Höhen, zu welchen Tiefen erhebst du mich!
Freitags [20. November] erhielt ich eine Tause¹³² Äpfel geschenkt und kurz nachher ein <u>Pack Geld</u> von 30 Gulden mit einem Brief von Herrn Pfarrer <u>Gessner</u>, der mich tröstete, der mir dieses Geld zusendete aus einem Fond für Studierende, für Cäper, aber <u>mir</u> oder uns zum Gebrauch, die wir noch für ihn sorgen.

---

¹³¹ Schinz Diethelm (1793–1801), Sohn des Schinz Christoph Salomon (1764–1847) M.D. und der Lavater Cleophea (1774–184.), Tochter von Lavater Diethelm, M.D.
¹³² «Tause»: Rückentraggefäss.

233 Es erfreute mich, aber demütigte auch mich. Gott, wie traurig und wie dankbar schrieb ich an ihn meinen Dank. Und doch freute ich mich dieser Erquickung. Nun kann ich Holz und das Notwendigste kaufen, das ich hätte entlehnen müssen. Ach, wie ist doch diese <u>Armut</u> ein <u>Leiden</u>, ein <u>Übel</u>! Es kommt von Dir, o Gott, diese Fügung. Wahrscheinlich weiss <u>Gessner</u> von <u>Schinz</u> meine Lage. Ach, so sorgtest auch Du, o Gott, wieder

234 für uns und weiter! Ach, tue dieser <u>Gebetserhörung</u> noch die Erfüllungen meines heutigen Gebets hinzu, grosser, lieber, allmächtiger Gott und Vater! Ich fühle mich in einer ganz anderen Gemütsstimmung seit ein paar Tagen von Ernst, Freie, Demut, Furcht, Sehnsucht nach Gott. Ach, sei Du bei mir und den Meinigen, um Jesu Christi willen!

235   Den 26. Nov. 1801.
Noch immer dauert meine ernste, stille, traurige Gemütsstimmung, in Tränenströmen, Zittern, fort, in schrecklichen Erwartungen der Dinge, die mir und den Meinigen warten. O Gott, sei gnädig und barmherzig mir armen Seele!
Eine Predigt [und] <u>Schlaf</u>, <u>Erwachen</u>, <u>Wiedersehen</u>[133] von Kotzebue schrieb ich ab, die meiner Seele

236 Nahrung und Trost gab. Oh, wie gerne nehm' ich jede Erquickung an, die mir wird! Lang verschobene Besuche bei Lavaterin und Frau Schulthess im Schönenhof stattete ich ab. Ach, etwas gehemmt war ich bei den Geliebten meines Herzens, doch genussreich. Freude über die Zufriedenheit der Herren Professoren beim Examen von unsern Knaben fühlt' ich, so wie auch heute über <u>Conrads</u> Namenstag.

237 So geht's immer weiter im Lauf meines unglücklichen Lebens. So wird mein Ende kommen. Fortdauern kann dieser Zustand meiner Lage nicht lange mehr. Wie's wird kommen? Das lange gewünschte <u>Ende meines Lebens</u>, oder Besserung, eine Hauptepoche, vermute ich aus inneren, dunkeln Empfindungen und Gefühlen. Meine innere Erschütterung ist zu gross, als dass mir nicht wichtiges bevorstehe.

238 Den Vorhang meines Schicksals[134] vermag ich nicht zu heben. Nur herzliches Anschmiegen an Gott ist's, was mich haltet zwischen Liebe und Furcht, welche mich erfüllen. Oh, wie <u>einsam</u> fühl' ich mich, da meine Knaben ausgegangen und meine Entschwebte, Selige, mich verlassen hat, ach, um die ich täglich weine!

239, 240 [leer]

---

[133] Eine Bibliographierung ist schwierig. Vermutlich lautet so der Inhalt der Predigt, eventuell: Ribbeck Conrad Gottlieb: «Vom Wiedersehen in der Ewigkeit, 4 Predigten», Magdeburg 1792, vgl. 1793, pag. 58. Der Erwähnung des Dichters Kotzebue August von dürfte eine Verwechslung zugrunde liegen.

[134] Vgl. 1788, pag. 5.

241   Christmonat 1801.
242   [leer]
243   Christmonat 1801, Sonntag, den 6.
Meines geliebten seligen Regelis 12. <u>Geburtstag</u>. Oh, welche Gefühle erfüllen meine Seele bei diesen Erinnerungen an ihns! Gedenke ich, dass es vor 12 Jahren in dieser Stunde

244 noch unter meinem Herzen, im mütterlichen Schoss ruhte, dann ins Leben trat, lebte, liebte, in allen Leiden meine Freude war, wuchs und zunahm an Weisheit und Verstand[135], Geschicklichkeit, Schönheit, dann, ach, starb und nun in der Erde schon 41 Wochen ruht. Welche Wehmut erfüllt mein Herz, wie weine ich um ihns, welche Betrachtungen über Leben, Tod

245 und Unsterblichkeit erfüllen mich, die sich in die Fürbitte für ihns ergiessen, in das Herz Gottes, seines und meines Vaters. Mögest Du es, o Gott, heute mit einer besonderen Freude anschauen, beseligen, erquicken, um dieser meiner Bitte willen, um meiner mütterlichen Liebe willen und mir einen Trostgedanken einflössen, der mich arme Arme erquicke!

246 Oh, lass' mich's wiederfinden, wiedersehen, den Engel der Liebe! Herr, Du hast's gegeben, Herr, Du hast's genommen![136] Lass' mich Dich lieben und anbeten unter Tränen und Glaube und Liebe! Amen.

247   <u>Sonntag, den 13.</u>
Einsam sitz' ich bei Hause, nachdem ich früh um 5 Uhr schon aufgestanden, in Salzmanns Buch <u>den Himmel auf Erden</u>[137] las, das mir von Herrn Pfarrer Hess geschenkt war. Ach, also in der <u>Erfüllung der Pflichten</u> besteht es, irdische und himmlische Seligkeit zu erreichen! Ach, wie beschämt darf ich mein Auge nicht aufheben!

Dann ging's an Morgengeschäfte und jetzt in stilles, zitterndes

248 Betrachten meines Unglücks, meines Leidens aus Armut. Die ganze Woche weiss ich mir nicht zu helfen, immer nur aufgeschoben. Unter Abwägung, was wir tun wollten, verstrich die Zeit. Jeder Schilling, den ich hatte, war aufgebraucht. Jetzt [ist] nichts mehr übrig. Nun [muss ich] selbst an den letzten Rest des gesparten Silbergeschirrs oder eines Hausgeräts gehen um [es] zu verkaufen, dass die Neujahrsgeschenke können gegeben werden.

249 Gott, welch Erzittern, dass es so weit mit mir <u>Armen</u> kommt und noch weiter, das ich vor Augen sehe – zu was?! Ach, Deine Erbarmung verlasse mich nicht! Keine menschliche Hilfe sehe ich vor Augen! Dann die Szenen mit meinem Mann, das Erbarmen und Jammern über meine Kinder, welche Verzweiflung sitzt in meinem Herzen, welcher Jast und [welche] Hitze durchwallt meine Adern! Ach, ist denn auch Deine Hilfe nicht mehr bei mir,

---

[135] Vgl. Lukas 2, 52.
[136] Hiob 1, 21.
[137] Salzmann Christian Gotthilf: «Der Himmel auf Erden», Leipzig 1797.

250 die mich erretten könnte und die Meinigen! Es ist des Leidens zu viel, o Gott, Gott, erbarme Dich der Meinen und mir Armen, zeige mir Kraft und Liebe in meinen Tränen! Oh, o Gott, Gott, lass' Du mein wachsendes Elend zu Herzen dringen!

251 Meine Arbeitsamkeit, meine Lektüre, meine Aufsicht auf die Knaben, der Genuss in ihnen, alles, alles wird in Leiden, in Tränen verschlungen. Mein Unglauben in die Menschheit, die schrecklichen Erfahrungen von ihnen, ach, welche Leiden, die ich nicht mehr zu tragen weiss, nicht mehr beschreiben mag!

252 [leer]

253 <u>Mittwoch, den 30. Christmonat 1801.</u>
<u>Dienstag</u>, meines Mannes Namenstag.
5 Uhr morgens. Ich stehe soeben aus dem Bett auf und fühle mich gedrungen, noch etwas in diese Blätter einzuschreiben, nachdem ich dieselben so lange unberührt gelassen habe. Ach, aus <u>Leidens</u>gefühlen, die ich nicht beschreiben kann.

254 Hätte ich Heldenstärke, Engelsmut, fühlte ich dennoch das Schwere, das mich drückt und quält, und da ich nichts anderes als ein schwaches Weib bin von zerrütteter Gesundheit, in der tiefsten Armut, vom Mann gedrückt, ausgezogen, wehmütig über das Schicksal meiner 2 Knaben, traurig über den Verlust meiner <u>einzigen Tochter</u>, die ich über alles liebte, verlassen von allen Menschen,

255 ohne Hilfsmittel, ehrgeizig, meine Not zu verbergen, ohne Aussicht, meine Lage zu verändern, trostlos am Rande des Versinkens, schuldig. Die notwendigsten Bedürfnisse des Lebens, alles Einkommende[138] stecken bleiben, unruhig, im Innern arbeitend zwar, genusslos in mir selbst, verachtungsvoll gegen die Menschen, voll Furcht vor den gemachten Erfahrungen, Bedrückungen.

256 In diesem <u>Chaos</u> lebe ich in mir selbst, aus dem ich mir meine Gefühle selbst nicht mehr bilden kann zu meinem <u>vorigen</u>[139] <u>Wesen</u>. Vorempfindend, dass mir grosse Veränderungen bevorstehen, denn so kann und wird es nicht mehr gehen können, das sehe ich voraus. Oh, welche Wehmut, welche Angst, welche Beklemmung erbeben mich Tag und Nacht, das mich fast in Verzweiflung führt.

257 Über Weihnachten erhebte ich mich über diese irdische Lage und Leiden in Empfindungen von höherem Sinn. <u>Gebet</u>, Betrachtungen der Religion, Predigten, Abendmahlhalten, Lesen, auch Schreiben an <u>Wirz</u>, Besuch bei meiner Schwester, Vergegenwärtigung von meinem <u>Regeli</u>, dem geliebtesten Lavater, meinem Freunde, Ruhe und Friede im Haus. Aber ach, so wohl mich diese

---

[138] Gemeint sind Lohn, Salär, Einnahmen.
[139] «vorig»: vorherigen, früheren.

258 verflossenen Tage stärkten, ach, so auffallend traurig schwebt mir meine Lage wieder vor, und <u>dennoch</u>, ach, <u>dennoch</u> will ich
nicht verzagen. Du bist
<u>Gott</u>,
der mich bis hieher führte. Solltest Du mich und die Meinigen nicht weiterführen können – mit Erfahrungen?! Wie ein Leichtes ist es Dir, mir und den Meinigen helfen zu können, in Erbarmungen und ohne dass
259 ich in Menschenhände falle, vor denen ich zittere. Ziehe mich durch Deines Geistes Kraft zu Dir, hilf mir durch gütige Wendungen meines Leidens zum Ziele meiner Bestimmungen, und gib mir doch auch das Notwendigste – mit Erbarmung. Nur <u>Du</u>, Du allein, kannst mir helfen, aus meiner Armut mich retten, die mir so grosses Übel ist für Leib und Seele!
260 Betrachte ich nur mit einiger Ruhe, durch wie vieles mich Du, o Gott, führtest im Laufe dieses Jahres, so leidensvoll, ach, so halfst Du mir doch fort, für welches ich Dir anbetend danke und Dich [an]flehe, sei mit den Meinigen und mir ferner[140] in Erbarmungen, um Jesu Christi willen! Amen.
Im Namen Gottes, des Vaters, des Sohns und des Heiligen Geistes, <u>amen</u>.
261   <u>Den 2.1.1802.</u>
Nachdem die gewöhnlichen Morgengeschäfte hin waren, <u>betete</u> ich mit vieler Rührung mit den <u>Knaben</u>, für sie und meine <u>Selige</u>, die <u>Unvergessliche</u>. Dann schrieb ich an Frau Schulthess im Schönenhof [und] an Herrn Ratsherr Lavater unter vielen Tränen, mit tiefen Empfindungen. Ging in stillen Betrachtungen meinen traurigen Lebensgang durch. 's Essen. Ach, welch ein Unterschied, wenn man aus <u>Hunger</u> oder aus Vergnügen zu Tisch sitzt. Tränen beim Läuten fürs alte Jahr. Einladung zum <u>Grundstein</u>. Ankleidung.
262 Um 3 Uhr ging ich hin in den Familienkreis, an [dem] der 70. Geburtstag von Oncle gefeiert wurde. Bis gegen 5 Uhr verfloss er in frohen Unterhaltungen mit den Kindern etc. Dann, nachher, war eine am Montag [28. Dezember] gehaltene Rede von Herrn Chorherr Rahn auf dem Münster vorgelesen über das <u>Weltgebäude</u>, mit was für einem hellen Anblick, Beschreibung desselben, dann zur grössten Erhabenheit Gottes, dass ich, ja, vor Empfindung beinahe versank
263 und nicht wüsste, mit was ich lieber den Tag, das Jahr, beschlossen hätte, als mit den erhabenen Betrachtungen der Gottheit, die sich in den Äusserungen der Schöpfung abbildet und aus dem teuren Mund des denkenden Freundes, der so mit dieser Würde alles zusammenzog, und so fliessend und rührend es vortrug. Tisch, und nachher ging ich früh in Magenschmerzen zur Ruhe im Namen dessen, der ewig, ewig derselbige ist und bleibt, wo er von Ewigkeit her war. <u>Amen.</u>

---

[140] «ferner»: weiterhin.

VI Verwandtschaftstafeln

Ia Orell/von Orelli (Kronenthor)

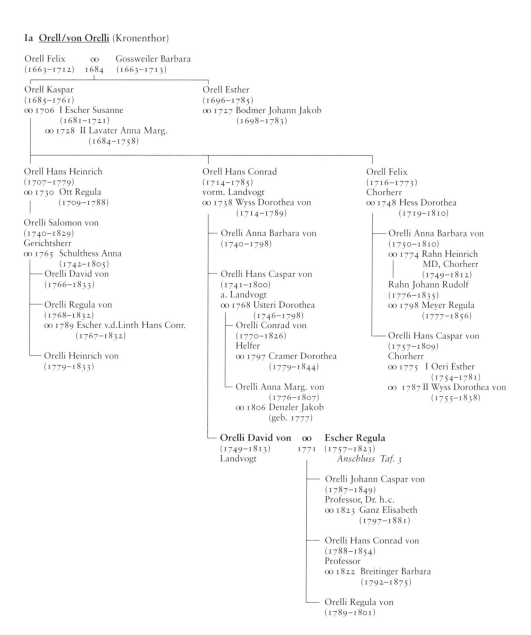

I b Lavater
Orell/von Orelli (Stelze)

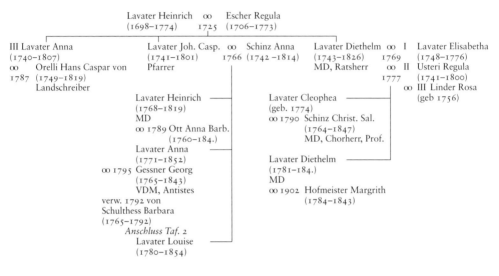

Ic Orelli/von Orelli (Schanzenhof)

Orell Beat ∞ I Nüscheler Ursula
(1721-1780) 1749 (1726-1756)
∞ II Muralt Regula von
1757 (1720-1805)
|
Orelli Matthias von ∞ Nüscheler Anna Margaritha
(1756-1797) 1776 (1755-1826)
Kaufmann, fallit

Id Orelli/von Orelli (weisser Wind)

Orelli Hans Jakob ∞ Strasser Anna Margaritha
(1754-1833) 1780 (1764-1829)

2 Schulthess (Schönenhof)

Schulthess David ∞ Wolf Barbara (Bäbe)
(1729-1778) 1763 (1748-1818)

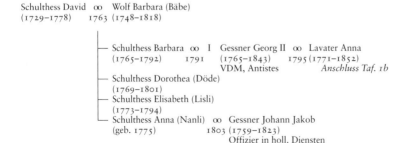

Verwandtschaftstafeln 517

3 Escher

Escher Heinrich ∞ Werdmüller Regula
(1626–1710) 1645 (1625–1698)
Bürgermeister
│
    Escher Hans Rudolf ∞ Locher Dorothea
    (1662–1721) 1684 (1664–1730)
    │
        Escher Hans Jakob ∞ Escher Regula
        (1700–1751) 1722 (1703–1778)

┌─────────────────────────────┬─────────────────────────────┬─────────────────────────────┐

Escher Hans Caspar
(1725–1781)
∞ I Hottinger Anna Barbara
1749   (1719–1752)
∞ II Fries Anna Barbara
1753   (1728–1770)
     Anschluss Taf. 6
∞ III Wirz, verw.
1771   (1729–1804)

Escher Dorothea
(1719–1795)
∞ Bürkli Hans Conrad
1750 (1730–1788)
    Rittmeister
    Anschluss Taf. 4

    Hofmeister Elisabeth
    ∞ Hofmeiser Heinrich
  1757 (1721–1770)
├── Hofmeister Emerentiana
│   (1758–1822)
│ ∞ Nüscheler Hans Rudolf
│ 1786 (1752–183.)
└── Hofmeister Dorothea
    (1760–183.)
  ∞ Waser Hans Jakob
  1791 (1751–1829)
    VDM, Dekan

Escher Anna Cleophea
(1733–1802)
∞ Lavater Heinrich
1756 (1731–1818)
    Landvogt, Ratsherr
├── Lavater Anna
│ (1758–1803)
│ ∞ Schinz Caspar
│ 1781 (1755–1838)
└── Lavater Regula
    (1763–1831)
  ∞ Schulthess Hans Caspar
  1784 (1756–1800)
  ├── Schulthess Hans Conrad
  │ (1785–1849)
  │ ∞ Landolt Anna
  │   (1795–1864)
  └── Schulthess Heinrich
    (1790–1840)

┌──────────────┬────────────────────────────┬────────────────────────────┐

Escher Regula
(1757–1829)
∞ 1771 **Orelli David von**
    (1749–1813)
    Landvogt
    Anschluss Taf. 1a

Ott Heinrich ∞ Escher Elisabeth
(1756–1811) 1779 (1759–1830)
├── Ott Katharina
│ («Gattüngi»)
│ (1780–18..)
│ ∞ I 1812 Weiss Johannes
│   († 1817)
│ ∞ II 1822 Hess Salomon
│   (1789–1852)
│   VDM
└── Ott Elisabetha
    (1786–185.)
  ∞ 1787 Wirz Wilhelm
    (1752–1844)
    Krämer

Escher Hans Caspar ∞ Meyer Susanna
(1761–1829) 1788 (1764–1840)
    Anschluss Taf. 7
├── Escher Heinrich
│ (1789–1870)
│ ∞ 181. I Streiff Verena
│   (1792–1827)
│ ∞ 1828 II Haupt Elisabeth
│   (1810–1860)
├── Escher Hans Jakob
│ (1791–1792)
├── Escher Regula Louise
│ (1793–1875)
│ ∞ 1815 Escher Heinrich
│   Wollenhof
│   (1790–1867)
├── Escher Hans Jakob
│ (1796–1801)
├── Escher Carl
│ (1799–1801)
└── Escher Hans Jakob
    (1803–1843)
  ∞ 1827 Matthey Marg. Elis.
        (1805–1882)

4 Bürkli

Bürkli Hans Georg ∞ Nüscheler Barbara
(1678–1743)   1702 (1685–1745)
Rittmeister

Bürkli Salomon
(1714–1772)
Rittmeister
∞ 1741 Breitenlandenberg Joh. Marg.
       (1714–1778)

Bürkli Johannes
(1745–1804)
∞ 1769 I Schulthess Ursula   II 1806 Meister J. Henri
         (1748–1826)   (1744–1826)

Bürkli Hans Conrad
(1730–1788)
Rittmeister
∞ 1750 Escher Dorothea
       (1729–1795)
       Anschluss Taf. 3

— Bürkli Anna Cleophea
  (1752–1787)
  ∞ 1772 Meiss Hans Conrad
         Junker, Landvogt
         (1752–1820)

— Bürkli Hans Conrad
  (1753–1805)
  Kaufmann, fallit
  ∞ 1776 Gossweiler Anna Dorothea
         (1758–1830)

— Bürkli Georg
  (1763–1811)
  ∞ 1784 Meyer Dorothea
         (1765–1836)
         Anschluss Taf. 5

5 Meyer von Stadelhofen

Meyer Heinrich ∞ Landolt Regula
(1732–1814)   1751 (geb. 1732)

Meyer Susanna
(1764–1840)
∞ 1788 Escher Hans Kaspar
       Anschluss Taf. 3

Meyer Hans Jakob
(1763–1819)
Oberst, Stadtkommandant
∞ 1788 Meyer Susanna
       (1770–1800)

Meyer Dorothea
(1765–1836)
∞ 1784 Bürkli Georg
       Anschluss Taf. 4

Verwandtschaftstafeln 519

6 Fries

Fries Jonas ∞ Wägeli Elisab.
(1691–1740) 1726 (gest. 1782)

7 Wirz

Wirz Hans Conrad ∞ Nüscheler Emerentiana
(1688–1769) 1718 (gest. 1784)

8 Füssli

Fries Anna Barbara
(1728–1770)
∞ Escher Hans Caspar
1753 (1725–1781)
Anschluss. Taf. 3

Füssli Johann Heinrich ∞ I Schulthess Barbara
(1745–1832) 1765 (1742–1782)
Obmann ∞ II Mayer Sus. Marg.
1786 (geb. 1763)

Füssli Dorothea
(1766–1845)
∞ Escher Joh. Heinr. von
1784 (1757–1811)
Füssli Heinrich
(1767–1843)
∞ Schinz Esther
1790 (geb. 1767)

Fries Regula ∞ Wirz Hans Conrad
(1730–1788) 1755 (1726–1794)
VDM
Wirz Elisabetha
(1729–1804)
∞ Hofmeister Heinr.
1757 (1721–1770)
Anschluss Taf. 3
Wirz Emerentiana
(geb. 1734)
∞ Nägeli Hans Jakob
1767 (1736–1860)
VDM

9 Nägeli

Nägeli Hans Georg
(1773–1836)
Musiker

Wirz Johann Heinrich ∞ Füssli Anna
(1756–1834) 1786 (geb. 1768)
VDM

Füssli Elisabeth
(geb. 1772)
∞ Marchand Jean Charles
(geb. 1783)
Füssli Cleophea
(1773–185.)
∞ 1814 Schinz Heinrich
(1761–1825)
Füssli Rudolf
(1777–182.)
Füssli Regula
(1779–1816)
∞ 1805 Ziegler Christoph
(1775–1850)
Füssli Susanna Henriette
(geb. 1774)

Wirz August Heinr.
(1787–1834)
∞ 1813 Steger Sus.
(geb. 1792)

Wirz Johannes
(1800–1867)

VII Schlussbetrachtungen

Regula von Orelli-Escher beleuchtet in ihren Tagebüchern drei zum Teil ineinanderfliessende Phasen, bzw. Grundmuster ihres Lebens.
Frühe Ehejahre; Kinderwunsch, unerfüllt – erfüllt; Erziehung und Unterrichtung der Kinder.
Landvogtei Wädenswil; Genuss der landschaftlichen Umgebung; Entdeckung der finanziellen Notlage; Zerrüttung der Ehe; innere Vereinsamung.
Stadtleben, Erneuerung und Intensivierung der Beziehung zu Lavater und seinem Kreis; sozialer Abstieg und Armut.
Wir versuchen auf einige dieser Themata einzugehen.
Die aus den oberen Kreisen der regimentsfähigen Familien stammende Tagebuchschreiberin war in hohem Masse geprägt durch die unglückliche Jugend als Frühwaise, was der Entfaltung ihrer Intelligenz keinen Raum bot. Regulas Bildungshunger, ihr Bedürfnis nach Kommunikation mit intellektuell höher stehenden Freunden, sowie das Studium von Fachbüchern sind somit unter anderem der Ausdruck eines Nachholbedarfs. In dieser Beziehung kam ihr die Zeitströmung der Aufklärung mit ihren ersten Keimen der Frauenemanzipation zu Hilfe. Die Autorin war in einer Umgebung aufgewachsen, die von einem Standesbewusstsein getragen wurde, das einerseits durch die politischen und sozialen Veränderungen ins Wanken geriet und wegen der makroökonomischen Umwälzungen auch seinen materiellen Rückhalt verlor. Während der Gatte diesen Wandel mit einer stoischen Würde getragen zu haben scheint, konnte sie selber sich nie damit abfinden und blieb geistig der alten Ordnung verhaftet.
Über Regulas Charakter erfährt man einiges im Selbsturteil. Sie beklagt sich ausdrücklich über ihren Jähzorn, ihre Unbeherrschtheit, ihre Heftigkeit, die sogar zu Tätlichkeiten gegen die nächsten Angehörigen führen. Gelegentliches verbales oder schriftliches Vorpreschen mildert sie, sobald sie zur Einsicht gelangt, wie sehr sie auf das Wohlwollen ihrer Freunde angewiesen ist. Sie leidet unter einem abgrundtiefen Misstrauen gegen ihre Umgebung, welches durch einzelne Vorfälle immer wieder neu genährt wird, aber ihr andererseits die engsten Freunde zeitweilig entfremdet. Regulas selbstgefällige Überzeugung, dass sie, trotz gelegentlichen Zweifeln, das Richtige tue und dass ihr rundum Unrecht geschehe, liess den mitmenschlichen Umgang gelegentlich problematisch werden. Man mindert die Tragik ihres Lebens keineswegs herab, wenn man in ihren Schilderungen eine Neigung zur Dramatisierung feststellt.
Regulas gute Seiten treten zutage, sobald der über elf Jahre gehegte Kinderwunsch in Erfüllung geht. Vorbereitet durch das Verantwortungsgefühl

für ihre verwaisten jüngeren Geschwister, das übrigens zeitlebens anhält, entfaltet sie sich recht eigentlich in der mütterlichen Begleitung ihrer Kinder Johann Caspar, Hans Conrad und Regula. Anfänglich überwiegt die liebevolle, oft übertrieben ängstliche Fürsorge, während die Kinder späterhin mehr zum Objekt zielgerichteter Pädagogik werden.

Religiosität dominiert die Persönlichkeit der Autorin. Sie dürstet nach Erkenntnis und Erbauung. In der Suche nach dem Gottesbeweis folgt sie Lavater. Im Kreis seiner Anhänger waren Magnetismus und Spiritismus eine Form von Wahrnehmung der göttlichen Kraft, und in den frühen Jahrgängen des Tagebuchs drängt dieses Thema immer wieder in den Vordergrund, um später in unterschwellige Ebenen abzusinken. Ein Bedürfnis zum Rückzug in beschauliche Stille und die Ablehnung fröhlicher Feiern mag einer in Zürich immer wieder an die Oberfläche kommenden pietistischen Strömung entsprungen sein, worauf auch das Gesprächsthema «Herrnhut» hinweist. Von seelsorgerischen Bezugspersonen, die Regula in Zeiten verzweifelter materieller oder seelischer Not dringend benötigt hätte, erfährt man nichts Konkretes. Ob Lavater diese Funktion erfüllte? Von der Verfasserin sind schwärmerische Briefe an den Verehrten erhalten, dem sie trotz gelegentlicher Kritik zeitlebens die Treue hält. Neben der Teilnahme an dessen privaten Kommunionen findet sie ihren Halt in den gelesenen oder angehörten Predigten Lavaters und anderer Kanzelredner, während welchen sie sich nicht selten in die Lektüre der Bibel vertieft. Später, unter vielfältigem Druck, wird sie gelegentlich zur Zweiflerin, und die Anrufungen Gottes erscheinen mehr und mehr als Pflichtübung. Mit der zunehmenden Hinfälligkeit Lavaters hört Regula auch Antistes Johann Jakob Hess und später den erzreaktionären ehemaligen Thalwiler Pfarrer Hans Jakob Hess. Mehr noch als die Seelsorge spendet ihr das Gebet die geistliche Nahrung.

Neben dem christlichen Heilsversprechen sprudelte noch eine zweite, kleinere Quelle der Kraft: das Erleben der Natur. Die stimmigen Beschreibungen von Mondnächten, drohenden Gewittern, von lieblichen Landschaften, von Treibeis und Wasserfällen oder Feuersbrunsten haben ihre Parallelen in den überschwänglichen Anrufungen Gottes im Gebet und den Tagebuchbetrachtungen. Hier darf man einen Hang Regulas zum Pantheismus erkennen. Das Ganze fügt sich in die beginnende Romantik ein.

Die Erfahrungen der Jugendzeit bestimmen auch der Autorin problembeladene Beziehung zum anderen Geschlecht, ein ohnehin schwieriges Kapitel im Verständnis des späten 18. Jahrhunderts. Der windungsreiche Weg zur Verheiratung war für zürcherische Verhältnisse eher ungewöhnlich. Auf die unverfängliche Jugendliebe zum Vetter Wirz folgt eine schwärmerische Beziehung zu dem – bereits verlobten – Hauslehrer des Bruders, dann, mit kleinen Intermezzi, folgt ein brutaler Parvenu als Verlobter und schliesslich die immerhin standesgemässe Vernunftehe, die sie trotz lebenslanger Bemühungen in Unsicherheit und Zweifeln belässt.

Schlussbetrachtungen 523

Vom Ehemann, David von Orelli (1741–19. Februar 1813), Sohn des vormaligen Landvogts Hans Conrad v. Orelli-v. Wyss, erfahren wir nur in – selten auch positiven – situationsbezogenen Äusserungen. Biographische Schilderungen fehlen. Lavater charakterisiert ein von Lips stammendes Porträt in den Physiognomischen Fragmenten als das eines bedächtigen Analytikers, eines Mannes von rascher Auffassungs- und Kommunikationsgabe und mit Sinn für alles Schöne. Regula qualifiziert ihn als «verständig, aber nicht reich». Des weiteren gewinnt man den Eindruck von David als einem gewissenhaften Beamten, der als Landvogt von Wädenswil durch Väterlichkeit und Kompetenz die Achtung und Zuneigung der Untertanen gewann. Er bekannte sich offen zu den Neuerern, indem er den Gasthof zur Krone, Versammlungsort der progressiven Lesegesellschaft, dem «Engel» vorzog. Es schimmert bei ihm eine Freude beim Aufrichten der Freiheitsbäume durch, und er geniesst den Umgang mit den kultivierteren unter den Offizieren der französischen Besatzungsmacht. In Zürich muss diese Haltung bekannt gewesen sein, wurde aber offenbar geduldet, und ganz ähnlich kam die Obrigkeit zum Schluss, dass die enormen Privatschulden trotz allem kein Amtshindernis waren. So wurde David zum letzten Landvogt und Schlossherrn von Wädenswil, der auch die Liquidation des Amtssitzes vollziehen musste, und unter Ehrenbezeugungen seitens der Bevölkerung schliesslich an die Gemeindegrenze geleitet wurde. David hätte zweifellos die Zurückversetzung in den niederen, zeitweilig sogar unbezahlten Beamtenstand besser ertragen, wenn nicht die finanziellen Engpässe bestanden und die prestige-diktierten Ambitionen Regulas hineingespielt hätten. Die Wahl zum Kantonsrichter 1801 und die mit der politischen Stabilisierung verbundenen bescheidenen Einkünfte mochten die Lage etwas gemildert haben, aber die Ausbildung der Söhne erforderte dennoch Stipendien.
Die Ehe war unglücklich. Rückblickend darf man unbedenklich von persönlichen Inkompatibilitäten sprechen. Regula hatte ihre Wahl nach den vorangegangenen Turbulenzen rein rational getroffen. Warum die anfänglich als normal zu bezeichnende Beziehung in offenen Widerwillen umkehrte, entzieht sich einer sicheren Interpretation. Wahrscheinlich aber stand dahinter auch Gram über das Scheitern des Lebensentwurfes für sich und die Kinder. Drei Männer werden in den Tagebüchern zwar immer wieder erwähnt, sind aber nicht unbedingt die Kompensation der ehelichen Unzulänglichkeiten, unter denen die Autorin litt. Die häufig angetroffene Kombination der Begriffe «Liebe» und «Leiden» ist viel mehr Ausdruck der Einsamkeit und des Weltschmerzes. Regula mit ihrer religiös-schwärmerischen Veranlagung sah Lavater als Stellvertreter Gottes auf Erden, der in spiritueller Hinsicht mehr bieten konnte als der Ehemann David. Dem Vetter, Chorherrn Rahn, der sie als Arzt von den Pocken heilte und Regulas

Kinderwunsch, u. a. durch Verordnung der damals üblichen Bäderkuren, erfüllen half, war sie in emphatischer Dankbarkeit verpflichtet. Komplexer ist die Situation bei Georg Christoph Tobler: Der vielversprechende Theologe und bestrickend schöne Mann war in Weimar und Basel in der Damenwelt geschätzt. In Zürich ging er im Schönenhof bei Frau Barbara Schulthess-Wolf ein und aus und wurde von der ältesten Tochter Bäbe, später verheiratete Gessner, heiss verehrt. Hier traf er auch gelegentlich mit Regula v. Orelli zusammen. Mangels anderweitiger schriftlicher Indizien bleibt diese Beziehung undurchsichtig. Die Frage, ob Regula der Nachwelt gegenüber einiges verschwieg, müssen wir dahingestellt lassen.
Am 13. Februar 1813 beging David Suizid, indem er sich in die Sihl stürzte. Regula äussert sich in ihren späteren Briefen nicht darüber, und die Selbstmordthese blieb bis in die neueste Zeit ein Tabu. Neben einer depressiven Veranlagung mögen das Fiasko von Napoleons Russlandfeldzug und der zunehmende Zerfall von dessen Reich und die damit verbundene Enttäuschung über den Gang der historischen Ereignisse mit im Spiele gewesen sein.

Finanzen
Die finanzielle Situation des jungen Ehepaares David und Regula von Orelli-Escher war von Anfang an prekär. Der Gatte hatte lange keine einträgliche Stelle, und man lebte im Haushalt der Eltern. Immerhin bestanden Aussichten auf die schon vom Vater und vom Bruder verwaltete prestigeträchtige und auch finanziell interessante Landvogtei Wädenswil. David trat hier 1789 in die Fussstapfen des Bruders. Das Vermögen Davids lag jedoch vor allem in der «Buchhandlung» Orell, (Gessner), Füssli & Co. und hier kam es im Frühsommer 1791 zur finanziellen Katastrophe, die Situation geriet ausser Kontrolle. Die Forderungen der Gläubiger mehrten sich und erreichten gemeinschaftlich 111 000 Gulden. Die mit dem Bruder Hans Conrad von Orelli ererbte Buchhandlung vermochte vermutlich, trotz ihrer renommierten Stellung im internationalen Verlagswesen, nicht genug abzuwerfen, um die Familien der beiden durchzubringen. Diese Tatsache geht unseres Erachtens auch aus den relativ häufigen Teilhaberwechseln hervor. Dokumente wie Rechnungsbücher, Bilanzen etc. der Firma wurden bislang von der Forschung nicht ans Tageslicht gebracht, sodass die genaueren Umstände im Dunkeln bleiben. Erschwerend kam hinzu, dass die allgemeine wirtschaftliche Situation in den letzten Jahrzehnten des Ancien Régime in Zürich gekennzeichnet war durch einen Wildwuchs von untereinander verflochtenen privaten Kreditgeschäften und Spekulationen, die zuweilen auch zu Verstimmungen unter befreundeten und verwandten Familien führten. So wissen wir, dass David von der mütterlichen Erbschaft seiner Frau, die sich immerhin auf 16 000 Gulden belief, «ehe wir's hatten» für 4000 Gulden Schuldbriefe an Lavater gab. Der Zusammen-

bruch der Firma Johann Caspar Escher & Co. im Stadelhofen und das in den Tagebüchern erwähnte Fallieren des Martin Nüscheler sind nur zwei markante Beispiele dieser Misswirtschaft, die indirekt auch David und Regula v. Orelli in ihren Sog nahm. Das Bürgschafts(un)wesen war Ursache und Symptom der wirtschaftlichen Fehlentwicklung der Epoche. Vor Regula versuchte man alles zu verheimlichen, und die Folgen davon waren Informationen auf dem Gerüchteweg, Verdächtigungen, eröffnete Briefe, Misstrauen, Zerrüttung der Ehe sowie der Beziehung zur Familie von Orelli. Schliesslich konnten die Wogen um die Buchhandlung geglättet werden, aber mit der dürftigen oder gar ausbleibenden Entlöhnung der Stelle als zweiter Kantonsgerichtssekretär türmten sich neue Schwierigkeiten auf. Nackte Armut, Kampf ums Überleben waren die Folge. Regulas Gedanken und die das aktuelle Geschehen reflektierenden Passagen im Tagebuch werden durch die materielle Not förmlich erstickt, ein depressiver Geisteszustand macht sich geltend. Schliesslich, mit dem Zusammenbruch der alten Ordnung und mit der Erhebung der französischen Kriegssteuern, kam es zum finanziellen Ruin zahlreicher Zürcher Familien, die Armut erfasste breite Bevölkerungskreise.
Regulas zeitweiliger Wunsch, einen Beruf auszuüben, um die Finanzen zu strecken, entspricht somit nicht einem emanzipatorischen Bedürfnis, sondern sollte nur den Engpässen steuern.
Naturgemäss wurden die freundschaftlichen und verwandtschaftlichen Verbindungen überschattet von diesen Problemen, wobei Regulas Uneinsichtigkeit, Selbstgerechtigkeit und ein stark egozentrisch gefärbter Anspruch auf Verständnis belastend wirkten.
Mit dem gehassten Schwager und Mitbesitzer der Buchhandlung söhnte sie sich an dessen Sterbebett aus. Den nächsten Freundinnen Regula Schulthess-Lavater und Anna Schinz-Lavater, deren Vater – «Oncle» Heinrich Lavater-Escher, der einen grossen Verlust an der fallierten Porzellanfabrik im Schoren eingesteckt hatte –, Barbara Schulthess-Wolf (Bäbe) und den eigenen Geschwistern Hans Caspar Escher-Meyer und Elisabeth Ott-Escher entfremdete sich die Tagebuchschreiberin zeitweise, wohl wegen des nicht endenwollenden dramatisierenden Gejammers und Anspruchs auf finanzielle Hilfe. Auch Johann Heinrich Rahn, der ihr als Vetter und Arzt nahe stand, hielt sie wohl aus ähnlichen Gründen gelegentlich auf Distanz. Nur der Pfarrer an St. Peter schien in seiner Herzensgüte in einer ausgewogenen Beziehung zu ihr gestanden zu sein, indem sie nach kurzen, vermeintlich versehentlichen Unterbrüchen, immer wieder zu ihm zurückkehren konnte.
Regula darf zu Lavaters engerem Freundeskreis gerechnet werden. Dies wird nicht nur durch die dokumentierten direkten Kontakte, sondern durch das gesamte Beziehungsnetz mit Elisabeth Rordorf, Anna Barbara

v. Muralt und Barbara Schulthess-Wolf – die sich in einem Brief an ihre Tochter sehr positiv über die reichhaltigen Gespräche mit Regula äussert – und den nach Zürich pilgernden europäischen Geistern bestätigt.

Lavaters Gedankenwelt stand Regula nicht unkritisch gegenüber, sie tadelt seine «Weitschweifigkeit» und seine Verstiegenheiten. Trotz tiefster Verehrung überkommen sie gelegentlich Zweifel an der Richtigkeit seines Gottesverständnisses, sie kritisiert seine Irrlehren und seine Intransigenz in religiösen Disputen.

Diethelm Lavater, der Arzt und Bruder Johann Caspars, und besonders seine Ehefrau Regula, geb. Usteri, begleiteten die Autorin wohlwollend, wenn auch mit gelegentlichen harten, schmerzlichen Zurechtweisungen. Regula bedurfte aber dringend der moralischen Unterstützung der beiden und setzte alles daran, die Harmonie zu bewahren.

So gewinnt man, gesamthaft gesehen, den Eindruck, die Sprunghaftigkeit zwischen Zuneigung und Abwendung mit stiller Einkehr, die sich bis hin zu den intimen ehelichen Beziehungen manifestiert, entspringe nicht nur materiellen und situativen Ursachen, sondern sei eine bestimmende Charaktereigenschaft Regulas.

Neben dem Glauben und den Freundschaften steht als dritte moralische Stütze das Lesen, die Lektüre. Sie war nicht blosse Ablenkung oder Vergnügen. Sie war auch Kompensation der Bildungsmängel, welche Regula als Mädchen – im Gegensatz zu ihrem Bruder – zugemutet worden waren. Die Bücher boten überdies Erbauung und Trost, aber auch praktische Hilfe und Nutzeffekte, namentlich für die Kindererziehung. Angesichts der Fülle an Lesestoff, den Regula bewältigte, ist die Frage berechtigt, wie intensiv dieser verarbeitet wurde. War die katalogmässige Aufführung der Titel ein bibliothekarischer Selbstzweck oder folgte sie gewissen Modetrends? Das Lesen der Predigten lokaler oder international renommierter Kanzelredner lag im Rahmen des damals Üblichen, anderes ging darüber hinaus. Nicht nur Rousseaus «Nouvelle Héloïse» wurde in der Originalsprache sowie mit einer deutschen Übersetzung förmlich erarbeitet, sondern immer wieder erfährt man auch, dass sie die Lektüre an einem Werk «fortsetzt» oder dieses «wieder hervorholt». Sie zitiert einzelne Passagen, etwa von Herder, was ebenfalls für eine vertiefte Lektüre spricht. Aufgrund der Titel zeitgenössischer Trivialliteratur – über einzelne Werke wird oft ein zusammenfassendes und treffendes Urteil gefällt – dürfen wir annehmen, dass sie eine routinierte Leserin war, die in einsamen, auch Nachtstunden, tatsächlich ein grosses Pensum bewältigte; einmal spricht sie von «etlichen 40 Seiten». Anders mag es sich mit der «Fach»literatur verhalten. Hier sind Zweifel angebracht, dass sie die umfangreichen Werke Salzmanns oder Campes – von letzterem legt sie immerhin ein «Verzeichnis der Materien» an – oder die zitierten Reisebeschreibungen Wort für Wort las. Regula korrespondierte allerdings mit dem Chorherrn Rahn eingehend über Campes Revisionswerk. Sie sagt auch, sie orientiere sich z. B. bei Locke lieber anhand des «Plans der Materien» als anhand des «Plans des Werkes». Es ist auch ausdrücklich von «Überhüpfen» von Textpartien die Rede, ein anderes Mal liest sie jedoch eine Ausgabe «zu Ende». Zu kritischen Anmerkungen über einzelne Werke hätte sie sich wohl kaum ohne deren tiefgründige Erarbeitung verleiten lassen. Wir stellen auch fest, dass sie mit sicherem Gespür das, was für die praktische Anwendung in Erziehung, Bildung, Lebensführung wesentlich war, erfasste, ansonsten sie nicht die damals modernsten, von der Aufklärung inspirierten Erziehungspraktiken zur Anwendung gebracht hätte. Goethes Wilhelm Meister, wohl die von Barbara Schulthess abgeschriebene Urfassung, war eine Pflichtlektüre der intellektuell höher stehenden Kreise des damaligen Zürich.

Der Obmann Füssli führt in seinem «Schärfgen» (1778) eine Bibliothek von Büchern an, die er offenbar für junge Frauen als ziemlich erachtete. Neben der religiösen Erbauungsliteratur sind hier zahlreiche Koinzidenzen mit Regulas Liste vorhanden (Rousseau, Reimarus, Plutarch, Wieland, Gessner u. a.). Regula nahm dies Büchlein aber erst 1795 zur Hand, sodass es kaum als Wegweiser gedient haben dürfte.

Demgegenüber empfing sie zweifellos Anregungen von ihrem befreundeten Vetter, Pfarrer Heinrich Wirz, in Kilchberg. Er war es vermutlich auch, dem sie Bücher «zurückgeben» musste, sei es als Ausleiherin und/oder als Mitglied eines Lesezirkels. Auch Landschreiber Keller war ein anregender Diskussionspartner. Wohl unter dem Druck der Ansprüche des täglichen Lebens rückt der Literaturkonsum gelegentlich in den Hintergrund.

Zu bedauern ist es, dass die Tagebuchschreiberin selber nirgends festhält, was für Beweggründe bei der Wahl ihrer Lektüre ausschlaggebend waren, welche Motive sie ein bestimmtes Werk wählen und ein anderes ignorieren liessen. Versucht man mit der gebotenen Vorsicht die Titel zu qualifizieren, überwiegen die Kategorien Erbauung, Zerstreuung und Menschenschicksale die Sachbücher bei weitem.

Verständlicherweise bot Regula alle ihre Kräfte auf, um ihre Kinder vor ihrem eigenen Schicksal der Spätentwicklung zu bewahren. Mit deren Stellenwert als Gottesgeschenke übernahm sie auch deren Erziehung als göttlichen Auftrag. Die Verpflanzung aufs Land, nach Wädenswil, brachte es mit sich, dass die Mutter das angestrebte Ziel einer qualifizierten Grundschulung für ihre Kinder selbst an die Hand nehmen musste. Es gehörte zum Sozialprestige, dass den Söhnen ein gehobener Unterricht geboten wurde, aber hier versagten die Geldmittel, umso mehr als das Weggeben in eine städtische Familie, wie dies beim Sohn des Pfarrers Wirz in Kilchberg geschah, eine finanzielle Belastung gewesen und den mütterlichen Gefühlen klar zuwider gelaufen wäre. Damit rückten Publikationen mit pädagogischem Nutzwert in den Vordergrund ihres Interesses. Pfarrherren aus den Gemeinden der Umgebung und der Dorfschullehrer standen mit Rat und Tat zur Seite. Erzieherische Probleme waren immer wieder Gegenstand von Gesprächen mit den Freunden und Freundinnen aus dem Lavaterkreis. Von einer moralischen Unterstützung durch den Ehegatten erfährt man nichts. Auffällig ist auch, dass Pestalozzi, trotz der persönlichen Bekanntschaft mit dem Elternpaar, keine zentrale Rolle spielt, wie es spätere Betrachter vielleicht erwarten würden. Die hervorragenden Leistungen der Knaben lassen schliesslich alles wie geplant ablaufen, und der Anschluss an die Stadtzürcher Schulen gelingt mühelos.

Damit kommen wir abschliessend zur Interpretation des Tagebuchs als Ganzem. Das Tagebuchschreiben als zeitgeschichtliches Phänomen oder als Ausdruck der persönlichen Befindlichkeit der Schreiberin zu interpretieren, fällt dem Herausgeber nicht leicht. Regula von Orellis Werk im ersteren Sinne einzuordnen, müssen wir dem Historiker und Philologen überlassen. Die Gewichtung der einzelnen Jahrgänge durch die Autorin lässt vermuten, dass ihre Persönlichkeit sich vor allem nach den familiären und gesellschaftlichen Umständen richtet und dass sie dementsprechend vorwiegend persönliches Erleben und Empfinden eingebracht hat. Subjektivität, nicht Zeitzeugenschaft, bestimmen die Eintragungen. Wie stark persönlichkeitsbezogen die Aufzeichnungen sind, geht auch aus dem Umstand hervor, dass z. B. die äusserlichen Schilderungen von Feiertagen wie Weihnachten, Berchtoldstag, Ostern zu kurz kommen im Vergleich mit den Ausführungen über die eigenen religiösen Übungen anlässlich dieser Feiertage. Möglicherweise wandte sie sich von den weltlichen Begebenheiten ab. Der Gedanke, die Tagebücher später zu Memoiren zu verarbeiten, bestand von Anbeginn und wurde 1801 in die Tat umgesetzt. Vorbild war das Leben der Karschin, deren Autobiographie damals in einem Bestseller Verbreitung fand. «Ach, dass gute und grosse Menschen immer so gedrückt werden müssen, unter die ich auch mich zähle.»

So ist der Aktualitätsbezug der Tagebücher eher gering. Zum Beispiel werden Todesfälle namhafter Vertreter des damaligen zürcherischen politischen und kulturellen Lebens nicht erwähnt (Landvogt Felix Grebel 1787, Salomon Gessner 1788, Leonhard Usteri 1789, Johann Conrad Fäsi 1790, Bürgermeister Johann Heinrich Ott 1796, Anna Werdmüller-Oeri 1800), im Gegensatz zu denjenigen in der nächsten persönlichen Umgebung. Von den grossräumigen Ereignissen in Europa oder nur der Schweiz ist überhaupt nie die Rede. Der Gerechtigkeit halber muss allerdings angefügt werden, dass die Autorin politische Themen aus ihren Aufzeichnungen ausdrücklich ausschloss.

Im besonderen Fall der Regula von Orelli übernimmt das Tagebuch unterschiedliche Funktionen. Fürs erste ist es Ansprechpartner («... nehm' ich

Schlussbetrachtungen

Euch wieder, teure Blätter...», «... heilige Blätter...»). In stiller Zurückgezogenheit kann sie sich hier aussprechen und ihre Gefühle – Tränen, Zorn, Verachtung, Hass, Zuneigung etc. – zum Ausdruck bringen. Zum zweiten hält sie Zwiegespräche mit ihrem Schöpfer, sie formuliert ihre Gebete und fleht um göttlichen Beistand. Schliesslich sind die Tagebücher ein Spiegelbild ihrer selbst, eine Rechenschaftsablage («... zu meiner Erleichterung...»), vielleicht sogar im Sinne einer Selbstkontrolle («meines Lebens Zeugen»). Von Rechtfertigung bis zu selbstgefälliger Rückschau und Vorstellungen über die Zukunft kommt alles zum Ausdruck, was sie als recht egozentrische Person im Alltag beschäftigt. Man spürt, wie stark der schriftliche Ausdruck, der Fluss des Geschriebenen von ihrer psychischen Lage bestimmt wird, und Freund Rahn empfiehlt ihr, sie möge ihre «Gedanken rangieren». Gelegentliche Unterbrüche sind erklärbar durch die Häufung bedrohlicher Ereignisse, die sie im Nachhinein zusammenfasst, gleichsam nochmals erlebt.

In gleichem Masse gibt Regula den Detailschilderungen, wie Essgewohnheiten oder all dem, was sie unter «Arbeit» subsumiert, keinen Raum. Bei der angestrebten Lückenlosigkeit des Tagebuchs wirkt die «Arbeit», wohl das am häufigsten verwendete Wort, bei allem Respekt vor der damaligen Hauptbetätigung einer bessergestellten Frau, häufig als Füllsel. Im engsten Sinn handelt es sich hier zweifellos um Handarbeit, die gelegentlich als «Lismen» (Stricken), Blumenpflege, sehr selten als Kochen spezifiziert wird. Die Haushaltung wird wenig erwähnt, was aber nicht heissen soll, dass Regula sich dem Müssiggang ergeben habe, Dem-Haushalt-Vorstehen, Ordnung halten waren die wichtigsten Aufgaben der Frau, der Inhaberin der Schlüsselgewalt. Es handelte sich um Routine; die niedereren Arbeiten, der körperliche Einsatz, wurde von den Diensten geleistet. In diesem Sinn war die Landvögtin eine normale Vertreterin ihres sozialen Standes. Von den Bediensteten hören wir nur, wenn sie Probleme bereiten, was in Anbetracht der Persönlichkeit Regulas nicht selten der Fall war.

Das Empfangen von Besuchen und Visitieren von Freundinnen und Verwandten waren an der Tagesordnung, wobei auch der Stadtklatsch nicht zu kurz gekommen sein dürfte. Auch hier manifestiert sich Regulas Standesbewusstsein, wenn sie aus ihrer Sicht die Willkommenheit oder Unwillkommenheit ihrer Besucher differenziert beurteilt und später als Vertriebene «bittere Empfindungen gegen die Leute vom See» hegt.

Schon damals, wie heute, gehörte das Tagebuch zur Intimsphäre der schreibenden Person, Regula rechnete allerdings damit, dass der Gatte oder die Söhne die Zeilen «dereinst» lesen würden.

Mit dem Berchtoldstag 1802 endet das Tagebuch, der letzte Jahrgang, fast durchgehend ein Aufschrei der Verzweiflung, materieller Not, Vereinsamung nach dem Verlust der Tochter, Johann Caspar Lavaters, Regula Lavater-

Usteris und anderer. Es bietet sich das Bild der Depression, der Antriebslosigkeit und des Verstummens in Schmerz. Es macht fast den Anschein, als sei, auch mit der beruflichen Besserstellung Davids und dem Entwachsen der Knaben, der Tagebuchschreiberin das Thema abhanden gekommen. Die eingangs wiedergegebene, 1801 niedergeschriebene «Erzählung an meine beiden Knaben» imponiert als abschliessende Bilanz, sodass kaum anzunehmen ist, dass die Aufzeichnungen fortgesetzt wurden.
Regula von Orelli-Escher starb am 27. Januar 1829. Eine letzte Äusserung, sechs Wochen vor dem Tod niedergeschrieben, geben wir im Wortlaut wieder. Sie widerstrahlt ihre christliche Ergebenheit und Versöhnung mit dem Schicksal und dem Ehegatten, mit dem sie zu Lebzeiten nie die ersehnte Harmonie finden konnte:

«Inventarum von den Resten meiner Nachlassenschaft. Mein grosses Vermögen ward Opfer meiner Grossmut und der Notwendigkeit aus Liebe für meinen seligen Orell, durch wunderbare Fügungen und Schicksale unseres Lebens, Leitungen der Vorsehung! Oftmals fand ich Trost in dem Gedanken: Der Herr hat's gegeben, der Herr hat's genommen. Manches habe ich zu entschuldigen, dass es so weit gekommen nach allen Umständen, die sich zusammenfügten. Und lege ich euch, meine geliebten Söhne, Euren Vater als einen der edelsten Menschen noch sterbend ans Herz. Er verdient in eurem Andenken eure Liebe und Achtung, und meine Liebe und Achtung brachte mir unaussprechliches Leiden, das mich niemals gereute zu tragen! – Aus dem Gedächtnis geschrieben den 3. Christmonat anno 1828, am Ende eines Briefes über ihre Sachen an die Söhne. Lasst mich im Glauben an Euch jetzt Beruhigung finden! – Gottes Segen und Liebe von eurer Mutter O.-E.!»

VIII Anhang

Verzeichnis der Abbildungen

Einband (Entwurf: Barbara Stadler): Schriftprobe.Tagebuch Regula von Orelli-Escher. 1789, pagg. 52 und 53. Vorderseite: Vignettenumrahmung aus Gessner Salomon (1730–1788), Schriften, Zürich 1777, Band 1, S. 240 (Privatbesitz). Rückseite: Lips Heinrich (1758–1817): «Das grosse Lavaterdenkmal», Entwurf, Kupferstich um 1801, Ausschnitt. (ZB, Graphische Sammlung. Foto: ZB.)

Abb. 1, S. 21. [Anonym]: Obmannamt von Nord-Osten (Hirschengraben), Sepia aus Vögelin Salomon, Geschichte der Stadt Zürich, 1812. (ZB, Ms. W 63, p. 59. Foto: ZB.)

Abb. 2, S. 51. Müller Johannes (1733–1816): Grundriss der Stadt Zürich 1788–1793, Ausschnitt. (Foto: ZB.)

Abb. 3, S. 123. Nötzli Hans Conrad (1709–1750): Stadelhofervorstadt, Blick nach Westen, getuschte Federzeichnung um 1750; aus v. Schulthess Gustav W. und Renfer Christian: Von der Krone zum Rechberg, Stäfa 1996, S. 181. (ZB, Graphische Sammlung.)

Abb. 4, S. 149. Ulinger Johann Caspar: Panner im Neumarkt bei der Schuhmachern-Zunft. (ZB, Graphische Sammlung, STF VI, 8. Foto: ZB.)

Abb. 5, S. 183. Regula von Orelli-Escher (1757–1823), Schriftprobe aus der Literaturliste 1789, pag. 143. (Foto: ZB.)

Abb. 6, S. 197. [Anonym]: Schloss Wädenswil, nach dem Bau der Pforte, 1755; Federzeichnung, aus Ziegler Peter: Schloss Wädenswil, Wädenswil 2000, Seite 35. (ZB, Graphische Sammlung.)

Abb. 7, S. 361. Rordorf Caspar Rudolf (1810–1860): Die unteren Zäune, Bleistiftskizze um 1850, Ausschnitt; aus Njbl. der Hülfsgesellschaft Zürich auf das Jahr 1997. (ZB, Graphische Sammlung, C I, Pp. A 2.)

Literatur

Quellen:
Lavater Johann Caspar: Fremdenbücher (Privatbesitz); Faksimile Mainz 2000.
Familienarchiv Lavater. ZB, FA Lav. Mscr. 522.
Familienarchiv Usteri. StAZ, FA U. W 59.
Familienarchiv v. Orelli. ZB, Or 16, 15.
Familienarchiv v. Orelli. ZB, Or 11, 1–5.
Familienarchiv v. Orelli (Privatarchiv):
  Protokolle der Familienstiftung 1786–1813, Arch. Nr. 1, 1.
  Orelli-Escher Regula von: Tagebücher 1786–1797, 1799–1801. Arch. Nr. 106–117.

Sekundärliteratur (Auswahl)
Bürger Thomas: Aufklärung in Zürich: Die Verlagsbuchhandlung Orell, Gessner, Füssli & Comp. in der zweiten Hälfte des 18. Jahrhunderts, Frankfurt a.M. 1997.
Corrodi-Sulzer Adrian: Häuserregesten der Stadt Zürich. StAZ, W 22.
Ferrari Michele C.: Gegen Unwissenheit und Finsternis. Johann Caspar von Orelli (1787–1849) und die Kultur seiner Zeit, Zürich 2000.
Rychner Max: Rückblick auf 4 Jahrhunderte, Zürich 1925.
Schulthess-Rechberg Erica von: Aus den Jugendjahren von Johann Caspar v. Orellli, des Mitbegründers der Universität Zürich, Zürich 1956.
Schulthess-Rechberg Gustav von: Frau Barbara Schulthess, die Freundin Goethes und Lavaters, Zürich 1912.
Schweizer Johann Konrad: Fremdwörterbuch, 5. Aufl., bearbeitet von Orelli Johann Conrad von, Zürich 1835.
Türler Heinrich, Marcel Godet, Victor Attinger (Hg.): Historisch-biographisches Lexikon der Schweiz, Neuenburg 1921–1934.
Ziegler Peter: Die linksufrigen Zürichseegemeinden im Stäfner Handel. In: Mörgeli Christoph (Hg.), Memorial und Stäfner Handel 1794/95, Stäfa 1995.
Ziegler Peter: Schloss Wädenswil, Wädenswil 2000.

IX Register
Orts- und Sachindex

Aarau 347f
Abendgebet 41, 159, 405, 421, 423, 459
Abschreiben, anonyme Texte
  Liedstrophe 158
Abschreiben, Autoren genannt
  Campe Joachim Heinrich
    Revisionswerk, Inhaltsverzeichnis 405
  Goethe Johann Wolfgang von
    Egmont 157
    Schriften 214
  Goethe/Schinz
    Gesammelte Auszüge 230
  Gutsmuths Johann Christoph
    Spiele 372
  Klopstock Friedrich Gottlieb
    Oden 391
  Lavater Diethelm
    Korrespondenzen 325, 385
  Lavater Johann Caspar
    Andenken an liebe Reisende 97
    Aufsätze 43
    Billets ‹An einen Freund nach meinem Tode› 483
    Briefe 67, 482
    Buch für Kranke 41, 42
    Das menschliche Herz 121
    Gedanken 462
    Gedichtstrophen 77, 464
    Ideen über Moral, Philosophie, Religion 92
    Korrespondenzen 418
    Nathanael 35
    Noli me nolle 77, 124
    Register 106
    Sentenzen, Tagzeilen 461
  Pestalozzi Johann Heinrich
    Briefe 418
  Rahn Johann Heinrich
    Rezept 460
  Ribbeck Conrad Gottlieb
    Schlaf, Erwachen, Wiedersehen 511
  Richter Jean Paul
    Briefe 437
    Palingenesien 412
  Schulthess-Lavater Regula
    Brief 303

  Stapfer Philipp Albert
    Predigtstelle 355
  Stolberg Friedrich Leopold
    Die Insel 124
  Tobler Georg Christoph
    Gesammelte Blätter 1783 45
  Wirz Johann Heinrich
    Text 152
Abschreiben, diverses
  Abrechnungen 257
  Auskaufsinstrument 328
  Geschäftsvertrag 425
  Kochrezepte 199
  Zinsbuch 240
Adlisberg, Tobelhof 458
Albis 430
Allmend 48
Almanache, Kalender. Siehe ‹Lektüre›
Almosenrechnung 327
Altstetten 430
Amtshaus 103
Andelfingen 92
Arbeit. Siehe ‹Handarbeit›
Arme 36, 299, 405, 436
Artillerie 346, 381f, 394, 459
Asien 392
Au 357, 422
Ausflüge 229, 233
  Bäch 225
  Bocken 223
  Bootsfahrten 48, 103, 251
  Freienbach 223
  Hütten 268
  Richterswil 203, 216, 220, 251
  Schlittenfahrten 283
  Sennweid 225
  Sihlfeld 393
Ausflüge, Reisen. Siehe a. ‹Transportmittel›
Austritt 105, 128, 129
Autobiographie 13, 315, 328, 410, 496
Bäch 225, 345
Badekur 22, 377, 428, 433, 444
Baden 18, 377, 427, 490
Baltenswil 237
Basel 106, 387
Bassersdorf 341, 449

Bauhaus 42, 154, 381, 433
Berchtoldstag, Berchtelistag, Bächtoldstag. Siehe ‹Feiern, Feste, öffentliche›
Berlin 201
Bern 19, 398, 447
Berneck 190
Berufe
  Arzt 332
  Augenarzt 494
  Bandagist 145
  Bannwart 350
  Bote 422
  Custos, Schule 399
  Fuhrleute 377
  Gewerbler 261
  Glätterin 147, 362
  Goldschmied 457
  Hebamme 61, 84, 175, 181. Siehe a. Schweizer-Heuberger Barbara
  Henker 431
  Jäger 258
  Krämer 246
  Lehensmann 124
  Lehrer/in 14, 18, 353, 479, 488, 493, 503
  Metzger 346
  Näherin 14, 478
  Pächter 259
  Rebmann 350
  Schiffmann 199, 261, 337, 357
  Schneider/in 154, 222, 412, 434
  Sensal 247
  Tischmacher 296, 357f
  Torfhändler 451
  Vorgängerin 58, 73, 83, 85, 135, 190
  Wäscherin 387
  Wirt 346
  Wundarzt 258
Bibelzitate
  1. Johannes 5, 4 172
  2. Könige 4, 1 390
  Apostelgeschichte 3 u. 4 431
  Apostelgeschichte 20, 9–12 68
  Epheser 4, 26 147
  Hebräer 13, 8 475
  Johannes 3, 17 372
  Johannes 3, 36 414
  Johannes 14, 9 355
  Johannes 20, 22 475
  Kolosser 3, 1 388
  Lukas 17, 1 174
  Lukas 22, 42 317
  Lukas 23, 46 75
  Matthäus 6, 11–13 72
  Matthäus 6, 26 416
  Offenbarung 21, 6 475
  Psalm 90, 12 327
Birr 31, 88, 95, 143, 216, 265
Blattern. Siehe ‹Krankheiten›
Blumen 25, 26, 369, 372, 381, 419, 497, 504
  Blumenkranz 492
  Jasmin 56
  Rosenstöcke 510
  Strauss als Sargschmuck 510
Botanik 293
Brände 102
  beim ‹Schwert› 373
  in Zürich 454
  Kreuzquartier 382
  Männedorf 358
  Region Richterswil 349
  Schindellegi 346
  St. Petersturm 98
Breite, Standortgemeinde Nürensdorf 448
Bremen 207, 500
  Lavater Johann Caspar
    Berufung 43, 45
  Pfenninger Johann Conrad
    Berufung 59
Bruder. Siehe Escher Hans Caspar
Bücher 14, 358, 411, 418, 435
  Ausleihe 124, 434
  Einbände 374
  Privatbibliothek 449, 451
  Taschentestament 378
Büchertrucke 379
Buchhandlung. Siehe ‹Orell, (Gessner), Füssli & Co.›
Bürgschaften 141, 213, 468
  Escher Hans Caspar 279, 284, 313, 317, 322f
  Lavater Diethelm 253
  Ochsner Hans Rudolf 253
  Orelli David von 202, 246
  Orelli David von und Orelli Hans Caspar von 243
  Orelli Hans Caspar von, alt Landvogt 193, 246, 247
  Ott Heinrich 279, 284, 313f, 498
  Pfenninger Johann Conrad 241

Orts- und Sachindex 535

Deklamieren
 Klopstock Friedrich Gottlieb,
  Oden 285
Deportationen
 Lavater Johann Caspar 377, 389,
  420, 428
 Ratsherren 368, 389
Dienstboten 15, 114, 161, 163f, 166,
 169, 174, 176, 198, 218ff, 301, 333,
 360, 413, 493, 504
 Bediente 150, 266, 314, 347, 358,
  438, 441
 Knechte 500
 Küchenmagd 112
 Mägde 14, 27f, 34, 37, 46, 50, 85, 94,
  96, 121, 122, 133, 135, 147, 162,
  167, 178, 181, 190, 233, 292, 334,
  338, 359, 383, 387, 392, 403, 451,
  462, 477
 Stubenmägde 298
Diessenhofen 95
Diktate
 Lavater Johann Caspar
  über das Gebet 422, 440
Dokumente
 Beschlagnahmung 378
 Entfernung von Belegen 239
 gefälschte 253
 Ordnen 59, 99, 420, 422, 480, 496
 Ordnen von Briefen 38, 74
 Vernichtung 247, 379
 Verpacken 322, 356, 359
Donnerstag, hoher. Siehe ‹Feiern, Feste,
 kirchliche›
Ebmatingen 192
Eheleben 32f, 40, 57, 75, 82, 90, 106,
 116, 120, 140ff, 144, 151, 164, 200,
 215, 239, 283, 294, 411
Eheprobleme 20, 74f, 78, 128, 131, 135,
 140, 144, 146, 148, 157, 159, 161, 170f,
 191f, 200, 202, 204, 211, 233, 237, 239,
 253, 279, 284, 288, 294, 307, 317, 360,
 366, 379, 455, 472, 487, 497, 507, 513
Ehetrennung 195, 215, 238, 253,
 256, 396
Einsiedeln 347
Einsiedlerhof 103
Erbschaften
 Bürkli Hans Conrad 237
 Escher Hans Caspar, Vater der Regula
  von Orelli 22

Escher-Fries Anna Barbara 17
Fries Hans Conrad 20
Lavater Heinrich 237
Orelli Hans Conrad von 253
Orelli Hans Conrad von, vorm.
 Landvogt 23, 247
Orelli-von Wyss Dorothea 193
Erdbeben 102
Erinnerungen 41, 57, 102, 129, 231,
 457, 461, 483, 490, 494, 495f, 500
 an Lavater 478, 495
 an Tochter Regula 498, 500
 an Verstorbene 503, 505
 an Wädenswil 371, 379, 405, 413,
  422, 436, 438, 500, 505
 Hochzeit 427, 459
 Jugendzeit 150, 222, 369, 420, 427, 449
Erlenbach 439, 441, 443, 452
Erlengut. Siehe ‹Erlenbach›
Erzählungen
 Anekdote von Joseph II. 390
 Escher Hans Caspar
  Rigireise 94
 Kayser Philipp Christoph
  Italienreise 268
 Lavater Johann Caspar
  Bremen 52
 Salzmann Christian Gotthilf
  Elementarbuch 219
Erziehung 114, 116, 170, 295, 332, 365,
 374, 376, 389, 396, 398
 Bibellektüre
  Bergpredigt 356
 körperliche 117, 372
 Leitfäden
  Briefe über Erziehung 398
  Campes Revisionswerk 405
  Gutsmuths' Spiele 372
 Probleme 375, 407
 Schläge 232, 312
 Tadel 229
 Vorsätze 57, 82, 89, 120, 129, 354
Etzel 346
Europa 311
Fällanden 425
Färberei 31
Farbgrube 395
Feiern, Feste, kirchliche
 Abendmahl 45, 55, 69, 86, 101, 116,
  157ff, 171, 317, 365, 375f, 400, 423,
  431, 456, 458, 494, 505

Auffahrt 245, 374
Beerdigung 118, 156, 181, 266, 273, 306, 409, 463, 472, 478, 492
Bettag 55, 101, 254, 459, 505
Fastenzeit 365
Gründonnerstag 41, 86, 157, 336, 365, 423
Hohendonnerstag. *Siehe* ‹Feiern, Feste, kirchliche, Gründonnerstag›
Karfreitag 41, 86, 116, 159, 365, 423, 494
Karwoche 271, 325
Kirchweih 22
Neujahr 26f, 71, 111, 133, 265, 281, 321f, 331, 356, 403, 475, 479, 512
Ostern 41, 85, 159, 423, 487, 494
Pfingsten 44, 163, 245, 339, 375, 430
Privatkommunion 375, 400
Silvester 69, 136, 278, 280, 298, 306, 319, 401, 472
Taufe 84, 93, 160, 173, 181
Weihnachten 216, 316f, 400, 471, 513
Feiern, Feste, öffentliche
Berchtoldstag 73, 266, 282, 302, 356, 514
Freiheitsfest 350
Jubiläum 49
Manöver 48
Schwörsonntag 184
Sechseläuten 420
Feiern, Feste, persönliche
Geburtstag 52, 87, 97, 107, 115, 125, 148, 150, 167, 176f, 206, 214, 230, 388, 401, 415, 445, 466, 501, 512, 514
Hochzeit 16, 18, 20, 56
Hochzeitstag 43, 57, 89, 273
Namenstag 29, 31, 56, 64, 69, 102, 112, 142, 148, 171, 179, 203, 214, 219, 250, 254, 283, 303, 322, 357, 393, 399f, 444, 457, 458, 469, 472f, 478, 485, 511, 513
Schlirpete 164
Verkündsonntag 448
Verlobung 15, 17, 18, 108, 113
Fernrohr 48, 94, 382
Fonds
Brüggerscher 364
Fonds für Studierende 510
Orellischer Familienfonds 243, 252, 271, 480, 508

Fortbewegungsmittel
Pferd 224, 272, 347, 395
Frankfurt a. M. 45
Freienbach SZ 223
Freiheitsbäume 341
Fremdsprachen
Französisch 14, 25, 33, 38, 41, 45f, 52, 79, 148, 151, 226, 239, 319
Griechisch 353, 494
Latein 195, 202, 332, 353
Freudrodel. *Siehe* ‹Rödel›
Friedhof, neuer. *Siehe* ‹Promenade, hohe›
Gebete
Bibel
Johannes 1–4 411
Johannesevangelium 390
Gellert Christoph Fürchtegott
Lieder 319, 333
Kirchenlieder 87, 119, 390, 407
Klopstock Friedrich Gottlieb
Geistliche Lieder 158, 234
Lavater Johann Caspar
Gebetbuch 198
Lieder 80
Stolz Johann Jakob
Joseph 80
Zollikofer Georg Joachim
Andachten 72
Gebetbuch 482
Geblüt. *Siehe* ‹Körperbefinden; Menstruation›
Geburt 82, 84, 180
Entbindung 84
Gebärstuhl 83, 160, 181
Geburtsverlauf 83f, 133f, 180f
Kindslage, krankhafte 83f, 134
Nachwehen 173, 181
Therapien 160
Wehen 75, 83f, 133, 158, 160, 172, 177, 181
Zwillinge 172
Geburtsanzeige 181
Geheimschrift 32, 47, 57, 116, 135, 140f
Geldsorgen 93, 190, 192, 195, 200, 212, 215, 275, 284, 302, 305, 313, 321, 332, 357, 366, 375, 390, 396ff, 403f, 409, 413, 415, 418, 420, 423, 427, 435, 450, 454, 462, 480ff, 485, 495, 497f, 507f, 512
Beerdigungskosten 491

Orts- und Sachindex

Hauszins 456
Kinder 387
Lebensmittel 465, 468
Schneiderrechnung 434
Schuldenlast 465, 471
Schuldzinsen 426
Verdienstmöglichkeiten 483, 506
Winterkleidung 511
Wohnungsbeheizung 511
Genussmittel
  Kaffee 36, 59, 72, 98, 150, 174, 177,
    191, 198f, 201, 204, 207, 211, 216,
    218ff, 225ff, 232f, 236, 265f, 277,
    302, 310, 330, 333, 356ff, 362, 367,
    370, 372f, 377, 390, 401, 406, 408,
    411, 416, 422, 424, 426, 429f, 438,
    442ff, 448, 450, 453, 455, 457, 462,
    468, 497, 504f
  Schokolade 37, 94, 457
  Tee, 30 32f, 49, 54f, 58, 66, 68f, 72,
    74, 76f, 79f, 85f, 89, 94, 96, 102f,
    106, 113, 116f, 120, 122, 124, 126,
    142, 147, 150f, 153, 168f, 172, 176,
    180, 192, 226, 228, 233, 290, 357,
    359, 369, 372, 376, 379, 385, 405f,
    421, 435, 440f, 447, 449, 454, 458,
    462, 467, 469, 477, 497
  Wein 22, 28, 347, 357, 360, 380, 394,
    404, 444, 450
Gerichtsherr. *Siehe* Wieser Johann
  Ludwig, Gerichtsherr, Geburtshelfer
Gerüchte 261, 341, 347f, 368, 380,
  382, 470
Geschenke
  Bändel 274
  Bargeld 399
  Blumen 56f, 492
  Blumenvase 171
  Bücher 27, 62, 113, 154, 170, 376,
    435, 454, 512
  Eierkranz 56
  Geld 510
  Gutjahren 136
  Haarlocke 432
  Haarring 504
  Halstuch 502
  Kleider 500
  Kupferstiche 62, 266
  Lavaterbildnis 214
  Lavatermanuskripte 56, 467
  Manschetten 231

537

Medizinaltropfen 103
Predigttexte 204
Schmuck 485, 493
Schokolade 457
Schriften von Goethe 214
selbstverfasste Gedichte 467
Silberlampe 171
Spielzeug 338, 367
Spitzen 449
Tee 435
Vogel 57
Wachskerzen 466
zu Neujahr 470, 512
Gesellschaft 48, 93ff, 282, 363, 377,
  399, 434, 464, 468, 480
Gespielen 29, 404, 410, 492f
Gesprächsthemen, Personen
  Anhalt-Dessau, Luise Henriette
    von 203
  Bronner Franz Xaver 439
  Cramer Hans Jakob, Associé 421
  Escher Hans Caspar 481
  Escher Heinrich 155
  Escher Johann Caspar, Rittmeister
    146, 155
  Escher, Geschwister 74
  Füssli Johann Heinrich, Obmann 56
  Garve Christian Georg 441
  Goethe Johann Wolfgang von 30, 104
  Häfeli Johann Caspar 203
  Hamann Johann Georg 480
  Hess Johann Jakob 115
  Hotz Johannes 222, 235, 303, 433
  Kayser Philipp Christoph 30, 74,
    104, 147
  Klopstock Margarethe 434
  Lavater Diethelm 30
  Lavater Johann Caspar 32, 37, 47, 54,
    73f, 115, 146, 148, 150, 162, 177,
    199, 203, 222ff, 232, 235, 295, 299,
    371, 411, 421, 429ff, 440f, 453f,
    468, 480f, 485, 488
  Lavater-Usteri Regula 468, 485
  Nägeli Hans Jakob 162
  Nüscheler-Hofmeister
    Emerentiana 420
  Orelli Anna Barbara von 32
  Orelli David von, Landvogt 269
  Orelli Hans Caspar von, alt
    Landvogt 199
  Orelli Johann Caspar von, Sohn 102

Ott-Escher Elisabeth 481
Pestalozzi Johann Heinrich 439
Pfeffel Gottlieb Konrad 162
Pfenninger Johann Conrad 73f, 146, 439f
Rahn Johann Heinrich 162
Römer Melchior 27
Rordorf Elisabeth 454
Salis-Seewis Johann Gaudenz von 419
Schulthess Dorothea 453
Schulthess Hans Caspar 446
Schulthess-Lavater Regula 74, 450, 465
Schulthess-Wolf Barbara 74, 431
Schweizer Johann Caspar 88
Spalding Johann Joachim 115
Stolz Johann Jakob 203, 453
Tobler Georg Christoph 54, 481
Tobler Johannes 453
Wildermett [...], Prophezeiungen 392
Wirz, Schwester 150
Ziegler Leonhard 422
Zimmermann Johann Georg 199, 203
Gesprächsthemen, übrige
  Aufklärung 115
  Ausflüge 155
  Blumen 449
  Botanik 329
  Bremen 37
  Bücher 274, 429
  Buchhandlung 88, 146, 421
  Bürgschaft 328
  Christentum 115
  Dienstbotenlöhne 199
  Erbteilung Ammann 232
  Erziehung 150f, 199, 416
  Ewigkeit 104
  Familie 74, 314, 443
  französische Armee 376
  Freunde 371, 454
  Freundschaft 115, 150
  Geldsorgen 220f, 251, 269, 290, 400, 416, 423, 431ff, 450, 456, 462f, 465, 469, 478, 479, 481
  Gesellschaften 30
  Gestirne 88
  Gesundheit 231
  Gicht 449
  Handarbeit 155
  Handelshäuser 432
  Heiraten 78, 180
  Herrnhut 88
  Jugenderinnerungen 274
  Kaffeetrinken 218
  Kindbett 151
  Kinder 146, 199, 231, 371, 469, 475
  Krankheit 436
  Kriegsunbill 396
  Künste 104
  Landaufenthalte 104
  Lavaterismus 88
  Lebensprobleme 432
  Leiden 88
  Lektüre 37, 115, 150, 155, 439
  Luft 199
  magnetisierte Kuh 100
  Magnetismus 30, 32, 37, 56, 88
  Malerei 37
  Menschenkenntnis 95
  Menschheit 57, 95
  Moral 88, 150
  Musik 37, 112
  Naturgenuss 199, 274
  Okkulta 104
  Paris 37, 88, 145, 231
  Philosophie 37, 88, 329
  Pocken 199, 468
  Politik 362, 375, 450
  Religion 37, 88, 150, 371, 375
  Revolutionsanekdoten 439
  Riga 235
  Rom 104
  Schauspiel 146
  Schicksal, persönliches 463
  Schwangerschaft 54, 56, 74
  Schwärmerei 115
  Sendschreiben an Lavater 407
  Stadtklatsch 155, 371, 432
  Tanzmusik 147
  Taufe, Pfenninger Hanna 177
  Töchterschule 429
  Tod 436, 453
  Topasangelegenheit 222
  Treue 199
  Unsterblichkeit 436, 488
  Wädenswil 151, 221
  Wirtschaftslage 231
  Zukunftspläne 435
  Zürich 146f, 221
Gläubiger/innen
  Bürkli Hans Georg 499
  diverse 244
  ein Welscher 499

Orts- und Sachindex

Erbmasse von Orelli 253
Escher Hans Caspar 195, 239, 253, 269
Familienfonds, Orellischer 243, 252, 271
Gessner Hans Conrad 246, 252
Hess Hans Caspar 252
Lavater Diethelm 207, 249, 435, 499, 507
Nüscheler Hans Rudolf 252
Orelli Hans Caspar von 250
Orelli Hans Jakob von 508, 509
Orelli Johann Caspar von 229
Ott Heinrich 239, 253
Pestalozzi Salomon 287, 289, 292, 296
Rahn-von Wyss Barbara 243
Schinz Caspar 243, 252
Schulthess-Wolf Barbara 246, 252, 290, 505
Weber David 243, 252
Wyss Hans Conrad, Junker 233f, 243, 250, 252, 279, 282, 284
Ziegler Leonhard 251, 252
Glockenläuten 415, 438, 442
  Altjahr, Silvester 265, 401, 514
  Vesper 369
Goldbach 155
Göttingen 45, 47
Graubünden 35, 430
Grönenbach 312
Grüningen 274, 291, 309, 316
Gufe. Siehe ‹Stecknadel›
Gutjahr 65f, 133, 136
Handarbeit 14, 17, 26, 30f, 33, 37, 39, 42ff, 49, 54ff, 64, 66, 68, 73f, 76, 80, 82, 85, 91ff, 100, 102, 104, 115f, 129f, 133, 143, 147, 153, 156, 161, 163, 168f, 171, 177, 179f, 202, 205, 207, 218f, 225, 228f, 236, 253, 262, 283, 306, 319, 356, 371, 378, 390, 406, 412, 415, 424, 426, 432ff, 436, 443, 451, 454f, 457f, 466, 482ff, 510
Flicken 98, 387, 436, 442
Heimarbeit 465
Klöppeln 449
Schneidern 412, 416
Stricken 65, 69, 80, 283, 411, 460, 507
Unterricht 484
Hard 393
Häuser
  Brünneli 452

Erggel, Erker, Erkel, grosser 390, 412, 438
Erlengut 439
Garten 47, 84, 324
Gartenhäuschen Diethelm Lavaters 95
Glockenhaus 49
Grundstein 421, 440, 479, 514
Heuelscheune 382
Hinterhof, Baden 428
Meerfräulein 359f
Neuenhof 244, 253f, 256f
Neumühle 357
Rebhäuschen Johann Caspar Lavaters 121
Reblaube 28, 33, 174, 378
Rech 22, 26, 62, 73, 247
Rechberg 456
Rötel 46
Schlössli Susenberg 380
Schönenhof 36, 54, 64, 222, 290, 371, 381, 406, 411, 416, 420, 432, 466, 495, 504f
Schwert, Gasthof 373
Sonnenhof 26, 122
Sonnenhof, Hinterhaus 127
Steinbock 143
Steinbock, Zollergut 458
Sternen, Enge 350, 443
Strickhof 421
Strohhof 210, 222f
Sunnezyt, Meilen 258
Tannenberg 73, 148, 154, 162, 193, 456
Tiefenhof 499
Tobelegg 427
Wäldli 412, 447, 495
Waldries 429
Weisser Wind, auf Dorf 508
Weisser Wind, Stüssihofstatt 366, 420
Weisshaus 369
Haushaltung 31, 46, 96, 265, 374, 422
  Aufräumen 49, 59, 98, 168, 218, 220, 228f, 283, 302, 362, 379, 387, 411, 418, 420, 426, 434, 436, 442, 451, 455, 462
  Beheizung
    Holz 509, 511
    Torf 509
  Betten sonnen 441
  Budget 284, 305
  Butter einkochen 468

Einrichten 354, 362
Finanzielles 38f, 147, 150, 222, 284, 295
Glätten 99, 147, 160, 417
Haushaltungsbuch 53, 104, 112, 133, 142, 157, 193, 220, 228, 277, 302ff, 311, 322, 333, 356, 359, 373, 381, 404, 413f 440, 445, 450, 478
Kellergeschäfte 404
Kinderwäsche 59, 61, 65f, 69
Kleiderpflege 365, 408, 411
Kochkunst 199, 201, 205, 228, 233
Küche 227
Matratzen reinigen 499
Raumpflege 49, 61, 160, 209, 214, 432, 463
Sekaten 284, 388
Umzug 34, 127, 196, 358
Waschen 44, 61, 64f, 145f, 169, 192, 207, 214, 298, 323, 339, 362, 387, 416, 427, 461, 497f
Wasserversorgung 460
Wintervorbereitungen 61, 509
Hausrat
Aussteuer 18
Bettwäsche 171, 206
Bettzeug 362, 365
Briefkassette 141
Gerätschaften 206
Geschirr 266
Gusseisenofen 364
Koffer 358
Matratzen 499
Rattenfalle 351
Sägebock 364
Säuglingsflasche, Schoppen 85, 91, 491
Scheitstock 364
Silber 455
Schätzung 457
Verkauf 346, 414, 472, 482, 512
Umhänge 160, 177
Zwilch 176
Haussteuer 19
Hauszins 456, 457, 505
Helvetische Konstitution 344
Helvetisches Direktorium 347, 348
Herrnhut 88
Hinter Zäunen 213, 222
Hof 16
Hofstatt, grosse. *Siehe* ‹Stüssihofstatt›
Höngg 13, 15, 25, 427, 430

Horgen 344
Horn, Zürichhorn 54, 98, 99, 371, 372
Hottingen 365, 374, 376, 383, 390, 396, 401, 412, 418f, 421, 424, 433f, 438, 440, 444ff, 450f, 463ff, 469, 480, 483, 495, 498
Hundstage 389
Hütten 248, 251, 268, 337, 346, 408
Höhron 251
Hygiene 453
Hypothek 236
Impfung. *Siehe* ‹Therapien›
Insolvenzerklärung 252
Isny 459
Julep. *Siehe* ‹Therapien›
Käferhölzli 503
Kantonsgericht 404, 421, 425f, 435
Kantonsgerichtssekretär 364, 384f, 389, 466
Kantonsrichter 509
Kilchberg 94, 214, 218, 396, 445, 503
Dorfteil, Auf Brunnen 442
Schoren, 210
Kindbett. *Siehe* ‹Wochenbett›
Kinderwunsch 20, 23, 40, 42, 54, 68, 89, 116
Kirchen
Fraumünster 404
Grossmünster 370, 394
Kreuzkirche 382
Predigern 334
St. Peter 98
Kirchengesangbuch 87, 119, 390
Kirchensagen 416
Kirchgang. *Siehe* ‹Feiern, Feste, kirchliche, Beerdigung›
Kirchhof, neuer. *Siehe* ‹Promenade, hohe›
Klatsch 25, 74f, 79, 83, 132f, 147, 153, 155, 158, 176, 206f, 261, 283, 330, 362, 371, 458, 469
Kleidung 89, 390, 491, 493
für den Winter 509f
Halstuch 502
Hütchen 489
Manschetten 231
Mousselinerock 488
Schanzlope 428
Schuhe 259
Knonau 387
Kommunion. *Siehe* ‹Feiern, Feste, kirchliche; Abendmahl›

Orts- und Sachindex 541

Kopenhagen 295, 304
Körperbefinden. *Siehe* a. ‹Krankheitssymptome›
  Bauchschmerzen 162
  Blähungen 131f
  Druck auf die Blase 122
  Engegefühl 64
  Fiebrigkeit 211
  Hitzegefühle, Wallungen 58, 385
  Jast 133, 176, 419, 512
  Kopfschmerzen 119, 148, 161f, 235, 413, 419, 438, 445, 458, 478
  Krämpfe, Krampfschmerzen 55, 62, 69, 72, 80f, 132, 176, 374, 407, 409, 432, 466
  Kränkeln 167, 194, 278, 397
  Krankheitsgefühl 424
  Leibschmerzen 482
  Lungen- und Krampfschmerzen 419
  Magendruck 131
  Magenkrampf 465
  Magenschmerzen 514
  Menstruation 46, 77, 94, 101, 118, 127, 146, 153, 200, 219, 229, 235, 294, 389, 419
  Müdigkeit 26, 68, 77, 80, 86, 91, 94, 99, 128, 174, 298f, 403, 406, 435, 450, 457
  Nachtschweiss 96
  Nasenbluten 339
  Nervenschwäche 399, 419, 501
  Ohnmacht 84, 382, 423, 471
  Opstipation 429
  Schlaflosigkeit 157, 222, 236, 302, 333, 375, 414, 422, 448, 467, 482
  Schläfrigkeit 357
  Schmerzen 64, 66, 481
  Schwindel 339
  Träume 140
  Übelkeit 29, 39, 74, 76, 80, 87, 122, 150, 161, 169, 303, 388, 401, 405, 414, 418, 433, 457, 464, 470
  Unpässlichkeit 28, 285, 290, 302, 366, 378, 437
  Zahnen 190
Körperpflege 431, 444
  Fussbad 199
  Haare 72, 122, 143, 147, 225
Korrespondenzen Regula von Orelli-Eschers
  allgemein 59

Ammann-Bachofen Anna 405
Bansi Heinrich 55
Beyel Hans Jakob, VDM 401
Bürkli-Gossweiler Anna Dorothea 105, 130, 156, 210
Chlefe, Dienstmagd 222
David von Orelli 175, 349
Escher Hans Caspar 28, 54f, 61, 202, 214, 231, 233f, 237, 245, 250, 252, 261, 271, 283, 286, 288, 303, 311f, 317, 322f, 330, 401
Escher-Keller Anna 130, 136, 146
Escher-Meyer Susanna 133, 266
Escher-Wirz, verw. Hofmeister, Elisabeth 236, 304
Gessner Georg 254, 510
Gessner-Keller Elisabeth 36, 233
Gessner-Schulthess Barbara 103, 214f
Hirzel Heinrich, Professor 458
Hofmeister Johannes 357
Hotz Johannes 60, 201, 227, 230, 239, 285f, 434
Körner Hans Heinrich 234f
Lavater Anna Elisabeth 359
Lavater Diethelm 31, 43, 69, 136, 203, 249, 253f, 256, 325f, 337, 384, 493, 514
Lavater Heinrich 237, 241, 244f, 253, 256, 260f, 271, 283f, 316, 325
Lavater Johann Caspar 27f, 42f, 45, 47, 52, 57, 61, 69, 74f, 77, 87, 92, 95, 97, 102, 106, 124, 126, 130, 136, 142, 147, 152, 156, 177, 203, 214, 223, 228, 230, 233, 247, 251, 254, 304, 311, 341f, 347f, 351, 380, 395, 437f, 444, 450f, 455, 457, 460, 466, 473
Lavater-Schinz Anna 147, 200, 387
Lavater-Usteri Regula 171
Meyer-Bürkli Regula 92, 97, 99
Müller Johannes von 333
Muralt Anna Barbara von 233f, 305
Nüscheler Hans Rudolf 233
Orelli Anna Barbara von 330
Orelli Conrad von 334
Orelli David von 41, 62, 105, 193, 201, 222, 237, 250, 341ff, 346f, 350
Orelli Hans Caspar von, alt Landvogt 254
Orelli Hans Caspar von, Chorherr 242, 245f, 254, 484

Orelli Salomon von 44
Orelli-Söhne Johann Caspar u. Hans
    Conrad 354
Orelli-Usteri Dorothea von 66
Orelli-von Wyss Dorothea von 136
Ott Anna Katharina 200, 229
Ott-Escher Elisabeth 59, 73, 87, 177,
    198, 201f, 208, 214, 216, 220, 224,
    227f, 232f, 237, 245, 249f, 253f, 261,
    266, 271, 282f, 286, 288, 311f, 314,
    323, 325, 330, 356ff, 401, 481, 491
Pestalozzi-Schinz Dorothea 200,
    210, 233
Pfenninger Johann Conrad 102f, 198
Rahn Johann Heinrich 49, 57, 66, 73,
    83, 85, 114, 121, 133, 142, 145, 150,
    163, 174f, 194, 215, 220, 222f, 270,
    304, 323
Römer-Weyermann Barbara 28, 53f
Schinz Caspar 275, 297, 314, 325,
    508, 510
Schinz-Lavater Anna 32, 69, 74, 124,
    198, 203, 208, 210, 238, 245, 250,
    253, 313, 330, 401, 444
Schulthess Dorothea, Döde 223
Schulthess-Lavater Regula 57, 70, 73,
    92, 102f, 169, 171, 198, 230, 234,
    303, 414, 438, 444, 447, 457
Schulthess-Ulrich Dorothea 230
Schulthess-Wolf Barbara 180, 198,
    200f, 214f, 230, 234, 247, 249, 254,
    276, 290, 305, 311, 330, 445, 459,
    504, 514
Schweizer Felix 352
Stolz Johann Jakob 25, 78, 92,
    136, 147
Tobler Georg Christoph 34, 61, 69,
    78, 80, 92, 94, 113, 121, 130, 136,
    163f, 174
Wegelin Jakob 27, 167, 234
Wieser Johann Ludwig 136
Wirz Johann Heinrich 27, 61, 99,
    102f, 136, 171, 200, 203, 212, 214f,
    220, 228, 230ff, 243ff, 333, 366,
    406, 445, 459f, 513
Wyss Hans Conrad, Junker 234,
    243, 249
Korrespondenzen, diverse
    Büel Johannes/Heisch Gottfried 235
    Escher Hans Caspar/Escher-Meyer
        Susanna 258

Escher Hans Caspar/Ott-Escher
    Elisabeth 247
Hotz Johannes/Zimmermann Johann
    Georg 203
Lavater Diethelm/Lavater
    Heinrich 328
Lavater Johann Caspar/Hamann
    Johann Georg 480
Lavater Johann Caspar/Jung-Stilling
    Johann Heinrich 439
Lavater Johann Caspar/Lavater-Schinz
    Anna 380
Lavater Johann Caspar/Schinz-Lavater
    Dorothea 432
Lavater Johann Caspar/Schulthess-
    Lavater Regula 43
Lavater Johann Caspar/Stolz Johann
    Jakob 43
Lavater Johann Caspar/Tobler Johannes
    Christoph 441
Lavater Johann Caspar/Wirz Johann
    Heinrich 220
Lavater Johann Caspar an seine
    Freunde 295
Orelli David von/Lavater Heinrich 260
Orelli David von/Orelli Hans Caspar
    von 195, 202, 204, 236, 240,
    249, 251ff
Orelli David von/Pestalozzi
    Salomon 287
Orelli David von/Wyss Hans Conrad,
    Junker 233, 249
Pestalozzi Johann Heinrich/Leopold,
    Grossherzog von Florenz 108
Reichhardt Friedrich/Mirabeau
    Honoré de 62
Schulthess-Wolf Barbara/Lavater
    Johann Caspar 214, 247
Schweizer-Hess Magdalena/Schinz-
    Lavater Anna 29
Wirz Johann Heinrich/Escher Hans
    Caspar 249
Krankengeschichte 446
Krankenwache 463
Krankheiten 29, 321, 403, 486, 488
    Anfälligkeit 404
    Auszehrung 22, 98
    Blutsturz 479
    Diarrhoe 181
    Erkältung, obere Luftwege 88, 96
    Faulfieber 278, 323

Orts- und Sachindex

Flussfieber 96, 160, 331
Frieselfieber 31, 324, 480, 486
Furunkel 160f
Gallenfieber 323
Gicht 449
Grauer Star 494
Husten 227, 406f, 428
Kindbettfieber 161
Kinderwehen 135, 157
Krampfkolik 457
Leistenbruch 144, 272
Masern 324
Milchstauung 112
Osteoporose 428
Pocken 22, 151, 331f, 334ff, 338, 476, 478, 481
Scharlach 487
Schnupfen 87
Tuberkulose 428
Wundbrand 258, 471
Wundfieber 258
Krankheitssymptome. *Siehe* a.
‹Körperbefinden›
Fieber 15, 60, 135, 145f, 181, 331, 357, 404, 437
Gichter 334, 339, 486
Halsschmerzen 15, 318, 487, 488
Hautausschläge 125, 399, 440
Ohrenschmerzen 29, 35
Schmerzen, allg. 106
Schüttelfrost 489
Schweiss 331
Kreuzquartier 31, 382, 431, 476, 480
Kriegsgeschehen
Franzosen
Abzug 383
Aufmarsch 342
Einquartierung 395, 411, 435, 445
Gefecht bei Schindellegi 346
Gefechte bei Richterswil 344
Getreidetransporte 377
in Wädenswil 343
Kontribution 397
Kriegslist 394
marodierende Truppen 458
Passage bei Dietikon 394
Plünderung 394
Reservearmee 459f
Tote 345, 346
Üetlibergfront 383, 388
Verschanzungen 367

Verwundete 345f
Wiedereinnahme Zürichs 394
Zerstörung der Wettinger Brücke 429
Zürcher Staatsschatz 347, 350
Gefecht bei Sihlbrugg 383
Kaiserliche
Angriff auf die Franzosen 381f
Annäherung 366, 377, 379f
auf dem Pfannenstiel 381
Einzug in Zürich 383
in Schaffhausen 372
Lager in Hottingen 383
Vormarsch 382
Russen
Einzug in Zürich 392
Lager bei Wiedikon 393
Schwyzer
Kapitulation 351
Niederlage 346
Verwundete 383
Kunstbetrachtung 29
Kunstsaal 443
Kunstwerke
Ausstellung 443
Christus mit Dornenkrone 59
Gemälde, Joseph mit Christuskind 29
Gemäldeschmuck der Kirche Wollerau 227
Gränicher Samuel
Bildnis des Orelli Johann Caspar von 125
Kunstkabinett Lavaters 422, 478
Petersburger Physiognomik 453
Versand nach Russland 453
Zeichnungen 128, 202
Kupferstiche 29
gekauft in Wädenswil 236
Gessners Idyllen 226
Lips Johann Heinrich 62
Lips Johann Heinrich/Lavaters
Messiade 62, 101, 352
Raffs Naturgeschichte 211
Weissenburg BE 443
Lips Johann Heinrich
Kupferstiche 62
Lavaterdenkmal 479
Lavaterporträt 47
Zeichnung 31
Pfenninger Elisabeth
Bildnisminiatur 492f

Porträt Lavater Johann Caspar 214, 478
Porträt Lavater-Usteri Regula 485
Porträt Rahn Johann Heinrich 291
Schattenrisse 29
Küsnacht 155, 352, 356f
Kyburg 256, 450
Lazarett 365
Lebensmittel
  Äpfel 227, 510
  Bohnen 53, 504
  Brot 394
  Butter 468
  Eier 458
  Gemüse, verdorbenes 451
  Getreide 357, 377
  Himbeeressig 208, 450
  Kabis 465
  Obst 455
  Pfirsiche 56
  Spezereien 266
  Trauben 107, 404
  Wirz 134
Lektüre 90, 128f
  [Anonyme Texte]
  [Biographie von Schwerin Kurt
    Christoph von, General] 143
  [Biographie von Seydlitz Friedr.
    Wilh. von, General] 143
  [Biographie von Zieten Hans Joach.
    von, General] 143
  [Folgsamkeit der Kinder] 151
  [Französischer Roman] 41
  [Kochbuch] 201
  [Maria Stuart betreffend] 86
  1001 Nacht 421
  Auch in Palästen wohnt drückende
    Armut 65
  Auszug aus der Hausmutter 205
  Briefe an 2 verheiratete
    Frauenzimmer 153
  Briefe an eine Freundin über Schön-
    heit, Grazie und Geschmack 185
  Briefe über die Erziehung 398
  Brutus und Dion 50
  Einsiedler in Helsa, der 50
  Erzählungen für Landschulen 187
  Eusebius oder Anekdoten 185
  Feierstunde der Grazien 126, 182
  Herrmann und Julie 219f
  Illuminatenorden,
    Originalschriften 101

Kleine Lektüre für
  Reisedilettanten 187
Lieder 153
Martin, der Pächter und sein
  Vater 293
Neujahrsblätter 303
Reisebeschreibung von
  Kleinasien 88
Reisen eines Schweizers... 322
Sendschreiben an Lavater Johann
  Caspar 406, 412
Sendschreiben an Zimmermann
  147, 185
Stiefmutter, Stieftochter 185
Szenen aus dem
  16. Jahrhundert 186
Unterricht und Zeitvertreib für
  Kinder 64, 67
Vorlesung über die neuere Geschichte
  fürs Frauenzimmer 185
Welt im Kleinen, die 185
Almanache, Kalender
  Aufsätze, Britische Magazine für
    Deutsche 186
  Braunschweigischer Kalender 235
  Helvetischer Almanach 406, 442
  Kalender der merkwürdigsten neuen
    Weltbegebenheiten 182
  Moralischer Kalender 186
  Musenalmanach 333
  Taschenbuch 1796 von Jacobi
    Johann Georg 319
André Christian Karl
  Felsenburg, Lesebuch 155, 185
Archenholz Johann Wilhelm von
  Beschreibung von England und
    Italien 95
  Geschichte des 7-jährigen Krieges
    142, 144, 155, 182
Barthélémy Jean-Jacques
  Anacharsis 180
Beck Carl Theodor
  Gedichte 187
Becker Rudolf Zacharias
  Not- und Hilfsbüchlein 187, 391
Beil Johann David
  Armut und Hoffart 187
Benau H.
  Gedichte 318
Beneken Friedrich Burchhard
  Sammlungen 155

Orts- und Sachindex

Berington Joseph
  Geschichte von Abélard und der Héloïse... 184
Berlepsch Emilie von
  Eheglück 420
  Gedichte 100
  Schriften 92, 100
  Sommerstunden 318
Bibel 38, 41ff, 63, 64, 76f, 85, 88, 92, 209, 276, 292, 318, 362, 438, 451, 495
  1. Johannes 407, 468
  1. Korinther 172
  1. Mose 120
  1. Mose 37–41 282
  1. Samuel 102, 124
  1. Thessalonicher 362
  2. Johannes 117
  2. Könige 47
  2. Mose 120
  2. Samuel 102, 408, 410
  Apostelgeschichte 162
  Apostelgeschichte 3 und 4 431
  Auferstehungsgeschichte 424
  Epheser 77, 93
  Epheser 1 u. 2 153
  Hebräer 86, 372
  Jakobus 391
  Jesaia 1–4 151
  Jesaja 40–41 387
  Jesus Sirach 445
  Johannes 1–3 364
  Johannes 20, 1–10 86
  Johannesevangelium 41, 43, 47, 74, 98, 101, 104, 177, 234, 376f, 411, 413, 423, 458
  Judas 86, 408
  Judith 13 468
  Korintherbriefe 506
  Lukas 17–19 204
  Lukasevangelium 99, 330, 333
  Markus 16, 1–11 86
  Matthäus 7–11 387
  Matthäus 26–28 201
  Matthäusevangelium 117, 218, 219, 266
  Philipper 153
  Richter 124
  Römer 232
  Römer 8 148, 330
  Römer 11 379
  Römer 15 506

Blair Hugh
  Predigt über den Tod 199f
  Predigt über die Unveränderlichkeit Gottes 198
  Predigten 202, 209, 390f
Boddaert Pierre
  Natur der Spinnen 421
Bonstetten Karl Viktor von
  Tod und Unsterblichkeit 452
Bouvet Joachim
  Reisen 77
Bräker Ulrich
  Geschichten des armen Mannes im Toggenburg 293
Brechter Johann Jakob
  Briefe 116
Bronner Franz Xaver
  Leben 318
Brun Friederike
  Prosaische Schriften 374
  Reise durch die Schweiz 430
Büchling Johann David
  Aesops Fabeln 407
Buffon Georges Louis
  Histoire Naturelle 148, 169f, 187
Bürger Gottfried August
  Macbeth 293
Büsching Anton
  Erdbeschreibung 132
Campe Joachim Heinrich
  Allgemeine Revision... 114, 116f, 121, 137, 177, 405
  Briefe über Paris 206
  Kinderbibliothek 186
  Kleine Seelenlehre für Kinder 206
  Reisebeschreibung 186
  Sittenbüchlein für Kinder 206
Carl Johann Samuel
  Beiträge... 373
Carver Jonathan
  Reisen 75
Cicero Marcus Tullius
  Briefe 476
  Über die Pflichten 475
Cook James
  Sammlungen von Reisebeschreibungen 186
Coxe William
  Reisen 166
Cramer Hans Jakob
  System der Tugend 377

Duval Valentin Jamerai
  Œuvres 177, 188
Eggers Christian Ulrich Detlev
  Prozess- und Gerichtsordnung 374
Euler Leonhard
  Briefe über Physik 499
Euripides/Nüscheler Johann Conrad
  Helena 32
Ewald Johann Ludwig
  Grösse Jesu 363
Ferguson Jacob
  Astronomie 318
Fest Johann Samuel (Hg.)
  Geist des Christentums 369
Forster Johann Georg
  Ansichten... 424
Friedrich II.
  Briefe an Jordan 161
  Werke 163, 185, 201, 203
Füssli Johann Heinrich
  Oden 74
  Revolutions-Calender 364
  Schärfgen... 312
Gellert Christoph Fürchtegott
  Geistliche Oden und Lieder 54
Genlis Stéphanie Félicité de
  Erziehungtstheater, 4. Teil 187
  Schauspiele 65
Gessner Georg
  Ruth 319
Gessner Salomon
  Daphnis 157, 185
  Idyllen 226
  Tod Abels 507
Godwin William
  Denkschrift auf Maria
    Wollstonecraft 413
Goethe Johann Wolfgang von
  Auszüge von Schinz 230
  Egmont 157, 184
  Gedichte 144, 162
  Römischer Karneval 184
  Schriften 92, 184
  Wilhelm Meister 319, 333
Gutsmuths Johann Christoph
  Friedrich
    Spiele... 372
Haller Albrecht von
  Oden über die Ewigkeit 292
Hanway Jonas
  Reisen 132

Hardmeyer Kaspar David
  Predigten 454
Herder Johann Gottfried
  Ideen zur Geschichte der Philosophie
    32, 34, 106, 108, 310f
  Schriften, diverse 92
Hermes Johannes Timotheus
  Geschichte für Eltern und Ehelustige
    156, 185
  Sophiens Reisen 156, 185
Hess Johann Jakob, Antistes
  Leben Jesu 318
  Predigt z. Schwörsonntag 184
  Predigt zu Pfingsten 120
  Predigt zu Silvester 184
  Predigt zu Weihnachten 184
  Predigt, 2. Samuel 23 455
  Predigt, Richter 372
  Predigt, Steuer für Frauenfeld 184
  Predigten 122, 142f, 145, 148, 151,
    156, 168, 184, 234, 423, 451, 468
  Predigten über Erziehung 184
  Schriften 507
Hess Salomon, Helfer
  Predigt 1. Samuel 11, 3 417
Hirschfeld Christian
  Der Winter 404
  Gartenarbeiten 182
Homer
  Ilias 126
  Odyssee 389
Hottinger Johann Jakob
  Carl von Burgund 294
Iffland August Wilhelm
  Der Magnetismus 469
  Theatralische Laufbahn 400
Imthurn Georg Friedrich
  Rede über die Reiselust 162
J. J.
  Gersau 442
Jacobi Friedrich Heinrich
  Aus Eduard Allwills Papieren 47, 226
Jacobi Johann Georg
  Phädon und Naide 184
  Taschenbuch 1796 319
Jerusalem Johann Friedrich Wilhelm
  Predigt 465
Jung-Stilling Johann Heinrich
  Heinrich Stillings häusliches
    Leben 187
  Lebensgeschichte 495

Karsch Anna Luise
  Persönliche Aufzeichnungen 409
Keller Heinrich
  Jüngling am Scheideweg 442
Kleist Ewald Christian von
  Gedichte 68
Klinger Friedrich Maximilian von
  Medea 282
Klopstock Friedrich Gottlieb
  Der Messias 86, 101, 277, 282ff, 312
  Geistliche Lieder 77, 312, 459
  Oden 391, 496
Klopstock Margarethe
  Hinterlassene Schriften 434
Korrespondenzen, diverse
  Garve Christian/Zollikofer Georg
    Joachim 33
  Lavater Johann Caspar/Hess Johann
    Jakob, Antistes 33
  Spalding Johann Joachim/Schulthess-
    Wolf Barbara 29
  Spalding Johann Joachim/ Garve
    Christian 33
Kotzebue August von
  Adelheid von Wulfingen 186
  Geschichte meines Vaters... 186
Krock [...] von
  Brief einer Dame durch die
    Schweiz 187
La Motte Jeanne de Saint Rémy
  Rechtfertigungsschrift 188
La Roche Sophie
  Pomona, die zwei Schwestern 226ff
Lafontaine August
  Die Rache 406
  Familie Halden 365
  Moralische Erzählungen 390, 407
Lavater Johann Caspar
  Abschiedsschreiben 378
  Anacharsis 319
  Andenken an liebe Reisende 97
  Aufsätze über Magnetismus 33
  Betrachtungen über die
    Evangelien 204
  Bettagsansprache 459
  Brief aus Laufenburg 378
  Briefe über den Satan 484, 486
  Buch für Kranke 36, 41f
  Christliches Handbuch 376, 380
  Das menschliche Herz 152, 182, 374
  Deportationsgeschichte 387, 420

Der Messias 54, 55, 79, 86, 277
Evangelien, Simeon 302
Gebetbuch 455, 458
Gedicht auf meinen Tod 477
Handbibliothek 229ff, 294,
  302, 312
Heinrich IV. und d'Aubigné 132
Kommunionslied 233
Korrespondenz mit Hardmeyer
  Kaspar David 430
Korrespondenz mit Spalding Johann
  Joachim 33
Korrespondenzen 38, 65, 88, 91,
  93f, 175, 199, 218, 312, 408, 410,
  413, 418, 451, 482, 484
Lieder 55
Lord Chatham oder Pitt's Büste
  153, 184
Manuskripte 424
Nathanaels Nachrichten... 67
Noli me nolle 77, 124, 218
Physiognomische Regeln... 112, 113
Pontius Pilatus 330
Predigt über die Seligkeit der
  Toten 204
Predigt über die Wahrheit 80
Predigt über Johannes 150, 182
Predigt vom Überdruss des
  Lebens 506
Predigt z. Hohen Donnerstag 158
Predigt zu Silvester 182
Predigt, Jakobus 174
Predigten 22, 145, 147, 294, 374,
  415, 416
Predigten die Engel betreffend 204
Predigtskizzen 424
Schriften 63, 208, 507
Schweizerlieder 282
Sendschreiben, Antwort 415
Sentenzen, Tagzeilen 457
Texte 430
Über Johann Conrad Pfenninger 294
Wochenschrift 152, 184, 294
Le Rebours Marie Angéline
  Unterricht für Mütter... 92f
Lessing Gotthold Ephraim
  Briefwechsel 188
Locke John
  Erziehung 231
  Versuch vom menschlichen
    Verstande 117

Matthison Friedrich von
  Briefe 318
  Gedichte, Nachtrag 374
Meiners Christoph
  Briefe aus der Schweiz 277
Meister Leonhard
  Spaziergänge 172, 187
Milbiller Joseph
  Geschichte der Deutschen 318
Moritz Karl Philipp
  Maria 185
  Neue Logik für Kinder 208
Moser Friedrich Karl von
  Der Hof in Fabeln 155, 185
Müller [...]
  Niobe 31f
Müller Johannes von
  Schweizergeschichte 282f
Orelli Conrad von, Helfer
  Predigt 481
Ossian
  Gedichte 305
Pestalozzi Johann Heinrich
  Lienhard und Gertrud 93
Petrarca Francesco
  Leben 79
Pfeffel Gottlieb Konrad
  Fabeln 161f, 186
Pfennig Johann Christoph
  Geographie 386
Pfenninger Johann Conrad, VDM
  Sokrates 64
Planck Gottlieb Jakob
  Religionsgeschichte 97
Platner Ernst
  Philosophische Aphorismen 188
Racine Jean
  Andromaque 45
Raff Georg Christian
  Naturgeschichte 207
Rahn Johann Heinrich
  Archiv 186
  Magazin 374
  Monatsschrift 291, 293, 333
Ramdohr Friedrich Wilhelm Basil
  Venus urania 374
Recke Elisabeth von der
  Cagliostro 97, 185
Reinhard Franz Volkmar
  Beruhigung im Leiden 369, 371, 373

Ribbeck Conrad Gottlieb
  Nikodemus 412
  Predigten 292
Ricciardi, Abt (Herausg.)
  Journal fürs Frauenzimmer 185
Richter Jean Paul
  Briefe 437
  Hesperus 438
  Palingenesien 412
Rousseau Jean Jacques
  Confessions 50, 54, 148
  Émile 58, 61
  Julie ou la Nouvelle Héloïse 25, 28, 33, 38f, 41, 239
  Narcisse ou l'amant de Lui-même 45
Saint-Lambert Jean François de
  Die Jahreszeiten 292
Salis-Marschlins Ulysses von
  Bildergalerie... 367
Salzmann Christian Gotthilf
  Der Himmel auf Erden 512
  Elementarbuch 166f, 186
  Karl von Karlsberg 30
Sander Heinrich
  Güte Gottes in der Natur 277, 302, 303
Schiller Friedrich von
  Musenalmanach 333
  Schauspiele 186
Schinz Hans Rudolf
  Beiträge zur
    Schweizergeschichte 186
Schröckh Johann Matthias
  Weltgeschichte 306, 318
Schröder Friedrich Ludwig
  Der Vetter in Lissabon 145, 184
Schulthess Johannes
  Blarers Leben 305
Schulz Friedrich
  Über Paris und die Pariser 206
Schweighäuser Johannes
  Connaissances... 151
Schweizer Johann Caspar
  Widmungsgedicht 159
Shakespeare William
  Dramen 319
  sämtl. Werke, 3. Band 374
  Schauspiele 389
Spalding Johann Joachim
  Bestimmung des Menschen 38
  Predigten 285

Stählin Jakob von
  Originalanekdoten von Peter dem
    Grossen 80
Stapfer Philipp Albert
  Predigten 355f
Starck Johann Friedrich
  Handbuch 391
Stolberg Christian Graf zu
  Gedichte 319
  Oden 303
Stolz Johann Jakob
  Joseph 74, 80, 81
  Revolutionspredigten 500
Struensee Christian Gottfried Graf
  Lebensgeschichte 146
Stuve Johann
  Über die Notwendigkeit... 177
Sulzer Johann Georg
  Schriften 305
  Unterredungen... 292
Thomas a Kempis
  Nachfolge Christi 292, 356, 462
Tieck Ludwig
  Sternbald 391f
Tobler Georg Christoph
  Briefe von 1781 99
  Ode an R. v. O.-E. 1782 74
  Petrarca 74
  Sophokles 319
Trembley Abraham
  Natur und Religion 482
Trembley J.
  Über Carl Bonnet, Geschichte seines
    Lebens... 482
Trenck Friedrich Freiherr von der
  Lebensgeschichte 90
Troschel Jakob Elias
  Lazarus 292
Tude Jean Henri de la
  Biographie 145, 184
Uz Johann Peter
  Gedichte 68
Vaillant François
  Reisen 228ff
Villaume Peter
  Ursprung und Absichten des Übels 104
Voltaire, Arouet François Marie dit
  La Henriade 45, 50
Voss Johann Heinrich
  Gedichte 187
  Luise 414

Weisse Christian Felix
  Romeo und Julia 216
Wezel Johann Karl
  Lebensgeschichte... 405
Wieland Christoph Martin
  Agathon 235
  Dschinnistan oder auserlesene Feen-
    und Geistermärchen... 187
  Gesicht von einer Welt unschuldiger
    Menschen 417
  Johanna Gray 417
  Peregrinus Proteus 438
  Sämtliche Werke, Suppl. 404
Wilson Henry
  Reisen, Palauinseln 220ff, 228
Wirz Johann Heinrich
  Tagebuch 220, 225, 228
Withof Johann Philipp Lorenz
  Gedichte 47
Wolzogen-Lengefeld Friederike von
  Marie Müller 426
Young Edward
  Die Macht der Religion 432
  Vermischte Schriften 432f
Zapf Georg Wilhelm
  Johann von Dalberg 373
  Stadion Christoph Rudolph a 374
Zimmermann Johann Georg
  Friedrich II. 201
Zimmermann Joseph Ignaz
  Die Haushälterin 209
Zoellner Johann Friedrich
  Geschichte des heutigen Europa 67
  Lesebuch für alle Stände 76
Zollikofer Georg Joachim
  Andachten 70, 115, 359, 367
  Predigt über das Wünschen 310
  Predigt über die Passion 423
  Predigten 281, 423, 431, 470f, 475
  Schriften 507
Lesemotive 38, 64, 76, 115ff, 124, 137,
  140, 189, 306, 405, 431
Letzi, Schönenberg 283
Limmat 369, 394, 396
Lindentor 381
Lismen. Siehe ‹Handarbeit›
Lotterie 329, 507
Luzern 352
Männedorf 258, 347, 359
Marburg 494
Marseille 130

Meilen 13, 56, 102, 254, 258, 316, 435
Menstruation. *Siehe* ‹Körperbefinden›
Messen 173
  Frankfurt 92
  Leipzig 92
Metzgete. *Siehe* ‹Schlachtung›
Militär
  französisches
    Artillerie 345
    Einquartierung 445
    Garde 344
    Generäle 381
    Grenadiere 395
    Husaren 345, 347
    Jäger 344
    Kranke 350
    Mannschaft 344, 444, 445
    Offiziere 343f, 358, 382
    Ordonnanzen 381
    Verwundete 430
  helvetisches
    Artillerie 345
    Quartieraufgebot 344
    Tambour 503
    übrige Soldaten 345
  kaiserliches
    Pioniere 390
    Trainzüge 383
  russisches
    Feldlager 392
    Grenadiere 392f
    Jäger 393
    Kosaken 392f
    Soldat 394
  zürcherisches 48
    Artillerie 48
    Kavallerie 48
    Offiziere 315
Möbel 104, 362
  Bettgestell 477
  Büchergestell 450
  Kinderbett 63
  Kindersitz 104
  Kommode 488
  Schränke 193, 207, 411
  Schwammbettchen 104
  Sessel 429, 471
  Sofa 440f
  Spiegel 77, 488
  Wiege 101
Mond 72, 344, 401

Montbéliard 218
Mord 503
Mousseline 30, 465
Mühlebach
  Richterswil 345
  Riesbach 98
Munizipalität 349, 445
Muri 421, 451
Musik 284, 293, 393, 401
  Harfenspiel 251, 297, 441
  Harmonikaspiel 42
  Hausmusik 203, 282, 291, 401, 413, 444, 446
  Interpreten. *Siehe* a. Personenindex
    Hardmeyer Caspar David 444
    Hellmuth Josephine 107
    Hess Anna Barbara 444
    Kayser Philipp Christoph 156, 267, 401
    Nägeli Hans Georg 433, 444
    Schinz-Lavater Anna 251, 297
    Schmidtbauer Therese 42
    Schulthess, Jungfer 156
    Tschudi Elisabeth 199
    Tschudi-Meier Elisabeth 199
  Kirchengesang 158
  Kirchengesangbuch 390, 488
  Klaviermiete 233
  Klavierspiel, 103, 156, 242, 267, 277, 281, 283, 302, 305
  Klavierunterricht, 285
  Komponisten. *Siehe* a. Personenindex
  Komponisten
    Bach Carl Philipp Emanuel, 268, 304
    Kayser Philipp Christoph, 267
    Krumpholz Johann Baptist, 444
    Nägeli Hans Georg, 407, 444
    Schulz Johann Abraham Peter, 283
  Konzerte 107, 285
  Liedertexte
    Arien, italienische 444
    englische 199
    Lavater Johann Caspar 26, 55
    Reichhardt Johann Friedrich.
      Cäcilie 268
    Schulz Johann Abraham Peter 268, 283
    Sturm Christoph Christian 268
    Uz Peter 268
    Volksliedersammlung 268
  Marschmusik 383

Musikgeschichte 268
Tanzmusik 147
Trauermusik für Lavater 488
Musiksaal 48
Mutterfreuden 77, 84, 87ff, 91, 97, 100,
  104, 112, 115, 124f, 128, 136, 143, 148,
  154, 165, 192, 209, 212, 230, 276
Naturalienkabinett 377
Naturgenuss 14, 28, 42, 94, 98, 102,
  129, 155, 162, 198, 202, 204, 216,
  227, 281, 283, 286f, 312, 330, 369ff,
  376, 380, 388, 401, 405, 411, 421f,
  439, 441, 448, 458, 462, 496
Neujahrsblätter 303, 476
Neumarktbrunnen 448
Neustadt 324
Oberlunkhofen 239
Obligationen, bernische 288
Obmannamt 20, 22, 394, 443
Offenbach 45
Offnung. *Siehe* ‹Stuhlgang›
Okkulta
  Bibliomantik 68
  Magnetismus 29, 33, 73, 100, 500
  Mittelgeister 36
  Omen 199
  Schutzgeist 453
  Somnambulismus 30
  Telepathie 26, 87
  Visionen 36, 87
Olten 161
Orell, (Gessner), Füssli & Co. 92,
  240, 278f, 284, 287, 294, 421, 451,
  480, 505
  Druckerei 422
  Geschäftsübernahme 298
  Partnerschaften 425, 468
  Prozess 277
  Verlagsbücher 298
  Zinszahlung 368
Orellischer Familienfonds. *Siehe* ‹Fonds›
Ottenbach 201
Paris 61, 97, 206. *Siehe* a.
  ‹Gespächsthemen›
Patenschaften 26, 40, 84, 133, 160,
  165, 171, 173, 177, 181, 201, 220,
  261, 490
Pfäfers 22
Pfingsten. *Siehe* ‹Feiern, Feste,
  kirchliche›
Platzpromenade 162

Porzellan 171, 199
Schoren
  Manufaktur 210
Predigten 330
Hess Hans Jakob, VDM
  2. Könige 3 468
  2. Samuel 12, 1 414
  2. Samuel 19 438
  2. Samuel 23ff 464
  2. Samuel 24 460
  Johannes 3, 30 410
  Matthäus 11, 12 408
  Matthäus 24, 4 458
  über den Tod Jesu 423
Hess Johann Jakob, Antistes 398,
  400, 418
  1. Könige 1–9, Lukas 4, 25f 500
  2. Samuel 7 406
  2. Samuel 17 426
  Apostelgeschichte 4, 12 430
  Johannes 3, 17 372
  Johannes 3, 36 413
  Offenbarung Johannes 475
  über die Erhabenheit Jesu 400
  über die Lehre des Abendmahls 505
  zu Silvester 401
  zur Statthalterwahl 416
Lavater Johann Caspar
  1. Thessalonicher 119
  Johannes 11, 30 113
  Psalm 4, 4 26
  Römer 12, 13ff 174
  über das Leiden 36
  über den Zustand der Toten 98
  über stille Andacht 193
Pfenninger Johann Conrad
  1. Korinther 13, 4–5 151
Schulthess Johann Georg
  Apostelgeschichte 7, 58f 431
  Johannes 6, 68 481
Tobler Georg Christoph
  Johannesevangelium 55
Ulrich Johann Rudolf, VDM
  Psalm 143, 6f 401
Wirz Johann Heinrich
  Matthäus 6 442
Promenade, hohe 381, 388
Rämi 382
Ray. *Siehe* ‹Rennweg›
Rechbrunnen. *Siehe*
  ‹Neumarktbrunnen›

Reisen. *Siehe* a. ‹Ausflüge›,
‹Transportmittel›
  Baden 427, 490
  Basel 106, 368
  Bern 19, 398
  Bremen 47, 52
  Göttingen 45
  Grüningen 291
  Italien 268
  Kilchberg 103, 214, 396, 442
  Kopenhagen 295
  Marseille 130
  Meilen 102, 435
  Richterswil 285
  Rigi 35, 94
  Schinznach 43, 429, 430, 436
  Schwandegg 317
  Wädenswil 61, 99, 112, 133, 196
  Wädenswil, Abreise 347, 352, 360
  Weissenburgbad 433
  Winterthur 448
  Zürich 215, 220, 236, 259, 268, 287, 291, 313, 323, 358, 360
Rennweg 20
Revolutionsalmanach. *Siehe* ‹Almanach, helvetischer›
Revolutionsfeiern 350
Rezitation
  Kirchengesangbuch
  Lieder 23, 28, 37, 488
Richterswil 202, 204, 209, 213, 216, 224, 233, 251, 255, 271, 344
  Mühlebach 345
  Reitholz 350
Riesbach
  Mühlebach 98
  Seefeld 372
Riga 235
Rigi 35, 94, 430
Rödel
  Freudrodel 65
  Gutjahrrodel 65, 133
  Teilrodel 247, 253
Russland 453, 464
Samstagern
  Weberrüti 224
Säuglingspflege 85, 89, 91, 93f, 96f, 102, 112, 115, 135, 145, 174
Schaffhausen 333, 372
Schanzlope. *Siehe* ‹Kleidung›
Schindellegi 346

Schinznach 41, 43, 429ff, 453
Schipfe 462
Schirmlade 246f
Schlirpete. *Siehe* ‹Feiern, Feste, persönliche›
Schlittschuhlaufen 359
Schmuck 247, 394
  Brautgold 509
  Goldkreuzchen 485
  Haarschnur 493
  Perlenkette 499
  Ring 394, 499, 504
Schönenberg 266, 283, 286
  Chaltenboden 346
Schotten. *Siehe* ‹Therapien›
Schuldentilgung
  durch Vergleich 257
Silber und Schmuck 512
Schuldenverzeichnis 252
Schule 298, 375, 398
  Aufnahmeprüfung 484
  Examen 352, 469, 511
  Ferien 389
  Hausaufgaben 367, 408
  Prämie 469
  Buch, Bremis Cornelius nepos 469
  griechisches Lexikon 494
  Promotion 353, 399
  Töchterschule 483f, 488
Schulherr 399
Schwandegg 317
Schwangerschaft 24, 46, 49, 52, 54, 56, 59f, 80, 94, 107, 118ff, 126, 128f, 160, 163f, 166, 169, 173, 175, 179
  Aderlass 60
  Frühgeburt, Fehlgeburt 108, 121
  Kindsbewegungen 40, 58, 60, 62ff, 74, 81, 121
  Kindslage 64, 130, 133, 161, 175
  Milchfluss 56f
  Schmerzen 53
  Termin 77
  Übelkeit 52f
  Ungewissheit 53
Schweizerlieder 267, 282
Schwerzenbach 16
Schwyz 344, 348
Sekaten. *Siehe* ‹Haushaltung›
Sentenzen. *Siehe* ‹Lektüre, Zitate: Lavater Johann Caspar›
Sihl 48, 383

Sihlbrugg 383
Sihlfeld 393
Sihlhölzchen 103
Spargeld 229
Sparhafen 260, 411, 468, 482
Spaziergänge 14, 42, 47, 54, 88, 103,
  129, 162, 171, 209, 222, 224, 233,
  235f, 246, 329, 376, 387, 457
  Allmend 48
  Erlenbach 438, 441, 452
  Hottingen 434, 450
  Kreuzquartier 381
  Plattenquartier 363
  Promenade, hohe 388
  Schlössli Susenberg 380
  Sihlhölzchen 103
  Strickhof 421
  Tobelhof 458
  Wipkingen 369
  Zürichhorn 54, 98, 371f
Speisen
  Apfelmus 336
  Apfeltorte 449
  Braten 266, 445
  Brotsuppe 336
  Milch 105
  Müslein 94, 102
  Säfte 94
  Saucen 266
  Suppe 134, 181, 360
Spenden
  Äpfel 510
  Armengeld 302
  Bett 365
  Bettwäsche 370, 455
  Geld 279, 435, 459, 464, 466f, 482
  Kleider 436
Spiele 17, 113, 219, 225ff, 266, 330,
  356, 367, 372, 381, 395
  Guckkasten 477
  Lotto 480
  Mariage 226
  Schach 372
Spielzeug 338
St. Gotthard 430
Stadelhofen 22, 23, 26, 99, 243,
  259, 381
Stäfa 315, 341, 347
Stäfnerhandel 315
Statthalter. *Siehe* Wyss Hans Conrad,
  Junker

Stecknadel 449
  Verlust 402
Steig b. Winterthur 448
Stetrichters. *Siehe* Escher Johann Caspar
  und Escher-Keller Anna
Stillen 84ff, 91, 98, 100, 105, 135,
  144, 181
Stipendium
  Brüggersches 364
Stubenhitzen 476
Stuhlgang 76, 336
Stüssihofstatt 13, 19, 27, 29, 31f, 54,
  144, 164, 270, 420, 448
Tagebuch 23, 32, 69, 107, 114, 127,
  140, 144, 175, 208, 247, 272, 308,
  313, 316, 322, 333, 355, 362, 373,
  385, 391, 404, 410, 418, 435f, 450,
  462, 465, 470, 475, 483, 486, 494f,
  496, 498, 499, 513. *Siehe* a.
  ‹Autobiographie›
  Autobiographie 315, 328, 355,
    410, 496
  Bewertung 101
  Fehleintrag 236
  Motivation 27, 38, 189, 295
  Rechtfertigung 161, 267, 321, 327,
    330, 410, 424, 452, 503
  Zweck 111, 217
Telegraph 443
Testament, letztwilliges 69
Testament, Neues. *Siehe* ‹Bibel›
Thalwil 221, 246, 270, 285, 360, 366
Theater 266, 400
  in Wädenswil 216
Theologica
  Beichte 376
  Christentum 120
  Christus als Lehrer 55
  Dreifaltigkeit 475
  Engel 204
  Fegefeuer 482
  Gottesbeweis 37
  Gotteserkenntnis 67
  Gottheit Jesu 330, 363, 411
  Irrlehren 328
  Jenseitsvorstellungen 159, 452f
  Satan, Teufel 433, 484, 486
  Schöpfung 303
  Sünde 27, 158, 320
  Unendlichkeit, Ewigkeit 320
  Unservater 440

Unsterblichkeit 488
Wahrnehmung des Evangeliums 35
Therapien
   Aderlass 60, 133, 163, 176
   Bad 440
   Badekur 428, 451
   Beruhigungsmittel 455
   Blatternpflaster 486, 490f
   Blutegel 491
   Bruchband 145
   Dampfbad 72, 77, 80
   Fiebermixtur 334, 339
   fleischarme Diät 339
   Fussbäder 335, 339
   Hebelpflaster 335f, 339, 486
   Himbeeressig 208, 450
   Hoffmanns Tropfen 83
   Hustenmittel 227
   Julep 335f
   Laxieren 33, 331, 336, 419, 459
   Magenpulver 466
   Mixtur 490
   Muttermilch absaugen 112
   Pockenimpfung 332, 339, 468, 476, 478
   Pulver 58
   Rhabarberpulver 105, 459
   Salbe 272
   Schotten 335f, 339
   Schröpfen 423
   Schwitzen 96
   Tee 334ff
Tod 92, 491
   Ansagung 306
   Aufbahrung 156, 211, 463, 477ff, 491f, 510
   Einbalsamierung 485
   Leichenrede 410
   Totenmaske 159
   Trauerbezeugungen 180, 446, 471, 491, 493, 504, 510
Topasangelegenheit 212f, 221, 225
Torgasse 381ff
Töss 448
Transportmittel. *Siehe* a. ‹Beförderungsmittel›
   Boot 48, 103, 251, 258, 316, 337, 356
   Chaise 347, 349f
   Kutsche 103, 203, 220, 223, 225, 227, 274, 347, 360, 393f, 449
   offener Wagen 102

Pferd 347
Sänfte 29, 471
Schiffskasten 259
Schlitten 216, 229, 268, 283, 286
Schubkarren 258
Wagen 427, 429f, 448
Träume 87, 209, 231, 436, 498
   Nachtmahr 411
Trümmel. *Siehe* ‹Körperbefinden; Schwindel›
Üetliberg 48, 383, 388
Unfälle
   Beinbruch 258
   Fenstersturz 449
   Jagdunfall 257, 269
   Reitunfall 224
   Schnittverletzung 25
   Schusswunde 395
   Sturz in Farbgrube 395
Unterricht 14, 16, 43, 209, 230, 277, 283f, 286, 295, 298f, 302ff, 311, 315, 356, 406f, 414, 432, 434, 437, 454, 465
   ABC 153, 198
   Abschreiben 310
   Anschauung von Kupfern 211, 236
   Auswendiglernen 488
      Gellert, Lieder 282
      Lavater, Schweizerlieder 282
      Psalmen 319
   Bibellektüre 302, 319, 333, 356, 379
   Buchstabieren 152, 226, 228
   Erzählung 228
   Feder Johann Georg Textbearbeitung 376
   Französich 319
   Geographie 319, 386
   Geschichte 319
   Hauslehrer 218, 408
      Beyel Hans Jakob 337, 353, 408f
      Eckart [...] 25, 28f, 39
      Eschmann Heinrich 218, 405
      Foulquier-Courbes Marie 14
   Katechismus 319
   Lesen 233
      Hess Johann Jakob, biblische Geschichten 310
      Plutarch 459
   Logik 319
   Musik 488
   Nacherzählung 226, 407

Orts- und Sachindex

Naturgeschichte 319
Rechnen 319, 459
Rezitieren
  Lavaters Schweizerlieder 282
Salzmann Christian Gotthilf
  Elementarbuch 219
Schreiben 282, 319, 337, 407
Sprachen 332
Übersetzungen 337
  Livius 353
Vorlesen 303, 319, 450, 469
  Bibel, Matthäusevangelium 302
  Bremi Johann Heinrich, Ovid 415
  Cicero Marcus Tullius, Von den
    Pflichten 472
  Gessners Schriften 507
  Goethe, Übersetzungen 469
  Kotzebue August von 411
  Neujahrsblatt 1794, Landenberg
    Beringer von 303
  Neujahrsblatt 1794, Zimmermann
    Johann Jakob 303
  Trottmann Johann Joseph,
    Abhandlungen… 377
  Werner Georg Andreas
    Anleitung 353
  Zeichnen 226
Unterwalden 351, 407
Unterweisung 41
Vermögenssteuer 417
Verwaltungskammer 346, 384
Vorgängerin. *Siehe* ‹Berufe›
Vorlesen
  [Anonyme Texte]
    1001 Nacht 421
    Brief über Baron Christ 35
    Mathilde, Schauspiel 146
    Struensee und Brand 146
  Goethe Johann Wolfgang von
    Wilhelm Meister 46
  Hamann Johann Georg
    Brief an Lavater 480
  Herder Johann Gottfried
    Ideen zur Geschichte der
    Philosophie 73
  Iffland August Wilhelm
    Die Geretteten 469
  Lavater Johann Caspar
    Billets 454
    Das menschliche Herz 118, 152, 154
    Elegie auf Felix Hess 477

    Nathanael 35
    Vorrede zum Gebetbuch 456
  Lavater Johann Caspar/Tobler
    Johannes Christoph
    Briefe 441
  Rahn Johann Heinrich
    Ansprache 514
  Reinhard Franz Volkmar
    Predigt 495
  Richter Jean Paul
    Das Kampagner Tal 437
    selbstverfasste Gedichte 467
  Stolberg Friedrich Leopold
    Übersetzungen 469
Wädenswil 22f, 61, 66, 112, 140,
  148, 150, 153, 162, 164, 170f,
  190, 192, 223, 350, 359, 371, 379,
  438f, 505
  Amtsknechte 357, 360
  Arme 299, 302
  Aussteuer 160
  Bannwarte 350
  Eichweid 224
  Einquartierungen 315, 343, 347,
    349, 358
  Einwohner 165, 171, 207, 218, 220,
    232, 261, 265f, 343, 350, 360, 405,
    435, 437, 451, 500
  Furthof 236
  Gäste 196, 205, 206, 208, 237
    Berlepsch Emilie von 315
    Corrodi Hans Caspar 200
    Crinsoz-Hotz Anna Elisabeth 199
    Escher Hans Caspar 239, 246, 253,
      257, 274
    Escher-Meyer Susanna 274
    Escher-Wirz, verw. Hofmeister,
      Elisabeth 277
    Gessner Georg 209
    Gessner-Schulthess Barbara 209
    Heisch Gottfried 213, 232, 235
    Hess Hans Jakob 271
    Holzhalb David 302, 358
    Hotz Johannes 196, 199
    Kayser Philipp Christoph 209, 267
    Keller-Landolt Dorothea 283
    Lavater Diethelm 203, 213, 235,
      256, 271, 299, 303
    Lavater Heinrich 205, 241, 245,
      256, 287, 297, 328f
    Lavater Jakob 200

Lavater Johann Caspar 196, 202, 208, 271, 275, 328
Lavater Louise 213
Lavater-Schinz Anna 213, 251
Lavater-Usteri Regula 199
Nüscheler-Hofmeister Emerentiana 277
Orelli Anna Barbara von 203, 298
Orelli Anna Margaritha von 203, 298
Orelli Conrad von 285, 338
Orelli Hans Caspar von, alt Landvogt 232
Orelli Hans Caspar von, Chorherr 210, 245, 249
Orelli-Usteri Dorothea von 203
Ott Anna Katharina 226
Ott Heinrich 228, 314
Ott-Escher Elisabeth 247, 273, 297, 313
Palm Caroline 274
Pestalozzi Jakob 265
Pestalozzi Johann Heinrich 207, 216
Pestalozzi Salomon 276
Pfenninger Anna Catharina 311
Pfenninger Johann Conrad 205, 235
Rahn Johann Heinrich 222
Schinz Caspar 313, 329
Schinz Christoph Salomon 243
Schinz-Lavater Anna 287, 297
Schulthess Hans Caspar 329
Schulthess-Lavater Regula 329
Schulthess-Wolf Barbara 209, 267, 274, 297
Schweizer Johann Conrad 358
Stolberg Friedrich Leopold, Graf zu 251
Stolz Johann Jakob 206
Sturmfeder Karl Theodor von 208
Tobler Franz Heinrich 357
Trompowsky Christian von 213, 232, 235
Tronchin Mad. 199
Tschudi-Meier Elisabeth 199
Waser David 232
Waser-Hofmeister Dorothea 277
Wichelhausen, Schwestern 207
Wirz Johann Heinrich 199, 205, 209f, 267, 274, 295, 328
Wirz-Füssli Anna 250
Ziegler Rudolf 311

Gemeindepräsident 364
Kanzlei 210, 219, 283, 286, 302, 325
Konzertaufführung 285
Krone, Gasthaus 285, 343, 356
Landschreiber 201, 211, 229, 236, 266, 342
Landvogtamt 346
Landvogteiverwaltung 195
Abzug 343
Amtsbürgschaft 313f, 323, 325f
Amtszeit 327
Anmeldung zur 2. Amtsperiode 314
Auftritt 193, 196
Augenschein 199, 224, 339
Bewerbung 313
Bürgschein 325
Décharge 291
Empfang des Pfarrers 218
Gericht 200, 247, 339
Getreidelieferung 357
Holz 350
Huldigung 196, 329
Kandidatur Hofmeister 297, 309
Konfiskation 364
Pfarreinsatz 282, 285
Pflichtenheft 191f
Rechnung 287, 289, 305, 323, 350, 357
Rechnungsabnahme 236, 291, 309, 311
Schlachtung 230, 286, 303
Wahl 164, 314, 317
Wein 211, 260
Weinlese 298
Weintransport 358
Weinverkauf 289, 356
Zehntenablieferung 205, 214, 276, 329
Zeremonien 267
Pächter 358
Pfarrer 165, 356, 358
Pfarrhaus 210, 219, 232, 246, 261, 265, 282f, 285
Revolutionsfeiern 342
Richter 342
Schloss 18, 341, 343, 348, 350, 352, 360
Altane 198, 203f, 224, 232, 235, 256, 330
Audienzstube 344
Garten 199, 201ff, 235, 236

Orts- und Sachindex

Gartengebäude 281
neue Stube 276
oberes Stübli 333
Schlosshof 344
Seckelmeisterstube 255
Strohschütte 344
Stube 352, 359
Schlossknecht 175
Schlossrain 360
Sennweid 225
Stillstand 165
Theater
  Weisse Christian Felix, Romeo und Julia 266
Untervogt 165, 342, 346, 360, 436
Versteigerung 351
Wasserfälle 405
Weibel 283, 330, 342, 346
Winterzeit 311
Zehntentrotte 360
Wädenswiler Berg. Siehe ‹Schönenberg›
Wahlen 384
  Helferwahl 67
  Kantonsgerichtssekretär 366
  Munizipalität 343
  Pfarrwahl 43, 67
  Statthalter 416
Waisenhaus 503
Wegweiser, ortskundiger 458
Wehen. Siehe ‹Geburt›
Weisseln 444
Weissenburg BE 433f, 443f
Wetter
  Blitzschlag 98, 348, 459
  Gewitter 44, 54, 94, 102, 120, 125, 168, 198, 390, 438, 440, 452
  Gewitter auf dem See 124
  Hagel 347
  Himmelserscheinung 200
  Hitze 437, 439, 449
  Regen 48, 391, 408, 433, 467
  Sturm 258
Wettingen 429
Wetzikon 18
Wiedikon 393f
  Kräuel 393
Winterthur 16, 304, 448
Wintervorbereitungen 510
Wipkingen 369
Witikon 381
Wochenbett 32, 82, 90, 181, 190

Wohnungen. Siehe a. ‹Wädenswil, Schloss›
  Meerfräuli
    Einquartierung 450
    Enge, Dumpfheit 405
    Feuchtigkeit 404, 406, 420
    Kämmerli 432
    Kleinheit 359
    Nebenkammer 390, 489
    obere Laube 445
    obere Stube 382
    Papas Stübli 504
    Sääli 411
    Stübchen 422, 445, 468
    Winde 381, 450
  Obmannamt 20
    Rech 22
  Sonnenhof
    hintere gelbe Stube 126
    Kündigung 122
    Mieterwechsel 160
    Stübchen D. v. O.s 113
    untere Stube 141
    Wohnstube 65
  Sonnenhof, Hinterhaus 122, 127
  Untere Zäune 347, 349, 354. Siehe a. ‹Meerfräuli›
Wollerau 227, 345
Wollishofen 443
  Allmend 48
  Muggenbühl 48
Zeltweg 13
Zetteli. Siehe ‹Lektüre›; ‹Zitate›; Lavater Johann Caspar; ‹Sentenzen›, ‹Tagzeilen›
Zinsbuch 240, 269
Zitate
  [Anonyme Texte]
    Kirchenlied 301
    Liederstrophe 87
    Ständchen 357
  Bibel. Siehe ‹Bibelzitate›
  Gellert Christoph Fürchtegott
    Kirchenlied 410
  Goethe Johann Wolfgang von
    Egmont 157
  Herder Johann Gottfried
    Ideen... 310
  Hölty Heinrich Christoph 388
    Aufmunterung zur Freude 93, 228, 287

Lavater Diethelm
  Brief 337
Lavater Johann Caspar 98
  Ratschläge 439
  Sentenzen 107, 139, 397, 450, 462
  Sinnspruch 476
Matthison Friedrich von
  Auserlesene Gedichte 370
Orelli Regula von
  Brief an Lavater Diethelm 384
Reinhard Franz Volkmar
  Beruhigung im Leiden 373
Rousseau Jean Jacques
  Emile 348
Stapfer Philipp Albert
  Predigt 355

Tieck Ludwig
  Sternbald 393
Young Edward
  Die Macht der Religion 432
Zofingen 125
Zumikon 381
Zunftgüter 349
Zürichhorn. *Siehe* ‹Horn, Zürichhorn›
Zürichsee 102, 103, 198, 251, 371, 405, 441, 452
  Eisbildung 312
  Seegfrörni 359
  Sturm 258
  Transportweg 259
  Überquerung mit Schiff 316

Personenindex

Aepli Melchior, M.D. 95
Alder Magdalena 500
Ammann Hans Georg, Lehrer am Waisenhaus 503
Ammann Johann Caspar, VDM 165, 210, 219, 232, 266
Ammann Maria Barbara 221
Ammann-Bachofen Anna 246, 282, 437
Anacharsis. *Siehe* Barthélemy Jean Jacques
André Christian Karl 155, 185
Andromache, Andromaque 45, 126
Anhalt-Dessau Louise Henriette von, Fürstin 130, 202, 203
Ann, Dienstmagd 162
Anna..., ehemalige Dienstbotin? 459
Apollonia I, Dienstmagd 46
Apollonia II, Dienstmagd 50, 85, 113
Archenholz Johann Wilhelm von 95, 142, 182. *Siehe* a. ‹Lektüre›
Bäbe. *Siehe* Gessner-Schulthess Barbara
Bach Carl Philipp Emanuel 268
Bachofen-Beyel Anna Elisabeth 232
Bansi Heinrich 55, 108
Bär Hans Kaspar, M.D. 268
Barbel, Dienstmagd 178, 383, 403, 451, 490
Barthélemy Jean Jacques 180
Baumann Rudolf 220
Beck Carl Theodor 187
Becker Rudolf Zacharias 187, 391
Beil Johann David 187
Benau H. 318
Beneken Friedrich Burchhard 155
Berington Joseph 184
Berlepsch Emilie von 23, 44, 315, 318, 420. *Siehe* a. ‹Lektüre›
Bernet-Weyermann Judith 375
Beyel Hans Jakob, VDM 337, 353, 408f, 411, 437, 488
Blair Hugh 198. *Siehe* a. ‹Lektüre›
Blarer von Wartensee Hans Ulrich 305
Blattmann Jakob, Weibel 265, 330
Boddaert Pierre 421
Bonstetten Karl Viktor von 452
Bouvet Joachim 77

Bräker Ulrich 292
Brändli Hans Ulrich, Geschworener 31, 207
Brändli Peter, Untervogt, Wundarzt 258, 259
Brechter Johann Jakob 116, 137
Bremi Johann Heinrich 14, 400, 407, 415, 469
Bronner Franz Xaver 318, 439
Brun Friederike 374, 430
Brutus [Lucius Iunius] 50
Büchling Johann David 407
Büel Johannes 235
Buffon Georges Louis 187. *Siehe* a. ‹Lektüre›
Bullinger Balthasar 401, 406, 493
Bürger Gottfried August 293
Bürgi..., Hauptmann 345, 350
Bürgi Hans Jakob 261, 384
Bürkli [...], Jäger 258
Bürkli Hans Conrad, Kaufmann 105
Bürkli Hans Georg, Kaufmann 499
Bürkli-Gossweiler Anna Dorothea 152, 156, 210, 279, 414, 418. *Siehe* a. ‹Korrespondenzen›
Bürkli-Schulthess Ursula 456
Büsching Anton Friedrich 132
Cagliostro Alessandro 36, 97, 185
Calipochus. *Siehe* Cagliostro
Campe Joachim Heinrich 114, 137. *Siehe* a. ‹Abschreiben›, ‹Lektüre›
Cäper(li). *Siehe* Orelli Johann Caspar von, Sohn der Regula von Orelli
Carl Johann Samuel 373
Carver Jonathan 75
Casparli, auch Casperli. *Siehe* Orelli Johann Caspar von, Sohn der Regula von Orelli 396
Charlotte, Königin von England, Gattin Georgs III. 121
Chatham Lord. *Siehe* Pitt William d. Ä.
Chlefe, Dienstmagd 87, 118, 178, 181, 190, 334, 392, 444, 489f
Chorherr. *Siehe* Rahn Johann Heinrich, Chorherr
Christ, Nicolas Sanz, Baron 35

Cicero Marcus Tullius 472, 475f
Cook James 186
Cornelius Nepos 469
Corrodi Hans Caspar 200
Corrodi Hans Rudolf 446
Couthon..., französische Hauptmann 344
Coxe William 166
Cramer Hans Jakob 377, 421, 425, 468
Cramer Maria Elisabetha 467
Crinsoz de Cottens-Hotz Anna Elisabeth 199
Dachs Vinzenz Ludwig, VDM 18
Dalberg Johann von 373
Dierauer Barbel 190
Dion 50
Döde. *Siehe* Schulthess Dorothea
Dorothea, Dienstmagd 30
Duval Valentin Jamerai 177, 187
Eckart [...], Hauslehrer 25, 28f, 39
Edward, Duke of Kent 107, 154
Eggers Christian Ulrich Detlev 374
Escher Anna Cleophea 401
Escher Anna Dorothea 489
Escher Carl, Neffe der Regula von Orelli 478
Escher Catharina Elisabeth 155
Escher Elisabeth, Nichte der Regula von Orelli 478
Escher Felix, Zunftmeister 368
Escher Ferdinand 93
Escher Hans Caspar, Bruder der Regula von Orelli 13, 28, 78, 102, 124, 153, 196, 211, 214, 221f, 239f, 246, 250, 259f, 268f, 271, 287, 305, 328, 332, 498
  Besuche 32, 66f, 73, 132f, 144, 191, 246, 249f, 253, 257, 274, 409, 414
  Brautwerbung 44, 46f, 50
  Bürgschaft 313
  Familienzwist 315, 324, 326
  Geschäfte mit Trauben 107
  Geschwisterliebe 39
  Heiratsabsichten 31, 34, 81, 88
  Jagdunfall 257, 261
  Krankheiten 480f
  Namenstag 29, 322
  Reisebericht 94
  Reisen
    Ausland 22
    Schwandegg 317
  Tischgast 73
  Unterricht 16
  Verlobung 108, 113, 118
  Visiten 54, 89, 144, 222, 291, 316, 478, 482f
  Zunftschreiberwahl 105
Escher Hans Caspar, Neffe der Regula von Orelli 200, 274
Escher Hans Caspar, Vater der Regula von Orelli 13, 17, 22, 50
Escher Hans Conrad von, Seckelmeister 384, 396
Escher Hans Conrad, Amtmann z. Küsnacht 155
Escher Hans Jakob II, Neffe der Regula von Orelli 261
Escher Hans Jakob, Bauherr 42
Escher Hans Jakob, Jacques 478
Escher Heinrich, Amtmann f. Einsiedeln 103, 145
Escher Heinrich, Neffe der Regula von Orelli 160, 274, 478
Escher Heinrich, Sohn des Escher Joh. Casp., Rittmeister 155
Escher Heinrich, Sohn des Escher Salomon 156
Escher Johann Caspar, Rittmeister 22, 26, 61, 94, 122, 128f
Escher Regula Louise, Nichte der Regula von Orelli 414
Escher v. d. Linth-v. Orelli Regula 46
Escher von Berg Hans Conrad 368
Escher, Geschwister R. v. O.-E.s 92
Escher-Escher Regula 14
Escher-Fries Anna Barbara 13ff, 17, 168
Escher-Füssli Dorothea 418
Escher-Keller Anna 155, 164
  Besuche 43, 80
  Geburt 93
  Schwangerschaft 61
  Visiten 69, 93
Escher-Meyer Susanna 108, 173, 370, 414
  Besuche 274, 493
  Geburten 160, 200, 261
  Kindbettfieber 161
  Schwangerschaft 154, 157f
  Verlobung 113
  Visiten 31, 114, 150, 463, 470
Escher-von Orelli Regula 156
Escher-Wirz, verw. Hofmeister, Elisabeth 15, 17, 162, 222, 236, 277, 420, 449

Personenindex

Besuche 67
Tod 22
Visiten 65
Eschmann..., Bannwart 350
Eschmann Heinrich, Hauslehrer 218, 405
Euler Leonhard 499
Euphrosine, Dienstmagd 135, 162, 167
Euripides 32
Ewald Johann Ludwig 363
Fäsi Hans Caspar, Kantonsgerichtssekretär 384, 421, 437, 451, 466
Feder Johann Georg Heinrich 376
Felsenburg. *Siehe* André Christian Karl
Ferguson Jacob 318
Fest Johann Samuel 369
Fichte Johann Gottlieb 454
Finsinger Johannes, Untervogt 28, 192
Forster Johann Georg 424
Foulquier-Courbes Marie 14
Fréron..., französischer Kapitän-Kommandant 344
Frey... Frau 455
Friedrich II., König von Preussen 142, 161, 163, 185, 201
Friedrich, Landgraf von Hessen-Homburg 103
Fries Hans Conrad, Gerichtsherr 20
Fries Hans Conrad, VDM 16
Fries Johann Heinrich, VDM 14
Fries-Däniker Anna Barbara 16
Füssli Cleophea 369, 442f, 480
Füssli Hans Rudolf 35
Füssli Heinrich 35
Füssli Johann Heinrich, Maler 413
Füssli Johann Heinrich, Obmann 20, 35, 74, 364, 425, 451
  Urteile R.v.O.-E.s 312
Füssli Susanne Henriette 368
Füssli-Meyer Susanna 381
Füssli-Wirz Anna 443
Garve Christian Georg 33, 441
Gattüngi, Gattung, Gattüngeli.
  Siehe Ott Anna Katharina
Gellert Christoph Fürchtegott 54, 282, 319, 410
Genlis Stéphanie Félicité du Crest de 65, 187
Gessner Georg, VDM 209, 255, 273, 319, 352, 371, 378, 441, 467, 493
Gessner Hans Conrad, Krämer 246
Gessner Johannes, Krämer 246

Gessner Salomon 157, 226, 507
Gessner-Keller Elisabeth 36
Gessner-Lavater Anna 204
Gessner-Schulthess Barbara 56, 103, 215
  Besuche 75, 98, 209
  Namenstag 214
  Tischgast 106
  Tod 272
Glinz [...] Frau 30
Godwin William 413
Goethe Johann Wolfgang von. *Siehe* a.
  ‹Abschreiben›; ‹Gesprächsthemen›;
  ‹Lektüre›; ‹Vorlesen›; ‹Zitate›
  weitere Erwähnungen 214, 231, 469
Gossweiler Barbara 243
Gränicher Samuel, Porträtmaler 125
Grubenmann Hans Ulrich 429
Gutsmuths Johann Christoph Friedrich 372
Gwalter [...] Frau 74
Häfeli Johann Caspar 202, 207
Hafner Esther, Lehrerin 479, 488, 493
Haller Albrecht von 292
Hamann Johann Georg 480
Hanway Jonas 132
Hardmeyer Kaspar David, VDM 430, 444
Hauser Hans Jakob, Untervogt 165, 266, 360, 436
Hauser Heinrich, Präsident 350, 364
Heidegger Heinrich 294
Heinrich, Dienstbote 261, 266, 314, 350, 358
Heisch Gottfried 23, 103, 106, 212, 214, 232, 235
Hellmuth Josephine 108
Henri IV. 45
Henriette, Dienstmagd 121
Herder Johann Gottfried 32. *Siehe* a.
  ‹Lektüre›; ‹Vorlesen›; ‹Zitate›
Hermann, Dienstbote 328, 333
Hermes Johannes Timotheus 156
Hess..., Jungfer 369
Hess Anna Barbara 369, 413, 444
Hess Anna Maria 451
Hess Felix, VDM 456
Hess Hans Caspar, Verwalter 252, 409f
Hess Hans Jakob, VDM 285, 434, 512
  als Prediger 431, 437, 440, 455f, 476, 486
  Amtsantritt, Predigt 436

Besuche 271, 368, 371, 411, 415, 443f,
446, 460, 468
Bücherleihe 404
Erzählung über Deportationen 379
Visiten 366, 483
Hess Heinrich, Professor 451
Hess Johann Jakob, Antistes 66, 120,
377. *Siehe* a. ‹Lektüre›
als Prediger 158, 159, 193, 365, 367,
372, 374, 400f, 406, 410, 413, 416,
418, 422, 426, 435, 451
Hess Martha 20
Hess-Schulthess Maria Barbara 456
Hiob 250
Hirschfeld Christian 182, 404
Hirzel Hans Caspar, M.D., Ratsherr 48
Hirzel Hans Jakob 368
Hirzel Hans Kaspar, Statthalter 368
Hirzel-Hess Anna Catharina 390
Hofmeister Heinrich 15
Hofmeister Johann Jakob 16
Hofmeister Johannes, Müller 357
Hofmeister Wilhelm, Landschreiber
297, 309
Holzhalb David, VDM 282f, 285, 302,
358, 464
Holzhalb Hans Caspar 284
Holzhalb Johannes 284
Homer 126
Horaz, Quintus Horacius Flaccus 293
Hottinger..., Bannwart 350
Hottinger Johann Jakob 294
Hottinger-Schinz Regula 371
Hottinger-Wirz Emerentiana 154, 162
Hotz Johannes, M.D. 20, 201, 214,
271, 337. *Siehe* a. ‹Gesprächsthemen›;
‹Korrespondenzen›
als Arzt 227, 272, 331, 335, 339
Besuche 196, 199, 212
Namenstag 203
Tod 500
Topasangelegenheit 213
Visiten 203, 210, 213, 220, 224, 230f
Hotze Johann Conrad von, General 285
Huisson..., französischer Offizier 343
Iffland August Wilhelm 400, 469
Imthurn Georg Friedrich 162
Jacobi Friedrich Heinrich 47, 226
Jacobi Johann Georg 184, 319
Jean Paul. *Siehe* Richter Jean Paul
Jerusalem Johann Friedrich Wilhelm 465

Johannes, Bedienter 347
Johannes, Dienstbote 347
Jordan Charles Etienne 161
Joseph II, Kaiser von Österreich 390
Jung-Stilling Johann Heinrich 187,
439, 494
Karsch Anna Luise 409, 410
Kayser Philipp Christoph 30, 209, 255,
267, 401, 424. *Siehe* a.
‹Gesprächsthemen›; ‹Musik›
als Pianist 267
Italienreise 268
Keller Hans Konrad, Landschreiber 201,
229, 236, 266, 370, 384
Besuche 265, 266, 363
Visiten 366, 483
Keller Heinrich, Dichter 442
Keller-Beyel Anna Barbara 293
Keller-Landolt Dorothea 283, 371
Keller-von Muralt Anna Maria 211
Kempis. *Siehe* Thomas a Kempis
Kitt Anna Magdalena 453
Kitt Anton, Krämer 254
Kitt-Meyer Anna 222
Klauser Karoline 203
Kleist Ewald Christian von 68
Klinger Friedrich Maximilian 282
Klopstock Friedrich Gottlieb 77, 444.
Siehe a. ‹Abschreiben›; ‹Deklamieren›;
‹Gebete›; ‹Lektüre›
Knigge Adolph von 187
Körner..., Jungfer 455
Körner Hans Heinrich 92, 234, 235
Kotzebue August von 186, 411, 511
Krock [...] Frau von 187
Krumpholz Johann Baptist 444
Kuhn Bernhard 408
Kümin Joseph Franz 227
La Brousse Stéphanie de 200
La Motte Jeanne de Saint Rémy 188
La Roche Sophie 170, 226
Lafontaine August 365, 390, 406f
Landenberg Beringer von 303
Landolt Johann Caspar 348
Lavater Anna Elisabeth 359
Lavater Diethelm, M.D. 20, 47, 66,
128, 159, 181, 256f, 271, 275, 395,
397, 485, 492
als Arzt 52, 489f
als Gläubiger 207, 249, 253, 325,
499, 507

Personenindex 563

  als Ratgeber 252, 435
  als Vorleser 146
  Besuche 29, 36, 53, 62, 73, 142, 146,
    191, 203, 213, 235, 256, 270f, 299,
    303, 363, 371, 384f, 393, 406, 463,
    468, 481
  Bürgschaft 326
  Déjeuner 427
  Geschenke
    Haarschnur 493
    Medizinaltropfen 103
  Ratsherr 291
  Reisen 501
    Schinznach 43
  Telepathie 26
  Visiten 57, 95, 222, 378, 471, 494
  Wiederverheiratung 485
Lavater Diethelm, Sohn 472, 475
Lavater Hanna 159
Lavater Heinrich, Landvogt 17f, 20, 42,
  48, 263, 270, 376, 382f, 424, 427, 446
  als Ratgeber 244f, 248, 254, 257,
    270, 327, 479f
  Besuche 106, 205, 241, 245, 256, 287,
    297, 328, 382, 451, 458
  Darlehensgesuch 287
  Geburtstag 401, 514
  Hausmusik 444
  Schoren 210
  Visiten 48, 142, 222f, 248, 268,
    274, 291, 309, 316, 374, 407, 433,
    437, 446
Lavater Heinrich, M.D. 45, 204,
  272, 436
Lavater Jakob, Stetrichter 71, 200
Lavater Johann 20
Lavater Johann Caspar 19f, 23, 26f, 30,
  38f, 49, 53, 55, 66, 75, 77f, 85, 95,
  97, 103, 113, 119, 125, 205, 207, 214,
  220, 263, 279, 322
  Ableben 477ff, 485, 488
  Abschiedsworte 466
  als Gesprächsthema. *Siehe*
    ‹Gesprächsthemen›
  als Prediger 26, 36, 41, 55, 59, 86,
    92, 98, 104, 113, 116, 119, 156,
    174, 193
  als Sammler 29, 59, 121, 128, 202, 464
  als Schuldner 22, 192, 246f, 275f, 290
  als Taufpate 84
  als Vorleser 118, 152, 154

  Aufenthalte
    Baden 377, 427
    Bremen 47, 52
    Erlenbach 438f, 441, 452
    Göttingen 47
    Knonau 387
    Kopenhagen 295
    Laufenburg 378
    Schinznach 430, 453
    Wädenswil 99, 196, 202, 208, 271,
      275, 328
  Badekur 428
  Berufungen
    Bremen 45
    Montbéliard 218
  Besuche 62, 76, 148, 191, 196, 202,
    271, 275, 328, 392, 393
  Beziehungen
    zu Häfeli Johann Caspar 207
    zu Pfenninger Joh. Conr., 37
    zu Rordorf Elisabeth 429
    zu Stolz Johann Jakob 203, 500
    zur Fürstin von Anhalt 130
  Billets ‹An einen Freund nach meinem
    Tode›, 452
  Briefe 341f, 347f, 351
  Deportation 377f, 388
    Rückkehr 389
  Gebetbuch 454
  Geburtstag 107
  Geldspende 467
  Geschenke 62
  Gespräche und Lehren 90, 376, 439,
    441, 453
    zum Genuss des Abendmahls 45
  Kontroverse um Hermann 328, 333
  Krankheiten 131, 151f, 318
  Krankheitsverlauf 398, 412, 418f, 422,
    425, 428, 430, 438ff, 457, 470, 471
  Namenstag 29, 142, 219, 473, 478
  Neujahrslied 26
  Pfarrwahl 67
  Privatkommunion 375, 400
  Reisen
    Bremen 47, 52
    Göttingen 45, 47
    Kopenhagen 295
    Marseille 130
    Schinznach 430, 436
  Saulus und Paulus 440
  Sendschreiben 406f

Sentenzen, Tagzeilen 107, 462
Tischgast 90, 97, 106, 130, 136, 160
Topasangelegenheit 212, 221, 225
Urteile R. v. O.-E.s
  Bewunderung 35, 76, 97, 121, 271, 290, 462
  Entfremdung 142
  Freundschaft 37, 39, 61, 93, 121, 128, 145, 159, 166
  Kritik 33, 35, 45, 90, 113, 152, 203, 312, 318, 328, 387
  Meinungsverschiedenheit 68
  Prinzipientreue 453
  Salomonischer Ratgeber 451
  Vergötterung 37
  Vorbild 476
  Vortrefflichkeit seiner Schriften 455
Verwundung 395
Visiten 28, 36, 55, 87, 89, 99, 113, 161, 170, 193, 222, 270, 375, 395, 407, 417f, 424, 457, 462, 466, 472
  Erlenbach 438, 441, 452
Werke. *Siehe* a. ‹Abschriften›; ‹Lektüre›; ‹Predigten›; ‹Zitate›
Lavater Louise 204, 213, 428f, 439, 441, 452
Lavater-Escher Anna Cleophea 154, 381
Lavater-Escher Dorothea 390, 412, 422, 438, 450
Lavater-Schinz Anna 45, 200, 251, 378, 380, 428, 439, 453
  Besuche 213
  Krankheiten 151f
  Medium 30
  Visiten 28, 33, 47, 57, 407, 483, 495, 511
Lavater-Usteri Regula 57, 233, 270, 291, 393, 485
  Besuche 199, 371
  Namenstag 171
  Tod 470ff
  Visiten 163, 167, 377, 380, 406, 412, 418, 422, 431, 435, 437, 444, 457
Le Rebours Marie Angéline 92
Lee-Boo 228
Lehmann Johannes, Knecht 500
Leiningen Carl Emich von, Erbprinz 121
Leiningen Sophie Henriette von, Erbprinzessin 121
Leopold I., Grossherzog der Toskana 108

Lessing Gotthold Ephraim 188
Li-Bu. *Siehe* Lee-Boo
Lips Johann Heinrich 31, 47, 62, 101, 170, 479
Lisebeth, Dienstmagd 359
Lisettchen, Lisettli. *Siehe* Ott Elisabetha
Locher Anna Margaritha, Lehrerin 484, 492f
Locher Hans Jakob, VDM 312
Locke John 117, 231
Luther Martin 97
Mama. *Siehe* Escher-Wirz, verw. Hofmeister, Elisabeth od. Orelli-von Wyss Dorothea
Maria Feodorowna, Kaiserin von Russland 453
Maria Stuart, Königin von Schottland 86
Marie Barbel, Frau 25
Masers de la Tude. *Siehe* Tude Jean Henri de la
Matthison Friedrich von 318, 370, 374
Meiners Christoph 23, 125, 277
Meiss..., Junker 447
Meiss Hans Conrad, Junker, Ratsherr 351, 368
Meiss-Bürkli Anna Cleophea von 92
Meister Leonhard 172, 187
Meyer Susette. *Siehe* Escher-Meyer Susanna
Meyer von Stadelhofen Heinrich 259
Meyer-Bürkli Regula 69, 92, 95, 97. *Siehe* a. ‹Korrespondenzen›
Michel Hans Jakob, Stadtläufer 377
Milbiller Joseph 318
Mirabeau Honoré Gabriel Riqueti, Comte de 62
Moritz Karl Philipp 185, 208, 226
Moser Friedrich Karl von 155, 185
Müller Johannes von 282f, 333
Muralt Anna Barbara von 45, 233f, 451, 458
Nägeli Hans Georg 285, 406, 433, 444, 454
  Sendschreiben 407
Nägeli Hans Jakob 18, 162
Nanette, Nanne. *Siehe* Orelli Anna Margaritha von
Nanne. *Siehe* Orelli Anna Margaritha von
Nette. *Siehe* Füssli-Wirz Anna
Noël..., französischer Soldat 411, 422, 436

Nüscheler 449
Nüscheler Caspar 448
Nüscheler Dorothea 449
Nüscheler Elisabeth 448
Nüscheler Emerentiana 449
Nüscheler Hans Rudolf, Buratfabrikant 112, 448f
Nüscheler Johann Conrad, Kaufmann 32
Nüscheler Johann Felix, Direktor 131
Nüscheler-Hofmeister Emerentiana 15, 148, 222, 277, 366, 420, 448, 463, 503
Ochsner Hans Rudolf 253
Olivier... 350
Oncle. *Siehe* Lavater Heinrich, Landvogt
Orell, (Gessner), Füssli & Co. *Siehe* Sachindex
Orelli Anna Barbara von 19, 61, 167, 175, 192, 251, 257, 276
  Besuche 32, 70, 79, 203, 270, 298
  Charakterzüge 193
  Erbteilung 253, 256
Orelli Anna Margaritha von 19, 203, 298, 334, 462
Orelli Conrad von, Helfer 19, 250, 285, 334, 338, 370, 412, 418, 444, 466, 476
Orelli David von, Landvogt 18, 57, 83, 97, 127, 133, 136, 180f, 199, 203, 239, 255, 259, 285, 337, 342, 416, 425, 431, 467, 478
  als Vorleser 73
  Amtstätigkeit
    2. Kantonsgerichtssekretär 366
    Augenschein 199, 224, 339, 425, 435
    Entlöhnung 404
    Gäste 100
    Kantonsrichter 509
    Landschreiber 192
    Landvogt 164, 196, 225, 247, 315, 356
    Neubewerbung 309
    Wiederwahl 314
  Ausflüge
    Erlenbach 155
  Beraubung 394
  Berufsaussichten 20
  Beziehungen
    zu Lavater Johann Caspar 430, 437, 440, 445
    zu Sohn Johann Caspar 86

Briefe 341ff, 349f, *Siehe* a. ‹Korrespondenzen, diverse›
Charakterzüge 23, 26, 33, 147, 207, 239, 243ff, 256, 261, 387, 421, 454ff
Eheleben 79f, 99, 112, 120, 153, 165, 176f, 180, 283
Eheprobleme 131, 140f, 152, 171, 211, 262, 287
Finanzgebaren 22f, 107, 234, 241, 246, 248, 250, 252ff, 270, 273
  Bürgschaften 193, 202, 213, 241, 243, 246f, 249, 253, 284, 313f, 317, 322f, 325, 468, 498
  Darlehen 287
  Lotterie 329, 507
  Schulden 207, 229, 233f, 243, 249ff, 256, 288, 296, 426, 471, 499, 508
  Schuldentilgung 288, 292, 482, 508f
  Schuldenverzeichnis 251f, 257
Geburtstag 148
Gesellschaft 94, 377
Krankheiten 31f, 35, 52, 293f, 299, 399, 440, 444, 493
  Badekur 451
Namenstag 69
Reisen 43, 52, 98, 115
  Basel 106
  Richterswil 285
  Wädenswil 61, 99, 112, 133
  Zürich 215, 236, 288, 291, 313, 323
Stellensuche 383, 389, 421, 437, 451, 466
Topasangelegenheit 213
Unterredung 143, 150, 246, 456
Verlobung 18
Orelli Hans Caspar von, alt Landvogt 19, 23, 43, 154, 195, 202, 251, 253f, 256
  Besuche 232, 270
  Charakterzüge 277
  Finanzgebaren 141, 207, 243f, 248, 250, 462
  Krankheiten 461f
  Landvogt zu Wädenswil 22
  Tod, 463
Orelli Hans Caspar von, Chorherr 210, 242ff, 249f, 324, 391, 443, 483f
Orelli Hans Conrad von, Sohn der Regula von Orelli 137, 142, 209, 333, 353, 383, 408, 414, 437, 487

Ausflüge 369
　Ausgang 511
　Kilchberg 503
　Lustpartie 375
Bekleidung 507
Beziehungen zu den Geschwistern
　491, 498
Brief 354
Entwicklung, geistige 174, 177
Entwicklung, körperliche 190, 210
Geburt 133f
Geburtstag 176
Hausunterricht 236, 407, 459
Krankheiten 143ff, 157, 272, 293,
　331, 338, 382, 392, 401, 403f, 457,
　486, 488
Namenstag 511
Schule 399, 469
Orelli Hans Conrad von, vorm.
　Landvogt 18, 20, 72
　Tod 23
　Wädenswil 23
　Wohnung, Rech 19, 62
Orelli Hans Jakob von, Krämer 508
Orelli Heinrich von, Landschreiber 36
Orelli Johann Caspar von, Sohn der
　Regula von Orelli 86, 89, 96, 121,
　136, 148, 172, 202, 224, 295, 353,
　360, 378, 430, 440, 454, 502
　Ausflüge
　　Ausgang 511
　　Erlenbach 452
　　Lustpartie 375
　　Wollerau 227
　Berufswahl 441
　Beziehungen zu den Geschwistern 375,
　　398, 491
　Brief 354
　Charakterzüge 112, 153, 228, 232,
　　312, 389, 399, 422
　Entwicklung, geistige 88, 90, 93, 174,
　　177, 179, 218, 230
　Entwicklung, körperliche 117, 124,
　　128, 162, 230
　Erziehung 229, 232, 312, 333, 360, 371
　Geburt 82, 84
　Geburtstag 115, 150, 230
　Hausunterricht 152f, 198, 209, 211,
　　218, 226, 228, 230, 233, 236, 277,
　　282, 302f, 310, 319, 372, 376, 389,
　　411, 415, 469, 477

　Krankheiten 87, 132, 135, 146,
　　169, 278, 318, 331, 334, 338,
　　378, 492f
　Namenstag 112, 142, 219, 283,
　　303, 404
　Säuglingspflege 102, 104, 106
　Schule 364, 399, 400, 407, 469,
　　494, 510
　Spargeld 229
　Spaziergänge 233
　Taufbüchlein 87
　Taufe 84
　Unfall 395
Orelli Matthias von, Kaufmann 131
Orelli Regula von, Tochter der Regula
　von Orelli 192, 226, 333, 338, 367,
　390, 395, 445, 513
　Andenken 495, 497
　Freundinnen 404, 410, 488f, 500
　Geburt 180
　Geburtstag 214
　Grabplatz 497, 504, 510
　Hausunterricht 407, 414, 437, 454
　Krankheiten 227, 331, 338, 437, 487f
　Schule 479, 483
　Spaziergänge 411
　　Sihlfeld 393
　　Zollergut 458
　Taufe 181
　Tod 491
Orelli Salomon von, Gerichtsherr 44,
　46f, 231f, 324, 368
Orelli-Cramer Dorothea von 334
Orelli-Hess Dorothea von 391
Orelli-Lavater Anna von 453
Orelli-Ott Regula von 84
Orelli-Usteri Dorothea von 66, 192,
　244, 251, 261, 334
　Besuche 203
Orelli-von Trützschler Friederike
　von 176
Orelli-von Wyss Dorothea von 73, 133,
　167, 171, 269
　Beerdigung 181
　Namenstag 148
　Tod 179
　Visiten 142, 150
Ossian 305
Ott Anna Katharina 27, 46, 73, 75,
　200, 225ff, 395
Ott Anton, Wirt z. Schwert 368

Personenindex

Ott Elisabetha 39, 46, 54, 87, 268, 380f, 476, 481f
Ott Hans Conrad, Neffe der Regula von Orelli 173
Ott Hans Conrad, Zunftmeister z. Saffran 173
Ott Heinrich 20, 22, 34, 37, 196, 221, 225, 231, 259, 326, 347, 380, 382, 498
  Besuche 30, 191, 228, 314
  Visiten 222
Ott Johann Heinrich, Bürgermeister 251
Ott Johann Ludwig, Neffe der Regula von Orelli 173, 381, 476
Ott-Escher Elisabeth 13, 46, 59, 73, 83, 128, 134, 150f, 166, 171, 177, 181, 190, 196, 221ff, 240, 247f, 259, 266, 269, 291, 332, 359, 367, 381, 383, 431, 447, 456f
  Besuche 69, 73, 75f, 81, 164, 247, 273, 297, 313, 388
  Geburt 39, 172
  Geschwisterliebe 29, 39, 61, 75, 79, 85, 168
  Heirat 20
  Krankheit 305
  Namenstag 469
  Schwangerschaft 27, 31f, 157, 159, 169, 171
  Spende 482
  Umzug 34
  Visiten 23, 26, 28, 43, 54, 62, 64, 88f, 140, 154, 162, 167, 173, 223, 268, 289, 363, 366, 370, 372, 381f, 395, 397, 404, 408, 410f, 414f, 422, 432, 434ff, 440, 444ff, 450f, 459f, 462f, 465f, 468, 476, 478, 480f, 483, 495, 510, 513
  Wochenbett 178
  Zwillinge 172
Ott-Esslinger Dorothea 303
Ott-Werdmüller Cleophea 202
Ovid, Publius Ovidius Naso 415
Palm Caroline von 125, 274, 460
Palm Christine von 125
Pestalozzi Hans Caspar, Kaufmann 347, 349, 359, 372, 404, 409, 432, 440, 444f, 466, 505
  Beraubung 395
  Visiten 475
Pestalozzi Jakob 143, 265

Pestalozzi Johann Conrad, Kaufmann 452
Pestalozzi Johann Heinrich 88, 93, 418
  Besuche 31, 95, 108, 125, 207, 216
Pestalozzi Johann Jakob, Ratsherr 368
Pestalozzi Johannes 363
Pestalozzi Marie Anna 488, 489
Pestalozzi Salomon 257, 287
Pestalozzi-Scheuchzer Elisabeth 450, 458, 461
Pestalozzi-Schinz Dorothea 46, 200, 210, 363, 415, 444
  Besuche 154, 191
  Visiten 143, 432
Peter I., Zar von Russland 80
Petrarca Francesco 74
Peyer Johann Jakob, M.D. 220
Pfeffel Gottlieb Konrad 161, 186
Pfennig Johann Christoph 386
Pfenninger Anna Catharina 311, 368, 369
Pfenninger Elisabeth 492, 502
Pfenninger Hanna 177
Pfenninger Johann Caspar, Statthalter 367, 377, 395
Pfenninger Johann Conrad, VDM 20, 39, 56f, 59, 66, 241, 439. Siehe a. ‹Gesprächsthemen›; ‹Lektüre›; ‹Predigten›
  als Prediger 145, 151
  Ausflüge
    Wädenswil 99
  Berufung
    Bremen 59
  Besuche 37, 57, 115, 162, 164, 191, 205, 235
  Jüdische Briefe 440
  Tischgast 34, 73, 106, 160
  Visiten 28, 89, 95
  Wahl zum Helfer 67
Pfenninger Johannes 352
Pfenninger-Ziegler Anna Catharina 103, 290
Pitt William d. Ä. 153
Planck Gottlieb Jakob von 97
Planta von Wildenberg Margarethe 35
Platner Ernst 188
Plutarchus (Mestrius)
  Brutus und Dion 50
  Catos Leben 459
Racine Jean 45

Raff Georg Christian 207, 211
Rahn Dorothee 106
Rahn Johann Heinrich, Chorherr 66,
    72, 87, 95f, 106, 113f, 125, 132, 143,
    148, 154, 162, 164, 168, 170, 186,
    205, 221, 223, 290, 333, 358f, 446f,
    460, 466, 468f, 476, 514. Siehe a.
    ‹Korrespondenzen›; ‹Lektüre›
  als Arzt 22, 49, 52ff, 56f, 59, 60, 62,
    67, 69, 75f, 78f, 83, 85, 105, 108,
    125, 133f, 161, 178, 181, 191, 318,
    323, 419, 486, 488, 490
  als Berater 116
  Besuche 31, 73, 92, 140, 144ff, 151,
    222, 379, 395, 450, 493
  Charakterzüge 61
  Freundschaft 128, 140, 154, 159, 175
  Reisen
    Baden 490
    Bern 398
    Visiten 89
Rahn Johann Rudolf, M.D. 366, 401,
    406f, 422, 446, 459, 466, 490f
Rahn-von Wyss Barbara 243
Ramdohr Friedrich Wilhelm Basil 374
Recke Elisabeth von der 97, 185
Regeli. Siehe Orelli Regula von, Tochter
    der Regula von Orelli
Reichhardt Johann Friedrich 62, 268
Reimarus Johann Albrecht 369
Reinhard Franz Volkmar 369, 371
Reinhard Hans, Junker, Ratsherr
    20, 368
Reuss Caroline Ernestine, Gräfin 121
Ribbeck Conrad Gottlieb 292, 412
Richter Jean Paul 437f
Ritz [...], Bandagist 145
Römer Melchior, Kaufmann 27f
Römer Melchior, Major 368
Römer Veronika 100
Römer-Weyermann Barbara 27, 53,
    375, 467
  Geburt 100
  Heiratsanzeige 28
  Visiten 28, 36
Rordorf Elisabeth 427ff
Rousseau Jean Jacques 25, 348.
    Siehe a. ‹Lektüre›
Rudolf, Bedienter 150
Sailer Johann Michael 462
Saint-Lambert Jean François de 292

Salis-Marschlins Anton von, General
    439, 455
Salis-Marschlins Friederike von 455
Salis-Marschlins Ulysses von 367
Salis-Seewis Johann Gaudenz von 419,
    424, 430
Salzmann Christian Gotthilf 30, 166,
    186, 219, 512
Sander Heinrich 277, 302
Schauenburg Balthasar Antoine 349
Schaufelberger Cleophea
    Medium 30
Scheuchzer Hans Jakob, Bauherr 42
Schiller Friedrich von 186, 333, 435
Schinz Caspar, Kaufmann 275, 297,
    313, 324, 347, 349, 401, 421, 446f,
    456, 466, 511
Schinz Caspar, Zunftmeister 428
Schinz Christoph Salomon, M.D. 243
Schinz Diethelm 510
Schinz Elisabeth 429
Schinz Hans Rudolf, VDM 186
Schinz Hans Ulrich 14
Schinz-Gessner Regula 223
Schinz-Lavater Anna 17, 48, 159,
    203, 210, 251, 253, 263, 270, 287,
    291, 316, 324, 363, 374, 400,
    431, 433f, 438, 441, 447, 469,
    481, 487
  Besuche 76, 80, 147, 191, 287, 371,
    407, 411, 415, 421, 424, 432, 444,
    464f, 480
  Charakterzüge 46, 61, 314
  Musikpflege 42, 48, 156, 297
  Spaziergänge 457
  Spende 466
  Tischgast 48
  Visiten 29, 46, 49, 89, 148, 162, 222,
    274, 407, 412f, 436ff
Schinz-Lavater Cleophea 388, 393, 422,
    431, 483, 510
Schmidtbauer Therese 42
Schneider Johann Gottlob 494
Schröckh Johann Matthias 306, 318
Schröder Friedrich Ludwig 145, 184
Schulthess Barbara, Bäbe iun.
    Siehe Gessner-Schulthess Barbara
Schulthess Caspar, Direktor 447
Schulthess Cleophea 438, 445
Schulthess Dorothea, Döde 223, 255,
    442f, 495, 504

Personenindex

Schulthess Hans Caspar, Kaufmann
  230, 396, 401
  Krankheit 445
  Tod 446
  Visite 444
Schulthess Hans Conrad, Sohn 401,
  438, 445
Schulthess Heinrich, Major 447
Schulthess Heinrich, Sohn 438, 445
Schulthess Jean, Kaufmann 224
Schulthess Johann Georg,
  Leutpriester 439
Schulthess Johannes, Chorherr 305
Schulthess Johannes, Ratsherr 446
Schulthess Lisette, Lisli 255
Schulthess-Lavater Regula 17, 42, 83,
  159, 263, 374, 376, 434, 453, 495
  Besuche 62, 73ff, 79, 81, 93, 147, 177,
    191, 329, 381, 424, 460, 463
  Charakterzüge 46, 61, 78, 91, 222, 291
  Musikgenuss 413
  Okkulta 36
  Reisen
    Weissenburgbad 433ff
  Spaziergänge 421, 457f
  Visiten 56, 89, 152, 176, 248, 365,
    412, 418f, 424, 426, 438, 440, 463,
    465f, 468f, 480, 483
Schulthess-Meyer Franzisca
  Carolina 456
Schulthess-Ulrich Dorothea 222
Schulthess-Wolf Barbara, Bäbe 20, 56,
  103, 118, 133, 231, 249, 263, 267,
  328, 376, 431, 442, 452f, 510
  Besuche 32, 62, 104, 157, 209,
    274, 297
  Charakterzüge 39, 128, 274
  Finanzgebaren 192, 275
  Namenstag 180, 214
  Visiten 29f, 54, 64, 103, 126, 222f,
    255, 270, 290, 366, 371, 406, 411,
    416, 420, 432, 466, 495, 511
Schulz Friedrich 206
Schulz Johann Abraham Peter 268, 283
Schweighäuser Johannes 151
Schweizer Felix, Schulprovisor 352
Schweizer Johann Caspar 20, 37, 92, 97
  Besuche 145
Schweizer Johann Conrad, VDM 358
Schweizer Regula 74
Schweizer-Ammann Maria Barbara 261
Schweizer-Hess Magdalena 29, 146
Schweizer-Heuberger Barbara, Hebamme
  61, 75, 83f, 134, 175, 181
Schwerin Kurt Christoph, Graf 143
Seydlitz Friedrich Wilhelm von 143
Shakespeare William 319, 374, 389
Sidler Magdalena 201
Sophie Charlotte, Königin von England,
  Gattin Georgs III. 154
Spalding Georg Ludwig 23
Spalding Johann Joachim 29, 285
Spittler Ludwig Thimotheus 23
Stadion Christoph Rudolph a.
  Siehe Zapf Georg Wilhelm
Stählin Jakob von 80
Stapfer Philipp Albert 355f
Starck Johann Friedrich 391
Steffan [...] 165
Steiner [...] 258
Stolberg Christian Graf zu 303, 319
Stolberg Friedrich Leopold, Graf zu
  124, 154, 251, 469
Stolz Johann Jakob 25, 60f, 202f, 206,
  500. *Siehe* a. ‹Gesprächsthemen›;
  ‹Korrespondenzen›; ‹Lektüre›
Stolz-Güttinger Verena 362
Struensee Christian Gottfried, Graf 146
Sturm Christoph Christian 268
Sturmfeder Karl Theodor von 208
Stuve Johann 177
Sulzer Johann Georg 292, 305
Theiler Johannes 463
Thomann Hans Jakob 233
Thomann Hans Ludwig 16
Thomas a Kempis 292, 356, 462
Tieck Ludwig 391, 393
Tobler Franz Heinrich VDM 357
Tobler Georg Christoph, VDM 20, 34,
  38f, 45, 55f, 66, 94, 304, 319. *Siehe* a.
  ‹Abschreiben›; ‹Gesprächsthemen›;
  ‹Korrespondenzen›; ‹Lektüre›
  als Prediger 55
  Besuche 53, 55, 57
Tobler Johann Melchior 194
Tobler Johannes Christoph,
  Chorherr 441
Tobler Johannes, Unterstatthalter
  378, 480
Tobler-Nüscheler Anna 121, 194
Tobler-Schinz Catharina 422
Trembley Abraham 482

Trembley Jean 482
Trenck Friedrich von 90
Trompowsky Christian von 212, 231
Tronchin [...] Mad. de 199
Troschel Jakob Elias 292
Trottmann Johann Joseph 376
Tschudi Elisabeth, Tochter 199
Tschudi-Meier Elisabeth 199
Tude Jean Henri de la 145, 184
Ulrich Hans Jakob, Landschreiber 509
Ulrich Johann Rudolf, VDM 401, 488
Untervogt. *Siehe* Finsinger Johannes
Usteri Johann Martin 257, 349
Usteri Paulus, M.D. 278
Usteri-Schweizer Elisabeth 457
Uz Johann Peter 68, 268
Vaillant François 228, 230
Veith Johann Wilhelm 125
Vietinghoff Burchhard von 106
Villaume Peter 104
Vion..., französischer Offizier 382
Vogel Hans Jakob, Schneider 434
Volmar Hans Ulrich, Henker 431
Voltaire, Arouet François Marie dit 45, 50
Voss Johann Heinrich 187, 414
Wartensleben Isabella, Gräfin 118
Waser David, Stadtwächter 232
Waser Hans Jakob, Dekan 449
Waser Hans Jakob, VDM, Vater 266
Waser-Hofmeister Dorothea 15, 277, 420, 448
Weber David, Verwalter 243, 247, 254, 270, 456
Wegelin Jakob 27, 167, 234
Weisse Christian Felix 216, 266
Werdmüller-Ott Regula 173
Werner Georg Andreas 353
Wezel Johann Karl 405
Wichelhausen Johanna Maria 207
Wichelhausen Meta 207
Wieland Christoph Martin 187, 235, 417, 438. *Siehe* a. ‹Lektüre›
Wieser Johann Ludwig, Gerichtsherr 83f, 134, 140, 171ff, 181, 258f, 272
Wildermett [...] 392
Wilson Henry 220ff, 228
Wirz August Heinrich 99f, 103, 443, 480
Wirz Conrad 165, 443
Wirz Hans Conrad, Färber 445

Wirz Hans Conrad, Polizeidiener 445
Wirz Hans Conrad, VDM 306
Wirz Hans Konrad, Antistes 15
Wirz Johann Heinrich 396
Wirz Johann Heinrich, VDM 14, 20, 27, 35, 66, 99f, 103, 112, 152, 165, 221, 239, 242f, 247ff, 255, 257, 263, 328, 442, 452. *Siehe* a. ‹Korrespondenzen›; ‹Lektüre›
Besuche 35, 150, 191, 199, 205, 209, 213, 267, 274, 295, 328
Geschenk 214
Hochzeitstag 57
Verlobung 56
Visiten 94, 103, 396
Wirz Johannes 443
Wirz-Fries Regula 14f
Wirz-Füssli Anna 56, 250, 442ff
Withof Johann Philipp Lorenz 47
Wollstonecraft Mary 413
Wolzogen-Lengefeld Friederike von 426
Wüst Heinrich 399
Wyss David d. Ä., Junker, Seckelmeister 156, 368
Wyss David d. J., Junker 368
Wyss Hans Conrad, Junker, Zunftmeister 244, 246ff, 257, 271, 328, 346, 385, 397
Besuche 425
Buchhandlung 277
Gläubiger 468
Young Edward 432, 436
Zapf Georg Wilhelm 373f
Ziegler Christoph, VDM 442, 443
Ziegler Leonhard, Ratsherr 251f, 422
Ziegler Rudolf 311
Zieten Hans Joachim von 143
Zimmermann Johann Georg 147, 199, 201f
Zimmermann Johann Jakob 303
Zimmermann Joseph Ignaz 209
Zoellner Johann Friedrich 67
Zoller-Escher Elisabeth 160, 458, 509
Zollikofer Georg Joachim 33, 281, 359. *Siehe* a. ‹Korrespondenzen›, ‹Lektüre›

Dank

Die Bearbeitung und Veröffentlichung der Tagebücher der Regula von Orelli-Escher waren nur möglich dank namhafter Beiträge seitens juristischer und natürlicher Personen. Deren Auflistung sei verbunden mit dem ganz herzlichen Dank für die moralische und materielle Unterstützung unseres Vorhabens.

Juristische Personen:
Baugarten, Genossenschaft zum (Dr. Peter Brunner), Zürich.
OPO-Stiftung (Prof. Dr. Martin Usteri), Zürich.
Orell-Füssli Holding AG (Dr. K. Oesch), Zürich.
Orellischer Familienfonds (Oberst Dr. h.c. Eduard von Orelli †,
 Barbara v. Orelli-Schindler), Zürich.
Schulthesssche Familienstiftung (Emerita v. Schulthess), Zürich.
Georg und Bertha Schwyzer-Winiker Stiftung (Conrad Schwyzer), Zürich.
Ulrico Hoepli-Stiftung, Zürich.
Stadt Wädenswil, Kulturkommission (Jeanne Schürch).

Natürliche Personen:
Alioth-von Orelli Monique, Arlesheim.
von Orelli-Meyrat Adrienne, Liebefeld.
von Orelli Andreas, Basel.
von Orelli Barbara und Hannes, Adliswil.
von Orelli François und Elsbeth, Riehen.
von Orelli Jacques und Barbara, Gunten.
von Orelli Lucius, Uerikon.
von Orelli Martin, Chur.
von Orelli Wendel †, Basel.
de Schulthess Alfred, Begnins.
von Steiger-von Orelli Ursula und Vinzenz, Muri.
Stettler-von Orelli Sarah, Zürich.
Zingg-von Orelli, Bernhard und Rosine, Ittigen.

Der Orellischen Familienstiftung (Präsidenten: Oberst Dr. med. h.c. Eduard von Orelli † und Barbara von Orelli-Schindler) kommt das Verdienst zu, uns freundlicherweise die in ihrem Archiv verwahrten Tagebücher der Regula von Orelli-Escher zur Bearbeitung und Edition übergeben und damit einer breiteren Öffentlichkeit zugänglich gemacht zu haben. Das Dokument konnte vorübergehend im Staatsarchiv Zürich eingelagert und dort während

einiger Jahre benutzt werden. Dem Staatsarchivar des Kantons Zürich, Dr. Otto Sigg, gebührt für dieses Entgegenkommen ebenso unser Dank, wie seinen Mitarbeitern, die uns jederzeit hilfsbereit zur Seite standen.
Ein unschätzbares Verdienst kommt Dr. Barbara Stadler zu, die uns auf die Tagebücher aufmerksam gemacht hat und mit ihren weit gefächerten historischen Kenntnissen und dem sicheren Gespür für das Wesentliche, sowie bei der kritischen Durchsicht der Transkripte und der Abfassung des Index, mit einem grossen Aufwand an Freizeit begleitete und unterstützte. Auf ihren ausdrücklichen Wunsch mussten wir darauf verzichten, sie in die Herausgeberschaft zu integrieren, was sich von ihrem Einsatz her mehr als gerechtfertigt hätte. Ohne ihren Beistand hätte die Arbeit niemals in dieser Form vollendet werden können.
Unser Dank gehört auch den Organen der Zentralbibliothek Zürich, insbesondere Dr. Rainer Diederichs, Ruth Häusler, Dr. Michael Kotrba, Margrit Schütz und Marlis Stähli für ihre Hilfsbereitschaft. Zahlreiche Fachleute und auswärtige Archive haben Detailfragen beantwortet. Auch ihnen sei an dieser Stelle herzlich gedankt, im übrigen wird auf die entsprechenden Fussnoten verwiesen.
Schliesslich haben der Th. Gut Verlag, Stäfa, mit seinem Leiter, Prof. Dr. h.c. Peter Ziegler, dessen engagiertes Lektorat wir besonders hervorheben möchten, und die Zürichsee-Druckereien AG das Buch mitgestaltet und in seine endgültige Form gegossen.

Diese Publikation sei meiner lieben Gattin

Nanny von Schulthess-Ulrich

in Dankbarkeit gewidmet. Mit lebhaftem Interesse, Geduld und Verständnis hat sie meine Arbeit begleitet.
G.W. v. Sch.